世界の移民政策
OECD国際移民アウトルック（2016年版）

経済協力開発機構（OECD）編著　徳永優子 訳

International Migration Outlook 2016

明石書店

経済協力開発機構（OECD）

経済協力開発機構（Organisation for Economic Co-operation and Development, OECD）は、民主主義を原則とする35か国の先進諸国が集まる唯一の国際機関であり、グローバル化の時代にあって経済、社会、環境の諸問題に取り組んでいる。OECDはまた、コーポレート・ガバナンスや情報経済、高齢化等の新しい課題に先頭になって取り組み、各国政府のこれらの新たな状況への対応を支援している。OECDは各国政府がこれまでの政策を相互に比較し、共通の課題に対する解決策を模索し、優れた実績を明らかにし、国内及び国際政策の調和を実現する場を提供している。

OECD加盟国は、オーストラリア、オーストリア、ベルギー、カナダ、チリ、チェコ、デンマーク、エストニア、フィンランド、フランス、ドイツ、ギリシャ、ハンガリー、アイスランド、アイルランド、イスラエル、イタリア、日本、韓国、ラトビア、ルクセンブルク、メキシコ、オランダ、ニュージーランド、ノルウェー、ポーランド、ポルトガル、スロバキア、スロベニア、スペイン、スウェーデン、スイス、トルコ、英国、米国である。欧州委員会もOECDの活動に参加している。

OECDが収集した統計や、経済、社会、環境の諸問題に関する研究成果は、加盟各国の合意に基づく協定、指針、標準と同様にOECD出版物として広く公開されている。

> 本書はOECDの事務総長の責任のもとで発行されている。本書で表明されている意見や主張は必ずしもOECD又はその加盟国政府の公式見解を反映するものではない。

Originally Published in English and French under the titles:
"International Migration Outlook 2016"
"Perspectives des migrations internationales 2016"

© OECD, 2016.
© 世界の移民政策 OECD国際移民アウトルック（2016年版）, Japanese language edition, Organisation for Economic Co-operation and Development, Paris, and Akashi Shoten Co., Ltd., Tokyo 2018. The quality of the Japanese translation and its coherence with the original text is the responsibility of Akashi Shoten Co., Ltd.

本書に掲載する文書及び地図は、あらゆる領土の地位や主権を、国際的な境界設定や国境を、また、あらゆる領土や都市、地域の名称を害するものではない。

イスラエルの統計データは、イスラエル政府関係当局により、その責任の下で提供されている。OECDにおける当該データの使用は、ゴラン高原、東エルサレム、及びヨルダン川西岸地区のイスラエル入植地の国際法上の地位を害するものではない。

はしがき

2016年版『OECD国際移民アウトルック』は、OECDの「移民政策専門家会合（Continuous Reporting System on Migration）」による第40回報告書である。全体は5つの章と付録で構成されている。

第1章では、国際移民フローと移民政策の最近の動向を概観する。第2章は、移民の就業状況について詳細に分析し、また、移民とその子どもに対する統合支援政策の主要な変化に注目している。

第3章では、移民の影響に対する世論の認識と、移民の影響をテーマとするほとんどの研究結果（影響は小さいとするものが多い）との乖離の原因を解明する目的で、移民が地域の労働市場、住宅市場、地域財政に与える影響をみていく。第4章は、突発的で大規模な人口移動がもたらす外的ショックに、OECD加盟国はどうすれば対応できるかを論じる。環境的及び地政学的ショックを特に取り上げて、近年発生したショックから得た教訓を示すとともに、代替経路について、また、目下の難民危機に対する代替経路の可能性について分析している。

第5章では、近年のOECD加盟国における、国際移民の動きと政策の推移について、国別の情報及び統計データを一覧にまとめている。最後に付録として、移民フロー、外国人及び外国出身者人口、帰化に関して、過去から現在に至るデータから広く選択したものを示す。

本書の制作には、雇用労働社会問題局国際移民課スタッフが共同で作業にあたった。第1章及び第2章は、国際移民課スタッフによる共同執筆であり、第1章の政策に関する部分はPhilippe de Bruycker（ブリュッセル自由大学）の協力を得た。第3章は、Anne-Mareike Vanselow（OECDコンサルタント）、Thomas Leibig（OECD事務局）、Ioannis Kaplanis（OECD事務局）が、また第4章は、Jean-Christophe Dumont（OECD事務局）、Richard Black（ロンドン大学）、Giulia Maria Baldinelli（ロンドン大学）、Martin Ruhs（オックスフォード大学）が執筆した。第5章は、John Salt（ユニバーシティ・カレッジ・ロンドン）の協力を得た。編集はJean-Christophe Dumontが担当し、調査補助と統計作業についてはVéronique GindreyとPhilippe Hervéに、また、編集補助はMireia Sirol CarrilloとSylviane Yvronから協力を得た。最後に、Randy Holden（第1章及び第5章）とKen Kincaid（第4章）の編集への参加に謝意を表したい。

本書の制作段階では、ラトビアはOECD加盟国ではなかった。そのため本書では、ラトビアはOECD加盟国リストに記載されておらず、OECD域内総計にも含まれていない。

世界の移民政策
OECD国際移民アウトルック（2016年版）

目　次

目 次

はしがき ··· 3

刊行にあたって ··· 11

概　要 ·· 15

第1章　最近の国際移民の動向と政策対応の変化 ·· 19

はじめに ··· 20

第1節　最近の国際移民の傾向 ··· 21

    1.1　速報データに基づく2015年の移民の傾向 ··· 21

    1.2　2014年の移民フローの受入国別及びカテゴリー別の傾向 ···························· 23

    1.3　一時的労働移民 ··· 29

    1.4　庇護希望者 ··· 35

    1.5　学生の国際移動 ··· 42

    1.6　国際移民の送出国 ··· 44

    1.7　女性の移民フロー ··· 46

    1.8　外国出身人口 ·· 47

    1.9　国籍の取得 ·· 48

第2節　全般的な政策の変化 ··· 49

    2.1　移民管理の枠組みに大きな改定の動きはない ·· 49

    2.2　カテゴリー別の制度内変更 ·· 50

    2.3　ヨーロッパ諸国における近年の移民・難民政策の動向 ······························ 57

    付録1.A1　付録の図表 ·· 64

第2章　OECD加盟国における新来移民の就業状況と統合政策 ···················· 69

はじめに――新来移民を中心に ··· 70

第1節　OECD加盟国における移民の就業状況の最近の変化 ·· 71

    1.1　移民の就業状況の全体的傾向 ·· 73

    1.2　在住期間別にみた就業状況 ·· 75

    1.3　新来移民と定住移民の差異は拡大しているのか、縮小しているのか ·············· 79

    1.4　移民の就業者数の変化 ·· 83

第2節　OECD加盟国における統合政策の最近の変化 ·· 87

    2.1　OECD加盟国は帰化手続の簡素化を進めている ·· 87

    2.2　多くの国で特定グループの市民権取得が容易になり、また二重国籍が容認される傾向が
強まっている ·· 89

    2.3　その一方で、言語その他の市民権取得要件が強化されている ······················ 89

    2.4　新たな市民権の取り消し事由が導入されている ·· 90

    2.5　統合活動は移民のニーズに合わせることが多くなっている ·························· 90

    2.6　資格認定過程を効率化する ·· 91

    2.7　資格認定への意識の向上、認定手続の透明性の向上、資格証明書のない移民のための
認定の促進 ·· 92

目 次

2.8 言語教育を受ける機会やその誘因の拡大への取り組みが進んでいる ………………… 93

2.9 言語教育の教育基盤を強化する動きもある …………………………………………………… 93

2.10 言語学習における職業重視と柔軟性の向上への取り組みもみられる ………………… 93

第3節 難民とその子どもの統合促進のための最近の政策変化 ……………………………………… 94

3.1 早期介入がさらに顕著になっている ………………………………………………………………… 95

3.2 多くの政府が、庇護希望者や難民への対応を迅速化・効率化するため、各種政府レベル
及び関係者間の協力を拡大している …………………………………………………………… 95

3.3 ボランティア事業の組み入れや民間部門との緊密な協働に向けた取り組みも
行われている ……………………………………………………………………………………………… 96

3.4 住宅不足への対策が続けられている ………………………………………………………………… 97

3.5 各国は、都市部の貧困地域への庇護希望者及び難民の集中を避けようとしている ………… 97

3.6 だが、地域の労働市場のニーズや移民の技能に応じて、庇護希望者や難民を振り分けて
いる国は一部にとどまる …………………………………………………………………………… 98

3.7 多くの国が学校の定員と教員数の拡大を迫られた …………………………………………… 98

3.8 成人の庇護希望者や難民向けの言語講座を拡充している国も多い ………………………… 99

3.9 公共雇用サービス機関は、庇護希望者や難民向けの統合プログラムの提供に重要な
役割を果たしている …………………………………………………………………………………… 100

3.10 労働市場への統合促進のため職業教育・訓練のしくみが策定されている ………………… 100

3.11 市民統合のための施策が拡充されている ……………………………………………………… 101

付録2.A1 付録の図表 …………………………………………………………………………………………… 104

第3章 移民が経済に及ぼす影響──地域レベルに注目する ………………………………………… 117

はじめに …… 118

第1節 移民が労働市場に及ぼす影響 ………………………………………………………………………… 122

第2節 移民が住宅に及ぼす影響 ……………………………………………………………………………… 131

2.1 全体像 ……………………………………………………………………………………………………… 131

2.2 住宅の需要・価格・家賃への影響 ………………………………………………………………… 132

2.3 社会住宅への影響 ……………………………………………………………………………………… 137

第3節 移民が公的インフラに及ぼす影響 ………………………………………………………………… 140

3.1 学校制度への影響 ……………………………………………………………………………………… 141

3.2 医療制度への影響 ……………………………………………………………………………………… 143

3.3 公共交通への影響 ……………………………………………………………………………………… 146

第4節 移民が地方財政に及ぼす影響 ……………………………………………………………………… 147

第5節 結論 ……… 150

付録3.A1 付録の図表 …………………………………………………………………………………………… 160

第4章 環境的及び地政学的ショックに伴う国際移民──それに対するOECD加盟国の対応 … 165

はじめに …… 166

第1節 環境的及び地政学的ショックと国際移民の関係 ……………………………………………… 170

7

1.1	環境的及び地政学的ショックはどのようにして国際移民を引き起こすのか	170
1.2	国内的及び国際的な政策的枠組み	171

第2節　ショックに関わる人口移動への過去の政策対応 175
2.1	環境的ショックに関わる人口移動	176
2.2	地政学的ショックに関わる人口移動	181

第3節　国際的保護を必要とする人々のための代替経路 191
3.1	国際保護の対象者向けの代替の一般的移住経路	192
3.2	代替の人道主義的経路	205
3.3	代替経路の可能性を評価する	209

第4節　要点と結論 219

付録4.A1　2009〜2014年発生の環境的災害 234

付録4.A2　近年の環境災害への対応策 236
スマトラ島沖地震・インド洋大津波（2004年） 236
ハイチ地震（2010年） 237
日本及びニュージーランドでの地震（2011年） 239
ハリケーン・カトリーナ（2005年）とハリケーン・サンディ（2012年） 240
洪水、サイクロン、火山爆発 241
ソマリアの干ばつと飢饉 242

付録4.A3　地政学的ショックへの対応策 244
インドシナ難民危機（1975〜1997年） 244
ユーゴスラビア崩壊——ボスニア紛争（1992〜1995年）とコソボ紛争（1998〜1999年） 247
リビア内戦（2011年〜） 250
シリア内戦（2011年〜） 254

付録4.A4　人道移民に対する家族再統合の条件（難民としての地位別） 261

第5章　国別の情報——最近の移民動向と移民政策の変化 269

オーストラリア	270	アイルランド	298
オーストリア	272	イスラエル	300
ベルギー	274	イタリア	302
ブルガリア	276	日　本	304
カナダ	278	韓　国	306
チリ	280	ラトビア	308
チェコ共和国	282	リトアニア	310
デンマーク	284	ルクセンブルク	312
エストニア	286	メキシコ	314
フィンランド	288	オランダ	316
フランス	290	ニュージーランド	318
ドイツ	292	ノルウェー	320
ギリシャ	294	ポーランド	322
ハンガリー	296	ポルトガル	324

ルーマニア	326	スウェーデン	336
ロシア	328	スイス	338
スロバキア共和国	330	トルコ	340
スロベニア	332	イギリス	342
スペイン	334	アメリカ合衆国	344
各国の表に示すデータの資料と注記			346

統計付録 347

はじめに 348

全項目に共通する留意事項 349

外国人の流入と流出 350

庇護希望者の流入 376

外国人及び外国出身人口のストック 395

国籍の取得 435

OECD 移民に関する専門家グループ 457

『国際移民アウトルック』 OECD 事務局担当者 459

刊行にあたって

OECD加盟各国は移民に対する世論の反発に対処する必要がある

このところ、一般市民の間で政府の移民管理能力への信頼が失われつつある。さまざまな国の世論調査から明らかなように、近年、極端に反移民的な考え方を持つ人の割合が増大し、また公的な議論の場でも、そうした過激な意見を耳にすることがますます多くなっている。

こうした状況が生じているのは、1つには、大規模な移民流入に終わりがみえず、各国政府はそれを制御できなくなっているという見方が広がっているためである。ヨーロッパでは、ここ数年の難民の激増がこのような見方を生む一因となっているが、ほとんどの国では、流入する難民は、移民全体からみればなおそれほど大きな割合を占めるわけではない。OECDは、移民が公財政や経済成長、労働市場に与える中長期的影響は、おおむね好ましいものであるとの証拠を多数得ている。だが、この点は一般に浸透していないのが実情である。人々は移民、中でも難民の大量流入で生じる短期的な影響を憂慮し、また、移民は経済の安定や社会保障制度、生活の安全に対する脅威となりつつあると感じる人も少なくない。こうした世論に共通する懸念には、次のようなものがある。

- 移民は管理されておらず、国境の安全は守られていない。

- 移民は社会住宅、医療、教育などの地域サービスの負担となり、地域住民に損害を与えている。

- 移民は富裕層には利益をもたらすが、低所得層とは職の奪い合いになって、低技能労働者の賃金を低下させる。

- 移民の多くは社会への統合を望まず、受け入れる側の社会の価値観に抵抗する場合さえある。

移民を擁護する人口学的、マクロ経済学的な議論はそれがどれほど正しかろうと、多くの人々は、抽象的で遠い先の話としかみていないと思われる。その結果、世論への影響力は限定的で、もっぱらすでに理解している層を相手にするだけということになる。反移民的な意見を論駁しようとするなら、各国政府はもっと説得力のあるもっと効果的な議論を展開する必要がある。

実際のところ、移民は明らかに我々の生活における現実であり、我々の生活に根を下ろした存在である。OECD加盟国に暮らす約1億2,000万人はどこか別の国で生まれ、全人口の5人に1人は移民、もしくは移民の子どもである。この10年間で、年平均400万人を超える新規の永住移民がOECD加盟国に定住しているのである。

移民から十分な利益を得たいと考え、また、多くの国で発生が懸念されている社会的分断の修復を望むのなら、政策立案者は、以下に挙げる主要な3点について行動を起こす必要がある。

刊行にあたって

各国は、移民の影響は誰にでも一様に及ぶわけではないという事実を認識し、それに対処しなければならない

移民は必ずといっていいほど、特定の地域や都市部——往々にして最も貧しい地域——に集中する。大規模な移民の流入が地域に与える影響は、全国レベルで観察されるよりもはるかに大きく、また、その作用する方向も異なることが考えられる。2016年版『OECD国際移民アウトルック』では特に、大量の移民が突然流入すると、住宅・交通・教育といった地域インフラの抱える積年の構造的問題や障害が、悪化する可能性のあることを明らかにしている。同様に、特定の地域に多数の低技能移民が流入すると、必ずというわけではないが状況次第で、以前からの住民である低技能労働者が地元の労働市場で就労する可能性を狭める場合がある。移民の増加で過重な負担がかかった公共サービスを拡充することは、効果的な政策対応の1つとして必須であり、同時に、最低賃金その他の労働市場の規定を厳密に適用していくこともまた欠かすことができない。

グローバルな課題にはグローバルな解決策が必要である

最近の難民危機での例のように、大規模な難民流入への対応を個々の国任せにした場合、問題への適切な取り組みは不可能になる。国際的連携を促進し、さまざまな国がさまざまに寄与することが必要である。

世界的レベルでも地域レベルでも、迅速にニーズを把握してそれに対応することが求められている

拡大する移民フローへの対応には時間を要する場合があり、その間に政治的抵抗が強まることがある。最近の難民大量流入の際にヨーロッパでみられたように、移民流入に伴う課題に当局が迅速に対処しなければ、移民とその社会的統合（を欠いた状態）は制御不能だという印象が定着してしまう。今後の展開への備えとして、以下のことが求められている。

- 将来の移民フローと、それに伴うインフラ及び受け入れ能力に対するニーズについて、あらゆるレベルで精度の高い予測をする。

- 適切な行動がとれるようにあらかじめ策を講じておく。移民危機に見舞われた場合、国際レベルでは当面の措置でさえ合意にかなり時間がかかるため、各国は対応不可能な事態になる前に、確かな事前準備について検討しておくべきである。これについては、他のグローバルな課題から得られる教訓が参考になる。例えば、世界的な健康問題を提示し、それに対して協同的・組織的に取り組むための制度を設けていること、などである。

- 政策を、危機的状況を反映するものに変える。この点については、本書で詳細に考察しており、例えば、難民や移民の大規模な移動に取り組むための各種の政策は有用ではあるが、ただし1つだけ、非正規移民のフローを減少させるための合法的な代替経路は、いかなる形であれ今もって実質的に利用されていないことなどを明らかにしている。

我々には、21世紀の課題に応えるにふさわしい、新世代の効果的な移民政策が必要であり、その政策はグローバルであると同時に地域的でもなければならない。グローバルでなければならないの

は、予想外の大規模な移民フローには、どの国であれ他から孤立して単独で対処することはできないからである。強力な連携の枠組みを構築し、危機の最初の兆候が表れたところでただちに対応する必要がある。一方、移民政策が地域的でもあるべきなのは、当該地域社会に留まろうとする移民に対し、迅速かつ効果的な統合を進めることが求められるからである。同時に、地域的な対応策では、自分たちは移民から直接的な利益を得ていないと感じ、むしろ、移民は自分たちの社会の基本的価値観を否定しようとするのではと恐れる人々の、特有の懸念を払拭する必要がある。こうした懸念の存在を認めてそれに積極的に対処するべく、組織的・協調的な行動が機を逃さず行われない限り、移民政策はいつまでも抽象的でエリート主義的だとみなされ、取り組んでいるはずの問題の後追いをするのがせいぜいということになりかねない。さらにはその結果、すでに明らかなように、政治的ポピュリズムがいっそう声高に叫ばれるようになる可能性がある。

経済協力開発機構（OECD）雇用労働社会問題局長
ステファノ・スカルペッタ（Stefano Scarpetta）

概　要

主な傾向

2015年の速報データによれば、OECD域内の永住移民フローは、2年連続で急増している。2015年にOECD加盟国に流入した永住移民はおよそ480万人と、2007年のピーク時をわずかに上回り、2014年よりも10％増加した。

EU（欧州連合）域内の、家族再統合のための移民と自由移動による移民は、それぞれOECD加盟国への永住移民全体の約30％を占めた。国別にみて2014年に急増したのは、ルーマニア、ブルガリア、イタリア、フランスからの移民である。OECD加盟国への新規移民の3人に1人は、他のOECD加盟国出身者であり、また、およそ10人に1人は中国人、20人に1人はインド人である。

一時的移民もまた増えている。2014年、EU及びEFTA（欧州自由貿易連合）域内の企業内派遣と出向は、それぞれ17％と38％の増加を示した。いくつかの国では、国際的な季節労働者の求人も増加した。

2015年、OECD加盟国には165万人の新規庇護希望者の登録があり、過去最多となった。このうち130万人近くが、ヨーロッパのOECD加盟国に到着している。申請者のおよそ25％はシリア人で、16％がアフガニスタン人であった。ドイツでは、2015年に正規の庇護申請44万件を登録し、また事前登録は100万件を超えた。申請件数の対人口比では、スウェーデンが最も高かった（1.6％）。

2015～2016年には、OECDの移民政策に大きな変化はなかった。ただカナダでは、経済移民を対象とする新たな申請管理制度が2015年に発効している。ヨーロッパでは、2015年に「欧州移民・難民アジェンダ（European Agenda for Migration）」が採択・施行され、また、近年激増する移民フローの根本原因や余波への取り組み、さらには「欧州共通庇護制度（Common European Asylum System）」の改定を目的とした諸法案も採択・施行された。2016年には欧州委員会が、高技能労働者を対象とする「ブルーカード」指令、及びEU域内の労働者派遣条件に関する修正を提案している。

2011～2015年の間、ほとんどのOECD加盟国では、移民の就業率は横ばいか、わずかに低下する一方、失業率はOECD加盟国の多くで高い状態が続いた。OECD加盟国の平均では、移民の約60％（受入国出身者は64.9％）が就業し、失業率は9.3％（同7.3％）であった。

難民危機に大きな影響を受けた国々では、庇護希望者及び難民向けの統合政策が拡充された。オーストリア、フィンランド、ドイツ、ノルウェー、スウェーデンでは、教育や言語講座への支出が引き上げられ、またいくつかの国では、労働市場参入への待機期間を短縮したり、語学講座や技能評価を早期に受けられるような措置が講じられたりした。

概　要

移民が地域に及ぼす影響

　移民が受入国に及ぼす影響についての実証的な研究結果は、国レベルに焦点を当てたものが多いが、移民の影響が最も強く感じられるのは地域レベルである。移民の地域への影響を労働市場、教育、医療、住宅などの分野全体について一般化するのは難しい。というのも、その影響の如何は、通常、移民に特有の社会経済的特徴によって決まるためである。例えば、入手可能な証拠によれば、移民は受入国出身者に比べて、医療サービスの利用が少なく、公共交通機関の利用度は高い。学校においては、移民、中でも新来移民の子どもは、受入国出身の子どもよりも多くの支援を必要とし、したがって、往々にして1人当たりの費用（特に言語教育の費用）が高くなる。

　突然大量の移民が流入すれば、地域インフラの抱える積年の構造的問題が悪化する可能性があり、また増大する需要への対応には時間がかかることもある。だが、移民がそうした構造的問題の主たる原因ではないと認識することは、移民にしばしば否定的な世論と、地域での実態との間の乖離を解消していくうえで重要な第一歩である。

環境的・地政学的ショックに伴う移民

　環境的・地政学的ショックはしばしば大規模な移民フローをもたらし、その結果、合法的移民制度や保護制度に大きな負担がかかることがある。

　過去の例をみれば、OECD加盟国は、紛争中の国や自然災害に見舞われた国からの避難民には、一時的保護策で対応している。国によっては、地政学的ショックによる移民の場合、かなりの規模の再定住プログラムを運用する例もあるが、最近の難民危機を含め、庇護希望者の急増に対する最も一般的な措置は、引き続き一時的及び補完的保護である。代替経路——労働・留学・家族移民、あるいは人道ビザや民間スポンサー制度など——は、増大する移民フローへの通常の対策には含まれておらず、その点は最近の難民危機についても同様である。

　今年度版『OECD国際移民アウトルック』は、特に以下の点を強調している。すなわち、1）国際協力が効果的だからといって、誰もがそれをして当然だとはいえないこと、2）危機が長期化すると、恒久的な解決法を得ようとするニーズと、短期的な保護策を優先しようとする一般的な傾向との間の緊張が高まること、3）ほとんどの移民制度に共通する選別プロセスについては、国際保護の枠組みの中で再考する必要があること、である。

主な調査結果

移民は増加を続け、経済危機前のレベルに戻っている

- 2014年、OECD加盟国への永住移民フローは430万人に達した（2013年比4％増）。速報データによれば、2015年は2014年比約10％の増加である。

概　要

- 2014年には、OECD加盟国に在住する外国出身人口は1億2,000万人であった。

- 2015年、OECD加盟国の庇護申請者数は165万人であり、これは1992年及び2014年の水準の2倍に当たる。

- 2013年には、OECD加盟国の教育機関に在籍する留学生はほぼ300万人に達し、このうち23％は中国からの留学生であった。

移民がもたらす地域レベルの影響を軽視すべきではない

- すべてのOECD加盟国で、移民は都市圏に多い。

- 移民が公共サービスや公共インフラに与える影響は、受入国出身者と比較した場合の移民の特徴や、どのサービスやインフラを考察対象とするかによって変わる。移民が多数流入すれば、地域のインフラに負担がかかることは十分考えられる。だが移民は、構造的問題、特に住宅や教育の問題を悪化させる可能性はあるものの、一般にそうした問題の主たる原因ではない。

移民政策は地政学的・環境的ショックへの優れた対応策となりうる

- ショックに伴う移民に対処するための国際的方策は数が限られている。

- 難民向けの代替経路を実行に移すのは、実際問題として容易なことではない。だがシリア難民危機でも明らかなように、受益者数という点で代替経路の潜在能力は大きいと思われる。

- OECD域内ではこの5年間に、シリア人に対して1万8,200件の労働許可が付与された（近隣諸国に逃れた18～59歳のシリア人は約200万人）。また、シリア人の若者およそ1万5,300人がOECD加盟国への留学ビザを取得し（難民となったシリア人大学生の10％未満）、7万2,000人を超えるシリア人が家族との再統合を果たした。

17

第1章

第1章
最近の国際移民の動向と政策対応の変化

　本章では、OECD加盟国における国際移民の動向について概要をまとめている。まず、2015年の移民フローの傾向を簡単に述べた後、2007～2014年の間の永住移民の傾向について、国ごとに、また、労働移民、家族移民、人道移民といった主なカテゴリーや、自由移動圏内での移動に分けて分析する。その後、一時的な労働移民フローについて、特に季節労働者、企業内転勤者、ワーキングホリデー利用者を中心に報告する。また、OECD諸国での庇護希望者数の急増について取り上げるとともに、留学生の動向、受入国別の男女構成、外国出身者人口の規模、各国での国籍取得についても概括している。そして最後に、各国、中でもEUにおける移民管理制度の主な変化に関連して、政策的な側面を分析する。

第1章

はじめに

　OECD加盟国全体の2015年のGDP（国内総生産）の伸びは2%と、2014年に比べてわずかに増加しており、2015年のGDPがプラス成長であったのは、OECD加盟34か国のうち32か国である。2013年の第4四半期以降、OECD加盟国全体の失業率は1パーセントポイント超下がって2015年末には6.6%となり、失業者数は2年間で600万人減少した。失業率の低下傾向はほとんどの国でみられたものの、その程度は国ごとにさまざまであり、失業率が引き続き10%を超えた国も7つあって、ユーロ圏全体もそれに当たる。こうしたマクロ経済環境と雇用状況の改善により、労働移民を巡る環境は比較的良好となっている。

　本章では、まずこうした最新の動向について述べた後、国際的な移民フローと移民政策についてグローバルな視点からみていく。その中では、OECD加盟国への永住移民の全体的な傾向、入国者のカテゴリー別状況、一時的労働移民、庇護希望者、留学生、男女別及び出身国別の移民動向について取り上げる。特に、シリアとリビアの治安悪化が1つの要因となって激増している庇護希望者について、その最近の動向に注目して論じている。また、外国出身人口の規模及び構成や、国籍取得についても概観する。本章の後半では政策的な側面を取り上げ、OECD諸国での外国人の入国及び在留を管理する政策の最近の変化について、主な事例を紹介する。そこでは、移民政策の枠組みの大規模な改定はもちろん、個別のカテゴリーの移民に関わる特定の政策変更や、庇護申請の手続及び実施方法の改定についてもみていく。

主な調査結果

- 2014年のOECD加盟国への永住移民フローは430万人であった（2013年比で4%増）。速報データでは、2015年には約10%の増加となっている。

- 2014年は、人道移民（13%増）と自由移動による移民（8%増）の2つのカテゴリーで増加がみられた。

- 2014年の総移民数のうち、家族移民と自由移動による移民がそれぞれ3分の1を占めた。

- 2014年には、季節労働者の国際求人がEU域外のほとんどの国とポーランドで増加した。

- ポーランドは、OECD域内最大の季節労働移民の受入国として急成長し、2014年には38万7,000件の労働許可を出した。これは、同年にアメリカ合衆国が許可した季節労働移民数の2倍を超える。

- 2014年には、EU及びEFTA（欧州自由貿易連合）加盟国間の企業内転勤や出向は、それぞれ17%と38%の増加を示した。

- オーストラリア、アメリカ合衆国、ニュージーランド、カナダでは、2014年に44万人を超えるワーキングホリデー利用者（2013年比4%増）を、主に季節的な農作業やホテル、レストランなどで受け入れている。

- 2015年、OECD加盟国では第二次世界大戦以降最多の庇護希望者数を記録し、庇護申請数は倍増して165万件に達した。

- 2015年の場合、庇護希望者を出身国別でみると群を抜いて多いのがシリアであり、その数は37万人に上った。

- 2015年、ドイツの庇護申請登録件数は44万件と、OECD域内の全登録件数の4分の1を占めた。申請件数の対人口比が最も高かったのは、スウェーデンの1.6%である。

- 2013年には、OECD加盟国に在学する留学生は300万人近くに達し、その23%が中国出身者であった。

- OECD加盟国の高等教育機関に在学する学生全体に占める留学生の割合は、平均で8%である。この割合は修士課程では13%、博士課程では22%へと拡大する。博士課程の留学生では、その55%が自然科学または工学分野で学位を取得している。

- 2014年にOECD加盟国に新規流入した移民のうち、3人に1人がその他のOECD加盟国の出身であった。2014年に移民流出数が急増したのは、ルーマニア、ブルガリア、イタリア、フランスである。

- OECD加盟国のうち8か国では、2014年に受け入れた移民に占める割合は女性の方が男性よりも大きかった。

- 2014年には、OECD加盟国における外国出身者の総人口は1億2,000万人であった。

- 外国出身人口の増加分は、EU/EFTA加盟国における当該年の人口増加のおよそ4分の3を占める。

- 2014年にOECD加盟各国で国籍を取得した人は約200万人に上る。これは、平均で外国人全体の2.5%に当たる。

第1節　最近の国際移民の傾向

1.1　速報データに基づく2015年の移民の傾向

　シリアでの紛争とそれに伴う難民危機は2015年に劇的に悪化し、一部のOECD加盟国への移民フローにかつてない甚大な影響を及ぼしている。そのため、国際移民に関して世界的傾向を一括りに論じることは困難であるが、これらの事象の重大性を考えると、多くの国に関する利用可能な速報データや部分的データ（付録の表1.A1.1）の分析を行うことも必要になってくる。

図1.1　OECD加盟国への永住移民の流入（2006〜2015年）

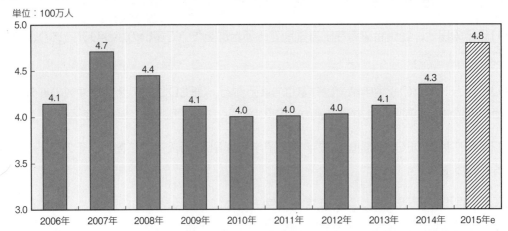

注：2006〜2014年については、データのある国は標準化された数値（全体の95%）、それ以外の国は標準化されていない数値を合計している。
e：2015年のデータは、各国の統計局が発表した増加率に基づく推計である。
資料：各国の統計データに基づいてOECD事務局が算出。
StatLink：http://dx.doi.org/10.1787/888933395282

　ドイツはこの問題について、これまで以上に中心的な役割を担っており、ドイツ連邦統計局の推計によれば、2015年の新規移民数はそれまで最多であった2014年からさらに50%も増加する見込みである。特にこの年、シリアから43万人、アフガニスタンから15万人、イラクから12万人の難民が、ドイツの庇護申請者配分システム「EASY」に登録されている。2015年の難民認定率は、シリア及びイラクからの難民でほぼ100%、アフガニスタンからの難民で70%に上ることから、2015年にドイツに入国したこの3か国出身の65万人もが、すでに難民認定を受けているか、もしくは今後受けることになると思われる。2015年の国の統計によると、同年はEU域内からの移民数も4%の増加を示している。そのデータには一時的移民と永住移民の両方が含まれているものの、この増加率を、2014年に登録された永住移民の数に当てはめれば、他のEU加盟国から、新たに45万人から50万人の永住移民が流入することが予測できる。つまり、2015年には少なくとも100万人の永住移民が新規に入国する（全員が永住移民として登録されるわけではないが）ということであり、ドイツの移民人口の割合は、アメリカ合衆国を超えないまでも、それに匹敵するほどの高水準に達したことになる。

　ドイツだけでなく、データのある国の半数で、2015年に受け入れた移民数が2014年に比べて急増しており、オーストリア（12%増）、デンマーク（16%増）、アイルランド（17%増）、ルクセンブルク（8%増）、オランダ（13%増）、スウェーデン（7%増）など、多くのEU加盟国もこれに当たる。また移民の流入数の増加は、イスラエル（7%増）、ニュージーランド（14%増）、日本（10%増）、韓国（7%増）でもみられる。フランス（EU域外からの入国のみ）、スイス、イギリスへの移民流入数は、数年にわたり増加傾向を示した後、2015年は増加はみられないものの高水準を維持した。2015年の流入移民数が2014年より減少したのは、フィンランドとノルウェーのみである。

最近の国際移民の動向と政策対応の変化　第1章

速報データによれば、全体としては、2015年のOECD域内への移民流入数は過去最高水準を記録し、新規の永住移民数は480万人で、2014年と比べて10%の増加となっている（図1.1）。

1.2　2014年の移民フローの受入国別及びカテゴリー別の傾向

2014年には、OECD加盟国への永住移民は約4%増加した[1]（表1.1）。これは2年連続の増加であり、新たな移民数は430万人と、2008年以降最大となった。だが、この増加傾向は多くがドイツによるものであり、増加分の3分の2をドイツが占めている。2014年もやはり、OECD加盟国のうち最大の移民受入国はアメリカ合衆国で、新規移民数は100万人（3%増）に上り、ドイツも変わらず第2位にあって、新たな永住移民数は50万人を超えた（23%増）。ドイツで移民の流入が増加した要因は、1つには、EU/EFTA域内の国からの移民が増加したこと（前年比23%増の8万人増）と、わずかではあるが難民が増えたこと（前年比36%増の1万1,000人増）がある。イギリスへの永住移民も7%増加しているものの、2007年以降の平均年間流入者数よりも少ない31万人にとどまっている。スペインでは6年連続して減少していたが、2014年には増加に転じて20万人超となった。

その他の主な移民受入国の中では、流入の実数でいえばカナダとフランスは26万人と変化がなく、オーストラリア（9%減）とイタリア（19%減）では減少している。イタリアでは、経済の低迷状態が3年間続き、移民のカテゴリーで増加がみられたのは人道移民のみであった。その他、2014年の目を引く変化としては、韓国（13%増）、日本（11%増）及びオーストリア（9%増）における急増や、4年間増加が続いた後に減少に転じたスイスなどがある。標準化データではないが、チリへの移民流入は2009年以降増加を続けており、2014年には14万人に達した。同じく国内データではあるが、ポーランドは移民の流入数が記録的な急増（6万人）を示し、イスラエルでも、フランスとウクライナからの移民が急増（それぞれ4,000人）した結果、流入数は過去10年間で最多となった。

長期的な労働移民については、OECD加盟国の全体では2014年も引き続き減少（3%）している（図1.2のパネルA及びC）。しかしこの数字は、EU/EFTA域内の国への移民が9%減少し、EU/EFTA域外のOECD加盟国への移民が5%増加したことの結果とみることができる。特にイタリア（33%減）と、それより変動幅は小さいもののスペイン（20%減）における流入数の減少が、全体的な長期的労働移民数の減少に大きく寄与している。イタリアの場合、1つには移民管理上の要因[2]が急激な減少を招いたとも考えられる。イタリアを除いた場合、その他のOECD加盟国への労働移民の流入数は2%増加し、EU/EFTA域内への流入数は変化がないということになる。国別にみるとOECD加盟国の3分の2が、2014年は2013年を上回る長期的労働移民を受け入れており、特にフランス（25%増）とカナダ（20%増）が突出して多かった。残りの3分の1の国のうち、特にアメリカ合衆国とイギリスは減少幅が大きい（6%減）。

家族移民もまた、2008年以降一貫して減少傾向を示し、このカテゴリーの2014年の人数は2013年と比べて1.7%減少した。その結果、OECD加盟国への永住移民総数のうち、2009年には40%近くを占めていた家族移民の割合は、現在33%にまで縮小している（図1.2のパネルB）。だが、2014年に家族移民が増加した国も多く、ドイツ（13%増）やスウェーデン（7%増）がそれに当たる。一

23

第1章　最近の国際移民の動向と政策対応の変化

表1.1　OECD加盟国への永住移民の流入（2007〜2014年）

	2007年	2008年	2009年	2010年	2011年	2012年	2013年	2014年	増加率（%） 2014年の対2013年比	増加率（%） 2013年の対2012年比	増加率（%） 2014年の対2007年比
標準化データ											
アメリカ合衆国	1 052 400	1 107 100	1 130 200	1 041 900	1 061 400	1 031 000	989 900	1 016 500	+3	-4	-3
ドイツ	232 900	228 300	201 500	222 500	290 800	399 900	468 800	574 500	+23	+17	+147
イギリス	343 300	317 300	359 200	394 800	320 100	283 600	290 600	311 500	+7	+2	-9
カナダ	236 800	247 200	252 200	280 700	248 700	257 900	258 600	259 300	+0	+0	+10
フランス	206 200	214 100	213 200	224 300	231 200	251 200	259 400	258 900	-0	+3	+26
オーストラリア	191 900	205 900	221 000	208 500	219 500	245 100	253 500	231 000	-9	+3	+20
イタリア	571 900	490 400	390 300	355 700	317 300	258 400	251 400	204 100	-19	-3	-64
スペイン	645 600	386 700	315 300	280 400	273 200	196 300	180 400	183 700	+2	-8	-72
スイス	122 200	139 100	114 800	115 000	124 300	125 600	136 200	134 600	-1	+8	+10
オランダ	76 800	87 000	87 400	93 800	104 200 |	99 900	109 200	124 100	+14	+9	+62
ベルギー	83 100	95 000	95 500	96 700	95 600	99 000	93 300	93 100	-0	+6	+12
スウェーデン	74 400	71 000	71 500	65 600	71 800	81 700	86 700	84 500	-3	+6	+14
韓国	44 200	39 000	36 700	51 100	56 900	55 600	66 700	75 700	+13	+20	+71
オーストリア	47 100	49 500	45 700	45 900	55 200 |	70 800	68 300	74 600	+9	-4	+58
日本	108 500	97 700	65 500	55 700	59 100	66 800	63 600	63 500	-0	-5	-41
デンマーク	30 300	45 600	38 400	42 400	41 300	43 800	52 400	55 500	+6	+20	+83
ノルウェー	43 900	49 300	48 900	56 800	61 600	59 900	60 300	55 000	-9	+1	+25
ニュージーランド	51 700	51 200	47 500	48 500	44 500	42 700	44 400	49 500	+11	+4	-4
メキシコ	6 800	15 100	23 900	26 400	21 700	21 000 |	54 40 |	43 500	-20	..	..
チェコ共和国	100 600	76 200	38 200	28 000	20 700	28 600	27 800	38 500	+38	-3	-62
ポルトガル	42 800	71 000	57 300	43 800	36 900	30 700	27 000	35 900	+33	-12	-16
アイルランド	120 400	56 700	30 000	26 800	25 600	26 800	28 300	32 800	+16	+6	-73
フィンランド	17 500	19 900	18 100	18 200	20 400	23 300	23 900	23 600	-1	+3	+35
ルクセンブルク	..	..	..	..	..	..	18 000	18 800	+4		
移民数合計											
上記加盟国合計	4 451 300	4 160 300	3 902 300	3 823 500	3 802 000	3 799 600	3 913 100	4 042 700	+3	+3	-10
移民国家	1 532 800	1 611 400	1 650 900	1 579 600	1 574 100	1 576 700	1 546 400	1 556 300	+1	-2	+2
EU加盟国（上記）	2 592 900	2 208 700	1 961 600	1 938 900	1 904 300	1 894 000	1 985 500	2 114 100	+6	+5	-18
そのうち自由移動	1 215 700	900 000	734 900	739 300	831 700	926 200	1 002 936	1 114 244	+11	+8	-8
年間増加率											
上記加盟国合計		-7	-5	-2	-0	-0	+3	+3			
移民国家		+5	+2	-4	-0	+0	-2	+1			
EU加盟国（上記）		-15	-11	-1	-2	-1	+5	+6			
そのうち自由移動		-26	-18	+1	+12	+11	+8	+11			
国内データ（標準化されていない）											
チリ	79 400	68 400	57 100	63 900	76 300	105 100	132 100	138 000	+4	+26	+74
ポーランド	40 600	41 800	41 300	41 100	41 300	47 100	46 600	60 000	+29	-1	+48
ハンガリー	22 600	35 500	25 600	23 900	22 500	20 300	21 300	26 000	+22	+5	+15
イスラエル	18 100	13 700	14 600	16 600	16 900	16 600	16 900	24 100	+43	+2	+33
ギリシャ	46 300	41 500	35 800	35 400	33 000	32 000	31 300	29 500	-6	-2	-36
スロベニア	30 500	43 800	24 100	11 200	18 000	17 300	15 700	18 400	+17	-9	-40
アイスランド	9 300	7 500	3 400	3 000	2 800	2 800	3 900	4 300	+10	+39	-54
スロバキア共和国	14 800	16 500	14 400	12 700	8 200	2 900	2 500	2 400	-4	-14	-84
エストニア	2 000	1 900	2 200	1 200	1 700	1 100	1 600	1 300	-19	+45	-35
トルコ	..	..	..	29 900	..	..	..				
合計（トルコを除く）	263 600	270 600	218 500	209 000	220 700	245 200	271 900	304 000	+12	+11	+15
年間増加率	+23	+3	-19	-4	+6	+11	+11	+12			

注：データは外国籍の者のみ。流入数には在留資格の変更、すなわち、一時的移民であった人が長期滞在の権利を取得した場合も含む。表中の「｜」（縦線）は時系列上の大幅な変化を示す。一部の国、特にベルギーとフランスではデータが大きく改訂されている。

表中の記号「..」はデータがないことを表す。

資料：OECD国際移民データベース（International Migration Database）。

StatLink：http://dx.doi.org/10.1787/888933396215

図1.2 OECD加盟国へのカテゴリー別永住移民流入数（2007～2014年）

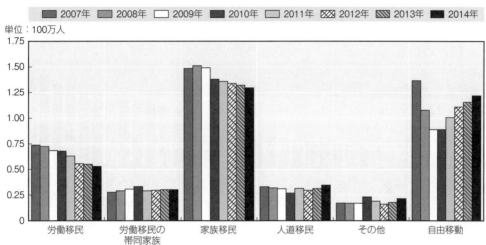

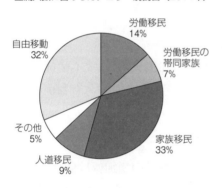

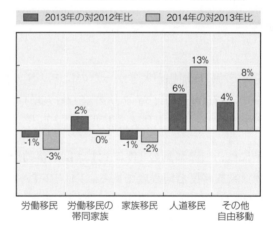

資料：OECD国際移民データベース（International Migration Database）。
StatLink : http://dx.doi.org/10.1787/888933395295

方、イタリア（24%減）やカナダ（16%減）では急激な減少がみられた。アメリカ合衆国は、2014年には小幅な減少をみせたものの、なお最大の家族移民受入国であり、その数は65万人（全体の半数）と突出しており、フランス（10万人）、カナダ（6万6,000人）がこれに続く。

　2015年に、移民に関してOECD加盟国の注目を最も集めたのは人道的支援の問題である。とはいえ、すでに2014年の段階で、人道移民は加盟各国で他のカテゴリーよりも増加が著しく、前年比で約13%多い難民が新たに認定されていた。OECD加盟国全体では、2006年以降最多となる35万人の難民を受け入れており、そのうち13万5,000人をアメリカ合衆国が、またOECD加盟のEU加盟国が合わせて16万人を受け入れている。だが、移民総数に占める難民の割合はなお比較的小さい（9%）。2014年には、ほとんどのOECD加盟国がこれまでより多くの人道移民を受け入れており、

図1.3　OECD加盟国への永住移民流入数の対人口比（2014年）

総人口に対する割合（％）

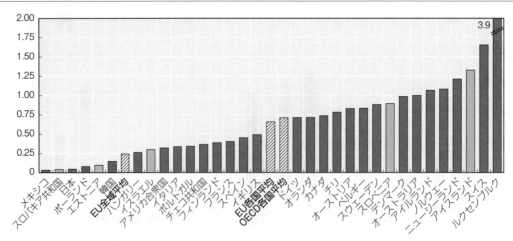

注：薄色のグラフは、非標準化データを示す。EU各国平均は、本図に示すEU加盟国の平均値である。EU全域平均は、EU域外からの流入について標準化データのあるEU加盟国の入国者数合計が、それらの国の総人口に占める割合を示したものである。
資料：OECD国際移民データベース（International Migration Database）。
StatLink : http://dx.doi.org/10.1787/888933395301

　中でも実数で特に増加幅が大きかったのはアメリカ合衆国（1万4,000人増）、ドイツ（1万2,000人増）、スウェーデン（7,000人増）、イタリア（6,000人増）であった。人道移民の受け入れ数が減少したのは、オーストラリア、オーストリア、カナダ、ノルウェー、イギリスのみである。

　2014年には、国際移動の3件に1件は自由移動圏内、それも主にEU域内で発生しており、その発生件数は家族移民と同程度である。EU/EFTA域内での国際移動の増加幅は9％に達し、そのうちドイツはEU/EFTA市民を40万人受け入れて、増加分の大半を占めることとなった。その他のOECD地域では、自由移動圏内の移民の増加幅は3％と限定的である。EU/EFTA域内で、ドイツに次いでこのカテゴリーの移民を多く受け入れたのはフランスであり、イタリア、スペイン、イギリスがそれに続いた。スペインとイギリスでは、2014年のEU/EFTA域内からの移民数が2013年を上回ったが、フランスとイタリアでは急減している。

　OECD加盟国には、EU諸国以外にも自由移動圏に属する国がある。南アメリカ諸国でいえば、チリは南米南部共同市場（メルコスール）の準加盟国である。正加盟6か国、準加盟6か国が調印したメルコスールの移住に関する協定は、仏領ギアナを除くすべての南アメリカ諸国が対象である。この「自由移動圏」では、人の自由な移動という点でEUとの類似点は多い（コラム1.1）。チリはまた、コロンビア、メキシコ、ペルーとともに、域内の移動促進を重点課題の1つとして、2011年に設立された太平洋同盟（Pacific Alliance）の創設メンバーでもある。チリは2012年、上記両協定のいずれかの下で入国資格を得た移民を1万5,600人受け入れている（OAS/OECD, 2015）。こうした移民は年間流入者総数の16％を占め、また、チリに入国した移民の大半が、メルコスールの協定に参加するペルー、ボリビア、コロンビア、アルゼンチンの出身者であった。

最近の国際移民の動向と政策対応の変化　第1章

　2014年の住民1,000人当たりの永住移民受け入れ数は、OECD加盟国の平均で7人であった（図1.3）。永住移民受け入れ数を対人口比でみると、特にその割合が大きいのはルクセンブルクであり、毎年人口のほぼ4％に当たる移民が入国している。次いで対人口比が大きいのは、スイス（1.7％）である。この2か国では、EU/EFTA域内の国の出身者が非常に大きな割合を占める。このほか、対人口比が平均を上回っているのはニュージーランド、オーストラリア、カナダなどの移民国家と北ヨーロッパ諸国である。

　反対に、対人口比が1,000人当たり1人を下回ったのは、メキシコや日本など、人口は多いが移民をほとんど受け入れていない国々と、東ヨーロッパ諸国であった。アメリカ合衆国もこの比率は非常に低く（1,000人当たり3.2人）、またEUも全体でみると、つまりEU域外からの流入のみを対象とすると、1,000人当たり2.5人と低い値になる。

コラム1.1　EUとメルコスールにおける自由移動圏

　EUでは域内の自由移動の権利が認められているが、それはEUに限ったことではない。南アメリカ諸国でも、メルコスール（Mercosur）と呼ばれる貿易協定を背景に、同様の権利が確立されている（Acosta Acarazo and Geddes, 2014）。

　メルコスール（スペイン語で「南部共同市場」を意味するMercado Común del Surから）は、1991年のアスンシオン（パラグアイ）条約により、加盟国間での商品、サービス及び生産要素の自由な移動を促進することを目的として設立された。現在の加盟国はアルゼンチン、ボリビア、ブラジル、パラグアイ、ウルグアイ、ベネズエラの6か国で、チリ、コロンビア、エクアドル、ガイアナ、ペルー、スリナムが準加盟国となっている。つまり、フランスの海外県であるフランス領ギアナを除き、南アメリカ大陸全体がメルコスールとつながりがあるといえる。メルコスールは現在、少なくとも原理上は、域内関税を完全に撤廃した関税同盟であり、貿易ブロックである。準加盟国は関税同盟には参加しておらず、議決権も持たないが、特恵的な貿易が可能である。以下では、メルコスールの貿易や商業の側面についてはこれ以上立ち入らず、加盟国及び準加盟国間での移民に関する規定を中心にみていく。

　域内移民の取り組みについては、2002年にメルコスール居住協定（Mercosur Residence Agreement）が採択されたが、運用に必要な各国の手続が遅れたため、発効したのはようやく2009年になってからである。同協定は、正式加盟か準加盟かを問わず、メルコスールの全加盟国を対象としている。この協定の下では、協定に参加する国の国民は、過去5年間に犯罪歴がある場合を除き、協定に参加する他のどの国にも居住することが可能である。そのために必要な書類は、通常、出身国の警察で入手できる。非正規滞在者も一時的在留許可の申請ができ、在留許可は2年間有効である。一時的在留許可の取得者は、その期限の90日前までに永住許可を申請し、自らと帯同家族を養える正当な生計手段がある

ことを証明しなければならない。申請しない場合は、受入国の移民法に従うことになる。留意しなければならないのは、この協定によって出入国管理が廃止されるわけではなく、また、この協定の規定の下での移動であっても在留許可の取得が必要になることである。したがって、この協定における人的移動の規定は、正確には「自由移動（Free Movement）」ではなく「自由居住（Free establishment）」と呼ぶべきであろう。

一方、EU加盟国の国民が他の加盟国に居住する際には、自身と家族が受入国の負担にならないことを保証するため、就業先もしくは十分な資産があること、また、医療保険に加入していることが求められる。在留許可の取得は不要だが、加盟国によっては、この規定に基づく移住者に当局への登録が課せられる場合もある。移住者が、治安上あるいは公衆衛生上の理由で退去を求められることもあるが、入国の際に、こうした問題がないことを証明する必要もなければ、ましてや過去の犯罪歴が、必然的に排除の理由とされることもない。EU加盟国の国民が中断することなく5年間、他の加盟国に居住した場合、いかなる条件にも縛られることなく永住権を取得できる。さらに、シェンゲン協定の参加国間では出入国管理は行われない。したがって、シェンゲン圏内での移民管理は「自由移動」体制、シェンゲン圏外では「自由居住」体制と呼ぶことができるだろう。

つまり、メルコスールでは一時的滞在には基本的に何ら条件を設けない一方で、永住者には生計手段を持つことが求められるのに対し、EUではこの逆の体制がとられているのである。

メルコスールとEUにおける自由移動圏のもう1つの大きな違いは、執行制度に関するものである。EUでは、自由移動はEU市民としての基本的権利であり、1992年のマーストリヒト条約に定められている。この権利侵害に対する執行手続は欧州委員会によって開始することができ、また、自由移動圏の権利に関わる事案に管轄権を持つ裁判所（欧州司法裁判所）が設置されている。

メルコスールでは対照的に、加盟国国民の自由移動の権利を保障する公的な手段は用意されておらず、これを侵害した場合の制裁規定もない。その権利は、加盟国間の互恵的な要請によって「保証」されているが、この点に関しては、加盟国の移民問題担当の上級職員が年に1回以上集まる「メルコスール移民問題専門フォーラム（Mercosur Specialised Migration Forum）」でも異議が出ている。権利保障のための公的な執行制度がないために、居住に関する協定の実施方法も加盟国間で十分には統一されていない。許可申請の費用が他よりも高い国もあれば、協定よりも良い条件を設定する国もあり、また、限られた国の国民にのみ適用しているところもある。最近では、ベネズエラがコロンビア国民に在留許可をまったく発行しなかったことへの報復措置として、コロンビアもベネズエラ国民に対してメルコスール・ビザや在留許可の発行を保留するということがあった。

メルコスール居住協定の実施状況は、現在のところかなりばらつきがあるようにみえるが、2021年には大陸市民権の導入が予定されている。これによって、各国間で移民の条件が統

最近の国際移民の動向と政策対応の変化　第1章

ーされるとともに、南アメリカ諸国の人々の自由移動圏の権利に対する法的保証がより強固になることが考えられる。

　もう1つ、メルコスール居住協定とEUの人の自由移動の制度はともに、移民に対して、受入国の国民と同等の社会的・文化的・経済的処遇を与えているという点がある。また、両制度とも移民に対し、在留許可の条件を前提としてではあるが、労働市場への参入や、社会的及び税制上の利益取得の機会も保証している。

1.3　一時的労働移民

　一時的労働移民は、あらゆる技能レベルの多種多様なカテゴリーに属する労働者に関係している。ヨーロッパ以外のOECD加盟国では、一時的労働移民の数は2007〜2008年の経済危機より前の水準に戻っており、中にはそれを超えている国もある。ヨーロッパ各国間の労働者の移動は増加を続け、移動の種類は国外派遣、越境労働、一時的就労など、さまざまである。

季節労働者

　季節労働移民は農業活動に関連する場合が多いが、農業以外でも季節的な繁忙期のある業種が対象になることもある。中でも、接客に関わる仕事、例えばホテル、飲食サービス、小売り、その他旅行関連のサービス業などがそれに当たる。季節労働者に対する在留許可は、カナダ（季節農作業労働者プログラム（Seasonal Agricultural Worker Peogramme））、フィンランド（ベリー類の収穫）、スウェーデン（森林部門など）、ニュージーランド（認定季節雇用者プログラム（Recognized Seasonal Employer Programme））では、農業分野の労働者にのみ発行されている。

　季節労働者の流出入の変化は、経済活動の変化と密接に関連している。こうした労働者の多くは、近隣諸国もしくは受入国との間で二国間協定を締結している国の出身者である。ヨーロッパ以外のOECD加盟国では、2007年の世界経済危機の後、流入移民数は減少していたが、その後増加に転じ、一部の国では2014年の流入数が経済危機以前の水準を上回った。アメリカ合衆国では、農業分野の季節移民（H-2Aビザ）の人数は2007年の水準を上回る状態を維持してきて、ここ数年は増加傾向さえ示し、2014年には8万9,000人とこれまでの最高を記録した。農業以外の季節労働者に発行されるビザ（H-2Bビザ）も、2014年に6万8,000件に増加しているが、過去最高に達した2007年の13万件にははるかに及ばない。H-2BビザはH-2Aビザとは異なり、出身国別の受け入れ定数に基づいて発行されている。アメリカ合衆国で働く季節労働者のほとんどはメキシコ（85%）出身者であり、その他の主な出身国はジャマイカ（4%）、グアテマラ（3%）、南アフリカ（2%）である。これらのビザ保有者がアメリカ合衆国に滞在できるのは、最長で3年間である。

　カナダは季節労働者の受け入れ数の第2位であり、2014年には2万9,000人を受け入れている。その数は継続的な増加を示し、現在のところ、経済危機以前の水準に比べて28%多い。オーストラリ

第1章　最近の国際移民の動向と政策対応の変化

表1.2　季節労働許可を取得した移民労働者数（主な受入国別）（2007～2014年）

		2007年	2008年	2009年	2010年	2011年	2012年	2013年	2014年	2014年の対2013年比	2014年の対2007年比
		単位：1,000人								増減（%）	
EU加盟国以外の主なOECD加盟国への季節労働者	アメリカ合衆国（農業従事者）	51	64	60	56	55	65	74	89	+20	+76
	アメリカ合衆国（非農業従事者）	130	94	45	47	51	50	58	68	+18	-47
	カナダ	23	28	23	24	25	25	28	29	+5	+28
	メキシコ	28	23	31	29	28	23	15	15	+2	-45
	ニュージーランド	7	10	8	8	8	8	8	9	+10	+41
	オーストラリア	-	0	0	0	0	1	2	3	+58	-
	ノルウェー	3	2	2	2	3	2	2	3	+1	-1
	小計	240	223	169	166	170	176	187	217	+16	-10
EU加盟国への季節労働者（EU市民を除く）	ポーランド	22	157	188	180	260	144	236	387	+64	+1677
	フィンランド	14	12	13	12	12	14	14	14	+0	+0
	オーストリア	42	44	40	41	21	16	15	7	-53	-83
	フランス	19	12	7	6	6	6	6	7	+8	-66
	イタリア	65	42	35	28	15	10	8	5	-36	-93
	スペイン	16	42	6	9	5	4	3	3	-2	-80
	スウェーデン	2	4	7	5	4	6	6	3	-51	+22
	ベルギー	17	20	10	6	6	10	11	0	-100	-100
	イギリス	17	16	20	20	20	21	20	0	プログラム廃止	
	ドイツ	300	285	295	297	168	4	0	0	プログラム廃止	
	小計	513	633	621	602	516	234	318	426	+34	-17
合計		753	856	790	769	686	410	505	643	+27	-15

注：複数年有効の許可が発行されるフランスを除き、データは実際の入国者数ではなく、許可証を付与された労働者の数を表す。フランスのデータでは雇用主が変わった場合、「新規労働者」とみなしている。EUへの新規加盟国の場合、労働市場への自由参入は漸次的に進むため、本表のデータが対象とする移民の出身国は、2007年以降すべて同じというわけではない。データにはすでにその国に滞在していた外国人を含む場合もある。
資料：OECD国際移民データベース（International Migration Database）。
StatLink：http://dx.doi.org/10.1787/888933396226

アでは、太平洋諸島諸国と東ティモールの経済発展などを目的として、2008年に始まった「太平洋季節労働者受け入れ制度（Pacific Seasonal Worker Pilot Scheme）」に代わり、「季節労働者プログラム（Seasonal Worker Program）」が2012年に施行された。これによって、9か国の低技能労働者を、主に園芸部門で雇用することが可能となった。季節労働に関わる求人のほとんどは、実際のところ、多数に上るワーキングホリデー利用者によって充足されており（表1.2）、オーストラリアに入国する季節労働者の数は、明らかに増加してはいるものの、設定された上限を下回っている。ニュージーランドの季節労働者もまた、主に大西洋諸島諸国（2014年以降フィジーも含む）からの移民であり、園芸部門とブドウ園で働いている。労働市場テストを実施しているものの、受け入れ上限——これ自体、2014年には8,000人から9,000人に拡大された——に迫る流入者数の増加を止めることはできていない。メキシコでは、グアテマラとベリーズからの季節労働者が、越境労働許可を取得して主にチアパスでの農作業に従事している。この労働許可はかなり成果を収めて、2000年のピーク時には約7万件が発行されたが、地域の競争力の低下やコーヒー価格の下落、数度にわたる自然災害によって、2014年の発行数はわずか1万5,000件にまで減少した。

　上述した国々とは異なり、ほとんどのEU加盟国では、2013年から2014年の間に季節労働許可の

30

発行数が減少しているが、これは主に、2014年1月1日をもってブルガリアとルーマニアの国民に労働許可が不要になったことによる。現在も一部の国で移動の制限を受けるクロアチア国民を除けば、季節労働許可が必要なのはEU市民以外に限られる。季節労働者のこうした減少傾向に対する顕著な例外は、ポーランドである。ポーランドの季節労働者の流入数は急増しており、2014年には38万7,000人を受け入れている（2013年比64％増）。これは、2014年にEU加盟国に流入した季節労働者数の総合計の91％を占める。2004年にEUに加盟して以降、ポーランドは高い経済成長期を迎え、そのため農業、建築、製造業といった産業分野で労働力不足が発生した。これに対してポーランド当局は迅速に対応し、EU域外の国民の一時的雇用を認める措置を講じた。2006年以降ポーランドでは、ウクライナ、ベラルーシ、ロシアからの季節労働者を、任意の12か月間内に合計で最大6か月雇用することができるようになった。この措置は、2009年にはモルドバとグルジア出身者に、2014年にはアルメニア出身者にも拡大されたが、現在でも制度の主な利用者はウクライナ人（96％）であり、そのうち20％は、応募時点ですでにポーランド国内に別種のビザで滞在している人である。

　その他のほとんどのEU加盟国では、季節労働許可の発行数は急減している。オーストリアは、2004～2007年にEUに新規加入した国々の居住者に労働市場が完全に開放されたことを受けて、2012～2014年、季節労働者の一部カテゴリーの受け入れ定数を3倍に増やした。また、許可発行数が減少した理由として、農業部門と建設部門でEU域外から多くの労働者を雇用していたスペインとイタリアが、2007～2008年の経済危機からまだ十分に立ち直っていないことも挙げられる。イタリアは、経済危機がピークにあった2012年に、季節労働移民の流入制限も行っている。

　ベルギーは、季節労働移民の受け入れを実質的に行っていない。ドイツも、季節労働者はEU域内の他の国からのみ受け入れており、2013年以降、労働許可の発行を停止している。同じ年にはイギリスも、季節労働移民のプログラムを廃止した。

　EU域外からの季節労働の移民フローで主なものには、ロシアからフィンランドへ、ウクライナとコソボからオーストリアへ、モロッコとチュニジアからフランスへ、インド、モロッコ、アルバニアからイタリアへ、モロッコからスペインへ、などがある。一方、スウェーデンでは、季節労働移民のほぼすべてを農作物収穫のためのタイからの労働者が占めているが、2013年から2014年にかけてその数が半減した。その理由は主に、雇用主への監督、特に給与支払に関する規制が強化されたことによる。ノルウェーの季節労働者の流入数は2,500人前後で一定しており、そのうちベトナムからの移民が3分の1を超える。

企業内転勤

　企業内の各部門間での従業員の配置転換は、雇用主にとってますます重要度が高まっている。社員及び管理職社員は該当する在留許可を得ることで、海外子会社や外国にある本社で一定期間、勤務することができる。この種の許可申請が最も多いのはサービス部門である。国際貿易のルールでは、各国はこうした一時的労働者の入国を認めなければならないが、労働許可を得るための規定は国によって異なる。例えばイギリスでは、最低賃金を要件としており、オーストラリアでは、社長を唯一の例外として、事前の労働市場テストをビザ発給の条件としている。企業内転勤で最も多い

第1章　最近の国際移民の動向と政策対応の変化

表1.3　OECD加盟国への企業内転勤（2007～2014年）

労働許可証発給件数

	2007年	2008年	2009年	2010年	2011年	2012年	2013年	2014年	2014年の対2013年比	2014年の対2007年比
	単位：1,000件								増減（%）	
アメリカ合衆国	84.5	84.1	64.7	74.7	70.7	62.4	66.7	71.5	+7	-15
イギリス	..	..	13.2	17.5	21.0	22.8	25.8	28.0	+9	+112
カナダ	9.2	10.5	10.1	13.6	13.5	13.6	14.0	15.6	+12	+69
ドイツ	5.4	5.7	4.4	5.9	7.1	7.2	7.8	9.4	+20	+73
オーストラリア	6.9	6.0	6.0	8.2	10.1	8.9	..	7.8		+13
日本	7.2	7.3	5.2	5.8	5.3	6.1	6.2	7.2	+15	+1
アイルランド	0.4	0.4	0.3	0.3	0.3	0.4	0.4	0.6	+42	+50
オーストリア	0.1	0.2	0.1	0.2	0.2	..	0.2	0.2	+0	+47
ルクセンブルク	..	..						0.2		
フランス	1.0	0.1	0.1	0.2	0.1	0.1	0.1	0.1	+41	-85
合計			(104)	(126)	(128)	(122)	(121)	141	+17	+36

注：EEA域内での企業内転勤は労働許可を必要としないため、本表のデータには含まれない。「2014年の対2007年比」が合計とイギリスで大きいのは、2009～2014年の変動幅が大きいことによる。2009～2013年の合計のばらつきは、ある程度はイギリスの時系列上の変化が原因と考えられる。表中の記号「..」はデータがないことを表す。

資料：OECD国際移民データベース（International Migration Database）。

StatLink：http://dx.doi.org/10.1787/888933396234

行先はアメリカ合衆国であり、イギリス、カナダがそれに続く（表1.3）。この種の国際移動はデータのある国のほとんどで増加しており、中にはかなりの伸びを示す国もある。

EU域内での国外派遣労働者

EU加盟国では、1996年の国外派遣労働者に関するEU指令の下、企業が労働者を外国に派遣することができる。この場合、雇用者は派遣元の国の労働法の対象となるが、社会保障費は現住する国に支払う。2010～2014年の間に、国外派遣労働者の数は38%増加し（図1.4）、派遣件数は44%増加した。

図1.5は、2014年に国外派遣労働者を受け入れたヨーロッパ各国の状況を示している。ドイツは国外派遣労働者の受入国として第1位で、特にポーランドからの流入数が非常に多いが、送出国としても第2位である。EU諸国からの国外派遣労働者の受け入れ数ということでは、第2位はフランスで、以下ベルギー、オーストリアと続く。これらの国際移動の多くは近隣諸国間で起こっているが、現在では、遠方の国からの流入、例えばスロベニア、ハンガリー、スロバキアからドイツへ、またポーランド、ポルトガルからフランスへの移動なども増加している。ルクセンブルクは、労働市場の規模との比較でみると国外派遣労働者の利用率が最も高く、また、同じく相対的にみた場合、派遣労働者の送出国としても中心的な存在だといえる。

2014年に送り出した国外派遣労働者が最も多かった企業は、建設部門（44%）とサービス部門（33%）であった。2014年の場合、平均派遣期間は4か月、派遣労働者総数は145万人で、これはEUの総労働者数の0.4%に相当する。

最近の国際移民の動向と政策対応の変化　第1章

図1.4　OECD加盟ヨーロッパ諸国への国外派遣労働者数の変化（2005～2014年）

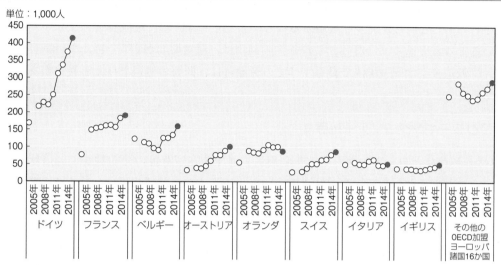

注：データは、（社会保障制度の適用を証明する）E101証明書及び2010年5月1日以降は同じくA1証明書（PDF）の発行数に基づく。
資料：Pacolet and De Wispelaere（2015）。データは、欧州連合統計局（European Commission Statistics）。
StatLink：http://dx.doi.org/10.1787/888933395313

図1.5　EU/EFTA加盟各国における国外派遣労働者の流入・流出・純移動（2014年）

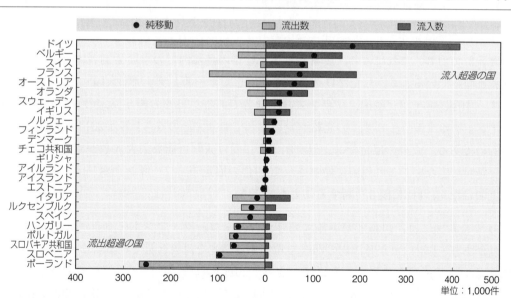

注：データは、E101証明書及び2010年5月1日以降はA1証明書（PDF）の発行数に基づく。EU/EFTAに加盟しているがOECD加盟国ではない国は表示がないが、流入数と流出数には含まれている。
資料：Pacolet and De Wispelaere（2015）。データは、欧州連合統計局（European Commission Statistics）。
StatLink：http://dx.doi.org/10.1787/888933395325

33

2016年3月、欧州委員会は国外からの派遣労働者に関する指令の改定案を提出した（European Commission, 2016）。改正点として挙げられているのは、報酬に関しては、受入国の労働者に一般に適用されるものと同じルールを適用すること、またそれは、単に最低賃金の支払いだけをいうのではないことなどである。ただし、この条件の適用は、派遣期間が2年を超えない場合である。さらに、人材派遣企業は同一国内で働くすべての労働者に、同等の処遇を与える義務があることも挙げられている。

研修生及びワーキングホリデー利用者

表1.4は、研修生とワーキングホリデー利用者に対する在留許可の発給数が、経済状況ととも変化していることを示すものである。2014年、日本は10万人の有給研修生——日本での名称は「外国人技能実習生」——を受け入れたが、この数は、同年にOECD加盟国に移住した研修生総数の4分の3を超えている。ほとんどの研修生が「技能実習」ビザを所持しており、したがって、雇用契約は一定の専門技能を要する職業に対するものとなる。このビザの有効期間は3か月から1年で、1回に限り更新することができる。研修生の受け入れ数は、5年ほど足踏み状態が続いた後、2014年に増加に転じた。2008年に比べて2014年の研修生受け入れ数が増加したのは、受け入れ数で第2位の韓国のみである。

ワーキングホリデー制度とは、二国間の相互協定により、若者が国外での経験を積めるようにするプログラムである。伝統的に移民国家といわれる国々で特に発達しており、それより規模は小さいものの、イギリスや日本でも実施されている。

36か国との間で協定を結んでいるオーストラリアでは、20万人を超えるワーキングホリデー利用者を受け入れており、これにより、農業や鉱業、建築の各部門での季節労働者需要を一部満たすことが可能となっている。こうしたプログラムを利用してオーストラリアに入国した若者の3分の2が、イギリス、中国、ドイツ、韓国、フランスの出身者である。36件の相互協定のうち17件では、「ワーク・アンド・ホリデー・ビザ」の発給が定められており、そのうち7件が2014年と2015年に締結されたものである。17件の協定では、出身国ごとに受け入れ可能な最大人数が定められているほか、ビザの更新はできない。これ以前に締結された19件の協定の「ワーキングホリデー・ビザ」は、発給数に上限はなく、1回に限り更新することもできる。

アメリカ合衆国には、国務省が実施する「サマー・ワーク・アンド・トラベルプログラム」という制度があり、国内で4か月以内の滞在を希望する学生を対象としている。この制度の利用者は、一時的あるいは季節的な仕事にのみ従事できる。2011年以降、このプログラムでは個人宅での雇用が禁止されており、年間受け入れ数も10万9,000人に制限されている。2012年には雇用主に対し、プログラム利用者が就業場所外での文化活動に参加することを許可するよう、要請がなされた。利用者の出身国で最も多いのは、ブルガリア、アイルランド、トルコ、ロシアである。

ワーキングホリデー利用者の受け入れが次に多いのはニュージーランドであり、カナダがそれに続く。ニュージーランドでは、産業革新雇用省がこの制度を運営している。相互協定の締結相手国は42か国で、そのうち28か国との協定には受け入れ人数の上限を定める条項がある。2014年の場合、

最近の国際移民の動向と政策対応の変化　第1章

表1.4　OECD加盟国における研修生及びワーキングホリデー利用者の受け入れ件数（2007〜2014年）

	受入国	2007年	2008年	2009年	2010年	2011年	2012年	2013年	2014年	2014年の対2013年比	2014年の対2007年比
		単位：1,000件								増減（%）	
研修生	日本	102.0	101.9	80.5	77.7	82.3	85.9	83.9	98.7	+18	-3
	韓国	14.2	13.6	11.4	11.8	13.3	12.2	12.5	15.1	+21	+6
	オーストラリア	5.4	5.3	3.7	3.5	3.8	3.6	3.5	4.4	+25	-19
	ドイツ	4.8	5.4	4.8	4.9	4.9	4.1	3.9	3.8	-3	-21
	アメリカ合衆国	3.1	3.4	2.1	1.8	2.1	2.9	2.7	2.2	-17	-28
	デンマーク	3.2	3.1	2.2	1.6	1.5	1.4	1.4	1.5	+8	-52
	スウェーデン	0.6	0.7	0.7	0.5	0.4	0.5	0.4	0.5	+13	-16
	ノルウェー	0.4	0.3	0.3	0.1	0.3	0.2	0.2	0.3	+47	-30
	合計	133.7	133.7	105.6	102.0	108.7	110.8	108.6	126.5	+17	-5
ワーキングホリデー利用者	オーストラリア	154.1	187.7	175.7	185.5	223.7	259.4	226.8	239.6	+6	+55
	アメリカ合衆国	147.6	152.7	116.4	118.2	97.6	79.8	86.4	90.3	+5	-39
	ニュージーランド	35.6	40.3	41.2	44.8	45.1	50.8	57.6	61.4	+7	+72
	カナダ	32.5	41.1	45.3	50.0	54.9	59.1	54.0	51.9	-4	+60
	イギリス	39.4	34.5	5.1	21.3	20.7	19.6	20.9	23.5	+13	-40
	日本	6.2	6.5	6.5	7.5	8.5	9.5	10.5	11.5	+10	+84
	アイルランド	..	..	..	1.6	1.3	1.4	2.0	2.3	+13	+42
	韓国	0.3	0.3	0.3	0.5	0.8	1.0	1.2	1.3	+12	+367
	デンマーク	..	0.4	0.3	0.3	0.4	0.4	0.4	0.6	+37	+62
	イタリア	0.4	0.4	0.4	0.4	0.4	0.4	0.5	0.5	-5	+23
	合計	416.2	463.9	391.3	430.1	453.3	481.4	460.3	482.8	+5	+16

注：研修生またはワーキングホリデー利用者の受け入れ件数が100件を超える国のみ。
資料：OECD国際移民データベース（International Migration Database）。
StatLink : http://dx.doi.org/10.1787/888933396247

受け入れ総数の半数がドイツ、イギリス、フランスからの参加者であった。利用者数が増加しているのは、ドイツとフランスからの利用者の増加と、新たな相互協定が結ばれたことによると思われる。

　カナダでは、「インターナショナル・エクスペリエンス・カナダ（International Experience Canada, IEC）」という名称のワーキングホリデー制度によって、32か国との間の出入国が容易になっている。2013年に、このプログラムの管轄が外務貿易開発省からカナダ市民権・移民省へと移管されたが、これにより、労働力需要に適切に対応していくうえで、ワーキングホリデー制度とその他の移民プログラムの連携をはかる機会が生まれることになった。また市民権・移民省では、カナダに入国する若者の数が出国者数を大きく上回っていることから、人的交流における相互関係の水準を改善したいという考えもある。

1.4　庇護希望者

　2015年には、OECD加盟国、特にヨーロッパ諸国では、第二次世界大戦以降で最多の庇護希望者数を記録した。OECD域内での庇護申請は2010年以降、一貫して増加を続けて、2015年には過去最多の165万人に達し（図1.6）、その4分の3以上が、EU加盟国で申請を行っている。

　本項での議論には、国連難民高等弁務官事務所（UNHCR）から得たデータを用いている。だが、

35

図1.6　OECD加盟国及びEU加盟国における新規庇護申請者数（1980年以降）

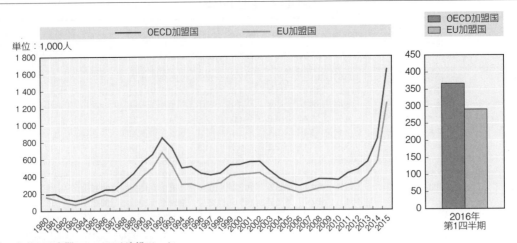

注：2016年第1四半期については速報データ。
資料：国連難民高等弁務官事務所（UNHCR）。
StatLink：http://dx.doi.org/10.1787/888933395334

　その庇護申請数データにはさまざまな問題があることに注意しなければならない。まず第一に、難民の到着と、庇護申請が各国当局によって実際に登録されるまでの間に時間的ずれがあるという点が挙げられる。申請数が予想を超えて急増した場合には、そのずれが長くなる可能性がある。現在でいえば、2015年の流入難民の多くを受け入れてきた国々が、（特に顕著な）そのケースに当たる。例えばドイツでは、庇護希望者が入国するとEASYシステム——庇護申請を国内各地に分散させるためのしくみ——に事前登録される。この事前登録から最終的な庇護申請の登録までの時間差が、事前登録のデータとUNHCRのデータとの間にかなりの差異を生んでいる。つまり、2016年に庇護申請者として登録された人のうちかなりの割合が、その前年にドイツに入国したことが考えられるのである。

　第二は、UNHCRが「ヨーロッパの複数の国に、同じ人が庇護申請者として重複登録されている例が報告されていることから、ヨーロッパで国際的保護を求める人の数には一部不正確さがある」（UNHCR, 2015）と認めている点である。今般の難民危機では、その発表データにこれまでにないほどの重複算定が含まれている。

　第三は、庇護申請数には、例えばトルコが行っているような一時的保護については、そのすべての種類を含むわけではないという点である。トルコには、2011年初めから2015年末までに230万人のシリア人が入国したが、2011年以降にトルコ国内で登録された庇護申請数はわずか9,000件であった。トルコは過去5年間の庇護希望者受け入れ数では、他のOECD加盟国を大きく引き離している。

　こうした問題点があることを承知したうえで、また、シリア難民危機の発生以降に作成された、庇護申請に関するいくつかのデータセットの誤用を避けるため、本章ではUNHCRのデータに限って使用する。実際のところ、全OECD加盟国を対象とする資料を提供しているのはUNHCRのみである。

最近の国際移民の動向と政策対応の変化　第1章

図1.7　OECD加盟国におけるシリアからの新規庇護申請数
（2012年第1四半期～2016年第1四半期）

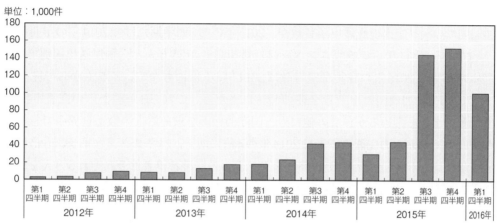

注：2016年第1四半期については速報データ。
資料：国連難民高等弁務官事務所（UNHCR）。

図1.8　新規庇護希望者の送出国別分布（2013～2015年）

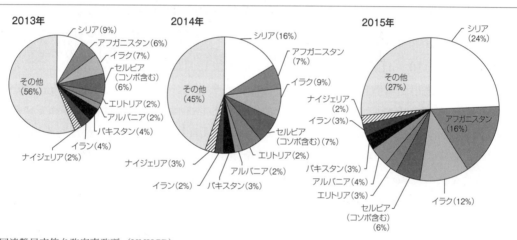

資料：国連難民高等弁務官事務所（UNHCR）。

　2015年のOECD域内での庇護希望者数は、2014年に比べて倍増している。この先例のない急激な増加の一因は、シリア、イラク、リビアにおける治安の悪化である。だが、それと同様に急増を招いた要因は、東地中海ルートや西バルカンルートといった、新たな密入国ルートが開拓されたことである。西バルカンルートは、主にシリア、イラク、アフガニスタンの難民によって利用されるが、それ以外にもパキスタン人や、一部のアフリカからの移民グループ、コソボやアルバニアの人々にも利用されている（こちらの方が利用頻度は高い）。そのため、難民の出身国や特徴は、以前の難民危機の時よりもかなり多様化している。

第1章　最近の国際移民の動向と政策対応の変化

難民の増加分の半数近くをシリアからの庇護希望者が占めており、事実、シリアはまさに第1の難民送出国だといえる（図1.7）。2015年に、OECD加盟国で庇護申請をしたシリア人は約37万人（全体の24%）で、これは2014年の3倍、2013年の6倍にも相当する。状況は極度に悪化しており、OECD加盟国でのシリア人の庇護申請者数が、2015年の第3四半期だけで2014年の年間申請者数を上回るほどである（図1.8）。アフガニスタンは庇護申請者が25万人と、難民送出国別では2番目に多く（全体の16%）、2015年の庇護希望者数は2014年の5倍にもなる。イラクからの庇護申請者は約18万人で、OECD加盟国の申請者全体の12%に当たる。これら3か国からの庇護申請者が2015年の総申請者の半数を占めるが、この他にも、国際的保護を求める人の数は世界中で急増している。2015年のアルバニアからの庇護希望者は2014年の4倍に増え、パキスタンとイランも倍増している。セルビア（及びコソボ）、アルバニア、パキスタンからの庇護希望者はそれぞれ5万人を超えている。難民の送出人数が上位20位までの国の中で、その数が2014年に比べて2015年に減少した国は1つもない。

2013年、2014年と同じく、2015年も庇護申請の登録数はドイツが最も多く、同時に増加幅も最大であった（27万人、155%の増加）。ドイツ1国の登録数だけで、OECD域内の総登録数の4分の1に当たる（表1.5）。その内訳は、シリアからの庇護申請者が3分の1（2014年の4倍）、アルバニアが12%（同7倍）、セルビア（及びコソボ）が11%（同2倍）、アフガニスタンが7%（同3倍）、イラクが7%（同6倍）である。ただし、エリトリアからの申請者数は、2014年と比較して18%減少している。

ドイツの2015年の申請者数は、月を追うごとに増加した。前半は月間2万5,000人程度で始まったものが、ピークの10〜11月には6万人に迫り、その後12月は4万5,000人に減少している。これを合わせると、庇護申請者数は2015年1年間で44万人を超え、過去最高を記録する。だがこの数字は、2015年に保護を求めてドイツに入国した人の数としては、過小に見積もられている。上述のEASY登録システムによれば、2015年にドイツの受け入れ施設に割り振られた庇護申請者は110万人に近いという。こうした申請者の全員が手続を完了しなかったとしても（例えば、その間に他の国への移動を決めた場合など）、ドイツの申請者数はUNHCRのデータをはるかに上回っている。EASYシステム登録者の3分の2がシリア、アフガニスタン、イラク出身者である。

ドイツの次に多いのはハンガリー、スウェーデン、アメリカ合衆国、トルコであり、それぞれ2015年の申請数は10万件を超える。だが注意が必要なのは、ハンガリーで庇護申請をした人のほとんどは、ハンガリーは通過するだけで（しかも、10月の反移民フェンス完成後はそれもない）、その後他国へ向けて出国していった。実際のところ、9月には3万500人に達したハンガリーの庇護申請者は、第4四半期には1,000人を下回るまでに減少している。

2015年の庇護希望者の登録数は、ほぼすべてのOECD加盟国で2014年よりも増加しており（表1.5）、フィンランド（2014年の9倍）、オーストリア（3倍）、ベルギー（3倍）、ノルウェー及びスウェーデン（2倍超）など、いくつかの国で非常に大きな伸びを示している。これらの国々と比較すれば、イギリス、フランス、イタリアなど一部の国では増加率は高くなく、また、庇護申請者の出身国も他の大半のヨーロッパ諸国とは異なっている。イギリスでは申請者数の増加率は23%で、出身国で最も多かったのはエリトリアであった。また、フランスでは26%の増加でスーダン出身者が

最近の国際移民の動向と政策対応の変化　第1章

第1章

表1.5　新規庇護申請の提出された国別件数（2011～2015年）

	2011～2013年の年平均	2014年	2015年	2014～2015年の実数の増減	2014～2015年の変化率（%）	人口100万人当たり庇護申請者数（直近年）	庇護申請者の出身国上位3か国（直近年）
ドイツ	73 290	173 070	441 900	+268 830	+155	5 471	シリア、アルバニア、セルビア（及びコソボ）
ハンガリー	7 730	41 370	174 360	+132 990	+321	17 703	シリア、アフガニスタン、セルビア（及びコソボ）
アメリカ合衆国	77 610	121 160	172 740	+51 580	+43	552	中国、メキシコ、エルサルバドル
スウェーデン	42 590	75 090	156 460	+81 370	+108	16 052	シリア、アフガニスタン、イラク
トルコ	29 100	87 820	133 590	+45 770	+52	1 728	アフガニスタン、イラク、イラン
オーストリア	16 440	28 060	85 620	+57 560	+205	9 973	シリア、アフガニスタン、イラク
イタリア	25 730	63 660	83 240	+19 580	+31	1 369	ナイジェリア、パキスタン、ガンビア
フランス	55 820	59 030	74 300	+15 270	+26	1 157	スーダン、セルビア（及びコソボ）、シリア
オランダ	11 880	23 850	43 100	+19 250	+81	2 588	シリア、エリトリア、イラク
ベルギー	19 010	13 870	38 700	+24 830	+179	3 454	シリア、イラク、アフガニスタン
イギリス	27 760	31 260	38 570	+7 310	+23	606	エリトリア、イラン、パキスタン
スイス	21 610	22 110	38 120	+16 010	+72	4 683	エリトリア、アフガニスタン、シリア
フィンランド	3 010	3 520	32 270	+28 750	+817	5 897	イラク、アフガニスタン、ソマリア
ノルウェー	10 100	12 640	30 520	+17 880	+141	5 908	シリア、アフガニスタン、エリトリア
デンマーク	5 850	14 820	21 160	+6 340	+43	3 792	シリア、イラン、エリトリア
カナダ	18 520	13 450	16 070	+2 620	+19	460	中国、ハンガリー、パキスタン
スペイン	3 500	5 900	13 370	+7 470	+127	287	シリア、ウクライナ、ヨルダン川西岸地区及びガザ地区
オーストラリア	13 010	8 960	12 350	+3 390	+38	530	マレーシア、中国、イラク
ギリシャ	9 040	9 450	11 370	+1 920	+20	1 010	シリア、アフガニスタン、パキスタン
ポーランド	9 340	6 810	10 250	+3 440	+51	266	ロシア、ウクライナ、タジキスタン
日本	2 560	5 000	7 580	+2 580	+52	59	ネパール、トルコ、ミャンマー
韓国	1 240	2 900	5 710	+2 810	+97	113	パキスタン、エジプト、中国
メキシコ	950	2 140	3 420	+1 280	+60	28	ホンジュラス、エルサルバドル、グアテマラ
アイルランド	1 160	1 440	3 280	+1 840	+128	712	パキスタン、バングラデシュ、アルバニア
ルクセンブルク	1 690	970	2 300	+1 330	+137	4 187	シリア、イラク、セルビア（及びコソボ）
チェコ共和国	670	920	1 250	+330	+36	119	ウクライナ、シリア、キューバ
イスラエル	2 420	490	..	..	..	61	コートジボワール、南スーダン、エリトリア
ポルトガル	360	440	900	+460	+105	86	ウクライナ、マリ、中国
アイスランド	120	160	360	+200	+125	1 094	アルバニア、イラク、アフガニスタン
ニュージーランド	310	290	350	+60	+21	77	フィジー、パキスタン、南アフリカ
スロバキア共和国	500	230	270	+40	+17	50	イラク、アフガニスタン
スロベニア	310	360	260	-100	-28	126	イラク、アフガニスタン、パキスタン
チリ	240	280	..	..	..	16	コロンビア、シリア、ヨルダン川西岸地区及びガザ地区
エストニア	80	150	230	+80	+53	175	ウクライナ、アフガニスタン、イラク
OECD加盟国合計及び平均	**493 550**	**831 670**	**1 653 970**	**+822 300**	**+99**	**1 314**	**シリア、アフガニスタン、イラク**
OECD非加盟国							
ブルガリア	3 034	10 790	20 160	+9 370	+87	2 799	イラク、アフガニスタン、シリア
マルタ	2 043	1 280	1 700	+420	+33	3 960	リビア、シリア、ウクライナ
ルーマニア	2 024	1 550	1 270	-280	-18	64	シリア、イラク、アフガニスタン
ラトビア	348	360	330	-30	-8	178	イラク、ベトナム、ウクライナ
リトアニア	402	390	290	-100	-26	99	ウクライナ、ジョージア、アフガニスタン

注：アメリカ合衆国のデータは、国土安全保障省に提出される「能動的（affirmative）」庇護申請（件数）と、司法省移民審査行政局に提出される「防御的（defensive）」庇護申請（人数）を対象とする。表中の記号「..」はデータがないことを表す。

資料：国連難民高等弁務官事務所（UNHCR）。

StatLink：http://dx.doi.org/10.1787/888933396258

図1.9　EU加盟国における庇護申請の平均認定率（2010〜2015年）

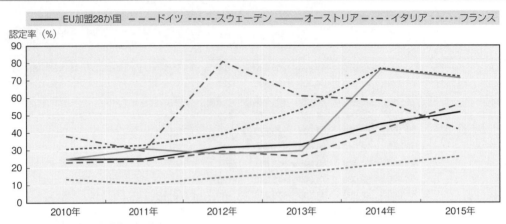

資料：欧州連合統計局（Eurostat）。
StatLink：http://dx.doi.org/10.1787/888933395366

多く、31％の増加を示したイタリアは、ナイジェリアやガンビアなど、主にサハラ以南のアフリカ諸国から庇護申請者を受け入れている。対照的に、アメリカ合衆国——2015年の増加率は38％——では、そのほとんどを中国とラテンアメリカの出身者が占める。中国は、カナダ（総数で19％増）でも最大の庇護申請者送出国であり、またオーストラリア（同じく37％増）でもマレーシアと並んで最大の送出国となっている。

　今般の難民危機で特に際立った特徴は、庇護申請者の中に保護者のいない未成年者（unaccompanied minors, UAM）が多数含まれていることである。2015年に、EU加盟国及びそれ以外のOECD加盟のヨーロッパ諸国で難民庇護申請をしたUAMは8万5,000人と、過去10年間で最多を記録した。この数字は2014年と比較すると3倍、中でもスウェーデンとノルウェーでは5倍にもなる。2015年の全庇護申請者のうちUAMであると申告した人の割合は、2014年の4％から増加して6％である。UAMの最大の出身国はアフガニスタン（54％）であった。

　庇護申請者数を受入国の総人口との比較でみると、2015年のOECD加盟国全体では、人口100万人当たり1,300人となる。対人口比が最も高かったスウェーデンでは、100万人当たり1万6,000人、次に高いオーストリアが1万人、続くノルウェーとフィンランドはほぼ6,000人であった。全般に、庇護申請者数の対人口比は小国で特に高いが、ドイツは人口規模が大きいものの100万人当たり5,500人と、比率が高いグループに入る。だがドイツのこの対人口比は実際より低く、上述のEASYシステムの登録数から算定すれば、100万人当たり1万3,500人に迫る数となる。対照的にアメリカ合衆国とイギリスは、庇護申請の受け入れ数の対人口比は、100万人当たりそれぞれ400人と600人と低い。

　今般の人道に関わる難民危機は、2016年初めの数か月を経てもなお継続しているが、拡大のペースはやや落ちてきてはいる。OECD域内での庇護申請者数は、3か月連続で減少した後、2016年1月には2015年10月の半数にまで減少した（約11万人）。2月には新規庇護申請者が再び増加したが、この変化はそのほとんどがドイツでの動きが影響したものである。ドイツのEASYシステムへの登

最近の国際移民の動向と政策対応の変化　第1章

表1.6　OECD加盟国における国際的保護の新規認定者数（2007〜2015年）

	2007年	2008年	2009年	2010年	2011年	2012年	2013年	2014年	2014〜2015年の変化率（％）
オーストラリア	14 158	11 729	14 854	14 553	13 976	13 759	20 019	13 768	..
オーストリア	7 002	5 539	4 982	4 749	5 757	4 099	2 512	1 341	+41
ベルギー	2 122	2 537	2 305	2 818	3 951	4 419	4 937	6 146	+28
カナダ	39 160	32 484	33 374	33 432	36 091	31 990	30 952	27 637	..
デンマーク	1 278	1 453	1 376	2 124	2 249	2 583	3 889	6 110	+77
フィンランド	2 083	2 153	3 011	3 168	2 241	2 854	3 055	2 899	+17
フランス	9 901	11 655	12 732	12 083	11 606	12 231	12 101	13 194	+26
ドイツ	50 944	37 491	11 107	11 828	11 036	18 092	30 667	42 393	+196
アイルランド	579	588	366	153	132	112	182	224	+43
イタリア	7 726	10 019	9 573	4 303	7 155	5 989	14 395	20 580	+44
日本	129	417	531	402	269	130	130	157	..
韓国	13	32	74	47	38	60	36	633	..
メキシコ	..	..	..	222	262	389	198	348	..
オランダ	12 340	7 330	9 590	10 010	10 690	5 268	9 970	..	+29
ニュージーランド	3 769	3 678	3 109	2 807	2 741	3 032	3 385	3 551	..
ノルウェー	5 930	4 757	6 189	5 328	5 389	5 721	6 725	5 690	+22
ポルトガル	122	82	52	57	65	100	135	110	+77
スペイン	544	277	341	595	967	520	463	1 583	-36
スウェーデン	18 290	11 173	11 119	12 073	12 651	17 355	28 904	35 642	+4
スイス	5 425	6 348	5 370	6 655	5 755	4 212	5 061	6 355	-9
イギリス	14 190	2 825	3 110	4 931	13 003	11 434	21 266	17 191	+7
アメリカ合衆国	136 125	166 392	177 368	136 291	168 460	150 614	119 630	134 242	..
合計	331 830	318 959	310 533	268 629	314 484	294 963	318 612	339 794	..
ヨーロッパ諸国合計	138 476	104 227	81 223	80 875	92 647	94 989	144 262	159 458	+67

注：表中の記号「..」はデータがないことを表す。
資料：2007〜2014年は、OECD国際移民データベース（International Migration Database）。2014〜2015年の変化率は、国際移民及び難民に関する欧州連合統計局データベース（Eurostat Database on International Migration and Asylum）。

StatLink：http://dx.doi.org/10.1787/888933396264

録件数は、2015年11月の20万人から2016年3月には2万人へと、この数か月間で激減している。つまり、UNHCRのデータによる2016年2月の増加分は、EASYシステムではすでに2015年に登録済みの人数に相当しており、2月時点での増加分を表していないということである。EASYシステムへの登録件数が2016年第1四半期に減少したことを考えれば、今後しばらくは庇護申請者数は減少していくものと思われる。

庇護申請者の主な送出国（シリア、イラク、アフガニスタン）は劣悪な治安状態が続いていることから、**認定率**[3]は高い。2015年のEU加盟国における認定率の平均は51%で、2011年の2倍を記録した。最も認定率が高かったのは70%超のスウェーデンとオーストリアだが、両国での庇護希望者の大半が上記の紛争地域出身者である（図1.9）。

2014年の人道支援を理由とした永住移民の数は、流入数が多く認定率も高かったため、2007年以降で最多を記録した（表1.6）。標準化データのあるOECD加盟国では2014年、人道支援を理由とした永住権取得者が34万人（ヨーロッパでは16万人）に達し、増加幅は特にヨーロッパ諸国で高く、デンマーク57%、イタリア43%、ドイツ38%とそれぞれ増加した。アメリカ合衆国でも、人道支援による永住移民は12%増加する一方、カナダ（11%減）とオーストラリア（31%減）では減少がみられた。2015年に、国際的保護の認定数がEU諸国で増加した（欧州連合統計局のデータ）ことを

41

第1章　最近の国際移民の動向と政策対応の変化

考えれば、OECD加盟のヨーロッパ諸国で、人道的理由による永住移民数が前年の3分の2も増加して、25万人に達したのも当然といえるだろう。

1.5　学生の国際移動

　学生の国際移動は、教育の国際化がもたらす広範な現象の一部であり、また、必然的に人的移動を伴う現象でもある。そのため学生の国際移動には、教育政策と移民政策双方の政策立案者が大き

表1.7　OECD加盟国の高等教育機関に在学する留学生（2013年）

	高等教育機関に在学する留学生				教育段階別留学生の割合（%）			専攻分野別留学生の割合（%）				
	合計 （単位： 1,000人）	OECD 加盟国 出身者 の割合 （%）	EU加盟 28か国 出身者の 割合 （%）	女性の 割合 （%）	高等教育 段階合計	修士課程 または 同等 レベル	博士課程 または 同等 レベル	社会科学・ 商学・法学	自然科学・ 工学・製 造・建築	人文科学・ 芸術	医療・ 福祉	その他
オーストラリア	250	12	3	48	18	38	33	52	26	6	10	6
オーストリア	71	73	71	53	17	19	28	38	27	17	8	9
ベルギー	45	56	56	57	10	16	38	23	18	14	34	12
カナダ	135	21	10	44	9	13	26	41	33	6	5	14
チリ	3	5	2	49	0	2	3	32	18	6	7	37
チェコ共和国	40	70	69	53	9	11	13	38	28	10	17	8
デンマーク	29	65	63	54	10	18	30	41	31	10	11	7
エストニア	2	66	66	48	3	4	7	55	15	16	5	9
フィンランド	22	21	18	42	7	11	17	27	42	11	10	10
フランス	229	20	16	52	10	13	40	38	32	17	7	5
ドイツ	197	34	29	50	7	12	7	26	40	19	6	9
ハンガリー	21	54	51	50	6	14	7	21	13	11	40	15
アイスランド	1	78	67	63	7	6	20	25	20	40	5	10
アイルランド	13	52	34		6	10	25	..	..	..	..	..
イスラエル	10	42	17	57	..	4	5	..	..	..	..	..
イタリア	82	19	23	59	4	4	12	31	27	21	15	6
日本	136	17	2	49	4	8	19	38	18	21	2	20
韓国	56	7	1	52	2	6	8	45	22	22	4	7
ルクセンブルク	3	78	79	50	44	67	84	62	17	9	3	9
メキシコ	8	0	0		0	1	3	..	..	..	..	..
オランダ	69	60	61	55	10	17	38	43	18	12	13	14
ニュージーランド	41	24	5	45	16	20	43	39	27	9	7	18
ノルウェー	9	36	33	51	4	7	21	26	26	17	10	21
ポーランド	28	30	22	52	1	2	2	42	14	11	22	12
ポルトガル	15	24	21	51	4	5	15	35	29	13	10	13
スロバキア	10	85	81	56	5	6	9	18	8	5	53	15
スロベニア	3	16	48	58	3	4	8	39	29	13	7	13
スペイン	56	34	30	53	3	5	16	30	23	9	26	12
スウェーデン	25	36	31	46	6	9	32	25	47	11	11	5
スイス	47	71	67		17	27	52	33	35	16	7	9
トルコ	54	9	11	35	1	4	4	38	25	13	12	13
イギリス	417	33	30	50	17	36	41	45	29	13	8	6
アメリカ合衆国	784	26	7	46	4	8	32	33	35	13	9	11
EU・OECD加盟国	1 376	46	45	52	9	14	23	36	26	13	16	10
OECD加盟国合計 及び全域平均	2 911	851	594	48	..	..	..	..	..	..	..	..
OECD各国平均	..	39	34	51	8	13	22	36	26	14	13	12

注：チェコ共和国、イスラエル、イタリア、韓国、トルコのデータは留学生ではなく外国人学生を示す。カナダのデータの参照年は2013年ではなく2012年。表中の記号「..」は、データがないことを表す。

資料：OECD（2015）『図表でみる教育OECDインディケータ（2015年版）（*Education at a Glance: OECD Indicators 2015*）』OECD Publishing, Paris。

StatLink：http://dx.doi.org/10.1787/888933396278

42

な関心を寄せている。最新である2013年のデータは、それ以前のものとは十分な比較はできないが、それでも、2013年にもまたOECD加盟国で留学生数が増加しているという点に、疑問の余地はないだろう。

2013年にOECD加盟国の教育機関に在学する留学生はおよそ300万人で、その48％が女性である（表1.7）。留学先で最も多いのはアメリカ合衆国で約80万人、次いでイギリス（42万人）、オーストラリア（26万人）が多く、フランスとドイツがこれに続く。OECD加盟のEU諸国には140万人をわずかに下回る数の留学生が在籍し、そのうち3分の2はEU域外の出身者であった。OECD加盟国では、全高等教育機関在学者に占める留学生の割合は平均で8％であるが、この割合はオーストラリア、オーストリア、ニュージーランド、スイス、イギリスではもっと大きく、16〜18％に上り、ルクセンブルクに至っては44％にも達する。留学生の占める割合は、教育段階が高くなるにつれても増加し、修士課程では平均で全体の13％、博士課程になると22％に跳ね上がる。博士課程における留学生の割合が特に大きいのはフランス、ルクセンブルク、ニュージーランド、スイス、イギリスである。

OECD加盟国の高等教育機関では、社会科学・商学・法学分野が一般的に最も多くの学生を集め、特に留学生についてはそれがいえる（平均で36％）。この割合はルクセンブルク（62％）、エストニア（55％）、オーストラリア（52％）で際立って大きい。だが、フィンランド、ドイツ、ノルウェー、スウェーデン、スイス、アメリカ合衆国など一部の国では、自然科学・工学・製造・建築分野が多くの留学生を集めている（合わせて平均26％）。また、ベルギー、ハンガリー、スロバキアでは、主

図1.10　送出国別OECD加盟国への留学生数（2013年）

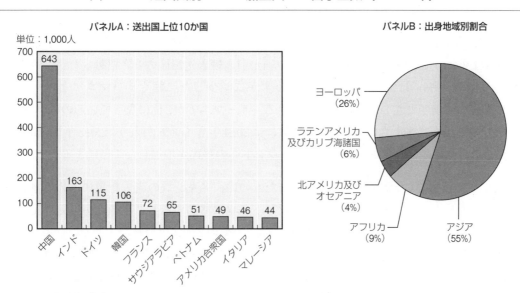

注：アジアには西アジアを含む。
資料：OECD（2015）『図表でみる教育OECDインディケータ（2015年版）（*Education at a Glance: OECD Indicators 2015*）』OECD Publishing, Paris。

StatLink：http://dx.doi.org/10.1787/888933395379

に医療・福祉分野が留学生の専攻分野に選ばれ、アイスランドでは人文科学・芸術分野で学ぶ留学生が500名と、全体の40%を占める。

さらに、この専攻分野別分布は教育段階によっても異なる（OECD, 2015b）。博士課程及び同等の教育レベルでは自然科学・工学分野で学ぶ学生が多数を占め、留学生だけでみると、博士課程修了者の55%がこの分野で学位を取得している（全学生では44%）。

2013年には、アジア出身の留学生がOECD加盟国の教育機関で大きな存在感を示しており、留学生総数の55%を占めた。中でも、OECD加盟国の留学生の4人に1人が中国出身であった。2位はインドだが、その数は中国にはるかに及ばず、またこれ以外にOECD加盟国へ10万人以上の留学生を送り出している国となると、ドイツと韓国のみである。以下、送出数順位ではフランス、サウジアラビアと続き、上位10か国のうち残るはアメリカ合衆国とイタリアのOECD加盟2か国と、ベトナムとマレーシアのアジア2か国である。

1.6 国際移民の送出国

前項での永住移民と一時的移民に関する議論は、各国間での移民の規模や特徴の比較を可能にする標準化された定義に基づいている。だが、一部の例外を除いて、送出国あるいは送出地域について利用可能な標準化データはまだない。移民に関する情報は一般に各国の住民登録から得られるが、何をもって「移民」と呼ぶかという点が国ごとにかなり異なっており、したがって、住民登録のデータから移民の傾向について検討し、結論を探る（表1.8のように）際には、注意が必要である。表1.8についても、数値の扱いには注意しなければならないが、それでも、送出国別の流出の規模や特徴をそこから読み取ることはできる。

2004〜2014年の間、OECD域内への新規移民の主要な送出国にほとんど変化はなく、少なくとも上位4か国は変わっていない。2014年には、中国が引き続き送出国の1位であったが、流入移民総数に占める割合（9%）は2013年のそれよりわずかに減少した。続くルーマニアとポーランドの2014年の順位は、前年と互いに入れ替わっている。ルーマニアが2位になっているのは、ドイツ[4]とイギリスへの移民が増加したことによる。4位には2014年もインドが入り、2013年比9%の増加を示したが、これはアメリカ合衆国とニュージーランドへの移民が増加したことによる。

第5位はメキシコに代わりフィリピンが占めたものの、メキシコの流入総数に占める割合は、ここ数十年大きく縮小したことはない。また、近年ドイツに移動するイタリア人が増え、2014年のイタリアからOECD加盟国への移民数は過去10年間の水準の2倍に急増したことで、フィリピンの次がイタリア、続いてメキシコという結果になった。その他のEU加盟国でも、2014年のOECD加盟国に向けての出国数は前年をかなり上回っている。例えばブルガリア（2013年比23%増）は、ルーマニアと同様、ドイツとイギリスへの移民が増加した。イギリスはフランスからも、2014年は2013年よりも多くの移民を受け入れており、イスラエルも同様である。フランスからの移民は相対的にみればそれほど多くはないが、2014年のOECD諸国への移民は過去10年の平均よりも40%増加し、初めてドイツとイギリスを上回ったことから、他を追い上げる勢いがみえる。一方で、ギリシャと

最近の国際移民の動向と政策対応の変化　第1章

表1.8　OECD加盟国への新規移民の送出国上位50か国（2004～2014年）

	2004～2013年の年平均（単位：1,000人）	2013年（単位：1,000人）	2014年（単位：1,000人）	2014年のOECD域内への流入移民総数に占める割合（%）	2013～2014年の変化率（%）	順位の変動（2013年との比較）	順位の変動（2004～2013年との比較）
中国	489	547	555	9.3	+1.4	0	0
ルーマニア	298	292	374	6.3	+28.0	1	0
ポーランド	267	295	302	5.1	+2.4	-1	0
インド	227	241	263	4.4	+9.2	0	0
フィリピン	171	152	158	2.6	+3.9	1	1
イタリア	76	126	155	2.6	+23.2	2	11
メキシコ	174	153	155	2.6	+1.3	-2	-2
アメリカ合衆国	127	145	146	2.5	+1.3	-1	0
ベトナム	87	102	125	2.1	+22.4	3	4
フランス	86	105	123	2.1	+17.4	0	3
ブルガリア	72	100	122	2.1	+22.9	1	7
イギリス	134	113	115	1.9	+1.4	-4	-6
ドイツ	118	108	106	1.8	-1.5	-4	-4
スペイン	41	95	98	1.7	+3.9	0	16
ハンガリー	51	97	96	1.6	-.8	-2	9
タイ	50	61	87	1.5	+41.4	7	10
モロッコ	126	83	80	1.3	-3.8	-1	-9
パキスタン	81	73	78	1.3	+7.3	0	-4
ロシア	77	90	78	1.3	-13.3	-4	-4
韓国	72	75	70	1.2	-6.6	-3	-1
ブラジル	87	60	68	1.1	+13.6	3	-10
ウクライナ	89	63	68	1.1	+7.4	0	-12
コロンビア	71	72	68	1.1	-6.8	-4	-3
ペルー	76	67	63	1.0	-6.7	-3	-7
ポルトガル	50	67	61	1.0	-9.4	-5	0
ドミニカ共和国	56	59	60	1.0	+2.2	0	-4
キューバ	49	46	59	1.0	+27.7	3	0
クロアチア	19	35	59	1.0	+69.8	16	36
セルビア	26	45	58	1.0	+29.4	3	19
トルコ	65	59	55	0.9	-6.5	-5	-9
イラン	38	49	51	0.9	+5.2	-3	4
ギリシャ	25	50	47	0.8	-5.8	-5	19
バングラデシュ	42	43	47	0.8	+7.8	1	-5
カナダ	40	44	46	0.8	+5.7	-1	-1
アフガニスタン	21	34	45	0.8	+32.2	11	24
イラク	36	34	43	0.7	+26.3	9	2
ナイジェリア	40	43	42	0.7	-2.7	-2	-5
ネパール	22	39	42	0.7	+7.4	1	20
アルジェリア	41	40	41	0.7	+.9	-2	-8
オランダ	36	37	40	0.7	+7.6	1	-1
スロバキア共和国	32	42	38	0.6	-8.5	-5	0
エジプト	30	40	38	0.6	-5.6	-4	1
ニュージーランド	42	49	38	0.6	-22.8	-14	-14
オーストラリア	35	31	37	0.6	+19.1	5	-4
ボスニア・ヘルツェゴビナ	25	28	35	0.6	+24.9	7	4
インドネシア	29	36	35	0.6	-3.3	-4	-1
リトアニア	23	34	35	0.6	+2.2	0	7
ボリビア	37	35	34	0.6	-1.7	-5	-12
日本	36	37	34	0.6	-8.6	-9	-12
OECD加盟国	1 746	1 940	2 075	34.0	+6.9		
OECD非加盟国	3 647	3 681	4 035	66.0	+9.6		
EU加盟28か国	1 525	1 786	2 058	33.7	+15.2		
合計	5 393	5 621	6 109	100.0	+8.7		

資料：OECD国際移民データベース（International Migration Database）。

StatLink：http://dx.doi.org/10.1787/888933396284

第1章　最近の国際移民の動向と政策対応の変化

ポルトガルからの2014年の移民数は減少しており、また、スペインからの移民数に大きな変化はなかった。クロアチアはEUへの加盟を受けて、2014年のOECD加盟国への流出移民数の増加率が今までで2番目の高さを示した。

実際には、最大の増加を示したのは避難者の激増したシリアかもしれない。だが、シリアからの、トルコをはじめとする多くの国への流入数については不明な部分が大きく、表1.8にはシリアは挙げられていない。ベトナムとタイも流出数に顕著な伸びを示し（それぞれ22%と41%の増加）、ベトナムからの移民は日本が、タイからは韓国が選ばれる傾向がある。

地域別にみると、ヨーロッパは2014年も、OECD加盟国への送出移民数でアジアを上回って最大地域となった。アフリカからOECD加盟国への移民は、12人に1人の割合にとどまっている。OECD域内からOECD加盟国への移民は3人に1人強であり、この割合は2010～2012年の増加後、あまり変化がない。

1.7　女性の移民フロー

OECD加盟国への移民フローに占める女性の割合は、2009年が最も大きく、ちょうど2人に1人であった。その後、女性移民の割合は徐々に減少し、2014年には全体では移民の47%となった（図1.11）。これについては、2009年当時は就労のための移民（自由移動圏内外を問わず）が多くなかったこと、また、最近では人道移民が増加していることから、少なくとも一部は説明できるだろう。つまり、これら2つの移民カテゴリーでは概して男性よりも女性が少ないからである。この女性移

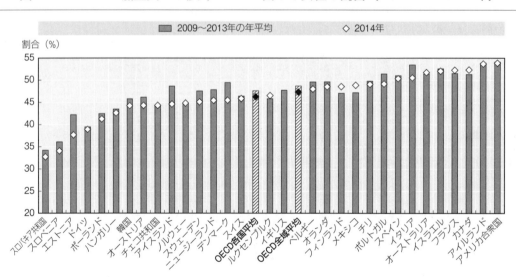

図1.11　OECD加盟国への移民フローに占める女性の割合（2009～2014年）

注：OECD全域平均は、OECD加盟国への全移民に占める女性移民総数の割合を示す。OECD各国平均は図中の国々のデータを単純平均したもの。
資料：OECD国際移民データベース（International Migration Database）。
StatLink : http://dx.doi.org/10.1787/888933395388

民の割合の減少傾向はかなり一般的であり、4分の3の国でみられる。特にエストニア（5パーセントポイント減）、アイスランドとデンマーク（各4パーセントポイント減）、イタリア（3パーセントポイント減）では、2014年の新規移民における女性の割合が直近5年間の数字と比較して急減している。反対に、メキシコ（2パーセントポイント増）、フィンランド（1.5パーセントポイント増）、カナダとフランス（各1パーセントポイント増）など、2014年の女性移民の割合が、2009〜2013年と比べて比較的大きかった国もいくつかある。

2014年に、OECD加盟国で女性移民の受け入れ数が男性移民を上回ったのは8か国のみである。女性移民の割合が最も大きかったのはアメリカ合衆国とアイルランドで、それぞれ54%であった。次いでカナダ、フランス、イスラエル、オーストラリアがいずれも52%で続いた。これは少なくとも部分的には、流入移民のカテゴリー別構成によって説明できる。例えば、アメリカ合衆国、イスラエル、フランスへの移民の大部分は家族移民が占める。東ヨーロッパやドイツ、韓国、オーストリアはこの点で対極にあり、いずれも家族移民の割合は45%を下回る。移民の送出国の方から男女比をみると、アジアとラテンアメリカ諸国からの移民は女性の割合が最も大きく、旧ソビエト連邦諸国も同様である。これは、オーストラリア、カナダ、アメリカ合衆国への移民に占める女性の割合が大きいことの一因ともなっている。

1.8 外国出身人口

OECD加盟国に居住する外国出身人口の総計は、2014年には1億2,000万人にまで増加した（図1.12）。平均すると、2000年以降に年間約300万人ずつ増加したことになる。だが2010年から2014年にかけては、増加のペースが緩やかになっている。2000〜2010年には毎年300万人強の増加を続けていたものが、2010年以降は年間200万人の増加にとどまっているのである。外国出身者の総人口1億2,000万人のうち、46%がEU/EFTA域内、35%がアメリカ合衆国に居住しているが、これは、

図1.12　OECD域内における外国出身人口（2000〜2014年）

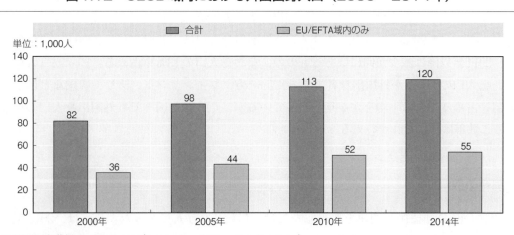

資料：OECD国際移民データベース（International Migration Database）。
StatLink : http://dx.doi.org/10.1787/888933395399

図1.13　OECD加盟国における外国出身人口の総人口に占める割合（2000年、2014年）

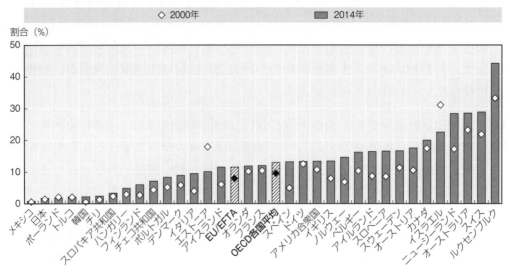

注：データは、2000年もしくはデータのある2000年に最も近い年、及び、2014年もしくはデータのある直近の年のもの。
　　OECD各国平均は、図中の国々のデータの平均値。EU/EFTAの数値は、EU/EFTA域内のすべての国の総人口に占める、
　　それらの国に居住する外国出身人口の割合。日本と韓国については、外国出身人口ではなく外国人人口のデータ。
資料：OECD国際移民データベース（International Migration Database）。
StatLink：http://dx.doi.org/10.1787/888933395403

アメリカ合衆国とEU/EFTA域内で、外国出身人口がそれぞれ40%と50%増加していることと符合している。EU/EFTA域内では、2000～2014年の間の外国出身人口の増加分は、総人口増加分の80%にも当たるのである。

　OECD加盟国における外国出身人口の全人口に占める割合は、2000年の9.5%から2014年には13%へと拡大している（図1.13）。この拡大傾向は、エストニア、イスラエル、ポーランド以外のすべての国でみられ、そのうち半数が、2000～2014年の間に5パーセントポイント以上の増加を示した。中でも増加が著しいルクセンブルクでは、人口の44%が外国出身者で、2000年からの増加幅は11パーセントポイントに達する。次いで外国出身者の割合が大きいのは、スイス、オーストラリア、ニュージーランドの29%であった。スペインの外国出身人口は、2014年には2000年の3倍に増加しており、2011年以降は減少傾向にはあるものの、なお総人口の13%を占める。EU/EFTA域内の平均では、総人口の11.5%が外国出身者であった。一方、フィンランド、チリ、韓国などは現在もなお総人口に占める割合は平均をかなり下回っているが、こうした国々でも外国出身人口の増加は著しく、ここ数年は特にそれがいえる。

1.9　国籍の取得

　2014年にOECD加盟国の国籍を取得した人は、ほぼ200万人であった。これは、2013年——この年は、スペインで「国籍登録申請の集中処理計画（Intensive File Processing Plan）」が実施さ

図1.14 外国人人口に占める国籍取得者の割合（2013年、2014年）

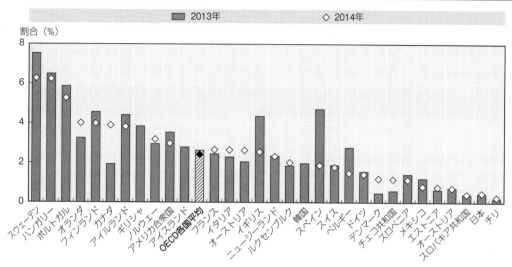

注：オーストラリア、カナダ、チリ、ニュージーランドは、外国人人口ではなく、外国出身人口のデータ。OECD各国平均は図中の国々のデータの平均値。
資料：OECD国際移民データベース（International Migration Database）。
StatLink: http://dx.doi.org/10.1787/888933395418

れて国籍取得者数が押し上げられた――よりも6%少なく、2009～2013年の年平均値よりも3%多い。スペイン以外のEU/EFTA加盟国での国籍取得数は74万件と、大きな増減はなかった。アメリカ合衆国の場合は、2014年の国籍取得数（65万件）は2005年以降で最も少なく、イギリス（12万5,000件）もまた、2002年以降の最少を記録した。OECD加盟国で国籍を取得した人を出身国別にみると、インド人が約13万人と最も多く、その他に多いのはメキシコ、中国、フィリピン、モロッコである。

スウェーデンでは、国内に在住する外国人のうち6%超が2014年に国籍を取得している（図1.14）。この割合は2013年よりも1パーセントポイント減少したものの、外国人居住者に占める国籍取得者の割合ではOECD加盟国の中で最も大きい。ハンガリーとポルトガルがこれに続くが、外国人人口の実数でははるかに少ない。オランダ、フィンランド、カナダ、アイルランドはいずれも、外国人人口の4%が国籍を取得している。ニュージーランド、ルクセンブルク、スイスでは、全人口に占める外国人人口の割合は大きいが、2014年に居住国の国籍を取得したのはこのうちの2%にとどまり、OECD各国平均（2.5%）もわずかに下回っている。

第2節　全般的な政策の変化

2.1　移民管理の枠組みに大きな改定の動きはない

2015～2016年には、OECD加盟国で移民政策の大きな枠組みが新たに導入されることはなかっ

第1章　最近の国際移民の動向と政策対応の変化

た。いくつかの国で今後に向けた政策指針が策定されたものの、枠組み全体を全面的に見直すとの発表を行った国はない。日本は2015年、「第5次出入国管理基本計画」を策定し、その中で、高度人材外国人の受け入れ促進、技能実習制度の改定、非正規移民や外国人の不法就労への対策を、政策的な優先事項としている。ポルトガルでは2015年3月、「2015～2020年の移民に関する戦略的計画（Strategic Plan for Migration 2015-20）」が関係閣僚会議で了承されている。この計画では、高度人材受け入れ計画や季節労働者に対する適応指導の促進、また留学生誘致のための事業など、移民の流入・流出に関して多くの提言がなされている。ルーマニアが2014年に策定した「流入移民に関する国家戦略（National Strategy on Immigration）」もまた、高技能者や学生に重点を置くとともに、非正規移民や庇護希望者も対象としている。

2.2　カテゴリー別の制度内変更

高技能労働移民

　全体的な制度体系の改定がないからといって、政策自体に動きがなかったわけではなく、労働移民を巡る施策は多くのOECD加盟国で見直しがなされ、概して高技能労働者を優遇する方向で変更されている。デンマークとフランスでは、労働移民制度の改定が行われた。デンマークでは、労働及び就学目的の在留許可に関する規則の改正が2015年1月より実施されたが、それに伴い、既存の政策や規則が一部撤廃され、新たな政策や規則が導入された。例えば、いわゆる「企業内転勤優遇制度（corporate scheme）」は2015年4月をもって廃止され、代わって「高技能外国人労働者優先制度（fast-track scheme）」が導入された。グリーンカード制度も、適用対象をさらに限定するために、また雇用主の需要にもっと合致させるために、変更が加えられた。一方フランスでは、2014年に初めて提出された「移民法（Alien Law）」の改正案が2016年に可決、公布された。その改正点としては、「受け入れ統合契約（Integration Contract）」の変更や、更新期間の延長、高技能外国人とその家族を対象とした4年間有効の「才能パスポート（Talents Passport）」の創設などが挙げられる。

　手続上の変更も行われた。カナダでは2015年1月に、特定の経済移民プログラム──「連邦技能移民プログラム（Federal Skilled Worker Program）」「連邦技能トレード移民プログラム（Federal Skilled Trades Program）」「カナダ経験クラス（Canadian Experience Class）」「州推薦プログラム（Provincial Nominee program）」の一部など──の申請管理制度として、「エクスプレスエントリー（Express Entry）」が導入された。エクスプレスエントリーとは、申請候補者群をもとに、その中の優先順位の高い人から申請が許可されるという制度である。その目的は、選抜及び申請の管理に柔軟性を持たせること、労働市場や地域のニーズに応えること、申請処理を迅速に行うことにある。申請候補者には年齢、学歴、公的に証明された語学力、職歴に応じた得点が与えられ、雇用先が決まっている場合は高得点が入るので選抜が早くなる。制度運用の1年目には調整が行われた。

　労働移民の申請手続の簡略化は、多くのOECD加盟国で実施されている。アメリカ合衆国は2016年、「雇用主事前認定（Known Employer）」プログラムという制度を試験的に導入した。このプロ

50

グラムでは、雇用主がある種の就労ベースの移民ビザや非移民ビザを持つ外国人労働者を雇い入れる際に、自身の雇用資格の事前認定を求めることが可能になる。つまり、最大9社が市民権・移民局に対し、雇用主として一定の要件を満たしているかどうか（例えば、会社組織、事業内容、財務の健全性など）について、事前審査を申請することが認められるのである。スペインは、2013年の「起業家法（Entrepreneurs Act）」を、投資家、起業家、高技能者、研究者、企業内転勤者の家族統合を容易にする目的で、2015年に修正した。また、EUの情報通信技術に関する指令に沿う形で、戦略部門の企業や質・量ともに一定の要件を満たす企業について、企業内転勤者の申請手続を「超迅速化」する措置も講じている。こうした企業は「大企業及び戦略部門ユニット（Large Companies- Strategic Sectors Unit）」に登録され、自社の経営幹部や専門家、研修生などを国際移動させる際の特定要件の証明義務を免除されている。ニュージーランドでは2016年末に、移民申請に必要な公認の英語力検定の種類が、それまで1種（IELTS）のみであったところに4種が追加されたことから、申請プロセスに柔軟性が生まれ、手続も迅速化することが考えられる。

　在留資格の切り替えを円滑にするための方策を導入する動きもあり、現行の規定の下では在留資格の変更が困難な移民にとって、融通性の高い対応が可能になっている。エストニアは、在留許可の期限が切れた一時的滞在者が、居住を継続して求職活動を行えるよう在留期限を90日間延長している（学生・研究者・教員の延長日数の2倍）。また、現在では、外国人労働者は人材派遣会社に加えて、複数の雇用主の下で働くことも可能となっている。例えばアメリカ合衆国では、2015年12月31日、雇用ベースの永住権申請は受理されたものの、グリーンカードはまだ受給していない外国人労働者に対して転職を認めることになる、各種の規定が提示された。こうした方策によって、一時的在留資格の申請後に仕事を変えた人、あるいは年間受け入れ数に上限があるためにグリーンカードを受給できなかった人が、一時的滞在（非移民）資格から永住資格への移行を円滑に行えるようになると考えられる。加えて一部では、移民カテゴリーを魅力あるものにするため融通性を加えた国もある。例えばデンマークでは、研究者を対象に、在留資格を失うことなくデンマーク国外で働いたり滞在したりできる措置を講じている。

　OECD加盟国が高技能労働者を対象とするプログラムの改善に努める中で、基準緩和の動きが生まれている。アイルランドは2014～2015年に労働移民制度を改定し、在留許可の名称変更及び、基準や関連の給付金に関する修正を行っている。その結果、アイルランドの「グリーンカード」は「特定高技能労働許可証（Critical Skills Employment Permit）」となり、労働許可証は「一般労働許可証（General Employment Permit）」という名称になった。また、多くのカテゴリーで最低給与要件の引き下げが行われ、高技能職リストの職に就く大学卒業生もその対象となった。日本では、高技能外国人のためのポイント制プログラムを修正したことで、在留資格の要件の一部が緩和され、特定の高技能専門職の従事者に無期限在留許可が与えられるようになった。同様に韓国でも、高技能専門職の外国人が永住ビザを取得する際の最低給与要件が大幅に引き下げられ、国内の平均給与の3倍であったものが同程度にまでなった。その他の専門職については、外国人専門職を対象としたポイント制度（F-2-7ビザ）によって、一時的在留許可を取得する機会が増え、また、永住許可も以前より早く取得できるようになった。

労働市場テストや、自国の労働者の保護策を拡充する国もある。スウェーデンは労働許可申請に係る手続を変更し、それまでは申請者の採用通知書は、移民局から労働組合に提出されるのを待つ形であったものを、現在は申請者自身が地元の労働組合に提出しなければならなくなった。オーストラリアは2014年の「統合度評価（Integrity Review）」の結果を受けて、一時的就労（技能職）（サブクラス457）ビザプログラムの統合性を強化するため各種の方策を講じており、そこには、英語力に関する要件の厳格化や、労働市場テストの対象の変更などが含まれる。また、何らかの技能就労ビザに関わる移民申請の成果と引き換えに、利益の授受を行うことを違法とする措置もとっている。

アメリカ合衆国、カナダ、イギリスもまた、外国人労働者の採用に関わるコストや手続の煩雑さを増すことで、外国人労働者への依存度を下げようという雇用主へのインセンティブを強化している。アメリカ合衆国では、国内で50人以上の外国人を雇用し、H-1B（専門職者ビザ）またはL-1（企業内移動ビザ）取得者がそのうちの50％を超える会社が申請する場合、申請料が4,000ドル引き上げられた。カナダでは労働市場テストの手続が厳格化され、雇用主に支払い義務のあるコンプライアンスフィーという料金が追加された。イギリスでは、Tier2（一般）ビザを取得した技能労働者の最低給与基準が、一部の例外を除き、現在の2万1,000ポンドから2017年には3万ポンドにまで引き上げられる。企業内転勤の場合、最低給与基準はさらに高くなる。また、手数料も引き上げられる予定である。

低技能労働移民

低技能労働者に関しても、労働移民プログラムに対する大規模な改定は行われていないが、既存の規定内での変更はあった。

多くの国で行われた変更は、アクセス向上を目的としたものであった。チリでは、2015年3月に労働許可の取得手続が簡略化され、移民労働者は有効な雇用契約書を提示するだけで就労許可を得られるようになった。更新時には、社会負担の支払い証明があればよい。さらに雇用主には、雇用者の着任・離任時の費用を負担する義務がなくなった。

カナダでは、「住み込みのケアギバープログラム（Live-In Caregivers Programme）」の改定が行われた。雇用主宅に同居するという条件が撤廃され、また、雇用主宅でケアを行う対象によって、永住権取得に向けた経路が2つに分けられた（子どもの保育か、高度な医療的ケアか）。

その他の変更は、一時的労働移民プログラムの下での低技能労働者の流入を制限する方向で行われた。ニュージーランドでは、低技能労働者の雇用には必須である労働市場テストが2016年4月から改定された。雇用主は労働ビザ申請に先立って、当局である労働税収局に接触しなければならなくなり、労働税収局は雇用主を指導して、雇用主の不安を軽減し、ビザ申請の決定プロセスの効率化をはかることになる。カナダは、一時的移民労働者になるであろう雇用者の割合に上限を設け、雇用主の一時的労働移民プログラムへの依存度を下げようとしている。スロベニアもまた2015年、「単一許可証に関するEU指令（EU Single Permit Directive）」に沿う形で、労働移民の受け入れをフルタイムで就業する場合に限定した。ただし、高等教育修了者など、例外もいくつかある。

日本とドイツでは、低技能職への移民の就業機会が、対象は限られるものの、拡大されている。日本は、外国人家政婦の就業を認可するプログラムを、地域を特定して徐々に導入しており、現在は2つの地域で、適正賃金の要件を満たすことを前提に、各家庭が人材派遣会社を通じて外国人家政婦を雇用することができる。一方、外国人技能実習制度の見直しも進められ、建設及び造船分野の実習修了者は、2020年のオリンピック開催までの間、再入国して雇用関係に入ることが認められるようになった。ドイツは、西バルカン諸国からの労働移民——技能や教育の要件の制約がない——のルートを始動させた。2016年1月以降、賃金要件を満たした有効な契約書を持つ移民は、労働市場テストを経たうえで、労働許可を得ることができるようにするというものである。このルートは2018年末まで運用される。ただし、始動以前の2年間にドイツで庇護認定を受けている場合は、不適格となる。

非専門職での一時的労働に対する需要増を受けて、受け入れ上限人数の引き上げも行われている。ニュージーランドでは、「季節労働雇用プログラム（Recognized Seasonal Employer programme, RSE）」での上限が、9,000人から2015年には9,500人に引き上げられた。アメリカ合衆国では2016年度予算に、「帰国労働者（returning workers）」に認定されるH-2Bビザの一時的労働者は、2016会計年度の定員6万6,000人には含めないとする条項が設けられた。これにより、2013～2015会計年度には受け入れ定員に算入されていたH-2Bの労働者が、定員とは関わりなくビザの取得や更新ができるようになった。

韓国は、非専門職の外国人労働者の入国管理制度を修正し、企業間及び部門間の割り当て数の変更を可能にした。また、一部の部門に関して、労働市場テストで求められる国内労働者への求人期間を2週間から1週間へと短縮している。

スイスでは、2014年の住民投票の結果——2017年2月までに移民受け入れ制限を実施することを課す——を受けて、EU市民に対する移民規定の改定が検討されている。2016年3月、連邦参事会は移民に関する憲法規定を実施すべく、複数の法案を議会に提出した。連邦参事会はEUとの間でいまだに合意に達していない（EU市民も受け入れ制限の対象となる）ことから、法案の中には、流入移民数が一定数を超過した場合、連邦参事会が年間受け入れ上限を設定できるという片務的な条項もある。その一方でスイスは、EEA域外からの労働移民については、2016年の年間定数を2015年と同程度に維持している（永住許可2,500件、一時的在留許可4,000件）。

イスラエルでは、各種の二国間協定が実施された結果、建設部門での外国人労働者の流入が減少し、自国の雇用に対する外国人労働者減少の弊害が、長く懸念材料となっている。そこで2016年に、今までとは異なる方策が講じられた。政府は外国籍の建設業者から関心表明（Expression of Interest）の提出を受け、それが承認されれば、当該企業は契約したプロジェクトに最大1,000人の外国人労働者を入国させることができる、というものである。

労働法もまた、各国が外国人労働者の搾取を防ぐために活用する分野である。ニュージーランドでは、雇用基準（Employment Standards）の規定が改定され、2016年4月に発効した。そこでの最低限の就業規則（最低賃金や有給休暇の取得など）は、自国民か外国人かにかかわらず、また所

持するビザの種類を問わず（非合法就労者も含む）、ニュージーランドで働くすべての労働者に適
用される。

投資家及び起業家

投資家の移住受け入れ制度は、OECD諸国が常に政策活動の対象としてきた分野であり、そのし
くみが最大限の利益を生み、起業家にとっての魅力を保持し続けるように、評価と調整が行われて
いる。オランダでは、さらに多くの投資家を誘致するため受け入れ制度の簡便化がはかられ、その
制度改定は2016年7月に発効する。投資額の最低基準は従来通り（125万ユーロ）だが、投資に求
められる「革新性」については修正前より重要度が下がり、資産証明は要件が緩和されて、在留許
可の期間も1年から3年に延長される。ただし、不動産投資は現状では除外されることになる。

オーストラリアは2015年7月に、投資家の移住受け入れ制度の変更を行った。「上級投資家ビザ
（Significant Investor Visa, SIV）」制度に修正が加えられて、投資先として不動産と国債が除外さ
れ、ベンチャー・キャピタルや新興企業、その他の有価証券への投資が条件となった。「プレミア
ム投資家ビザ（Premium Investors Visa, PIV）」制度の新設もあり、同制度の下、貿易促進庁
（Austrade）が推薦する少数の起業家や優秀な人材がオーストラリアへの移住を申請できる。導入
当初は、アメリカ合衆国の起業家らが対象になると思われる。

資本は比較的少ないが、魅力ある事業アイデアや高い資質を備えた起業家向けの「スタートアッ
プ（Start Up）」ビザなど、試験的な制度の導入も広がっている。デンマークは起業家を対象に、年
間50件を上限として、3年間有効の試験的なビザ制度を導入した。この制度の下で在留許可を得る
には、申請者は産業・発展省内の委員会に事業計画を提出し、その計画の可能性について審査を受
ける必要がある。ニュージーランドは、「グローバルインパクト（Grobal Impact）」ビザ部門を新
設し、政府が民間部門と協力して、既存の要件は満たさないものの多大な影響力を持つ起業家や投
資家、新興企業の誘致及び支援をすることを可能にした。ビザ発給数の上限は、4年間の試験期間
中に400件となる。アイルランドは、「スタートアップ起業家プログラム（Start-up Entrepreneur
Programme）」における最低投資額を、7万5,000ユーロから5万ユーロへと引き下げた。オランダ
は2015年、保証人のいる申請者を対象にスタートアップビザを導入した。ビザが発給されると、製
品やサービスの開発のために1年間の滞在が許可される。リトアニアは2016年に「スタートアップ
ビザ」の導入を承認したが、まだ施行されていない。

ブルガリアは2014年に、大きな自己資本を持ち、ブルガリアの企業や株式、基金に投資する外国
人を対象に、永住権取得や帰化の手続を簡略化した。投資金額が50万ユーロを超える場合は永住権
が認められ、帰化手続も簡単になり、さらに投資金額が大きい（100万ユーロを超える）投資者の
帰化手続は、優先的に処理される。ラトビアは2014年、投資家ビザプログラムを見直して、最低投
資額を引き上げ、ビザ申請に係る手数料も値上げしている。

留学生

OECD加盟各国は、留学生の誘致と在学継続のための枠組みの修正を頻繁に行って、留学生が

高等教育制度や労働移民経路で果たす役割の重要性と、入国条件の確実な遵守の必要性との間で均衡をはかろうとしている。オーストラリア政府は、「簡略化された学生ビザ審査基準（simplified student visa framework, SSVF）」を2016年7月1日から適用すると発表した。その大きな変更点は、学生ビザのサブクラス数を8個から2個に削減したこと、一本化された移民リスク審査制度を導入したこと、そして、オンラインでのビザ申請の拡大である。カナダは、留学生の受け入れ先を指定の教育機関に限定することでコンプライアンスの遵守体制を強化したが、同時に、留学生が労働許可を得る際の就労要件を撤廃した。また韓国は、留学期間中に認められる就労時間数を、週に20時間から25時間に引き上げている。

その他、留学生が自国の納税者の負担にならないようにという方策を講じている国もある。ポルトガルは2014年、EU域外の国の国民が、ポルトガル国外から在留申請をする場合や在留期間が2年未満である場合——ただし、ポルトガルまたはEUが支援する国際交流プログラムへの参加者は除く——を対象に、「留学生資格（International Student Status）」を新設した。こうした学生には、標準的な授業料の最高値が課されることになる（とはいえ、ポルトガルの授業料水準は各国と比較して低い）。また、フィンランド政府は2015年10月、EU/EFTA域外からの高等教育段階の留学生に対する授業料を導入した。これは2017年8月より発効し、1,500ユーロを最低金額として各大学が設定する。ただし奨学金も支給され、また、授業料が課されるのはスウェーデン語とフィンランド語以外の言語で学ぶ学生に限られる。

留学生が卒業後も当該国にとどまることについては、これを容易にしようとする傾向がOECD加盟各国で顕著である。オーストラリアでは、国内の教育機関で自然科学・技術・工学・数学（STEM）及び情報通信技術（ICT）の分野の修士号もしくは博士号を取得した大学院生には、ポイント制の技能移民プログラムの下でポイントが上乗せされ、それによって永住資格が認められる。ノルウェーでも2016年5月から、大学卒業生や研究者の在留を容易にする措置が講じられた。求職のための労働許可の有効期間が6か月から12か月に延長され、研究者であれば、すでに取得していた許可証の失効時点で新たな許可証を受領することが可能になった。フィンランドでは2014年、大学卒業後の求職期間が6か月から12か月に延長された。

一方オランダは、有資格の外国人が求職する際に認められる許可証を、「オリエンテーションイヤービザ」として一本化した。すなわち、オランダの大学、もしくは認証を受けた多数の外国の大学のいずれかを卒業した留学生、及び、オランダで研究を行ってきた自然科学分野の外国人研究者は、2016年3月以降、1年間の在留許可を取得できるようになったのである。

アメリカ合衆国では、卒業後の就労の選択肢として、専攻分野と関連のある職種で企業での実地研修を行う「オプショナル・プラクティカルトレーニング（Optional Practical Training, OPT）」がある。2016年3月11日には、自然科学・技術・工学・数学（STEM）専攻者向けのOPTの規定が発表され、この分野の卒業生については、OPTの有効期間が7か月延長されて合計36か月となった。ただし、この場合の雇用主は一連の基準（例えば、賃金や契約条件は類似の状況にあるアメリカ人労働者と同等でなければならない等）を満たす必要があり、また雇用者への教育訓練計画も策定しなければならない。

リトアニアでは2015年から、大学卒業後の留学生は自身の専攻分野であれば、知識経験を証明する義務なしに就労が可能になった。大学卒業後の留学生はまた、一時的労働移民の一部と同様に、自国に戻らずリトアニアで高技能職に就くための労働許可を申請できる。

家族移民

カナダは、家族移民の促進に関して明確な立場をとっている。2015年10月19日の総選挙で新政権が誕生した後、カナダ政府は、移民プログラムの最優先事項として家族統合を掲げた。家族移民の受け入れ数を17.6％の増加、すなわち、2015年の6万8,000人から2016年には過去最高の8万人とするという目標を立てたのである。その8万人は、移民の親及び祖父母が2万人、配偶者・パートナー・子どもが6万人である。移民申請の未処理分に対処するため、追加資金も配分されている。今後は親及び祖父母からの申請受付を、従来の倍の年間最大1万件とすることで、親及び祖父母からの申請未処理分は縮小すると考えられている。

カナダ以外の国では、家族統合のための要件が緩和される傾向はない。例えば、家族移民に語学要件を設けている国で、それを軽減しようという動きはまったくみられない。イギリスでは、EEA域外出身の配偶者及び親について、初回の入国時と、30か月在住後のビザ発給時のいずれについても、英語能力に関わる要件が強化されようとしており、新要件は2016年10月から適用される。デンマークでは、申請費用の増額も行われた。2016年3月1日に、家族統合のための在留許可申請の費用が再導入されたのである。現在の費用はおよそ800ユーロである。

二国間協定及び自由貿易協定

各国は、移民も関係する二国間協定のネットワークを拡大しており、その一部は自由貿易協定（Free Trade Agreement, FTA）である。例えば、ニュージーランドは2015年に韓国との間でFTAを締結しているが、その中に、一時的労働移民に関する新規あるいは修正された施策が3つ含まれ、それによって韓国人のニュージーランドへの入国が容易になった。それは、ワーキングホリデー制度利用者の定員の拡大、最大50人の韓国人に、ニュージーランドの第一次産業で訓練を受け職業経験を積む機会を与えること、韓国人が特定の職種での労働許可を申請する場合、最大200人まで労働市場テストを免除することの3つである。また2015年12月20日には、中国とオーストラリアの間のFTA（China Australia Free Trade Agreement, ChAFTA）が発効し、一定のカテゴリーの中国人労働者を雇う雇用主に対しては、オーストラリアの労働市場テストを実施するという要件が撤廃された。

ワーキングホリデー制度に関する協定も二国間で結ばれている。最近では、2016年のチリ・ハンガリー間の協定や、2014年のイスラエル・オーストラリア間及び韓国・ドイツ間の協定などがある。イスラエルはネパールとの間でも、2015年、介護従事者の誘致のための試験的な二国間協定を結んでいる。

2.3 ヨーロッパ諸国における近年の移民・難民政策の動向

2014年に選出された欧州委員会委員長による政策方針では、その中心課題として、ヨーロッパ諸国の合法的労働移民の枠組み（特に、高技能労働者の入国と在留に関する2009年のEUブルーカード指令の改定）に関する、欧州委員会の立法計画が挙げられていた。だが、現在までのところ、政策が変更されてきた要因は、拡大する難民危機へのEUとしての対応であり、また、ヨーロッパ諸国における庇護制度の見直しである。2015年という年は、同年5月13日に欧州委員会が発表した「欧州移民・難民アジェンダ（European Agenda for Migration）」が採択、実施されたという点で画期的である[5]。欧州委員会はその中で、一連の緊急措置――海上での人命救助活動、密入国斡旋業者のネットワーク摘発、庇護申請者のEU域内での移送、シリア難民の第一次庇護国からの移送と第三国定住を目的とするもの――を補完する形で、4つの要点に基づく対応策を提案している。その要点とは、非正規移民が発生する誘因の低減、国境管理の強化、域内共通の強固な庇護政策の構築、合法移民に関する新たな政策の策定、である。

難民危機へのEUの対策

いわゆる「ダブリン規約（Dublin Regulation）」は、庇護申請の審査の責任について定めるものであり、難民がEU域内に入った最初の国が、庇護申請の処理に責任を負うという原則に基づいている。だが2015年、EU域内、中でもギリシャへの難民の大量流入があったことで、この原則が大きな問題となった。欧州委員会は、一時的にダブリン規約の適用を制限し、ギリシャ及びイタリアの庇護希望者を他のEU加盟国に移送することを提案した。またEU加盟各国は、ギリシャとイタリアに難民管理センターとして「ホットスポット（hot spots）」を設置して、移送計画の支援と、EU域内での庇護対象として不適格な人物の早期の識別を目指すことを決めている。

EUは2015年9月14日と22日に、それぞれ2万人と14万人の庇護希望者を他のEU加盟国に移送し、受入国にはEUから受け入れ難民1人につき最高6,000ユーロの財政支援を行うという2件の決定を採択した。だがその実行は困難をきわめており、2016年5月18日時点で、2015年9月以降、ギリシャとイタリアから移送された庇護希望者は1,500人にとどまっている[6]。2件の決定は、加盟国の特定多数決方式で採決されて可決されたものの、その後、スロバキア共和国とハンガリーがEU司法裁判所への提訴を決めている。

EU域外からの難民の再定住に関しては、EU理事会が2015年7月20日、北アフリカ、中東、「アフリカの角」（ソマリ半島地域）出身で、国際保護の必要性が明白な難民2万人の再定住を目的とする決定を採択した[7]。EU加盟各国は、2016年5月18日までに2万2,504人の再定住を約束し、すでに6,321人が事実上の再定住を果たしている[8]。

ギリシャからEU域内に入り、バルカン諸国を経由して別のEU加盟国を目指す庇護希望者や移民の流入は、EUに強い緊張をもたらしている。ドイツは庇護希望者を第一次庇護国に戻すことなく受け入れを継続しているが、一方で国境管理を強化する国もあり、さらにはシェンゲン圏内であるにもかかわらず、EU内部の国境での審査を復活させた国もある。EU理事会は2016年5月12日、シェンゲン協定の例外条項――加盟国がシェンゲン圏内の国境管理を6か月間（更新は3回まで、最

長2年間まで可能）継続できるとするもの——の適用を決めた。これは、シェンゲン圏の対外国境のうちギリシャに属する部分の国境管理に重大な欠陥が継続して生じ、それによって、シェンゲン圏全体の機能が危機的状況にあることからとられた措置である[9]。

EUは2016年3月18日、難民危機への対応についてトルコと協定を結び、その結果、続く4月と5月にギリシャに到着した難民の数はかなり減少した[10]。

欧州委員会は、今般の難民危機によって露呈した欧州共通庇護政策（Common Asylum Policy）の弱点を認め、2016年4月6日にその改善案を示した。その要点は法律の大幅な改正を行って、庇護を受ける資格のある者の定義や、庇護申請の手続策定のルールについて、加盟国間の一致度を高めようということにある。そこには、欧州庇護支援事務所（EASO）の権限強化や、ダブリン規約の修正も謳われている。また、この改善案[11]では、責任分担のしくみは維持しつつ、一方で、リスボン条約の精神に沿って加盟各国が公平な責任を負うようにすべく、割り当てを調整する機能も加えられている。

割り当て調整の機能は、ある加盟国が公平な分担の150%に当たる責任を負っているとみなされる場合、自動的に発動され、当該国に在留する庇護希望者は、その最低基準を下回る他の加盟国に移送される。各加盟国の公平な分担は、各国の人口及びGDP（それぞれ50%で重みづけ）のEU全体との比較に基づいて算出される。この制度に参加しないという選択も認められており、その場合は、分担を引き受ける国に対し、庇護希望者1人当たり25万ユーロを支払うことで埋め合わせる。欧州委員会のこの提案は、欧州議会とEU理事会が共同決定手続に従って検討することになるが、一方で、共通庇護政策における加盟国間の結束と責任分担の均衡が政治的な激論の的となると思われる。

さらに2015年6月7日、欧州委員会は、2014年の「EU再定住プログラム（Union Resettlement Programme）」を基にした、再定住政策の策定について提案を行っている[12]。2014年の再定住プログラムからは、「庇護・移住・統合基金（Asylum, Migration and Integration Fund, AMIF）」が創設され、加盟国に対し、再定住者1人当たり6,000〜1万ユーロが支給されている。

国境管理及び難民問題担当のEU専門機関の改革

欧州委員会は2016年12月15日、フロンテックス（Frontex）を「欧州国境沿岸警備機関（European Border and Coast Guard Agency）」に再編し、機能強化をはかるという提案を行った[13]。フロンテックス、すなわち「欧州対外国境管理協力機関（European Agency for the Management of Operational Cooperation at the External Borders of the EU member states）」は、各国の担当機関の支援を目的に設立されたものであるが、この提案では、EUの対外国境の統合的な管理を担う機関へと変わることになっている。効果的に活動するには加盟国の協働が欠かせないフロンテックスの弱点を、特に、各国から派遣されて国境警備に当たる、最小でも1,500人規模の人員——新機関発足後、ただちに動員可能になる——を常置することで克服する、というのが再編の目標である。この遠大な目標が実現すれば、加盟国が自国の国境管理に必要な行動を起こさない場合や、対外国境への移民流入が当事国に不相応なほど大量なため、シェンゲン圏が危機にさらされている場合に、

新機関は当該加盟国に対し直接介入する権限を持つことになる。

だが、欧州委員会のこの提案によって、EUの対外国境関連の法律が責任を分担する形に改変されたとしても、加盟各国は自国の利益、また全加盟国の利益のために、自国に属するEU対外国境の管理には第一に責任を負うことに変わりはない。一方、対外国境管理の件と並行して、本格的なEU庇護機関（European Agency for Asylum）の設立についても提案があった。欧州委員会が2016年5月4日、既存の欧州庇護支援事務所をEU庇護機関へと格上げする案を提出したのである[14]。

移民・難民政策に関わるEUの資金

EUの移民・難民政策の資金調達は、その政策の実施を担う加盟各国に任されているものの、EUレベルでの移民・難民政策の規定が増加するにつれて、各加盟国へのEUの財政支援の水準も上昇している。2014～2020会計年度に向けては、以下の2つの基金が設立されている。1つは庇護・移住・統合基金（AMIF）で最大31億ユーロ、もう1つの「EU域内安全保障基金（the Internal Security Fund, ISF）」では、国境管理及び入国許可政策に38億ユーロが供給されることになる。両者を合わせた69億ユーロは、2014～2020年の6年間の多年次財政枠組みで見積もられた長期的資金の一部をなす。

EUの提供する資金は、難民危機と財政危機による国レベルの複合的影響に対処するため増額されてきた。難民危機については、2015年の予算では、当初他の目的に充てられていたものを再配分して、8億100万ユーロが増額され、さらにAMIFとISFで予定されている緊急資金に対しては、2倍を超える引き上げが行われた（1億8,900万ユーロから4億6,400万ユーロへ）。このような予算の再配分は、EUから難民危機の影響が特に大きい加盟国、中でもギリシャへの連帯の証しである。こうした資金は、資金提供の規定で定められた基準を下回る加盟国に対し、当初の予算額に加えて配分され、また、配分を受けた側の国に共同出資は求められない。

もう1つ、EUは2016年3月15日、難民危機で困難に陥っている加盟国への人道支援の提供を可能にするEU規則（2016/369）も採択している。人道支援に関する既存の規定では、EUが費用負担を認められているのはEU域外での人道支援のみであり、2016～2018年度の予算には7億ユーロが計上されている。

EU加盟国以外の国との関係

この間、EUと周辺の加盟国以外の国、特にトルコとの関係は、当然ながら難民危機に対処しようとする動きが多くを占めてきた[15]。

2015年10月25日、東地中海・西バルカンルートに関する首脳会議が召集され、11か国（アルバニア、オーストリア、ブルガリア、クロアチア、マケドニア旧ユーゴスラビア共和国、ドイツ、ギリシャ、ハンガリー、ルーマニア、セルビア、スロベニア）の首脳が集まった。会議の最終声明は、難民危機には「共同責任」で対峙することを明言し、17項目の行動計画が承認された。その中には、継続的な情報交換、二次的移動の制限、難民支援と保護施設や宿泊所の提供、移民流入の共同管理、国境管理、密航斡旋や人身売買の取り締まり、移民・難民の権利と義務に関する情報提供、これら

の活動の継続監視などがある。最終宣言はまた、ギリシャ国内に庇護希望者の受け入れ施設を新たに5万人分、西バルカンルート上にも5万人分設置することを求めている。

また2015年11月11～12日には、移民問題に関するEUとアフリカ諸国の協働体制の下、バレッタで首脳会議が開催され、5つの優先的領域を巡る行動計画が採択された。その領域とは、1）移民による開発利益の向上と、非正規移民及び強制移動の根本原因への対処、2）合法的な移民及び国際移動、3）難民の保護及び庇護、4）非正規移民、密航及び人身売買の防止と対策、5）移民の送還、再入国及び再統合、である。行動計画では具体的な対策についても示しており、一部は遅くとも2016年末までに実施するとされている。対策の中には、1）「アフリカ移民送金機関（African Institute on Remittance）」の運用を進めること、2）非正規移民が出身国に再入国する際の身分証明に必要な手段として、身分登録制度を強化すること、3）EU加盟国から一部のアフリカ諸国に対し、合法移民のための共同出資を行う試験的プロジェクトの実施、4）「アフリカの角」地域及び北アフリカ地域における地域開発保護プログラム（Regional Development and Protection Programmes）の実施、5）移民の支援・情報提供・登録のための多目的センターをニジェールのアガデスに創設すること、6）出身国との協力の下、自発的な帰還と社会的再統合の機会を提供すること、などがある。

バレッタの首脳会議では、「EU緊急信託基金（EU Trust Fund for Africa）」の設立も決定された。基金の目的は、経済的機会の拡大、治安の改善、社会開発の促進（移民管理の拡充も含む）によって、強制移動や非正規移民の根本原因の解決に取り組むことにある。対象となるのは、サヘル地域、チャド湖 一帯、「アフリカの角」地域、北アフリカ地域であり、2015年末時点で19億ユーロの予算が組まれている。

またトルコとの関係では、2016年3月18日、EUとトルコの間に「合意」が成立し、共同声明の形で発表された。この複雑で包括的な協定には、次のような内容が盛り込まれている。

- トルコは、トルコからギリシャへの非合法の越境を防ぐために必要な措置をとり、3月20日以降、ギリシャに新たに到着した者はトルコに送還される。庇護希望者については、庇護手続に関するEU指令2013/32の第38条に基づき、トルコは「安全な第三国」とみなすことができるとの前提に立っての取り決めである。

- ギリシャからトルコに送還されたシリア難民1人につき、トルコに滞在するシリア難民1人をEU諸国に再定住させる（1対1の方式）。その上限は7万2,000人とする（これは、2016年3月半ばまでに再定住が未完了であると予想される1万8,000人と、2015年9月にハンガリーからの再配置が提案されたものの、ハンガリーが拒否した5万4,000人分を合計した数字である）。

- トルコは難民の社会統合のための資金提供プロジェクトから30億ユーロを受け、また、その当初予算を費消した場合は、2018年末までにさらに30億ユーロが支給される。

- トルコ国民に対するビザ自由化を早める。

- トルコのEU加盟については、加盟に必要な新たな分野での交渉を開始し、手続を再度加速する。

最近の国際移民の動向と政策対応の変化　第1章

第1章

合法的な移民

　欧州委員会は、2016年4月6日の報告[16]の「EU加盟国以外からの高技能労働者の誘致のために設けた、EU全域対象のブルーカード制度は、当初期待されていたほどにはその能力が発揮できていない」との内容を踏まえて、2016年6月7日、新たなEUブルーカード指令案を提出した。欧州委員会はまた、規制適性化プログラム（Regulatory Fitness, REFIT）の評価を通じて、合法的な移民分野の既存の規定や、投資家及び起業家分野で今後出されるであろう提案を、体系化できる可能性があるとの声明も出している。

　一方、EU理事会と欧州議会は2016年5月、欧州委員会が提案したEU域外の国の国民が研究、就学、交換留学、有償無償の自主的教育サービス、オペア（家事手伝いとホームステイを交換条件にする留学方法）を目的として入国及び居住する際の条件について、修正案を採択した。その新指令は、「EU域外からの学生に関する指令（Students directive）2004/114」及び「EU域外からの研究者に関する指令（Researchers directive）2005/71」を統合及び修正したものである。こうした法改正の動きは、世界的に優秀な人材を取り合う状況の中で、高技能を有する移民をEUに呼び込もうとする試みの1つである。

　新指令の最も重要な修正点は、研究者、学生が加盟国で研究、就学を終えた後、求職または起業のため当該国に9か月以上滞在する権利が認められたことである。その目的は、高度な技能を有する移民、特にヨーロッパの大学で十分な研鑽を積み、研究・勉学を通して当該国での社会的統合を果たしていると思われる人材を、引き続きEU域内に引き留めることにある。また、学生が就学中に労働できる最低時間数が、EU指令2004/114での週に10時間から15時間に引き上げられる。加えて新指令には、EUもしくは多国間のプログラムの対象である学生や、2つ以上の高等教育機関から承諾を得ている学生の移動、及び研究者の移動に関する条項もある。

　欧州委員会は2015年6月24日、欧州専門職資格認証カード（European Professiona Card, EPC）の発行手続規定を採択した。EPCは実際にカードが発行されるのではなく、専門職資格を認証するオンラインツールによって得られる証明である。現在のところ、加盟国間の移動が非常に多い5つの対象職種（一般看護師、薬剤師、理学療法士、山岳ガイド、不動産業者）についてのみ適用されているが、将来的には、医師やエンジニアなど他の職種にも適用が広がるものと思われる。EPCは移動のサポートがその目的であり、EU市民も、合法的にEU域内に居住するEU域外の国の国民もともに申請が可能である。

　欧州委員会は2016年3月8日[17]、サービス提供の枠組みの中での労働者の派遣に関する1996年12月16日付の指令96/71の修正案を提出した。この修正案は「同一地域での同一の作業には同等の報酬が与えられなければならない」との原則に基づいている。EU指令96/71で送り出し企業に義務づけられたのは、最低賃金に当該地域の法律を適用することのみであったのに対し、修正案ではこの規定を「国の法律、条令、行政規則、（一般的な拘束力が宣言されている）労働協約及び仲裁裁定が義務とみなす、報酬のあらゆる要素」と定義される報酬（残業代も含む）にまで広げている。さらに、労働者の派遣期間が24か月を超えると、当該地域の法律の全条項が適用される。ただし、契

61

約によって除外される条項はこの限りではない。

　この修正案に対し、東ヨーロッパ及び中央ヨーロッパの加盟9か国は、単一市場の概念とは相いれないものだとして異議を唱えた。賃金水準の違いは、サービス提供者にとって競争上の優位性という正当な要素とみなせるからというのである。一方、西ヨーロッパの複数の国は、欧州委員会の立場を支持している。中央及び東ヨーロッパの11か国とデンマークの議会は2016年5月10日、リスボン条約のプロトコルNo.2に基づき、欧州委員会の修正案は補完性と比例性の原則を尊重していないとして、これに反対を表明した。いわゆる「イエローカード」と呼ばれるこの手続により、欧州委員会は同案の見直しを余儀なくされている。提案を維持するか、修正を加えるか、あるいは撤回するかの決定権は委員会にあるが、いずれの場合も決定に至った理由を説明しなければならない。欧州委員会の見解が待たれているが、これに関して期限は設けられていない。リスボン条約の発効以来、この「イエローカード」手続がとられたのは、これがわずかに3度目である。

注

1. 庇護希望者は、被保護資格を与えられるまでは永住移民に含まれない。このため、2014年のデータは、2013年と2014年の早い時期の申請分のみであり、つまりこの数字は難民が急増する前のものになる。

2. イタリアでは2013年、2012年の移民正規化プログラムの一環としての労働許可証が、長期的な遅延の後にようやく交付された。そのため、2013年の労働移民数は不自然に多くなり、代わりに、2014年の減少幅が実際よりもはるかに大きなものとなった（OECD, 2015a）。

3. 認定率は、庇護認定審査の総数に占める認定数の割合と定義される。

4. ドイツへの流入移民数の変化の程度は、ドイツの国内データでは移民の定義が他国よりも広いことから、上述した注意事項の一例になる。だが、この点が移民動向の全体像に影響を及ぼすものではない。

5. COM（2015）240.

6. COM（2016）360.

7. Document 11130/15.

8. COM（2016）360, Annex 3.

9. この決定はオーストリア、デンマーク、スウェーデン、ノルウェーに対して、6か月間のシェンゲン圏内での国境管理の継続を認めるものである。

10. COM（2016）360.

11. COM（2016）270.

12. Regulation 516/2014.

13. COM（2015）671.

14. COM（2016）271.

15. EU外務・安全保障政策上級代表による2015年9月9日付共同声明「ヨーロッパにおける難民危機について——EUの対外活動の役割（Addressing the Refugee crisis in Europe: the role of EU external actions）」を参照（JOIN［2015］40）。

16. COM（2016）197.

17. COM（2016）128.

参考文献・資料

Acosta Arcarazo, D. et A. Geddes（2014）, "Transnational Diffusion or Different Models? Regional approaches to Migration governance in the European Union and MERCOSUR", *European Journal of Migration and Law*, pp. 19-44.

European Commission（2016）, "Commissioner Thyssen presents Commission's Social Package: First outline of the European Pillar of Social Rights and reform of the Posting of Workers Directive", Brussels, European Commission, 8 March 2016, *http://europa.eu/rapid/press-release_SPEECH-16-682_en.htm?locale=FR*.

Lhernould, J.-P., M. Coucheir, S. Fisker, P.G. Madsen and E. Voss, E.（2016）, "Study on wage setting systems and minimum rates of pay applicable to posted workers in accordance with Directive 96/71/EC in a selected number of member states and sectors", Final report, Brussels, European Commission.

OAS/OECD（2015）, *International Migration in the Americas*: SICREMI 2015, Washington, DC, OAS.

OECD（2015a）, *International Migration Outlook 2015*, OECD Publishing, Paris, *http://dx.doi.org/10.1787/migr_outlook-2015-en*.

OECD（2015b）, *Education at a Glance 2015: OECD Indicators*, OECD Publishing, Paris, *http://dx.doi.org/10.1787/eag-2015-en*.（『図表でみる教育OECDインディケータ（2015年版）』経済協力開発機構（OECD）編著、徳永優子, 稲田智子, 西村美由起, 矢倉美登里訳、明石書店、2015年）

Pacolet, J. et F. De Wispelaere（2015）, "Posting of workers: Report on A1 portable documents issued in 2014", Network statistics FMSSFE, Brussels, European Union.

UNHCR（2015）, "Mid-Year Trend 2015", *www.unhcr.org/uk/statistics/unhcrstats/56701b969/mid-yeartrends-june-2015.html*.

第1章　最近の国際移民の動向と政策対応の変化

付録1.A1

付録の図表

図1.A1.1 ［1/3］　OECD加盟国への移民流入数の出身国別割合（％）
（2004～2013年平均、2014年）

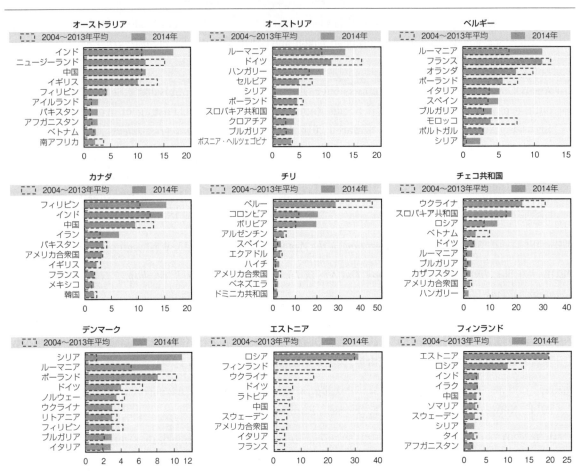

第1章 最近の国際移民の動向と政策対応の変化

図1.A1.1 ［2/3］ OECD加盟国への移民流入数の出身国別割合（％）
（2004～2013年平均、2014年）

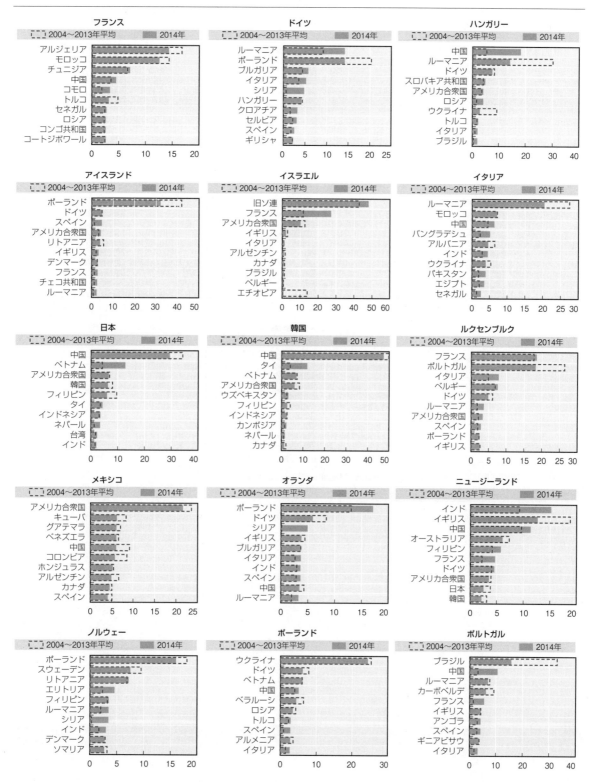

第1章　最近の国際移民の動向と政策対応の変化

図1.A1.1 [3/3] OECD加盟国への移民流入数の出身国別割合（％）
（2004～2013年平均、2014年）

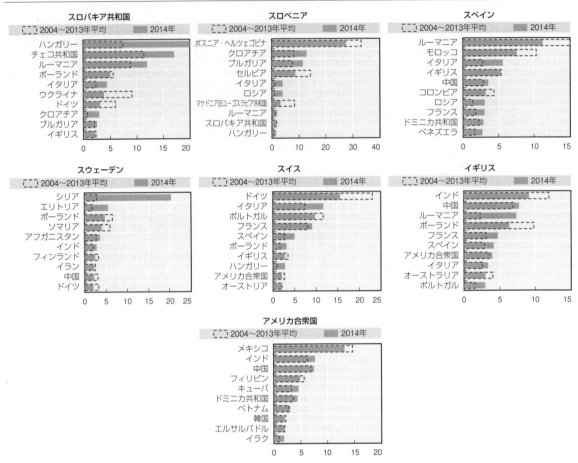

資料：OECD国際移民データベース（International Migration Database）。
StatLink : http://dx.doi.org/10.1787/888933395425

最近の国際移民の動向と政策対応の変化　　第1章

表1.A1.1　OECD加盟国への移民流入数の変化（2015年速報データ）

	2014年	2015年	変化率（%）	対象期間	月数
オーストラリア	236 559	226 570	-4	7月〜翌年6月	12
オーストリア	127 451	142 159	12	1月〜10月	9
ベルギー					
カナダ	260 265	271 662	4	1月〜12月	12
チリ					
チェコ共和国	38 490	31 589	-18	1月〜12月	12
デンマーク	64 874	75 558	16	1月〜12月	12
エストニア					
フィンランド	23 647	21 414	-9	1月〜12月	12
フランス	145 944	145 845	0	1月〜12月	12
ドイツ	1 342 529	2 016 000	50	1月〜12月	12
ギリシャ					
ハンガリー					
アイスランド	4 348	4 963	14	1月〜12月	12
アイルランド	49 000	57 200	17	5月〜翌年4月	12
イスラエル	24 120	27 208	13	1月〜12月	12
イタリア	248 360	250 026	1	1月〜12月	12
日本	65 352	71 894	10	1月〜12月	12
韓国	75 103	80 722	7	1月〜12月	11
ルクセンブルク	21 024	22 608	8	1月〜12月	12
メキシコ					
オランダ	154 193	174 303	13	1月〜12月	12
ニュージーランド	80 289	91 767	14	1月〜12月	12
ノルウェー	61 429	59 068	-4	1月〜12月	12
ポーランド					
ポルトガル					
スロバキア共和国					
スロベニア	11 311	12 665	12	1月〜12月	12
スペイン	264 485	291 387	10	1月〜12月	12
スウェーデン	106 100	113 868	7	1月〜12月	12
スイス	152 106	150 459	-1	1月〜12月	12
トルコ					
イギリス	551 000	547 000	-1	1月〜12月	12
アメリカ合衆国	1 016 518	1 050 000	3	10月〜翌年9月	12

注：フランスのデータはEU域外の国のみを対象とする。
資料：OECD国際移民データベース（International Migration Database）及び各国の国内データ。
StatLink：http://dx.doi.org/10.1787/888933396296

第1章　最近の国際移民の動向と政策対応の変化

表1.A1.2　OECD加盟国への永住型移民の流入（カテゴリー別）（2014年）

	労働	2013～2014年の変化率(%)	労働者の帯同家族	2013～2014年の変化率(%)	家族移民	2013～2014年の変化率(%)	人道移民	2013～2014年の変化率(%)	その他	2013～2014年の変化率(%)	自由移動	2013～2014年の変化率(%)
オーストラリア	61 580	-2	66 970	2	61 110	2	13 770	-31	340	-92	27 270	-34
オーストリア	4 900	5	930	20	9 670	1	1 340	-47	300	2	57 520	14
ベルギー	4 770	10			23 110	4	6 150	24			59 060	-4
カナダ	78 040	21	86 900	4	66 660	-16	27 640	-11	30	-39		
デンマーク	7 930	0	4 190	19	5 790	12	6 110	57	4 820	14	26 710	13
フィンランド	1 300	5			9 500	8	2 900	-5	280	-34	9 490	-7
フランス	31 270	25			103 880	-1	13 190	9	22 990	7	87 610	-9
ドイツ	27 850	15			63 680	14	42 390	36	5 650	133	434 890	23
アイルランド	3 730	55	170	-47	2 530	24	220	23			26 180	12
イタリア	48 490	-34	1 660	-34	59 740	-24	20 580	43	5 240	6	68 390	-12
日本	29 260	17			21 380	4	160	0	12 750	11		
韓国	1 180	-26	5 170	2	27 950	-11	630	1658	40 800	43		
メキシコ	10 300				21 040		350		11 780			
ルクセンブルク	690	-39			1 310	22	240	43	140	-16	16 460	6
オランダ	11 950	-8			20 420	-3	19 430	95			72 310	11
ニュージーランド	11 700	15	12 200	19	17 650	5	3 550	5			4 420	19
ノルウェー	3 740	-3			11 040	-8	5 690	-15			34 570	-9
ポルトガル	6 410	0			10 880	13	110	-19	6 100	88	12 380	19
スペイン	31 620	-15			39 100	-5	1 580	200	9 330	7	102 100	10
スウェーデン	3 710	4	1 490	37	31 400	7	35 640	23			12 200	-45
スイス	1 870	-18			19 510	-6	6 360	26	3 070	53	103 780	-2
イギリス	79 250	-8	37 050	-1	27 370	4	17 190	-19	22 390	1	128 210	30
アメリカ合衆国	71 400	-6	80 200	-6	645 560	-1	134 240	12	85 120	41		

資料：OECD国際移民データベース（International Migration Database）。

StatLink: http://dx.doi.org/10.1787/888933396309

第2章

第2章
OECD加盟国における
新来移民の就業状況と統合政策

　本章の前半では、ここ何年か（主に2011～2015年）の間に生じた移民の就業状況の変化について分析する。特に注目するのは新来移民であり、労働市場での状況が定住移民や受入国出身者とどう違うのかをみていく。その中で、国際的な傾向や、国によっては新来移民と定住移民の差異に拡大傾向があることも明らかにしている。分析結果からは、新来移民のほうが定住移民よりも、労働市場で困難な状況に置かれている点が示唆される。

　後半では、OECD加盟国における移民政策の最近の変化について取り上げ、中でも、統合プロセスの効果の向上を目指す取り組みと、最近流入した庇護希望者の技能を最大限に活用するための施策に焦点を当てる。こうした動きは、増加の一途をたどる庇護希望者や難民を直接の対象とするものもあれば、すべての移民の利益をはかるものもある。

第2章　OECD加盟国における新来移民の就業状況と統合政策

はじめに——新来移民を中心に

移民の統合は、長期にわたるプロセスである。受入国に到着した時点で、移民はかなりの困難に直面することが考えられ、それによって、特に労働市場での成功が脅かされる可能性がある。それでも、時が経つにつれて、受入国の言語に習熟する、受入国で資格を取得したり就業体験を積んだりする、受入国の労働市場で身を処す方法を習得する、人との関係を作るなど、さまざまな方面で受入国に順応していく。結果的には、多くの移民が、やがて就職したり、自分の持つ資格や技能に合う仕事に転職したりする。移民の労働市場への統合は、もっと広い意味での統合実現に大きく寄与すると思われる。

そのため、本章の前半では、新来の移民とそれ以外の移民について、別個に就業状況を評価する一方で、両者の就業状況と受入国出身者との比較を国ごとに行う。また後半では、OECD加盟国の移民統合政策における最新の動きを概観し、新しい取り組みの紹介や、全般的な政策傾向の把握も行う。特に注目するのは、最近新たに流入した難民向けの政策である。

主な調査結果

- ほとんどのOECD加盟国では、2011〜2015年の間、移民の就業率は横ばいかやや低下しているが、失業率は大幅に上昇している場合が多い。この傾向は、ヨーロッパのOECD加盟国で特に明白である。一方、アメリカ合衆国とカナダでは、2007〜2011年に低下した就業率が回復している。

- ほとんどすべてのOECD加盟国で、新来移民（調査に先立つ5年間に到着した移民）は、定住移民（それより前に到着した移民）よりも就業率が低い。また両者の就業率は一般に、受入国出身者の就業率を引き続き下回っている。

- 十分に詳細なデータがあるすべてのOECD加盟国で、新来移民の失業率は、定住移民よりも高い。また、ほぼすべての国で、両者の失業率は、受入国出身者の失業率を上回っている。

- 新来移民の15〜24歳層は、就業もせず教育や訓練も受けていない人口（ニート）の比率が特に高く、定住移民や受入国出身者の同年齢層と比べても、ニートの比率が高い場合が多い。定住移民と受入国出身者のニートの比率は、概して同程度である。

- 新来移民の就業率は、2011〜2015年には低下傾向がみられ、経済危機の影響が深刻であった一部の国では、その低下幅が特に大きい。また、定住移民や受入国出身者に比べると、新来移民の就業率は、2008〜2011年よりも2012〜2015年のほうが低い傾向にある。

- 移民の就業率は、2007〜2008年の経済危機からの回復期に、受入国出身者よりも上昇幅が大きかった。新来移民の就業率は、定住移民よりも変動が激しいように思われる。

- 市民権政策は、これまで一貫して、移民の統合政策策定の際の最重要課題であった。各国は、市民権取得プロセスの合理化や、受入国の市民権取得の奨励、特定人口の市民権取得の促進に

70

向けて、継続的な取り組みを進めている。だがその一方、多くのOECD加盟国では、言語その他の市民権取得の要件が強化され、市民権剥奪の新たな根拠に関して議論も行われている。

● 移民統合のための早期介入は、個々の移民のニーズや当該地域社会のニーズに合わせるという動きが強まっている。対象を絞ったこうした取り組みには、自分の資格を証明できない移民向けなどの、資格認定手続の効率化や透明化も含まれる。

● 各国は、言語教育を受ける機会の拡大や誘因の強化に、また、言語教授法の開発や職業志向の促進による言語教育の効率向上に、継続して取り組んでいる。

● 難民危機の影響が特に大きい国では、庇護希望者や難民を対象とする既存の統合政策が拡充され、新しい施策が導入された。オーストリア、フィンランド、ドイツ、ノルウェー、スウェーデンなど、庇護希望者や難民の流入が多い国では、特に教育や言語講座への支出が増額されている。

● いくつかの国では、庇護希望者や難民を対象とする統合政策を、早い段階から導入している。それは例えば、庇護希望者の就業までの待機期間を短縮することや、特に当該国に残留する見込みが高い人を中心に、まだ庇護申請手続が行われている間の、言語講座や技能評価への早期のアクセスを容易にすること、などである。

● 難民危機の影響を受けているOECD加盟国の多くは、難民の労働市場への早期の統合に主眼を置いており、公共雇用サービス機関（Public Employment Service）が、統合プログラムの実施に大きな役割を果たしている。職業訓練プランは、庇護希望者や難民のニーズに適合するものに修正されることがますます増え、労働市場への難民の統合を促進する重要な手段となっている。

第1節　OECD加盟国における移民の就業状況の最近の変化

　図2.1は、ここ数年の移民流入の大きさを反映して、2009～2015年の間に多くのOECD加盟国で、生産年齢人口（15～64歳）に占める新来移民の割合が増加していることを示している。北欧諸国（ノルウェー、デンマーク、スウェーデン、フィンランド）では、新来移民の割合が拡大すると同時に、生産年齢人口に占める外国出身人口の割合が20％超増加している。生産年齢人口に占める新来移民の割合は、カナダでも増加しているが、アメリカ合衆国では横ばいである。一方、経済危機の際に深刻な影響を受けた一部のOECD加盟国では、この割合は大幅に減少し、アイルランド、スペイン、ポルトガル、ギリシャでは半分以下に落ち込んでいる。実数での減少幅が特に大きいアイルランドとスペインでは、2009年の生産年齢人口に占める新来移民の割合は、それぞれ10％と5％にも達していた。

第 2 章　OECD 加盟国における新来移民の就業状況と統合政策

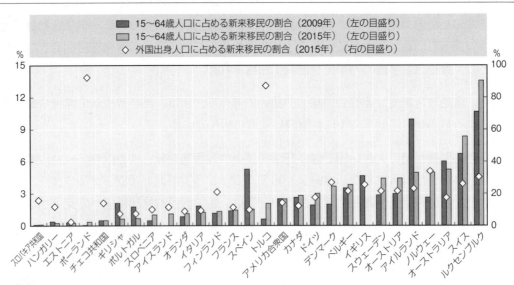

図2.1　生産年齢人口に占める新来移民の割合（2009年、2015年）
新来移民の15～64歳人口に占める割合（2009年、2015年）と、15～64歳の外国出身人口に占める割合（2015年）

注：「新来移民」とは、調査に先立つ5年間に到着した移民をいう。滞在期間が不明な移民は、合計から除外している。
資料：ヨーロッパ諸国とトルコは、欧州連合統計局（Eurostat）労働力調査（Labour Force Surveys）。オーストラリアは、教育及び仕事に関する調査（Survey of Education and Work）。カナダは、労働力調査（Labour Force Survey）。アメリカ合衆国は、人口動態調査（Current Population Surveys, CPS）。
StatLink：http://dx.doi.org/10.1787/888933395433

　2015年には多くの国で、新来移民が外国出身人口にかなりの割合を占めるようになっている。スウェーデンとオーストリアでは、この割合が2009～2015年に大幅に増加して20%前後に達し、デンマークでは17%から27%へ、スイスでは24%から26%へ、ルクセンブルクでは22%から30%へと増加した。ドイツでも、これより水準は低いが、同じ時期に12%から17%へとかなり増加している。アメリカ合衆国とカナダでは、この割合はほとんど変動がなく、14%と12%であった。新来移民は、ほぼすべてのOECD加盟国で少数派といえるが、ポーランド（92%）とトルコ（87%）では、移民の大半を占めている。これは、ポーランドの場合は定住移民が非常に少ないためであり、またトルコの場合は、最近の大量の難民流入によって説明できる。

　新来移民の就業状況についてみていくうえで、本章では就業率と失業率を主に考察の対象とする。多くのOECD加盟国では、この2つは原理的には、2014年または2015年に到着した難民の存在に影響を受けていると考えられる。しかし、大部分とはいえないまでも多くの難民は、まだ労働市場に参入していないので、新来移民の失業率には影響はないと思われる一方、就業率は、生産年齢の新来移民数が増加したことで、やや低下した可能性がある（OECD, 2015c参照）。次項では、まず全般的な移民の就業率と失業率（それぞれ、生産年齢人口に占める労働市場に参加している就業者の割合と、労働力人口に占める失業者の割合）について論じ、続いて、新来移民と定住移民（新来移民以外の移民）の就業状況を中心にみていく。

1.1 移民の就業状況の全体的傾向

OECD加盟国全体では、2015年の移民の就業率は64.5%と、2014年（64.3%）とほぼ同じである。図2.2のパネルAが示すように、2011～2015年の間は、大半のOECD加盟国の移民の就業率は停滞

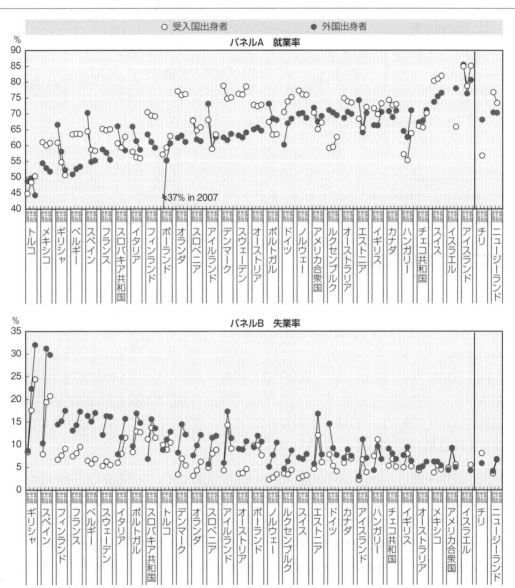

図2.2 出身国別の就業率及び失業率（2007年、2011年、2015年）

注：就業率の対象は生産年齢人口（15～64歳）。失業率の対象は15～64歳の労働力人口。カナダとトルコのデータは、調査年が2007年ではなく2008年。パネルAは、左から順に2015年の外国出身者の就業率の低い国。パネルBは、左から順に2015年の外国出身者の失業率の高い国。

資料：ヨーロッパ諸国とトルコは、欧州連合統計局（Eurostat）労働力調査（Labour Force Surveys）。オーストラリア、カナダ、イスラエル、ニュージーランドは、労働力調査（Labour Force Survey）。チリは、全国社会経済実態調査（Encuesta de Caracterización Socioeconómica Nacional, CASEN）。アメリカ合衆国は、人口動態調査（Current Population Surveys, CPS）。メキシコは、全国職業雇用調査（Encuesta Nacional de Ocupación y Empleo, ENOE）。

StatLink：http://dx.doi.org/10.1787/888933395442

第2章　OECD加盟国における新来移民の就業状況と統合政策

図2.3　出身国別の長期失業率（2007年、2011年、2015年）

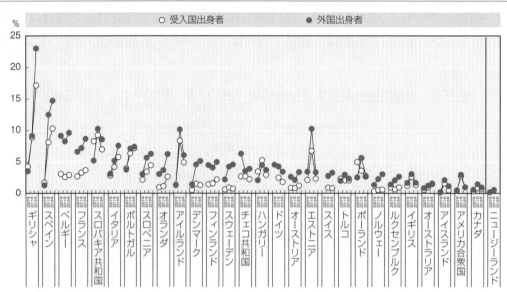

注：長期失業率とは、15～64歳の労働人口に占める1年を超えて失業している者の割合をいう。
資料：ヨーロッパ諸国とトルコは、欧州連合統計局（Eurostat）労働力調査（Labour Force Surveys）。オーストラリア、カナダ（調査年は2007年ではなく2008年）、イスラエル、ニュージーランドは、労働力調査（Labour Force Survey）。アメリカ合衆国は、人口動態調査（Current Population Surveys, CPS）。
StatLink：http://dx.doi.org/10.1787/888933395455

するか、やや低下している。この動きは一般に、2007～2011年の就業率の変化が示す傾向を引き継いでおり、図2.2のパネルBで、移民の失業率が大きく上昇している国が多いことにも表れている。この一対の傾向は、フランス、イタリア、フィンランド、ノルウェー、ルクセンブルク、スロベニアなど、OECD加盟の多くのヨーロッパ諸国で特に顕著である。スペインの場合は、2015年に就業率と失業率がともに2011年の水準に戻り、移民の就労状況の急速な悪化傾向に歯止めがかかっているが、対照的にギリシャでは、移民の就労状況は悪化の一途をたどっている。OECD加盟国全体の移民の失業率は11.8％と、2014年の12.0％とほぼ変わらない。

とはいえ、2011～2015年の間に移民の就業率が大幅に上昇している国も多い。その中には、2007年の移民の就業率は比較的高かったものの、2011年には大きく低下したという国――アメリカ合衆国、カナダ、アイルランド、エストニア、アイスランド――もある。その後の上昇をみると、就業率が回復したような印象を受けるが、カナダ以外は、経済危機前の水準をいまだ下回っている。またこれらの国では、移民の失業率にも同様の動きがみられ、2007～2011年に上昇した後、2011～2015年に低下しているが、経済危機前の水準にとどまっている。

2011～2015年に移民の就業率が大幅に上昇した第2のグループは、イギリス、ハンガリー、イスラエルである。これらの国では、移民の就業率は、2007年より2015年の方が高く、失業率もそれに呼応して2011～2015年に低下、ハンガリー以外は2007年を下回る水準に達している。ドイツは特殊なケースであり、移民の就業状況は2007～2011年に大きく向上したものの、2011～2015年には

足踏み状態になっている。

ほとんどのOECD加盟国では、移民の就業状況の変化は、受入国出身者と同様の傾向をたどるものの、変化の度合いはそれより極端な場合が多い（図2.2参照）。スペイン、アイルランド、エストニア、アイスランドといった、経済危機から深刻な影響を受けた一部の国では、移民の就業率は、2007年には受入国出身者を上回っていたが、その後の低下幅は受入国出身者よりも大きく、2015年には結局、受入国出身者の水準を下回ることになった。トルコでも、これとは違う動きではあるが、同様に両者の入れ替えが起こっている。失業率の場合は、ほぼすべてのOECD加盟国で、2007年の段階で移民のほうが受入国出身者よりも高かったうえに、2007～2015年には、移民の失業率の上昇幅が受入国出身者を上回った国が多い（例えば、フランス、イタリア、デンマーク、オランダ）。

多くのOECD加盟国では、2007～2011年に長期失業率が急速に上昇したが、2011～2015年には、こうした動きは止まるか逆転するかしている（図2.3）。これは、経済危機で深刻な影響を受けた国々にも当てはまる。2007～2011年の上昇幅に比べると、スペイン、ポルトガル、スロベニアでは上昇の動きが止まり、アイルランド、イギリス、スロバキア共和国では低下へと転じている。アメリカ合衆国、ポーランド、エストニアでは、長期失業率は急速な低下を示し、経済危機前の水準にまで達した。しかし、一部では、長期失業率の上昇が2011～2015年に加速した国もあり、特にギリシャ、フランス、オランダではそれが顕著である。

1.2 在住期間別にみた就業状況

図2.4が示すように、新来移民、定住移民、受入国出身者の就業率を比較すると、OECD加盟国を通じて明らかな傾向がみられる。2015年の場合、ほぼすべてのOECD加盟国で、新来移民の就業率は定住移民を下回り、またほとんどの国で、定住移民の就業率は受入国出身者を下回っている。つまり、就業率については、新来移民が最も低いことになるが、就業状況は在住期間が長くなるにつれて改善することも予想される。定住移民と新来移民の就業率の差異は、ある程度は移民コホートの差異に起因するとは思われるものの、OECD（2012）の調査結果によれば、任意の移民コホートの就業率は在住期間が長くなることでも上昇するという。

ルクセンブルクとスロバキア共和国では、新来移民の就業率は、定住移民を大きく上回り、受入国出身者の就業率をも超えている。この2か国は、新来移民の就業率が最も高い国にも数えられるので、特殊なケースだと思われる。しかし、定住移民の就業率が受入国出身者よりも高いという国は少なくない。これは、多くの移民が就業を目的に移住したことを反映しているとみられる。また、そうした国への移民は、特に厳しく選別されており、その選別の結果は、受入国に留まろうとする姿勢に起因していることも考えられる。労働市場に参入できる移民は受入国に留まる可能性が高く、そうではない者は出国する可能性が高い、ということである。ビジュワードら（Bijwaard *et al.*, 2014）によるものをはじめ、受入国で留まろうとするこうした姿勢に関する調査報告もある。

特に南ヨーロッパからの新来移民の就業率をみるため、図2.5のパネルAでは、EU加盟15か国出身の新来移民の就業率を示している（出身国別のデータがなく推定値になる）。ドイツは、移民の出

身国に関するデータがないため表示されていないが、EU加盟15か国出身の新来移民は、2015年の就業率は比較的高いといえる。少数の例外はあるものの、EU加盟15か国出身の新来移民の就業率は、新たなEU加盟国（2003年以降）出身の新来移民よりも高く、チェコ共和国、フランス、スイスなど、大きく上回っている国も多い。また両グループの就業率は、ハンガリーを除く図中のすべての国で、EU非加盟国出身の新来移民の就業率を超えている。つまり、図2.5のパネルAからは、EU加盟15か国出身の新来移民は、他のヨーロッパ諸国の労働市場への参入に比較的成功していることがみてとれるが、それはまた、このグループの移民、中でも南ヨーロッパからの移民には求職者が多いことを表しているとも考えられる。一方、ヨーロッパ以外の国へのアジアからの新来移民は、他地域からの移民と比べて就業率が低く、アメリカ合衆国では、2015年の就業率が50％を切って、ヨーロッパやその他地域からの移民を下回っている（図2.5のパネルB）。カナダへのアジア出身の新来移民は、就業率がかなり高いが、ヨーロッパ出身の移民の就業率には届かない。出身地域別にみた就業状況の詳細は、付録の表2.A1.1を参照されたい。

移民の在住期間別の失業率には、就業率よりもさらに明白な傾向がみられる（図2.6）。ほぼすべての国で、新来移民の失業率は定住移民を上回り、定住移民の失業率は受入国出身者を上回っている（あるいはアメリカ合衆国やカナダにみられるように、受入国出身者の失業率に並ぶ）。この傾向は、就業率の場合と酷似していて、就業状況は新来移民が最も恵まれず、定住移民はそれよりは良いものの、受入国出身者には及ばない。また、受入国出身者と新来移民の失業率の差は、新来移民の失業率が高い国のほうが大きい傾向がある。例えば、ポルトガルでは両者の差は18パーセント

図2.4　出身国及び在住期間別の就業率（2015年）

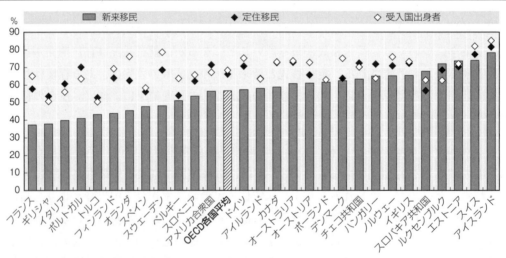

注：新来移民とは、調査に先立つ5年間に到着した移民をいう。定住移民とは、調査の5年以上前に到着した移民をいう。就業率の対象は生産年齢人口（15～64歳）。OECD各国平均はポーランドを除く。
資料：ヨーロッパ諸国とトルコは、欧州連合統計局（Eurostat）労働力調査（Labour Force Surveys）。オーストラリアは、教育及び仕事に関する調査（Survey of Education and Work）。カナダは、労働力調査（Labour Force Survey）。アメリカ合衆国は、人口動態調査（Current Population Surveys, CPS）。

StatLink：http://dx.doi.org/10.1787/888933395467

図2.5　OECD加盟国の新来移民の出身地域別就業率（2015年）

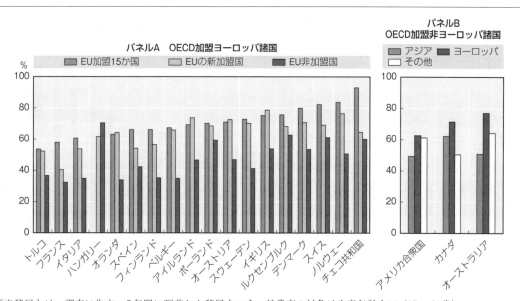

注：新来移民とは、調査に先立つ5年間に到着した移民をいう。就業率の対象は生産年齢人口（15～64歳）。
資料：ヨーロッパ諸国は、欧州連合統計局（Eurostat）労働力調査（Labour Force Surveys）。カナダは、労働力調査（Labour Force Survey）。アメリカ合衆国は、人口動態調査（Current Population Surveys, CPS）。
StatLink：http://dx.doi.org/10.1787/888933395475

図2.6　出身国別及び在住期間別の失業率（2015年）

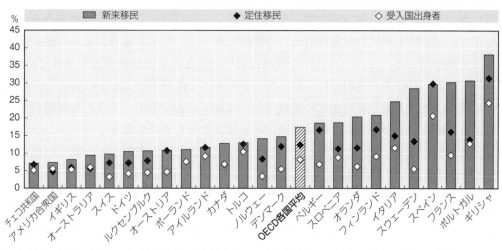

注：新来移民とは、調査に先立つ5年間に到着した移民をいい、定住移民とは、調査の5年以上前に到着した移民をいう。失業率の対象は15～64歳の労働力人口。OECD各国平均はポーランドを除く。
資料：ヨーロッパ諸国とトルコは、欧州連合統計局（Eurostat）労働力調査（Labour Force Surveys）。オーストラリアは、教育及び仕事に関する調査（Survey of Education and Work）。カナダは、労働力調査（Labour Force Survey）。アメリカ合衆国は、人口動態調査（Current Population Surveys, CPS）。
StatLink：http://dx.doi.org/10.1787/888933395481

第2章　OECD加盟国における新来移民の就業状況と統合政策

図2.7　OECD加盟国の出身国別ニート率（2015年）

15〜24歳人口に占めるニート（就業もせず、教育や訓練も受けていない人口）の割合

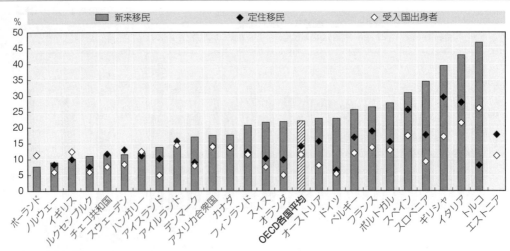

注：新来移民とは、調査に先立つ5年間に到着した移民をいい、定住移民とは、調査の5年以上前に到着した移民をいう。
　　OECD各国平均はエストニアとポーランドを除く。
資料：ヨーロッパ諸国とトルコは、欧州連合統計局（Eurostat）労働力調査（Labour Force Surveys）。カナダは、労働力調査（Labour Force Survey）。アメリカ合衆国は、人口動態調査（Current Population Surveys, CPS）。
StatLink：http://dx.doi.org/10.1787/888933395490

ポイント、フランスとスウェーデンでは20パーセントポイントを超えるが、この3か国はいずれも、新来移民の失業率が特に高く、30％に近い。

　新来移民が定住移民よりも就業率が低く失業率が高いことには、さまざまな理由がある。OECD（OECD, 2014）が挙げる移民の労働市場統合の障壁をみると、特に新来移民との関連が深いように思われる。その障壁とは、受入国の言語の習熟度が低いこと、公的資格が認定されていないこと、受入国以外で習得した技能が適用しにくいこと、公的部門での就業機会が少ないこと、受入国の規範や習慣に疎いこと、人脈や雇用主との接点を欠くこと、などである。こうした問題の多くは、時間をかけて取り組むしかないため、新来移民は定住移民よりもその影響を受けやすい。それによって新来移民は、職に就くことだけでなくその職を維持することも困難になり、臨時の仕事や生産性の低い仕事、つまりは長く続けられない仕事を引き受けざるを得ない場合が多いと思われる。

　新来移民と定住移民のグループとしての差異は、15〜24歳人口に占めるニートの割合にもみられる。図2.7が示すように、新来移民のニート率は、一般に定住移民や受入国出身者よりもかなり高い。それは特に、経済危機の影響が大きかった国についていえるが、ドイツ、オランダ、スイスも当てはまる。定住移民のニート率も、トルコを除いて、受入国出身者のニート率よりも高いものの、比較的近い数値である。受入国出身者よりも移民全体のニート率のほうが高いが、それは、新来移民の特に高いニート率が影響していることがここから示唆される。ドイツの例をみれば、新来移民のニート率は上がる傾向にある一方、定住移民と受入国出身者のニート率はかなり低いのがわかる。また、ほとんどの国で、3グループのニート率はともに上昇する傾向があり、例えば、イタリアは、新来

OECD加盟国における新来移民の就業状況と統合政策　第2章

移民のニート率がトルコに次いで2番目に高く、定住移民と受入国出身者のニート率も2番目に高い。

　新来移民のニート率と定住移民や受入国出身者のニート率の間の開きは、多くの移民が最初に直面する困難を反映していると思われる。最近到着した移民は、仕事や訓練の機会、あるいは教育プログラムを探すのにかける時間が短く、また、受入国の公式・非公式の制度にまだ慣れていないので、定住移民や受入国出身者に比べて求職も容易ではないと考えられる。加えて、新来移民は、仕事や訓練の機会を結局みつけられなかった場合、受入国を去る可能性があり、そういう人々は定住移民のニート率に加算されないことになる。

1.3　新来移民と定住移民の差異は拡大しているのか、縮小しているのか

　2011〜2015年には、新来移民の就業率は低下傾向にある（図2.8）。経済危機の影響が深刻であった一部の国では、特に大幅な低下がみられ、ギリシャ、イタリア、ポルトガルでは、新来移民の就業率はこの間に10〜20パーセントポイント低下している。また、スペインでも5パーセントポイント前後の低下があり、フランス、フィンランド、ノルウェー、オランダでも同様である。一方、ハンガリーでは大幅な上昇（11パーセントポイント）がみられ、デンマークでも一定の上昇（4パーセントポイント）があるものの、それ以外の国での上昇幅はなお小さい。したがって、この指標でみる限り、新来移民の2015年の就業状況は、4年前、すなわち、多くのOECD加盟国がまだ経済危機の影響下にあった2011年よりも、むしろ悪化していると思われる。

　新来移民の置かれている状況が、定住移民と比較した場合でも悪化しているかどうかを検討するため、図2.9で、定住移民の就業率に対する新来移民の就業率の相対比を示した。対定住移民比を指標にすれば、両者の絶対差に関わる問題が避けられる。つまり、絶対差は正の場合も負の場合もあるため、例えば新来移民の就業率が低下した場合、定住移民の就業率との差は縮小する場合も拡大する場合も、両方が考えられるのである。図2.9では、値が小さければ、それは必ず、新来移民の就業率が定住移民の就業率に比べて低いことを表す。新来移民の就業率が定住移民の就業率を上回ると、値は1を超え、反対に1より低い値は、新来移民の就業率が定住移民の就業率を下回ることを示す。

　図2.9をみると、新来移民の就業率の対定住移民比は、この数年間に低下するか、ほぼ横ばいという国が多い。2012〜2015年の各国の平均水準は、全般に、2008〜2011年の平均水準を下回るか、わずかに上回るという状況にある。対定住移民比の低下幅が大きいのは、ポルトガル、ギリシャ、アイルランド、イギリス、チェコ共和国であり、イタリア、スペイン、オランダの低下幅はそれより小さい。有意な上昇がみられるのは、オーストリアとスロバキア共和国のみである。スロバキア共和国では、新来移民の就業率が大きく上昇する一方で、定住移民の就業率がほとんど変わらなかったため、新来移民の就業率の対定住移民比は1.1から1.2に上昇している。

　新来移民の就業率の対定住移民比に低下傾向がある国では、両グループ間の絶対差が拡大している。それが顕著なのは、ポルトガル、ギリシャ、スペインであり、これらの国では、新来移民の就業率は当初から定住移民を下回っていたが、その後の数年間にさらに大きく低下した。イギリスで

79

第 2 章　OECD加盟国における新来移民の就業状況と統合政策

図2.8　新来移民の就業率（2001年、2015年）

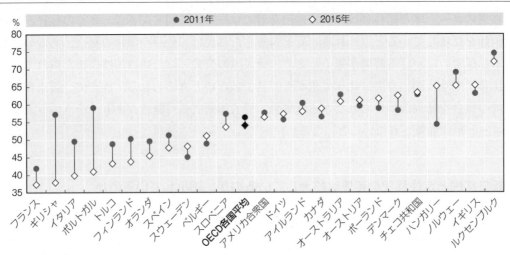

注：新来移民とは、調査に先立つ5年間に到着した移民をいい、定住移民とは、調査の5年以上前に到着した移民をいう。就業率の対象は生産年齢人口（15～64歳）。
資料：ヨーロッパ諸国とトルコは、欧州連合統計局（Eurostat）労働力調査（Labour Force Surveys）。オーストラリアは、教育及び仕事に関する調査（Survey of Education and Work）。カナダは、労働力調査（Labour Force Survey）。アメリカ合衆国は、人口動態調査（Current Population Surveys, CPS）。

StatLink：http://dx.doi.org/10.1787/888933395507

図2.9　新来移民の就業率の対定住移民比（2008～2011年、2012～2015年）

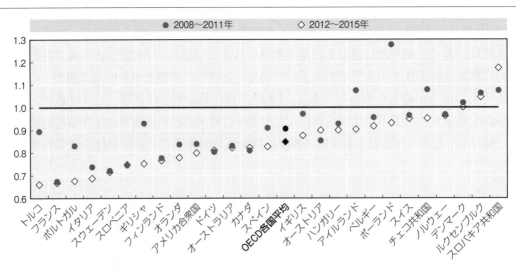

注：新来移民とは、調査に先立つ5年間に到着した移民をいい、定住移民とは、調査の5年以上前に到着した移民をいう。アメリカ合衆国は、2008～2011年ではなく2009～2011年、及び2012～2015年ではなく2013年と2015年のデータに基づく。スロバキア共和国は2009～2010年と2013～2015年のデータに基づく。
資料：ヨーロッパ諸国とトルコは、欧州連合統計局（Eurostat）労働力調査（Labour Force Surveys）。オーストラリアは、教育及び仕事に関する調査（Survey of Education and Work）。カナダは、労働力調査（Labour Force Survey）。アメリカ合衆国は、人口動態調査（Current Population Surveys, CPS）。

StatLink：http://dx.doi.org/10.1787/888933395516

図2.10 OECD加盟国の新来移民と定住移民の人口学的特徴（2015年）

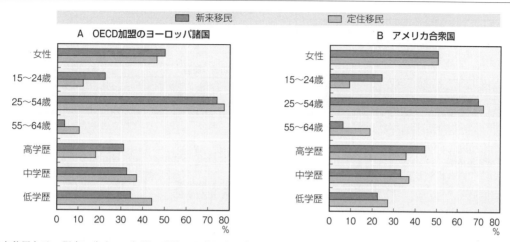

注：新来移民とは、調査に先立つ5年間に到着した移民をいう。対象は生産年齢人口（15〜64歳）。
資料：ヨーロッパ諸国は、欧州連合統計局（Eurostat）労働力調査（Labour Force Surveys）。アメリカ合衆国は、人口動態調査（Current Population Surveys, CPS）。

StatLink：http://dx.doi.org/10.1787/888933395522

両者の差が広がったのは、主として定住移民の就業率が上昇したためである。チェコ共和国に限り両者の差は縮小しているが、この要因は、新来移民の就業率が低下して定住移民の水準に近づいたことにある。両期間ともに両者の差が特に大きい国の1つであるフランスでは、新来移民の就業率は、定住移民の就業率のわずか3分の2にとどまる。

　同じ方法で、新来移民の就業率を受入国出身者の就業率と比較した場合も、同様の結果になる。すなわち、受入国出身者の就業率に対する新来移民の就業率の比率は、ほとんどの国で低下するか横ばいである。上昇を示すのは、ドイツ、オーストリア、スロバキア共和国のみである。こちらの比較の場合でも、新来移民の就業率の対受入国出身者比が低下すると、両者の絶対差は拡大する傾向にある。したがって、大半のOECD加盟国の新来移民の就業率は、対定住移民比と対受入国出身者比の両方で低下しているか、もしくは横ばいだと結論づけることができる。結果として、定住移民や受入国出身者との差は、一部の国で拡大しており、中でも、経済危機の影響が大きかった国ではそれがいえる。

　新来移民と定住移民の就業状況の推移が異なるのは、両グループの人口構成に違いがあり、そのため、労働市場全般の動きから受ける影響にも差が出ることと関連する可能性もある。この推測の成否を検証するため、図2.10では、さまざまな人口学的変数ごとに新来移民と定住移民の特徴を示している。図2.10によれば、OECD加盟のヨーロッパ諸国ならびにアメリカ合衆国では、新来移民は定住移民よりも15〜24歳人口がはるかに多く、55〜64歳人口はかなり少ない。新来移民で若年者の割合が大きいのは、1つには、出身国など特定の国で家庭や職業を持つ前のほうが移住しやすいという理由がある。また、新来移民は定住移民と比べて、高度な教育を受けている場合がかなり多く、教育水準が中程度または低度であることは少ないとみられる。これは、OECD加盟国では高

第2章　OECD加盟国における新来移民の就業状況と統合政策

図2.11　OECD加盟国の人口学的グループ別及び出身国別の就業状況の推移（2011〜2015年）

パーセントポイント

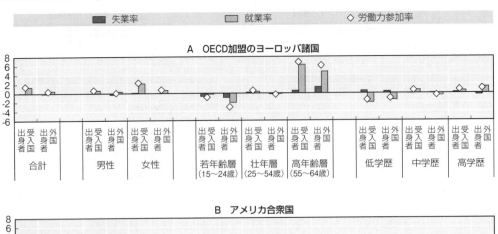
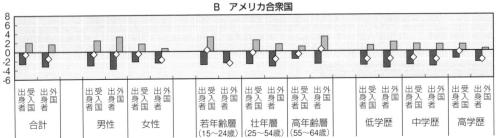
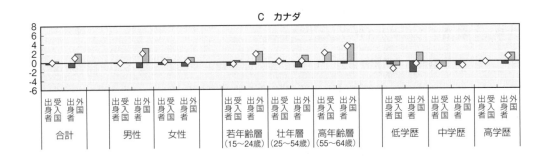
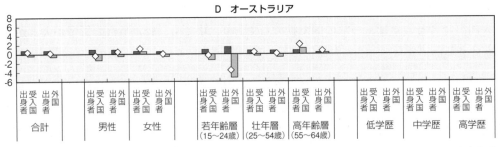

注：対象人口は、失業率の場合も含め、生産年齢人口（15〜64歳）。従って、就業率と失業率の合計が労働力参加率になる。「低学歴」は後期中等教育未修了、「中学歴」は後期中等または高等教育以外の中等後教育修了、「高学歴」は高等教育修了を指す。

資料：パネルAは、欧州連合統計局（Eurostat）労働力調査（Labour Force Surveys）。パネルBは、人口動態調査（Current Population Surveys, CPS）。パネルC及びパネルDは、労働力調査（Labour Force Survey）。

StatLink : http://dx.doi.org/10.1787/888933395530

等教育を目指す傾向があることも一部反映していると考えられ、そうした傾向は特に若年齢層、ひいては新来移民に当てはまることになる。加えてこの数年、高学歴者のほうがそれ以外よりも移住で得られる利益が大きく、その結果、新来移民の間で高学歴者が多くを占めるに至ったとも考えられる。

OECD加盟のヨーロッパ諸国（図2.11のパネルA）では、2011〜2015年、55〜64歳の移民の就業率は上昇し、15〜24歳の移民の就業率は低下している。したがって、一部の国で新来移民の就業状況が定住移民と比較して悪化している原因は、新来移民は若年者の割合が大きいという事実によって、ある程度は説明できると思われる。対照的に、高学歴の移民の就業率上昇と同時に低学歴の移民の就業率低下がみられる点は、定住移民に比べて新来移民に有利に働いていると考えられる。

アメリカ合衆国の場合は、図2.11によれば、すべての人口学的グループで就業状況が大きく向上しており、それは受入国出身者についても移民についてもいえる（パネルB）。就業状況のこうした「普遍的な」向上は、アメリカ合衆国に関する前述の調査結果（図2.9参照）、すなわち、2012〜2015年の新来移民と定住移民の就業率の差が2008〜2011年とあまり変わらないということと符合する。また、図2.11をみると、2011〜2015年には就業率が上昇して、生産年齢人口に占める失業者の割合が大幅に減少する一方、労働力参加率は、ほとんどのカテゴリーで低下（最大で2パーセントポイント）がみられる。多くのカテゴリーで、失業率の低下幅が就業率の上昇幅を上回っていることから、この失業率の低下は、一部の失業者が非労働力人口に移行したことが一因だといえる（就業意欲喪失効果）。

1.4　移民の就業者数の変化

本項では、移民の就業者数の変化、中でも新来移民の就業者数の変化を中心に考察する。就業率の場合とは異なり、就業者数は移民の生産年齢人口(15〜64歳)を基準にして評価するものではない。外国出身者の就業者数の変化は、移民の流出入の影響と、景気循環の影響の両方を反映している。

図2.12は、経済危機の発端である2007〜2008年を基準に、受入国出身者と移民の就業者数の推移を表している。オーストラリア以外の就業者数は、いずれも当初は減少するものの、やがて増加傾向に転じている。だがその増加幅は、2012年までには、4つの移民グループすべての就業者数が、それぞれの受入国出身者の就業者数を凌ぐようになっている。

しかし、人口の構造や構成の違いから、移民の就業者数は、受入国出身者の就業者数よりも景気循環の変化に応じた変動が大きいようにも思われる。例えば、アメリカ合衆国の場合、移民の就業者数は、2007年第3四半期から2010年第1四半期までは受入国出身者に比べて大幅に低下し（図2.12参照）、2年後には、受入国出身者よりも速いペースで回復している。OECD（2009）は、2007〜2008年の経済危機の影響による移民の就業者数の変化や、各種の説明要因（特定産業への集中、短い勤続年数、保護水準の低い契約、選択的な一時解雇など）の相対的重要性を分析している。ダストマンら（Dustmann *et al.*, 2010）も、ドイツとイギリスについて、移民の失業者数、特にOECD非加盟国出身の移民の失業者数が、景気循環にひときわ強い反応を示すことを確認している。経済危機に関するホインズら（Hoynes *et al.*, 2012）の研究では、就業者数に対する経済危機の

影響は、男性、エスニックマイノリティ、若年者、低学歴者により強く表れると報告している。こうした傾向は、この数十年間に起きた経済危機全体に共通することもわかっている。

新来移民は、定住移民よりも明らかに労働市況の変化の影響を受けやすいため、移民全体の就業者数の景気循環による変動に大きな意味を持つと思われる。景気循環の下降局面では、新来移民は、概して定住移民ほど現在の仕事に定着していないことから、失業する可能性が高いと考えられる。多くの新来移民は、言語能力が不十分で企業や市場に固有の専門知識が不足しているため、生産性が低い可能性があり、その結果、景気の後退期に真っ先に人員を削減されるような職に就くことになる。新来移民は、数年の就業または居住を経て初めて取得できる各種の公的資格による保護も、十分ではないことが考えられる。こうした点のすべてにおいて、定住移民のほうが、受入国出身者にも並ぶほど、はるかに有利な立場にあると思われる。

反対に景気循環の上昇局面では、新来移民の就業者数への追い風は、定住移民や受入国出身者よりもいっそう強くなると考えられる。ホール（Hall, 2005）が明らかにしたように、求職者が就業する割合は、景気の動向にかなり則した動きを示す。新来移民は、いくつかの理由で求職者である確率が非常に高く、そのため、求職者の状況改善によって大きな恩恵を得ると思われる。新来移民の多くが求職者となる理由は、まだ就職先がみつからない、臨時の仕事しかない、あるいは、もっと良い条件の仕事を探している、などである。また新来移民は、特定の産業や地域、職業の経験があまりないので、労働市場への順応意欲が高いともいえる。例えば、ポーシェル（Poeschel, 2016）の研究結果によれば、EU域外出身の新来移民は、EU域外出身の定住移民よりも、EU加盟国間を移

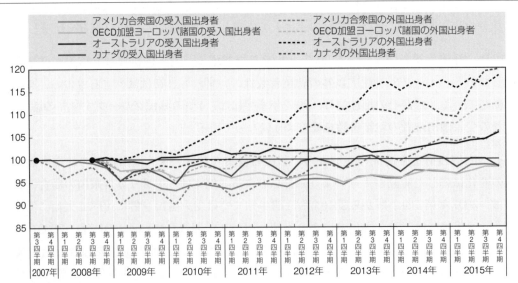

図2.12　OECD加盟国の出身国別の四半期別就業者数（2007～2015年）

指数100 = 2007年第3四半期（アメリカ合衆国）または2008年第3四半期（オーストラリア、カナダ、ヨーロッパ）

注：調査対象は生産年齢人口（15～64歳）。スイスは四半期データが2010年以降しかないため除く。
資料：ヨーロッパ諸国は、欧州連合統計局（Eurostat）労働力調査（Labour Force Surveys）。オーストラリアとカナダは、労働力調査（Labour Force Survey）。アメリカ合衆国は、人口動態調査（Current Population Surveys, CPS）。

StatLink：http://dx.doi.org/10.1787/888933395544

OECD加盟国における新来移民の就業状況と統合政策　第2章

表2.1　OECD加盟国における外国出身者の就業者数の変化が特に大きい産業（滞在期間別）（2011〜2015年）

第2章

	パネルA　OECD加盟のヨーロッパ諸国				
	新来移民		定住移民		
	人数の変化 （1,000人）	変化率 （%）	人数の変化 （1,000人）	変化率 （%）	
教育	56	+32	248	+18	飲食業
建物・景観サービス業	44	+27	192	+18	教育
コンピュータ・プログラミング、コンサルタント及び関連業	38	+48	190	+12	小売業（自動車及びオートバイを除く）
倉庫業及び運輸支援活動	37	+72	159	+20	建物・景観サービス業
専門工事業	20	+13	139	+29	宿泊施設のない社会事業
その他の専門、科学及び技術サービス業	20	+80	134	+11	保健衛生事業
自動車、トレーラー及びセミトレーラー製造業	20	+58	116	+12	家事要員の雇い主としての世帯活動
卸売業（自動車及びオートバイを除く）	17	+14	104	+17	居住ケアサービス業
自動車・オートバイ卸売・小売業及び修理業	16	+44	97	+28	作物・動物生産、狩猟業及び関連サービス活動
郵便・急送宅配業	14	+59	91	+14	卸売業（自動車及びオートバイを除く）
その他の個人向けサービス業	-3	-5	3	+2	会員制団体
事務管理、事務支援及びその他の事業支援サービス業	-3	-11	2	+3	広告・市場調査業
公務及び国防、強制社会保障事業	-7	-11	-2	-3	治外法権機関及び団体の活動
金融サービス業（保険・年金基金業を除く）	-8	-11	-4	-1	自動車、トレーラー及びセミトレーラー製造業
警備・調査業	-10	-41	-10	-3	金属製品製造業（機械器具を除く）
治外法権機関及び団体の活動	-11	-32	-13	-9	土木工事業
居住ケアサービス業	-11	-11	-16	-6	金融サービス業（保険・年金基金業を除く）
作物・動物生産、狩猟業及び関連サービス活動	-23	-23	-41	-7	建築工事業
建築工事業	-30	-21	-52	-30	職業紹介業
家事要員の雇い主としての世帯活動	-171	-57	-52	-5	専門工事業

	パネルB　アメリカ合衆国				
	新来移民		定住移民		
	人数の変化 （1,000人）	変化率 （%）	人数の変化 （1,000人）	変化率 （%）	
専門的技術サービス業	106	+49	396	+21	建設業
建設業	65	+32	276	+24	専門的技術サービス業
医療保健サービス業（病院を除く）	60	+51	171	+9	小売業
教育サービス業	27	+15	168	+17	運輸・倉庫業
金融業	26	+60	152	+13	医療保健サービス業（病院を除く）
小売業	22	+8	141	+11	管理・支援サービス業
輸送用機器製造業	21	+114	126	+15	病院
運輸・倉庫業	16	+17	117	+10	教育サービス業
他に分類されないその他の製造業	16	+64	95	+6	飲食サービス業
出版業（インターネットを除く）	12	+293	79	+16	公務
公益事業	-5	-74	-0	-0	一次金属及び金属製品製造業
農業	-6	-9	-1	-2	企業管理業
織物・衣服・皮革製造業	-7	-29	-2	-3	賃貸業
洗濯業など個人向け各種サービス	-9	-14	-3	-4	木製品製造業
一次金属及び金属製品製造業	-12	-37	-6	-8	プラスチック及びゴム製品製造業
病院	-17	-20	-6	-14	映画及び録音産業
家事代行業	-20	-33	-7	-11	出版業（インターネットを除く）
食品製造業	-23	-23	-8	-22	飲料及びタバコ製品製造業
飲食サービス業	-44	-14	-14	-4	コンピュータ及び電子機器製造業
管理・支援サービス業	-49	-23	-28	-6	社会福祉業

注：新来移民とは、調査に先立つ5年間に到着した移民をいい、定住移民とは、調査の5年以上前に到着した移民をいう。調査対象は生産年齢人口（15〜64歳）。パネルAの産業項目は、「欧州共同体経済活動統計分類（Statistical Classification of Economic Activities in the European Community, NACE）」改訂第2版に基づく。パネルBの産業項目は、「2002年国勢調査分類」に基づく。

資料：パネルAは、欧州連合統計局（Eurostat）労働力調査（Labour Force Surveys）。パネルBは、人口動態調査（Current Population Surveys, CPS）。

StatLink：http://dx.doi.org/10.1787/888933396310

第2章　OECD加盟国における新来移民の就業状況と統合政策

動する場合がかなり多いという。また、そもそも雇用拡大が移民をその国に惹きつけているわけであり、当該国内の新来移民の数は、景気循環の上昇局面に呼応して増加すると考えられる。

OECD（2015b）は、移民が景気循環や経済危機の影響を強く受けるのは、その就業先の産業部門に一定の原因があることを明らかにしている。つまり、ホテルや外食産業などでは雇用契約が比較的柔軟であり、また、建設業などでは需要の変動が大きい、などが考えられるためである。アメリカ合衆国、OECD加盟のヨーロッパ諸国はともに、建設部門で経済危機後の就業者数の減少幅が最も大きかった（OECD, 2015b 参照）。産業部門の重要性を考慮して、表2.1では、新来移民と定住移民の就業者数の変動に大きく影響した部門（中分類項目）を一覧にしている。また、付録の表2.A1.2では、大分類項目別の移民の割合を示す。

OECD加盟のヨーロッパ諸国（表2.1のパネルA）で、就業者数の変化が特に大きい10部門（増加と減少の各10部門）のうち、新来移民と定住移民の間で共通するものは少ない。例えば、「教育」や「建物・景観サービス業」は、新来移民、定住移民ともに増加グループに挙げられているが、「専門工事業」や「自動車製造業」は、新来移民では就業者が増加しているものの、定住移民では減少している。アメリカ合衆国（パネルB）の場合は、就業者数の増加グループでは新来移民と定住移民に共通項目がヨーロッパ諸国よりも多いものの、減少グループでは少ないようにみえる。またアメリカ合衆国でも、就業者数の変化の方向が両者で異なるケースがある。「出版業」では、新来移民の就業者数が増加する一方で、定住移民では減少し、同様に、「病院」では、定住移民で就業者数が増加し、新来移民で減少している。

景気循環の影響に関する本項での議論にとって重要な点は、新来移民の増減の幅が、定住移民よりも一貫して大きいと思われることである。この点は、表2.1の両側の項目にも明らかに当てはまる。OECD加盟のヨーロッパ諸国では、新来移民の就業者数の増加幅が、「教育」で32%、「建物・景観サービス業」で27%であるのに対し、定住移民ではそれぞれ18%と20%である。就業者数の減少幅についてみても、新来移民の場合は、「金融サービス業」で11%、「治外法権機関の活動」で32%、「建設業」で21%であるのに対し、定住移民の場合は、同じ項目がそれぞれ6%、3%、7%である。

同様の傾向は、アメリカ合衆国でもみられる。新来移民の就業者数の増加幅は、「専門的技術サービス」で49%、「建設業」で32%、「医療保健サービス業」で51%、「教育サービス」で15%、「小売業」で8%、「運輸・倉庫業」で17%であり、また減少幅では、「一次金属及び金属製品製造業」が37%である。一方、定住移民の就業者数の変化をみると、対応する変化の幅は、ほとんどの項目で新来移民よりもかなり小さく、2項目でほぼ同じである。こうした傾向から、新来移民と定住移民が景気循環に対して異なる反応を示すのは、就業部門が異なるからというだけではないことが窺える。また、同じ項目の場合、新来移民のほうが定住移民よりも就業者数の変化が大きい傾向があることもみてとれる。

本章のここまでの記述では、新来移民は一般に、定住移民に比べて、労働市場で恵まれた状態にはないという調査結果を示した。新来移民の就業率は、定住移民や受入国出身者に比べて、この数年はおおむね低下するか横ばいであり、そのため、両グループの差異は拡大している場合が多

86

く、若年齢層のニート率（就業もせず教育も訓練も受けていない者の比率）も、新来移民で特に高い。また、新来移民の就業者数は、定住移民よりも変動が大きいようにみえるが、これは、新来移民は景気循環から受ける影響が大きいことが原因だと考えられる。こうした結果から、新来移民は、統合政策において特別な配慮が必要であり、定住移民に合わせた政策では、それとはまったく異なる新来移民の状況に対応できない可能性がある。本章では次に、OECD加盟国における統合政策の最近の動きを、新来の難民や庇護希望者を対象とするものも含めてみていく。

第2節　OECD加盟国における統合政策の最近の変化

2015年後半から2016年にかけて庇護希望者が大量流入したことで、多くのOECD加盟国の統合制度は大きな圧迫を受け、中でもヨーロッパの統合制度は困難な状況に置かれた。とはいえ、OECD加盟国の統合政策は、特に増加の一途をたどる庇護希望者と難民を対象にする新たな統合施策を導入するとともに、さまざまなレベルで進化してきた。本節では、OECD加盟国、ブルガリア、ラトビア、リトアニア、ルーマニアにおけるこうした最近の政策変化について、最新情報を提供する。

2.1　OECD加盟国は帰化手続の簡素化を進めている

受入国の国籍を取得できるようにすることは、統合政策の重要な手段である。OECD加盟国では2015年を通して、帰化法の変更が相当数に及んだ。多くの国が、帰化手続の簡素化と受入国の市民権取得の促進に取り組む一方、特定グループの帰化促進に注力している国もある。

カナダでは、市民権法（Canada's Citizenship Act）の改定——2015年半ばに発効——によって、市民権の申請手続が迅速化された。この法改定の目的は、新来者のカナダへの帰属意識を高めること、また、新市民がカナダ社会への参加に備えられるよう支援すること、にあった。スイスは、申請手続の調整を行うことで帰化の促進に取り組み、2014年には新法を成立させて、帰化申請に必要な居住期間を12年から10年に短縮している。対照的にブルガリアでは、さまざまな変更によって制度が複雑化しているとみられる。市民権申請の審査は司法省の「市民権協議会（Citizenship Council）」が担当するが、その上に新たな諮問機関が設置され、最終決定が下される前の再審査を行うようになったのである。

アメリカ合衆国、ポルトガル、ニュージーランドなど、その他の国でも帰化申請の促進がはかられてきた。アメリカ合衆国の場合、帰化申請を促進する目的で、市民権取得の妨げになっている障壁への対処法を模索している。例えば、クレジットカードでの申請料の支払いを認める、申請料の部分的な免除を検討する、メディアでのキャンペーンによって市民権取得に向けた英語学習を促進する、国籍取得による権利と責任に関する教育を拡大する、帰化申請の奨励を行う、といった方法である（詳細とその他の取り組みについては、コラム2.1参照）。スウェーデンの帰化を促す施策には、地方自治体が新しくスウェーデン国民になった人のため、市民権取得を祝うセレモニーを開催するというものもある。

コラム2.1　新しいアメリカ人に関するホワイトハウス特別調査会

2014年11月、アメリカ合衆国のオバマ大統領は、「新しいアメリカ人に関するホワイトハウス特別調査会 (White House Task Force on New Americans)」を設置した。これは、移民統合に向けた州や地域の取り組みの成功事例を調べて支援すること、また、その成功モデルを広め、再現することを目指す関係省庁合同の取り組みである。

この特別調査会は設置以来、地域の成功モデルに光を当てることに、そして、移民とアメリカ合衆国出身者を統合し、万人にとって好ましい環境を作ろうと努める都市や郡、町の協力体制を築くことに、卓越した力を発揮してきた。特別調査会は、2015年4月には初の「国民的統合計画 (National Integration Plan)」を発表し、連邦政府機関の活動、また州や地方自治体との協力の下での取り組みを踏まえて、詳細な戦略を示している。この計画で活動の重点とされているのは、以下のとおりである。

1　友好的な地域社会の形成

特別調査会は、移民統合の多くは地域レベルで行われるとの考えのもと、地域の能力を開発すること、及び、移民とそれを受け入れる地域社会との友好的な関係形成のための行動を促すことを、非常に重視している。この目的のため、特別調査会は地方政府と共同で、地域社会のニーズに合わせた統合戦略を策定及び実行し、また、地域社会が移民人口を歓迎できるよう資源提供やモデルの提示を行っている。

2　既存の帰化経路の強化と市民参加の促進

移民の帰化促進に向けた特別調査会の取り組みには、多言語での全国的なメディア・キャンペーンを行って、市民権取得に伴う権利や責任及び取得の重要性についての意識向上や、取得準備の手段について認知度向上をはかるというものがある。こうした取り組みを支援するため、市民権・移民局は、地域の市民権取得準備プログラムの開発に対して財政的支援を行い、特別調査会は、市民権を得た新市民による取得を促すような経験談を収集したり、移動型移民サービスの提供について調査したりする。特別調査会は、こうした取り組みと並行して、移民の市民社会活動への参加を奨励する活動も行っている。

3　技能開発の支援と起業家及び小規模ビジネスの成長促進

新たに市民権を得た人々のアメリカ経済への貢献度を明らかにし、またそれを高めるため、特別調査会は、小規模ビジネス向け研修講座の提供や、起業の成功者の経験談に注目するキャンペーンを通じて、移民や難民の経済への統合を促進している。加えて、州や地方自治体が移民向けのキャリア計画プログラムや、労働者の権利に関する情報提供を企画するのに役立つツールキットを発表している。

2.2 多くの国で特定グループの市民権取得が容易になり、また二重国籍が容認される傾向が強まっている

2015年の間に、多くのOECD加盟国が市民権法を改正し、特定グループの市民権取得を容易にしてきた。そうしたグループのうち主なものは移民の子どもであり、移民の子どもが対象の法改正はスウェーデン、ギリシャ、ドイツで行われた。スウェーデンでは、市民権法の改正によって権利が拡大され、父母のどちらから受け継ぐものであれ、子どもには自動的にスウェーデン国籍が与えられるようになったため、2015年半ば以降は、両親の一方がスウェーデン国民であれば、子どもは出生時に例外なくスウェーデン国民となる。ギリシャでは、国籍法の改正により、両親がギリシャに合法的に居住する、未成年者及び、義務教育を9年間受けたか、過去3年間にギリシャの大学または専門学校を卒業した者は、ギリシャ国籍を取得できるようになった。同様にイタリアでは、法案が上院を通過すれば、両親がEUの長期滞在許可証を保有している場合、イタリアで生まれた移民の子どもは、イタリア市民権を取得できるようになる。この改正点は、12歳になる前に到着した子どもにも、またイタリアで学校教育を修了し、かつイタリアで5年以上居住している場合にも適用される。

エストニアでは、2014～2015年の市民権法改正により、市民権の取得が容易になった。子どもの移民──エストニアに8年間在住し、他の国の永住者でない場合──は、8年分の居住許可証を保有していなくても、15歳になった時点でエストニア市民権が申請できることになった。また、65歳を超えた移民は今後、言語力評価の際の筆記テストを免除される。スペインでは、スペイン系ユダヤ人の子孫に市民権を与える法案が可決された。

特定グループの市民権取得を容易にする施策と並んで、デンマーク、ラトビア、チェコ共和国といった他の国々では、移民の帰化に当たって以前の国籍の放棄を求めない、すなわち、二重国籍の保有を認める措置を講じている。ドイツでは、ドイツで育った移民の子どもは今後、21歳の誕生日までにドイツで8年間居住し、ドイツの学校に6年間通学するか、職業訓練を修了している限り、二重国籍の保有が可能になる。これまでは、そうした移民の子どもは、23歳になった時点で単一の国籍を選択しなければならなかった。

2.3 その一方で、言語その他の市民権取得要件が強化されている

多くのOECD加盟国が、市民権取得を奨励し、その簡易化を進める一方で、反対に、帰化要件を強化する動きもみられる。その対象は主に、スペイン、ポルトガル、ノルウェーなどでの言語要件の強化であり、また一部には、市民権申請に必要な合法的居住期間の延長という例もある。この種の動きとしては、オランダで、帰化要件の最低居住期間を5年から7年にすることが検討されていること、またデンマークでは、市民権取得の要件がさまざまな点で強化されてきたことが挙げられる。デンマークでは議会が、2015年後半、言語要件の強化や、市民権テストの合格点引き上げ、過去5年間のうち4年半の自活証明などからなる取得要件改正案を可決している。

第2章　OECD加盟国における新来移民の就業状況と統合政策

上記以外の国では、カナダが、手続費用の申請者本人の負担分を増やす目的で、市民権の申請費用を引き上げている。また、ブルガリアでは、国内で多額の投資をすれば市民権を取得できるという規定の悪用への懸念があり、要件となる投資の規模と形態について議論が起きている。

2.4　新たな市民権の取り消し事由が導入されている

いくつかのOECD加盟国では、市民権を取り消すべき状況についても検討が進められている。カナダでは、市民権法の改正により、不正の防止手段が拡充され、市民権取り消しの新たな事由も導入された。その他の一部OECD加盟国では、移民とその子どもの政治的な急進化を危惧して、テロ行為に関与した二重国籍者から市民権を剥奪するという法改正の動きがある。この種の法案は、オランダではすでに議会に提出され、オーストラリアでも同様であり、またノルウェーなど他の国でも議論がなされている。同じくイギリスでは、性犯罪で有罪判決を受けた二重国籍者から、内務省が市民権を剥奪できるようにする施策が提案されている。一方、フランスでは、有罪判決を受けた二重国籍のテロリストからフランスのパスポートを剥奪する案が、二重国籍者に対する差別の危険があるとの懸念に応えて破棄された。

2.5　統合活動は移民のニーズに合わせることが多くなっている

帰化は統合過程における重要な一歩ではあるが、統合に向けた取り組みは、当然ながらそれよりもかなり前から始まっていなければならない。今では広く認識されているが、統合が効果的に進められるかどうかは、早期の介入の有無に大きく左右される。将来の統合への道筋は、言語講座や職業訓練、職業紹介、場合によっては社会への適応講習などの統合策に、早期にアクセスできるかどうかによってかなり変わってくるのである。こうした多角的な統合策の重要性については、OECD加盟国間で合意が形成されつつあるものの、それを提供する際に加盟各国が採用する方法は、多くの面で違いがある。

統合プログラムの国による違いはまず、ニーズへの適合状況、すなわち、プログラムを移民のニーズか、地域の労働市場のニーズか、もしくはその両方にどの程度適合させているかという点にみられる。北欧諸国の多くはここ何年か、移民個々のニーズに統合事業を合わせようと努力してきており、このアプローチは、エストニアやポーランドをはじめとする他のOECD加盟国でも増加傾向にある。また、統合プログラムの内容を、移民の技能や学歴、経験に合わせる国がある一方で、その実施期間についても調整している国がある。例えばデンマークでは、基本的技能に欠ける移民の場合、3年間の基礎プログラムを修了後も、言語講座を最大2年間延長することができる。チェコ共和国は、統合計画「共に生きる2015（Living Together 2015）」を策定し、移民の滞在期間と滞在目的に従って統合策を組み立てるうえでの計画概要を示している。

2つ目の方法として、統合活動を地域の事情に合わせるということも考えられる。いくつかの国——スウェーデン、デンマーク、一定程度ではあるがノルウェーなど——は、新たに到着した移民を、その技能が地元の労働市場で求められている地域に定住させる取り組みを行ってきた。さらに、

90

例えばポルトガルでは、統合活動の内容を地域の労働市場のニーズに合わせる方法がとられている。2015年には欧州統合基金（European Integration Fund）の支援のもと、同国の19の地方自治体が、地域の特性に合わせた統合計画を承認した。その計画には、職業訓練や起業支援、メンタリングの要素が組み込まれている。

統合プログラムの策定に向けたOECD加盟国のアプローチの違いは、プログラムへの参加がどの程度任意であるのか、あるいは、プログラムへの参加の有無で社会的便益が左右される——多くの北欧諸国や、最近ではポーランドなどが採用している——かどうか、という点にもみられる。また、フィンランドをはじめとする一部の国では、言語教育や求職活動支援といった統合サービスの提供に民間部門の関与が増えており、同時に、統合の成果に基づく新たな資金調達のしくみが検討されている。

2.6 資格認定過程を効率化する

多くのOECD加盟国は、一般的な導入プログラム——人道移民やその家族が対象の場合が多い——の実施にとどまらず、技能や教育、経験を備え、それによって受入国に資するような移民向けの新しい統合施策も講じてきた。この10年、多くのOECD加盟国で、技能の不足を技能移民で補うことがますます増えているが、一方で、家族移民や、国際的保護を求めて到着した人の多くも、有益な技能を備えていることが少なくない。だがこうした移民には、ふさわしい仕事を探したり、自らの技能や学歴を受入国の雇用主が理解できるように翻訳したりするうえで、追加的な支援が必要だと考えられる。

OECD加盟国間では、他国で取得された資格を認定する道筋がないわけではない。だが多くのOECD加盟国では、認定過程に長い時間がかかる場合があり、また、多数の関係者が関与するため、透明性を欠くのではないかとの不信感を生む可能性もある。そのため最近では、この分野の政策策定にあたっては、認定過程の迅速化や認定制度の効率化、認定手続の認知度向上が重視されるようになっている。

すでにいくつかのOECD加盟国が、認定手続を迅速化するため、必要な措置を講じたり、新しい施策を打ち出したりしている。この取り組みの最たる例は、ノルウェーが2014年に始めた「高速型評価（turbo evaluation）」、つまり、雇用主が、非規制専門職における外国の高等教育修了資格を持つ求職者を評価するのを助けるしくみである。この評価に法的拘束力はないもの、オンライン手続で5日以内に、当該資格がノルウェーの学位に相当するかどうかを確認できる。

スウェーデンでは、2016年初めに運用を開始した新たな制度「ファスト・トラック（Fast Track）」が、資格認定にとどまらず、人材不足の職業への技能移民の就業を促進する包括的な施策パッケージの策定までも行っている。この制度（対象部門が限定されている）では、まず、プログラム参加者の母語で、その技能を調査・認定・仲介する一方、そうした活動と並行して言語教育を行う。以前の同種の制度との主な違いは、スウェーデン語能力という要件——かつて、仲介のペースをかなり遅らせたり、有資格の参加者数を減少させたりする結果を招いた——が、資格認定や仲

第2章　OECD加盟国における新来移民の就業状況と統合政策

介のプロセス開始に先立って求められないという点である。ファスト・トラックの下での審議は現在、14部門で行われており、医師や薬剤師、歯科医師、看護師、教員、幼稚園教員といった、さまざまな免許を要するものなど、対象は20種の職業に及んでいる。ブルーカラーの労働者では、塗装工、食肉解体処理作業員、料理人、職業運転手のほか、建設技師や生産技術者も、ファスト・トラックの対象となっている。

2.7　資格認定への意識の向上、認定手続の透明性の向上、資格証明書のない移民のための認定の促進

　資格認定の手続が、職業や学位のレベル及び種類により、また国によってさえ異なることが多いとすれば、新来移民にとって、認定手続を進めるのは容易ではないと思われる。そのため、OECD加盟国では近年、認定過程を簡素化して、効率だけでなく透明性も高めようという傾向が生まれている。この目的のため、アイルランドとスウェーデンはともに、外国で取得した資格の認定方法の見直しと簡素化に尽力しており、両国は最近、認定過程の簡素化のための新たな調整機関も設置している。スウェーデンでは、この組織再編の結果、2014年には、新設機関に寄せられた外国の資格の評価申請数が過去最多となった。同様にブルガリアは、行政手続の一部を撤廃して、認定過程の柔軟性を高めている。

　認定プロセスの簡素化と並行して、啓蒙活動によって、資格認定による利点への関心を高める取り組みを強化してきた国もある。ポルトガルでは、新たな「移民のための戦略的計画2015〜2020年（Strategic Plan for Migration – 2015-20）」に、大学と全国移民統合センター（National Centres of Integration）の両方で実施される意識向上キャンペーンの強化策が組み込まれている。

　各国では、資格証明書を持たない移民（多くは、人道的理由で移住して来た人々）の認定を促進するため、公式の証拠書類が不要な認定制度を設ける動きもある。こうした取り組みを先導する国の1つ、ノルウェーでは、「証明可能な書類がない場合の資格認定手続（Recognition Procedure for Persons without Verifiable Documentation）」により、学力評価と持ち帰り課題、職歴調査を組み合わせたものが利用されている。同様に、ドイツでは、「職業資格確認法（Professional Qualifications Assessment Act）」に「資格分析」が導入され、ワークサンプルテスト（実際の仕事の一部を模擬的に実施させる評価法）に基づいて、技能や知識、資質が評価されるようになった。また、ドイツ連邦雇用庁は、連邦教育研究省から財政支援を受けて試験的プロジェクトを策定し、地方での講習会や個別相談、知識管理ツールを通じて資格分析に当たる人を支援している。オランダでは、「国際的な資格評価のためのオランダ専門知識センター（Dutch Centre of Expertise for International Credential Evaluation）」が、難民支援団体や経済界と協力して、難民が提供する情報をもとに資格の評価方法を作成している。

OECD加盟国における新来移民の就業状況と統合政策　第2章

2.8　言語教育を受ける機会やその誘因の拡大への取り組みが進んでいる

　OECD加盟国では、依然として言語教育が統合事業の柱であるとともに、それをさらに強化しようという動きがある。多くの国では、語学講座は長年の間、導入活動の中心であった。それ以外の、例えばエストニアなど、これまで主要な移民受入国ではなかったり、スペインのように、移民人口が言語的に同種であったりした国々でも、徐々にではあるものの、言語教育が統合事業の中心に移行しつつある。スペインでは、移民人口の構成が変化して、言語教育に統合政策の主眼が置かれるようになるとともに、前述のとおり、2015年以降、スペイン語の知識が市民権取得の要件ともなっている。同様に、ポルトガルは、言語教育を受ける機会の拡大をはかることと並んで、市民権取得に必要なポルトガル語の習熟度を引き上げている。

2.9　言語教育の教育基盤を強化する動きもある

　OECD加盟国では、言語教育を受ける機会の拡大と並行して、言語教育の質への関心がますます高まっている。スウェーデンでは、政府が、移民向けのスウェーデン語教育を、後期中等教育段階の職業教育など、他の関連教育と組み合わせる意向を示している。その取り組みの一環として、移民へのスウェーデン語教育を、将来的には、地方自治体の成人教育制度内で提供することとし、スウェーデン教育庁が、第二言語としてのスウェーデン語の新しい指導要領の策定や、地方自治体の成人教育の基礎レベルにおける新たなモジュール型講座の開発を行ってきた。ルクセンブルクでは、新たな教育手段が開発されており、その中には、教員養成講座や出版物、新来移民の生徒の担当教員間で情報が共有できる新しい双方向ウェブサイトの開設などがある。またカナダでは、言語教育の質の国内的な一貫性を高めようと、市民権・移民省が、言語教育プログラムに各種の変更を加えてきており、現在、全国的な標準テストも作成中である。

2.10　言語学習における職業重視と柔軟性の向上への取り組みもみられる

　従来、移民教育を対象とする政策と、労働市場への移民の統合を対象とする政策の間にみられた対立関係は、統合政策の策定に関していえば、いよいよ過去のものとなりつつある。しかも、言語学習以上にこの点が当てはまる分野も他にない。実際に仕事をしながらの言語学習にはなお限界がある一方で、職業志向の言語講座は、特定の職業に必要な語彙を提供することが可能であり、また、移民が仕事と言語学習を両立できるように、場所や時期、構成に柔軟性を持たせた言語学習の選択肢も次第に導入されつつある。

　2015～2016年には、統合政策の分野でかなりの変更がみられた。上述したさまざまな政策変更は、2015年後半に生じたOECD加盟国への庇護希望者の大量流入という事実を踏まえて、早められたり、導入が加速されたりしてきた。上述した政策変更は、主として移民全体に関わるものだが、特に庇護希望者や難民を対象にした政策の変化もあり、以下、対象を絞り込んだそうした政策についてみていく。

第2章　OECD加盟国における新来移民の就業状況と統合政策

第3節　難民とその子どもの統合促進のための最近の政策変化

　2015～2016年、ヨーロッパの多くのOECD加盟国は、前例のない庇護希望者の大量流入に対応すべく政策を実行してきた。庇護規定や国境管理に関しても大きな政策的変化があったものの、各国の政策対応において、統合政策の重要性が一段と増してきている。

　そこで本節では、庇護申請の過程にある者（庇護希望者）や、庇護認定及び何らかの形の補完的・一時的保護の認定を受けた者（難民あるいは人道移民）を対象とする、統合政策の最近の変化に焦点を当てる。具体的には、2015年から2016年初めにOECD加盟国でみられた、難民及び庇護希望者向けの統合政策の全般的傾向を明らかにした後、住居や言語、教育、労働市場への統合、市民教育の分野での最も重要な政策変化の概要を示す。

　OECD加盟国の政策対応は、さまざまな理由から種々雑多というべき状態にある。その理由は第一に、すべての国が等しく影響を受けたわけではないという点が挙げられる。一部の国は、庇護申請が微増もしくはまったく増加せず、それに伴う統合政策の調整も、行われたとしても微調整にとどまっている。一方、オーストリア、フィンランド、ドイツ、ノルウェー、スウェーデンといったその他の国では、2015～2016年の庇護希望者の流入が非常に多く、それに応じて統合政策の変更や新規立案がしばしば行われた。またハンガリーやスロベニアなどの国々は、もっぱら庇護希望者の通過国となっている。そしてトルコは、国際的保護を求める人々を世界のどこよりも多数受け入れており、トルコ国内のシリア人は難民認定は受けられないが、代わりに一時的保護制度の下での入国が認められている。ギリシャとイタリアも、シリア難民にとってはEU圏の玄関口であるため、影響がきわめて大きい。

　2015年には、全般的な政策変化が数多くみられ、それについては後で詳述するが、以下、概観しておく。かなりの数の国々が、例えば、庇護希望者に統合プログラムを開設するなどして、庇護希望者や難民を対象とする統合施策を早くから実施してきた。また、政府が人道危機への対応策として、他の政府レベルや社会的協力機関、民間部門、市民団体との協力体制を整えてきたという国も多い。住宅政策や分散政策は、庇護希望者の流入が多いいくつかのOECD加盟国で、住宅不足への取り組みの必要性から、最大の関心事となっている。また、貧困地域への庇護希望者や難民の集中を避ける試みも行われている。教育や言語学習といった政策分野では、新来者が多いOECD加盟国のほとんどが、教育支出の増額、教員の増員、成人向け言語講座の拡充を行っている。公共職業安定サービスも、統合過程で引き続き大きな役割を担っている。というのも、ほとんどのOECD加盟国が、難民や、場合によっては庇護希望者の労働市場への統合を最優先課題と考えているためである。その目標に向けて、職業訓練制度を庇護希望者や難民のニーズに合わせる動きが、労働市場への参入を促進する政策対応として広がる傾向にある。加えて、非ヨーロッパ諸国出身の庇護希望者や難民の増加への対応策として、市民統合政策も策定されており、その中では男女平等に重点が置かれることが多い。

OECD加盟国における新来移民の就業状況と統合政策　第2章

3.1　早期介入がさらに顕著になっている

　早期に統合に着手するため、ドイツ、ベルギー、チェコ共和国、フィンランド、デンマーク、スウェーデンといった多くの国が、この1年間に法律を改正し、庇護希望者向けの統合施策の新たな策定やその利用の促進を行って、例えば、労働市場や技能評価プログラムへの早期の参加を可能にするなどしている。しかし、例えばドイツのように、機会が与えられるのは、往々にして在留見込みの大きい庇護希望者に限られている。多くの場合、こうした早期介入策は、「時間を無駄にしない」ために必要なものとして、また、統合策を利用する機会が遅れて、特に就業の点で、統合の成果が望ましいものではなかった過去の難民コホートから得た教訓をもとに、立案されてきた。

　例えば、ベルギー、ブルガリア、ドイツ、チェコ共和国、イタリアは最近、庇護希望者が労働市場に参入するまでの待機期間を短縮している。実際には、庇護希望者は就労許可申請や労働市場テストの合格義務といった、官僚主義的な障壁にぶつかることもありうるが、そうした施策は、介入は早期に始めると最も効果的だという認識の高まりを示しているといえる。ドイツでは2016年の夏には、庇護希望者の労働市場テストを3年間廃止し、雇用主にとっての官僚主義的な障壁の低減を目指す法案が通過する予定である。この法改定に先立って、雇用庁には、その仕事にふさわしい能力を持ち、したがって優先権が与えられることになるドイツ国民またはEU市民が、登録されていないかどうかの確認が義務づけられた。

　また、多くの国は、すでに一時収容施設に収容されている庇護希望者の技能評価を行って、その後の就労過程の迅速化をはかる施策に着手している。例えば、フィンランド、デンマーク、ドイツ（ドイツの場合は、在留の見込みが大きい者のみが対象）は現在、こうしたプログラムを全国規模で実施しようとしている。フィンランドを例に挙げると、政府機関が、一時収容施設に滞在する庇護希望者の言語能力や学歴、職業経験を評価して、庇護認定を取得後に定住する予定の地方自治体とその評価を共有することになっている。オランドとスウェーデンは、試験的なプロジェクトを導入している。

　2015年の時点で、約半数のOECD加盟国が、庇護希望者の（基礎的な）言語講座の受講を認めている。ドイツでは法改正が行われて、現在ではシリア、イラク、イラン、エリトリア出身の庇護希望者に、言語講座や市民統合講座への参加資格を与えている。

3.2　多くの政府が、庇護希望者や難民への対応を迅速化・効率化するため、各種政府レベル及び関係者間の協力を拡大している

　OECD加盟国の中でも、統合政策の策定及び実施の責任を負う政府レベルは、国によってさまざまである。当然ながら連邦国家では、統合政策についても地方分権化が進んでいる場合が多い。例えばカナダ、ベルギー、ドイツでは、統合政策の策定・実施が中央集権化されている国に比べて、庇護希望者や難民の統合方法に関する裁量が、比較的低い政府レベルに相当程度与えられている。とはいえ、中央集権的な行政構造の国であっても、地方政府は、庇護希望者や難民の統合に重要な役割を果たしている。ただし、その国の中央集権化の水準がどの程度であれ、各種の政府レベル

及びサービス提供者、市民社会組織間の協力は、効果的な政策対応を可能にするうえで欠かせない。2015～2016年に新たに到着した庇護希望者は膨大な数に上ったため、政府やその他の関係者には、迅速かつ柔軟な対応が求められたが、それでも、各種の政府レベル間の協力と連絡はなお困難な課題である。

その課題に取り組むため、いくつかの国では、各方面の関係者間の協力と情報共有を促進する政策が実施されてきた。ドイツは、2016年夏までに、すべての庇護希望者に専用の身分証明書を発行することにしている。この身分証明書には、指紋や連絡先データだけでなく、健康状態や職業資格に関する情報も記載されており、集中管理システムによって、全政府機関がこの情報を利用できるようになる。一方、オーストリア、フィンランド、ドイツ、スウェーデン、スペインといった他の国では、庇護希望者や難民の受け入れ及び統合サービス提供に関わる調整機能向上のための基盤が整備されてきている。ギリシャでは、移民政策省政務官が、警察や地方自治体とともに、サービス提供の調整機能の強化を目的として、主な入国地点で庇護希望者にサービスを提供しているボランティア団体の登録手続を開始した。アイルランド政府は、再定住を果たした難民向けに、統合策の調整や実施に当たる部門横断的な作業部会を設置しており、そこには地方自治体や非政府組織、宗教団体も参加している。

3.3　ボランティア事業の組み入れや民間部門との緊密な協働に向けた取り組みも行われている

庇護希望者や難民の流入拡大をきっかけに、多くの国の政府が、NGOやボランティアの支援活動に大きく依拠するようになり、市民活動やボランティア・プログラムへの財政支援を拡大してきた。例えばドイツ政府は、連邦ボランティア制度（Federal Voluntary Service）のもと、庇護希望者及び難民の統合に特化したボランティア1万人分の資金を拠出することになっている。庇護希望者や難民自身も、この制度への申し込み資格がある。

同時に、民間機関の側も統合プロセスへの関与を深めている。多くの国がプロジェクトを立ち上げて、民間部門との協力の緊密化をはかり、統合関連の費用に対する財政支援を増やし、また、企業に対して難民の雇用を奨励している。例えば、カナダ市民権・移民省は民間部門に対し、シリア難民のカナダ定住への財政貢献を直接申し入れ、その結果、大手企業3社が、「シリア難民歓迎基金（Welcome Fund for Syrian Refugees）」を創設して、2016年3月までに、難民統合を目的として3,000万カナダドル（約2,000万ユーロ）を調達している。

労働市場への統合促進についても、ドイツでは政府と商工会議所が、「企業による難民統合（Companies integrate refugees）」ネットワークを共同で立ち上げ、企業に対して難民の雇用と情報や経験の共有を奨励している。同様にデンマーク政府は、企業といわゆる「ビジネス・パートナーシップ」を結び、難民のインターンシップ枠を拡大してきた。部門別の協力に着手した国もある。例えばスイスでは、スイス農民組合（Farmers' Union）と連邦政府が、農業部門での難民雇用の拡大を目指す試験的なプロジェクトをスタートさせている。

3.4　住宅不足への対策が続けられている

　庇護希望者や難民の住居を確保するのは難しい問題となる可能性があり、中でも、流入が急増したり、受入国で手頃な価格の住宅や社会住宅がすでに不足していたりすると、特にそれがいえる。2015年も、住宅の提供は、各国政府にとって難民統合の主要課題の1つであり、また、政策策定の重要分野に数えられた。住宅の提供は、緊急対応の一環ではあるものの、住宅政策や分散政策は、難民の統合に長期的な影響を及ぼす可能性がある。それは第一に、統合プログラムの利用機会が限られている場合、一時収容施設での長期滞在が統合の障害になりかねないためである。また第二に、地域の労働市況は就業に大きな影響があるが、住宅価格が低い地域では、労働市況が都市部と比べて良好でないことが多いことも挙げられる。一方都市部では、手頃な価格の住宅が入手しにくいのが一般的である。

　OECD加盟国は、難民を国内になるべく均等に分散させようと、さまざまな施策を講じている。デンマークやエストニア、オランダなどのように、難民認定を受けた人を地方自治体に割り当てている国もあれば、フランス、ギリシャ、イタリアなど、認定後に、定住を希望する場所を自由に選べるようにしている国もある。また各国の設ける分散基準は、労働市場のニーズや住宅の入手可能性に始まって、親族の居住の有無、専門医療機関の有無、分散先の地域における移民の集中度まで、国によって異なる。

　多くのOECD加盟国は、難民向けの一時収容施設や長期居住用住宅の両方に対して、住居関連の支出を拡大しており、その拡大幅がかなり大きい国もある。ドイツ、スウェーデン、オーストリアの一部連邦州など、建築基準や規制を緩和して、一時収容施設の建設や空きビルの改修を加速させている国も多い。

　しかし、庇護希望者や難民向けの住居を調達するのは、地方自治体が難民らの定住を拒否できる一部の国では、容易ではない。スウェーデンでは以前、難民の受け入れを希望するかどうかの裁量が、地方自治体にかなりの程度与えられていたが、2016年初めに法改正が行われて、自身で住居を見つけられず、公共雇用サービス機関の本部から照会のあった難民はすべて、地方自治体が受け入れることが義務づけられた。オーストリアでは、法改正により、連邦州が割り当て分の受け入れを達成していない場合、中央政府がその州に庇護希望者や難民向けの住居を建設する権限が与えられた。イギリスでは、庇護希望者向けの住宅は民間の請負業者によって提供されるが、地方政府は、任意の割り当て計画への参加を渋り、庇護希望者を管轄内に定住させることを契約企業に認めてこなかった。これは、一部地域への庇護希望者の集中をさらに進めただけでなく、住宅不足の一層の悪化につながった。イギリス政府は現在、割り当て計画に参加する地方自治体の拡大策を探っている。

3.5　各国は、都市部の貧困地域への庇護希望者及び難民の集中を避けようとしている

　難民は居住許可を取得すると、都市部または、親族やその他の人脈がある地域に移動する傾向があるという調査結果がある。一部の国の政府はこれが、住居費が比較的安く、同じ民族の人口が多

第2章　OECD加盟国における新来移民の就業状況と統合政策

い地域への庇護希望者や難民の集中につながり、結果的に統合の妨げになる恐れがあると懸念して
きた。一方で、難民に認定されて居住許可を得ると、通常は国内を自由に移動できることから、特
定グループの国内移動の権利を制限すれば、人権規定に反するリスクが生じる。そのため、多くの
国の政府は難民に対し、庇護申請の手続中に割り当てられた地方自治体に留まるよう、奨励に努め
ている。

　フィンランド政府は、都市部に庇護希望者や難民が集まるのを避けるため、難民が求職のために
首都ヘルシンキに移動する意欲をそぐ目的で法改正を行った。それまでは移民局が、ヘルシンキ地
域でアパートを借りるのに必要な保証金を支払っていたが、現在は、難民がヘルシンキへの転居を
望む場合、事前に当地での就業先が見つかっていない限り、自費で保証金を支払わなければならな
い。ドイツでは、人種間の分離を避けるため、庇護希望者や難民に対し、庇護申請の手続のために
当初割り当てられた地域への在住を義務化すべきかどうか、現在、政府内で検討されている。難民
に関しては、就業先があって経済的に自立している場合は、居住する地方自治体の変更が認められ
る予定である。この点についてもその他の変更点についても、新しい統合法の枠組みの中で議論さ
れており、その新法は夏までに議会を通過するとみられている。

3.6　だが、地域の労働市場のニーズや移民の技能に応じて、庇護希望者や難民を振り分けて いる国は一部にとどまる

　就業の可能性の高い地域に難民を配置する政策は、難民の人数が多く、住宅が少ない場合には、
実行可能性が低いことが考えられる。だが、地域の労働市場のニーズや難民の技能の情報を考慮す
る能力がある国なら、統合の成果の向上が実証されていることもあり、その政策をとることは賢明
である（OECD, 2016）。例えばスウェーデンでは、難民には居住先選択の自由があるが、公共雇用
サービス機関に選定を委ねることもできる。2010年以降、スウェーデンの公共雇用サービス機関は、
地域の労働市場のニーズを考慮して、地方自治体にこうした難民を割り振っている。だが実際には、
2015年の庇護希望者の大量流入によって同国内の住宅不足がさらに進んだ現状を考えると、それが
実行不可能な場合も多い。

　ノルウェーは現在、一時収容施設での迅速な技能評価手続を策定中であり、2016年の完全実施が
予定されている。実施後は、庇護希望者は、地域の労働市場の需要がその職業技能と合致する地方
自治体に割り振られる。エストニアも2013年から、難民を割り振る際に、地方自治体での就業可能
性を考慮に入れている。デンマークは、就業の可能性も考慮に入れているものの、やや異なる方法
をとっている。すなわち、2016年現在、地方自治体が割り当て数をすでに受け入れていても、管轄
内に働き口を得ている難民については、さらに受け入れる義務を課すというものである。

3.7　多くの国が学校の定員と教員数の拡大を迫られた

　2015年には、多くの国々、中でもトルコ、スウェーデン、ドイツ、オーストリアは、人道的理由
で到着する学齢期の児童及び若者の大幅な増加に直面した。そのため、教員全般の募集枠の拡大

が求められるだけでなく、理想をいえば、新来の難民の子どもや若者を受け入れる特別学級などで、そうした子どもや若者を教える資質のある教員を採用することも必要になっている。結果として、今般の人道危機の影響下にある多くの国で、教育予算が増額されている。

　例えばスウェーデンでは、政府が、学校に支給される庇護希望の生徒1人当たりの一時金を増額して、学校に直接配分する財源を増やしている。また、教員不足への対応としては、教職課程の学位を持つ難民を対象に、修了までを迅速化したブリッジング・プログラムも導入している。ノルウェーやドイツなど、退職教員への一時雇用の奨励も含めて、教員の採用数拡大に取り組み始めた国もある。とはいえ、ほとんどの国では、第二言語学習者に教える資格を持つ教員数が相対的に少ない状態が続いており、また、教員養成カリキュラムの調整にも、教員養成自体にも時間がかかる。難民の子どもの第二言語学習を促進するため、ノルウェーの教育省は、ノルウェーの学校で現在使用されている教科書や学習教材を、アラビア語とダリー語に翻訳したものを提供するポータルサイトを開設している。

　トルコ政府は、2014〜2015年に、シリア出身の生徒の教育にかかる追加費用を7億トルコリラ（約2億2000万ユーロ）と見積もっている。トルコは現在、シリア出身の学齢児童を70万人前後受け入れており、そのうち約3分の1は、シリア人の子どもの公立学校入学を認める法律の制定後、2014〜2015年の間に入学を果たしている。またトルコは、トルコ語を母語としない生徒向けの言語学習教材の開発にも着手しようとしており、さらに、シリアの教育課程を一部修正したものをアラビア語で指導する、民間の「教育センター」の認定も開始している。2015年には国民教育省が、シリアの高等学校卒業試験（トルコの大学入学の前提条件）の実施についても、その管理運営に当たった。国民教育省は、2015〜16学年度末には、学校の入学者数を37万人にまで増やすのが目標だとしている。

3.8　成人の庇護希望者や難民向けの言語講座を拡充している国も多い

　庇護希望者や難民を大量に受け入れてきた国のほぼすべてが、言語講座の利用拡大に取り組んできている。例えばスウェーデン、ドイツ、オランダ、フィンランド、オーストリアは、2015〜2016年の統合関連予算を増額し、そのかなりの部分を言語講座の提供に充てた。だが、多くの場合、庇護希望者や難民の増加が著しいため、しばしば大勢が順番待ちをする事態となり、また、十分な数の教員の雇用もなお課題となっている。ほとんどのOECD加盟国はこうした問題を考慮して、新規のプログラム策定よりも、従来からある施策の拡大と、待機期間の短縮に重点を置いている。

　また、庇護希望者や難民は、均質な集団というにはほど遠く、到着した際の技能水準は千差万別である場合が多い。そのため理想をいえば、言語講座は、庇護希望者の能力に合わせたものでなければならず、また、例えば、非識字者あるいは学歴のかなり低い人と、高学歴で言語の習得が早いと思われる人というように、対象を絞って提供されるべきである。2015年の時点では、OECD加盟国の約半数が、低学歴と高学歴の庇護希望者及び難民向けにそれぞれ別個の言語教育を提供している。

3.9 公共雇用サービス機関は、庇護希望者や難民向けの統合プログラムの提供に重要な役割を果たしている

これまでの難民コホートは、労働市場での足がかりを得るのに苦労することが多かったため、2015年に庇護希望者や難民を大量に受け入れたOECD加盟国のほぼすべてが、難民らの就労をどう迅速に進めるかということに大きな関心を寄せている。デンマーク、ドイツ、スウェーデンなど多くの国では、庇護希望者や難民には最低賃金を適用せずに就労を促進すべきかどうかが議論されているが、2015年の段階では、そうした措置を導入した国はない。ただし、主に北欧諸国やオランダでは、賃金助成措置を講じて、人道移民など、不利な条件にある労働者を採用する際の雇用主の費用負担を軽減している。

公共雇用サービス機関は、庇護希望者や難民が求職活動をしたり、追加的な教育を受けたりするのを支援するうえで、引き続き重要な役割を果たしている。多くのOECD加盟国で雇用が重視されていることから、公共雇用サービス機関が、技能の評価や、追加的な教育及び技能向上手段の利用機会の提供、庇護希望者や難民の申請手続の支援で、中心的な役割を担うような各種のプログラムが導入されている。

例えば、ドイツの公共雇用サービス機関は、庇護希望者向けの試験的なプログラム——参加者の技能を3か月以内に評価する、申請書類への記入を助ける、職業上必要な言語講座を提供するというもの——の運用を開始した。同様に、オーストリアの公共雇用サービス機関は、ウィーン在留の難民向けに、「能力調査（Competence Check）」と呼ばれる、それまでに取得した資格を評価し、個人指導を行う試験的なプロジェクトに着手している。

公共雇用サービス機関はスウェーデンでも、最近運用が始まった、人手不足の職業への参入促進を目指す「ファスト・トラック制度（Fast-Track initiative）」で大きな役割を担っている。ファスト・トラックのプログラムには通常、職業技能を評価する確認プロセスや、必要な資格取得につながる個々に合わせた訓練・教育プログラムが含まれる。また、一部の職業については実務経験を伴うこともあり、例えば教員は、ブリッジング・プログラムの受講中から学校に配置される。このファスト・トラック制度は、原則として、新来移民なら誰でも利用できるが、直接的には、最近の庇護希望者や難民の増加に対応したものである。スウェーデン政府は他にも、教育や医療分野での経験がある人道移民向けのプログラムや、食肉解体作業員、料理人、塗装工といった、人材不足部門の低技能及び中技能職向けのプログラムも発表している。

3.10 労働市場への統合促進のため職業教育・訓練のしくみが策定されている

多くのOECD加盟国、中でも、職業教育・訓練制度が整備されている国では、若年の難民や、場合によっては庇護希望者を、言語教育、職業教育、企業での見習い訓練を組み合わせて提供することで、労働市場に統合しようとしている。

オーストリアでは、若年難民の大多数が、見習い訓練プログラムの受け入れ枠が比較的少ないウ

ィーンに在留する一方、他の地域では、企業が受け入れ枠に欠員を抱えている。そのためオーストリア政府は、26歳未満の難民を対象に、受け入れ枠に欠員のある地域で、見習い訓練プログラムへの参加機会を提供し、また、個別に助言者をつけるという試験的なプロジェクトを開始した。同様にスイス政府は、人手不足の部門で、若年難民に職業教育と言語教育を提供する試験的なプロジェクトを導入している。オランダでは、試験的なプロジェクトの一環として、若年難民向けの専用の情報センターを3か所に開設して、職業教育に関する情報を提供している。また、通常の職業コースに進む前にそれに特化した予備訓練を行う、難民向けの試験的なプロジェクトの準備も進められている。

ドイツでは2016年初めに、政府とドイツ手工業中央連盟（German Confederation of Skilled Crafts）が、在留の見込みが大きい若年の難民及び庇護希望者1万人が職業訓練に参加することを目標に、3段階のプログラムを策定している。対象者の選定は公共雇用サービス機関が行い、選定された難民らは、言語教育や実地訓練、カウンセリングを受けた後、職業教育に参加する。

3.11　市民統合のための施策が拡充されている

2015年には、多くの国の政府が、難民及び庇護希望者への「自国の価値観あるいは西洋的価値観」の教授を目的とする施策を導入している。講座や情報資料で取り上げられるテーマは、人権や民主主義的価値観から、マナーや社会規範まで多岐にわたる。また、女性の権利や男女平等、性と生殖の権利が重視されることも増えている。

オーストリア政府は最近、難民を対象に「価値観と適応に関する講座（value and orientation courses）」を導入し、2016年、同講座は公共雇用サービス機関による統合手段の一環として全国に展開されつつある。8時間にわたる講座では、基本的な価値観と社会規範のほか、オーストリアの教育制度や労働市場、医療についても取り上げられる。またノルウェー、ベルギー、デンマーク、フィンランドは、性規範や男女平等に重点を置いた同様のプログラムを導入したか、もしくは現在策定中である。ノルウェーは、庇護希望者向けに、「西洋的な性規範」に関する講座を設けた（2013年）最初の国である。講座はグループディスカッションが中心で、教員や通訳者——ノルウェー最大の、庇護希望者や難民の受け入れと統合のためのサービス提供契約事業者が派遣——を介して進められる。また、ベルギー政府は2016年初め、「女性に対する敬意を教える」講座への参加が、ヨーロッパ以外からの移民や難民に義務づけられるようになると発表した。フィンランドでは、難民は今後、フィンランドの価値観を支持するという「誓約書」への署名を義務づけられることになる。また、フィンランド移民局は、男女平等や性の権利、健康に関するオンライン講座を開講している。

第2章　　OECD加盟国における新来移民の就業状況と統合政策

参考文献・資料

Asian Development Bank Institute, International Labour Organization, and OECD (2016), *Labor Migration in Asia: Building Effective Institutions*.

Bijwaard, G. E., C. Schluter and J. Wahba (2014), "The impact of labor market dynamics on the return migration of immigrants", *the Review of Economics and Statistics*, Vol. 96, No. 3, pp. 483-494.

Carneiro, A., P. Portugal and J. Varejão (2013), "Catastrophic Job Destruction", *OECD Social, Employment and Migration Working Papers*, No. 152, OECD Publishing, Paris, *http://dx.doi.org/10.1787/5k408hxxg20x-en*.

Dustmann, C., A. Glitz and T. Vogel (2010), "Employment, wages, and the economic cycle: Differences between immigrants and natives", *European Economic Review* 54, pp. 1-17.

Hall, R. E. (2005), "Job loss, job finding and unemployment in the US economy over the past 50 years", in *NBER Macroeconomics Annual 2005*, MIT Press, pp. 101-137.

Hoynes, H., D. L. Miller and J. Schaller (2012), "Who Suffers During Recessions?", *Journal of Economic Perspectives* 26, pp. 27-47.

Jauer, J., T. Liebig, J. P. Martin and P. A. Puhani (2014), "Migration as an Adjustment Mechanism in the Crisis? A Comparison of Europe and the United States", *OECD Social, Employment and Migration Working Papers*, No. 155, OECD Publishing, Paris, *http://dx.doi.org/10.1787/5jzb8p51gvhl-en*.

OECD (2009), "International migration and the economic crisis: understanding the links and shaping policy responses", in OECD, *International Migration Outlook 2009*, OECD Publishing, Paris, *http://dx.doi.org/10.1787/migr_outlook-2009-3-en*.

OECD (2012), "Labour market outcomes", in OECD, *Settling In: OECD Indicators of Immigrant Integration 2012*, OECD Publishing, *http://dx.doi.org/10.1787/9789264171534-10-en*.

OECD (2014), "Labour market integration of immigrants and their children: Developing, activating and using skills", in OECD, *International Migration Outlook 2014*, OECD Publishing, Paris, *http://dx.doi.org/10.1787/migr_outlook-2014-5-en*.

OECD (2015a), "Introduction and overview", in OECD and EU, *Indicators of Immigrant Integration 2015: Settling In*, OECD Publishing, Paris, *http://dx.doi.org/10.1787/9789264234024-4-en*.

OECD (2015b), "Recent labour market trends and integration policies in OECD countries", in OECD, *International Migration Outlook 2015*, OECD Publishing, Paris, *http://dx.doi.org/10.1787/migr_outlook-2015-5-en*.

OECD (2015c), "How will the refugee surge affect the European economy?", OECD Migration Policy Debates No 8, *https://www.oecd.org/migration/How-will-the-refugee-surge-affect-the-Europeaneconomy.pdf*.

OECD (2015d), "Asia and Oceania: Diaspora profile", in OECD, *Connecting with Emigrants: A Global Profile of Diasporas 2015*, OECD Publishing, Paris, *http://dx.doi.org/10.1787/9789264239845-5-en*.

OECD (2016a), *Making Integration Work: Refugees and Others in Need of Protection*, OECD Publishing,

Paris, *http://dx.doi.org/10.1787/9789264251236-en*.

OECD（2016b）, *Working Together: Skills and Labour Market Integration of Immigrants and their Children - Sweden*, OECD Publishing, Paris, *http://dx.doi.org/10.1787/9789264257382-en*.

Poeschel, F.（2016）, "Raising the Mobility of Third-Country Nationals in the EU: Effects from Naturalisation and Long-Term Resident Status", *OECD Social, Employment and Migration Working Papers*, No. 187, OECD Publishing, Paris, *http://dx.doi.org/10.1787/5jlwxbvfdkr3-en*.

付録2.A1

付録の図表

OECD加盟国における新来移民の就業状況と統合政策　第2章

表2.A1.1　OECD加盟国の出身地域別就業率・失業率・労働力参加率（2008年、2011年、2015年）

%

出身地域		就業率			失業率			労働力参加率		
		2008年	2011年	2015年	2008年	2011年	2015年	2008年	2011年	2015年
オーストラリア	オセアニア	77.5	76.9	76.5	4.6	6.1	6.3	81.3	81.9	81.7
	ヨーロッパ	71.4	73.6	75.1	3.1	3.8	4.8	73.7	76.5	78.9
	北アフリカ及び中東	49.1	48.2	46.4	8.9	9.5	11.8	53.9	53.3	52.6
	サハラ以南のアフリカ	75.0	76.2	74.2	5.1	5.3	8.0	79.1	80.5	80.7
	アジア	67.6	67.6	66.7	5.8	5.8	6.6	71.8	71.7	71.4
	南北アメリカ	74.1	73.9	74.6	4.5	5.3	4.7	77.6	78.1	78.3
	外国出身（合計）	69.8	70.5	69.9	4.7	5.2	6.2	73.2	74.4	74.6
	受入国出身	75.0	73.8	73.5	4.2	5.2	6.2	78.2	77.9	78.3
カナダ	サハラ以南のアフリカ	68.7	66.7	68.5	10.4	12.6	10.9	76.6	76.4	76.9
	北アフリカ	62.2	63.8	64.0	16.1	14.8	14.9	74.1	74.9	75.1
	中東	60.5	59.0	58.9	10.7	12.1	12.1	67.8	67.1	67.0
	アジア	69.9	67.7	70.6	7.1	8.8	6.9	75.3	74.2	75.8
	欧州	73.0	73.0	76.2	5.2	6.6	5.1	77.1	78.1	80.3
	オセアニア	82.0	75.3	79.5	3.9	6.7	2.7	85.4	80.7	81.7
	北アメリカ	76.1	72.2	72.5	5.0	5.6	4.7	80.1	76.5	76.0
	中央・南アメリカ及びカリブ海諸国	72.3	70.2	73.3	8.5	10.6	8.3	79.0	78.5	79.9
	外国出身（合計）	70.7	68.9	70.9	7.2	8.9	7.4	76.1	75.6	76.7
	受入国出身	74.3	72.7	73.0	6.0	7.2	6.9	79.0	78.3	78.4
OECD加盟の ヨーロッパ諸国	EU加盟28か国及び欧州自由貿易連合	69.8	66.0	70.0	7.5	8.6	10.7	75.5	72.1	78.4
	その他のヨーロッパ諸国	62.7	58.8	58.2	9.4	15.4	17.1	69.3	69.5	70.1
	北アフリカ	55.1	48.4	46.3	15.8	25.0	27.3	65.5	64.5	63.7
	サハラ以南のアフリカ	67.0	60.4	60.2	12.3	18.5	18.0	76.4	74.1	73.4
	中東	54.3	50.7	52.1	15.7	22.0	20.5	64.3	65.0	65.6
	北アメリカ	68.9	67.6	69.5	5.2	6.8	6.8	72.7	72.5	74.5
	中央・南アメリカ及びカリブ海諸国	70.3	61.5	59.4	12.7	22.6	22.7	80.6	79.4	76.9
	アジア	63.2	62.1	63.2	7.6	10.0	9.1	68.4	69.0	69.6
	その他	79.6	80.2	79.0	3.7	3.4	5.6	82.6	83.0	83.7
	外国出身（合計）	65.5	61.5	62.1	10.2	15.5	15.3	72.9	72.8	73.2
	受入国出身	65.8	63.7	65.1	6.4	9.6	9.7	70.3	70.4	72.1
アメリカ合衆国	メキシコ	70.3	65.2	68.8	4.9	10.2	5.0	74.0	72.6	72.4
	その他の中央アメリカ諸国	77.0	69.9	71.2	4.7	10.7	6.0	80.8	78.3	75.8
	南アメリカ及びカリブ海諸国	73.2	68.6	70.8	4.9	10.7	6.4	76.9	76.8	75.6
	カナダ	74.1	70.3	71.8	3.6	5.7	4.3	76.9	74.5	75.0
	ヨーロッパ	73.4	71.1	72.7	3.6	7.4	3.6	76.1	76.8	75.4
	アフリカ	70.4	66.9	67.6	6.0	11.4	7.5	75.0	75.5	73.1
	アジア	70.9	67.4	67.5	3.4	7.0	3.8	73.4	72.5	70.1
	その他	68.5	63.0	62.2	4.7	10.1	6.0	71.8	70.1	66.2
	外国出身（合計）	71.8	67.5	67.5	4.4	9.1	5.4	75.1	74.3	71.4
	受入国出身	70.3	65.1	67.2	4.9	9.2	5.6	73.9	71.7	71.1

注：就業率と労働力参加率の対象人口は生産年齢人口（15～64歳）、失業率は15～64歳の労働力人口。ドイツとトルコは出身地域別データがないので、OECD加盟のヨーロッパ諸国に含まない。OECD事務局に提供される集計データの分類方法が異なるため、出身地域について受入国間で十分な比較ができない。アメリカ合衆国は、2008年データのかわりに2007年のものを使用している。

資料：ヨーロッパ諸国の2008年、2011年、2015年のデータは、欧州連合統計局（Eurostat）労働力調査（Labour Force Surveys）。オーストラリア、カナダの2008年、2011年、2015年のデータは、労働力調査（Labour Force Survey）。アメリカ合衆国の2007年、2011年、2015年のデータは、人口動態調査（Current Population Surveys, CPS）。

StatLink : http://dx.doi.org/10.1787/888933396324

105

第2章　OECD加盟国における新来移民の就業状況と統合政策

表2.A1.2　外国出身者の産業別就業状況（2015年）

外国出身者の就業者総数に占める割合（%）

	農業・漁業	鉱業・製造業・エネルギー	建設業	卸売・小売業	宿泊・飲食サービス業	教育	保健・衛生	雇い主としての世帯活動	管理及び域外組織・団体	その他のサービス	合計	外国出身者の就業者総数（単位：1,000人）	就業者総数に占める外国出身者の割合
オーストリア	1.0	16.6	10.6	13.9	11.4	5.3	9.6	0.5	9.9	21.3	100.0	752	18.7
ベルギー	0.6	11.5	7.9	12.5	7.3	5.7	13.3	0.2	20.6	20.4	100.0	688	15.4
チェコ共和国	1.1	25.5	10.7	19.9	6.0	4.2	6.7	0.5	6.7	18.7	100.0	175	3.6
デンマーク	3.2	12.7	3.6	11.8	10.5	10.2	16.2	0.4	10.4	20.9	100.0	308	11.9
エストニア	0.7	29.8	7.1	10.2	3.7	8.6	7.4	-	7.9	24.5	100.0	66	10.8
フィンランド	2.3	13.0	7.0	11.0	9.4	7.5	14.2	0.2	9.8	25.7	100.0	128	5.6
フランス	1.5	10.2	9.8	11.9	7.0	7.0	14.5	2.8	13.3	21.9	100.0	2 846	11.2
ドイツ	0.6	24.1	7.7	13.6	8.7	4.4	11.3	1.1	10.0	18.3	100.0	6 292	16.2
ギリシャ	10.7	12.8	11.1	16.3	16.4	2.3	3.6	11.5	6.3	9.1	100.0	284	9.0
ハンガリー	4.7	21.7	6.5	14.8	5.8	7.5	10.5	0.3	10.8	17.3	100.0	90	2.3
アイスランド	2.9	18.3	5.7	8.8	12.0	12.1	11.2	-	9.4	19.7	100.0	16	9.5
アイルランド	1.8	14.2	5.3	14.4	14.7	4.2	13.4	1.2	7.1	23.7	100.0	396	21.3
イスラエル	0.5	18.8	3.5	11.2	3.4	8.3	15.2	5.0	12.1	22.0	100.0	841	24.2
イタリア	5.0	19.6	9.2	9.3	10.0	2.1	4.8	19.9	7.3	12.7	100.0	2 873	13.8
ルクセンブルク	0.6	6.0	8.4	9.4	5.5	5.4	8.6	2.3	19.4	34.4	100.0	142	61.4
オランダ	1.0	13.9	3.7	15.4	7.5	6.0	13.8	0.1	14.5	24.2	100.0	840	11.3
ノルウェー	0.8	12.0	9.3	11.4	7.1	6.6	19.6	0.1	12.9	20.1	100.0	349	13.9
ポーランド	2.0	13.3	9.4	24.0	5.9	4.6	7.7	0.5	6.1	26.6	100.0	57	0.4
ポルトガル	2.5	14.9	6.8	14.3	8.2	9.7	8.6	3.6	11.9	19.5	100.0	411	9.8
スロバキア共和国	-	20.9	5.8	16.5	3.8	7.7	11.9	-	8.7	24.7	100.0	15	0.6
スロベニア	1.6	30.2	14.6	8.9	6.7	4.7	5.7	0.0	8.6	19.0	100.0	83	9.4
スペイン	6.6	9.5	6.8	15.5	17.5	3.1	5.1	13.3	7.6	14.9	100.0	2 477	15.0
スウェーデン	0.7	10.4	4.4	9.8	7.4	12.3	19.7	0.0	11.6	23.5	100.0	806	17.5
スイス	1.0	15.8	7.2	12.4	7.2	6.3	14.3	1.6	6.8	27.3	100.0	1 298	30.4
トルコ	3.2	37.7	7.4	12.8	5.3	5.5	4.8	2.0	6.7	14.7	100.0	521	2.1
イギリス	0.6	11.2	5.5	12.4	9.3	8.1	14.7	0.3	9.8	28.0	100.0	4 857	16.4
アメリカ合衆国	2.0	12.5	10.2	13.5	9.8	5.8	12.1	1.4	2.5	30.3	100.0	25 280	18.0

注：ダッシュ記号は、発表するには推定値の信頼性が不十分であることを示す。対象は15～64歳の就業。

資料：ヨーロッパ諸国とトルコは、欧州連合統計局（Eurostat）労働力調査（Labour Force Surveys）。イスラエルは、労働力調査（Labour Force Survey）。アメリカ合衆国は、人口動態調査（Current Population Surveys, CPS）。

StatLink : http://dx.doi.org/10.1787/888933396335

表2.A1.3［1/3］ OECD加盟国の出身地別・男女別の四半期就業率（2011～2015年）

15～64歳人口に占める割合（%）

男女		オーストラリア	オーストリア	ベルギー	カナダ	スイス	チリ	チェコ共和国	ドイツ	デンマーク	スペイン	エストニア	フィンランド	フランス	イギリス	ギリシャ	ハンガリー	アイルランド	アイスランド	イスラエル	イタリア	ルクセンブルク	メキシコ	オランダ	ノルウェー	ニュージーランド	ポーランド	ポルトガル	スロバキア共和国	スロベニア	スウェーデン	トルコ	アメリカ合衆国
受入国出身	2011年第1四半期	73.7	71.3	63.0	71.1	80.9	..	64.9	72.9	74.3	58.6	63.6	67.6	64.3	69.8	56.1	54.2	58.6	77.4	..	56.1	60.0	59.1	75.2	75.5	73.5	58.5	64.0	58.9	64.0	74.4	46.0	64.6
	2011年第2四半期	74.0	72.1	64.3	73.3	81.1	..	65.7	73.6	74.9	59.2	65.0	70.4	64.9	69.7	55.5	55.3	59.1	79.9	..	56.3	58.8	59.9	75.7	75.8	73.1	59.4	64.0	59.4	64.6	76.5	49.2	65.1
	2011年第3四半期	73.7	73.4	63.5	73.8	80.7	..	66.1	74.0	75.2	58.9	67.4	70.7	65.3	69.8	54.7	55.9	58.6	79.5	..	56.2	60.5	60.1	76.1	76.4	73.2	59.8	63.5	59.7	65.4	77.4	49.9	65.4
	2011年第4四半期	73.9	72.2	64.0	72.4	81.4	..	66.1	74.7	74.5	58.0	66.0	68.9	64.8	70.1	52.8	55.8	59.0	78.2	..	56.3	58.8	61.2	76.3	76.2	73.8	59.6	61.9	59.3	64.7	75.6	48.3	65.3
	2011年	**73.8**	**72.3**	**63.7**	**72.7**	**81.0**	**56.8**	**65.7**	**73.8**	**74.7**	**58.7**	**65.5**	**69.4**	**64.8**	**69.8**	**54.8**	**55.3**	**58.8**	**78.7**	..	**56.2**	**59.5**	**60.1**	**75.8**	**76.0**	**73.4**	**59.3**	**63.4**	**59.3**	**64.7**	**76.0**	**48.4**	**65.1**
	2012年第1四半期	73.3	71.6	63.5	70.9	80.6	..	65.6	73.4	73.9	56.9	65.9	68.2	64.5	70.0	51.9	55.0	58.3	77.4	63.4	56.0	58.8	60.1	75.9	76.2	73.3	58.8	61.4	59.6	64.0	74.8	46.3	64.7
	2012年第2四半期	73.8	72.6	63.9	73.3	80.5	..	66.5	73.8	74.4	56.9	67.0	70.7	65.2	70.3	51.4	56.3	58.7	80.9	64.0	56.5	60.6	61.4	76.1	76.7	72.8	59.7	61.5	59.8	63.8	76.6	49.9	65.7
	2012年第3四半期	73.5	73.6	64.1	73.6	81.1	..	67.0	74.3	74.4	56.5	68.3	70.9	65.4	70.8	50.5	57.4	59.0	81.7	64.9	56.3	62.2	61.5	76.3	76.7	72.2	60.2	61.1	60.1	64.3	77.6	49.9	66.0
	2012年第4四半期	73.8	72.9	63.8	72.6	81.3	..	67.0	74.5	74.0	55.7	67.4	68.7	65.0	71.2	49.9	57.1	59.3	79.3	63.9	56.0	61.3	60.8	76.2	76.2	71.9	60.0	59.7	59.3	64.2	75.9	49.6	65.9
	2012年	**73.6**	**72.7**	**63.8**	**72.6**	**80.9**	..	**66.5**	**74.0**	**74.2**	**56.5**	**67.1**	**69.6**	**65.0**	**70.6**	**50.9**	**56.4**	**58.9**	**79.8**	**64.1**	**56.2**	**60.7**	**60.9**	**76.1**	**76.5**	**72.5**	**59.7**	**60.9**	**59.7**	**64.1**	**76.2**	**48.9**	**65.6**
	2013年第1四半期	73.1	71.8	63.0	71.6	81.3	..	66.8	73.9	73.5	55.0	67.1	67.7	64.6	70.7	48.8	55.8	59.4	78.1	64.2	55.0	59.5	60.0	75.5	76.0	72.7	58.7	59.1	59.8	62.8	75.5	47.9	65.0
	2013年第2四半期	73.4	73.0	64.1	73.4	80.7	..	67.8	74.5	74.3	55.4	69.1	70.5	65.3	70.8	49.2	57.7	60.2	81.9	64.6	55.3	60.4	61.1	75.7	76.5	72.5	59.8	60.2	59.8	63.2	77.2	50.8	65.9
	2013年第3四半期	73.2	73.8	64.1	73.8	80.8	..	68.0	74.7	74.4	56.0	69.0	70.3	65.7	71.4	49.1	58.7	60.9	84.3	65.1	55.2	59.3	60.9	75.6	76.6	73.6	60.7	61.0	60.0	64.7	78.7	50.3	66.2
	2013年第4四半期	73.4	72.8	63.3	73.0	81.9	..	68.2	75.1	73.6	55.8	68.6	68.2	65.0	71.6	48.4	59.2	61.4	81.1	64.8	55.3	61.9	61.6	75.3	75.9	74.7	60.8	61.4	59.8	63.5	77.2	49.2	65.8
	2013年	**73.3**	**72.8**	**63.6**	**73.0**	**81.2**	**58.1**	**67.7**	**74.5**	**73.9**	**55.6**	**68.5**	**69.2**	**65.1**	**71.1**	**48.9**	**57.9**	**60.5**	**81.2**	**64.7**	**55.2**	**60.3**	**60.9**	**75.5**	**76.3**	**73.4**	**60.0**	**60.4**	**59.8**	**63.5**	**77.2**	**49.6**	**65.7**
	2014年第1四半期	72.6	71.8	63.2	71.6	80.8	..	67.9	74.4	72.8	55.6	68.1	67.7	64.5	71.8	48.6	60.5	60.8	80.5	65.3	54.8	62.6	60.4	74.4	75.5	75.0	60.3	61.1	60.2	62.9	76.3	48.0	65.6
	2014年第2四半期	72.9	72.5	63.5	73.3	80.9	..	68.5	74.7	74.0	56.6	70.4	70.6	65.1	72.1	49.3	61.2	61.4	84.2	65.6	55.2	60.3	60.5	74.7	76.6	74.7	61.3	62.2	60.7	64.9	78.0	50.9	66.8
	2014年第3四半期	72.6	73.3	64.1	73.9	81.3	..	69.3	75.2	74.9	57.1	70.3	70.4	65.1	72.7	50.0	62.4	62.4	84.8	65.3	55.5	61.3	60.4	75.4	76.5	75.0	62.5	63.0	61.3	65.3	79.3	50.3	66.8
	2014年第4四半期	72.8	72.7	64.3	72.9	82.9	..	69.7	75.3	74.9	57.3	70.2	68.3	64.8	73.0	49.4	62.4	62.9	82.8	65.1	55.7	61.8	60.5	75.4	75.9	76.1	62.6	62.5	61.6	64.9	77.2	49.3	66.9
	2014年	**72.7**	**72.6**	**63.8**	**72.9**	**81.5**	..	**68.9**	**74.9**	**74.2**	**56.6**	**69.8**	**69.2**	**64.9**	**72.4**	**49.3**	**61.6**	**61.9**	**83.1**	**65.3**	**55.3**	**61.5**	**60.4**	**75.0**	**76.1**	**75.2**	**61.7**	**62.2**	**60.9**	**64.5**	**77.7**	**49.6**	**66.5**
	2015年第1四半期	72.7	72.0	63.6	71.5	82.4	..	69.4	74.8	74.5	57.0	70.3	67.8	64.5	73.0	49.3	62.2	62.7	83.7	65.2	55.2	63.3	60.2	75.5	75.5	75.3	61.9	62.5	61.9	64.3	77.0	48.5	66.4
	2015年第2四半期	73.5	72.3	63.7	73.6	81.6	..	70.1	74.7	75.3	58.3	72.1	70.0	65.2	72.8	50.7	63.6	63.4	85.8	66.2	55.9	65.4	60.6	76.1	76.4	74.6	62.6	63.7	62.6	65.8	78.6	51.3	67.5
	2015年第3四半期	73.4	73.8	63.6	74.1	81.5	..	70.5	75.3	75.3	58.8	74.0	70.6	65.5	73.3	51.4	64.6	63.8	86.4	66.3	56.4	62.4	60.7	76.5	76.4	73.7	63.5	63.9	63.0	66.9	80.0	51.3	67.4
	2015年第4四半期	74.3	73.0	63.7	72.7	82.5	..	70.8	75.8	75.2	59.1	71.9	68.3	65.1	73.8	51.2	64.7	63.9	84.7	65.8	56.3	61.0	61.6	76.4	75.3	74.8	63.7	63.9	63.5	65.6	78.5	50.2	67.3
	2015年	**73.5**	**72.8**	**63.6**	**73.0**	**82.0**		**70.2**	**75.2**	**75.1**	**58.3**	**72.1**	**69.2**	**65.1**	**73.2**	**50.6**	**63.8**	**63.4**	**85.2**	**65.9**	**55.9**	**62.6**	**60.8**	**76.1**	**75.9**	**74.6**	**62.9**	**63.5**	**62.8**	**65.7**	**78.5**	**50.3**	**67.2**
外国出身	2011年第1四半期	70.5	64.3	52.4	67.9	74.0	..	68.4	65.4	59.7	55.0	61.3	57.5	57.9	66.4	59.1	61.7	57.8	74.7	..	61.6	72.3	50.2	63.6	68.2	70.6	54.1	66.8	58.3	61.7	61.2	49.4	66.7
	2011年第2四半期	70.4	65.9	52.9	69.1	75.7	..	67.8	67.3	61.6	56.2	60.9	62.6	58.6	66.5	60.2	61.7	59.4	77.9	..	63.0	69.4	52.1	62.3	70.7	70.2	55.6	69.0	58.6	63.1	62.1	49.8	67.8
	2011年第3四半期	70.7	66.5	52.0	69.6	76.1	..	67.1	67.6	63.4	55.0	67.7	61.8	57.8	66.6	57.8	63.3	59.7	80.4	..	61.3	70.0	54.9	62.6	71.4	69.6	56.5	69.2	60.0	61.6	63.3	49.0	67.5
	2011年第4四半期	70.4	65.7	53.0	68.9	76.1	..	67.8	67.4	61.8	53.1	66.3	62.8	56.5	65.7	54.9	63.6	58.9	–	..	59.8	69.7	54.4	63.9	70.4	70.8	55.1	68.8	–	61.2	63.2	50.5	68.2
	2011年	**70.5**	**65.6**	**52.6**	**68.9**	**75.5**	**68.1**	**67.8**	**66.9**	**61.7**	**54.8**	**64.1**	**61.1**	**57.7**	**66.3**	**58.1**	**62.6**	**59.0**	**76.3**	..	**61.4**	**70.3**	**52.9**	**63.1**	**70.2**	**70.3**	**55.2**	**68.4**	**59.4**	**61.9**	**62.5**	**49.7**	**67.5**
	2012年第1四半期	70.0	64.6	51.8	68.3	75.4	..	66.3	66.8	60.8	51.7	66.5	61.7	57.0	65.0	50.9	62.1	58.1	–	74.5	59.5	70.8	52.1	62.9	69.3	71.0	58.1	67.5	–	63.5	61.8	44.3	67.0
	2012年第2四半期	70.1	66.3	51.7	70.2	76.4	..	66.6	68.2	60.9	52.2	68.0	64.7	57.7	66.3	49.5	65.4	59.3	80.4	74.9	60.9	71.4	53.6	63.3	72.4	70.4	63.1	67.7	63.0	63.5	63.5	45.0	67.9
	2012年第3四半期	69.9	66.3	52.1	70.9	76.8	..	68.0	68.4	61.9	53.0	67.8	65.5	58.3	67.2	50.4	67.9	59.0	–	74.5	60.2	71.3	53.2	64.1	71.9	70.2	66.1	66.7	–	64.3	63.4	47.5	68.0
	2012年第4四半期	70.0	65.1	52.3	70.8	75.9	..	68.0	68.4	61.0	51.5	66.5	63.4	57.4	67.2	47.5	70.6	59.0	81.0	75.3	59.4	71.9	55.8	62.3	70.0	70.5	61.3	63.7	67.4	64.2	62.6	47.5	67.8
	2012年	**70.0**	**65.6**	**52.0**	**70.1**	**76.1**	..	**67.3**	**68.0**	**61.1**	**52.1**	**67.2**	**63.8**	**57.6**	**66.5**	**49.6**	**66.6**	**58.8**	**79.0**	**74.8**	**60.0**	**71.3**	**53.6**	**63.1**	**70.9**	**70.5**	**61.9**	**66.4**	**63.7**	**63.9**	**62.8**	**46.1**	**67.7**
	2013年第1四半期	70.0	64.1	53.0	69.6	75.0	..	67.6	67.5	61.9	50.0	69.8	62.0	56.0	66.5	45.8	68.8	58.7	79.7	76.2	58.3	71.5	54.7	60.9	68.8	71.4	60.0	61.7	69.4	57.4	61.7	45.9	67.4
	2013年第2四半期	70.1	65.6	51.8	71.3	76.3	..	69.9	68.3	63.6	51.1	71.3	65.8	57.0	67.0	47.3	67.7	60.2	79.2	75.6	57.9	70.5	53.3	60.9	70.2	71.6	59.6	62.1	64.5	61.0	63.6	47.7	68.7
	2013年第3四半期	69.6	66.5	53.3	71.7	76.0	..	70.6	69.0	63.4	50.8	67.2	63.4	57.6	68.0	48.7	66.7	61.7	80.4	75.6	58.1	73.6	55.5	61.4	71.1	70.6	59.5	63.1	64.4	62.8	63.5	47.2	69.0
	2013年第4四半期	69.4	64.5	52.8	69.8	76.3	..	71.1	68.2	62.7	51.0	65.5	62.5	57.0	68.5	48.5	67.8	61.6	80.4	76.0Y	58.2	70.6	52.6	61.7	70.9	72.5	58.0	63.4	67.6	60.8	62.5	45.5	68.4
	2013年	**69.7**	**65.2**	**52.7**	**70.6**	**75.9**	**74.2**	**69.8**	**68.3**	**62.9**	**50.7**	**68.4**	**63.4**	**56.9**	**67.5**	**47.6**	**67.8**	**60.5**	**79.9**	**75.8**	**58.1**	**71.5**	**54.0**	**61.2**	**70.3**	**71.5**	**59.2**	**62.6**	**66.4**	**60.5**	**62.9**	**46.6**	**68.4**
	2014年第1四半期	69.1	63.1	53.1	68.9	75.2	..	72.1	67.5	60.7	49.9	63.4	60.1	55.8	68.4	48.1	69.4	60.6	76.7	77.6	57.5	70.0	53.0	60.2	69.4	72.0	67.4	65.6	62.4	58.3	61.7	47.3	68.4
	2014年第2四半期	69.6	66.0	53.9	70.4	77.0	..	73.1	68.2	64.3	52.5	66.5	61.4	56.5	69.6	50.5	69.2	61.1	85.6	76.7	59.1	73.7	55.1	61.7	70.1	71.5	67.3	66.7	63.9	60.6	63.1	47.4	69.1
	2014年第3四半期	69.6	65.9	51.8	70.5	76.2	..	71.1	69.5	65.9	53.3	70.4	61.3	56.9	70.0	52.0	70.2	61.5	83.3	77.0	58.9	70.8	51.9	61.2	69.5	71.2	58.5	67.1	69.0	57.8	65.2	46.7	69.7
	2014年第4四半期	70.0	64.6	52.3	70.8	76.8	..	71.0	68.4	64.5	53.6	72.1	60.0	56.2	69.5	50.7	72.8	61.5	82.5	78.4	57.9	73.5	53.8	62.3	70.2	73.0	58.2	67.1	69.5	56.0	64.1	44.2	69.4
	2014年	**69.6**	**64.9**	**52.8**	**70.1**	**76.3**	..	**71.8**	**68.4**	**63.9**	**52.3**	**68.0**	**60.7**	**56.4**	**69.4**	**50.3**	**70.4**	**61.2**	**81.9**	**77.4**	**58.4**	**72.0**	**53.4**	**61.4**	**69.8**	**71.9**	**63.0**	**66.6**	**66.1**	**58.2**	**63.5**	**46.3**	**69.1**
	2015年第1四半期	69.9	63.3	54.0	69.8	76.2	..	70.2	68.3	62.8	52.9	66.3	58.2	55.3	69.5	48.1	70.5	60.4	–	78.2	57.0	68.8	49.2	60.8	67.7	74.0	64.6	65.7	–	56.8	62.6	43.6	68.5
	2015年第2四半期	70.1	64.9	50.8	71.0	77.0	..	71.1	68.3	62.1	55.3	68.6	58.9	55.6	70.1	53.4	72.5	62.1	84.0	77.1	59.0	72.3	50.7	61.9	68.4	73.4	55.8	69.3	60.5	62.7	63.9	44.8	69.3
	2015年第3四半期	69.4	65.6	55.0	71.5	76.1	..	71.1	68.8	64.2	56.4	74.4	59.3	56.2	71.5	54.7	72.0	63.8	–	78.0	59.2	68.3	53.7	61.0	69.0	72.4	57.8	68.7	–	64.3	65.0	44.2	69.2
	2015年第4四半期	70.3	64.9	53.3	71.4	76.8	..	72.1	68.1	65.3	56.4	71.9	60.6	54.8	71.0	53.0	69.1	64.0	80.4	78.6	59.2	69.9	53.5	60.6	69.5	74.2	65.4	68.3	51.2	61.6	64.7	44.8	69.9
	2015年	**69.9**	**64.7**	**53.3**	**70.9**	**76.5**		**71.1**	**68.4**	**63.6**	**55.2**	**70.2**	**59.3**	**55.5**	**70.5**	**52.2**	**71.1**	**62.6**	**80.7**	**78.0**	**58.6**	**69.5**	**51.8**	**61.1**	**68.6**	**73.5**	**60.7**	**68.0**	**58.4**	**61.3**	**64.1**	**44.4**	**69.2**

第2章　OECD加盟国における新来移民の就業状況と統合政策

表2.A1.3［2/3］　OECD加盟国の出身地別・男女別の四半期就業率（2011～2015年）

15～64歳人口に占める割合（%）

男性

		オーストラリア	オーストリア	ベルギー	カナダ	スイス	チリ	チェコ共和国	ドイツ	デンマーク	スペイン	エストニア	フィンランド	フランス	イギリス	ギリシャ	ハンガリー	アイルランド	アイスランド	イスラエル	イタリア	ルクセンブルク	メキシコ	オランダ	ノルウェー	ニュージーランド	ポーランド	ポルトガル	スロバキア共和国	スロベニア	スウェーデン	トルコ	アメリカ合衆国
受入国出身	2011年第1四半期	79.1	75.3	67.5	72.3	85.7	..	72.9	76.9	76.5	64.6	65.8	68.8	68.1	74.0	66.4	59.0	62.1	78.2	..	66.2	67.5	77.3	80.1	76.8	78.7	64.7	68.2	65.3	67.2	75.9	66.7	67.2
	2011年第2四半期	79.0	76.8	69.1	75.2	85.6	..	74.0	77.6	77.0	64.8	66.7	72.0	68.7	74.0	66.0	60.6	62.4	80.7	..	66.5	65.6	77.8	80.4	77.3	78.6	66.0	67.9	66.2	67.3	78.0	69.9	68.4
	2011年第3四半期	78.4	78.2	67.4	77.0	86.0	..	74.4	78.1	77.7	64.8	69.8	72.1	69.1	74.2	64.8	61.4	62.2	81.9	..	66.6	66.0	78.2	80.9	78.3	78.6	66.9	68.0	66.5	68.5	79.0	71.3	69.2
	2011年第4四半期	78.8	77.0	68.7	74.5	86.0	..	74.2	78.8	77.0	63.4	67.9	70.1	68.2	74.3	62.3	61.1	62.5	81.6	..	66.0	64.4	78.6	81.0	78.0	78.9	66.3	65.7	66.2	67.5	77.1	69.5	68.8
	2011年	**78.8**	**76.8**	**68.2**	**74.8**	**85.8**	**70.7**	**73.9**	**77.9**	**77.1**	**64.4**	**67.5**	**70.8**	**68.6**	**74.1**	**64.9**	**60.5**	**62.3**	**80.6**	..	**66.3**	**65.9**	**78.0**	**80.6**	**77.6**	**78.7**	**66.0**	**67.5**	**66.1**	**67.6**	**77.5**	**69.4**	**68.4**
	2012年第1四半期	78.2	75.3	68.1	72.1	85.2	..	73.5	77.3	75.8	61.8	67.5	68.9	67.9	74.0	61.3	59.8	61.8	79.3	68.2	65.4	63.9	77.8	80.5	77.8	78.7	65.1	64.8	66.4	66.1	75.9	66.1	68.0
	2012年第2四半期	78.5	77.0	68.8	75.4	85.3	..	74.5	77.8	76.3	61.7	68.3	71.8	68.6	74.5	60.8	61.2	62.0	82.5	69.1	65.8	66.9	79.0	80.6	78.2	77.9	66.4	64.9	66.6	66.5	77.6	70.0	69.4
	2012年第3四半期	78.1	77.7	68.4	76.5	85.9	..	75.1	78.5	76.5	61.5	71.5	71.9	68.9	75.1	60.0	62.3	62.8	83.5	69.4	66.0	66.8	79.2	80.7	78.4	76.8	67.1	64.1	67.2	67.8	78.8	70.7	70.2
	2012年第4四半期	78.6	77.1	67.5	74.4	86.2	..	74.8	78.6	76.6	60.4	70.8	69.9	68.2	75.3	59.1	62.3	62.6	80.5	68.5	65.3	67.6	78.3	80.2	77.5	77.2	66.6	62.8	66.4	67.6	77.2	70.0	69.7
	2012年	**78.3**	**76.8**	**68.2**	**74.6**	**85.6**	..	**74.5**	**78.1**	**76.3**	**61.4**	**69.5**	**70.6**	**68.4**	**74.7**	**60.3**	**61.4**	**62.3**	**81.4**	**68.8**	**65.6**	**66.3**	**78.6**	**80.5**	**78.0**	**77.7**	**66.3**	**64.2**	**66.7**	**67.0**	**77.4**	**69.2**	**69.3**
	2013年第1四半期	77.9	75.3	67.0	72.7	85.5	..	74.5	77.3	76.0	59.6	69.9	67.9	67.6	74.5	57.9	60.5	63.3	79.5	68.8	64.0	64.0	77.7	79.3	77.1	77.8	65.2	61.9	66.5	65.7	76.7	67.5	68.5
	2013年第2四半期	78.1	76.9	68.7	75.3	84.9	..	75.6	78.1	76.3	60.1	71.6	71.4	68.3	74.8	58.4	63.4	64.0	83.7	68.8	64.2	64.8	78.3	79.6	78.0	77.7	66.5	63.1	66.6	66.2	78.2	70.6	69.5
	2013年第3四半期	78.0	77.7	67.4	76.6	85.0	..	76.0	78.3	75.9	61.0	72.4	71.8	68.7	75.5	58.4	64.7	65.1	87.1	70.1	64.4	66.1	78.3	79.7	78.3	78.2	67.5	64.2	66.5	68.0	80.1	70.8	70.1
	2013年第4四半期	77.9	76.9	67.1	74.9	85.5	..	76.0	78.7	75.8	60.5	71.2	68.8	67.8	75.8	57.4	65.0	65.9	83.3	69.8	64.1	66.6	79.0	79.5	77.1	79.3	67.2	64.5	65.7	66.8	78.2	69.3	69.2
	2013年	**78.0**	**76.7**	**67.5**	**74.8**	**85.2**	**71.0**	**75.5**	**78.1**	**76.0**	**60.3**	**71.3**	**70.0**	**68.1**	**75.2**	**58.0**	**63.4**	**64.6**	**83.2**	**69.4**	**64.2**	**65.3**	**78.3**	**79.5**	**77.6**	**78.2**	**66.6**	**63.4**	**66.3**	**66.6**	**78.3**	**69.6**	**69.3**
	2014年第1四半期	77.4	75.1	66.7	72.9	84.3	..	75.7	77.8	75.2	60.0	70.9	68.0	67.2	75.7	57.1	66.2	65.2	82.8	69.3	63.4	68.4	78.0	78.9	76.8	80.0	66.3	64.0	66.2	65.4	77.0	68.0	68.6
	2014年第2四半期	77.3	76.1	66.7	75.1	84.4	..	76.7	77.9	76.5	61.3	73.1	71.0	68.0	76.1	58.0	67.0	65.7	87.3	69.8	64.1	65.4	77.9	79.2	78.0	80.0	67.9	65.5	67.3	67.8	78.8	71.0	70.7
	2014年第3四半期	76.8	77.4	66.9	76.6	84.9	..	77.4	78.9	77.4	62.4	73.2	70.8	68.3	76.9	58.6	68.7	67.3	87.3	69.6	64.7	65.2	78.2	79.8	78.0	79.5	69.4	66.5	68.2	68.9	80.0	70.6	71.2
	2014年第4四半期	77.0	76.2	67.4	74.9	85.5	..	77.4	78.7	76.8	62.2	73.8	69.0	67.7	76.9	57.7	68.3	67.7	84.4	69.8	64.3	67.6	78.4	79.6	76.8	80.5	69.2	65.8	68.5	68.5	78.3	68.9	70.3
	2014年	**77.1**	**76.2**	**66.9**	**74.9**	**84.8**	..	**76.8**	**78.3**	**76.5**	**61.5**	**72.8**	**69.7**	**67.8**	**76.4**	**57.9**	**67.6**	**66.5**	**85.5**	**69.6**	**64.1**	**66.6**	**78.2**	**79.4**	**77.4**	**80.0**	**68.2**	**65.4**	**67.6**	**67.6**	**78.5**	**69.6**	**70.2**
	2015年第1四半期	77.0	75.0	66.5	72.6	85.0	..	76.7	77.8	76.4	62.0	72.8	68.0	67.2	76.9	57.7	68.0	67.6	86.1	69.5	63.7	66.6	78.0	79.7	77.0	79.9	68.1	65.6	68.4	68.0	77.8	67.9	69.8
	2015年第2四半期	77.6	75.6	66.9	75.4	84.5	..	77.6	77.6	77.6	63.3	75.6	70.3	67.9	76.7	59.1	69.8	68.6	88.7	70.9	64.7	70.6	78.3	80.2	77.5	79.4	68.7	66.3	69.4	69.1	79.3	70.8	71.4
	2015年第3四半期	77.5	77.0	66.5	76.9	84.3	..	78.0	78.6	78.1	64.3	78.1	71.4	68.2	77.5	60.0	71.0	69.1	89.7	70.8	65.9	67.4	78.4	80.6	77.5	78.0	70.1	66.9	69.8	71.0	80.5	71.5	71.6
	2015年第4四半期	78.0	76.3	66.3	74.4	85.0	..	78.4	79.0	77.8	64.0	74.7	68.7	67.6	78.2	59.6	71.1	68.4	85.0	70.2	65.2	64.5	78.9	80.5	76.6	79.4	70.2	67.0	70.2	68.8	79.4	69.6	70.7
	2015年	**77.5**	**76.0**	**66.5**	**74.8**	**84.7**		**77.7**	**78.2**	**77.5**	**63.4**	**75.3**	**69.6**	**67.7**	**77.3**	**59.1**	**70.0**	**68.4**	**87.4**	**70.4**	**64.9**	**66.7**	**78.4**	**80.3**	**77.1**	**79.2**	**69.2**	**66.5**	**69.5**	**69.2**	**79.3**	**69.9**	**70.9**
外国出身	2011年第1四半期	79.7	70.5	60.9	73.5	82.4	..	80.7	74.5	63.2	58.4	68.2	64.3	65.9	75.3	71.3	66.9	62.2	-	..	74.6	80.5	67.9	70.5	70.8	78.4	59.8	69.2	-	66.7	66.3	64.6	76.7
	2011年第2四半期	79.1	74.3	60.4	75.4	84.4	..	80.5	76.5	66.4	58.9	64.6	68.1	66.5	75.6	71.6	70.1	64.1	79.1	..	77.8	77.3	68.7	69.9	74.5	76.2	58.7	70.8	74.8	69.8	67.5	67.1	78.5
	2011年第3四半期	79.5	75.2	61.9	76.0	85.4	..	79.6	76.5	67.7	58.0	72.9	66.6	66.3	75.3	69.9	75.5	65.3	87.6	..	76.3	79.4	67.0	71.1	75.1	76.5	63.4	71.2	75.7	69.2	68.7	65.4	78.4
	2011年第4四半期	79.1	73.3	62.1	75.3	84.7	..	79.9	77.2	67.0	56.6	71.6	68.2	64.6	75.1	65.7	72.5	64.1	76.7	..	73.7	78.6	65.1	71.9	73.6	77.4	70.5	70.4	70.4	68.3	67.7	66.5	78.6
	2011年	**79.3**	**73.3**	**61.3**	**75.1**	**84.2**	**79.3**	**80.2**	**76.2**	**66.1**	**58.0**	**69.5**	**66.8**	**65.8**	**75.3**	**69.7**	**71.3**	**63.9**	**77.9**	..	**75.6**	**78.9**	**67.2**	**70.9**	**73.5**	**77.1**	**62.9**	**70.4**	**73.0**	**68.4**	**67.5**	**65.9**	**78.1**
	2012年第1四半期	79.0	71.6	60.6	74.4	83.0	..	77.8	76.3	66.1	54.1	69.4	67.3	64.4	75.3	61.2	70.5	62.4	76.4	77.6	71.9	79.2	62.2	71.4	72.5	78.4	65.9	69.9	65.8	70.7	65.9	61.7	77.2
	2012年第2四半期	78.7	74.5	60.1	76.1	84.6	..	77.9	77.0	65.0	54.6	73.7	69.4	66.0	77.0	57.9	71.3	64.3	84.0	78.2	73.7	79.4	64.1	71.6	75.9	76.2	67.7	68.3	71.4	71.4	68.4	62.8	78.7
	2012年第3四半期	78.2	75.4	59.4	77.3	85.3	..	81.5	77.8	65.7	55.4	72.7	71.0	67.4	77.7	58.6	75.9	64.7	84.9	78.0	73.0	78.9	62.9	71.5	76.3	75.9	76.5	68.6	67.4	70.5	68.3	69.2	79.4
	2012年第4四半期	78.6	72.4	59.8	76.6	83.5	..	80.8	77.3	67.5	53.9	68.3	67.6	67.0	76.6	54.7	76.0	65.4	83.6	78.0	70.7	79.2	66.9	69.9	75.8	76.7	74.9	65.5	69.1	73.0	67.6	64.3	78.6
	2012年	**78.6**	**73.5**	**60.0**	**76.1**	**84.1**	..	**79.5**	**77.1**	**66.1**	**54.5**	**70.9**	**68.9**	**66.2**	**76.7**	**58.1**	**73.5**	**64.2**	**82.1**	**78.0**	**72.3**	**79.2**	**64.0**	**71.1**	**75.2**	**76.8**	**71.1**	**68.1**	**68.4**	**71.4**	**67.5**	**64.5**	**78.5**
	2013年第1四半期	78.5	70.5	60.1	74.9	82.1	..	79.3	76.0	66.3	51.7	70.9	67.7	65.0	75.1	53.5	75.5	64.5	81.6	78.8	68.3	79.2	67.0	69.5	74.4	78.0	72.8	63.3	75.8	69.6	66.3	60.9	78.1
	2013年第2四半期	78.3	74.0	60.0	77.3	83.4	..	80.4	77.2	67.5	54.1	79.2	70.2	66.2	75.8	55.6	80.1	67.1	83.2	78.8	68.3	77.1	68.8	68.6	74.7	77.9	68.9	64.5	70.7	70.1	67.9	64.3	80.2
	2013年第3四半期	77.2	74.9	61.2	78.2	83.3	..	81.5	77.9	67.2	52.8	71.6	69.6	67.7	78.2	58.1	78.3	68.9	83.6	78.6	69.1	81.2	70.1	67.6	75.2	77.3	70.6	63.6	68.7	74.1	68.2	64.4	80.4
	2013年第4四半期	77.2	71.6	60.8	75.4	84.6	..	81.3	77.5	68.1	54.3	66.1	68.1	66.3	77.9	58.2	80.2	68.9	82.4	78.2	68.6	80.0	67.1	69.4	75.7	80.0	65.7	64.9	75.4	71.0	67.1	64.1	79.8
	2013年	**77.8**	**72.7**	**60.5**	**76.5**	**83.3**	**83.3**	**80.6**	**77.2**	**67.3**	**53.2**	**71.9**	**68.9**	**66.3**	**76.7**	**56.3**	**78.4**	**67.4**	**82.7**	**78.6**	**68.6**	**79.4**	**68.2**	**68.8**	**75.0**	**78.3**	**69.5**	**64.1**	**72.5**	**71.3**	**67.4**	**63.5**	**79.6**
	2014年第1四半期	77.0	68.1	61.4	74.0	82.9	..	84.3	76.2	67.3	52.6	70.1	65.5	63.9	78.4	57.6	82.6	67.7	-	79.7	67.0	73.7	67.6	66.9	74.3	78.7	73.5	67.6	-	67.4	66.5	63.1	79.7
	2014年第2四半期	77.6	71.6	60.6	76.2	83.6	..	84.2	76.5	70.6	56.3	76.8	67.0	63.8	79.5	59.0	83.9	68.7	85.7	78.7	69.4	81.7	71.1	69.8	74.3	79.1	72.0	69.7	76.3	69.5	67.6	67.0	81.0
	2014年第3四半期	77.7	72.9	58.7	77.7	83.9	..	84.9	77.6	73.2	57.7	73.8	66.2	63.8	79.6	60.7	82.1	68.9	87.9	79.1	69.5	80.1	63.1	70.3	75.7	78.2	72.6	70.9	82.0	64.4	69.5	65.8	81.9
	2014年第4四半期	78.5	71.8	60.6	77.3	84.5	..	82.9	77.6	72.2	57.3	77.3	65.7	63.8	78.4	58.4	82.5	68.7	87.8	80.6	68.8	80.1	68.9	71.7	74.5	79.8	69.9	69.6	81.9	65.6	68.7	62.6	80.9
	2014年	**77.7**	**71.1**	**60.3**	**76.3**	**83.7**	..	**84.1**	**77.0**	**70.9**	**56.0**	**74.6**	**66.1**	**63.8**	**79.0**	**58.9**	**82.7**	**68.5**	**84.3**	**79.5**	**68.7**	**78.9**	**67.7**	**69.7**	**74.7**	**79.0**	**72.1**	**69.5**	**78.6**	**66.8**	**68.1**	**64.6**	**80.9**
	2015年第1四半期	79.1	69.9	61.8	76.4	83.4	..	81.9	76.5	69.4	56.6	72.2	62.7	62.3	78.5	56.2	79.5	67.9	75.2	79.8	67.7	75.7	64.4	69.9	71.9	81.7	74.6	68.5	73.4	64.0	66.4	64.9	80.2
	2015年第2四半期	78.8	72.3	56.3	78.2	84.5	..	82.5	75.9	69.5	60.3	72.7	66.1	62.7	78.7	61.4	83.3	69.3	85.4	79.0	70.2	75.7	66.8	70.8	72.9	80.7	67.7	72.1	66.6	70.9	67.7	65.1	81.6
	2015年第3四半期	78.1	73.3	64.0	79.6	83.3	..	83.5	77.2	71.1	61.3	80.0	65.1	63.7	79.7	63.8	84.4	71.2	89.3	80.6	71.3	74.9	66.9	70.9	73.4	79.4	70.0	73.1	63.5	71.5	68.8	63.9	82.1
	2015年第4四半期	79.3	71.3	60.1	78.6	83.6	..	83.7	77.4	72.3	61.9	77.4	66.7	63.1	79.7	63.1	82.1	71.4	87.1	81.0	71.0	75.6	68.2	70.4	74.6	80.8	81.3	72.4	56.5	69.7	68.0	64.3	81.4
	2015年	**78.8**	**71.7**	**60.5**	**78.2**	**83.7**		**82.9**	**76.8**	**70.6**	**60.0**	**75.7**	**65.2**	**62.9**	**79.1**	**61.0**	**82.4**	**69.9**	**84.5**	**80.1**	**70.0**	**75.4**	**66.6**	**70.5**	**73.2**	**80.6**	**73.1**	**71.5**	**65.0**	**69.0**	**67.7**	**64.6**	**81.3**

表2.A1.3 [3/3]　OECD加盟国の出身地別・男女別の四半期就業率 (2011～2015年)

15～64歳人口に占める割合 (%)

女性

受入国出身

	オーストラリア	ベルギー	カナダ	スイス	チリ	チェコ共和国	ドイツ	デンマーク	スペイン	フィンランド	フランス	キプロス	ハンガリー	アイルランド	アイスランド	イスラエル	イタリア	ルクセンブルク	メキシコ	オランダ	ノルウェー	ニュージーランド	ポーランド	ポルトガル	スロベニア	スロバキア共和国	スウェーデン	トルコ	アメリカ合衆国	合計
2011年第1四半期	68.2	58.4	69.9	75.9	..	56.7	68.8	71.9	52.4	66.4	60.5	45.9	49.5	55.2	76.6	..	45.8	52.4	42.5	70.2	74.2	68.6	52.4	59.9	60.6	52.3	72.8	25.9		62.0
2011年第2四半期	68.9	59.4	71.2	76.4	..	57.2	69.6	72.8	53.3	65.8	61.5	50.2	50.2	55.8	79.1	..	46.2	51.8	43.5	70.9	74.4	68.0	51.8	60.3	60.7	52.7	75.8	29.0		61.9
2011年第3四半期	68.7	59.5	70.6	75.2	..	57.6	69.5	72.7	53.3	65.5	61.5	44.7	50.6	55.3	77.0	..	45.7	54.7	43.5	71.2	74.3	68.1	54.7	59.2	61.1	52.9	75.8	28.9		61.7
2011年第4四半期	69.0	59.3	70.2	76.6	..	57.8	70.5	71.8	52.4	65.9	61.4	43.4	50.7	55.6	74.6	..	46.6	53.1	45.4	71.5	74.2	69.0	53.1	58.2	61.0	52.4	74.1	27.6		61.9
2011年	68.8	59.1	70.5	76.0	44.1	57.3	69.7	72.3	52.7	66.0	61.1	44.8	50.2	55.4	76.9	58.5	46.1	53.0	43.7	71.0	74.3	68.4	52.7	59.4	61.6	52.6	74.4	27.9		61.9
2012年第1四半期	68.4	58.9	70.4	75.9	..	58.2	69.7	72.5	51.8	64.3	61.1	42.6	51.6	55.4	75.5	..	46.5	53.4	43.9	71.3	74.5	67.9	53.4	58.2	60.7	52.7	73.6	29.8		61.6
2012年第2四半期	69.0	59.7	71.2	75.7	..	58.2	69.7	72.5	51.9	65.7	61.8	42.1	51.6	55.2	79.3	..	47.1	54.0	45.4	71.4	75.1	67.8	54.7	58.4	61.2	52.9	75.5	29.2		62.1
2012年第3四半期	69.0	60.0	70.6	76.3	..	58.7	70.0	72.2	51.2	66.5	62.0	41.3	52.6	56.0	79.8	..	46.4	54.7	45.3	71.7	74.9	67.8	52.9	58.2	61.2	52.9	75.5	29.2		62.0
2012年第4四半期	69.1	60.0	70.7	76.3	..	59.0	70.4	71.3	50.7	67.1	62.0	41.0	53.6	56.0	78.0	..	46.6	54.7	45.3	72.0	74.8	68.7	56.8	58.2	61.0	52.9	74.6	29.1		62.3
2012年	68.5	59.4	70.5	76.0	..	58.3	69.8	72.0	51.4	64.8	61.7	41.8	51.7	55.4	78.2	59.2	46.7	54.9	44.9	71.6	74.8	67.7	53.1	57.9	61.0	52.7	75.0	28.7		62.0
2013年第1四半期	68.2	58.9	70.4	77.0	..	58.9	71.5	70.8	50.2	64.4	61.6	40.0	53.6	55.6	76.6	..	45.9	54.7	43.9	71.6	74.6	68.0	56.4	56.4	59.9	53.0	74.3	28.3		61.6
2013年第2四半期	68.7	59.5	71.5	76.5	..	59.7	70.7	72.2	50.6	66.5	61.6	40.3	54.6	56.4	80.0	..	46.3	55.7	45.4	74.6	74.8	67.7	56.4	57.6	60.0	53.3	76.2	29.9		62.4
2013年第3四半期	68.5	60.8	71.1	76.4	..	59.8	71.0	72.8	50.9	67.2	62.7	40.1	55.6	56.7	81.4	..	45.8	52.4	45.0	74.9	74.9	69.2	57.9	57.9	61.2	53.5	77.1	29.9		62.4
2013年第4四半期	68.8	59.5	71.0	78.1	..	60.2	71.3	71.7	51.1	66.1	62.3	39.5	53.6	56.9	78.9	..	46.3	57.3	45.7	74.7	74.7	70.3	54.4	57.9	60.0	53.8	77.1	29.1		62.5
2013年	68.6	59.7	71.2	77.0	46.6	59.6	70.8	71.7	50.7	66.1	62.3	39.5	53.6	56.4	79.1	59.6	46.1	55.0	45.0	74.7	74.7	70.3	56.4	57.6	60.3	53.8	77.1	29.1		62.5
2014年第1四半期	67.7	59.6	70.2	77.1	..	59.9	71.0	70.4	51.0	65.3	62.0	40.2	56.4	56.9	78.0	..	46.0	56.5	44.3	74.8	74.1	70.1	56.1	58.4	60.3	53.3	75.5	28.0		62.7
2014年第2四半期	68.4	60.2	71.5	77.2	..	60.2	71.5	71.4	51.7	67.8	62.2	40.8	55.5	57.0	80.9	..	46.3	55.0	44.5	75.2	70.0	69.7	55.8	59.1	54.1	53.8	78.6	30.7		63.1
2014年第3四半期	68.3	61.2	71.1	77.5	..	61.9	71.4	72.4	51.6	68.4	62.0	41.5	56.4	57.6	82.3	..	46.3	57.3	44.2	75.0	70.9	72.0	56.7	59.6	54.6	53.9	78.6	29.9		62.6
2014年第4四半期	68.5	61.1	70.9	80.2	..	61.9	70.0	73.0	52.3	66.8	62.7	41.3	58.2	58.2	81.1	..	46.0	55.9	44.2	75.0	75.0	72.6	56.1	59.5	54.6	54.6	76.1	29.5		63.0
2014年	68.9	60.5	71.0	78.0	..	60.7	71.4	71.8	51.7	68.8	62.1	40.9	56.6	57.3	80.6	60.9	46.4	56.1	44.3	74.8	70.4	70.6	56.2	59.1	54.3	54.3	76.8	29.5		63.0
2015年第1四半期	68.3	60.6	70.4	79.7	..	61.8	71.7	71.3	51.9	67.5	61.9	41.0	59.8	57.8	81.2	..	46.6	56.6	44.0	74.8	73.9	71.0	55.8	59.5	60.5	55.6	76.1	31.6		63.1
2015年第2四半期	69.2	60.3	71.8	79.7	..	62.4	72.0	72.9	52.3	69.6	61.9	42.4	57.5	58.6	82.8	..	46.6	60.2	44.0	75.2	71.9	72.5	56.6	61.2	55.6	54.6	77.8	31.6		63.7
2015年第3四半期	69.3	70.5	71.2	78.6	..	62.7	72.0	72.4	53.2	69.1	62.8	42.8	58.4	58.6	83.1	..	46.7	57.3	44.6	75.2	72.4	69.5	56.2	61.1	56.2	56.1	79.4	31.0		63.4
2015年第4四半期	70.6	69.7	71.2	79.9	..	62.9	72.1	72.6	54.0	67.5	62.5	42.3	59.5	59.5	84.4	..	47.2	57.3	45.7	72.1	72.4	70.5	61.1	60.7	56.8	56.1	77.5	30.6		64.1
2015年	69.4	69.5	71.1	79.2	..	62.5	72.1	72.6	53.0	68.9	62.5	42.3	58.5	58.5	82.9	61.2	46.9	58.4	44.7	71.9	74.6	70.2	56.7	60.7	56.2	56.1	77.7	30.5		63.6

外国出身

	オーストラリア	ベルギー	カナダ	スイス	チリ	チェコ共和国	ドイツ	デンマーク	スペイン	フィンランド	フランス	キプロス	ハンガリー	アイルランド	アイスランド	イスラエル	イタリア	ルクセンブルク	メキシコ	オランダ	ノルウェー	ニュージーランド	ポーランド	ポルトガル	スロベニア	スロバキア共和国	スウェーデン	トルコ	アメリカ合衆国	合計
2011年第1四半期	61.7	58.6	62.8	65.9	..	55.3	57.0	57.0	51.9	51.0	50.6	47.4	..	53.5	81.4	50.8	46.9	63.6	31.9	57.3	65.5	63.0	47.6	64.7	45.3	55.7	56.6	27.3		56.4
2011年第2四半期	61.9	58.3	63.3	67.3	..	53.7	58.8	57.7	53.7	57.4	51.5	49.0	..	54.8	76.7	50.7	46.1	61.1	34.5	57.4	66.9	63.0	52.4	67.5	43.2	55.3	57.3	25.1		56.5
2011年第3四半期	62.1	42.7	63.6	67.7	..	53.2	58.0	59.6	53.5	57.1	51.5	44.7	..	54.3	77.0	48.9	49.8	60.3	55.0	58.6	67.2	63.2	45.6	67.5	53.3	26.7	56.1			56.1
2011年第4四半期	62.2	44.8	63.1	67.0	..	54.4	58.2	60.4	52.4	57.8	49.2	44.6	..	53.8	69.4	48.5	60.6	42.8	56.7	67.2	64.6	48.5	67.3	52.8	26.7	57.6				56.1
2011年	61.9	58.6	63.2	67.0	59.7	54.1	58.3	58.1	51.9	55.8	50.3	46.8	..	54.1	74.9	49.7	46.9	62.5	38.0	56.1	66.8	63.9	48.1	66.7	47.7	54.3	57.8	27.0		56.7
2012年第1四半期	61.1	43.4	62.6	68.1	..	54.1	57.8	56.3	49.5	55.6	50.0	43.0	..	54.0	74.9	49.2	62.5	43.0	56.1	66.1	64.8	50.4	65.2	47.9	54.6	56.7	27.0			56.7
2012年第2四半期	61.5	59.0	64.7	68.1	..	55.1	57.8	57.5	50.0	56.5	50.1	41.5	..	54.6	76.6	50.5	43.0	57.7	65.2	64.8	57.7	65.2	52.7	58.9	32.4	57.1				57.1
2012年第3四半期	61.8	45.2	65.0	68.2	..	54.5	59.4	58.5	50.8	57.4	51.0	42.6	..	53.9	71.5	49.9	42.4	65.0	64.6	66.5	57.3	65.3	53.9	58.9	31.0	56.7				56.7
2012年第4四半期	61.6	45.4	65.5	68.2	..	54.7	59.3	56.8	49.4	59.1	48.6	42.6	..	53.1	78.6	50.2	42.2	54.6	54.6	64.1	57.9	58.4	32.1	56.9						56.9
2012年	61.5	44.5	64.5	68.2	..	54.6	59.3	56.8	49.4	57.0	49.8	41.5	60.4	53.9	75.8	50.0	42.2	56.0	42.2	66.7	64.5	65.1	51.7	64.8	55.2	54.6	58.4	32.1		56.9
2013年第1四半期	61.9	46.2	64.8	67.8	..	55.3	59.3	57.6	47.9	59.4	47.9	38.7	..	53.2	78.1	49.9	50.2	42.0	63.0	64.1	65.1	45.1	60.3	44.2	57.3	56.8	34.6			56.8
2013年第2四半期	61.8	60.9	64.9	65.7	..	53.2	60.1	56.0	48.3	58.0	48.6	40.0	..	54.0	85.6	49.2	64.5	49.3	65.7	63.3	51.1	58.9	52.1	57.4	35.7					57.4
2013年第3四半期	62.1	59.4	64.3	68.5	..	57.5	61.6	60.5	49.4	58.6	49.0	44.2	..	54.5	77.5	48.9	42.2	56.0	66.7	65.7	48.5	62.6	50.5	58.1	26.7	58.1				58.1
2013年第4四半期	62.0	44.4	64.8	69.3	..	60.6	59.3	57.3	49.2	61.3	47.9	43.7	..	54.3	77.5	47.8	47.6	39.3	66.5	65.7	47.2	65.0	46.4	57.9	30.2	57.2				57.2
2013年	62.0	45.6	64.4	69.0	..	59.5	60.1	57.4	48.4	59.0	48.4	39.4	60.6	54.3	75.6	49.7	48.0	55.4	39.9	65.3	64.6	65.3	54.2	64.3	54.7	54.3	57.4	33.5		57.4
2014年第1四半期	61.3	58.5	64.9	65.1	..	59.5	59.1	54.7	48.4	59.3	49.1	39.4	..	53.5	77.7	49.4	48.0	60.8	63.3	66.8	48.9	60.5	48.7	57.4	33.5					57.2
2014年第2四半期	61.8	60.9	64.9	70.4	..	61.9	60.1	58.1	48.7	58.4	50.2	42.8	..	54.0	85.6	49.6	51.1	64.1	63.3	65.7	52.1	58.9	29.5	57.5						57.5
2014年第3四半期	61.8	59.4	64.8	68.5	..	57.5	61.6	57.3	49.4	61.3	50.0	43.7	..	54.5	77.5	48.7	50.0	61.1	65.0	66.5	47.2	65.0	46.4	57.9	30.3					57.3
2014年第4四半期	62.0	43.4	64.8	69.3	..	59.2	60.1	57.3	49.1	60.6	49.7	39.3	..	54.3	80.0	49.7	49.1	54.2	64.3	64.6	54.2	64.3	49.1	59.3	29.8					57.5
2014年	61.7	59.3	64.4	69.0	..	59.5	60.1	57.4	49.1	60.6	49.9	42.5	60.6	54.3	80.0	49.7	48.0	65.0	39.9	65.3	64.6	65.3	54.2	64.3	54.7	54.3	59.3	29.8		57.5
2015年第1四半期	61.2	57.2	63.7	69.0	..	58.3	60.1	57.1	49.6	61.1	49.1	35.6	..	53.5	82.6	48.0	49.7	66.0	63.3	66.8	46.1	60.1	49.3	59.1	24.5	57.2				57.2
2015年第2四半期	61.0	45.9	64.0	68.9	..	60.2	60.5	57.9	49.2	60.7	49.6	46.4	..	57.0	75.8	49.1	49.6	66.0	63.3	65.7	43.4	53.8	56.1	57.2						57.3
2015年第3四半期	61.0	46.7	64.0	68.9	..	58.6	60.5	58.6	49.6	63.7	49.6	46.5	..	57.0	75.8	49.2	60.6	40.1	65.7	64.3	43.4	65.3	49.1	50.6	26.9	56.4				56.4
2015年第4四半期	61.0	46.6	64.2	70.0	..	59.3	60.1	57.3	51.3	63.0	47.5	43.9	..	57.3	76.8	49.0	49.2	61.5	38.5	67.8	63.8	56.7	51.4	65.0	56.1	53.0	60.7	27.4		58.5
2015年	61.4	58.2	64.2	69.3	..	59.3	60.1	57.3	51.3	63.0	48.8	37.4	60.6	57.5	76.8	49.0	46.9	63.3	37.4	52.9	63.8	65.3	49.3	65.0	53.1	53.0	60.7	27.4		57.4

注：対象は生産年齢人口（15～64歳）。季節変動の調整がなされていないので、比較は当該年の連続する四半期間ではなく、各年の同一四半期間で行うべきである。

資料：ヨーロッパ諸国とトルコは、欧州連合統計局（Eurostat）労働力調査（Labour Force Surveys）。オーストラリア、カナダ、イスラエル、ニュージーランドは、労働力調査（Labour Force Survey）。チリは、全国社会経済実態調査（Encuesta de Caracterización Socioeconómica Nacional, CASEN）。メキシコは、全国職業雇用調査（Encuesta Nacional de Ocupación y Empleo, ENOE）。アメリカ合衆国は、人口動態調査（Current Population Surveys, CPS）。

StatLink：http://dx.doi.org/10.1787/888933396348

第2章　OECD加盟国における新来移民の就業状況と統合政策

表2.A1.4 [1/3]　OECD加盟国の出身地別・男女別の四半期失業率（2011～2015年）

15～64歳人口に占める割合（%）

男女

		リトアニア	オーストリア	ベルギー	カナダ	スイス	チェコ共和国	ドイツ	デンマーク	スペイン	エストニア	フィンランド	フランス	イギリス	ギリシャ	ハンガリー	アイルランド	アイスランド	イスラエル	イタリア	ルクセンブルク	メキシコ	オランダ	ノルウェー	ニュージーランド	ポーランド	ポルトガル	スロバキア共和国	スロベニア	スウェーデン	トルコ	アメリカ合衆国
受入国出身	2011年第1四半期	5.5	4.0	5.9	8.0	3.2	7.2	6.1	7.3	19.1	14.0	8.4	8.4	7.7	15.7	11.9	13.8	7.3	–	8.3	3.5	5.3	4.6	2.7	7.1	10.2	12.3	14.0	8.1	6.8	10.5	9.6
	2011年第2四半期	4.9	3.7	5.1	7.4	2.6	6.8	5.3	6.6	18.7	12.6	8.7	7.7	7.8	16.4	11.0	14.3	8.2	7.3	7.4	2.8	5.4	4.1	3.0	6.7	9.6	12.3	13.3	7.5	7.1	8.6	9.2
	2011年第3四半期	5.1	3.4	6.5	7.1	3.4	6.5	5.1	6.8	19.3	10.4	6.5	7.7	6.5	17.7	10.8	14.9	5.8	7.1	7.4	3.4	5.7	2.7	2.7	6.4	6.4	12.7	13.2	7.7	5.5	8.4	9.4
	2011年第4四半期	5.1	3.9	5.8	6.6	3.0	6.5	4.8	6.8	20.4	11.0	6.6	8.6	6.6	20.6	10.8	14.2	5.5	7.5	9.0	4.0	5.0	4.6	2.5	6.4	9.8	14.4	14.1	8.6	5.8	8.2	8.5
	2011年	5.2	3.7	5.8	7.2	3.0	6.8	5.3	6.9	19.4	12.0	7.6	8.1	7.6	17.6	11.1	14.3	6.7	–	8.0	3.4	5.4	4.3	2.7	6.7	9.8	12.9	13.7	8.0	6.3	8.9	9.2
	2012年第1四半期	5.8	3.9	5.4	7.7	3.1	7.1	4.9	7.3	21.9	11.5	7.8	8.8	8.5	22.1	12.0	14.6	7.3	7.1	10.2	–	5.1	5.1	2.8	6.8	10.7	15.2	13.7	8.7	6.9	9.5	8.8
	2012年第2四半期	5.1	4.1	5.5	7.0	3.6	6.7	4.9	7.1	22.4	9.9	7.8	8.3	6.9	23.0	11.1	14.7	4.5	7.5	9.6	3.2	4.9	5.0	2.7	7.3	9.2	15.3	13.7	8.1	5.9	7.4	8.3
	2012年第3四半期	5.2	4.4	6.2	6.5	3.2	7.2	4.9	6.7	23.2	9.2	6.9	8.3	6.8	24.2	10.6	14.8	–	7.6	9.6	3.8	5.3	5.0	2.7	7.3	10.0	16.2	13.7	9.1	6.0	7.9	8.4
	2012年第4四半期	5.1	4.0	6.5	6.5	3.6	7.2	4.6	6.3	23.9	9.2	7.2	9.4	6.8	25.2	10.8	14.5	7.6	7.6	10.4	3.8	5.3	5.1	2.7	7.1	8.2	17.3	14.5	8.8	6.0	8.3	8.3
	2012年	5.3	4.1	5.9	6.6	3.1	7.0	4.9	6.8	22.9	9.9	7.1	8.7	7.5	23.6	11.1	14.4	5.7	7.4	10.4	3.8	5.1	5.1	2.7	7.1	9.1	16.0	14.0	8.8	6.5	8.3	8.3
	2013年第1四半期	6.0	4.6	6.6	7.4	3.1	7.5	5.3	7.2	24.9	10.1	8.6	9.5	7.7	26.4	11.7	13.1	5.7	7.1	12.2	3.9	5.0	6.3	2.8	6.9	11.4	17.9	14.6	9.6	7.1	9.6	8.3
	2013年第2四半期	5.6	4.6	6.6	7.0	3.6	6.8	4.7	6.2	24.4	12.6	9.0	8.9	7.7	26.3	10.3	13.5	6.5	6.7	11.4	–	5.2	6.4	3.0	6.8	10.6	16.6	14.1	10.0	7.4	8.1	7.8
	2013年第3四半期	5.6	4.6	7.1	7.0	3.5	7.0	4.7	6.6	23.8	7.7	8.7	8.7	6.8	26.3	9.9	13.3	3.9	6.7	11.5	5.0	5.4	6.5	2.8	6.4	7.5	15.8	14.1	9.2	5.7	8.9	7.7
	2013年第4四半期	5.7	4.5	7.0	6.2	2.9	6.8	4.5	6.6	24.0	8.4	7.2	9.2	7.5	27.0	9.2	11.4	6.1	6.1	12.2	6.2	4.8	6.7	2.6	6.3	9.9	15.6	14.3	9.3	5.7	9.0	6.9
	2013年	5.7	4.5	6.8	6.9	3.1	7.0	4.5	6.5	24.3	8.6	8.0	9.1	7.1	26.5	10.2	12.7	5.1	6.7	11.7	4.1	5.1	6.5	2.8	6.6	10.4	16.5	14.3	9.7	6.5	8.9	7.7
	2014年第1四半期	6.6	4.9	6.8	7.3	3.1	6.9	5.0	6.7	24.0	11.5	8.8	9.7	6.6	26.9	10.2	11.6	6.0	6.0	11.9	4.0	5.1	6.9	2.8	6.2	10.7	15.5	13.2	9.3	6.9	10.3	7.2
	2014年第2四半期	6.0	4.6	6.6	6.9	3.2	6.1	4.5	5.7	22.9	9.6	8.2	9.0	6.1	25.8	8.2	11.5	5.9	6.0	11.9	5.1	5.1	6.9	2.8	5.5	9.2	14.3	13.2	9.3	6.9	8.9	6.4
	2014年第3四半期	6.0	4.7	6.7	6.7	4.0	7.0	4.4	5.9	22.9	9.2	7.5	9.1	5.5	24.9	7.5	9.8	3.8	6.2	11.5	6.2	5.4	5.4	3.0	6.2	8.2	13.4	13.0	9.2	5.7	10.2	6.6
	2014年第4四半期	6.1	4.5	6.6	6.4	2.9	5.8	3.9	5.6	22.2	6.7	8.1	10.1	5.5	25.4	7.2	9.8	4.1	6.2	12.9	–	4.5	6.3	2.8	6.2	8.2	13.7	13.0	10.8	5.7	10.8	5.7
	2014年	6.3	4.7	6.9	6.8	3.3	6.2	4.5	6.0	22.8	7.3	8.3	9.5	5.9	25.8	7.8	11.0	4.8	6.3	12.3	4.4	5.0	6.7	2.9	5.9	9.1	14.2	13.3	9.6	6.2	10.0	6.5
	2015年第1四半期	6.9	4.6	6.5	6.9	2.9	6.0	4.5	5.9	22.2	6.5	8.3	9.3	5.4	25.8	7.8	9.5	3.6	5.6	12.5	4.6	4.4	6.7	3.1	5.9	8.7	13.9	12.5	9.5	6.4	11.4	6.1
	2015年第2四半期	6.1	4.6	6.5	7.0	2.8	4.9	4.2	5.2	20.9	6.5	8.0	9.1	5.4	24.1	6.9	9.6	5.3	5.1	11.8	4.6	4.5	6.9	3.6	5.6	7.5	12.2	11.3	9.1	6.4	9.5	5.5
	2015年第3四半期	6.1	4.7	6.9	6.9	3.7	4.9	3.9	5.5	19.9	5.2	8.0	9.1	5.9	23.6	6.5	9.0	3.3	5.9	10.2	5.3	4.8	6.0	3.6	6.3	7.1	12.2	11.3	8.5	4.7	10.2	5.5
	2015年第4四半期	5.8	4.6	7.1	6.4	3.2	4.5	3.9	5.6	19.7	6.1	8.5	9.8	5.5	23.9	6.2	8.4	4.1	5.5	11.4	4.4	4.3	6.0	3.2	6.2	7.0	12.6	11.0	8.2	4.6	10.6	5.1
	2015年	6.2	4.6	6.8	6.8	3.2	5.1	4.1	5.4	20.7	6.1	8.2	9.5	5.2	23.9	6.8	9.1	3.9	5.5	11.4	4.4	4.5	6.3	3.4	6.0	7.6	12.7	11.5	8.8	5.5	10.4	5.6
外国出身	2011年第1四半期	5.5	10.4	14.6	9.2	7.7	7.3	10.2	15.7	30.7	19.2	17.1	15.0	8.8	21.5	9.6	17.7	13.2	11.5	11.5	6.9	7.6	9.8	8.3	7.2	8.4	18.9	13.2	13.2	17.0	13.2	10.1
	2011年第2四半期	5.3	8.3	15.5	8.7	6.1	8.2	9.2	14.4	30.1	19.3	14.1	13.8	9.0	19.6	10.1	17.2	12.7	10.8	10.8	7.6	6.1	10.0	8.4	6.2	9.4	16.7	12.1	10.9	17.3	11.4	8.7
	2011年第3四半期	5.1	7.3	15.6	9.1	6.5	7.8	8.9	14.1	31.0	19.3	14.4	13.2	10.0	22.0	10.7	17.2	11.5	10.0	10.0	7.1	4.0	9.7	7.4	7.1	13.1	16.0	13.6	12.5	15.5	10.7	9.0
	2011年第4四半期	5.0	9.4	14.8	8.7	6.9	7.8	9.2	13.8	33.1	14.5	14.4	15.2	9.4	26.5	9.3	14.3	11.5	4.8	13.9	5.4	7.4	9.7	7.4	8.8	13.1	20.0	14.5	12.5	15.3	9.7	8.7
	2011年	5.2	8.9	15.1	8.9	6.8	7.8	9.2	13.8	31.2	16.8	14.4	15.2	9.4	22.3	9.3	17.3	11.1	4.6	11.6	6.3	6.2	9.8	7.7	7.2	13.1	18.6	13.6	12.5	16.3	11.1	9.1
	2012年第1四半期	5.5	9.1	17.0	8.9	7.5	9.3	9.4	14.9	35.2	13.4	15.2	15.8	9.6	31.3	11.8	18.1	10.7	5.0	15.0	7.1	6.2	11.2	7.8	8.0	11.9	18.3	12.7	10.6	16.3	12.7	9.2
	2012年第2四半期	5.3	8.7	15.5	8.5	6.5	8.9	7.8	14.0	34.4	13.4	14.8	14.8	8.8	33.2	11.1	17.3	11.6	5.0	13.3	4.8	8.8	11.4	7.8	6.7	12.0	18.3	13.6	10.2	16.1	9.0	7.7
	2012年第3四半期	5.2	8.7	16.6	8.4	6.5	8.6	8.2	14.5	33.2	13.3	14.4	13.3	7.2	33.4	9.0	17.3	–	5.5	11.9	6.5	6.5	10.7	5.7	6.1	14.4	19.1	11.7	11.4	15.7	9.0	7.8
	2012年第4四半期	5.5	8.9	18.3	8.6	7.6	8.7	8.2	14.5	34.5	12.9	14.2	13.0	6.9	33.8	9.5	16.4	9.5	5.2	15.1	6.4	7.3	11.3	7.0	6.2	14.4	21.5	13.3	10.9	16.1	11.4	7.9
	2012年	5.4	8.9	16.9	8.4	7.0	8.9	8.5	14.7	34.5	12.9	14.9	14.9	7.2	33.8	9.5	17.3	10.9	5.2	13.8	6.4	7.3	11.3	7.0	6.3	12.1	19.4	13.7	10.9	16.1	11.4	8.1
	2013年第1四半期	6.2	11.5	18.1	8.6	7.4	9.0	8.9	13.5	37.3	11.0	15.4	17.4	9.6	40.1	10.1	17.0	17.3	4.8	17.6	6.9	5.8	13.2	8.7	6.1	10.9	23.0	12.1	19.1	16.9	10.9	8.1
	2013年第2四半期	6.0	9.3	16.6	7.9	7.6	8.1	8.3	12.2	35.5	10.6	14.6	15.8	8.8	38.2	8.4	16.4	10.8	4.8	17.3	7.3	5.6	13.1	7.8	5.9	10.7	23.0	13.6	15.7	16.5	11.7	6.6
	2013年第3四半期	5.9	9.0	17.1	8.3	7.8	8.0	7.8	11.7	35.5	10.6	15.1	15.0	11.2	37.0	11.2	14.3	12.5	4.8	15.2	6.3	7.1	12.5	7.7	6.1	14.2	16.7	12.5	16.0	16.0	10.7	6.7
	2013年第4四半期	5.7	9.9	17.2	8.1	7.3	8.1	7.7	12.3	35.0	12.0	14.3	16.7	7.9	36.6	10.1	14.3	14.5	4.6	16.7	8.1	8.8	13.9	7.1	6.1	13.1	20.0	14.5	12.1	16.3	11.1	6.5
	2013年	5.9	9.6	17.2	8.2	7.7	8.3	8.1	12.4	36.8	11.0	14.8	16.2	8.9	38.0	9.9	15.7	13.4	4.7	16.7	6.9	6.2	13.4	7.8	6.2	12.2	21.8	13.7	15.3	16.4	11.1	7.0
	2014年第1四半期	6.6	11.3	16.2	8.7	7.5	7.1	9.4	14.8	36.8	10.9	16.0	17.9	8.5	37.6	8.5	16.3	12.2	4.8	16.7	7.5	6.2	14.7	8.5	6.3	12.0	21.8	10.7	14.9	16.4	11.1	7.0
	2014年第2四半期	6.0	9.2	17.1	8.3	7.5	6.4	7.8	14.5	33.1	10.9	18.1	16.5	7.2	34.7	5.2	14.3	12.5	4.8	15.6	5.9	7.4	12.9	7.2	6.1	14.4	18.3	10.8	11.4	17.3	11.5	5.6
	2014年第3四半期	5.9	10.3	18.4	8.5	7.8	7.7	7.5	11.7	31.7	8.8	15.7	15.1	6.9	32.4	6.3	13.3	–	4.4	14.8	7.1	7.6	11.3	7.9	6.2	14.4	19.1	11.4	13.6	15.5	11.7	5.2
	2014年第4四半期	6.1	10.1	17.6	8.0	7.7	7.0	7.9	12.3	33.3	9.3	16.8	16.6	7.1	34.5	6.0	13.5	7.4	4.6	17.2	7.2	6.8	12.1	7.9	6.3	14.4	16.9	12.7	13.0	15.7	11.5	5.8
	2014年	6.1	10.1	17.6	8.0	7.7	7.0	7.8	12.3	33.3	9.3	16.8	16.6	7.1	34.5	6.5	13.5	10.8	4.6	16.4	7.2	6.8	12.9	7.9	6.3	14.4	16.9	11.7	12.7	16.4	11.1	5.8
	2015年第1四半期	6.6	11.4	18.2	7.8	7.5	6.9	8.0	12.7	32.7	8.3	18.9	18.0	6.5	36.1	6.0	12.7	11.4	4.1	17.1	9.6	4.6	13.2	11.4	6.5	12.1	17.7	13.9	13.9	17.3	12.3	5.7
	2015年第2四半期	6.1	11.8	16.6	7.4	7.8	6.3	7.5	13.0	30.4	6.5	18.0	17.6	6.6	36.1	6.0	11.5	–	4.2	15.6	6.3	6.1	12.3	9.7	6.1	13.8	17.7	11.6	11.6	16.0	10.5	4.9
	2015年第3四半期	6.6	9.7	14.9	7.8	8.0	6.3	7.4	12.3	28.3	6.5	17.2	16.6	6.6	29.8	6.0	11.3	4.2	13.8	13.8	9.8	6.1	11.1	10.0	6.1	8.8	13.7	16.2	10.6	14.8	15.2	4.7
	2015年第4四半期	5.6	10.6	16.8	7.2	8.1	6.3	7.8	10.9	27.9	8.5	15.9	17.2	6.1	31.2	6.1	10.3	–	4.6	16.1	7.8	5.4	11.9	10.5	5.4	7.2	13.8	20.7	11.8	15.5	13.3	4.5
	2015年	6.2	10.7	17.0	7.5	7.9	6.8	7.7	12.2	29.8	7.8	15.9	17.3	6.4	32.0	6.8	11.4	4.3	4.6	15.7	8.7	5.4	12.1	10.4	6.0	10.6	14.8	13.6	11.9	16.2	12.8	5.0

表2.A1.4 [2/3]　OECD加盟国の出身地別・男女別の四半期失業率（2011～2015年）

15～64歳人口に占める割合（%）

男性

	オーストラリア	オーストリア	ベルギー	カナダ	スイス	チリ	チェコ共和国	ドイツ	デンマーク	スペイン	エストニア	フィンランド	フランス	ギリシャ	ハンガリー	アイルランド	アイスランド	イスラエル	イタリア	ルクセンブルク	メキシコ	オランダ	ノルウェー	ニュージーランド	ポーランド	ポルトガル	スロバキア共和国	スロベニア	スウェーデン	トルコ	アメリカ合衆国
受入国出身																															
2011年第1四半期	5.4	4.0	5.9	9.4	3.0	..	6.5	6.5	7.9	18.4	15.6	9.1	8.1	8.6	12.9	17.4	9.3	..	7.7	..	5.5	4.2	3.0	6.5	10.1	11.9	14.1	8.3	6.7	10.2	10.9
2011年第2四半期	5.0	3.8	4.8	8.2	2.6	..	5.9	5.6	7.2	18.3	13.6	9.5	7.5	8.5	10.9	17.8	9.5	..	6.9	..	5.4	3.8	3.1	6.5	9.3	12.1	13.6	8.8	7.1	8.2	9.8
2011年第3四半期	5.3	3.5	6.3	7.1	2.9	..	5.6	5.3	6.7	18.6	10.3	5.7	7.3	9.2	10.7	18.1	5.7	..	6.6	3.6	5.5	3.8	2.6	6.3	8.4	12.2	13.2	8.1	5.7	7.5	9.5
2011年第4四半期	5.1	3.6	5.7	7.2	2.7	..	5.5	5.0	6.8	19.9	12.3	7.5	8.6	9.2	10.7	17.8	5.8	..	8.4	..	5.1	4.1	2.8	6.3	9.0	14.4	13.9	8.4	5.9	8.0	9.0
2011年	5.2	3.7	5.7	8.0	2.8	6.7	5.9	5.8	7.2	18.8	13.0	8.2	7.9	8.8	14.6	17.8	7.6	..	7.4	3.8	5.4	4.0	2.9	6.3	9.0	14.4	13.7	8.4	6.3	8.4	9.0
2012年第1四半期	5.9	4.2	5.2	9.0	3.0	..	6.3	5.2	7.4	21.4	12.7	8.7	8.9	18.9	12.4	18.0	7.4	..	9.8	5.1	5.2	4.8	3.2	6.7	10.3	15.1	13.9	8.5	6.9	9.3	9.5
2012年第2四半期	5.1	4.2	5.4	7.7	3.3	..	5.8	5.0	6.8	22.0	11.3	6.8	8.3	19.7	11.6	18.1	6.8	..	9.6	5.7	4.9	4.7	3.4	6.9	9.3	15.5	13.4	7.9	7.2	7.1	9.3
2012年第3四半期	5.5	4.4	5.9	7.0	3.7	..	5.9	4.7	9.1	22.5	9.3	6.1	8.2	20.6	10.9	18.1	4.7	..	8.8	2.8	5.0	4.7	2.8	6.9	9.1	16.8	14.0	9.1	6.1	7.1	8.4
2012年第4四半期	5.2	4.0	6.9	7.2	3.2	..	6.2	4.7	9.1	23.3	9.3	8.0	9.4	21.9	11.0	16.8	5.4	..	10.5	5.2	5.0	5.2	3.2	6.6	9.5	17.3	14.0	9.3	6.2	7.7	8.0
2012年	5.4	4.1	5.8	7.7	3.1	..	6.0	4.8	8.0	22.3	10.6	7.1	8.6	20.3	11.5	17.7	5.4	..	11.4	3.1	5.1	4.8	3.1	6.7	9.6	16.2	13.6	8.6	6.7	7.8	8.6
2013年第1四半期	6.1	4.7	6.1	7.6	3.5	..	6.6	5.1	11.4	24.3	12.5	6.4	9.8	23.2	12.5	15.7	5.8	..	11.4	3.7	5.2	6.4	3.2	6.9	10.9	18.3	14.2	10.4	7.3	8.0	9.0
2013年第2四半期	5.6	4.3	6.4	7.8	2.9	..	5.7	5.1	10.3	23.7	8.4	6.5	9.0	22.9	10.3	16.1	6.2	..	10.9	3.5	5.3	6.5	3.5	6.1	10.0	18.3	13.8	9.9	7.6	7.4	8.3
2013年第3四半期	5.8	4.5	7.1	7.0	3.5	..	5.8	4.6	6.1	23.2	8.0	6.2	8.7	23.0	9.7	15.0	6.2	..	10.4	2.7	5.3	6.5	2.7	5.9	9.2	15.5	13.7	8.5	5.6	8.0	8.3
2013年第4四半期	6.0	4.5	7.3	7.0	3.2	..	5.6	4.5	5.5	23.2	8.0	6.0	9.2	23.7	9.0	15.0	4.1	..	11.7	3.8	4.7	6.5	2.8	5.8	9.3	15.2	14.5	9.3	5.9	8.0	7.4
2013年	5.9	4.4	6.8	7.5	3.2	6.6	5.9	4.8	7.5	23.5	9.0	6.4	9.2	23.2	10.4	15.0	5.4	..	11.1	4.3	5.1	6.5	3.1	6.0	9.8	16.4	14.0	9.4	6.6	8.1	8.2
2014年第1四半期	6.4	4.8	7.8	8.7	3.4	..	5.9	4.8	6.4	21.8	9.1	6.0	9.6	23.9	8.2	13.8	6.0	..	12.5	3.2	4.9	7.0	3.2	6.0	10.4	15.6	14.3	10.2	7.3	8.1	7.1
2014年第2四半期	6.1	5.0	7.6	7.6	3.3	..	5.1	4.4	5.9	22.3	7.8	5.9	9.5	22.5	6.8	14.2	4.2	..	12.2	4.4	4.4	5.9	4.2	5.2	8.8	13.2	12.3	10.1	7.4	5.0	6.7
2014年第3四半期	6.6	5.0	7.1	7.4	3.1	..	5.2	4.2	5.1	21.8	8.3	6.1	10.2	21.8	6.0	12.0	3.9	..	12.2	3.4	4.2	5.7	3.4	5.2	6.8	12.0	12.3	10.1	7.2	9.5	5.4
2014年第4四半期	6.4	5.1	7.4	7.4	2.9	..	4.3	4.0	4.9	20.4	6.1	5.7	9.9	20.9	6.7	10.3	4.7	..	11.1	4.4	4.2	5.7	3.7	5.5	7.4	12.6	10.4	8.0	5.7	9.3	5.8
2014年	6.4	5.0	7.4	7.8	3.2	..	5.0	4.4	5.5	21.6	7.8	6.0	9.9	22.6	6.7	12.6	4.5	..	12.4	3.9	4.4	6.0	3.7	5.5	8.1	12.7	12.4	9.8	6.8	8.9	6.2
2015年第1四半期	..	5.3	7.4	7.8	3.4	..	5.2	4.3	5.7	19.8	7.7	6.3	10.0	21.7	6.7	11.3	..	..	11.3	..	4.4	6.2	3.5	5.3	6.8	11.6	11.3	8.5	6.1	8.9	5.8
2015年第2四半期	6.2	5.0	7.1	7.4	3.1	..	4.6	4.5	5.4	19.5	6.1	5.9	9.6	20.0	5.8	10.1	4.7	..	10.6	4.2	4.2	5.8	3.2	5.4	6.8	12.2	10.3	8.9	6.2	7.4	5.2
2015年第3四半期	6.2	5.0	6.8	6.9	3.1	..	4.6	4.0	5.1	19.3	6.4	6.3	10.2	19.2	5.5	9.1	3.7	..	10.1	3.7	4.3	5.6	3.4	5.2	6.8	12.0	10.1	7.5	4.2	9.1	5.0
2015年第4四半期	..	5.1	7.0	6.5	3.2	..	4.0	3.9	5.1	18.4	..	5.1	9.4	20.4	5.6	10.2	..	..	9.8	..	4.2	5.6	3.4	5.2	6.9	12.7	9.6	..	5.0	9.5	5.4
2015年	6.4	5.0	7.4	6.6	3.2	6.6	4.3	4.5	5.4	19.3	6.3	5.3	9.9	20.9	5.6	10.4	3.7	..	11.1	4.4	4.4	5.9	3.7	5.5	7.4	12.6	10.4	8.0	5.7	9.3	5.8
外国出身																															
2011年第1四半期	4.7	11.3	16.0	9.2	7.3	..	4.4	10.7	16.3	31.7	15.9	17.2	13.9	19.9	11.1	20.8	..	..	10.2	4.8	5.3	9.7	9.2	7.1	8.4	20.0	..	13.0	8.3	12.6	10.4
2011年第2四半期	4.6	8.9	16.0	8.5	5.9	..	6.5	9.5	12.9	31.1	13.6	15.7	13.5	19.5	10.9	17.8	..	..	8.2	5.9	4.5	10.0	9.3	6.2	..	17.2	8.8	17.3	10.1	8.2	10.4
2011年第3四半期	4.5	6.7	15.0	8.3	5.4	..	7.4	9.0	13.1	32.8	14.0	16.4	12.5	21.5	8.6	19.3	..	..	8.3	3.5	4.0	9.2	6.8	6.4	11.7	17.9	8.2	11.8	9.0	9.0	8.2
2011年第4四半期	4.7	8.8	14.9	7.9	6.2	..	6.2	8.7	13.2	34.4	14.7	14.7	14.4	26.1	6.4	19.3	..	..	11.7	4.7	6.7	9.2	7.8	7.7	11.0	16.8	8.2	8.2	8.4	10.3	8.4
2011年	4.6	8.9	15.5	8.5	6.2	3.9	6.2	9.1	13.8	32.6	14.5	16.0	13.6	21.7	8.1	19.8	11.7	..	9.6	5.1	5.1	9.5	7.4	6.8	9.7	18.0	11.8	10.1	8.9	9.1	8.9
2012年第1四半期	4.8	9.0	17.8	8.1	7.3	..	8.1	9.7	15.0	37.0	15.3	16.4	16.4	30.7	10.6	21.0	10.3	..	13.1	10.9	5.1	10.0	9.2	7.2	4.9	18.5	11.8	10.6	9.0	12.9	9.0
2012年第2四半期	4.7	9.7	15.1	8.3	5.7	..	8.0	7.6	13.9	36.3	15.1	14.4	14.3	34.3	12.8	19.5	..	..	12.0	9.6	9.6	10.6	8.1	6.6	11.1	20.3	7.3	6.9	7.1	11.1	7.1
2012年第3四半期	4.8	10.1	19.3	8.2	5.4	..	6.2	7.8	13.8	33.7	7.9	13.0	13.0	34.5	6.7	18.9	..	..	10.3	5.6	9.0	10.4	5.6	6.5	12.2	19.2	9.4	6.9	6.9	10.6	7.0
2012年第4四半期	5.3	10.6	19.6	7.9	6.7	..	6.9	8.3	11.2	36.9	16.3	15.9	15.4	39.2	6.7	18.2	..	..	14.0	5.8	4.0	11.1	6.2	6.5	3.5	21.9	13.0	8.2	7.0	11.6	7.5
2012年	4.9	9.6	17.6	8.2	6.3	..	7.3	8.7	13.5	36.5	14.9	14.5	14.8	34.6	9.8	19.4	9.1	..	12.4	5.4	7.8	10.5	7.2	6.5	7.9	20.1	14.1	9.4	7.1	11.6	7.5
2013年第1四半期	6.1	12.9	20.1	8.7	8.1	..	8.5	9.5	12.6	39.6	12.9	14.7	17.4	40.8	9.7	18.6	..	..	17.1	6.2	5.7	12.1	7.8	5.1	9.8	23.6	14.5	12.5	7.6	10.6	7.6
2013年第2四半期	5.9	8.9	17.9	8.1	7.2	..	7.0	8.3	11.0	37.8	14.2	15.7	16.0	37.8	4.4	17.2	9.1	..	16.8	7.9	5.3	12.9	7.9	5.1	7.9	22.7	13.9	11.8	7.9	10.7	6.2
2013年第3四半期	5.7	9.0	17.6	7.5	7.6	..	7.4	7.8	12.0	38.1	14.0	13.0	14.5	35.1	8.7	16.1	..	..	14.8	5.7	7.1	14.0	7.0	6.1	8.6	20.8	11.1	7.7	10.1	8.5	6.1
2013年第4四半期	5.6	9.0	17.1	8.2	8.0	..	7.1	8.3	11.4	37.4	11.2	14.5	16.1	35.2	8.7	15.2	9.1	..	15.9	6.3	6.9	13.6	7.4	5.4	7.9	20.8	11.8	10.1	9.3	10.6	6.1
2013年	5.8	10.4	18.2	8.0	7.2	4.1	7.3	8.1	11.4	37.5	13.3	14.5	16.0	37.3	7.4	16.7	9.1	..	15.9	6.9	6.9	13.1	7.4	5.7	8.0	22.5	11.8	10.4	8.6	10.6	6.5
2014年第1四半期	6.4	12.4	17.1	8.2	8.3	..	5.8	6.6	13.3	37.5	15.3	17.8	18.7	36.2	10.6	15.8	..	..	17.8	6.6	6.6	15.0	6.6	4.4	11.8	18.5	10.6	8.4	8.1	13.5	6.3
2014年第2四半期	5.4	10.1	19.3	7.7	5.7	..	5.3	8.0	13.9	33.7	7.9	18.0	15.5	34.5	12.8	14.7	..	..	15.5	5.0	6.4	12.2	7.4	4.3	12.2	17.5	6.9	9.4	6.9	10.6	5.2
2014年第3四半期	5.2	10.5	19.7	7.7	7.0	..	5.2	7.8	10.7	33.7	10.3	13.9	15.2	32.7	4.1	14.2	..	..	13.9	4.7	9.0	12.2	5.6	6.5	13.0	15.8	9.4	13.0	15.8	13.1	4.3
2014年第4四半期	5.5	10.2	18.6	6.6	6.2	..	6.5	8.1	9.7	32.8	16.2	16.5	16.1	33.0	6.2	11.9	..	7.3	15.3	6.4	7.0	11.9	9.5	4.3	8.6	17.3	11.1	11.8	8.6	13.1	4.8
2014年	5.7	10.8	18.7	7.5	7.1	..	5.7	7.1	10.8	34.0	8.8	16.5	16.7	33.8	4.0	14.2	7.3	..	15.6	7.1	7.2	12.2	7.6	4.3	9.8	17.2	6.0	11.1	8.9	11.6	5.1
2015年第1四半期	6.2	11.7	18.2	7.1	7.8	..	7.1	8.5	11.0	33.2	7.2	19.1	18.3	35.9	6.2	13.5	17.0	4.7	17.0	8.0	7.2	12.1	10.8	5.9	7.9	18.5	13.8	11.1	7.9	10.7	5.6
2015年第2四半期	5.7	11.7	21.0	6.9	6.9	..	6.2	7.8	11.9	29.8	..	17.3	18.9	31.2	4.1	13.1	..	..	14.5	..	6.3	12.1	9.6	5.1	13.7	15.5	..	9.1	11.8	9.5	4.5
2015年第3四半期	5.0	10.0	15.7	6.8	7.6	..	7.9	7.9	11.1	28.5	16.1	16.8	16.8	28.9	..	13.1	..	..	13.1	..	6.3	10.1	10.6	5.8	8.6	12.7	..	11.8	13.1	13.1	3.8
2015年第4四半期	..	11.3	16.8	6.8	8.0	..	7.5	7.5	10.8	26.6	17.3	14.7	17.3	29.5	11.8	11.8	..	..	14.7	4.7	4.7	10.3	9.6	5.0	12.4	..	6.0	15.4	..	12.6	4.0
2015年	5.8	11.1	17.9	6.9	7.6	..	5.3	8.1	10.8	29.5	7.0	17.0	17.8	31.4	5.2	12.9	7.8	..	14.5	7.8	5.8	11.1	10.2	5.5	8.1	14.9	8.4	10.0	16.5	12.1	4.4

第2章　OECD加盟国における新来移民の就業状況と統合政策

表2.A1.4 ［3/3］　OECD加盟国の出身地別・男女別の四半期失業率（2011〜2015年）

15〜64歳人口に占める割合（%）

女性

	オーストラリア	オーストリア	ベルギー	カナダ	スイス	チェコ共和国	ドイツ	デンマーク	スペイン	エストニア	フィンランド	フランス	ギリシャ	ハンガリー	アイルランド	アイスランド	イスラエル	イタリア	ルクセンブルク	メキシコ	オランダ	ノルウェー	ニュージーランド	ポーランド	ポルトガル	スロバキア共和国	スロベニア	スウェーデン	トルコ	英国	アメリカ合衆国
受入国出身																															
2011年第1四半期	5.7	4.0	5.9	6.4	3.5	8.2	5.6	6.6	19.9	12.1	7.6	8.8	6.8	19.4	11.4	9.4	–	–	9.1	–	5.0	5.0	2.4	7.7	10.3	12.7	13.9	8.0	6.9	11.2	8.2
2011年第2四半期	4.9	3.5	5.4	6.4	2.7	7.9	4.9	5.9	19.2	11.5	8.1	7.9	7.4	20.4	11.1	9.9	6.7	8.2	–	–	5.4	4.5	2.8	9.0	10.2	12.5	12.8	6.9	7.0	9.7	8.5
2011年第3四半期	4.9	3.3	6.7	7.1	3.8	7.8	5.1	6.8	21.0	10.6	6.1	8.1	7.4	21.7	11.0	6.0	–	8.5	–	–	6.0	4.5	2.9	6.6	10.7	13.4	12.8	7.4	5.4	10.5	9.2
2011年第4四半期	5.1	4.3	5.9	7.0	3.3	7.6	4.8	6.8	21.0	10.6	6.1	8.6	7.2	24.6	10.9	9.8	–	8.5	–	–	4.9	6.0	2.1	6.6	10.9	14.4	14.4	8.9	5.6	9.6	7.9
2011年	5.2	3.8	6.0	6.5	3.3	7.9	5.1	6.5	20.1	10.9	5.6	8.3	7.1	21.5	11.1	10.0	–	10.0	8.9	–	5.3	4.7	2.5	7.7	10.5	13.3	13.6	7.8	6.2	10.2	8.5
2012年第1四半期	5.8	4.1	5.8	6.4	3.3	8.1	4.8	6.8	22.7	8.4	7.1	8.6	7.1	26.2	11.5	11.4	7.8	11.4	–	–	4.8	5.3	1.9	7.7	11.1	15.3	14.5	8.4	6.5	10.1	8.0
2012年第2四半期	5.2	3.9	5.6	6.3	2.9	7.9	4.7	6.8	22.7	8.3	6.9	8.3	6.9	27.2	10.4	10.2	7.5	11.0	–	–	5.0	5.3	2.2	7.2	10.8	15.2	14.1	9.7	7.0	8.2	7.9
2012年第3四半期	4.8	4.4	6.6	7.2	3.4	8.3	4.6	6.5	24.0	9.1	6.7	8.4	7.3	28.8	10.2	10.6	7.7	10.6	–	–	5.5	5.3	2.5	7.6	11.0	15.6	14.6	9.7	5.8	10.2	8.4
2012年第4四半期	5.0	4.1	5.9	5.7	3.1	8.5	6.1	6.1	24.7	8.5	6.1	9.3	6.9	29.4	10.6	6.6	7.7	12.3	4.6	–	5.5	5.5	2.1	7.4	11.1	17.2	15.1	9.7	5.8	10.2	7.3
2012年	5.2	4.1	5.9	6.4	3.2	8.2	4.7	6.6	23.5	9.0	6.8	8.7	7.0	27.9	10.7	10.1	7.7	12.3	3.9	–	5.1	5.4	2.2	7.1	11.0	15.8	14.6	9.1	6.3	9.5	7.9
2013年第1四半期	5.9	4.4	6.7	6.2	2.5	8.6	4.8	7.0	25.7	9.4	7.5	9.2	10.1	30.4	10.0	–	7.0	13.2	–	–	5.1	6.2	2.4	12.0	11.5	15.1	15.1	6.9	6.9	11.0	7.6
2013年第2四半期	5.6	4.0	6.8	6.2	3.0	8.2	4.4	6.5	25.2	8.1	7.9	8.7	6.7	30.5	10.3	5.6	7.0	11.9	–	–	5.1	6.2	2.5	7.4	11.3	16.4	14.5	10.1	7.2	9.6	7.3
2013年第3四半期	5.4	4.8	7.1	7.0	3.4	8.5	4.4	6.4	24.9	7.4	6.4	8.6	7.1	30.6	10.0	–	7.3	11.5	–	–	5.6	6.6	2.9	6.8	11.2	16.1	14.6	10.0	5.9	11.2	7.4
2013年第4四半期	5.6	4.5	6.8	6.2	3.0	8.4	4.5	6.5	25.2	8.1	7.0	8.9	6.7	31.2	9.3	6.5	6.5	13.0	2.9	–	4.8	6.8	2.4	6.9	11.2	16.1	14.2	9.7	5.5	11.3	6.5
2013年	5.6	4.5	6.8	6.2	3.0	8.4	4.5	6.5	25.2	8.1	7.0	8.9	6.7	30.7	10.1	4.9	7.0	12.4	3.9	–	5.1	6.4	2.6	11.2	16.1	14.5	10.1	6.4	10.8	7.2	
2014年第1四半期	6.9	4.9	6.9	5.9	3.3	8.1	4.0	5.8	24.9	7.9	7.9	9.2	5.9	30.0	9.0	4.2	6.1	13.8	5.0	–	5.0	7.6	2.4	8.8	15.4	14.0	13.5	6.1	6.5	10.8	6.4
2014年第2四半期	5.9	4.3	6.0	6.0	3.1	7.4	3.8	5.7	23.6	8.5	7.7	8.7	5.7	30.3	8.7	4.3	6.2	13.0	4.3	–	4.3	6.4	2.4	9.1	14.2	13.7	13.4	6.7	5.2	10.6	6.1
2014年第3四半期	5.9	4.6	6.7	6.5	4.1	7.4	4.0	5.7	23.5	7.1	6.3	9.3	7.3	28.3	7.1	4.1	7.3	12.4	5.5	–	5.4	6.6	2.9	6.7	14.2	13.7	10.4	5.2	12.1	6.7
2014年第4四半期	5.9	4.2	6.3	5.3	2.9	6.9	4.0	5.3	23.5	6.7	7.3	9.7	7.3	29.3	7.5	6.6	6.6	14.0	4.7	–	4.7	6.7	2.4	8.8	14.0	13.6	10.0	5.2	13.1	5.5
2014年	6.1	4.5	6.5	5.9	3.3	7.4	4.2	6.0	24.1	6.7	6.7	9.2	5.5	29.8	8.6	4.5	6.5	13.3	4.0	–	5.0	7.0	2.5	9.7	14.6	13.7	10.3	5.9	6.1	12.0	6.1
2015年第1四半期	6.7	4.5	6.1	5.7	2.6	6.9	4.3	5.6	23.6	8.4	8.4	9.2	4.9	30.3	7.9	4.3	5.6	13.4	4.7	–	4.3	6.9	2.6	8.8	12.1	13.4	9.9	5.4	5.4	13.3	5.4
2015年第2四半期	5.9	4.2	5.8	5.7	2.8	6.0	3.8	5.2	22.7	7.1	7.1	8.7	5.1	28.3	7.1	5.9	5.2	12.2	2.9	–	4.7	6.6	2.9	7.5	12.1	12.8	9.9	6.2	6.2	11.7	5.3
2015年第3四半期	5.4	4.4	6.4	6.5	3.9	5.5	3.5	5.2	21.7	6.7	7.7	8.9	5.1	28.1	6.7	6.2	6.2	10.9	3.4	–	5.0	6.3	3.0	6.7	12.5	12.6	10.0	4.5	13.3	5.6
2015年第4四半期	6.0	4.2	6.2	5.8	3.2	6.1	3.7	5.5	22.3	5.9	8.4	9.0	4.8	28.7	7.0	4.4	5.8	12.0	4.6	–	4.5	6.3	3.0	6.5	12.9	12.9	9.7	5.3	12.8	5.2
2015年	6.0	4.2	6.2	5.8	3.2	6.1	3.7	5.5	22.3	5.9	8.4	9.0	4.8	28.7	7.0	4.4	5.8	12.0	4.4	–	4.6	6.5	3.0	7.3	12.9	12.9	9.7	5.3	12.8	5.2	
外国出身																															
2011年第1四半期	6.5	9.5	12.8	9.2	8.1	11.6	9.6	15.2	29.6	22.2	16.9	16.4	9.0	23.6	8.1	13.8	13.2	–	12.4	10.0	7.3	13.5	17.9	–	25.9	13.5	16.7	15.1	8.8
2011年第2四半期	6.2	9.9	14.9	9.0	6.3	10.8	8.1	15.7	28.6	20.0	12.3	14.1	11.0	19.7	11.0	14.1	13.9	9.8	6.2	7.7	16.2	17.2	–	20.7	13.8	17.2	15.4	9.1
2011年第3四半期	6.0	8.1	16.3	9.8	7.8	11.0	8.7	15.1	29.0	15.0	13.6	14.1	10.3	22.8	–	14.6	12.2	–	4.0	10.4	7.9	13.2	15.5	19.1	15.7	16.0	5.9
2011年第4四半期	5.3	9.9	14.6	9.5	7.6	10.2	8.6	14.4	31.7	14.4	14.0	16.2	10.7	27.0	12.0	14.6	12.2	6.4	8.5	10.3	5.9	19.9	15.6	24.6	19.1	19.5	16.0	7.4
2011年	6.0	8.8	14.6	9.4	7.5	10.9	9.0	15.1	29.7	17.9	14.2	15.2	9.7	23.3	10.5	14.3	13.0	8.4	8.2	10.3	14.5	15.9	18.0	–	20.6	14.0	15.9	13.6	9.5
2012年第1四半期	6.3	9.3	15.8	9.3	7.6	11.0	9.0	16.9	32.3	17.9	14.2	15.1	11.1	32.2	13.0	14.6	12.6	7.7	5.4	12.6	6.2	13.9	15.0	14.3	15.9	13.6	9.4
2012年第2四半期	6.0	7.6	16.0	8.8	7.4	10.1	8.0	15.3	32.3	12.0	14.4	15.3	10.2	31.8	9.2	14.8	4.9	6.3	9.9	6.8	12.8	14.7	14.3	15.8	11.9	7.6
2012年第3四半期	5.8	7.7	15.2	8.7	7.9	12.0	8.0	15.3	30.5	13.6	13.1	13.6	10.9	32.0	8.5	15.5	5.1	5.2	7.7	6.3	12.8	14.7	14.2	15.8	14.1	9.0
2012年第4四半期	5.9	7.7	16.7	8.1	8.8	11.5	8.0	15.7	30.5	15.7	12.2	13.0	10.1	35.0	6.4	16.3	5.1	7.1	7.9	12.8	8.6	15.7	15.8	11.9	9.0
2012年	6.0	8.2	15.9	8.2	7.9	11.2	8.2	15.9	32.4	11.2	13.8	15.0	10.6	32.7	9.2	14.8	5.1	6.5	8.1	12.1	6.3	11.7	18.6	22.4	19.2	21.0	14.5	9.0
2013年第1四半期	6.9	10.1	14.9	8.5	9.3	9.9	8.1	16.4	34.9	9.4	16.1	17.3	10.1	39.3	10.6	15.7	4.6	5.6	14.5	9.6	8.0	17.7	22.4	21.0	21.4	16.2	8.8
2013年第2四半期	6.7	8.3	14.3	8.4	7.5	9.8	7.8	16.2	32.6	12.0	13.4	15.6	12.9	38.6	12.9	15.7	4.1	5.6	14.5	7.9	16.1	17.3	13.4	6.2
2013年第3四半期	6.4	8.9	17.5	9.5	7.7	9.7	7.5	13.6	31.1	13.7	15.9	39.3	14.1	15.9	4.0	9.0	13.2	6.6	6.4	17.6	15.4	15.8	6.4
2013年第4四半期	6.4	10.4	18.2	7.3	8.2	9.3	7.5	13.0	31.4	6.6	18.7	17.4	11.7	33.8	10.8	19.5	4.0	7.1	13.2	6.6	14.0	15.6	16.0	15.4	5.9
2013年	6.6	9.5	16.3	8.4	8.3	8.8	7.4	13.9	32.6	9.7	17.2	16.4	8.2	35.4	10.8	17.4	4.1	6.1	13.6	8.4	7.5	14.8	16.7	23.2	19.2	20.6	16.2	9.1
2014年第1四半期	7.2	11.1	18.2	7.5	7.9	9.5	7.8	14.4	32.1	16.0	18.7	18.7	35.7	12.1	18.6	3.6	3.3	14.6	7.1	14.8	16.7	15.8	6.6
2015年第1四半期	6.7	10.5	14.8	8.1	8.2	7.7	6.8	14.2	32.0	7.7	18.7	15.9	33.7	13.0	17.0	3.6	3.3	12.6	9.8	16.9	12.3	17.4	12.4	5.6
2015年第2四半期	7.2	9.4	13.9	9.0	8.5	9.2	6.8	13.7	28.1	18.3	16.2	33.8	9.0	18.0	4.4	5.9	12.3	9.3	14.5	14.3	14.9	6.0
2015年第3四半期	6.3	9.8	16.8	7.7	8.3	9.5	8.1	13.8	30.1	8.6	18.0	16.8	7.3	32.8	8.7	17.8	4.1	6.7	13.7	11.5	5.7	9.5	15.0	16.2	14.9	5.1
2015年第4四半期	6.8	10.2	16.0	8.1	8.2	9.5	8.1	13.8	30.1	3.6	18.0	16.8	6.1	32.8	17.8	9.7	7.0	13.3	10.7	5.7	13.7	14.7	18.1	14.6	5.7

注：対象は労働力人口（15〜64歳）。季節変動の調整がなされていないので、比較は当該年の連続した四半期間ではなく、各年の同じ四半期間で行うべきである。

資料：ヨーロッパ諸国とトルコは、欧州連合統計局（Eurostat）労働力調査（Labour Force Surveys）。オーストラリア、カナダ、イスラエル、ニュージーランド、労働力調査（Labour Force Survey）。チリは、全国社会経済状態調査（Encuesta de Caracterización Socioeconómica Nacional, CASEN）。メキシコは、全国職業雇用調査（Encuesta Nacional de Ocupación y Empleo, ENOE）。アメリカ合衆国は、人口動態調査（Current Population Surveys, CPS）。

StatLink：http://dx.doi.org/10.1787/888933396354

表2.A1.5［1/3］　OECD加盟国の出身地別・男女別の四半期労働力参加率（2011～2015年）

15～64歳人口に占める割合（%）

男女

		オーストラリア	オーストリア	ベルギー	カナダ	スイス	チリ	チェコ共和国	ドイツ	デンマーク	スペイン	エストニア	フィンランド	フランス	イギリス	ギリシャ	ハンガリー	アイルランド	アイスランド	イスラエル	イタリア	ルクセンブルク	メキシコ	オランダ	ノルウェー	ニュージーランド	ポーランド	ポルトガル	スロバキア共和国	スロベニア	スウェーデン	トルコ	アメリカ合衆国
受入国出身	2011年第1四半期	78.0	74.3	66.9	77.3	83.6	..	70.0	77.6	80.1	72.4	73.9	73.8	70.2	75.6	66.5	61.5	68.0	83.5	..	61.1	62.2	62.4	78.8	77.6	79.1	65.2	73.0	68.5	69.6	79.8	51.4	71.4
	2011年第2四半期	77.8	74.9	67.7	79.1	83.3	..	70.4	77.7	80.3	72.7	74.4	77.2	70.3	75.6	66.4	62.1	69.0	87.0	..	60.9	60.4	63.3	78.9	78.2	78.4	65.7	73.0	68.5	69.8	82.3	53.9	71.7
	2011年第3四半期	77.7	76.0	67.9	79.5	83.5	..	70.7	78.1	80.7	73.0	75.2	75.6	70.7	76.2	66.4	62.7	68.9	84.4	..	60.7	62.6	63.7	79.4	78.5	78.2	66.1	72.8	68.8	70.9	82.0	54.5	72.2
	2011年第4四半期	77.9	75.2	67.9	77.5	83.9	..	70.6	78.4	79.9	72.8	74.1	73.8	70.8	76.2	66.4	62.6	68.8	82.7	..	61.9	61.2	64.4	80.0	78.1	78.9	66.1	72.3	69.0	70.8	80.3	52.7	71.3
	2011年	**77.9**	**75.1**	**67.6**	**78.3**	**83.6**	**61.7**	**70.4**	**78.0**	**80.2**	**72.7**	**74.4**	**75.1**	**70.5**	**75.9**	**66.4**	**62.2**	**68.7**	**84.4**	..	**61.1**	**61.6**	**63.5**	**79.3**	**78.1**	**78.7**	**65.7**	**72.8**	**68.7**	**70.3**	**81.1**	**53.1**	**71.7**
	2012年第1四半期	77.9	74.5	67.1	76.9	83.2	..	70.6	77.5	79.7	72.9	74.5	74.0	70.6	76.1	66.6	62.5	68.3	82.9	68.4	62.5	61.6	63.3	80.0	78.2	79.0	65.9	72.4	69.4	70.0	80.2	51.2	71.0
	2012年第2四半期	77.8	75.7	67.6	78.8	82.8	..	71.2	77.6	80.1	73.3	74.4	77.3	71.1	76.3	66.7	63.3	68.8	86.9	68.9	62.9	62.6	64.6	80.0	78.9	78.1	66.4	72.7	69.3	69.4	82.6	53.9	71.6
	2012年第3四半期	77.6	77.0	68.3	79.2	84.1	..	72.1	78.1	79.7	73.5	75.2	76.2	71.4	76.9	66.7	64.2	69.3	85.5	70.1	62.2	64.7	64.9	80.3	78.8	77.8	66.9	72.9	69.6	70.7	82.5	54.2	72.0
	2012年第4四半期	77.8	75.9	68.2	77.7	83.9	..	72.2	78.2	78.9	73.2	73.9	73.7	71.7	77.0	66.8	64.0	68.5	83.2	69.2	63.1	63.6	64.0	80.5	78.3	77.4	66.8	72.2	69.4	70.9	80.8	54.1	71.4
	2012年	**77.8**	**75.8**	**67.8**	**78.1**	**83.5**	..	**71.5**	**77.8**	**79.6**	**73.2**	**74.5**	**75.3**	**71.2**	**76.6**	**66.7**	**63.5**	**68.7**	**84.6**	**69.2**	**62.7**	**63.1**	**64.2**	**80.2**	**78.6**	**78.1**	**66.5**	**72.5**	**69.4**	**70.3**	**81.5**	**53.4**	**71.5**
	2013年第1四半期	77.8	75.2	67.4	77.3	84.0	..	72.2	78.0	79.1	73.3	74.7	74.1	71.4	76.6	66.4	63.2	68.4	82.8	69.1	62.6	61.9	63.2	80.6	78.2	78.2	66.3	72.0	70.0	70.2	81.3	53.0	70.9
	2013年第2四半期	77.8	76.2	68.7	78.9	83.2	..	72.7	78.2	79.2	73.3	75.1	77.5	71.6	76.6	66.8	64.4	69.7	87.6	69.3	62.4	62.6	64.4	80.8	78.8	77.8	66.8	72.1	69.6	70.2	83.4	55.3	71.5
	2013年第3四半期	77.6	77.4	69.1	79.3	83.7	..	73.1	78.4	79.6	73.5	74.8	75.4	71.9	77.3	66.7	65.1	69.7	87.8	69.7	61.9	62.4	64.4	80.9	78.8	78.6	67.4	72.4	69.9	71.3	83.4	55.3	71.7
	2013年第4四半期	77.8	76.2	68.1	77.9	84.3	..	73.1	78.6	78.1	73.5	75.0	73.8	71.6	77.0	66.3	65.2	69.2	84.7	69.0	63.0	64.6	64.7	80.7	78.0	79.7	67.4	72.8	69.8	70.0	81.9	54.0	70.7
	2013年	**77.7**	**76.2**	**68.3**	**78.4**	**83.8**	**62.8**	**72.8**	**78.3**	**79.0**	**73.4**	**74.9**	**75.2**	**71.6**	**76.9**	**66.5**	**64.5**	**69.3**	**85.6**	**69.3**	**62.5**	**62.9**	**64.1**	**80.7**	**78.5**	**78.6**	**67.0**	**72.3**	**69.8**	**70.4**	**82.5**	**54.4**	**71.2**
	2014年第1四半期	77.7	75.5	68.2	77.2	83.6	..	72.9	78.3	78.0	73.1	74.3	74.2	71.5	76.9	66.5	65.9	68.8	84.8	69.4	63.0	65.0	63.6	80.2	77.7	79.9	67.5	72.4	70.1	70.3	81.9	53.5	70.7
	2014年第2四半期	77.5	76.0	68.0	78.8	83.5	..	73.0	78.2	78.5	73.4	75.5	77.8	71.5	76.8	66.5	66.6	69.3	89.5	69.7	62.7	62.9	63.7	80.2	78.8	79.1	67.5	72.6	70.0	71.6	83.8	55.8	71.4
	2014年第3四半期	77.4	76.9	68.8	79.2	84.7	..	73.7	78.6	79.7	73.4	76.1	75.8	71.8	77.4	66.6	67.5	70.2	88.2	70.2	62.7	65.4	63.8	80.6	78.9	79.4	68.2	72.7	70.4	71.9	84.0	56.0	71.5
	2014年第4四半期	77.6	76.1	68.9	77.6	85.4	..	74.0	78.7	79.4	73.7	75.3	74.3	72.1	77.2	66.3	67.3	69.7	86.3	69.4	63.9	64.0	63.4	80.5	78.1	81.1	68.2	72.5	70.6	71.6	81.9	55.2	70.9
	2014年	**77.6**	**76.1**	**68.5**	**78.2**	**84.3**	..	**73.4**	**78.5**	**78.9**	**73.4**	**75.3**	**75.5**	**71.7**	**77.1**	**66.5**	**66.8**	**69.5**	**87.2**	**69.7**	**63.1**	**64.3**	**63.6**	**80.4**	**78.4**	**79.9**	**67.8**	**72.5**	**70.3**	**71.4**	**82.9**	**55.1**	**71.1**
	2015年第1四半期	78.1	75.5	68.3	77.2	84.8	..	73.8	78.3	79.2	73.3	75.2	74.8	71.6	77.2	66.5	67.5	69.3	86.8	69.1	63.2	66.3	63.0	80.9	78.0	80.4	67.9	72.6	70.7	71.1	82.2	54.7	70.7
	2015年第2四半期	78.2	75.8	68.1	79.0	83.9	..	73.8	78.0	79.4	73.7	77.1	78.2	71.7	76.9	66.8	68.3	70.1	90.6	69.7	63.3	67.1	63.5	81.1	79.2	79.3	67.6	72.6	70.5	72.4	84.0	56.6	71.5
	2015年第3四半期	78.2	77.4	68.3	79.5	84.6	..	74.1	78.4	79.6	73.4	78.1	76.8	72.1	77.5	67.3	69.1	70.1	89.4	70.4	62.8	65.9	63.8	81.4	79.2	78.6	68.4	72.8	71.1	73.1	84.0	57.1	71.4
	2015年第4四半期	78.9	76.5	68.5	77.7	85.3	..	74.1	78.9	79.3	73.5	76.6	74.6	72.1	77.5	67.2	69.0	69.8	87.5	69.7	63.5	63.8	64.3	81.3	77.8	79.2	68.5	73.0	71.4	71.4	82.3	56.1	71.0
	2015年	**78.3**	**76.3**	**68.3**	**78.4**	**84.7**		**73.9**	**78.4**	**79.4**	**73.5**	**76.7**	**76.1**	**71.9**	**77.3**	**66.9**	**68.5**	**69.8**	**88.6**	**69.7**	**63.2**	**65.5**	**63.7**	**81.2**	**78.6**	**79.4**	**68.1**	**72.8**	**70.9**	**72.0**	**83.1**	**56.1**	**71.1**
外国出身	2011年第1四半期	74.6	71.8	61.4	74.8	80.1	..	73.9	72.9	70.9	79.4	75.8	69.3	68.1	72.8	75.3	68.3	70.2	86.1	..	69.6	77.6	54.3	70.5	74.4	76.0	59.0	82.4	66.3	71.1	73.8	56.9	74.2
	2011年第2四半期	74.4	71.9	62.7	75.8	80.6	..	73.9	74.2	72.0	80.4	75.5	72.9	68.0	73.1	74.9	68.7	71.7	89.2	..	70.6	75.1	55.5	69.2	77.2	74.9	61.3	82.8	70.4	70.8	75.1	56.2	74.3
	2011年第3四半期	74.5	71.8	61.5	76.5	81.3	..	73.5	74.2	73.9	79.7	79.2	72.7	66.7	73.8	74.2	70.0	72.2		..	68.2	74.0	57.1	69.3	76.4	74.9	66.3	82.4		68.7	75.0	54.4	74.1
	2011年第4四半期	74.1	72.5	62.2	75.5	81.7	..	73.6	73.8	71.8	79.4	77.6	73.3	66.6	73.1	74.7	70.1	71.2	82.5	..	69.5	73.7	58.7	70.8	76.1	76.0	65.0	82.0	72.8	68.9	74.6	55.9	74.7
	2011年	**74.4**	**72.0**	**61.9**	**75.6**	**80.9**	**72.4**	**73.7**	**73.8**	**72.1**	**79.7**	**77.1**	**72.0**	**67.3**	**73.2**	**74.8**	**69.3**	**71.3**	**85.8**	..	**69.5**	**75.1**	**56.4**	**70.0**	**76.0**	**75.4**	**62.7**	**82.4**	**70.4**	**69.9**	**74.6**	**55.9**	**74.3**
	2012年第1四半期	74.0	71.1	62.3	74.9	81.5	..	73.1	73.7	72.4	79.8	76.5	72.8	67.7	72.3	74.1	70.3	70.9	84.7	78.4	70.0	76.2	57.2	70.8	75.2	77.1	61.3	83.0	70.5	71.1	73.9	50.7	73.7
	2012年第2四半期	74.0	72.6	61.2	76.8	81.7	..	73.1	74.4	71.5	79.6	78.5	75.5	67.7	72.7	74.2	73.6	71.7	91.0	78.9	70.3	75.0	58.8	71.4	77.7	75.8	66.0	82.9	70.6	70.8	75.7	51.4	73.6
	2012年第3四半期	73.7	72.6	62.4	77.5	82.1	..	74.5	74.5	72.4	79.3	78.2	75.2	67.3	74.1	75.7	74.6	71.4	87.3	78.8	68.4	77.0	56.8	71.8	76.3	76.2	70.8	82.5	73.0	72.6	75.3	52.2	73.7
	2012年第4四半期	74.1	71.8	64.1	76.9	82.1	..	74.5	74.5	70.4	79.6	75.6	73.9	68.1	74.0	76.0	75.5	70.5	86.1	79.5	70.0	76.8	58.7	70.7	75.3	76.1	68.7	81.1	73.6	72.5	74.7	53.6	73.5
	2012年	**74.0**	**72.0**	**62.5**	**76.5**	**81.9**	..	**73.8**	**74.3**	**71.7**	**79.6**	**77.2**	**74.3**	**67.7**	**73.3**	**75.0**	**73.6**	**71.1**	**87.3**	**78.9**	**69.7**	**76.2**	**57.9**	**71.2**	**76.1**	**76.3**	**66.4**	**82.4**	**72.0**	**71.7**	**74.9**	**52.0**	**73.7**
	2013年第1四半期	74.6	72.4	64.6	76.2	81.9	..	74.3	74.1	71.5	79.7	78.3	73.3	67.8	73.6	76.5	76.5	70.7	86.5	80.0	70.7	76.8	58.0	70.2	75.3	76.3	67.3	80.1	76.6	71.0	74.3	51.5	73.3
	2013年第2四半期	74.5	72.3	62.1	77.4	82.3	..	76.1	74.5	72.4	78.8	79.6	77.0	67.7	73.5	76.5	73.9	72.1	88.8	79.1	70.0	77.0	56.5	70.0	76.2	76.1	66.7	80.7	73.4	72.3	76.2	54.1	73.6
	2013年第3四半期	73.9	73.1	64.3	78.1	82.4	..	76.8	74.8	71.9	78.8	75.1	74.7	67.8	74.9	77.2	75.1	72.9	87.8	79.4	68.4	78.5	59.7	70.8	77.1	75.6	69.4	79.9	74.5	71.7	75.6	52.9	74.0
	2013年第4四半期	73.6	71.6	63.7	75.9	82.3	..	77.4	73.9	71.5	78.4	74.4	72.9	68.5	74.3	76.6	75.4	71.8	86.6	79.7	69.8	76.9	57.6	71.6	76.4	77.1	66.7	79.3	73.3	71.0	74.7	51.2	73.1
	2013年	**74.1**	**72.3**	**63.7**	**76.9**	**82.2**	**77.2**	**76.2**	**74.3**	**71.8**	**78.9**	**76.9**	**74.4**	**67.9**	**74.1**	**76.7**	**75.2**	**71.9**	**87.4**	**79.6**	**69.7**	**77.3**	**58.0**	**70.7**	**76.2**	**76.3**	**67.5**	**80.0**	**74.4**	**71.5**	**75.2**	**52.4**	**73.5**
	2014年第1四半期	74.0	71.1	63.4	75.2	82.4	..	77.6	73.8	71.3	78.4	72.0	71.5	68.0	74.4	77.0	75.9	71.3	87.3	81.5	70.2	77.0	56.6	70.7	75.8	77.9	76.5	80.0	70.0	68.5	74.6	54.9	73.5
	2014年第2四半期	74.0	72.7	65.1	76.6	83.3	..	78.1	73.9	72.7	78.6	74.7	75.0	67.7	75.0	77.3	73.0	71.4	91.0	80.5	70.0	78.3	59.4	70.8	75.6	76.1	75.6	80.0	70.3	68.4	76.7	53.6	73.3
	2014年第3四半期	74.0	73.0	63.7	77.0	82.2	..	76.4	75.1	74.6	78.1	77.2	72.7	67.0	75.2	77.0	75.0	71.0	89.1	80.6	69.1	75.8	56.1	69.1	75.5	76.0	68.3	80.6	72.8	65.8	77.1	52.9	73.5
	2014年第4四半期	74.4	72.1	64.1	76.1	82.7	..	77.0	74.2	72.7	79.0	76.2	72.6	67.5	74.3	76.0	75.7	69.5	87.5	82.0	70.0	79.1	57.2	71.2	76.4	77.1	65.4	80.3	72.3	64.8	75.6	51.3	73.2
	2014年	**74.1**	**72.2**	**64.1**	**76.2**	**82.6**	..	**77.3**	**74.2**	**72.8**	**78.5**	**74.9**	**72.9**	**67.6**	**74.7**	**76.8**	**74.9**	**70.8**	**88.7**	**81.2**	**69.8**	**77.6**	**57.3**	**70.4**	**75.8**	**76.8**	**71.6**	**80.2**	**71.3**	**66.9**	**76.0**	**53.0**	**73.4**
	2015年第1四半期	74.9	71.4	66.1	75.4	82.7	..	76.2	74.2	72.0	78.6	72.3	71.8	67.5	74.3	75.3	76.0	69.2	85.7	81.6	68.8	76.2	51.6	70.1	76.4	79.2	72.3	79.8	71.4	65.9	75.7	49.8	72.7
	2015年第2四半期	74.7	73.0	62.1	76.7	83.2	..	76.4	74.0	71.4	79.5	74.5	71.8	67.4	75.1	77.4	77.1	70.2	88.5	80.3	70.0	77.2	53.5	70.6	75.7	78.2	65.8	80.5	67.5	70.9	77.3	50.0	72.9
	2015年第3四半期	74.3	72.6	64.7	77.5	82.7	..	75.9	74.3	73.2	78.6	79.6	71.6	67.3	76.5	77.8	77.1	72.0	88.7	81.4	68.7	75.7	57.2	68.6	76.6	77.1	63.4	79.6	67.1	71.9	76.3	52.1	72.6
	2015年第4四半期	74.4	72.6	64.1	77.0	83.6	..	76.9	73.8	73.3	78.2	78.6	72.0	66.2	75.6	77.0	74.7	71.4	84.4	82.5	70.5	75.8	56.6	68.7	77.6	78.4	70.5	79.3	64.5	69.9	76.6	51.6	73.2
	2015年	**74.6**	**72.4**	**64.2**	**76.7**	**83.1**		**76.3**	**74.1**	**72.5**	**78.7**	**76.2**	**71.8**	**67.1**	**75.4**	**76.9**	**76.3**	**70.7**	**86.8**	**81.4**	**69.5**	**76.1**	**54.7**	**69.5**	**76.6**	**78.2**	**67.9**	**79.8**	**67.6**	**69.6**	**76.5**	**50.9**	**72.9**

表2.A1.5 ［2/3］　OECD加盟国の出身地別・男女別の四半期労働力参加率（2011～2015年）

15～64歳人口に占める割合（％）

男性

	オーストラリア	オーストリア	ベルギー	カナダ	スイス	チェコ共和国	ドイツ	デンマーク	スペイン	エストニア	フィンランド	フランス	ギリシャ	ハンガリー	アイルランド	アイスランド	イスラエル	イタリア	ルクセンブルク	メキシコ	オランダ	ノルウェー	ニュージーランド	ポーランド	ポルトガル	スロバキア共和国	スロベニア	スウェーデン	トルコ	英国	アメリカ合衆国
受入国出身																															
2011年第1四半期	83.7	78.4	71.7	79.8	88.3	‥	82.3	83.1	79.2	78.0	75.7	74.2	80.9	67.4	75.1	86.2	‥	71.7	68.6	81.7	83.6	79.1	84.1	72.0	77.5	76.1	73.3	81.3	‥	74.3	75.4
2011年第2四半期	83.2	79.8	72.6	82.0	87.9	‥	82.2	83.3	79.3	78.6	79.4	74.3	81.0	68.1	76.0	89.2	‥	71.4	67.5	82.3	83.5	79.7	84.1	72.6	77.3	76.6	73.2	84.0	‥	77.1	75.8
2011年第3四半期	82.8	81.0	71.9	82.8	88.6	‥	82.8	83.3	79.1	78.6	77.4	74.6	81.7	75.0	76.0	86.6	‥	71.3	68.5	82.8	84.1	80.4	83.1	73.1	77.4	74.5	73.5	83.7	‥	75.3	76.5
2011年第4四半期	83.1	79.8	72.8	80.3	88.4	‥	82.8	82.7	79.1	77.5	75.8	74.6	81.5	68.5	76.1	86.6	‥	72.0	66.9	82.9	84.5	80.3	84.2	72.8	76.8	76.9	74.3	81.9	‥	75.3	75.6
2011年	83.2	79.8	72.3	81.2	88.3	75.8	82.4	82.7	79.3	77.6	75.5	74.4	81.3	68.2	75.8	87.2	‥	71.6	67.9	82.4	83.9	79.9	84.1	72.6	77.2	76.5	73.7	82.7	‥	75.7	75.8
2012年第1四半期	83.1	80.3	71.8	79.2	87.4	‥	82.0	82.1	78.7	78.5	75.5	74.5	81.2	67.3	76.0	85.7	73.3	72.5	69.2	82.1	84.6	80.6	83.2	72.5	76.3	76.7	72.2	83.9	‥	75.3	75.1
2012年第2四半期	82.7	80.3	72.7	81.7	87.4	‥	82.0	82.3	79.3	78.7	75.5	74.8	81.5	68.3	76.0	85.3	73.3	72.9	69.2	83.1	84.5	80.9	83.2	73.2	76.3	76.9	72.2	83.9	‥	75.3	76.0
2012年第3四半期	82.7	81.3	72.7	81.7	89.2	‥	82.6	82.0	79.4	77.0	79.2	75.1	82.2	69.9	76.7	88.6	74.1	72.4	69.3	83.6	84.7	80.7	82.6	73.8	76.8	77.3	74.1	83.9	‥	76.1	76.0
2012年第4四半期	83.0	80.3	72.5	80.2	89.0	‥	82.6	81.8	79.3	77.0	75.5	75.1	81.8	69.6	75.5	88.6	74.8	73.0	69.6	82.5	84.6	80.1	82.3	73.6	76.0	76.9	74.6	83.9	‥	75.8	75.8
2012年	82.8	80.0	72.4	80.9	88.4	‥	82.3	82.1	79.1	77.8	75.6	74.9	81.7	69.3	75.8	87.1	74.1	72.7	69.3	82.8	84.6	80.5	82.8	73.3	76.5	77.1	73.3	82.9	‥	75.7	75.9
2013年第1四半期	83.0	79.0	71.7	79.4	88.3	‥	82.0	81.9	78.7	78.7	75.0	75.0	82.2	69.1	75.1	84.4	73.9	72.3	67.3	81.8	84.6	80.8	83.0	73.2	75.8	77.5	72.8	82.8	‥	74.2	75.3
2013年第2四半期	82.3	80.3	73.3	81.6	87.4	‥	81.8	81.1	78.7	78.0	76.7	75.1	81.6	67.0	76.3	90.3	74.6	72.1	67.0	82.1	85.1	80.8	83.0	73.9	75.8	75.8	73.5	84.6	‥	77.6	75.8
2013年第3四半期	82.8	81.4	72.5	82.3	88.1	‥	82.4	81.4	79.2	78.7	77.3	75.2	82.4	71.7	76.3	90.8	74.7	71.9	69.7	82.7	85.3	80.5	83.1	74.4	76.0	74.3	74.3	84.9	‥	76.8	76.2
2013年第4四半期	82.9	80.3	72.5	80.5	88.3	‥	82.6	81.5	78.7	77.7	76.0	74.7	82.1	71.5	76.0	88.0	74.2	72.6	69.3	82.9	85.1	79.3	83.1	74.1	76.0	75.3	73.6	83.8	‥	75.0	74.7
2013年	82.9	80.3	72.5	80.9	88.0	76.0	82.2	81.5	78.8	78.3	75.9	75.0	82.1	69.8	75.6	88.4	74.1	72.2	68.1	82.5	85.0	80.1	83.0	73.9	75.9	75.7	73.2	83.8	‥	75.8	75.5
2014年第1四半期	82.3	82.6	72.1	81.0	87.7	‥	82.3	82.3	79.4	77.6	75.3	75.1	81.8	70.7	76.3	89.9	74.1	72.6	69.9	82.1	84.4	80.0	84.4	74.6	76.0	77.6	72.9	84.1	‥	74.3	74.8
2014年第2四半期	82.6	80.0	72.0	81.9	87.3	‥	81.9	81.9	78.6	78.5	76.7	74.9	81.7	72.2	76.2	92.7	73.6	72.2	68.1	82.1	85.2	80.8	84.5	74.4	76.1	77.2	74.3	83.4	‥	75.9	75.7
2014年第3四半期	82.3	81.3	71.9	81.9	87.4	‥	82.0	82.0	78.9	77.6	77.8	75.6	82.2	74.9	77.0	93.0	75.1	73.0	70.0	81.9	85.5	80.6	82.9	75.2	76.1	77.7	75.4	85.0	‥	76.5	75.7
2014年第4四半期	82.3	81.4	72.4	80.3	88.1	‥	82.3	81.4	79.2	77.1	75.6	74.7	82.3	75.7	76.2	92.6	74.2	73.0	67.9	82.4	85.4	79.3	83.8	75.3	76.0	74.7	74.7	84.7	‥	74.7	74.8
2014年	82.3	80.1	72.1	81.0	87.7	‥	82.1	82.0	79.0	77.7	76.4	75.1	82.0	73.2	76.4	89.9	74.3	72.6	69.0	82.3	85.2	80.0	84.4	74.9	76.0	76.9	74.3	84.4	‥	75.1	75.3
2015年第1四半期	82.8	79.6	72.0	81.9	86.9	‥	82.5	81.7	78.6	77.0	77.0	74.5	82.2	74.9	77.1	93.0	77.1	72.6	72.4	81.9	85.2	80.8	83.8	74.2	75.6	77.2	75.0	85.0	‥	77.6	75.8
2015年第2四半期	82.8	81.2	71.5	82.8	87.4	‥	82.0	82.3	78.8	77.8	77.8	75.7	82.3	75.7	76.2	92.6	75.1	73.0	70.7	82.2	85.5	80.6	82.9	75.2	76.1	77.7	76.5	84.7	‥	78.4	75.7
2015年第3四半期	82.8	80.1	71.8	80.4	87.8	‥	82.4	82.4	79.5	76.8	77.6	75.5	82.3	76.2	76.6	88.6	73.9	73.0	67.9	82.4	85.4	79.3	83.8	75.3	76.0	74.7	74.7	83.4	‥	76.8	74.8
2015年第4四半期	82.9	80.8	72.8	81.1	87.5	‥	83.9	81.9	78.6	78.5	77.1	75.2	82.3	74.7	76.6	90.8	74.3	73.0	69.8	83.5	85.3	80.1	83.8	74.8	76.0	75.2	75.2	84.1	‥	77.1	75.2
2015年	82.9	80.3	72.0	81.1	87.5	76.0	82.5	82.1	78.9	77.4	77.4	75.2	82.5	75.4	76.6	90.8	75.1	73.0	70.2	82.5	85.3	80.1	83.3	74.8	76.0	75.2	75.2	84.1	‥	77.1	75.2
外国出身																															
2011年第1四半期	83.7	79.5	72.4	81.0	88.9	‥	83.5	75.5	81.2	81.2	77.7	76.6	89.0	75.3	77.7	84.6	83.0	84.8	84.6	71.7	84.4	78.0	84.4	65.3	86.5	78.9	80.2	80.2	73.9	85.6	85.7
2011年第2四半期	82.9	81.5	71.9	82.4	89.7	‥	84.4	76.2	79.4	79.9	80.7	76.8	88.9	73.0	79.9	88.8	84.8	84.8	82.1	72.0	81.7	77.7	81.2	63.9	85.5	81.7	81.6	82.1	72.4	85.5	—
2011年第3四半期	83.2	80.5	72.8	82.9	90.2	‥	84.0	77.9	81.4	79.7	77.4	76.3	89.1	72.8	80.9	92.6	83.3	83.3	82.2	75.4	78.3	71.8	84.6	79.5	86.7	74.4	80.3	81.5	70.4	85.6	—
2011年第4四半期	82.0	80.4	74.3	84.8	90.2	‥	84.6	77.2	80.0	80.0	80.0	75.5	89.0	82.9	80.9	92.6	83.5	82.4	85.4	74.1	83.9	71.3	84.6	79.7	84.6	83.1	79.0	80.6	71.4	84.9	—
2011年	83.2	80.5	73.4	83.1	90.0	82.6	84.1	76.7	80.5	79.5	78.2	76.2	89.0	78.2	79.7	88.2	83.1	83.8	84.6	73.3	82.8	73.7	83.6	69.6	85.8	82.4	80.0	81.1	71.0	85.1	—
2012年第1四半期	82.6	82.6	73.7	84.1	89.5	‥	84.7	77.8	80.6	80.1	79.0	76.0	88.2	78.9	79.0	85.1	83.3	83.3	85.8	72.8	82.8	73.6	78.6	69.3	82.8	82.8	82.9	80.5	72.6	84.9	—
2012年第2四半期	82.6	82.6	70.8	83.0	89.9	‥	84.9	77.6	80.6	81.1	81.1	77.0	88.2	83.7	82.1	94.9	82.5	83.8	86.8	67.4	82.6	70.1	74.4	69.3	85.9	84.8	84.8	81.5	72.6	84.7	—
2012年第3四半期	82.1	82.8	72.2	84.2	90.2	‥	84.9	78.3	80.9	83.0	80.4	77.5	89.6	83.7	80.6	92.5	83.8	83.8	86.9	67.4	79.8	77.6	82.7	78.4	84.2	84.8	79.5	81.7	72.8	85.2	—
2012年第4四半期	83.0	81.0	74.4	83.1	89.5	‥	84.9	78.3	80.5	80.4	78.4	76.1	88.3	84.3	81.4	85.6	83.0	81.4	85.7	67.1	84.1	72.8	84.5	78.4	84.1	84.1	83.9	81.7	72.8	84.5	—
2012年	82.7	81.3	72.8	82.9	89.7	‥	84.6	77.9	80.7	80.5	80.4	76.7	88.9	82.3	80.7	85.4	82.9	83.3	86.2	67.7	81.8	73.6	79.7	73.0	83.3	83.3	83.9	81.3	72.2	84.9	—
2013年第1四半期	83.5	81.0	75.1	82.0	89.4	‥	84.3	75.9	81.4	81.4	78.7	76.8	89.0	85.5	83.6	84.5	82.4	84.1	84.7	71.1	79.1	73.6	82.9	81.4	85.0	82.9	75.1	80.4	72.2	84.6	—
2013年第2四半期	84.3	82.0	73.0	83.6	89.9	‥	84.4	76.2	80.6	80.7	80.5	76.8	88.9	83.1	83.8	91.6	82.1	82.1	85.8	72.6	82.6	70.5	83.4	81.5	84.1	82.1	79.5	82.1	72.4	84.6	—
2013年第3四半期	83.5	81.8	74.3	84.8	90.7	‥	84.5	77.9	81.4	81.4	81.4	77.6	89.1	89.1	83.1	92.6	86.1	85.1	85.1	75.4	86.7	71.8	84.2	80.3	82.4	84.9	79.0	72.4	72.6	85.6	—
2013年第4四半期	81.8	81.4	73.4	84.9	90.1	‥	84.0	75.9	81.7	81.9	81.4	77.2	89.0	85.4	81.4	89.4	82.8	82.8	82.4	75.4	84.2	71.3	84.2	84.0	84.9	82.4	79.0	71.4	72.8	84.9	—
2013年	81.8	79.5	73.4	83.1	90.0	‥	84.2	76.7	80.8	80.5	80.5	77.2	89.7	85.4	83.6	88.9	84.6	83.5	84.6	73.3	79.7	71.3	82.7	82.2	82.8	82.7	79.2	73.3	73.3	85.1	—
2014年第1四半期	82.6	82.6	74.0	82.8	89.8	‥	84.2	77.6	80.5	80.5	78.9	76.7	89.5	83.2	83.5	88.4	84.4	83.8	82.8	73.3	82.8	78.6	82.8	83.3	84.5	82.8	75.0	74.9	74.9	84.9	—
2014年第2四半期	82.6	82.6	70.8	83.0	89.9	‥	84.4	77.8	81.7	81.1	81.1	77.0	89.6	84.8	84.8	87.0	82.1	82.1	85.6	70.9	83.8	71.6	84.6	84.2	84.2	82.8	74.3	72.6	72.6	84.7	—
2014年第3四半期	82.0	81.4	72.2	84.1	90.2	‥	84.9	79.9	81.7	80.8	78.4	76.7	89.6	84.8	84.8	85.7	84.2	82.1	84.8	67.0	82.4	72.8	84.6	84.1	84.1	84.3	76.8	72.6	71.4	85.6	—
2014年第4四半期	83.1	80.6	74.4	83.1	89.6	‥	83.9	78.4	78.4	78.4	78.4	76.1	89.2	84.8	81.9	85.7	83.2	82.9	86.2	72.8	84.6	72.8	84.5	84.1	84.1	84.3	78.3	73.1	73.1	85.4	—
2014年	82.4	79.7	74.2	82.9	90.1	‥	83.9	78.3	81.4	79.8	79.8	76.7	89.2	84.1	84.1	86.2	83.7	82.6	84.8	73.0	79.4	73.6	83.3	83.9	84.1	83.9	83.6	75.1	73.1	85.3	—
2015年第1四半期	84.3	79.1	75.6	82.4	90.5	‥	83.7	81.8	78.7	78.7	78.7	77.7	89.0	87.2	83.1	90.5	82.6	82.2	81.0	71.1	82.8	81.0	86.8	84.7	75.6	84.1	84.9	72.7	72.7	84.9	—
2015年第2四半期	84.3	81.8	74.3	83.9	90.7	‥	83.6	78.8	80.0	80.0	80.0	76.2	89.1	87.2	83.3	85.7	81.9	82.1	85.5	72.6	82.8	78.5	86.6	84.3	78.5	84.1	85.4	72.0	72.0	85.4	—
2015年第3四半期	83.2	81.4	76.0	85.3	90.1	‥	83.8	80.0	79.6	77.6	77.6	76.6	84.7	89.8	82.1	81.9	81.9	82.1	74.3	76.6	83.9	78.9	84.3	84.7	73.8	83.9	85.4	75.5	75.5	85.4	—
2015年第4四半期	83.4	80.3	72.2	84.3	90.9	‥	83.7	79.7	76.6	78.9	78.9	76.2	83.9	89.0	82.5	84.8	81.8	84.5	81.5	70.8	81.8	79.5	85.3	83.9	73.6	83.9	85.1	73.6	73.6	85.1	—
2015年	83.6	80.7	73.7	84.0	90.5	‥	83.5	79.2	80.0	78.5	78.5	76.6	83.9	89.0	81.9	84.8	81.8	83.7	81.5	70.8	81.8	79.3	85.3	83.9	73.5	84.0	85.1	73.5	73.5	85.1	—

表2.A1.5［3/3］ OECD加盟国の出身地別・男女別の四半期労働力参加率（2011～2015年）

15～64歳人口に占める割合（%）

女性

		オーストラリア	オーストリア	ベルギー	カナダ	スイス	チリ	チェコ共和国	ドイツ	デンマーク	スペイン	エストニア	フィンランド	フランス	イギリス	ギリシャ	ハンガリー	アイルランド	アイスランド	イスラエル	イタリア	ルクセンブルク	メキシコ	オランダ	ノルウェー	ニュージーランド	ポーランド	ポルトガル	スロバキア共和国	スロベニア	スウェーデン	トルコ	アメリカ合衆国
受入国出身	2011年第1四半期	72.3	70.2	62.1	74.7	78.6	..	61.8	72.9	77.0	65.4	70.0	71.8	66.3	70.3	56.9	55.9	61.0	80.7	..	50.4	55.6	44.8	73.9	76.0	74.3	58.3	68.7	60.8	65.8	78.3	29.1	67.6
	2011年第2四半期	72.4	69.9	62.7	76.1	78.5	..	62.1	73.2	77.4	66.0	71.6	74.8	66.5	70.3	56.8	56.4	62.0	84.8	..	50.3	53.3	45.9	74.2	76.5	73.1	58.7	68.9	60.4	66.3	80.5	32.2	67.7
	2011年第3四半期	72.6	71.0	63.8	76.0	78.2	..	62.5	73.6	78.0	66.1	72.7	73.7	67.0	70.8	57.0	56.8	61.8	82.0	..	49.9	56.5	46.4	74.6	76.5	72.9	59.1	68.4	61.0	67.1	80.1	32.3	68.0
	2011年第4四半期	72.7	70.5	63.0	74.6	79.2	..	62.5	74.0	77.0	66.3	70.8	71.7	67.1	71.0	57.6	56.8	61.6	78.6	..	51.7	55.4	47.7	75.3	75.8	73.8	59.3	68.0	61.2	67.9	78.5	30.5	67.2
	2011年	**72.5**	**70.4**	**62.9**	**75.4**	**78.6**	**49.0**	**62.2**	**73.4**	**77.3**	**65.9**	**71.3**	**73.0**	**66.7**	**70.6**	**57.1**	**56.5**	**61.6**	**81.5**	..	**50.6**	**55.2**	**46.2**	**74.5**	**76.2**	**73.5**	**58.9**	**68.5**	**60.9**	**66.8**	**79.4**	**31.0**	**67.6**
	2012年第1四半期	72.6	70.9	62.4	74.4	78.4	..	62.5	72.9	77.1	66.9	71.6	72.4	66.9	71.1	57.7	57.0	61.3	80.0	63.4	52.5	55.5	46.1	75.3	76.0	73.8	59.2	68.7	61.6	67.7	78.8	29.5	67.0
	2012年第2四半期	72.9	70.9	62.4	75.9	77.9	..	63.2	73.1	77.8	67.1	71.7	75.3	67.4	71.0	57.9	57.7	61.7	85.2	63.6	52.9	55.6	47.7	75.4	76.8	73.3	59.6	68.8	61.6	66.5	81.2	32.5	67.4
	2012年第3四半期	72.5	72.7	63.9	76.1	79.0	..	64.0	73.5	77.2	67.4	71.6	74.9	67.7	71.7	58.0	58.6	61.8	83.5	65.3	51.9	60.1	48.0	75.8	76.9	73.4	60.1	68.9	62.0	67.3	81.1	32.3	67.7
	2012年第4四半期	72.7	71.6	63.8	75.0	78.7	..	64.5	73.8	75.9	67.4	69.9	72.0	68.1	72.1	58.1	58.1	61.8	81.3	64.2	53.2	57.3	47.3	76.3	76.4	72.4	60.1	68.5	61.5	67.1	79.2	32.4	67.2
	2012年	**72.7**	**71.5**	**63.1**	**75.4**	**78.5**	..	**63.6**	**73.3**	**77.0**	**67.2**	**71.2**	**73.7**	**67.5**	**71.5**	**57.9**	**57.8**	**61.6**	**82.5**	**64.1**	**52.6**	**57.2**	**47.3**	**75.7**	**76.5**	**73.2**	**59.7**	**68.7**	**61.7**	**67.1**	**80.1**	**31.7**	**67.3**
	2013年第1四半期	72.5	71.4	63.1	75.1	79.6	..	64.5	73.9	76.2	67.6	71.1	73.1	67.9	71.8	57.5	57.5	61.8	81.1	64.1	52.9	56.3	46.2	76.3	76.6	73.7	59.4	68.4	62.4	66.9	79.8	31.8	66.6
	2013年第2四半期	72.8	71.9	63.8	76.2	78.9	..	65.0	73.9	77.2	67.7	71.9	75.6	68.2	71.7	58.0	58.2	63.1	84.7	64.9	52.5	57.9	47.8	76.3	76.7	73.1	59.8	68.7	62.0	66.7	82.0	34.4	67.4
	2013年第3四半期	72.4	73.3	65.5	76.4	79.2	..	65.3	74.2	77.8	67.7	70.9	73.5	68.6	72.3	57.7	58.7	62.9	84.7	64.7	51.8	55.0	47.7	76.4	77.1	74.3	60.6	69.0	62.6	68.0	81.9	33.7	67.3
	2013年第4四半期	72.7	72.0	63.8	75.2	80.2	..	65.5	74.6	75.9	68.1	72.0	72.7	68.6	72.0	57.5	59.1	62.5	82.5	63.8	53.2	59.9	48.0	76.2	76.6	75.5	60.8	69.7	62.7	66.4	80.5	32.8	66.8
	2013年	**72.6**	**72.2**	**64.1**	**75.7**	**79.4**	**51.0**	**65.1**	**74.2**	**76.8**	**67.8**	**71.5**	**73.7**	**68.3**	**72.0**	**57.7**	**58.4**	**62.5**	**83.2**	**64.4**	**52.6**	**57.3**	**47.4**	**76.3**	**76.8**	**74.2**	**60.1**	**68.9**	**62.4**	**67.0**	**81.1**	**33.2**	**67.0**
	2014年第1四半期	72.8	72.1	64.1	74.6	79.7	..	65.2	74.3	75.5	67.9	70.5	73.2	68.3	72.2	58.0	59.9	62.0	81.5	65.1	53.3	58.3	46.7	75.4	76.0	75.2	61.0	69.0	62.8	67.6	80.7	31.7	67.0
	2014年第2四半期	72.7	72.0	64.1	76.1	79.7	..	65.0	74.5	75.9	68.0	71.6	76.7	68.2	72.1	58.3	60.5	62.4	86.2	65.3	53.2	57.2	46.8	75.4	77.0	74.3	60.7	69.2	62.5	68.9	82.5	34.3	67.1
	2014年第3四半期	72.6	72.5	65.6	76.0	80.9	..	65.8	74.6	76.8	67.8	72.6	74.9	68.3	72.6	58.4	61.1	63.5	85.7	65.7	52.8	60.6	46.5	75.9	77.2	75.5	61.2	69.5	62.9	68.7	82.9	34.2	67.1
	2014年第4四半期	72.8	72.1	65.3	74.9	82.6	..	66.5	74.9	77.1	68.4	71.6	72.8	68.6	72.6	58.4	61.1	62.9	84.2	64.5	54.6	57.8	46.3	76.2	76.8	77.2	61.5	69.1	63.3	68.0	80.2	33.9	67.2
	2014年	**72.7**	**72.2**	**64.8**	**75.4**	**80.7**	..	**65.6**	**74.6**	**76.3**	**68.0**	**71.6**	**74.4**	**68.4**	**72.4**	**58.3**	**60.6**	**62.7**	**84.4**	**65.1**	**53.5**	**58.5**	**46.6**	**75.7**	**76.8**	**75.5**	**61.1**	**69.2**	**62.9**	**68.3**	**81.6**	**33.5**	**67.1**
	2015年第1四半期	73.2	71.8	64.6	74.7	81.8	..	66.4	74.7	76.9	67.9	71.5	73.7	68.2	72.7	58.7	61.4	62.3	84.8	64.4	53.6	62.8	46.0	76.6	76.1	76.2	61.2	69.7	63.9	67.6	81.0	33.4	66.7
	2015年第2四半期	73.6	72.0	64.0	76.1	80.9	..	66.4	74.7	76.8	68.6	73.2	77.2	68.5	72.5	59.2	61.9	63.2	88.1	64.7	53.5	61.8	46.7	76.9	77.5	74.9	61.1	69.7	63.7	69.2	83.0	35.7	67.3
	2015年第3四半期	73.5	73.6	65.0	76.2	81.7	..	66.7	74.7	76.9	67.9	74.3	75.7	68.9	72.8	59.6	62.6	63.3	86.2	65.6	52.4	60.8	47.0	77.2	77.8	74.5	61.7	69.8	64.5	69.6	83.2	35.7	67.2
	2015年第4四半期	74.7	72.8	65.1	75.0	82.7	..	66.6	75.4	76.5	68.5	73.8	73.7	69.1	72.8	59.6	62.5	63.4	86.3	65.3	53.6	59.5	47.9	77.0	76.2	74.8	61.7	69.5	65.0	68.0	81.1	35.2	67.3
	2015年	**73.7**	**72.6**	**64.7**	**75.5**	**81.8**		**66.5**	**74.9**	**76.8**	**68.3**	**73.2**	**75.1**	**68.7**	**72.7**	**59.3**	**62.1**	**63.0**	**86.3**	**65.0**	**53.3**	**61.1**	**46.9**	**76.9**	**76.9**	**75.1**	**61.4**	**69.7**	**64.3**	**68.6**	**82.1**	**35.0**	**67.1**
外国出身	2011年第1四半期	66.0	64.7	51.1	69.1	71.7	..	62.6	63.0	67.3	73.7	71.5	61.4	60.5	64.0	62.1	62.4	62.0	87.6	..	58.5	70.3	36.4	63.7	70.6	68.0	51.9	78.8	53.4	64.4	67.9	32.1	62.4
	2011年第2四半期	66.0	63.3	53.7	69.6	71.9	..	60.2	64.5	68.4	75.1	72.5	65.5	59.9	63.8	61.1	61.8	63.8	89.6	..	58.9	67.8	38.0	61.7	72.2	68.9	58.7	80.6	59.6	64.2	69.2	29.8	62.2
	2011年第3四半期	66.0	64.0	51.0	70.5	72.8	..	59.8	64.9	70.2	73.6	74.7	66.0	58.4	65.2	59.9	59.2	63.6	80.6	..	55.7	65.4	44.2	61.3	72.3	68.6	61.5	78.5	60.0	61.5	69.1	30.5	62.5
	2011年第4四半期	65.3	65.2	52.4	69.7	73.3	..	60.6	63.7	67.3	73.1	72.1	67.2	58.6	64.0	61.1	64.2	63.1	78.2	..	58.1	64.8	46.8	63.2	72.3	68.7	53.8	79.7	64.1	62.5	68.7	32.4	63.4
	2011年	**65.8**	**64.3**	**52.1**	**69.7**	**72.4**	**64.7**	**60.8**	**64.0**	**68.3**	**73.9**	**72.7**	**65.1**	**59.3**	**64.2**	**61.0**	**61.9**	**63.1**	**83.6**	..	**57.8**	**67.0**	**41.4**	**62.5**	**71.9**	**68.6**	**56.2**	**79.4**	**59.1**	**63.1**	**68.7**	**31.2**	**62.6**
	2012年第1四半期	65.2	64.3	51.6	69.0	73.7	..	60.8	63.5	67.8	74.3	72.5	67.0	59.3	62.5	60.6	63.1	63.2	84.3	75.5	59.4	67.7	43.0	63.3	70.5	70.4	53.2	79.5	64.8	63.4	68.2	36.3	62.6
	2012年第2四半期	65.5	63.9	52.5	70.9	73.8	..	61.3	65.2	68.3	73.9	72.9	70.3	59.0	63.0	60.8	66.4	64.0	86.9	75.7	59.3	67.8	46.6	63.6	72.8	70.2	61.2	80.3	61.7	63.7	70.1	37.8	62.4
	2012年第3四半期	65.6	63.6	53.3	71.3	74.0	..	61.9	64.6	69.0	73.2	73.9	69.2	58.0	64.5	62.6	66.3	63.8	81.8	75.4	57.9	70.1	45.2	64.6	71.6	70.0	62.8	80.3	66.6	66.7	69.0	35.4	62.3
	2012年第4四半期	65.5	63.6	54.5	71.2	74.8	..	61.8	65.2	65.3	74.2	70.8	67.7	57.9	65.2	62.7	70.0	61.9	83.5	76.9	60.0	69.4	45.7	63.6	69.6	70.3	58.4	78.6	69.0	64.7	68.1	37.4	62.8
	2012年	**65.5**	**63.8**	**53.0**	**70.6**	**74.1**	..	**61.5**	**64.6**	**67.6**	**73.9**	**72.5**	**68.5**	**58.5**	**63.8**	**61.7**	**66.4**	**63.2**	**84.1**	**75.9**	**59.1**	**68.7**	**45.1**	**63.8**	**71.1**	**70.2**	**58.5**	**79.7**	**65.7**	**64.6**	**68.9**	**36.7**	**62.5**
	2013年第1四半期	66.1	64.8	54.6	70.8	74.5	..	61.3	64.5	67.4	74.5	76.1	67.5	57.9	65.2	63.6	70.0	62.7	83.5	77.2	61.0	69.2	43.1	62.4	69.7	70.7	54.7	77.6	69.7	59.7	68.4	37.8	62.3
	2013年第2四半期	66.0	64.0	52.1	71.6	74.8	..	65.3	65.3	69.5	73.7	75.4	71.4	57.6	65.2	64.4	65.1	63.6	86.3	75.8	59.9	70.3	39.8	62.5	71.2	70.2	62.6	78.2	65.3	64.6	70.4	40.8	61.9
	2013年第3四半期	66.1	64.9	54.6	71.8	74.7	..	65.2	65.6	68.2	72.8	72.5	67.8	57.5	65.5	65.9	65.5	64.1	83.6	75.8	58.0	70.5	43.6	64.1	73.0	69.3	64.4	77.6	67.7	62.4	70.1	38.9	62.7
	2013年第4四半期	65.5	64.5	54.3	70.2	74.8	..	67.0	64.2	68.1	72.9	71.4	67.8	59.0	65.8	64.6	66.9	62.8	83.9	76.9	60.8	67.7	41.2	63.8	71.2	70.3	60.9	77.0	65.1	62.4	69.1	34.6	61.6
	2013年	**66.0**	**64.5**	**53.9**	**71.1**	**74.7**	**69.3**	**64.7**	**64.9**	**68.3**	**73.5**	**73.9**	**68.6**	**58.0**	**65.4**	**64.6**	**66.9**	**63.3**	**84.3**	**76.4**	**59.9**	**69.4**	**41.9**	**63.2**	**71.3**	**70.1**	**60.5**	**77.6**	**66.9**	**62.3**	**69.5**	**38.0**	**62.1**
	2014年第1四半期	65.8	65.1	53.2	70.2	74.5	..	65.3	64.1	65.5	73.2	65.5	64.8	58.6	65.5	64.9	66.8	62.6	−	78.6	60.9	70.0	41.2	63.7	70.6	72.0	74.3	77.6	−	60.9	68.9	38.2	62.1
	2014年第2四半期	66.2	66.4	55.7	70.9	76.6	..	67.1	64.8	67.3	72.8	67.8	68.0	60.0	66.0	66.1	61.2	62.6	−	78.5	59.8	70.7	43.2	63.2	70.6	69.9	70.3	76.6	−	59.7	71.2	34.1	61.4
	2014年第3四半期	66.2	65.3	54.8	70.4	74.2	..	63.4	66.2	67.8	71.7	72.8	66.8	60.0	66.4	66.2	65.9	62.1	86.4	78.3	59.3	67.5	44.7	61.3	70.6	69.6	54.7	77.6	63.4	57.0	72.0	35.9	61.5
	2014年第4四半期	66.2	65.1	54.4	69.9	75.5	..	65.3	64.4	65.8	73.3	71.8	66.7	60.1	66.3	66.0	66.2	61.3	83.1	79.8	60.5	72.4	40.9	62.4	70.3	71.1	54.8	77.0	62.6	55.2	70.7	32.6	61.5
	2014年	**66.1**	**65.5**	**54.5**	**70.4**	**75.2**	..	**65.3**	**64.9**	**66.6**	**72.7**	**69.3**	**66.6**	**59.6**	**66.1**	**65.8**	**65.0**	**62.2**	**86.8**	**78.8**	**60.1**	**70.2**	**42.5**	**62.6**	**70.5**	**70.6**	**63.7**	**77.2**	**60.2**	**58.2**	**70.7**	**35.0**	**61.6**
	2015年第1四半期	66.0	64.4	57.3	68.9	74.9	..	63.9	64.9	66.7	73.1	68.0	66.5	59.6	66.1	64.5	68.7	60.5	81.6	79.7	58.9	69.9	36.3	61.9	71.9	71.9	64.9	76.3	68.0	57.3	71.4	29.1	60.8
	2015年第2四半期	66.1	64.8	53.9	70.1	75.5	..	65.2	65.3	65.2	73.8	70.9	64.4	58.5	67.4	66.9	68.1	61.4	86.4	78.4	59.8	73.1	36.7	62.2	70.5	71.7	55.5	76.4	63.6	63.3	73.1	31.1	60.7
	2015年第3四半期	65.8	64.5	54.2	70.4	75.3	..	64.5	64.9	66.8	72.3	74.9	66.3	59.2	68.7	67.3	66.6	62.6	82.8	79.4	57.6	69.3	42.6	59.7	70.8	70.3	50.6	76.4	65.6	64.6	71.8	31.6	60.0
	2015年第4四半期	65.8	65.5	56.5	70.2	76.3	..	66.5	64.1	67.3	72.5	73.3	65.5	57.3	67.5	65.9	63.9	62.6	76.4	80.5	59.8	69.5	41.3	60.3	72.4	71.9	56.8	76.5	62.4	63.3	72.5	32.0	61.7
	2015年	**65.9**	**64.8**	**55.5**	**69.9**	**75.5**		**65.0**	**64.8**	**66.5**	**72.9**	**71.6**	**65.7**	**58.7**	**67.4**	**66.1**	**66.8**	**61.8**	**81.8**	**79.5**	**59.0**	**70.1**	**39.2**	**61.0**	**71.4**	**71.4**	**57.1**	**76.4**	**64.9**	**62.0**	**72.2**	**31.0**	**60.8**

注：対象は生産年齢人口（15～64歳）。季節変動の調整がなされていないので、比較は当該年の連続した四半期間ではなく、各年の同じ四半期間で行うべきである。

資料：ヨーロッパ諸国とトルコは、欧州連合統計局（Eurostat）労働力調査（Labour Force Surveys）。オーストラリア、カナダ、イスラエル、ニュージーランドは、労働力調査（Labour Force Survey）。チリは、全国社会経済実態調査（Encuesta de Caracterización Socioeconómica Nacional, CASEN）。メキシコは、全国職業雇用調査（Encuesta Nacional de Ocupación y Empleo, ENOE）。アメリカ合衆国は、人口動態調査（Current Population Surveys, CPS）。

StatLink：http://dx.doi.org/10.1787/888933396361

第3章
移民が経済に及ぼす影響
──地域レベルに注目する

　移民による受入国への影響に関する実証研究は、その多くが国レベルに注目している
が、移民と受入国出身者との相互作用が実際に起こるのは、概して地域レベルである。
この点は、研究方法上の重要な欠落といえるのではないだろうか。なぜなら、受入国内の
移民の分布は均等ではなく、またその特徴も地域によって異なる傾向があり、移民の地域
への影響は、地域ごとに相当なばらつきがあると考えられるからである。本章は、この大
きな欠落を埋めるべく第一歩を踏み出そうとするものである。移民による地域の労働市場
や住宅市場への影響、また、地域財政や公共インフラへの影響について、実証研究の結果
をまとめるとともに、新たな比較可能なデータを提示する。

はじめに

　労働市場その他に対する移民の影響の分析は、これまではもっぱら国レベルの影響、すなわち国全体の平均的な影響に関して行われてきた。結局のところ、移民政策が策定されるのは国レベルに他ならないからである。加えて、多くの場合、データを入手できるのは国レベルのみという事情もある。地域レベルのデータを用いた実証研究も一部にあるものの、その関心はやはり国全体への平均的な影響に向かう傾向がみられる。こうした状況が生まれる主な原因は、方法論的な問題にある。つまり、国全体を対象にすれば、利用可能な地理的単位の数が増え、また、地域的な傾向のばらつきを利用することができるのである。移民の影響に関する実証研究では、例えば労働市場に関しても（Longhi *et al.*, 2006, 2010bを参照）、財政に関しても（OECD, 2013a）、一般に国レベルではほとんど影響が見出されない。一方で、世論は経済面への移民の影響を否定的にみる傾向が強い（OECD and European Union, 2015を参照）。

　この相反する結果には、どうすれば折り合いがつけられるのだろうか。第一に考えるべきは、移民と受入国出身者との間の接触や、場合によっては競争が、最も直接的に、また目に見える形で発生するのは、いうまでもなく地域だという点である。第二には、移民[1]は国内に均等に分布するのではなく、特定地域にかなり重点的に集中する傾向にあることが挙げられる。すべてのOECD加盟国で、移民の居住地として比重が大きいのは都市圏（図3.1）、特に大都市圏である（Brezzi *et al.*, 2010）。さらに、社会経済的に不利な背景を持つ移民は、そうした都市圏の中でも貧しい地区に集中することが多い（OECD, 2006）。これには多くの要因がある。第二次世界大戦後に流入した低技能労働者は、その大多数が工業地帯を目指した。当時は工業地帯が繁栄していたからだが、それらの地域はやがて、経済の構造改革——ありていにいえば経済的衰退——によって苦境に陥ることになる。しかし地域の経済状況が変化しても、ネットワーク効果によって移民の流入はなお続いた。加えて、そうした地域では住宅を安価に入手しやすく、移民、中でも新来移民など、所得分布の最下層の人々にとって移住が他より容易である。この場合、地域の置かれた不利な状況はもちろん移民に原因があるわけではないものの、移民の高い集中度とその状況との間に相関関係があることから、受入国出身者は、そこに因果関係があると誤解する場合がある。もっと一般的には、移民が大都市圏に引きつけられるのは、労働市場の規模が大きいことはすなわち、就業機会も豊富だとみなすためだという点も挙げられる。

　多くの移民を抱えるOECD加盟のヨーロッパ諸国の中には、人口密度の高い地域の方が農村地域よりも移民の失業率の高い国があり（図3.2）、その差が特に大きいのは、ベルギー、オーストリア、ドイツ、イギリス、オランダである。同様の傾向は就業率に関してもみられる（付録の図3.A1.1）。加えて、移民の人口構成（居住期間、学歴、年齢、移民カテゴリーなど）も地域によってさまざまであり、そのこともまた、各地域に異なる影響をもたらしている可能性がある。例えば、都市圏の移民の失業率が特に高い上記5か国及びフランスでは、学歴の非常に低い移民が都市圏に不均衡に集中する傾向もしばしばみられる（図3.3）。

移民が経済に及ぼす影響——地域レベルに注目する　第3章

図3.1　人口密度の状況別及び出身地別の人口分布（2013年）
人口密度の高い地域または中程度の地域に居住する生産年齢人口に占める割合

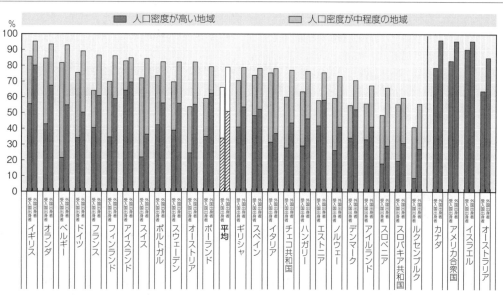

注：欧州連合統計局（Eurostat）の定義による、「人口密度の高い地域」と「人口密度の中程度の地域」の居住者に占める割合を示す。両者の値の合計は「都市部の人口」にほぼ相当すると考えられる。残りの人口は「人口密度の低い地域」に暮らしており、「農村部の人口」に相当する。カナダ、アメリカ合衆国、イスラエル、オーストラリアのデータは、ヨーロッパ諸国のデータと直接比較することはできない。

資料：OECD事務局算定。データは以下のとおり。ヨーロッパ諸国は、労働力調査（Labour Force Survey）。アメリカ合衆国は、人口動態調査の社会経済年次補助（Current Population Survey - Annual Social and Economic Supplement）。オーストラリアは、国勢調査（Census）。カナダは、全国世帯調査（National Household Survey）。イスラエルは、労働力調査（Labour Force Survey）。

StatLink：http://dx.doi.org/10.1787/888933395554

図3.2　人口密度の高い地域と中程度あるいは低い地域の間の失業率の差（2013年）
OECD加盟ヨーロッパ諸国における15～64歳人口の出身地による失業率の差（パーセントポイント）

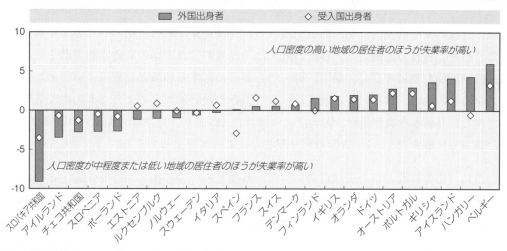

資料：欧州連合統計局（Eurostat）2013年労働力調査（Labour Force Survey, 2013）。

StatLink：http://dx.doi.org/10.1787/888933395567

第3章　移民が経済に及ぼす影響──地域レベルに注目する

図3.3　非常に低い学歴の人の人口密度の高い地域の住民に占める割合と、人口密度が中程度あるいは低い地域の住民に占める割合の差（2013年）

OECD加盟ヨーロッパ諸国の25～64歳人口に占める低学歴者の割合の出身地別の差異（パーセントポイント）

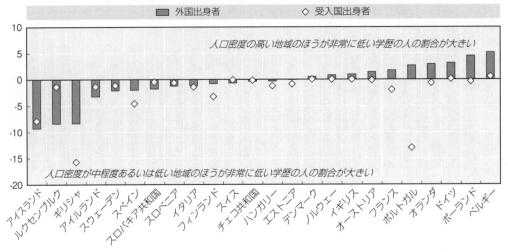

注：非常に低い学歴とは、国際標準教育分類（International Standard Classification of Education, ISCED）のレベル0及び1を指す。
資料：欧州連合統計局（Eurostat）2013年労働力調査（Labour Force Survey, 2013）。
StatLink：http://dx.doi.org/10.1787/888933395570

　こうした背景に目を向けないまま、経済や労働市場への移民の影響を国レベル、つまり平均値でとらえていると、その多様性を見逃すことになる。これは特に、影響が非直線的である場合、すなわち、移民人口の規模の違いによる移民の影響の変化が不均衡であったり、閾値効果が存在したりする場合に問題となる。この場合、非常に多くの移民が集中する少数の地域に、甚大な影響が生じている可能性がある。実際のところ、ほとんどの実証研究とは対照的に、事例証拠や質的研究は、国全体の平均値ではなく、そうした地域に注目していることが多く、結果として、移民の影響に関する世論は、その種の具体的な事例の影響を受けて形成されることが考えられる。

　移民は、直接的にも間接的にも、都市や地域の社会構造及び日常生活のさまざまな側面に影響を及ぼすことが考えられる。例えば、移民の流入は、地域の労働市場の有効求職者数を変化させ、その結果、経済活動や地域の賃金、雇用、財・サービスに対する地域の需要に、直接的な影響を及ぼすことになる。さらに、移民による地域レベルの影響が最終的にどのようなものになるかは、流入に続いて起こるであろう調整過程、例えば、住居移動（つまり、先住者の転出）や職業移動（つまり、地元民が職業や仕事を変える）、資源の再分配などによって決まってくる。

　基礎自治体（市町村など）や広域自治体（州、県など）への移民の影響を推定するには、一般的な影響──移民の流入による人口規模の変化に関わるもの──と、「移民に固有の」影響（Tsang and Rohrm, 2011を参照）とを区別する必要がある。一般的な影響の場合は、基礎自治体への移民の流入は移民以外の転入と同じく、その地域の職や住居、財・サービスへの需要を拡大させ、結果としてそれらの供給にも影響を与える。しかし移民は、その特徴や就業状況、行動及び選好が受入

移民が経済に及ぼす影響——地域レベルに注目する　第3章

国出身者とは異なる傾向がみられるため、移民に固有の影響というものがあると考えられる。さらに移民には、言語教育など統合施策に関わる特有のニーズもあり、それらは当該地域のインフラや予算に影響が及ぶものである。

　本章では、この問題の概観を示すとともに、移民の地域への影響に関する主な研究結果について考察していく。まず労働市場への影響から始め、その後、住居、地域の公共インフラ、地方財政への影響について論じる[2]。移民はこれらの経済面だけでなく、例えば生活文化や、生活を豊かにする施設（レストランなど）の多様性といった広範な社会的側面にも影響を及ぼすが、そうした問題は本章の範疇を超えている[3]。

主な研究結果

- すべてのOECD加盟国で、移民は都市圏居住者の割合が大きい。これは多くの場合、ネットワーク効果と、住居が得やすく就業機会が多いと認識されていることが要因である。同時に、オーストリア、ベルギー、フランス、ドイツ、オランダ、イギリスなど、多数の移民を抱えるヨーロッパ諸国では、移民と受入国出身者の双方について、都市圏で失業率が高い。こうした国々ではまた、学歴の非常に低い移民が都市圏に居住する割合も大きい。

- 移民が地域に及ぼす影響を、各種の領域（労働市場、教育、住宅など）を通じて一般化することは難しいが、全般に移民の影響は、移民の社会経済的特徴や、それが受入国出身者の特徴とどう違うかによって、さまざまに異なる傾向がある。さらに、受入国出身者の中でも社会経済的特徴が異なる層の間では、移民から受ける影響が違ったものになり、負の影響は（もしあるとすれば）、もっぱら移民と同様の特徴を持つ人に対して生じる。公共サービスへのニーズや選好についても、移民は受入国出身者とは異なる場合があり、そのため、各種の市場や公共インフラに及ぼす影響も、移民の場合、他の点では同様の特徴を持つ受入国出身者とは異なるものになる。

- 労働市場への移民の影響に関する実証研究は、その大多数が、具体的な事例ではなく、地域に対する全体的あるいは平均的な影響に目を向けている。そしてその研究結果は、ほとんどが地域の労働賃金や雇用への移民の影響はないとしており、ごく一部の研究だけが、正負いずれかのわずかな影響を認めている。これにはさまざまな原因が考えられる。それは第一に、移民の技能が受入国出身者の技能を補完していること、第二に、受入国出身の居住者の一部が、移民の流入に応じて職業上の地位を上昇すること、第三に、一部の先住者が、移民の流入に応じて他の地域に転出すること、第四に、地域への影響は、産業構成や生産技術、資本の流れの変化といった調整過程で減衰する傾向があること、などが挙げられる。

- しかし、全体的あるいは平均的には大きな影響がないという見方は、閾値効果やその他の非直線的な影響を除外するものである。実際、数少ない事例研究では、大規模な移民の流入があると、地域の労働市場にかなりの影響が生じる可能性が指摘されている。

- 移民は受入国出身者よりも、自宅を所有することが少ない。数は少ないものの、一部の研究によれば、地域の住宅市場への移民の影響の表れ方やその程度は地域ごとに大きく異なる。地域ごとに異なるのは、例えば、住宅価格や家賃、建築規制、あるいは移民の所得が全般に高いか低いか、また、先住者が転出という対応をするかどうか、などに左右されるためである。世論はしばしば社会住宅を巡る競争に懸念を示すが、実のところほとんどの国では、社会住宅部門に占める移民の割合は大きくない。

- 医療サービスは、地域のインフラの重要な構成要素である。入手可能な研究結果によると、移民は受入国出身者よりも医療サービスを利用することが少ない傾向があるという。その反面、移民が医療従事者に占める割合は大きく、医療サービスの重要な提供者となっている。

- 移民は受入国出身者よりも公共交通機関を利用することが多い。

- 移民の大量流入は、地域のインフラを圧迫する可能性があるが、これに速やかに対処することは難しく、そのためしばしば混雑効果が生じる。とはいえ、移民は構造的な問題——特に地域の住宅や教育インフラで顕著である——を悪化させる場合はあるものの、概してその直接の原因ではない。

- 学校制度においては、移民の子ども、とりわけ新来移民の子どもには、主として言語教育支援のために、しばしば多額の1人当たり支出が必要となる。また、低学歴の移民の子どもの集中度が高いと、教室で負のピア効果（peer effect）が発生する可能性があるという研究結果もある。しかし問題は、移民の集中そのものではなく、低学歴の親が集中していることと、その点が移民という立場との相互作用を起こすことにある。

- 国レベルで一般に観測される結果とは対照的に、移民が集中する地域における移民の財政への影響は、少なくとも当初は、圧迫する方向に傾きがちである。これは主として、移民が多く利用するサービスの提供が、州政府や地方政府に大きく偏っているという傾向があるためである。

第1節　移民が労働市場に及ぼす影響

国レベルで移民の影響を分析する場合もそうだが、地域レベルでの分析の際にも、短期的影響と長期的影響を区別して考えることは有用である。短期的にみる場合、行政区や近隣地区など、狭い意味の地域における労働市場に、移民による直接的な影響が表れると予測することは十分考えられる。しかし、特定の近隣地区に移民が流入すると、地域の労働市場に、通勤方法をはじめとする調整過程が生じるため、非常に狭い地域レベルで有意の影響を測定することは実は難しい。とはいえ、通勤圏内に空間的な調整を妨げる障害物があると、狭い地域の労働市場への影響が長期的に継続することもありうる。都市内での失業者や低技能労働者の空間的分離については、広く研究が行われているが、これは主に大規模な郊外化と、大都市内の交通の便の悪さ（その結果、通勤コストがかさむ）に起因している（アメリカ合衆国の概要については Gobillon *et al.*, 2007 を参照）。

移民が経済に及ぼす影響——地域レベルに注目する　第3章

　大都市や大都市圏など、もっと規模の大きな地理的区分は、地域の労働市況をより適切に反映すると思われるが、この規模に注目した場合（OECD, 2000）、移民によって誘発された観測可能な結果は、その地域の内部で発生した調整過程から生じたものだと考えられる。短期的には、移民の流入で労働力の供給が増加し、労働市場の調整過程が動き始めるが、調整過程がどのようなものになるかは、地域の技能構造や産業構造によって決まる。

　労働市場への移民の影響を測定しようとする研究は数多いものの、その結果は、研究方法や調査対象国、そして対象の地理的規模によってさまざまである。ほとんどの研究では、平均的な賃金や就業率については影響が観測されず、負の影響があるとしても、それは低技能労働者、もしくは定住移民に集中している。対象の地理的規模（実証研究で用いられる概念についてはコラム3.1を参照）は、原理的には移民に関連する影響の評価を左右すると思われる。前述したように、先住者の移動、産業構造や生産技術の変化、また資本の流れの変化といった調整過程は、移民が地域の労働市場に及ぼす長期的な影響を希薄化する可能性がある（Borjas *et al.*, 1997; Card, 2001）。この論法に従うなら、対象の地理的規模が小さいほど、平均的に予測される影響も小さくなる。空間的な調整過程がいっそう強力に働くと考えられるからである。

コラム3.1　地理的規模別にみた労働市場のデータ

　労働市場への移民の影響を探る実証研究では、さまざまな規模の地理的区分について調査が行われている。入手可能なそうしたデータは、ほとんどがアメリカ合衆国に関するものであるが、アメリカ合衆国に関する研究では、州や地方（region）などの比較的広い地域（Borjas *et al.*, 1997; Borjas, 2003）、もしくは、大都市圏や都市など、それより狭い地域（Borjas *et al.*, 1997; Card, 2001; Card, 2009）が対象となっている。ヨーロッパについては、ドイツの全郡をグループ化したもの（Pischke and Velling, 1997）、イギリスのリージョン（「州」に当たる）（Dustmann *et al.*, 2013）、オランダ、ノルウェー、イギリスの県や市町村に当たる自治体（Zorlu and Hartog, 2005）に関する調査がある。ロンギら（Longhi *et al.*, 2010b）によると、アメリカ合衆国の地域経済はヨーロッパよりも開放性と柔軟性に富むため、移民の影響がヨーロッパに比べて小さく見積もられる傾向がある。上記の地理的単位の大半は標準的な行政体であり、その境界は歴史的あるいは政治的理由から決まっている。政策決定はこのレベルで行われ、統計データもこのレベルが入手しやすいため、こうした地理的単位が利用されることにはなお十分な根拠があるが、都市の労働市場は元々の境界を越えていく可能性がある。都市の機能的定義——アメリカ合衆国の「大都市統計地域（Metropolitan Statistical Areas）」（Card, 2009）や、イギリスの「通勤圏（travel-to-work-areas）」（Nathan, 2011）など——を用いる利点は、公的な境界を越えると思われる地域の労働市場に、それがかなり近似していることである。

　多くのOECD加盟国では労働市場サービス部門が、労働市場圏に対応する機能的経済域、

123

第3章　移民が経済に及ぼす影響——地域レベルに注目する

> つまり、行政上の境界とは異なる境界を定める動きがある。例えば、フランスの「雇用圏（Bassin d'Emploi）」、ドイツの「労働局管轄区（Arbeitsagenturbezirke）」、あるいはイギリスの「通勤圏（Travel-to-work-Areas）」がこれに該当する。またOECDは、欧州連合統計局（Eurostat）と連携して、都市を定義する新しい方法を考案した。これは「機能的都市圏（Functional Urban Areas）」という枠組みであり、全加盟国間の比較が可能で、人口密度と通勤流動（commuting flow）に基づいて定義される（OECD, 2012）。

　移民が当該地域の先住者の移動に及ぼす影響については、実証研究の結果はさまざまである。カード（Card, 2001）は、アメリカ合衆国の都市で、移民が受入国出身の労働者の居住の流動性に有意な影響を及ぼすという証拠は得られなかったとしているが、その一方、雇用主の流動性に対しては、弱い影響があることを認めている。167のドイツの郡のグループに関するピシュケとフェリングの研究（Pischke and Velling, 1997）でも、移民とそれに続く受入国出身者の流動性との間に有意な関係は確認されていない。同様に、レモスとポルテス（Lemos and Portes, 2008）は、イギリスのリージョン、カウンティ、ディストリクト（いずれも地方行政区画）での移民の影響を分析して、やはり、受入国出身者の一貫性のある流出パターンは認められないとしている。それに対して、ハットンとタニ（Hatton and Tani, 2005）は、11のイギリスのリージョンで、受入国出身者の国内流動性の高さと移民との間に相関関係を見出している。ただしこの結果は、移民の割合が比較的大きい南部のリージョンについてのみ有意であった。また、オルテガとベルデュゴ（Ortega and Verdugo, 2015）は、30年分の行政データを用いたフランスでの研究で、明白な流動性のパターンがあることを実証している。そのデータによれば、移民が集中する産業のブルーカラー労働者で流動性が高いことが明らかである。またモチェッティとポレーロ（Mocetti and Porello, 2010）は、イタリアのデータを用いて、移民の影響は均一ではないこと、すなわち、移民の流入は、若年で高技能の受入国出身者の流入を増加させる一方、低技能の受入国出身者の流入を減少させることを明らかにしている。これは、受入国出身者の国内移動が、移民による地域の労働市場への影響を拡散するという、重要な調整メカニズムであることを示唆している。つまりここで明らかなのは、ある地域への移民の流入は、他の地域の人口にも影響を及ぼす可能性があるため、移民の影響について考える際は、当該地域にとどまらず、全体的な平衡効果も視野に入れる必要があるということである。

　例えば、ボルジアス（Borjas, 2006）のアメリカ合衆国に関する分析によると、受入国出身者の国内移動は、地域の労働市場の賃金に対する移民の影響を40～60％緩和するという。実際のところ、もっと狭い地理的区分が対象の場合、移民の影響の程度はさらに小さく評価される傾向にある（Longhi *et al.*, 2010a）。このように、労働市場の地理的規模は賃金には影響するとみられるが、一方で、就業機会への影響の調査結果には関係がないようにみえる。

　移民の影響を評価する際に都市や広域自治体を対象とする「地理的アプローチ（spatial approach）」は、大きな議論を呼んでいる。というのも、受入国出身の労働者が他の都市や地域に移住すると、この方法では国レベルでの影響が実態より過小評価されることが考えられるからであ

移民が経済に及ぼす影響——地域レベルに注目する　第3章

る（コラム3.2を参照）。ボルジアス（Borjas, 2003）はこれに対し、国レベルのアプローチでは、移民の影響を技能水準別にみていくことを提案している。ボルジアスの所見によれば、移民が賃金低下に及ぼす影響は地理的アプローチでの推定値よりも大きく、その変化の度合い（弾力性）は0.3〜0.4の範囲にあったという。だがボルジアスの方法は、雇用主が、受入国出身者と移民を完全に代替可能とみなすことを前提としている点に批判がある。受入国出身者と移民が同等の学歴と経験を有していたとしても、雇用主は両者を代替可能とはみなさないことは考えられる。そこで、多くの研究がこの前提を緩和したところ、移民が低技能者の賃金に及ぼす負の影響は先の推定よりもかなり小さく、また、高技能者の賃金には正の影響を及ぼすことが確認されている（アメリカ合衆国についてはOttaviano and Peri, 2012、イギリスについてはManacorda *et al.*, 2012）。

コラム3.2　移民が労働市場に及ぼす影響を評価する——国内データの役割

　移民と地域の労働市況との関係を、正確に評価することは難しい。というのも、地域の労働市場に影響を及ぼすのは移民だけではなく、就業機会を待つ予備労働力もそれに当たるからであり、また、地域の労働市況が移民の規模や種類に影響を及ぼすからでもある。好景気で就業率も高く賃金も高い都市や地域に、不釣り合いに多くの移民が定住しようとする場合、全国規模の実証研究では、移民による負の影響が過小評価される可能性がある。この問題を解決して実態に近い推定値を得るため、この分野の研究では主に2つの方法がとられてきた。まず標準的な方法として、現在の地域の労働市況に左右されにくい、歴史的な移民のパターンを利用するというものがある。移民は定住するに当たり、少なくともかなりの程度までは、過去のパターンに従う傾向があることから、現在の移民の流入を予測する目的で、移民の歴史的な地理的分布の分析が行われている（Altonji and Card, 1991; Card, 2009; Nathan, 2011）。例えばダストマンら（Dustmann *et al.*, 2005）は、イギリスの17のリージョン全体の移民の割合について、長期的にみた場合の差異を基に分析し、受入国出身者の賃金や就業状況には、移民の影響がまったくみられないことを明らかにしている。アメリカ合衆国の「大都市統計地域」に関しては、カード（Card, 2001）が、低技能の受入国出身者の就業に対して、わずかに移民による負の影響があるというデータを得ている。また、ネイサン（Nathan, 2011）は、イギリスの主要な79都市の「通勤圏」を対象に同様の方法を適用し、賃金、特に高技能の受入国出身者の賃金には正の影響があり、低技能の受入国出身者の就業状況には負の影響があることを確認している。

　しかし、この方法には批判がある。過去の移民フローの波は、その地域の将来の経済状況に対する期待に基づくものと考えられるからである。この懸念を払拭するために、代わりの手段、例えば、入国地点として妥当と思われる港や国境に注目するなどして、移民の地理的な分布パターンを予測することが行われている（Ottaviano and Peri, 2006; Bellini *et al.*, 2013）。オッタビアーノとペリー（Ottaviano and Peri, 2006）は、マイアミ、ニュ

125

ーヨーク、ロサンゼルスからアメリカ合衆国の各都市までの距離をもとに移民の分布を予測し*、就業者に占める外国出身者の割合は、その都市の平均的な賃金相場と正の関係にあることを明らかにしている。

この分野の研究で利用されているもう1つの方法は、ある地域への移民フローを劇的に増加させた自然実験を分析することである。この種の研究は他に比べてはるかに数が少なく、また、特定の限られた地域が対象であるため、一般化が難しい。例えば、カード（Card, 1990）は、1980年のキューバの政策変更後、12万5,000人のキューバ移民がマイアミに流入した事象について分析している。このいわゆる「マリエル難民事件（Mariel boatlift）」によって、マイアミのキューバ移民の人口は7%増加したが、カードによれば、低技能者やそれ以前のキューバからの移民も含めて、受入国出身者の就業状況にはいかなる有意な影響も確認できなかったという。この不可思議な結果については、その後の研究（Lewis, 2004）が、受入国出身者の外部流出をその相応な原因として分析する一方、雇用主が労働集約的な生産技術を採用して、安価な労働力の供給増加を利用したためであるとも指摘している。研究対象となった自然実験は他にもある。1962年にフランスへ帰還したアルジェリアの「ピエ・ノワール（pieds noirs）」（Hunt, 1992）、アンゴラやモザンビークからポルトガルへの「引揚者（retornados）」（Carrington and di Lima, 1996）、旧ユーゴスラビアの解体に伴う紛争の後、1990年代に発生した旧ユーゴスラビアから西ヨーロッパへの移民（Angrist and Kugler, 2003）などである。最近では、バルカンとツーメン（Balkan and Tumen, 2015）が、トルコのシリア国境付近に避難しているシリア人難民が、物価や労働市況に及ぼす影響を調査している。それによると、シリア難民を（非公式に）雇用する部門では商品価格が有意に下落したものの、受入国出身者の賃金や就業状況には負の影響は認められなかったという。

上記の諸研究は、さまざまな学歴及び職業レベルに対する移民の影響について、多数の移民を受け入れている地域の賃金の変化と、移民が少ない地域の賃金の変化とを比較することで、測定している。しかし、こうした測定法には多くの理由でバイアスがかかる可能性がある。

それは1つには、先に述べたように、移民の流入は、受入国出身者の他地域への流出や、当該地域への流入を引き起こすことが考えられるため、当該地域の人口構成が変化する可能性があるという点である。例えば、次のようなケースを考えてみてほしい。移民の大規模な流入があると、各学歴レベル内の高賃金の受入国出身者は外部へ移動し、低賃金の受入国出身者は地域内に留まるという反応が起こる。結果的に、受入国出身者の平均賃金は低下したとみなされることになるが、それはあくまで、その時点で人口構成が変わったことが原因である。地域内に留まった受入国出身者の賃金は多少上昇するとはいえ、受入国出身者の平均賃金の測定値は低下することになる。そのため、実際には賃金が上昇しているにもかかわらず、移民によって賃金が低下したという誤った結論に達することが考えられる。この問題に対処するため、オルテガとベルデュゴ（Ortega and Verdugo, 2015）は、移民は受入国

出身者の流出を招いているのか否かについて、また招いているとすれば、流出するのは主として高学歴層か、低学歴層かについて、研究を行っている。その結果、移民の増加に反応して当該地域を離れる受入国出身者は、高学歴層よりも低学歴層が多いことを示す強力な証拠が得られたのである。つまり、受入国出身者の移動やその賃金構造を考慮せずに、単純に移民の流入前後の賃金を比較すると、移民による地域の賃金への影響について誤った結論を引き出す恐れがあるということである。

　問題の2つ目は、移民が流入することで、受入国出身者の職業上の地位が上がる可能性があるという点である。例えば、受入国出身の大工は、移民の大工を雇って自分のやってきた現場の労働を引き継がせ、自身は販売や営業、事業開発に時間を割くということが考えられる。こうした受入国出身者の職業上の上昇移動については、スイス（Beerli and Peri, 2015）やアメリカ合衆国（Peri and Sparber, 2009）、デンマーク（Foged and Peri, 2015）、また、広くヨーロッパ全体でも（D'Amuri and Peri, 2014）実証されている。これらの研究では、低技能の受入国出身者は、現場作業中心の職業から、移民よりも相対的に優位に立てる、コミュニケーション主体の職業へと移動することがわかっている。したがって、各職業の賃金を単純に比較することも、下方バイアスを生じやすい。別の職業へと上昇移動しなかった受入国出身者は、そもそも賃金が低かったと考えられるからである。

　3つ目は、国内のある地域の賃金が他に比べて大きく変化した場合、当該地域をそれ以外の水準に合わせようとする全般的な平衡効果が生じる点である。局所的な衝撃は、就業状況や賃金、地域の物価の変化を通じて、その経済圏の他の地域にも影響を及ぼす可能性がある（Moretti, 2011）。例えば、地域の労働市場への衝撃に反応して受入国出身者がその地域を離れると、各地の賃金の平準化が進むことが考えられる。この場合、ボルジアス（Borjas, 2006）が論じるように、移民の流入は地域レベルでなく、国レベルで影響を及ぼすことになる。加えて、たとえ労働力の移動が起こらなくても、資本や生産物の移動があれば、移民の流入していない地域にも影響が及び、当初の地域への影響が弱まる可能性がある。1つの国の中では、労働力、生産物、資本の移動は比較的容易であることを考えると、全般的な平衡反応が起こることは十分予測される。この反応が生じると、移民が当該地域に与える影響が国レベルでは消散し、その結果、移民の影響が測定されるのは地域レベルに限定されることになる。

＊この方法は、外国出身者が地域に占める割合は、当該地域の現在の経済状況ではなく、都市との間の動かしようのない物理的距離によって決まるため、外因的な事象であるとの前提に立つ。

　さまざまな技能レベルのグループに対する影響の分析と、地域での影響を探る方法とを結合させる試みもある（Card, 2009; Dustmann *et al.*, 2013; Ortega and Verdugo, 2014）。この種の研究は、各地域での個別の影響に目を向けるのではなく、地域ごとの差異を利用して平均的な影響をとらえようとするものである。分析に当たっては、技能レベルそのものではなく、職業グループに注目す

表3.1 ［1/2］ 移民による労働市場への影響に関する研究一覧

国レベル及び地域レベルのデータに基づく

パネルA　受入国出身者の賃金に対する影響

国名	調査時期	研究者名	発表年	地理的区分	労働力に占める移民の割合が1パーセントポイント増加した場合の影響
オーストラリア	1982-96	Addison and Worswick	2002	州（6）	有意な影響なし
オーストリア	1988-91	Winter-Ebmer and Zweimüller	1996	郡（93）	＋2.1〜＋3.7%（受入国出身の若年ブルーカラー労働者の場合）
フランス	1962, 1968	Hunt	1992	国；大地域圏（9）；地域圏（21）	有意な影響なし
フランス	1976-2007	Ortega and Verdugo	2015	雇用圏（297）	−0.36%（非貿易部門における受入国出身の低学歴層の場合）
イスラエル	1990-1994	Friedberg	2001	国	有意な影響なし
イタリア	1986-95	Gavosto et al.	1999	州（20）	＋0.1%
オランダ	1997-98	Zorlu and Hartog	2005	基礎自治体（ヘメーンテ）（548）	−0.4〜＋0.6%
ノルウェー	1989, 1996	Zorlu and Hartog	2005	県（19）	＋0.2〜＋0.9%
ポルトガル	1974-76	Carrington and de Lima	1996	県（18）	有意な影響なし
スペイン	1989-92	Dolado et al.	1996	県（50）	＋0.03〜＋0.05%
スペイン	1991-2002	Carrasco et al.	2008	国；自治州（17）	有意な影響なし
スイス	1999-2007	Beerli and Peri	2015	州・準州（26）	有意な影響なし
イギリス	1992-2000	Dustmann et al.	2005	リージョン（17）	有意な影響なし
イギリス	1997-98	Zorlu and Hartog	2005	カウンティ（66）	有意な影響なし
イギリス	1997-2005	Dustmann et al.	2013	リージョン（17）	賃金の第1十分位で−0.5%　賃金の中央値で＋0.6%　賃金の第9十分位で＋0.4%
アメリカ合衆国	1979-85	Card	1990	都市（マイアミ）	有意な影響なし
アメリカ合衆国	1960-90	Borjas et al.	1997	都市（大都市統計地域）	有意な影響なし
アメリカ合衆国	1989	Card	2001	都市（最大級の大都市統計地域175）	−0.04〜＋0.6%
アメリカ合衆国	1960-2000	Borjas	2003	国	−0.4〜−0.3%
アメリカ合衆国	1990-2006	Ottaviano and Peri	2012	国	＋0.6〜＋1.7%（受入国出身の低学歴層の場合）
アメリカ合衆国	1972-1983	and Yasenov	2015	都市（マイアミ）	影響なし
アメリカ合衆国	1960-2000	and Sparber	2009	州	＋0.03%
西ドイツ	1996-2001	Glitz	2012	労働市場地域（112）	有意な影響なし

メタ分析（複数の研究のレビュー）

OECD加盟各国に関する18件の研究		Longhi et al.	2005	各種の区分	有意な影響なし
OECD加盟国各国に関する22件の研究		Kerr and Kerr	2011	各種の区分	9件の研究：有意な影響なし　6件の研究：正の影響あり（ただし0.1%未満）　7件の研究：負の影響あり（ただしほぼ0）

る場合が多い。例えば、イギリスのリージョンに関する研究（Nickell and Salehen, 2009; Gordon and Kaplanis, 2014）では、移民の流入は単純作業従事者の賃金をわずかに低下させるとの結果が得られる傾向がある。学歴レベルではなく職業グループを対象とすることの利点は、移民労働者が地域の労働市場で実際に置かれている立場や、実際に従事している仕事（自身の持つ正式な資格に相応しているとは限らない）を正確に捕捉できる点にある[4]。つまり、同等の資格を有する移民と受入国出身者との比較は問題を生じる可能性があるということであり、それは、移民と競合するのは同等の資格を持つ受入国出身者ではなく、少なくとも入国当初は、より低い資格を持つ受入国出身者となることが考えられるからである。ダストマンら（Dustmann et al., 2013）は、このように入国当初は移民労働者の技能が割り引いて評価されるとするなら、過去の研究における移民の影響の推定値は、その正確性が揺らぐ可能性もあるとしている。ダストマンらは、イギリスの17のリー

移民が経済に及ぼす影響——地域レベルに注目する　第3章

表3.1［2/2］　移民による労働市場への影響に関する研究一覧
国レベル及び地域レベルのデータに基づく

パネルB　受入国出身者の就業率や失業率に対する影響

国名	調査時期	研究者名	発表年	地理的区分	労働力に占める移民の割合が1パーセントポイント増加した場合の影響
オーストラリア	1982-96	Addison and Worswick	2002	州（6）	失業率：有意な影響なし
フランス	1962	Hunt	1992	地域圏（21）	失業率：＋0.2%
フランス	1976-2007	Ortega and Verdugo	2015	雇用圏（297）	就業率：有意な影響なし（受入国出身のブルーカラー労働者に対する低技能の移民の影響）
ポルトガル	1974-76	Carrington and de Lima	1996	国	失業率：＋0.24% 就業率：有意な影響なし
スペイン	1989-92	Dolado *et al.*	1996	県（50）	就業率：有意な影響なし 就業率：低技能労働者には影響なく、就業率全体には正の影響あり（0.05%）
スペイン	1991 and 2001	Carrasco *et al.*	2008	自治州（17）	就業率：影響なし
イギリス	1983-2000	Dustmann *et al.*	2005	リージョン（17）	失業率：有意な影響なし
アメリカ合衆国	1989	Card	1990	都市（マイアミ）	失業率：有意な影響なし
アメリカ合衆国	1972-79	Peri and Yasenov	2015	都市（マイアミ）	就業率：影響なし 失業率：影響なし
アメリカ合衆国	1970-80	Altonji and Card	1991	大都市統計地域	失業率＆就業率：すべての技能レベルで有意な影響なし
アメリカ合衆国	1985-90	Card	2001	都市（最大級の大都市統計地域175）	就業率：－0.05〜－0.1%
西ドイツ	1985-89	Pischke and Velling	1997	労働市場地域（167）	失業率＆就業率：有意な影響なし
西ドイツ	1996-2001	Glitz	2012	労働市場地域（112）	就業率：－0.13〜－0.35%
さまざまなEU加盟国	1983-99	Angrist and Kugler	2003	国	就業率：－0.07〜－0.02%

メタ分析（複数の研究のレビュー）

国名	調査時期	研究者名	発表年	地理的区分	労働力に占める移民の割合が1パーセントポイント増加した場合の影響
OECD加盟各国に関する9件の研究		Longhi *et al.*	2006	各種区分	就業率：－0.024%（非加重平均）範囲は－0.39〜＋6.2%

資料：章末の参考文献・資料を参照。

ジョンの分析に当たり、移民と受入国出身者は同等の技能集団内で競合しないであろうという点を考慮に入れた結果、移民は低賃金の受入国出身者に負の影響を与える一方で、高賃金の受入国出身者にはわずかに正の影響を与えることを実証している。また全体としてみると、受入国出身者の平均賃金に対してわずかに正の影響があったという。

　表3.1は、移民が労働市場に与える影響に関する各種の調査結果をまとめたものである。パネルAは、労働力に占める移民の割合が1パーセントポイント増加することで、受入国出身者の賃金に生じる影響に注目した研究一覧であり、パネルBは、受入国出身者の就業率あるいは失業率に生じる影響の研究一覧である。それぞれの調査結果は、国ごとの特徴や対象となる地理的区分、さらには調査時期などによって、大きく異なっている。全体的な傾向としては、移民の影響を示す値は有意ではなく、ただ一部には、弱い影響（研究によって、正の場合も負の場合もある）を認める研究もある。影響の推定値は国レベルの方が大きくなる傾向にあり、また、低技能層への影響のほうがより明白である一方、高技能層にはプラスに働く傾向もみられる。こうした研究結果のばらつきを考慮して、メタ分析による研究が、一貫した方法のもとで調査結果を比較可能なものにすることを試みている。ロンギら（Longhi *et al.*, 2005）は、18件の比較可能な実証研究のレビューを行い、労

129

第3章　移民が経済に及ぼす影響──地域レベルに注目する

働者に占める移民の割合が1パーセントポイント増加すると、地域の賃金がわずかに0.12%低下することを明らかにしている。人口に占める移民の割合は一般にそれほど大きくないことを考えれば、この数字は、賃金の低下がほとんどないに等しいことを示している。また、最近のメタ分析（Kerr and Kerr, 2011）では、移民による賃金への影響を評価した研究リストが更新されているが、新たな研究が対象となっても、そのレビューの結果はロンギら（Longhi *et al.*, 2005）の結果に非常に近い。レビューの対象となった28か国・28件の研究のうち、有意な影響がまったく確認されなかったものが13件、正の弱い影響を確認したものが7件（最大値は0.01%）、負の弱い影響を確認したものが8件であった。就業率についても同様のメタ分析が行われ、移民の占める割合が1パーセントポイント増加した場合、受入国出身者の就業率への影響はほとんど無視できる程度（0.024%の低下）であることが明らかになった（Longhi *et al.*, 2006）。全体的にみると、賃金や就業率に対して、10%水準で統計的に有意な負の影響があることを示す研究は、約半数にとどまった（Longhi *et al.*, 2010b）。

　国や研究の間で比較を行うのはもちろん簡単なことではないが、別個の地理的区分を対象に同様の方法を用いた研究について、比較を行うことは非常に意味が大きい。例えばボルジアス（Borjas, 1997）は、移民がもたらす影響の規模は、都市のほうが小さく──上述の受入国出身者による転出反応に起因すると思われる──、州や広域自治体のほうが大きいことを明らかにしている。

　すでに述べたように、大多数の研究にみられる重要な問題点は、もっぱら平均的な影響に目を向けていることであり、また、影響の程度を地域間で比較する研究がほとんどないことである。しかし、移民の影響は非直線的に表れる、つまり、移民人口の規模と不釣り合いに影響が拡大するという可能性もある。その場合、移民が非常に高い集中度を示す少数の地域に、強い影響が生じることが考えられる。

　その点はまだ検討が不十分であり、さらなる研究が求められる。実際、その問題を扱った数少ない研究では、移民の大量流入を経験した地域では、その影響が相当に大きくなる場合が多いことが指摘されている。例えば、カード（Card, 2001）によれば、ロサンゼルスやマイアミなど、1985～1990年に、主に低技能の移民の流入が大幅に増加した都市では、低技能職の賃金が最大3%低下したという。これとは対照的に、オッタビアーノとペリー（Ottaviano and Peri, 2006）は、1970～1990年にロサンゼルスで、外国出身者の割合が25パーセントポイント増加したことが、自国出身者の平均賃金の14.5%の上昇と関連があることを明らかにしている。

　移民による就業率や失業率への影響を調べた研究はさらに少ない。しかもそのうちのほとんどが、就業率への影響はまったくないか、もしくは、負の影響がわずかにあるとの所見を示している。ただしここでも、平均的な影響は小さいことが多くても、流入する移民の大半を引き受ける都市や地域に注目した場合は、その影響の推定値はしばしば大きくなる。例えばハント（Hunt, 1992）は、アルジェリアからのフランス人帰還者の占める割合が1パーセントポイント増加すると、失業率が平均0.2パーセントポイント上昇したことを明らかにしている。それからすると、1962～1968年の間に帰還者の割合が7パーセントポイント増加したヴァール県などでは、失業率は最大1.4パーセントポイント上昇したことになる。

130

第2節　移民が住宅に及ぼす影響

2.1　全体像

　地域への移民の影響に関する研究は、その大多数が労働市場を対象としているとはいえ、住宅市場への影響も同じく重要な問題であり、それは何よりも、住居費が家計のかなりの割合を占めることが一般的だからである。加えて、手頃な価格の住宅を入手しようとする場合、受入国出身者は移民を直接的な競争相手とみなすことが多いからでもある。例えば、世論調査会社ユーガヴ（YouGov）の2013年6月の調査は、イギリス人は、住宅不足の最大の原因は移民にあるとみていることを明らかにしている。イギリスで手頃な住宅が入手できるかどうかは、景気の低迷や、社会住宅の不足または住宅建設への政府の投資不足などの要因よりも、移民の影響が大きいとみられているのである（Duffy and Frere-Smith, 2014）。その一方で、移民労働者は建設部門で大きな割合を占めるという国がほとんどであり（OECD, 2009）、つまり、移民は住宅建設に貢献していることにもなる。さらに、大多数の国では、移民は受入国出身者よりも1人当たりの平均部屋数が少ないというデータもある（図3.4）。両者の差は、アイルランド、ルクセンブルク、スペイン、イギリスなどで特に大きく、受入国出身者世帯は移民世帯よりも1人当たりの平均部屋数が0.5部屋以上多い。受入国出身者世帯よりも移民世帯のほうが、家族員1人が自由に使える部屋数が多いのは、ポーランドとスロバキア共和国だけであり、この2か国は移民人口が少ない（OECD and European Union, 2015）。

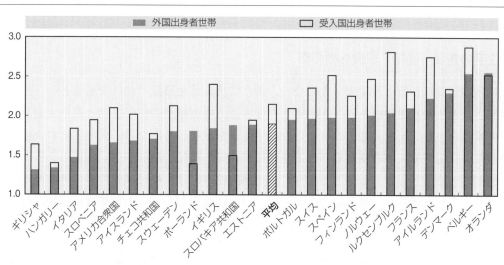

図3.4　OECD加盟国における移民世帯の1人当たりの平均部屋数（2013年）

注：「移民世帯」とは世帯員全員が外国出身者である世帯を指す。子どもは1/2人として算出した。部屋数に含まれるのは寝室と居間のみである。平均は、図に示したすべての国の平均値である。

資料：ヨーロッパ諸国は、欧州連合統計局（Eurostat）2013年欧州所得・生活状況調査（Statistics on Income and Living Conditions, 2013）。アメリカ合衆国は、2013年アメリカ地域社会調査（American Community Survey, 2013）。

StatLink : http://dx.doi.org/10.1787/888933395589

第3章　移民が経済に及ぼす影響——地域レベルに注目する

これまでのところ、移民が住宅に及ぼす影響を扱った研究は、家賃や住宅価格への影響に目を向けるものがほとんどであり、本節でもまずその2つの問題を取り上げる。また別の重要な点として、社会住宅に及ぼす影響と、受入国出身者との間に生じる可能性のある競合という問題があり、2番目にそれについて考察する。さらに、多くのOECD加盟のヨーロッパ諸国に庇護希望者が大量に流入している現状では、庇護希望者の収容施設の問題と、受け入れる地方自治体の費用負担は特に重要であり、3番目としてこの問題も取り上げる。また、住宅については社会的分離や住宅の質などの問題もある。こうした問題は住宅に関連することはまちがいないものの、何より関連が深いのは、受入国の社会への移民の統合問題であり、したがってこれに関する議論は他章に譲ることとする。

労働市場への影響の場合と同じく、住宅への移民の影響をみる際には、移民の集中度は都市によって、あるいは同一都市内の地域によってさえも、大きく異なるという事実を考慮する必要がある。また、やはり労働市場の場合と同じく、移民が集中すると、受入国出身者が他の地域や他の市町村に流出する可能性があり、その場合も地域の住宅の需要や価格に影響が及ぶことになる（Sá, 2014を参照）。加えて、社会住宅の供給や難民及び庇護希望者の収容に責任を負うのは、一般に基礎自治体であるという側面もある。こうした点すべての理由で、地域レベルでの移民の影響は、国レベルの総合的な影響とはかなり異なることが考えられる。

住宅への移民の影響に関する研究は、その大半が、長い歴史を持つ移民受入国や移民国家——アメリカ合衆国、カナダ、ニュージーランド、イギリス、そしてドイツとスイス（上記4か国ほど多くはない）——を対象としている。また、その時点のある1国（場合によってはある1都市）のみを扱うものがほとんどであり、今までのところ、包括的で国際的な比較研究はまったく行われていない。

2.2　住宅の需要・価格・家賃への影響

移民は住宅需要に影響を及ぼす。なぜなら、新たに流入した移民は住居を必要とし、逆に流出があれば空き家が生じるからである。住宅需要の増加は、増加傾向の住宅供給と組み合わされば、住宅価格や家賃を上昇させ、長期的には新たな住宅建設を促すことになる。住宅供給の価格弾力性が低い地域は、供給の拡大が容易と思われる地域に比べて、移民の増加が住宅価格の上昇に転化しやすいと推測される。しかし、前述したように、長期的にみれば、移民は先住者の外部流出も招く可能性があり、それによって、移民による当初の人口増加は少なくともある程度は相殺されて、結果的に住宅市場への影響は弱まると考えられる（Sá, 2014）。

もっと一般的にいうなら、住宅価格と家賃の両方への移民の影響は、観点が長期的か短期的かでかなり異なってくる。住宅供給は短期的には弾力性に乏しい傾向にあり、そのため、短期的観点からすると移民の影響は大きくなるようにみえ（Saiz, 2003a）、長期的観点からの研究では影響は小さくなる傾向にある（Stillman and Maré, 2008; Akbari and Aydede, 2012; Greulich et al., 2004）。

住宅価格に影響を及ぼすのは人口の変化だけではなく、利率や当該地域の経済状況など他の要因もある。また、その経済状況自体が移民に影響を及ぼす（その逆もある）ため、これらの変数の間

の因果関係を証明することは簡単ではない。例えば、新たに到着した労働移民は、経済的な見通しの良い、つまりは、近い将来に住宅価格が上昇する可能性のある地域に居住する傾向がある。その一方、移民の流入は受入国出身者の経済的予測にも影響を及ぼすことが考えられ、それがひいては、受入国出身者の住宅に関する決定を左右する可能性もある（Fry, 2014）。さらに、移民が先住者の外部流出を引き起こすと、地域の人口構成が変化することも考えられる。流入してくる移民が、流出する受入国出身者とは異なる選好や経済的手段を有していれば、それは所得効果を介して住宅需要に影響する可能性もある（Sá, 2014）。

　住宅価格（と家賃）への移民の影響を把握するうえで、ほとんどの研究はサイズ（Saiz, 2003b, 2007）と同様の実証的モデル、すなわち、当初の都市の特徴、都市の性格や全国的傾向の変化、そして経済的変数を考慮に入れたモデルを用いている（コラム3.3）。また、本項で取り上げる多くの研究は、操作変数法を利用して、移民自体が住宅価格の変化に対して内因となりうる（例えば、移民が住宅価格の上昇度の低い地域に居住しようとする場合など）という問題に対処している。ただし、それぞれの研究が対象とする地理的区分は大きく異なり、広域自治体レベルから近隣地区レベルにまで及んでいる。

コラム3.3　移民が住宅価格に及ぼす影響のモデル

　住宅価格や家賃に対する移民の影響を、実証的モデルを用いた分析手法で調べた最初の体系的研究は、サイズ（Saiz, 2003b, 2007）によるものである。その実証的モデルは、後続の多くの研究によって採用されており、さまざまな都市$_k$及び年$_t$について、下記の数式で表される。

$$\Delta \ln (r_{kt}) = \beta \cdot \frac{\text{immigrants}_{kt-1}}{\text{population}_{k-2}} + \alpha \cdot X_k + \Pi \cdot W_{kt-1} + \mu \cdot \Delta Z_{kt-1} + \Lambda_t + \Delta \varepsilon_{kt}$$

　従属変数は家賃の対数の年変化である。各年の家賃の差を考慮することで、当該都市に固有の特徴——家賃水準を左右し、移民の定住パターンと相関する可能性もある——の影響を排除している。主たる独立変数は移民の年間流入数であり、当初の人口（すなわち流入前の人口）で除する。βは、都市の元の人口の1％に相当する移民が流入した場合の家賃の変化（パーセントポイント）として、直観的解釈を含む。X_kは、犯罪率や地域の居住性、その他の要因（例えば、学士号を有する人口の割合）など、当該都市の当初の特徴のベクトルを示す。W_{kt-1}は地域の失業率など、遅れて表れる都市の性格を示し、ΔZ_{kt-1}は、地域の所得の変化など、都市の特徴の変化を表す。最後にΛ_tは、インフレその他の経済的変数の全国的な傾向をとらえる、年のダミー変数である。

第3章　移民が経済に及ぼす影響──地域レベルに注目する

表3.2　移民の住宅価格への影響に関する実証研究

地理的区分	国名	研究者名	発表年	人口に占める移民の割合が1パーセントポイント増加した際の影響
国	ニュージーランド	Coleman and Landon-Lane	2007	＋8〜12%
国	ニュージーランド	McDonald	2013	＋8%
広域自治体	カナダ	Latif	2015	＋0.14〜0.17%
広域自治体	カナダ	Akbari and Aydede	2012	＋0.10〜0.12% （10年以上在住している移民のみ影響が有意）
広域自治体	ニュージーランド	Stillman and Maré	2008	有意な影響なし
広域自治体	スペイン	Gonzales and Ortega	2009	＋1〜1.6%
広域自治体	スイス	Degen and Fischer	2010	＋2.7%
基礎自治体	イギリス	Sá	2014	−1.7%
近隣地区	アメリカ合衆国	Saiz and Wachter	2006	−0.16%

StatLink：http://dx.doi.org/10.1787/888933396377

　住宅価格への移民の影響に注目した研究によると、人口に対して移民の占める割合が1パーセントポイント増加した場合の住宅価格上昇幅は、平均でカナダの0%からスペインの1.6%、スイスの2.7%とさまざまである（Akbari *et al.*, 2012）。正の影響が最大であったのは、スイスとスペインの広域自治体レベルである[5]。デジャンとフィッシャー（Degen and Fischer, 2010）のスイスの85の郡を対象とした研究によれば、2001〜2006年の間に、郡の人口に占める移民の割合が1パーセントポイント増加することに付随して、1家族住宅の価格が2.7%上昇し、その結果、1家族住宅への移民の影響は、この時期の住宅価格の総上昇分のほぼ3分の2を占めることになった。またゴンザレスとオルテガ（Gonzales and Ortega, 2013）は、スペインの県レベルでも、スイスの場合よりはやや小さいものの、住宅価格への移民の影響があることを示している。同研究では、1998〜2008年の間に、スペインの県が受け入れた移民は、平均で当初の生産年齢人口の17%に相当し、移民の割合が1パーセントポイント増加すると、その翌年の住宅価格は1〜1.6%上昇し、住宅の数は0.8〜1%増加したことが明らかにされた。

　カナダとニュージーランドの研究では、いずれも国勢調査のデータが利用され、比較的弱い正の影響が確認されている。カナダについては、アクバリとアイデデ（Akbari and Aydede, 2012）が、1996〜2006年の国勢調査の調査区分[6]を対象に研究を行い、最近流入した移民は住宅価格にはまったく影響を及ぼさず、10年以上在住する移民によってのみ、非常に弱いものの有意な影響が観測されるとしている。アクバリとアイデデによれば、この弱い影響が生じるのは、受入国出身者の外部への流出や、住宅供給の増加がその要因と考えられるという。一方、ニュージーランドの広域自治体レベルの住宅価格に関する、スティルマンとマーレ（Stillman and Maré, 2008）の研究では、広域自治体の人口に占める移民の割合の1%の増加と、住宅価格の0.2〜0.5%の上昇が関連していたことを明らかにしている。スティルマンらによると、住宅価格への移民の影響は基礎自治体レベルでは認められなかったものの、国レベルでは相関関係があると考えられるという。一方、ニュージーランド出身者が帰国する場合は、住宅価格が上昇し、帰国者の1パーセントポイントの増加に伴って、地域の住宅価格は6〜9%上昇することも示している[7]。

　比較的広い地域を対象とする上記の諸研究と比べると、基礎自治体や近隣地区レベルに注目した

図3.5　持ち家と賃貸住宅における移民世帯の割合（2012年）
全住宅に占める割合（パーセント）

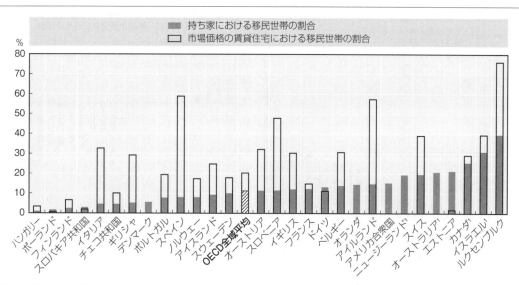

注：「移民世帯」とは世帯員の少なくとも1人が外国出身者である世帯をいう。
1. これらの国の場合は、「移民世帯」は世帯員全員が外国出身者である世帯をいう。
資料：ヨーロッパ諸国は、欧州連合統計局（Eurostat）欧州所得・生活状況調査（Statistics on Income and Living Conditions, 2012）。オーストラリアは、人口・住宅調査（Census on Population and Housing, 2011）。カナダは、全国世帯調査（National Household Survey, 2011）。イスラエルは、世帯支出調査（Household Expenditure Survey, 2012）。ニュージーランドは、世帯経済調査（Household Economic Survey, 2013）。アメリカ合衆国は、アメリカ地域社会調査（American Community Survey, 2012）。

StatLink : http://dx.doi.org/10.1787/888933395596

研究では、移民の住宅価格への影響——その強度と正負の方向の両方——に関して得られた結論に違いがある。表3.2は、それらの研究結果をまとめたものである。サ（Sá, 2014）が、イギリスへの移民について、2004～2010年の間の基礎自治体ごとの内訳データに基づいて行った研究では、移民は実際のところ、住宅価格に負の影響を及ぼすことを明らかにしている。地域人口に占める移民の割合が1パーセントポイント増加すると、住宅価格は1.7%低下したのである。この影響が生じる原動力となったのは、低学歴の移民が集中し、比較的高賃金の受入国出身者が外部へ流出した地域であった。

アメリカ合衆国については、サイズとウォッチャー（Saiz and Wachter, 2011）が、大都市圏のさまざまな近隣地区を対象に研究を行い、1980～2000年の間に、移民の人口密度が上昇した地区では、他よりも住宅価格の上昇が緩慢であったことを明らかにした。前述のサ（Sá, 2014）の研究と同じく、ここでもこの結果は、低学歴の非白人移民の割合が増加した地区から受入国出身者が流出する「ネイティブ・フライト（native flight）」現象と関連づけられている。同様の結果は、ラテンアメリカ系の移民がアメリカ合衆国の都市に及ぼす影響を分析したサイズ（Saiz, 2011）の研究でも、確認されている。大都市レベルでは、ラテンアメリカ系の人口の増加は住宅価格の上昇をもたらしていたが、近隣地区レベルではその逆の状況、すなわち、ラテンアメリカ系の人口の割合が増加した地区では、住宅価格の上昇が比較的緩やかだという状況がみられたのである。サイズによれ

第3章　移民が経済に及ぼす影響──地域レベルに注目する

図3.6　市場価格よりも低い賃料の賃貸住宅（社会住宅）に住む移民世帯（2012年）

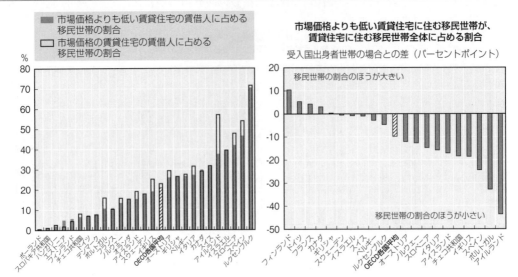

注：「移民世帯」とは世帯員全員が外国出身者である世帯を指す。
資料：OECD and EU（2015）。ヨーロッパ諸国は、欧州連合統計局（Eurostat）欧州所得・生活状況調査（Statistics on Income and Living Conditions, 2012）。カナダは、全国世帯調査（National Household Survey, 2011）。イスラエルは、世帯支出調査（Household Expenditure Survey, 2012）。
StatLink：http://dx.doi.org/10.1787/888933395608

ば、これは、移民が集中する飛び地のようなものが形成されて、他の住民には居住地としての魅力が減退したためであるという。

　図3.5は、OECD加盟国における、持ち家や市場価格の賃貸住宅に住む外国出身者世帯の割合を示す。平均すると、外国出身者世帯は持ち家の約10％、市場価格の賃貸住宅の約20％を占めている。実際、OECD加盟国の大多数では、移民が受入国出身者と比べて住宅を所有することは少なく、OECD加盟国の平均では、家を所有するのは受入国出身者の67％に対して、移民は46％にとどまる。ほとんどの国では、移民の年齢と所得を調整すると、受入国出身者との差は縮小するものの、差があることに変わりはない。

　多くの国で、賃貸市場には規制がある。規制があることで移民の家賃水準への影響が歪められる可能性があり、影響の実態が把握しにくくもなる。例えばスイスは、いわゆる「原価家賃（Kostenmiete）」と呼ばれるシステムを採用している。家主が現在の賃貸契約者の家賃を上げることができるのは、需要の拡大に応じてではなく、維持管理費が増大した場合に限られるというしくみである。これによってロックイン効果が生じて、回転率が下がり、少ない空き部屋をめぐる競争が激化して、結果的に、新しい賃借人の家賃が不釣り合いに高くなることが考えられる。このためスイスでは、移民の流入は家賃の上昇を招く可能性がある。既存の賃貸契約者は、引き続き「以前からの」低い家賃の恩恵を受ける一方、数少ない新規物件や空き部屋を巡ってのみ競争が生まれるからである（Schellenbauer, 2011）[8]。

136

移民が経済に及ぼす影響——地域レベルに注目する　第3章

アメリカ合衆国における、家賃への移民の影響を調査した研究は数多い。初期の研究の1つに、前述の「マリエル難民事件」——移民により賃借人が9%増加した——が、1979〜1981年のマイアミの家賃に及ぼした短期的影響に注目したものがある（Saiz, 2003a）。それによると、家賃の上昇は8〜11%に達し、1983年時点でなお、この特異な家賃上昇は7%を維持していた。また、1979年の段階でラテン系の貧困層が居住していた部屋は、家賃が最も高騰する一方、マイアミの家賃分布で上位4分の1の部屋は影響を受けなかった。移民人口の多い大都市圏では、1か月当たりの住宅費用が上昇したという調査結果もある（Greulich *et al.*, 2004）。加えて、移民人口が多い地域の受入国出身者世帯は、移民人口が少ない地域に住む受入国出身者世帯よりも、1人当たりの部屋数が少なく、過密アパートに住む傾向もみられた。とはいえ、家賃と過密の程度への移民の影響は、移民と直接競合する受入国出身者世帯（居住傾向が似ているため）と、住宅市場で移民と競合する可能性の低い受入国出身者世帯のどちらについても同等であった。つまりこの結果から、受入国出身者の住宅状況に移民が及ぼす影響は、わずかなものにとどまることが示唆される（Greulich *et al.*, 2004）。

国レベルに注目する研究は、移民の流入と住宅価格の上昇に関連がある場合が多いことを示す一方で、基礎自治体レベルに関する少数の研究は、移民による地域の住宅価格への影響はその表れ方がさまざまであることを明らかにしている。

2.3　社会住宅への影響

ほとんどの国では、住宅市場を構成するのは賃貸物件や持ち家だけではない。もう1つ別個の構成要素として社会住宅がある。社会住宅とは、州や基礎自治体、あるいは住宅協会のような独立組織が所有して供給や家賃補助を行う、あらゆる種類の賃貸住宅をいう（Andrews *et al.*, 2011）。中でも、市場価格以下で貸し出されるか、市場原理ではなく行政手続によって割り当てられる、あるいはその両方である住宅をいうのが一般的である。

OECD加盟国の間でも、社会住宅制度のしくみはそれぞれ大きく異なっている。社会住宅の管理は、通常、国レベルと地方自治体レベルが役割を分担して行っている。中央政府は全体的な政策と予算に責任を負い、地方政府はプログラムの実施と住宅の割り当てに責任を負うというのが一般的である。移民に関しても、社会住宅制度の利用のしくみは国ごとに異なり、また、社会住宅の割り当てを担うのがしばしば基礎自治体レベルであることから、場合によっては同一国内でさえも異なる。

賃貸住宅に社会住宅が占める割合もまた、国ごとにも、また同一国内でもかなり異なっている。多くの国では、都市の規模と社会住宅の占める割合の間には正の相関があると思われる（フランスについてはFougère *et al.*, 2011を参照）。全般にOECD加盟国の社会住宅は、かつての工業都市や、その内部では（土地が低コストで利用できることを反映して）周縁部に集中することが多い（Andrews *et al.*, 2011）。社会住宅が、このように特定の地域や近隣地区に集中すること、また、経済的援助の必要な層を対象として割り当てられることから、結果的に空間的分離が生まれる可能性があり、移民と社会住宅の話になった場合、それが問題点として挙げられることも少なくない。

137

第3章　移民が経済に及ぼす影響——地域レベルに注目する

　住宅価格や家賃の場合と対照的に、移民の流入による社会住宅への影響を取り上げた文献は、今までのところ少数にとどまる。その数少ない文献も、それぞれ社会住宅の違う側面に焦点を当てており、住宅価格や家賃の場合と同様、各国間の直接的な比較を行うことはできない。とはいえ、それらの文献から、移民と社会住宅、そして世論の間の関係について、重要な洞察を得ることはできる。

　社会住宅が特に重要な問題となるのは、他の領域以上に、移民と受入国出身者が目に見える形で直接的に競合しやすい領域だからである。短期的には、社会住宅の供給は弾力性を欠くため、社会住宅に住む移民世帯が1つ増えることは、そこで暮らす受入国出身者世帯が1つ減ることを意味する。つまり、移民による社会住宅の利用は、他の福祉給付の利用以上に一般の目につきやすいということになる（Battiston *et al.*, 2014）。さらに輪をかけて問題なのが、市場によって配分される住宅供給とは異なり、社会住宅は長期的にみてさえ、その需要増加が供給増加につながるとは限らないという点である。社会住宅の供給量は、市場によって決まるのではなく、国あるいは地方政府の政治的判断で決まるからである。加えて、社会住宅の供給が豊富な都市であっても、すでに大部分の住宅が占有され、賃借者の交代もほとんどないような場合、受入国出身者は新来の移民を、社会住宅をめぐるライバルとみなす可能性がある。このようにして、（それ自体が全住宅部門のごく一部でしかない）社会住宅のストックの、さらにごく一部分に需要が集中することになり、少なくとも短期的には入居待ちの列ができる。社会住宅をめぐるこの競争は、景気後退時にはいっそう大きな問題となり、そうした時期には、多くのOECD加盟国で社会住宅の不足が生じるのが一般的である。さらに、多くの国で、移民は世帯所得分布で最も低い第1十分位に占める割合が大きく、しかも、ほとんどの国で社会住宅は経済的援助の必要度に応じて配分されているのである。

　社会住宅の利用をめぐる直接的な競争関係と、高い需要があっても柔軟に対応できない事情は、移民に対する世論形成に重要な意味を持つ可能性がある。例えばイギリスでは、移民は社会住宅不足の主因の1つとみなされており（Duffy and Frere-Smith, 2014）、加えて受入国出身者は、社会住宅の割り当てに関して自分たちは差別されているとすら感じている。内務省の「市民度調査（Citizenship Survey）」によると、イギリス国籍を持つ白人の20％超が、社会住宅の家主から、他の人種の人々よりも不利な扱いを受けたと回答している。これに比べると、教育制度や医療制度に関して、あるいは民間住宅の家主に対して、差別されたという認識があるという回答は、明らかに少なかった（Battiston *et al.*, 2014）。

　こうした市民感情は、移民がイギリス国内で社会住宅を利用する際の、ハードルを上げようとする政策を後押しすることとなり、2013年、イギリスでは、地方自治体向けの社会住宅の配分に関する法定指針が承認された。これは、「地元とのつながりがほとんどない世帯が、地元民よりも制度的に優遇されているとの懸念に対処する」ことを目指すものであり（Department for Communities and Local Government, 2013）、2年以上の入居期間を要件とするようにとの勧告も含まれている。一方オーストリアでは、EU法を遵守する目的で、2006年になってようやく社会住宅を外国人が利用できるようになった。

　市場価格以下の賃貸住宅に移民が住む割合は国によって大きく異なり、人口に占める移民の割合をかなりの程度反映している。例えば、ルクセンブルクでは、市場価格以下の賃貸住宅に移民世帯

移民が経済に及ぼす影響——地域レベルに注目する　第3章

が占める割合は61%であるが、ハンガリー、ポルトガル、チェコ共和国といった国では5%未満である。全体の平均では、市場価格以下の賃貸住宅に移民世帯が住む割合は、人口に占める移民の割合よりもわずかに大きい。しかし、移民は受入国出身者より賃貸住宅に住む可能性が高いことを考えると、OECD加盟国の平均では、実際のところ、社会住宅に移民が占める割合は小さすぎるともいえる（図3.6）。OECD加盟国では、市場価格以下の賃貸住宅に移民世帯が占める割合は平均で13%であり、市場価格の全賃貸住宅に占める割合は18%である（OECD and European Union, 2015）。例えば、前述のイギリスにおける一般市民の認識とはまったく対照的に、2013年の法定指針の可決以前からすでに、移民の賃借人が社会住宅に住む割合は、受入国出身の賃借人よりも20パーセントポイント近く小さかったのである[9]。

　ごく一部のOECD加盟国、すなわちフィンランド、フランス、ドイツ、カナダに限っては、市場価格以下の賃貸住宅に占める移民世帯の割合が大きい。しかし、移民は社会住宅の戸数の多い都市に集中する傾向があることを考えると、そうした状況も大幅に割り引かれたり、相殺されたりすることになる。例えばフランスの場合、フゼア（Fougère *et al.*, 2011）が地方自治体レベルで移民の住居を調査し、大都市では実際のところ、社会住宅に移民が居住する確率は受入国出身者よりも低いことを明らかにしている。

　近年、多くの国で庇護申請数が著しく増加し、受け入れる国や基礎自治体にはさまざまな問題が生じているが、中でも住居の問題は大きい（コラム3.4）。庇護希望者はその大部分が、自らの生活手段などほとんど持たずに受入国に到着し、多くの国では認定の可否が決まるまでは、当該国（というよりも当該の基礎自治体）によって、専用施設に収容される。

コラム3.4　庇護希望者に特有の住宅問題

　ほとんどのヨーロッパ諸国では、庇護希望者は認定の可否が決まるまで公的な受け入れ施設に収容される*。一方、アメリカ合衆国やオーストラリアなどでは、庇護希望者は難民収容所から解放された後は、自ら住居を調達するものとされている。

　庇護希望者を受け入れ施設に収容する国々では、大量流入があると収容能力の拡大を迫られるため、資金面への影響を受ける。だが、収容能力拡大のための資金調達の責任は誰が担うのかは国によって異なる。ベルギー、フランス、ギリシャ、スウェーデン、イギリスなどの国では、財政手段の提供は中央政府の仕事であり、一方、オーストリアやイタリアなどでは、国と、州（オーストリアの場合）または基礎自治体（イタリアの場合）の間で責任を分担している。ドイツでは、費用は連邦、州、基礎自治体の3レベルで分担される。州政府は連邦政府から、受け入れる庇護希望者1人につき毎月一定の金額を受け取り、その後、各州政府はそれを、庇護希望者1人当たりの一括年払い、あるいは個別の返済方式のいずれかの方法で、基礎自治体へ支払う。一括払いされた金額で、収容施設や最低限の生活の糧の提供、

139

及び統合施策にかかる全費用が賄えない場合、残りの費用は基礎自治体が自身の予算を充当するものとされている。このように財政面でいえば、受け入れ施設の制度を有するOECD加盟国で、庇護希望者の住宅問題が地方自治体に及ぼす影響は、国によってその程度はさまざまである。

　一部の国では、庇護希望者を国内各地の受け入れ先に等しく配置する——すなわち分散させる——ことで、その受け入れコストが平等に割り当てられるようにしている（付録の表3.A1.2）。しかし現実には、分散政策を実施している国でさえ、庇護希望者は均等に配置されていない。これは特に、集合的な受け入れ施設を有する国で顕著である。というのも、その種の施設は、基礎自治体のすべてに置かれているわけではないからである。

　庇護希望者の数が急増している多くの基礎自治体では、受け入れ施設の収容能力不足から、ホテルや学校、軍の兵舎、ときにはテントさえもが緊急の収容施設として利用されている（EMN, 2014）。その結果、しばしば過密状態や、そうでなければ不適切な居住環境が生じる。

＊詳細な議論については欧州移民ネットワーク（European Migration Network）の資料を参照（EMN, 2014）。

第3節　移民が公的インフラに及ぼす影響

　地域への移民の流入は、住宅価格や家賃、社会住宅の消費に対してだけでなく、全般的な公共インフラや、教育及び医療制度などの公共サービス、さらには公共交通にも影響を及ぼす。移民以外の人口流入の場合と同様に、移民の流入は公共サービスへの地域の需要を拡大し、結果的にその供給にも影響を及ぼす。しかしすでに述べたように、移民と受入国出身者の行動や選好が異なる場合、各種の公共財の消費に対して、移民に特有の影響が生じることも考えられる。

　公共サービスの提供とその資金供給に対して、基礎自治体がどのように責任を負うかについては、OECD加盟国の間でもその制度的な取り決めは多種多様である。例えば教育制度の場合、アメリカ合衆国などでは、学校の管理は地域の教育委員会が行い、資金供給は基礎自治体、州、連邦の3レベルの政府が共同で責任を負う[10]。イギリスでは、学校の管理は地方政府当局が担うが、資金は中央政府から交付される。一方ドイツでは、学校への資金供給も学校教育の管理も、いずれも広域自治体（州）政府の責任によって行われる。とはいえ、基礎自治体が特定の公共財の提供や資金供給の責任を負っていない場合でも、移民の増加はその地域に影響を及ぼすことになる。特に、公共財の消費をめぐって競争があり、短期的にはその供給量が変わらない、つまり弾力性を欠く場合、その影響は大きい。需要の増大に対応してサービスが拡大するまでには、一定の時間（と資金）を要する場合がほとんどである。

　インフラに対する移民の影響を、地域レベルと総合的な国レベルの両方で分析した研究は数件に

移民が経済に及ぼす影響——地域レベルに注目する　第3章

とどまり、公共インフラへの移民の影響に関する文献は、質的研究あるいは事例研究がその大半を占める。数少ない実証研究だが、その対象も主にアメリカ合衆国、カナダ、イギリスに限られている。

3.1　学校制度への影響

　移民の生徒は教室の生徒数を増やすだけではなく、集中的な言語教育や、難民の子どもの場合には精神的なサポートなど、追加的な支援を必要とすることが考えられる。特にこの数年、難民危機を背景としてOECD加盟の一部ヨーロッパ諸国が経験しているように、新たに入国した子どもによって生徒数が急増することがあれば、教室が過密状態になる可能性がある。さらに、そうした子どもの社会的統合には多大な資金を要することが多く、受入国への入国直後には特にそれがいえる。つまり、移民の子どもの学校への統合を成功させるには、しばしば追加の資金が必要になるということである。しかし、その資金は必ずしも入手できるとは限らず、また、状況に合わせて調整されることも稀であり、この点が、統合施策の策定を難しくし、基礎自治体の財政負担を増すことになる（下記を参照）。多くの国では、資金供給は学校基本調査に基づいて、年度の始まりに決定される。したがって、年度途中に入国した移民の生徒のための追加予算が皆無という場合も少なくない（George *et al.*, 2011）。

　加えて、移民の子どもの存在が、受入国出身の子どもの教育成果に負の影響を及ぼしかねないとの懸念もあり、特に、移民の子どもが言語的問題を抱えている場合や、その親が低学歴である場合、その懸念は大きくなる。移民の生徒が多い教室では、教員は過度の負担を抱える、授業準備がおろそかになる、移民の生徒にかなりの時間を費やすなどする可能性があり、受入国出身の生徒に犠牲を強いることも考えられる。さらに、ほとんどのOECD加盟国では、平均的にみると、移民の生徒の学業成績は受入国出身の生徒よりも劣っている（OECD and European Union, 2015）。この差は、社会経済的背景を調整すれば大幅に縮小することがよくあるものの、多くのOECD加盟国ではなお完全に消失することはない。また、比較的高い年齢で入国した移民の生徒は、低年齢で入国した生徒よりも、学校での問題を数多く抱える傾向があるという調査結果もある（OECD, 2012）。

　もう1つ、移民の増加は「ホワイト・フライト（white flight）」を拡大させるかどうかという問題を取り上げた研究もある。ホワイト・フライトとは、裕福な白人または非移民の親が恵まれない地区から転出して、子どもを別の場所の学校に通わせるようになり、その結果、階級や民族による居住区の分離、学校の分離が進む現象をいう[11]。

　しかし、移民の生徒が教育の質や学校制度に及ぼす影響、特に地域や近隣地区レベルでの影響は解明にはほど遠い。移民の家族はしばしば恵まれない地区に住むため、移民の生徒が通う学校は、その時点ですでに、移民の親を持つ受入国出身の生徒も含めて、受入国出身の恵まれない生徒がかなりの割合を占めていることが多い。このような住み分けが存在している以上、ほぼ自動的に、学校内の移民の生徒の割合と受入国出身の生徒のテストの点数との間には逆相関が生まれることになる（Brunello and Rocco, 2011を参照）。こうした効果を排除するため、移民の生徒がクラスメイトに及ぼす影響を評価する際には、生徒の社会経済的背景を考慮に入れる必要がある。

141

第3章　移民が経済に及ぼす影響——地域レベルに注目する

　移民の生徒が受入国出身の生徒の学業成績に及ぼす影響について、一部のOECD加盟国で調査した研究がいくつかある。例えば、グールドら（Gould *et al.*, 2009）は、イスラエルへの旧ソ連のユダヤ系移民の大量流入が、イスラエル生まれの生徒の学業に及ぼした影響を調査している。この調査では選択バイアスを回避するため、第5学年に対して生徒の無作為割付が適用され、さらに、第4学年と第5学年の移民の割合が調整された。その結果、移民の生徒の存在によって、イスラエル生まれの生徒の卒業試験（大学入学の前提条件）の合格可能性が低下することが示唆されている。同様の結果は、デンマークで移民の生徒の影響を調査した研究（Jensen and Rasmussen, 2011）でも確認されている。この研究では、操作変数法によって、地区ごとに親の住み分けが生じている可能性が調整されたが、それでもなお、移民の集中度は、受入国出身の生徒にとっても移民の生徒にとっても、数学のテストの成績を左右する重要な要素であることがみてとれる。

　対照的に、オランダに関する研究（Ohinata and van Ours, 2011）では、教室における移民の子どもの存在が、オランダ出身の子どもの教育成果に負の影響を与えることを示す明確な証拠は示されていない。ただ、教室内に移民の子どもが占める割合が高いと、移民の子どもの間で、言語面で負の波及効果があることが明らかになっている。とはいえ、数学と科学にはそのような影響は認められなかった。同様の結果は、オーストリアのある主要都市について、初等学校における移民の集中がオーストリア出身の生徒と移民の生徒の教育成果に及ぼす影響を調査した研究（Schneeweis, 2013）でも示されている。それによると、波及効果は出身地域が同じ生徒の間で特に強く、校内で民族や言語系統に沿った仲間集団が形成されていることを示唆している。最後に、イギリスに関する研究（Geay *et al.*, 2012）では、イギリス出身の生徒の基本的な特徴を調整した場合、移民の生徒の割合と受入国出身の生徒の学業成績との間にいかなる相関関係も観測されなかった。また、イギリスの質的研究（Poppleton *et al.*, 2013）では、移民は受入国出身の生徒の学業成績に、正の影響を及ぼす可能性のあることさえ示唆されている。この研究で面接調査の対象となった教員は、移民の生徒のための支援策は、イギリス出身の生徒にも利益をもたらしていると回答している。さらに、移民の子どもは学習への集中力と熱意があるとみなされることが多く、そうした態度はクラス全体の学習環境にプラスの影響を及ぼすものと思われる。

　移民の生徒が受入国出身の生徒に与える影響についての調査結果はまちまちではあるが、にもかかわらずそれらの結果が共通して実証するのは、移民の生徒が集中していること自体が問題なのではなく、移民の生徒の集中と、移民も受入国出身者も含めて、不利な社会経済的背景の生徒が集中している状態との組み合わせこそが問題だということである。例えば、ルメートル（Lemaître, 2012）の研究では、多くのOECD加盟国について、不利な状況にある学校、すなわち、低学歴の両親を持つ生徒の割合が大きい学校へ通うことは、親の出身国や家庭で主に使用する言語が外国語であること以上に、学業成績に対して及ぼす影響が大きいことが示されている。それどころか、不利な状況にある学校へ通うことは、生徒の出身国に関わりなく、読解の成績に強い負の影響が及ぶことも明らかにされている。また、オーストリア（Schneeweis, 2013）とオランダ（Ohinata and van Ours, 2011）に関する研究と同様に、不利な状況にある学校に通うことによる損失は、受入国出身の子どもよりも移民の子どものほうがいっそう大きいこともわかっている。

142

移民が経済に及ぼす影響——地域レベルに注目する　第3章

　最後に挙げるのは、移民の生徒の大量流入は、受入国出身の親が、自分の子どもを移民の生徒の割合の小さい学校へ行かせるきっかけとなり、それによって一部の学校にますます不利益が集中するようになるかどうかを調べた研究である。この問題を最初に取り上げたのは、アメリカ合衆国の大都市圏132か所の国勢調査データを用いた、ベッツとフェアリーの研究（Betts and Fairlie, 2003）である。この研究では、移民の割合と私立の中等学校への入学者数の間には有意な正の相関があり、初等学校に関して相関は確認されなかった。公立の中等学校に入学する移民の生徒が4人にいれば、受入国出身の生徒が1人、私立学校に転校するという計算になり、また、転校する生徒の大多数が白人であることもわかっている。さらに、受入国出身の親が主に反応するのは、同じ移民でも家庭で英語以外の言語を話す子どもの存在であるとみられている。また、ドットーリとシェン（Dottori and Shen, 2009）は、アメリカ合衆国では、低技能の移民の割合が大きくなると、裕福な受入国出身者ほど子どもを私立学校へ入学させる傾向にあることを明らかにしている。同様の結果はデンマークについても確認されており（Gerdes, 2010）、デンマーク出身の親は、居住する基礎自治体で移民の背景を持つ子どもの割合が大きくなると、子どもを私立学校に通わせる傾向が強まる。ただし、この影響は小規模及び中規模の基礎自治体では有意であるが、大都市では観測されないようである。研究者の間では、これは大都市では居住の分離が顕著なことがその要因ではないかとされる。つまり、親は私立学校を選ぶ代わりに、住民構成が異なる同じ基礎自治体内の別の校区へ転居して、子どもを別の公立学校へ入学させることが可能だということである。

3.2　医療制度への影響

　移民と医療サービスに関する文献の多くは、移民の医療へのアクセスに焦点を当てたものであり、移民が（地域の）医療制度に及ぼす影響を取り上げた研究は数が限られている（医療へのアクセスは、もちろん移民による影響の重要な決定因子ではあるが）。その数少ない研究は、いずれもイギリスを対象にしている。国によっては一般の見方として、社会住宅や教育の場合と同様に、移民は受入国の公的医療制度をいいように利用して、医療制度全体の質や効率を低下させているというものがある。例えば、イギリスのメディアや国民保健サービス（National Health Service）では、ここ数年の外国人による「医療ツーリズム（health tourism）」とそれが公的医療制度に及ぼす影響が問題となり、その結果、2014年移民法に、滞在期間が5年以下の人に対する、医療サービスの有料化を目的とする条項が設けられることになった。

　実際のところ、OECD加盟国の平均では、移民は健康状態が良い、または受入国出身者より良いと回答することが多い（OECD and European Union, 2015）。これはいわゆる「健康な移民の効果（healthy-migrant-effect）」を表すものであり、いくつかの北アメリカや西ヨーロッパ諸国で確認されている。また、ほとんどの国では、移民人口は受入国出身者人口よりも年齢が若いということもある。

　ほとんどの国では、移民は受入国出身者よりも健康状態が良いと回答するだけでなく、過去12か月間に医者にかかっていないという回答も多い（図3.7）。この結果は、特定の国を対象とした各

143

図3.7 移民の健康状態

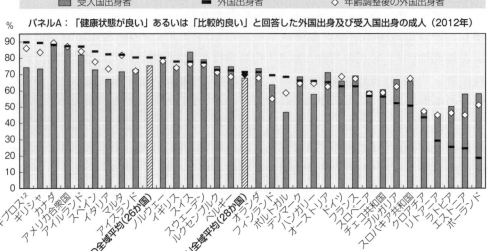

パネルA：「健康状態が良い」あるいは「比較的良い」と回答した外国出身及び受入国出身の成人（2012年）

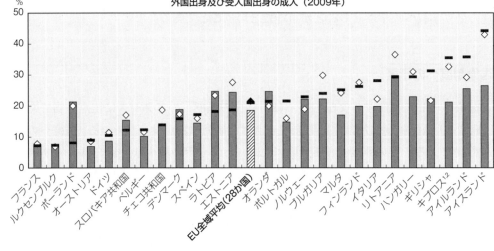

パネルB：「過去12か月間に医療機関（一般医または専門医）を受診していない」と回答した外国出身及び受入国出身の成人（2009年）

1. トルコによる注記：この文書に掲載の情報で「キプロス」と表記されているものは、キプロス島南部を指す。キプロス島のトルコ系住民とギリシャ系住民の両方を代表する単一の政府は存在せず、トルコは北キプロス・トルコ共和国（TRNC）を承認している。国連の場で恒久的かつ公正な解決策が見いだされるまでは、トルコは「キプロス問題」に関してこの立場を維持するものとする。
2. OECD加盟の全EU加盟国及びEUによる注記：キプロス共和国はトルコを除く全国連加盟国によって承認されている。本書に掲載の情報は、キプロス共和国政府の実効支配下にある地域に関するものである。

資料：パネルAは、欧州連合統計局（Eurostat）2012年欧州所得・生活状況調査（Statistics on Income and Living Conditions, 2012）、アメリカ国民健康聞き取り調査（US National Health Interview Survey, 2012）、カナダ地域健康調査（Canadian Community Health Survey, 2011-12）。パネルBは、欧州連合統計局（Eurostat）2009年欧州所得・生活状況調査（Statistics on Income and Living Conditions, 2009）アドホック・モジュール（ad hoc module）。

StatLink: http://dx.doi.org/10.1787/888933395613

図3.8 外国出身者が医療専門職に占める割合（2010年、2011年）

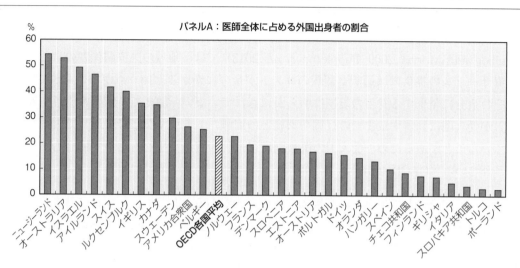

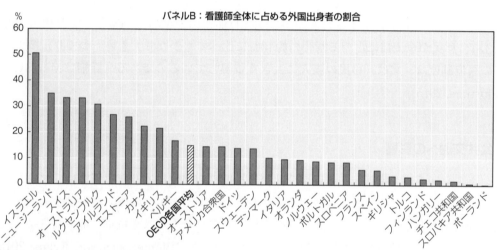

資料：Mercay, Dumont and Lafortune（2015）。
StatLink：http://dx.doi.org/10.1787/888933395629

種の研究でも裏付けられている。例えば、イギリスでは、移民はイギリス出身者よりも一般医への患者登録率が低い傾向にある（George et al., 2011; Hargreaves et al., 2006）。またドイツでは、移民はドイツ出身者よりも一般医への受診頻度が低い傾向にあり、また、予防医療や外来診療の利用も少ない。一方、両国ともに、移民は救急センターや救急サービスの利用が多い。サービス利用におけるこのような違いは、意思疎通や言語的な問題、また情報不足と関連している可能性がある（Kohls, 2011）。さらに、一部の移民集団、特に労働移民や留学生は、医療を受ける際に本国へ戻ることが多く、これが一般医への患者登録率の低さや受診回数の少なさの一因となっている（George et al., 2011）。

　しかし、たとえこれらの証拠が、1人当たりの公的医療制度への負担が、受入国出身者よりも移民の方が小さいことを示しているとしても、移民には固有の問題もあるため、それが地域の医療制

第3章　移民が経済に及ぼす影響——地域レベルに注目する

度の費用負担を増大させる可能性はある。例えばドイツでは、移民は職業に関連する事故に遭って、身体的障害を負うリスクが高く、特にトルコからの移民についてそれがいえる（Kohls, 2011）。これは、事故危険性の高い職業に移民が集中しているからだと考えられる。また、いくつかの質的研究（Scullion and Morris, 2009; Poppleton *et al.*, 2013）では、地域の医療関係者の声として、移民への医療サービスの提供には通訳と翻訳のコストが余分にかかるという点が挙げられている[12]。ただし、その余分に発生する費用の規模は明らかにされていない。加えて、庇護希望者や難民の医療は、彼らが受入国に到着するまでの行程や家族との別離、トラウマなどに関連して複雑な健康問題を抱えていることがあるため、受入国の医療制度に追加の費用負担をもたらす場合もあるという証拠も示されている（OECD, 2016）。

　サービスの利用を介して何らかの直接的な負の影響があるとしても、いずれにせよその点は、多数の医師や看護師が実は自身が移民であり、地域の公的医療制度は移民から利益も得ているという事実と比較検討される必要がある。2008年の場合、イギリスの医師の35%が外国出身者であり、ニュージーランド、オーストラリア、イスラエル、スイスではその割合はさらに大きかった。看護師については医師よりも割合が小さいものの、OECD加盟国の平均で14%と、なお相当な部分を占め（図3.8）、移民が全人口に占める割合の約10%に比べてもかなり大きい。つまり、多くのOECD加盟国の医療制度は、実は、移民の流入に大きく依拠しているのである（詳細はMercay, Dumont and Lafortune, 2015）。

3.3　公共交通への影響

　移民による交通手段の選択と、移民が公共交通機関や道路使用に及ぼす影響は、アメリカ合衆国を筆頭に、比較的よく研究されている。そうした研究の多くが示すのは、移民は受入国出身者よりも公共交通機関の利用率が高い、つまり、受入国出身者よりもバスや電車、地下鉄をよく利用するということである[13]。例えば、ブルーメンベルクとエバンス（Blumenberg and Evans, 2010）によれば、カリフォルニア州の移民は、アメリカ合衆国出身の通勤者の2倍の頻度で公共交通機関を利用し、結果として、同州で公共交通機関を利用する通勤者の半数近くを占めているという。カナダの大都市統計地域（Census Metropolitan Areas）を対象とした研究でも、同様の結果が得られている（Heisz and Schellenberg, 2004）。またこうした調査結果は、人口学的特徴、所得、通勤距離、都心からの距離などの調整後も変わらなかった。したがって、移民の公共交通機関の利用率の高さを、公共交通手段の発達した大都市圏に移民が集中していることや、移民はおそらく所得が低く、自動車の購入が簡単ではないと考えられるということだけでは説明できない。とはいえ、移民の受入国での居住期間が長くなると、交通手段の選択における差異は縮小し始めて、時間の経過とともに交通面での同化が進むことも示唆されている（Tsang and Rohr, 2011）。

　イギリスを対象にした研究で、ツァンとロア（Tsang and Rohr, 2011）は、移民による自家用車と公共交通機関の利用が社会に与える影響を調査し、欧州経済地域以外からの移民が交通システムに及ぼす影響の定量化を試みている。それによると、移民は受入国出身者よりも公共交通機関を利用することが多いため、移民が1人増えることによる社会への全般的な影響は、受入国出身者が1

146

移民が経済に及ぼす影響——地域レベルに注目する　第3章

人増える場合よりも負の影響が小さい[14]。この分析には、混雑という公共交通システムへの負の影響は、データ不足のため含まれていない。しかし、ツァンとロアは、イギリスの移民は交通手段にもっぱらバスを利用するため、既存路線であれ新規路線であれ、バスの運行本数を増やすことで、比較的短期間で混雑問題に対処することもそれほど難しくはないと指摘している。となれば、移民による公共交通機関の利用の増加は、それ自体としては問題ではないということになる。とはいうものの、一定地域への移民の集中が原因で、混雑や渋滞という影響が生じるとすれば、それは国レベルよりも地域レベルで顕著であると考えられる。移民特有の交通手段の選択や移動パターン（あるとすれば）からすると、道路よりも公共交通システムに影響が生じる可能性がある。

　全体を通していえるのは、移民が地域の公共インフラに及ぼす影響は、メディアの報道や世論が描くことの多いイメージよりも、複雑だということである。基礎自治体への転入者が1人増えるたびに、公共サービスに対する需要は増えるが、医療と交通に関しては、移民が及ぼす影響は、移民固有の特徴や選好もあって、実際には受入国出身者の場合よりも小さいことが実証されている。加えて移民は、公的な医療制度をはじめとする人材不足への取り組みを助ける側でもある。とはいえ、教育制度や一部の医療サービスの場合のように、公共インフラの費用負担を増加させるような移民に固有の問題、例えば言葉の壁の問題などが存在することも確かである。

第4節　移民が地方財政に及ぼす影響

　多くの国で、移民による公共財政や福祉制度への負の影響について、社会的な懸念が広がっている。移民が（国と広域自治体の両方の）財政に与える影響という問題は、世界経済危機以降いっそう注目度が増し、それによって、多くのOECD加盟国で政府予算の不均衡が高じる結果となっている。さらに、西洋社会では高齢化が進んでいることからも、公共財政への圧迫が増している。こうしたことから、移民が受入国の財政に及ぼす影響に関する研究も増加傾向にあるが（概要はLiebig and Mo, 2013を参照）、そのうちのほとんどが明らかにするのは、公共財政への移民の影響は国レベルではわずかなものにすぎず、また、OECD加盟国の平均でも、ほぼゼロに近いということである。

　とはいえ、地方レベルの財政への影響は、国や連邦レベルの影響とは異なる可能性がある。地方政府は中央政府とは歳入源が違い、そのため移民の大量流入の影響も、国レベルの歳入とは違うものになることが考えられる。例えば、ほとんどの国では、個人所得税を徴収するのは中央政府であり、地方政府は財産税（スカンジナビア諸国の一部など）や法人所得税（ドイツなど）を徴収している。財産税も法人所得税も、移民とは関連が薄い。というのも、平均的にみて、移民は受入国出身者よりも、不動産を所有している可能性が低く、また事業主であっても会社の規模が小さいからである（OECD and European Union, 2015）。

　同様に、歳出も基礎自治体と中央政府とでは異なっている。とはいえ、すべてのOECD加盟国に当てはまる一般的な説明を行うのは難しい。というのも、歳入と同じく、基礎自治体の歳出構造も国によって大きく異なるからである。対GDP比でみると、ギリシャやメキシコなどでは地方政府の歳出は5%未満であるが、スウェーデンやフィンランドではGDPの約4分の1、デンマークに至って

147

第3章　移民が経済に及ぼす影響——地域レベルに注目する

は3分の1を超える（OECD, 2013b）。また、地方レベルで提供されるサービスの内容も大きく異なる。基礎自治体は、主に財に対するサービス（ごみ収集、道路管理、給水など）を提供する国もあれば、人に対するサービスを主たる任務とする国もある。国によって特に差異が大きいのは、基礎自治体が提供する社会福祉サービスの程度である。北欧諸国とドイツでは、地方予算のかなりの部分が社会的保護の提供に充てられるが、カナダやニュージーランドなど一部の移民国家では、地方レベルで社会福祉的サービスが提供されることはほとんどない（Shah, 2006）。加えて、同一国内でも、基礎自治体によって提供するサービスにかなりの違いがある。例えばイタリアでは、福祉サービスは南部よりも北部で手厚い傾向にある（Pellizzari, 2011）。以上のことから、移民が地方財政に与える影響は、各国間でも各国内でも大きく異なることが考えられる。

さらに、国レベルの影響の場合と比べて、地方財政への影響の分析を困難にする問題がいくつかある。まず、基礎自治体の歳入と歳出に関する既存のデータは、そのほとんどがおおよその値であり、州あるいは国全体の平均値を示しているため、それぞれの基礎自治体間の差異をとらえることができない。また多くの国では、地方税の水準も自治体ごとに異なっており、それは、地方政府がどの程度まで課税自主権を持ち、それを利用しているかによって決まる。結果として、移民による財政への影響を地方レベルで分析した研究は、数が非常に少なくなっている。

大多数の既存の研究はアメリカ合衆国を対象としており（Clune, 1998; Garvey *et al.*, 2002; Lee and Miller, 2002など）、例外的に、デンマークの地方財政への影響を調査した研究（Wadensjö, 2007）がある。アメリカ合衆国の研究は、州レベルに焦点を置く傾向にあり、移民の受け入れ先の基礎自治体への影響だけをみることはできない、という欠点がある。アメリカ合衆国でこれまで実施された研究のほとんどは、連邦レベルの研究とは対照的に、移民は受け入れ先の基礎自治体の財政を圧迫するという結論に至っている。これは主として、移民の人口学的及び社会経済的特徴によって説明可能である。ほとんどのOECD加盟国では、平均的に移民は受入国出身者よりも若い。加えて、出生率も高い傾向にある（OECD and European Union, 2015）。その結果、OECD加盟国では、全移民世帯の41%が子どものいる家族（すなわち、単身の成人か成人2人以上の世帯に1人以上の子どもがいる）であり、一方、受入国出身者では子どものいる世帯はわずか28%である。ポルトガル、スペイン、アイルランドなど、世界経済危機に先立って移民の大量流入を経験した国では、子どものいる世帯に占める移民世帯の割合がきわめて大きい傾向にある。一方、子どものいない世帯に占める移民世帯の割合が大きい国は、中央ヨーロッパとバルト海諸国に限られ、これらの国では、受入国出身者人口よりも外国出身者人口のほうが、年齢が高い傾向にある（OECD and European Union, 2015）。

このような移民に特有の人口学的特徴のため、ほとんどの国では、高齢者の介護サービスや年金など、国庫で賄われることの多いサービスを移民が利用することは少ない。むしろ移民は、子どものための保育や学校教育を必要としており、これらは地方予算から支出されることが多い。移民が失業給付を受給する割合は、平均では受入国出身者よりもわずかに大きいだけであるが、社会扶助給付を受ける割合ははるかに大きい。というのも、ほとんどの国で外国出身者の所得は受入国出身者の所得よりも低いからである（付録の表3.A1.3）[15]。そしてこの社会扶助給付は、一般に地方予算で賄われる。

148

移民が経済に及ぼす影響——地域レベルに注目する　第3章

　外国出身者の利用率の高いサービスのほとんどは、地域政府によって提供されていることから、前述のアメリカ合衆国とデンマークに関する研究が、移民による地方自治体への純財政負担が受入国出身者よりも大きいとしているのも不思議ではない。例えばニュージャージー州では、平均すると、移民世帯は受入国出身者世帯に比べて、州の財政への負担は37%大きく、基礎自治体の財政への負担は59%大きい（Garvey *et al.*, 2002）。

　さらに、ほとんどの国では、中央政府は国防など、さまざまな「純粋公共財（pure public goods）」も提供しているが、そうした歳出項目は移民の増加による影響を受けない。したがって、移民による財政負担は、国レベルでは地域レベルよりも小さい傾向があるといえる。

　対照的に、移民による国の財政への影響に注目する研究では、統合に要する費用が、対GDP比では比較的小さいこともあって考慮されていない（Liebig and Mo, 2013を参照）。しかし、移民の統合に関連する費用は、その大部分を地方財政が賄っており、移民が多く集中する地域では、地方予算のかなりの割合を占めることが考えられる。統合関連の施策には、言語の問題に取り組むうえでの言語教育や通訳サービスがあり、また、子ども向けにも成人向けにも言語教室が開かれる。同じことは教育制度にも当てはまり、移民の大量流入がみられる基礎自治体では、新たな校舎の建設や教員の新規雇用が必要になる。こうした費用はすべて、少なくともいったんは地方政府が賄うのが一般的である。多くの場合、ある程度までは中央政府が補助金を通じて償還を行うが、償還までにはしばしば時間差があるため、地方財政が厳しい時期には問題となる。

　移民が財政に及ぼす影響は移民集団によって異なるが、これは地域レベルでも同様である。例えば労働移民は、難民など他の移民集団と比べて統合対策の必要が少ない。一方、非正規移民の存在は特有の問題を引き起こす。アメリカ合衆国の連邦議会予算事務局（Congressional Budget Office, CBO）が、非正規移民の予算への影響を調査して（CBO, 2007）、移民一般と同様に、非正規移民は連邦政府の財政には純貢献者であるが、州や地方の財政には純負担になることを明らかにしている。しかし非正規移民の場合は、政府レベル間のこの差異がもっと顕著に表れる傾向がある。なぜなら非正規移民は、連邦政府が社会保障や経済的援助の必要度に基づく施策——フードスタンプ（Food Stamps）、メディケア（Medicare）、貧困家庭向け一般援助金プログラム（Temporary Assistance for families in need）など——を介して提供する、各種の給付を受給できないからである。一方、地方政府や州政府には、広範なサービスを在留資格や支払い能力の有無にかかわらず、すべての人に提供することが求められている。

　さらなる問題は、州政府や地方政府への交付金は、しばしば人口学的特徴に基づく計算式によって配分されることである。ほとんどの場合、その計算式に非正規移民は含まれていない。なぜなら、非正規移民は、住民登録をまったく行っておらず、各種給付算定の基礎となる失業率や所得水準の統計にも加えられていないからである。ところが、中央政府から交付金の出るサービスやプログラムのほとんどは、非正規移民も利用している。たとえ正規の在留資格はないとしても、道路や公共交通、病院、学校制度はやはり利用することになるからである[16]。

第3章　移民が経済に及ぼす影響——地域レベルに注目する

第5節　結論

　移民の国レベルでの影響を調査した実証研究と、一般社会で認識されている移民の影響との間にはかなりの隔たりがある。国レベルの実証研究では、労働市場やインフラ、公財政といった重要な領域で、正負のいずれであれ、移民の影響はほとんど確認されていない。ところが、多くの国の世論は、移民による負の影響があるとみているのである。

　この矛盾した状況の要因としては、1つには情報不足が考えられる。また別の可能性は、人々の認識が地域への影響、特に、移民の集中度が高い地域への影響に基づいていることである。国レベルの影響を調査した多くの研究は、各地域間の分散分析を行ってはいるものの、注目しているのは、地域ごとの分布ではなくあくまで平均的影響である。確かに、移民は特定地域や都市部、中でも最も恵まれない地域に集中するため、地域への影響は、実際には国レベルの平均的影響からはかなり逸脱していることが考えられる（それでも、ほとんどの場合、地域への影響はさほど大きいとは思われない）。一方、移民の社会経済的特徴も国全体に均等に分布しているわけではなく、移民の失業率は、人口密度の高い地域で目立って高い傾向がある。そして、メディアの注目が過度に集まるのも、この移民の集中度と失業率の高い地域であり、その結果、全体像として偏ったものが伝えられることになる。

　とはいえ、移民に特有の問題が地域レベルで存在することは明らかである。例えば、移民による労働市場への影響は、人口に占める移民の割合とは不釣り合いに増大する傾向があるとの調査結果がある（ただし、この分野はまだ十分な研究が行われておらず、さらなる調査が必要である）。また、本章で取り上げた各種の分野（労働市場、住宅、教育、交通、医療、財政）全体に当てはまるような、移民の影響の一般化はできない。しかし、これは当然といえば当然のことかもしれないが、多くの分野では、人口に占める移民の割合よりも、移民の社会経済的特徴の構成のほうが、地域への移民の影響を決める要因として大きいようである。例えば、高所得者の流入は、地域の家賃の平均水準を上昇させる傾向があり、貧困者の流入はその逆の結果を招くと思われる。

　移民は受入国出身者とは違う特徴やニーズを持つ傾向があるという点もまた、移民が生み出す負担と利益が、政府のレベルごとに不均等に分布する状況をもたらす。移民が不釣り合いに多く消費するサービスは、地方政府によって提供されることが多く、移民の消費が少ないサービスは、しばしば中央政府の財源で賄われるからである。

　例えば、多くのOECD加盟国における中等教育の場合など一部では、地方政府が担う追加費用に対して償還が行われることもあるが、償還は往々にして費用の一部にすぎず、また時間のずれもある。この問題の本格的な議論は本章では手に余るものの、基礎自治体の負担する費用をもっと適切に反映させるため、また、各レベルの政府間の協力体制を強化するためには、多くの国で、現行の償還計画の一部について再考する必要があると思われる。だが、この問題を十全に評価するには、国によって異なる地方税の構成など、歳入面を含めた詳細な調査が求められる。

　いずれにせよ、地域のインフラ整備には時間がかかることから、現在、難民危機が原因でヨーロッパの多数の地方自治体が直面しているような、移民の突然の大量流入がある場合、特異な問題

移民が経済に及ぼす影響——地域レベルに注目する　第3章

が生じる可能性がある。また、大量移入は、例えばスウェーデンにおける住宅や教員の不足のように、地域のインフラに関して以前からある構造的問題を悪化させることも考えられる（OECD, 2016を参照）。移民がそうした問題の主因ではないという事実を認めることこそが、否定的になりがちな世論と、そうした世論よりもはるかに複雑な結果を示す実証研究のデータとの間に折り合いをつけるうえで、最初の大きな一歩である。

注

1. 「移民（migrant、immigrant）」「外国出身者（foreign-born）」という用語は、本章では同義語として用いており、当該国以外で生まれた人を指す。

2. 移民が地域経済に及ぼす影響に関しては、これ以外にも、経済成長や起業活動、技術革新への影響など他の側面もある。しかし、その辺りの議論は本章の範囲を超えている。

3. 各種調査の回答では、移民が文化的生活に及ぼす影響は、概して好ましいものとされている（OECD and European Union, 2015）。

4. 実際、高学歴の移民は、少なくとも入国直後は、国外での資格をかなり割り引いて評価されることが多い（Damas de Matos and Liebig, 2014）。さらに、国外の資格を持つ移民は、技能が比較的低い傾向にある（Bonfanti and Xenogiani, 2014）。

5. これらの研究はあくまで移民の全般的な影響を分析しており、年齢や学歴など、流入する移民の人口構造の調整は行っていないことに留意されたい。

6. カナダの国勢調査の調査区分とは、「郡（county）」「郡（a municipalité régionale de comté）」あるいは「地域（regional district）」をいう。

7. これらの結果は、ニュージーランドの国レベルの研究結果——移民は住宅価格に強い正の影響を及ぼすとする——とは異なっている。例えば、コールマンとランドン＝レイン（Coleman and Landon-Lane, 2007）は、移民の純流入が人口の1％に達すると、それに関連して住宅価格が8〜12％上昇することを明らかにしている。マクドナルド（McDonald, 2013）による推定上昇率はこれよりもやや低い（8％）が、それでも地域レベルに注目する他の研究よりも高い。ただしこれらの論文は、移民の影響の国内におけるばらつきは考慮していない。

8. 家賃への移民の影響を歪めかねない家賃規制の果たす役割として、もう1つドイツの例がある。ドイツ政府は2015年、「家賃ブレーキ（Mietpreisbremse）」と呼ばれる家賃の規制制度を導入した。新規の賃借人の家賃は、それに相応する地域の家賃よりも、10％を超えて高くすることはできないとするものである。

9. これらの結果は、ラターとラトーレ（Rutter and Latorre, 2009）の研究結果とも一致しており、同研究では、移民が社会住宅の利用に関して優先的な扱いを受けているという証拠も確認されていない。

10. 2012年の場合、公立の初等及び中等学校の資金は平均で、10.1％を連邦政府が、45.1％を州政府が、44.8％を地方政府が賄っていた（資料は全米教育統計センター（National Center for Education Statistics））。

11. 「ホワイト」という語が使用されるのは、この現象に関する文献の大多数がアメリカ合衆国を対象としているからである。

151

第3章　移民が経済に及ぼす影響——地域レベルに注目する

12. さらにウェールズの調査（Wales Rural Observatory, 2006）では、何人かの医療専門職が、移民の患者は過去の治療記録や予防接種歴を参照できないため、治療が難しいと回答している。

13. しかし、アメリカ合衆国のニュージャージー州について、逆の結果を示す研究もある（Chatman and Klein, 2011）。

14. ツァンとロアの推計——混雑やインフラの損傷、事故、大気環境への負の影響、騒音公害、さらに環境への広範な影響に関連する費用を、自動車税や燃料税から差し引くもの——によれば、道路使用によってかかるコストは、移民の場合は年間2,368英ポンドで、イギリス出身者では2,459英ポンドであるという。また公共交通システム（バス、鉄道、地下鉄）の利用の場合は、移民は運賃を介して1人当たり年間225英ポンドの貢献をしている（政府による補助金を除く）が、一方、イギリス出身者は公共交通システムをあまり利用しないため、その額が148英ポンドにとどまる。つまり、移民が及ぼす負の純効果は平均で年間2,143英ポンドであるのに対し、イギリス出身者が生む負の純効果は平均で年間2,311英ポンドである。

15. 同じことは住宅手当に関してもいえる。

16. だが留意すべきは、州政府と地方政府が非正規移民へのサービスに費やす金額は、全サービスの支出額のわずかな割合を占めるにすぎないという点である。非正規移民が最も多いカリフォルニア州でも、その支出は全サービスへの支出総額の10%に満たない（CBO, 2007）。

参考文献・資料

Addison, T. and C. Worswick (2002), "The Impact of Immigration on the Earnings of Natives: Evidence from Australian Micro Data", *The Economic Record*, Vol. 78 (1), pp. 68-78.

Akbari, A. and Y. Aydede (2012), "Effects of immigration on house prices in Canada", *Applied Economics*, Vol. 44 (13), pp. 1645-1658.

Altonji, J.G. and D. Card (1991), "The effect of immigration on the labour market outcomes of less skilled natives", in J.M. Abowd and R.B. Freeman (eds.) *Immigration, Trade and the Labor Market*, National Bureau of Economic Research, Cambridge, pp. 201-234.

Andrews, D., A. Caldera Sánchez and Å. Johansson (2011), "Housing Markets and Structural Policies in OECD Countries", *OECD Economics Department Working Papers*, No. 836, OECD Publishing, Paris, *http://dx.doi.org/10.1787/5kgk8t2k9vf3-en*.

Angrist J.D. and A. Kugler (2003), "Protective or counter-productive? Labor market institutions and the effect of immigration on EU natives", *Economic Journal*, No 113, pp. 302-331.

Balkan, B. and S. Tumen (2015), *Immigration and Prices: Quasi-Experimental Evidence from Syrian Refugees in Turkey, http://doi.org/10.1007/s00148-016-0583-2*.

Battiston, D., R. Dickens, A. Manning and J. Wadsworth (2014), "Immigration and the Access to Social Housing in the UK", *CEP Discussion Paper* No 1264.

Beerli, A. and G. Peri (2015), "The Labor Market Effects of Opening the Border: New Evidence from Switzerland", *NBER Working Paper*, pp. 1-52.

Bellini, E., P. Ottaviano, D. Pinelli and G. Prarolo (2013), "Cultural diversity and economic performance:

152

Evidence from European regions", in R. Crescenzi and M. Percoco (eds.), *Geography, Institutions and Regional Economic Performance*, Springer, Berlin.

Betts, J.R. and R.W. Fairlie (2003), "Does immigration induce 'native flight' from public schools into private schools?", *Journal of Public Economics*, Vol. 87 (5-6), pp. 987-1012.

Blumenberg, E. and A.E. Evans (2010), "Planning for Demographic Diversity: The Case of Immigrants and Public Transit", *Journal of Public Transportation*, Vol. 13, pp. 23-45.

Borjas, G.J. (2006), "Native Internal Migration and the Labor Market Impact of Immigration", *Journal of Human Resources*, Vol. 41 (2), pp. 221-258.

Borjas, G.J. (2003), "The Labor Demand Curve is Downward Sloping: Re-examining the Impact of Immigration on the Labor Market", *Quarterly Journal of Economics*, Vol. 118 (4), pp. 1335-1374.

Borjas, G.J., R.B. Freeman and L.F. Katz (1997), "Howmuch do immigration and trade affect labor market outcomes?", *Brookings Papers on Economic Activity*, Vol. 1, pp. 1-90.

Brezzi, M, J.C. Dumont, M. Piacentini and C. Thoreau (2010), "Determinants of the localization of recent immigrants across OECD regions", *Paper for OECD workshop on Migration and Regional Development*, 7 June 2010.

Brunello, G. and L. Rocco (2011), "The Effect of Immigration on the School Performance of Natives: Cross Country Evidence Using PISA Test Scores", *IZA Discussion Paper*, No. 5479.

Card, D. (2009), "How Immigration Affects US Cities", in R. P. Inman (ed.), *Making Cities Work: Prospects and Policies for Urban America*, Princeton: Princeton University Press, pp. 158-200.

Card, D. (2001), "Immigrant inflows, native outflows, and the local market impacts of higher immigration", *Journal of Labor Economics*, Vol. 19 (1), pp. 22-64.

Card, D. (1990), "The impact of the Mariel Boatlift on the Miami labor market", *Industrial Labor Relations Review*, Vol. 43, pp. 247-257.

Carrasco, R, J.F. Jimeno and A.C. Ortega (2008), "The effect of immigration on the labor market performance of native-born workers: some evidence for Spain", *Journal for Population Economics*, Vol. 21, pp. 627-648.

Carrington W.J. and P.J.F. de Lima (1996), "The impact of 1970s repatriates from Africa on the Portuguese labor market", *Industrial and Labor Relations Review*, Vol. 49, pp. 330-347.

Chatman, D.G. and N.J. Klein (2011), "Immigrants and Automobility in New Jersey: The Role of Spatial and Occupational Factors in Commuting to Work", Transportation Research Board 2011 Annual Meeting Conference Proceedings.

Chatman, D.G. and N.J. Klein (2009), "Immigrants and Travel Demand in the United States: Implications for Transportation Policy and Future Research", *Public Works Management & Policy*, Vol. 13, pp. 312-327.

Clune, M. (1998), "The Fiscal Impacts of Immigrants: A California Case Study", in J. Smith and B. Edmonston (eds.), *The Immigration Debate: Studies on Economic, Demographic and Fiscal Effects of Immigration*, National Academy Press, Washington, DC, pp. 335-353.

Coleman, A. and J. Landon-Lane (2007), "Housing Markets and Migration in New Zealand, 1962 – 2006", *Reserve Bank of New Zealand Discussion Paper DP 2007 and 12.*

Congressional Budget Office (CBO) (2007), "The impact of Unauthorized Immigrants on the Budgets of State and Local Governments", *CBO Paper Series.*

Damas de Matos, A. and T. Liebig (2014), "The qualifications of immigrants and their value in the labour market: A comparison of Europe and the United States", in OECD and European Union, *Matching Economic Migration with Labour Market Needs*, OECD Publishing, Paris, *http://dx.doi. org/10.1787/9789264216501-9-en.*

D'Amuri, F. and G. Peri (2014), "Immigration, jobs, and employment protection: Evidence from Europe before and during the great recession", *Journal of the European Economic Association*, Vol. 12 (2), pp. 432-464.

Degen, K. and A.M. Fischer (2010), "Immigration and Swiss House Prices", *Swiss National Bank Working Papers.*

Department for Communities and Local Government (2013), "Providing social housing for local people: Statutory guidance on social housing allocations for local authorities in England", London.

Dolado, J., J. Jimeno and R. Duce (1996), "The effects of migration on the relative demand of skilled versus unskilled labour: evidence from Spain", *CEPR Discussion Paper* No. 1476.

Dottori, D. and I.L. Shen (2009), "Low-Skilled Immigration and the Expansion of Private Schools", *IZA Discussion Paper*, No. 3946.

Duffy, B. and T. Frere-Smith (2014), "Perceptions and Reality: Public Attitudes to Immigration", Ipsos MORI Social Research Institute.

Dustmann, C., F. Fabri and I. Preston (2013), "The Effect of Immigration along the Distribution of Wages", *Review of Economic Studies*, 2013, Vol. 80 (1), pp. 145-173.

Dustmann, C., F. Fabri and I. Preston (2005), "The Impact of Immigration on the British Labour Market", *Economic Journal*, Vol. 115, F324-F341.

EMN (2014), "The Organisation of Reception Facilities for Asylum Seekers in different member states", European Migration Network Study.

Foged, M. and G. Peri (2015), "Immigrants' Effect on Native Workers: New Analysis on Longitudinal Data", *IZA Discussion Paper Series*, No. 8961, March.

Fougère, D., F. Kramarz, R. Rathelot and M. Safi (2011), "Social Housing and Location Choices of Immigrants in France", *IZA Discussion Paper*, No. 5557.

Friedberg, R.M. (2001), "The Impact of Mass Migration on the Israeli Labor Market", *The Quarterly Journal of Economics*, pp. 1373-1408.

Fry, J. (2014), "Migration and Macroeconomic Performance in New Zealand: Theory and Evidence", New *Zealand Treasury Working Paper 14 and 10.*

Garvey, D., T. Espenade and J. Scully (2002), "Are Immigrants a Drain to the Public Fisc? State and Local Impacts in New Jersey", *Social Science Quarterly*, Vol. 82 (2), pp. 537-553.

Gavosto, A., A. Venturini and C. Villosio (1999), "Do Immigrants Compete with Natives?", *Labour*, Vol. 13 (3), pp. 603-622.

Geay, C., S. McNally and S. Telhaj (2012), "Non-Native Speakers Of English In The Classroom: What Are The Effects On Pupil Performance?", *CEE Discussion Paper, 137*.

George, A., P. Meadows, H. Metcalf and H. Rolfe (2011), "Impact of migration on the consumption of education and children's services and the consumption of health services, social care and social services", National Institute of Economic and Social Research.

Gerdes, C. (2010), "Does Immigration Induce 'Native Flight' from Public Schools? Evidence from a Large Scale Voucher Program", *IZA Discussion Paper*, No. 4788.

Glitz, A. (2012), "The Labor Market Impact of Immigration: A Quasi-Experiment Exploiting Immigrant Location Rules in Germany", *Journal of Labor Economics*, Vol. 30 (1), pp. 175-213.

Gobillon, L., H. Selod and Y. Zenou (2007), "The Mechanisms of Spatial Mismatch", *Urban Studies*, Vol. 44 (12), pp. 2401-2427.

Gonzalez, L. and F. Ortega (2013), "Immigration and housing booms: evidence from Spain", *Journal of Regional Science*, Vol. 53 (1), pp. 37-59.

Gordon, I. R. and I. Kaplanis (2014), "Accounting for Big-City Growth in Low-Paid Occupations: Immigration and/or Service-Class Consumption", *Economic Geography*, Vol. 90, pp. 67-90.

Gould, E.D., V. Lavy and M.D. Paserman (2009), "Does Immigration Affect the Long Term Educational Outcomes of Natives? Quasi-experimental Evidence", *The Economic Journal*, Vol. 119, pp. 1243-1269.

Greulich, E., J.M. Quigley, S. Raphael, J. Tracy and G. Jasso (2004), "The Anatomy of Rent Burdens: Immigration, Growth, and Rental Housing", *Brookings-Wharton Papers on Urban Affairs (2004)*, pp. 149-205.

Hargreaves, S., J.S. Friedland, P. Gothard, S. Saxena, H. Millington, J. Eliahoo, P. Le Feuvre and A. Holmes (2006), "Impact on and use of health services by international migrants: questionnaire survey of inner city London A and E attenders", *BMC Health Services Research*, Vol. 6.

Hatton, T. (2014), "The economics of international migration: A short history of the debate", *Labour Economics*, Vol. 30, pp. 43-50.

Hatton, T. and M. Tani (2005), "Immigration and inter-regional mobility in the United Kingdom, 1982-2000", *Economic Journal*, Vol. 115, pp. F342-F358.

Heisz, A. and G. Schellenberg (2004), "Public Transit Use Among Immigrants", Statistics Canada, *Analytical Studies Branch Research Paper Series*.

Hunt, J. (1992), "The impact of the 1962 repatriates from Algeria on the French labor market", *Industrial and Labor Relations Review*, Vol. 45, pp. 566-572.

第3章 移民が経済に及ぼす影響──地域レベルに注目する

Jensen, P. and A.W. Rasmussen (2011), "The Effect of Immigrant Concentration in Schools on Native and Immigrant Children's Reading and Math Skills", *Economics of Education Review*, Vol. 30 (6), pp. 1503-1515.

Jones, E. (2014), "Migration Myths", *Population Matters*, London.

Kohls, M. (2011), "Morbidität und Mortalität von Migranten in Deutschland", *Bundesamt für Migration und Flüchtlinge*, Forschungsbericht 9.

Lee, R. and T. Miller (2002), "Immigration, Social Security, and Broader Fiscal Impacts", *New Issues in Immigration*, Vol. 90 (2), pp. 350-354.

Lemaître, G. (2012), "Parental education, immigration concentration and PISA outcomes", in OECD, *Untapping Skills: Realising the Potential of Immigrant Students*, OECD Publishing, Paris, *http://dx.doi.org/10.1787/9789264172470-8-en*.

Lemos, S. and J. Portes (2008), "The Impact of migration from the new European Union member states on Native workers", University of Leicester, Leicester.

Lewis, E. (2004), "How did the Miami labor market absorb the Mariel immigrants?" *Federal Reserve Bank of PhiladelphiaWorking Paper* No. 04-3.

Liebig, T. and J. Mo (2013), "The fiscal impact of immigration in OECD countries", in OECD, *International Migration Outlook 2013*, OECD Publishing, Paris, *http://dx.doi.org/10.1787/migr_outlook-2013-6-en*.

Longhi, S., P. Nijkamp and J. Poot (2010a), "Joint impacts of immigration on wages and employment: review and meta-analysis", *Journal of Geographical Systems*, Vol. 12, pp. 355-387.

Longhi, S., P. Nijkamp and J. Poot (2010b), "Meta-analyses of labour-market impacts of immigration", *Environment and Planning C: Government and Policy*, Vol. 28, pp. 810-833.

Longhi, S., P. Nijkamp and J. Poot (2006), "The fallacy of 'job robbing': a meta-analysis of estimates of the effect of immigration on employment", *Journal of Migration and Refugee Issues 1*, pp. 131-152.

Longhi, S., P. Nijkamp and J. Poot (2005), "A meta-analytic assessment of the effect of immigration on wages", *Journal of Economic Surveys*, Vol. 19 (3), pp. 451-477.

Manacorda, M., A. Manning and J. Wadsworth (2012), "The Impact of Immigration on the Structure of Wages: Theory and Evidence from Britain", *Journal of the European Economic Association*, Vol. 10 (1), pp. 120-151.

McDonald, C. (2013), "Migration and the housing market", Reserve Bank of New Zealand, Analytical Note AN 2013 and 10.

Mercay, C., J.C. Dumont and G. Lafortune (2015), "Changing patterns in the international migration of doctors and nurses to OECD countries", in: OECD, *International Migration Outlook 2015*, OECD Publishing, Paris, *http://dx.doi.org/10.1787/migr_outlook-2015-6-en*.

Mocetti, S. and C. Porello, C. (2010), "How does immigration affect native internal mobility? New evidence from Italy", *Regional Science and Urban Economics*, Vol. 40 (6), pp. 427-439, *http://doi.org/10.1016/j.regsciurbeco.2010.05.004*.

156

Moretti, E. (2011), "Local labor markets", *Handbook of Labor Economics*, Vol. 4, David Card and Orley Ashenfelter (eds.), Elsevier BV.

Müller, A. (2013), "Die Organisation der Aufnahme und Unterbringung von Asylbewerbern in Deutschland. Fokus-Studie der deutschen nationalen Kontaktstelle für das Europäische Migrationsnetzwerk (EMN)", *Bundesamt für Migration und Flüchtlinge, Working Paper, 55*.

Murdie, R. and J. Logan (2011), "Precarious Housing & Hidden Homelessness Among Refugees, Asylum Seekers, and Immigrants: Bibliography and Review of Canadian Literature from 2005 to 2010", *CERIS Working Paper*, No. 84.

Nathan, M. (2011), "The Long Term Impacts of Migration in British Cities: Diversity, Wages, Employment and Prices", *SERC Discussion Paper*, No. 67.

Nickell, S. and J. Saleheen (2009), "The Impact of Immigration on Occupational Wages: Evidence from Britain", *SERC Discussion Paper*, No. 34.

OECD (2016), *Making Integration Work: Refugees and Others in Need of Protection*, OECD Publishing, Paris, *http://dx.doi.org/10.1787/9789264251236-en*.

OECD (2014a), *International Migration Outlook 2014*, OECD Publishing, Paris, *http://dx.doi.org/10.1787/migr_outlook-2014-en*.

OECD (2014b), "Social Expenditure Update – Social spending is falling in some countries, but in many others it remains at historically high levels", OECD Publishing, Paris, *www.oecd.org/els/soc/OECD2014-Social-Expenditure-Update-Nov2014-8pages.pdf*.

OECD (2013a), *International Migration Outlook 2013*, OECD Publishing, Paris, *http://dx.doi.org/10.1787/migr_outlook-2013-en*.

OECD (2013b), *Government at a Glance 2013*, OECD Publishing, Paris, *http://dx.doi.org/10.1787/gov_glance-2013-en*. (『図表でみる世界の行政改革 OECD インディケータ（2013年版）』OECD編著、平井文三訳、明石書店、2014年)

OECD (2012), *Redefining "Urban": A New Way to Measure Metropolitan Areas*, OECD Publishing, Paris, *http://dx.doi.org and 10.1787 and 9789264174108-en*.

OECD (2009), *International Migration Outlook 2009*, OECD Publishing, Paris, *http://dx.doi.org/10.1787/migr_outlook-2009-en*.

OECD (2006), *From Immigration to Integration: Local Solutions to a Global Challenge*, Local Economic and Employment Development (LEED), OECD Publishing, Paris, *http://dx.doi.org/10.1787/9789264028968-en*.

OECD (2000), "Disparities in Regional Labour Markets", *OECD Employment Outlook*, OECD Publishing, Paris, *http://dx.doi.org/10.1787/empl_outlook-2000-en*.

OECD and European Union (2015), *Indicators of Immigrant Integration 2015: Settling In*, OECD Publishing, Paris, *http://dx.doi.org/10.1787/9789264234024-en*.

Ohinata, A. and J. van Ours (2011), "How Immigrant Children Affect the Academic Achievement of Native

Dutch Children", *IZA Discussion Paper*, No. 6212.

Ortega, J. and G. Verdugo (2015), "The Impact of Immigration on the Local Labor Market Outcomes of Blue Collar Workers: Panel Data Evidence", *CEP Discussion Paper*, No. 1333.

Ortega, J. and G. Verdugo (2014), "The Impact of Immigration on the French Labor Market: Why so different?", *Labour Economics*, pp. 14-27.

Ottaviano, G.I.P. and G. Peri (2012), "Rethinking the Effects of Immigration on Wages", *Journal of the European Economic Association*, Vol. 10, pp. 152-197.

Ottaviano G.I.P. and G. Peri (2006), "The economic value of cultural diversity: evidence from US cities", *Journal of Economic Geography*, Vol. 6, pp. 9-44.

Pellizzari, M. (2011), "The Use of Welfare by Migrants in Italy", *IZA Discussion Paper*, No. 5613.

Peri, G. and V. Yasenov (2015), "The labour market effects of a refugee wave: applying the synthetic control method to the Mariel Boatlift", *NBER Working Paper Series*, No. 21081.

Peri, G. and C. Sparber (2009), "Task Specialization, Immigrant, and Wage", *American Economic Journal: Applied Economics*, Vol. 1 (3), pp. 135-169.

Pischke, J.S. and J. Velling (1997), "Employment effects of immigration to Germany: an analysis based on local labor markets", *The Review of Economics and Statistics*, Vol. 79, pp. 594-604.

Poppleton, S., K. Hitchcock, K. Lymperopoulou, J. Simmons and R. Gillespie (2013), "Social and Public Service Impacts of International Migration at the Local Level", Home Office, Research Report 72.

Rutter, J. and M. Latorre (2009), "Social housing allocation and immigrant communities", Equality and Human Rights Commission.

Sá, F. (2014), "Immigration and House Prices in the UK", *The Economic Journal*, Vol. 125 (587).

Saiz, A.(2011), "Immigrants, Hispanics, and the Evolution of Housing Prices in the US", in Leal and Trejo(eds.) *Latinos in the economy: Integration and Impact in schools, Labour Markets, and Beyond*, Springer.

Saiz, A. (2007), "Immigration and housing rents in American cities", *Journal of Urban Economics*, Vol. 61 (2), pp. 345-71.

Saiz, A. (2003a), "Room in the Kitchen for the Melting Pot: Immigration and Rental Prices", *the Review of Economics and Statistics*, Vol. 85 (3), pp. 502-521.

Saiz, A. (2003b), "Immigration and housing rents in American cities", *Working Paper*, No. 03-12, Federal Reserve Bank of Philadelphia.

Saiz, A. and S. Wachter (2011), "Immigration and the neighbourhood", *American Economic Journal: Economic Policy*, Vol. 3 (2), pp. 169-88.

Scanlon, K. and C. Whitehead (2008), *Social Housing in Europe II: A Review of Policies and Outcomes*, Published by LSE.

Schellenbauer, P. (2011), „Wanderung, Wohnen und Wohlstand. Der Wohnungsmarkt im Brennpunkt der

Zuwanderungsdebatte", *Avenir Suisse.*

Schneeweis, N. (2013), "Immigrant Concentration in Schools: Consequences for Native and Migrant Students".

Scullion, L. and G. Morris (2009), "A study of migrant workers in Peterborough", University of Salford.

Shah, A. (2006), "Local Governance in Developed Countries", World Bank, Public Sector Governance and Accountability Series.

Smith, J.P. and B. Edmonston (1997), "The New Americans: Economic, Demographic and Fiscal Effects of Immigration", Panel on the Demographic and Economic Impacts of Immigration, National Research Council.

Stillman, S. and D. Maré (2008), "Housing markets and migration: evidence from New Zealand", *Motu Working Paper*, No. 08-06.

Tsang, F. and C. Rohr (2011), "The impact of migration on transport and congestion", RAND Europe.

Wadensjö, E. (2007), "Immigration and net transfers within the public sector in Denmark", *European Journal of Political Economy*, Vol. 23, pp. 472-485.

Wadensjö, E. (2000), "Immigration and net transfers within the public sector in Denmark", *Swedish Economic Policy Review*, Vol. 23, pp. 472-485.

Wales Rural Observatory (2006), "Scoping Study on Eastern and Central European migrant workers in rural Wales", pp. 345-371.

Winter-Ebmer, A. and J. Zweimüller (1996), "Immigration and the earnings of young native workers", *Oxford Economic Papers* 48 (1996), pp. 473-491.

Zorlu, A. and J. Hartog (2005), "The effect of immigration on wages in three European countries", *Journal of Population Economics*, Vol. 18 (1), pp. 113-151.

付録3.A1

付録の図表

図3.A1.1　都市部と農村部における外国出身者と受入国出身者の就業率（2013年）

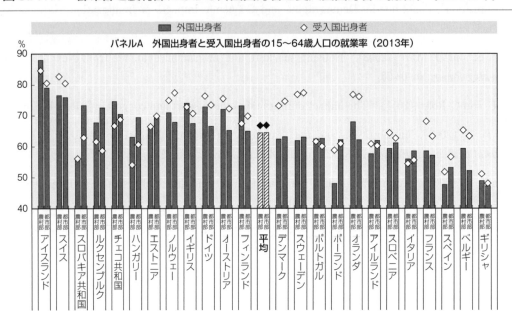

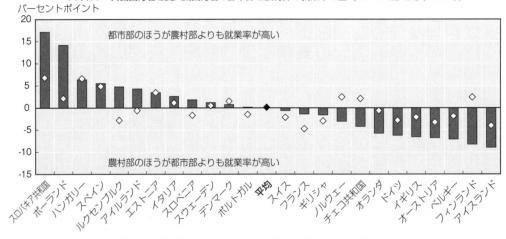

注：人口密度が高い地域及び中程度の地域を「都市部」とし、人口密度が低い地域を「農村部」としている。
資料：欧州連合統計局（Eurostat）労働力調査（Labour Force Surveys）。
StatLink: http://dx.doi.org/10.1787/888933395632

移民が経済に及ぼす影響——地域レベルに注目する　第3章

表3.A1.1　移民と受入国出身者別の子どものいる世帯の割合（2012年）

	移民世帯（%）	受入国出身者世帯（%）	移民世帯と受入国出身者世帯の差（パーセントポイント）
オーストラリア	44	44	+0.6
オーストリア	38	23	+14.9
ベルギー	36	26	+10.4
カナダ	52	39	+12.9
クロアチア	30	30	+0.2
キプロス[1,2]	34	33	+0.7
チェコ共和国	25	28	−3.2
デンマーク	26	24	+2.4
エストニア	12	30	−17.8
フィンランド	39	23	+16.6
フランス	27	27	−0.4
ドイツ	19	20	−1.7
ギリシャ	42	27	+14.3
ハンガリー	34	28	+6.2
アイスランド	42	36	+6.6
アイルランド	58	37	+20.9
イスラエル	25	55	−30.0
イタリア	41	26	+15.8
ラトビア	13	30	−17.0
リトアニア	13	29	−15.5
ルクセンブルク	38	24	+13.8
マルタ	18	29	−10.8
オランダ	29	26	+3.8
ニュージーランド	37	29	+7.7
ノルウェー	32	27	+4.7
ポーランド	7	33	−25.7
ポルトガル	49	31	+18.1
スロベニア	25	29	−4.0
スペイン	47	28	+18.8
スウェーデン	38	26	+12.6
スイス	32	23	+9.7
イギリス	39	27	+12.6
アメリカ合衆国	46	30	+15.5
EU全域平均（28か国）	34	26	+7.9
OECD全域平均（29か国）	41	28	+12.3

注：「移民世帯」とは、世帯員全員が外国出身者である世帯をいう。

1. トルコによる注記：この文書に掲載の情報で「キプロス」と表記されているものは、キプロス島南部を指す。キプロス島のトルコ系住民とギリシャ系住民の両方を代表する単一の政府は存在せず、トルコは北キプロス・トルコ共和国（TRNC）を承認している。国連の場で恒久的かつ公正な解決策が見いだされるまでは、トルコは「キプロス問題」に関してこの立場を維持するものとする。

2. OECD加盟の全EU加盟国及びEUによる注記：キプロス共和国はトルコを除く全国連加盟国によって承認されている。本書に掲載の情報は、キプロス共和国政府の実効支配下にある地域に関するものである。

資料：ヨーロッパ諸国は、欧州連合統計局（Eurostat）2012年欧州所得・生活状況調査（Statistics on Income and Living Conditions, 2012）。アメリカ合衆国は、アメリカ地域社会調査（American Community Survey, 2012）。オーストラリアは、国勢調査（Census, 2011）。カナダは、全国世帯調査（National Household Survey, 2011）。ニュージーランドは、世帯経済調査（Household Economic Survey, 2012）。イスラエルは、世帯支出調査（Household Expenditure Survey, 2012）。

StatLink : http://dx.doi.org/10.1787/888933396381

第3章　移民が経済に及ぼす影響——地域レベルに注目する

表3.A1.2 [1/2] OECD加盟各国の庇護希望者に対する分散政策と住宅政策（2015年）

	庇護希望者に対する計画的分散政策の有無	分散の基準	庇護希望者が個人で調達した住宅に居住可能かどうか
オーストラリア	ない	該当せず	可能（状況による）
オーストリア	ある	● 基礎自治体の規模	可能
ベルギー	ある	● 庇護希望者の家族状況と健康状態 ● 受入国の言語の知識 ● 基礎自治体の人口と移民の割合	可能（ただし、経済的支援を受ける資格を失う）
カナダ	データなし	データなし	データなし
チリ	ない	該当せず	データなし
チェコ共和国	ない	該当せず	可能
デンマーク	ない	該当せず	可能（6か月後）
エストニア	ない	該当せず	可能（十分な経済的手段を有している場合）
フィンランド	ある	● 庇護希望者の受け入れに対する地域社会の意思 ● 受け入れ施設の空きの有無	可能
フランス	ある	データなし	可能ではない
ドイツ	ある	● 税収と人口規模に応じた一定の配分率（「ケーニッヒシュタインの鍵（Königstein Key）」）	可能（特定の状況でのみ）
ギリシャ	ない	該当せず	可能ではない
ハンガリー	ある	● 庇護希望者の家族状況	可能（家族や友人によって住居が提供されるか、必要な資金を持つ場合）
アイルランド	ある	● 受け入れ施設内の庇護希望者数が、保健サービス局（Health Service Eecutive）の管轄区域の人口に占める割合	可能（ただし（経済的）支援を受ける資格を失う）
イタリア	ある（資金を持たず、受け入れ施設への収容を正式に申請した人のみが対象）	● 公平な分散 ● 居住場所の空きの有無 ● 庇護希望者の特徴 ● 統合の見込み ● 入札募集への基礎自治体の自発的参加（SPRARネットワーク）	可能
日本	ない	該当せず	可能
ルクセンブルク	ない（ただし、同一の国や地域の出身者が集中することは回避が試みられている）	該当せず	可能（例外的な状況の場合と、庇護希望者が経済的貢献を果たす場合のみ）
オランダ	ない	該当せず	可能ではない
ニュージーランド	ない	該当せず	可能
ノルウェー	ある	● 公開入札を通じた適切な庇護センターの提供	可能（ただし、現金給付を受ける資格を失う）
ポーランド	ある	● 住宅費用（45%） ● 地域の追加条件（20%） ● 基礎自治体の人口と失業率（15%） ● 住宅供給（15%） ● 外国人局からの距離（5%）	可能ではない
ポルトガル	ある	● 分散対象地域の住宅供給 ● 移民受け入れに対する地域社会の意思 ● 基礎自治体の規模 ● 分散対象地域における生活費 ● 分散対象地域における外国出身者や人道移民の集中度 ● 分散対象地域における個人の就業見込み ● 言語コースの利用可能性	可能
スロバキア共和国	ない（組織的ではない）	該当せず	可能（ただし、経済的支援を受ける資格を失う）
スロベニア	ある（組織的ではない）	該当せず	可能

移民が経済に及ぼす影響——地域レベルに注目する　第3章

表3.A1.2 [2/2] OECD加盟各国の庇護希望者に対する分散政策と住宅政策（2015年）

	庇護希望者に対する計画的分散政策の有無	分散の基準	庇護希望者が個人で調達した住宅に居住可能かどうか
スペイン	ない	該当せず	可能（特例的に賃貸住宅の費用が提供される場合もある）
スウェーデン	ある（自力で住居をみつけられない場合）	● 県（広域自治体）と基礎自治体の間の、国の統計値から得た4年分の予測と、想定される受諾及び辞退の比率に基づく交渉	可能
スイス	ある	● 州（広域自治体）の人口（州間での公平な配分） ● 各州の受け入れ施設の空き ● 家族員の有無 ● 特定民族のコミュニティの有無（特定の国の出身者の集中を避ける） ● 個々の受け入れニーズ	可能
トルコ	ある	● 庇護希望者の家族状況と健康状態 ● 基礎自治体の人口と移民の割合	可能
イギリス	ある	● 住宅供給（一般にロンドン以外） ● 庇護希望者の文化的適合性 ● 支援サービスの提供能力 ● 地域の住宅計画 ● 社会的緊張の増大リスク	可能（ただし、個人で調達した住居の費用は支払われない）
アメリカ合衆国	ない	該当せず	可能

資料：欧州移民ネットワーク（European Migration Network, 2013）「統合を目的とした地方自治体への難民の配分に関する特別アンケート（Ad hoc Query on allocation of refugees to municipalities for integration purposes）」；OECD（2016）『統合活動の実施：難民及び庇護の必要な人（*Making Integration Work: Refugees and Others in Need of Protection*）』OECD Publishing, Paris。

第3章　移民が経済に及ぼす影響──地域レベルに注目する

表3.A1.3　OECD加盟のヨーロッパ諸国において、移民世帯と受入国出身者世帯が社会給付を受給する割合（2011〜12年）

	社会扶助給付		失業給付		年金		家族手当		住宅手当	
	受入国出身者世帯(%)	移民世帯(%)	受入国出身者世帯(%)	移民世帯(%)	受入国出身者世帯(%)	移民世帯(%)	受入国出身者世帯(%)	移民世帯(%)	受入国出身者世帯(%)	移民世帯(%)
オーストリア	3	9	15	36	42	24	27	43	45	9
ベルギー	2	13	18	24	36	18	30	38	1	1
スイス	21	29	4	14	37	23	28	39	1	2
チェコ共和国	2	6	5	3	42	38	12	14	3	8
デンマーク			25	33	28	14	23	36	21	42
エストニア	2	1	7	5	34	69	31	12	2	1
フィンランド	7	29	19	43	35	13	22	31	20	50
フランス	8	16	16	21	43	44	25	27	22	39
ドイツ	3	7	13	12	33	54	28	23	11	13
ギリシャ	5	3	6	16	52	11	11	7	0	0
ハンガリー	6	2	10	2	46	41	30	34	7	3
アイスランド	3	10	14	26	35	19	25	19	57	50
アイルランド	5	6	29	41	34	9	42	65	36	31
イタリア	2	2	17	36	50	11	24	32	1	4
ルクセンブルク	4	14	4	14	44	22	24	41	10	15
オランダ	7	20	8	15	41	32	23	31	15	37
ノルウェー	3	15	6	12	35	12	27	38	4	13
ポーランド	4	3	5		47	93	12	3	2	4
ポルトガル	3	3	11	12	48	22	15	22	7	6
スロバキア共和国	6	2	5		44	81	42	16	0	
スロベニア	10	16	9	11	44	29	33	32	1	4
スペイン	4	5	29	43	40	10	3	2	1	3
スウェーデン	2	13	8	18	38	24	23	30	8	22
イギリス	9	15	5	7	41	24	25	35	16	24
OECD加盟ヨーロッパ諸国平均	5	10	12	20	40	31	24	28	12	17

資料：ドイツ以外は、欧州連合統計局（Eurostat）2012年欧州所得・生活状況調査（Statistics on Income and Living Conditions, 2012）。ドイツは、欧州連合統計局（Eurostat）2011年欧州所得・生活状況調査（Statistics on Income and Living Conditions, 2011）。

StatLink：http://dx.doi.org/10.1787/888933396390

第4章
環境的及び地政学的ショックに伴う国際移民
──それに対するOECD加盟国の対応

第4章

　環境的及び地政学的ショック──すなわち、甚大な社会的・経済的影響を及ぼす、突発的かつしばしば予測不能な変化──には、国内、国外を問わず、大規模な人口移動を伴う場合が多い。こうした事象は、程度はさまざまではあるが、合法的な移民制度や難民保護制度に緊張をもたらすことになる。

　本章は、OECD加盟国が、近年発生した主なショック関連の人口移動にどのように対応したかを分析するとともに、そこから得られる重要な教訓を示していく。また、環境的ショック及び地政学的ショックの両方に対して、移民制度及び難民保護制度の対応力と有効性の向上をはかるという目的で、より組織的な対応に向けた各種の選択肢──中でも、難民のための代替の合法的移民経路の利用──の検討も行う。さらに本章では、今般のシリア危機に対応して、代替の移民経路が実際にどのように使われているか、また今後どのような利用法が考えられるかについても分析する。

　こうした考察を踏まえると、重要な教訓として以下の3点が浮上してくる。すなわち、1）国際協力が効果的だからといって、誰もがそれをして当然だとはいえないこと、2）危機が長期化すると、恒久的な解決法を得ようとするニーズと、短期的な保護策を優先しようとする一般的な傾向との間に緊張が生まれること、3）ほとんどの移民制度に共通する選別プロセスについては、国際保護の枠組みの中で再考する必要があること、である。

165

第4章　環境的及び地政学的ショックに伴う国際移民——それに対するOECD加盟国の対応

はじめに

　環境的及び地政学的ショック——すなわち、甚大な社会的・経済的影響を及ぼす、突発的かつしばしば予測不能な変化——には、国内外への大規模な人口移動が伴うことが多い。この10年をみても、津波や地震、洪水、火山の噴火、ハリケーンといった大きな自然災害が、多数の国々に被害をもたらし、一時的もしくは永続的な避難場所を他に求めざるを得ない人々を生んできた。また、1990年代初頭のユーゴスラビア紛争時や、いわゆる「アラブの春」と呼ばれる反政府運動の後、そして何より、今般のシリア紛争によって、多くの人々が近隣であれ遠方であれ、他の国での保護を求めて母国を捨てざる得ない状況に追い込まれてきたし、今なお追い込まれている。2015年には、OECD域内で150万人以上が保護を求めており、トルコ一国だけで、現在、300万人近いシリア人を抱えている。

　こうした事象はいずれも、程度の差はあるものの、合法的な移民制度や難民保護制度を緊張状態に置いている。それに対する対応策は、国によって、また局面によって異なり、そこから以下のようなさまざまな疑問が生じている。すなわち、1) 近年の環境的及び地政学的ショックに関連する移民の動きから、OECD加盟各国が得た教訓は何か、2) 影響を受けている人口はどれくらいで、それに対処するため政策はどのように修正されてきたのか、3) どうすればこの種の移民のリスクを各国の移民政策に組み込むことができ、また、その目的のための国際協力は強化できるのか、4) OECD加盟各国が、ショック関連の移民にもっと効果的に対応するための諸政策は、どうすれば拡充できるのか、などである。

　本章は、環境的側面と地政学的側面という2種のショックに焦点を当てているが、エボラ熱などの感染症の大流行といった他の事態もまた、大規模な人口移動と関連していたり、確固とした移民政策による対応が求められたりすることが考えられる。また、移民受入国で経済的なショックが生じた場合も、当該国の移民政策に変更が迫られる可能性があるが（OECD, 2009; Chaloff *et al.*, 2012）、ここではその問題は扱わない。

　最初の節では、環境的及び地政学的ショックが引き起こす大規模な人口移動の特徴を概観し、そうした大規模な移民の流れを管理する、国際的な法的・連携的枠組みの概要を示す。第2節では、近年の環境的及び地政学的ショックに関連する大規模な移民への、OECD加盟各国の対応について分析を行い、そこから学ぶべき教訓を明らかにする。第3節では、環境的及び地政学的なショックに対する、移民制度や難民保護制度の対応力や有効性の向上を目的に、より組織的な対応に向けた各種の選択肢——特に、難民に対する代替の合法的移住ルートの適用など——に検討を加えている。そして最後に、本章で取り上げたさまざまな見解をまとめ、結論を導いている。

主な分析結果

ショックに関連する移民への過去の政策的対応

● ショックに関連する移民が対象の国際法や国際条約は、数も種類も限られている。地政学的シ

ョック後の移民を対象とする法律や条約は、国連難民高等弁務官事務所（UNHCR）による1951年の「難民の地位に関する条約（Refugee Convention）」を除けばほとんどない。また、環境的ショックから生まれる移民に関しては、その法律や条約は多くがまだ策定段階にある（例えば、国連気候変動枠組み条約第21回締約国会議（COP21）やナンセン・イニシアチブなど）。

- 大部分のOECD加盟国では、自国内で窮状にある外国人を支援する際には、短期ビザの発行や、強制退去を一時停止して猶予期間を置くことなどで対応している。ショック関連の移民に対して、通常の法的手段を整備している国はほとんどない。

- 1990年代以降、特にヨーロッパでは、1951年の「難民の地位に関する条約」に定める対応よりも、一時的及び補完的保護の適用がますます一般的になっている。

- アメリカ合衆国、オーストラリア、カナダを除けば、大規模な再定住プログラムのある国はほとんどない。再定住プログラムは、対応に時間がかかり、財源も不足している場合が多いが、戦闘地域や内戦から逃れてきた人々、中でも最弱者にとっては、なお最も有効な保護手段の1つである。国が主導する難民認定者の再定住プログラムは、まだきわめて小規模にとどまり、UNHCRに登録された難民のうち再定住するのは、毎年1％を下回っている。再定住プログラムのための資源拡大は、今後も国際社会の優先課題とすべきである。

- 難民を生み出すショックの根本原因の究明とそれへの対処（つまり、危機回避）にも、いっそうの関心を向ける必要がある。特に、地政学的なショックについてはそれがいえる。第一次庇護国は、難民の経済的・社会的窮状を改善しなければならないとはいえ、封じ込め策は、重大な人道危機への対応法として唯一の手段とはなりえず、また主要な手段にさえなりえない。

国際的保護の受益者のための代替経路

- 代替経路とは、必ずしも難民のために設けられたものではない移住手段だが、再定住プログラムの補完として利用が可能な方法をいう。代替経路には、労働移民、留学、家族の再統合に関わる移住に加えて、人道ビザや民間スポンサー制度を含む。再定住のニーズは満たされていない部分が大きいため、こうした代替経路への関心が近年拡大しているが、正確な評価はまだこれからである。

- 難民のために通常の労働移民の経路を適用する際には、雇用主が、難民を他の労働移民と対抗させることが可能になる政策や奨励策が必要になる。奨励策はもちろん、自国の労働者に向けた通常の労働基準に合致するものでなければならない。一般からの支持を失ったり、すでに国内に在住する難民を労働市場に統合すべく継続されている努力を無にしたりすることを、避けるためである。

- 難民のための代替経路のうち留学プログラムは、受入国、中でもその国の教育界で、一般の支持を引き出すという点では最も力がある。だが、その実施に当たっては、数々の難題に対処しなければならない。例えば、選考過程で候補者の教育レベルを確認すること、受益者個々のニ

第4章　環境的及び地政学的ショックに伴う国際移民──それに対するOECD加盟国の対応

ーズにサービス内容を適合させることなどである。難民に対する留学プログラムは、代替経路の中でも概して最も費用がかかるものの、紛争終結後に備えた有能な労働者の育成という重要な役割もある。

●家族移民という移住ルートは、保護を求める避難民に適用できる代替経路の中でも、最も多くの移住機会を生み出す。UNHCRの定義する難民については、国際的な法律や基準に家族の再統合の規定があるが、一時的・補完的保護の対象者の場合は、もっと厳格な条件を満たすことが求められる。最近では、多数のOECD加盟国、特にヨーロッパ諸国が、家族再統合に対する要件の厳格化を進めている。例えば、アイルランドとスイス──ともに一時的な家族の再統合を許可している──の場合をみれば、再統合の権利がプル要因になるリスクを回避しようとしていると思われる。家族再統合の条件について、一時的・補完的保護の対象者に最低基準を設ければ、「底辺への競争」のリスクが縮小される可能性があり、また、カナダやドイツのように、民間の財政援助の適用を拡大することも考えられる。

●人道ビザを利用すれば、受入国に合法的に入国して、正式な庇護申請を提出することができる。OECD加盟国のうち約3分の1がこの制度を設けているが、これは柔軟性の非常に高い方法であり、従来の再定住策を迅速性と高い費用効果をもって補うものである。だが、人道ビザの適用が任意ではない場合、運用が成功する見込みはかなり薄く、また、人道ビザの発給数が増加しても、適用地域が広がる（適用する国が増加する）だけで、集中的に増加する（すでに適用している国で発給数が増加する）可能性はあまりない。

●民間スポンサー制度は、民間部門が再定住及びその他の代替経路の費用を負担する制度である。カナダはこの方法の草分けであり、今も大規模なプログラムを運営している。カナダ以外のOECD加盟国で、この方法を積極的に活用したり（ドイツなど）、活用を検討中であったり（イギリスなど）する国は少数にとどまる。オーストラリアでは2013年から、試行的なコミュニティ支援プログラムを運営している。民間スポンサー制度については、規定や補償条項の策定に注意が必要であり、出資者が対象者の選定過程に積極的な役割を果たす可能性がある場合は、特にそれがいえる。

今般の難民危機における代替経路の可能性

●OECD加盟国は、シリア危機への対応に当たって、労働移民というルートをほとんど見過ごしてきており、この5年間に、シリア人労働者に与えた労働許可は約1万8,200件にすぎない。シリアと国境を接する国々に避難した18〜59歳人口は、200万人近いにもかかわらずである。特に技能のマッチングをはじめとして、障害はさまざま生じることが考えられるが、労働移民というルートの可能性について、さらに詳細に調査することは有用であろう。

●この5年間で、約1万5,300人のシリア人の若者が、OECD加盟国での留学ビザを得ている。これは、今までにシリアから避難した全大学生の10%に満たない数と思われる。基礎的な支援の上に留学の道が開かれれば、この経路の重要性は将来的にさらに増すことが考えられる。だが、留学プログラムに難民を受け入れるに当たっては、ただ奨学金や生活費を支給する以上

のことが求められる。シリア人の学生の勉学を可能にし、また彼らに特有のニーズを考慮していくような環境が必要になる。

● この5年間に、OECD加盟国で家族と再結合を果たしたシリア人は7万2,000人を超えるが、それでも今までのところ、シリア難民の家族再統合件数は依然としてかなり少ない（約2万7,600件）。これは1つには、難民からの申請処理が遅れているためであり、また1つには、一時的・補完的保護の対象者では、家族再統合の権利が制限される場合が多いためである。すでにOECD加盟国に滞在する家族との再統合はいっそう重要であり、民間スポンサーなどによって増加傾向にはある。ともあれ、家族関連の移民制度はシリア難民を保護する方法として大きな可能性があり、高い関心を持ち偏見を排して検討を進めていくことが考えられる。

大規模な人口移動に対する果敢かつ包括的、国際的な対応策

● 国際協力が効果的だからといって、誰もがそれをして当然だとはいえない。実際のところ、大規模な人口移動と苦闘する国を、他の国が、物質的にであれ金銭的にであれ援助する義務はまったくないのである。そのため、国際的なレベルで連帯意識を高め、責任の分担を進めるには、協力を促すインセンティブ（あるいはルール）が求められる。

● 大規模な人口移動が起こるような危機が長期化すると、恒久的な解決法を見つけてそこに資金を投入しようとするニーズと、短期的な保護策を優先しようとする一般的な傾向との間に緊張が生まれる。

● 各国が制度上、一時的な保護策——統合の可能性が損なわれる場合がある——を選ぶのを避けるには、滞在期間が長くなるにつれて、難民の権利や義務を徐々に拡大するという方法が考えられる。少なくとも、国際的なガイドラインがあれば、短期的な保護や猶予に関して最低基準を設けるうえでも、また、必要があればもっと安定した保護の得られる経路を拡充するうえでも、有用であろう。

● 保護プログラムのための選定基準は、国際的な保護の枠組みの一環として再考される必要がある。UNHCRの再定住プログラムは最弱者を対象としていることから、そもそもきわめて選定基準が厳しい。最弱者ではない人々を対象とする他のしくみは、その意味から有用な補完策となるだろう。広範な潜在的受益者に機会を提供できる1つの方法としては、代替の選定基準（くじ引きなど）で、（最弱者のために除外された人々に対する補完策として）一定数の再定住の機会を与えるということも考えられる。

● 今般の難民危機の状況を考えると、短期的な政策対応を、中長期に焦点を当てた行動で補完していくことが必要になる。したがって、そうした行動には、次のような目的を持った施策が含まれていなければならない。すなわち、移民とその子どもたちの地域社会への統合を促進すること、連携と責任／負担を分け合うしくみを強化すること、将来の展開と適切な政策対応を予測すること、そして、移民問題に関する社会的な信頼の再構築を始めること、である。

第1節　環境的及び地政学的ショックと国際移民の関係

1.1　環境的及び地政学的ショックはどのようにして国際移民を引き起こすのか

　ショック——環境的なものであれ地政学的なものであれ——は、多数の人々の移動に関連しており、その移動は当該国の内外を問わず、また時には相当な遠距離に及ぶ場合もある。地政学的ショックについては、2015年末までに総計6,500万人が、紛争や暴力から逃れるために家を追われたと推定されている。この数字には、4,100万人を超す国内避難民や、2,000万人近い難民が含まれる（UNHCR, 2016a）。これまでの移動人口の総数は、2005年には3,500万人という記録があることから、それ以降、86%増加したことになる。この増加傾向は現在、収拾のつかないシリア紛争の影響もあって加速しており、2015年だけでも、紛争や迫害によって1,240万人——2013年の約4倍——が新たに移動を余儀なくされている。

　環境的ショックは、地政学的ショックに比べて正確な人数の把握が難しいが、これもまた、国内や、通常居住する国の国境を越えて人口移動が起こる背景要因であることはまちがいない（Cohen and Bradley, 2010）。2001年から2011年の間に、毎年400件近い大きな自然災害が記録されており、それが2億6,800万人に影響を与え、年間の死者は10万人を超えている（Guha-Sapir, Hoyois and Below, 2013）。付録4.A1は、近年発生した大きな環境的ショックを一覧にしたものだが、これをみると、2009年以降、ほぼ8,600万人が自国内で移動しているのがわかる。ただし、その移動距離は不明である。

　水位の上昇や緩慢に進む干ばつなど長期的な環境変化は、突然起こることではないため必ずしもショックとはみなされないこともあるが、それでも、比較的短期間に大規模な人口移動を誘発させる場合がある。気候変動が原因で起こると推定される人口移動の規模については、激しい議論がある。最初にその数を推定したノーマン・マイヤーズ（Myers, 2005）は、1995年には2,500万人、2010年までには5,000万人、そして地球温暖化が定着すれば2億人に達するとしたが、これには異論が続出し、現在では、気候変動による人の移動は政策的対応や適応能力に大きく関わっているとの認識が、研究者の間では一般的である。言い換えれば、機械的な推定からは非現実的な結果が導かれるということである（Ionesco, Mokhnacheva and Gemenne, 2016）。とはいえ、自然災害や環境的ショックが、今後数年、数十年の間にさらに規模の大きい人口移動を引き起こすだろうというのは、大方の見方である。

　環境的及び地政学的ショックによる人口移動の特徴や規模は、さまざまな要因によって決まると考えられる。例えば、迫害への恐怖や人間の安全保障の破壊が、人道移民の主たる要因であることにはほとんど疑問の余地はないが、最初のショックの性質（暴力、紛争、自然災害など）だけが、人口移動の規模（誰が何人か）やパターン（国内的か国際的か）、方向（行き先はどこか）を決めると考えるのはあまりにも単純すぎる。そこには、他の多くの要因が関わっている。

　人々がどこまで移動できるか、また、移動が主として国内になるか国境を越えるものになるかは、被害を受けている人口の年齢構成や、紛争地域を出るまでの距離、さらには、目的地に着くまでの各種の地形が通過しやすいかどうかに左右される。また、ヴァン・ヒアー（Hear, 2014）が示す

ように、人口移動のパターンや影響力は、移動する人々が準備できる資源によっても決まる。そしてその資源の程度は、ほとんどが社会経済的背景によって決まるものの、同時に当該のショック自体の影響も受けることが考えられる。もう1つ、国外のネットワークを利用できるかどうかもまた、国際的な移動の相対的価値を決め、行き先を選ぶうえで重要な役割を果たしている。

　ショックに関連するものも含め、人口移動の決定要素を分析する際には、国と国を結び、移民制度のあり方を決める、言語的、地理的、政治的な、あるいは旧植民地関連のつながりを考慮に入れる必要がある。実際のところ移民制度は、強いられた移民にも利用可能な、比較的安定した人口移動のルートになりうる。さらに、ショックによる影響が近隣諸国にどの程度及んでいるかということ、もっと一般的には、近隣諸国内に広くみられる社会経済的な状況もまた、大きな要因である。

　同種のショックに見舞われても、国が違えば違う反応が起こる場合がある。例えば、フェンら（Feng *et al.*, 2010）によるメキシコの研究や、ボーラ＝ミシュラら（Bohra-Mishra *et al*, 2014）によるインドネシアの研究は、両国とも将来、気候の乾燥化や温暖化が進めば、人口移動が拡大する可能性がかなり高いことを明らかにしている。ところが、ウガンダ、ケニア、バングラデシュ、エクアドルで実施された一連の研究では、どこでも同じ人口移動という反応が観察されたわけではなかった。土壌改良が行われたケニアでは、農村地帯から外部への人口移動が減少したのに対し、隣国のウガンダではその反対の現象がみられた（Gray, 2011）。エクアドルの場合は、農作物の収穫高の多寡で人口移動の規模が変動し、洪水の起きやすいバングラデシュでは、洪水には関連のない穀物の不作の方が、洪水自体よりも人口移動への影響が大きかったのである。

　ショックが人の移動にもたらす結果をより正確に予測し、またそのために、地理的、人口学的、経済的、歴史的、政治的など、どのような要因に関わるものであれ、背景要因の重要性をよく理解するには、さらなる研究が必要なことはまちがいない。

1.2　国内的及び国際的な政策的枠組み

　地政学的及び環境的ショックに対する各国の対応のスピードは、移動する人々にとってもその国にとっても、きわめて重要である。ショックの影響は、まず国レベルで感じられるのが一般的である。そのショックの規模が小さかったり、特定の国に限定されていたりする場合、特にそれがいえる。当該国がショック関連の人口移動に適時に対応しようとする際には、移民に関する法制度や国際的な保護手段（再定住プログラムなど）をその事態に素早く適合させることが重要になる。

　国の政策の柔軟性が素早い対応に欠かせないことは確かだが、大規模なショックの場合は、もっと組織的な適応や規模の大きな国際連携が求められる。国によっては、柔軟な制度的枠組みを備えていて、想定外のニーズに応える際には、行政命令によって行動する、入国条件を改定する、あるいは新たな移住経路を設けるなどが可能な場合もある。だがほとんどの国では、法制度の変更には諸手続と交渉に長い時間がかかる。

　国際的な合意が必要な場合は、ショックに関連する人口移動に素早く適応することはさらに困難

第4章　環境的及び地政学的ショックに伴う国際移民──それに対するOECD加盟国の対応

になるが、これは、そうした事態に対して前もって用意された枠組みがまったくないためでもある。その好例がEUである。EUは、今般の難民危機に対して、大胆かつ包括的で協調的な対応策を作り出そうとまさに苦闘している（リビア及びシリアの難民危機に対するEUの政策的対応の詳細は、付録4.A3C及び4.A3D参照）。

国際的なレベルでは[1]、既存のしくみはすべて、任意あるいは単なる助言にとどまっている。さらに、1951年の「難民の地位に関する条約」を除けば、地政学的ショックに特化したしくみはほとんどなく、また、環境的ショックによる移民を管理する手段についても、そのほとんどがなお策定の途上にある。要するに、ショックに関連する移民に対処する国際的な手段は、数も対象範囲もなお不十分だということである。ただし、以下に挙げる広範な国際協力の形態は注目に値すると思われる。多国間条約、組み入れ、非公式ネットワークの3つである。

多国間条約

「多国間条約」とは、多数の参加国の間で協力して行う政策や行動の法的枠組みをいう（拘束力の有無は問わない）。1951年の「難民の地位に関する条約」は、移民問題、もっと正確にいえば、国際難民の受け入れ条件の問題に取り組むための、確固とした多国間条約として唯一のものである。同条約に署名した国々は、難民の受け入れや、保護申請の処理に関する各種の国際基準に従わなければならないが、自国の領土外ではそうした基準を認める義務もなく、どのようなものであれ、負担を分かち合う組織に寄与する義務もない。

組み入れ

組み入れ（embeddedness）とは、新しい状況や事象（例えば、ショックに関連する人口移動など）を、既存の拘束力のある協定や政策手段に組み入れることをいう。例えば、1951年の「難民の地位に関する条約」の定義や範囲を拡大し、紛争や内戦が勃発して避難してきた人々だけではなく、環境的な緊急事態によって移動を余儀なくされた場合も対象に含めようという試みなどである（Kraler, *et al.*, 2012）。だが、各国が定義の新たな拡大を承認する可能性はなおきわめて低い。それどころか、最近の動きはその反対に向かっているのが実情である。中でも、大規模な難民への対応策として、一時的及び補完的な保護や特例的な人道ビザなど、「難民の地位に関する条約」とは関連しない方策に頼る傾向が強まっていることが注目される。

とはいえ、国連が気候変動枠組み条約（Framework Convention on Climate Change, FCCC）に、気候変動に起因する人口移動の条項を補足協定として加えるなどの動きもある。2010年に同条約の第16回締約国会議（COP16）で合意されたカンクン適応枠組みでは、移民や難民、移転に関する対策の必要性が承認され、その目的で国際的な気候変動適応基金を利用する可能性が初めて示された（Warner, 2011）。同会議は締約国に対し、気候変動に起因する難民や移民、計画的な移転に関する理解や協調、連携を広げるような方策の採用を促している。

もっと最近では、2015年3月に日本の仙台で承認された「仙台防災枠組2015-2030」の策定がある。これは、難民の発生を予防・緩和し、人口移動に関してより広く深い見方を促すような行動を求め

ており（Guadagno, 2015）、特に、移民はコミュニティや社会の回復力に貢献すること、防災に有用な働きをする可能性があることを認めている（Paragraph 36. A. vi）。気候変動や自然災害の関連では、気候変動枠組み条約第21回締約国会議（COP21）も、難民に対する統合的な対応策を研究するプロジェクトチームの創設を決定している（コラム4.1参照）。

コラム4.1　パリ協定（COP21）

　2015年12月、国連気候変動枠組み条約の第21回締約国会議（COP21）で、195か国が法的拘束力のある世界的な気候に関する協定（European Commission, 2016; Government of France, 2016）を採択した。2020年に発効する、いわゆるパリ協定である。その第2条「各国が自主的に決定する約束」では、「気候変動の脅威に対する世界的な対応力の強化を目的とする」地球規模の行動計画が示されている。その内容は以下のとおりである。

- 世界の平均気温について、産業革命前と比較した上昇分を2℃より十分に低い水準に抑えること、また、産業革命前レベルからの上昇分を1.5℃までにとどめる努力を行うこと。

- 気候変動による悪影響に適応し、気候の回復力を助け、温室効果ガスの排出量を削減するための能力を高めること。

- 資金の流れを、温室効果ガス排出量の低減、及び気候の回復力の伸長を目指す道筋に適合させること。

　人口移動については、提出された国別目標案の20%が言及している（Lambert, 2015; IDMC, 2016; Ionesco, 2015）ものの、協定ではわずかに前文で触れ、また、COP決定の「損失及び損害」の項──「気候変動の悪影響に関連する人口移動に対する取り組みや、それを回避したり、最小限にとどめたりするための統合的な方法に関する勧告」を行うプロジェクトチームの設置を求めている（パラグラフ50）──で検討されているのみである。

　一部には、これに対してもっと強い表現を望んでいた専門家もあった（Lambert, 2015; Burns, 2016）。例えばサバレシ（Savaresi, 2016, p.9）は、「パリ協定は既存の制度的取り決めを承認したにすぎず、当初の草案にみられた気候変動による人口移動の調整機関への言及もなされていない」と論じ、この点はパラグラフ52──協定の第8条（損失及び損害を扱う）は「責任や賠償の根拠とはならない」とする──によって裏付けられているとも述べている。

　対照的に、人口移動への言及がなされたことは、同協定の締結が特別な歴史的状況下で行われたことを思えば、まちがいなく「正しい方向への一歩」だとする論評もある（Bettini, 2015）。中でも国際移住機関（International Organization of Migration, IOM）はパリ

第4章　環境的及び地政学的ショックに伴う国際移民——それに対するOECD加盟国の対応

協定について、「多種多様にして複雑な移民危機」の時代にあって、「この問題が必要としていた政治的推進力」をもたらす重要な足がかりとして歓迎している (Ionesco, 2015)。実際、パリ協定の協議の過程では、気候変動に関わる移民や人口移動の問題が前例のないほど注目されたのである (IDMC, 2016; Ionesco, 2015)。サバレシ (Savaresi, 2016, p.11) も、パリ協定が「気候変動に関して欠落していた、あるいは取り組みが不十分であった」問題を取り上げていることは認めている。

非公式ネットワーク

　国際的な非公式ネットワークとは、拘束力のない議論の場であり、ときにはそれが将来的な多国間協力の契機となる場合もある。非公式ネットワークは地域レベルでは数多くあり（例えば、バリ、ブダペスト、ハルツーム、プエブラ、ラバトの各プロセスなど）[2]、また特定の問題に関しては、世界レベルでも存在する（例えば、第三国定住に関する年次三者協議（Annual Tripartite Consultation on Resettlement））[3]。だがそのほとんどは、正式な意思決定機関がまったく関与しない、単なる政策提言の場にすぎない。OECDもまた1973年以来、「移民に関する作業部会（Working Party on Migration)」や「移民に関する専門家グループ（Expert Group on Migration, SOPEMI)」などを通して、移民管理や統合問題を議論する場を提供してきた。他にも、災害や気候変動に伴って国際的に移動する人々の、特にニーズに注目する非公式ネットワークに、ナンセン・イニシアチブがある[4]（コラム4.2）。

コラム4.2　ナンセン・イニシアチブ

　ナンセン・イニシアチブは、「各国が主導する協議プロセスであり、その目的は、災害や気候変動の影響のもと、国境を越えて移動する人々のニーズに応える保護計画について、合意を形成することにある」(The Nansen Initiative, 2016)。

　2015年10月12〜13日、世界的な政府間協議がジュネーブで開催され、「災害や気候変動を背景とする国際的な避難民の保護計画（Agenda for the Protection of Gross-Border Displaced Persons in the Context of Disasters and Climate Change)」が承認された。この保護計画は、「ナンセン・イニシアチブが召集した、いくつかの地域での政府間協議や市民団体の会合での成果をまとめたものである」(The Nansen Initiative, 2015)。

　ナンセン・イニシアチブは、災害による国際避難民について、新たに拘束力のある国際協議会を設置するよう求めているわけではない。世界の各地域・準地域レベルの組織が、自ら

の標準的な枠組みの中に、直面する固有の問題に対処する効果的な活動を組み込むことを奨励しているのである。ナンセン・イニシアチブは、ばらばらの政策や行動領域の連携を進める中で、データを示し最良の活動を明らかにすることによって、「（既存の組織の）焼き直しではなく、補完と支援」を目指すものである。ナンセン・イニシアチブの「世界協議会報告（Global Consultation Conference Report）」の指摘によれば、「多数の国が災害による避難民を、国内法」や、「移民当局の自由裁量」、場合によっては「適用可能な難民法を根拠に入国を認めている」という（パラグラフ31）。

受入国は、災害によって国境を越えてきた避難民に対し、入国を認める、あるいは、災害の影響下にある本国への送還はしないことによって、保護するのが一般的である。いずれの動きにも一時的な対策の実施が伴うことになるが、本来は、世界協議会報告が強調するように、長期的な対策のほうが望ましいと考えられる。同報告はまた、現行の人道主義的保護策はあくまで任意であり、確実性にも欠けることを指摘するとともに、「各国の当局が自力で解決策を見いだせないという状況にあって、国際的な協力や結束を促す」ため、また、「国境を越えた災害避難民が発生した場合に、すべての当該国民が人道主義的保護策の恩恵を受けられるようにする」ため、地域・準地域レベルでの協調も求めている。

非公式ネットワークの他の例には、アメリカ合衆国とフィリピンが共同議長を務める「危機下にある国の移民に対するイニシアチブ（Migrants in Countries in Crisis Initiative, MICIC）」がある[5]。このネットワークは、各国及びその他の関係者の能力を向上させて、危機的状況にある移民の保護をより手厚いものにし、それによって移民が脆弱な立場に置かれないようにすることを目指している。難民の場合、国や国際機関の役割が明確にされているが、危機にある国で窮状に置かれている移民に対しては、明瞭な枠組みがまったくない。そこでMICICは、ボトムアップ型で各国主導の任意のネットワークとして、国際的な対応を効果的に調整しようとしている。同時にMICICは、移民を送り出す側の国の政府についても、たとえ受入国に移ってそこで居住あるいは就労していたとしても、自国民の安全と福祉に対して大きな責任があることも認めている。2016年6月に発表されたガイドラインには、10項目の根本方針と15項目の指針、そして活動内容が、危機への備え、緊急事態への対応、危機後の行動という3つの章に分けて記載されている。これらの根本方針や指針は拘束力もなく任意であり、危機にある国の移民を保護する際の、各種関係者の義務と役割を律するためのものである。

第2節　ショックに関わる人口移動への過去の政策対応

本節では、この数十年の間に起こった大規模環境的及び地政学的ショックに対するOECD加盟国の対応を分析し、そこから得られるいくつかの重要な教訓を明らかにする。

第4章　環境的及び地政学的ショックに伴う国際移民――それに対するOECD加盟国の対応

2.1　環境的ショックに関わる人口移動

　この10〜15年間に発生した数多くの自然災害は、移民の出身国や受入国にも、国境を越える人々にも、そして移民政策にも影響を及ぼしてきた。自然災害の例としては、2004年のインド洋の地震と津波、2010年のハイチ地震、2011年の日本及びニュージーランドでの地震、ハリケーン・カトリーナとハリケーン・サンディ、さらには一連の洪水、サイクロン、火山噴火、そして干ばつと飢饉などがある（付録4.A2）。こうした事態への対応にどのような政策手段が用いられ、またOECD加盟国は、自国の移民関連の法律や規定をどのように改定したのだろうか。

　各国は、自然災害の犠牲者に対し、合法的な保護施設の提供[6]、補完的もしくは一時的保護、人道的入国許可、国外退去の一時的停止、これらに比べて少ないが、家族の再統合や代替手段による合法的移住の促進などを通して、救済を行っている（Cooper, 2012; EMN, 2010）。

　例えばアメリカ合衆国では、1990年改正移民法に「一時的被保護資格（Temporary Protected Status, TPS）」条項が新設される。その中には、ある国がTPSを取得できる国として指定される、つまり、その国の国民の被保護資格が認定される可能性のある理由の一覧が示されて、一覧には、その国で発生した地震や洪水、干ばつ、感染症の大流行、その他の環境的災害が、影響下にある地域での生活状態をかなりの程度、ただし一時的に破壊したという事例が挙げられている。この条項によって、対象者――その国のTPS指定時点に決められた特定の資格取得日に、すでにアメリカ合衆国に在留していなければならない――は、国外追放されないという暫定的な被保護資格が与えられる。TPSの対象者は、それに当然付随するものとして就労許可を得る資格もある。元のビザでも就労の制約は軽減される可能性はあるが、そのプロセスは系統だっていない。例えば、ハイチ地震の後や、日本での地震及び津波の後に、（経済的な困難に陥った人向けに）雇用許可を得るための非移民（つまり、通常の状況にある学生）ビザの取得を許可している。

　アメリカ合衆国国土安全保障省によると、2015年末の時点で、TPSを持つのはおよそ43万人だという。過去2年間に、新たにTPSの指定国となったのは次の国々である。2014年11月には、エボラ出血熱の感染拡大によって、ギニア、リベリア、シエラレオネが指定され、2015年9月には、継続する武力紛争のためにイエメンが指定を受け、2015年6月にはネパールが、マグニチュード7.8の大地震の後、指定国となった（USCIS, 2014c; 2015b; 2015c）。現在、自然災害の結果としてTPSの恩恵を受ける国は、ネパール、ハイチ（2010年、地震）、ホンジュラス及びニカラグア（1999年、ハリケーン・ミッチ）、エルサルバドル（2001年、地震）、そしてソマリア（1991年、紛争及び治安悪化、その影響下での干ばつと飢饉）である。TPS法の環境的な災害に関する規定に基づいてその指定を受けるには、当該国が公式に指定の要請を行って、この政策に双務的な要素を与えることが求められる。

　1つの国の当初のTPS指定期間は6〜18か月が一般的だが、その国の状況が引き続き指定の条件を満たす場合は、6か月、12か月、もしくは18か月のいずれかの延長の可能性もある。とはいえ、TPSはあくまで一時的な移民資格であり、連邦議会で何らかの特別法が承認されない限り、受益者がTPS資格によってアメリカ合衆国での合法的永住者になれるというわけではない。一部には、

176

TPSの指定が20年を超える国（例えば、ソマリア）もあり、「受益者に永久的な一時資格」を付与するリスクも生じている（Messick and Bergeron, 2014）。

アメリカ合衆国以外の多くのOECD加盟国でも、例えば下記のように、環境的事象に起因する避難民に対し、同様の条件で一時的な居住許可が与えられている。

- 2010年のハイチ地震後のカナダ。やはり避難民に対し、非移民資格の変更あるいは延長の申請を許可した。だが、非移民資格の変更が永住資格につながることはなかった。

- 2010年のハイチ地震後のフランス。

- 2011年の日本での地震、津波、原発事故後のオーストラリア。

EUの場合は、「一時的保護に関する指令（Temporary Protection Directive, TPD）」と「認定指令（Qualification Directive, QD）」という2つのEU指令を根拠に、自然災害からの避難民に国際的な保護を行うことができる。TPDは加盟国が、「大量流入」という状況、つまり、多数の人々が予想外の原因で避難してきて、個人で対処することはできない事態が生じている時、一時的な保護を提供することを可能にする。一方のQDには、もし本国に帰された場合、「重大な被害を受ける差し迫った危険」がある人に、補完的な保護を与えるための条項があり、たとえその人々が、1951年の「難民の地位に関する条約」の定義に基づく難民の資格がないとしても、それらの条項が適用される（2004年EU理事会規則第2条）。だが、どちらの指令も、強いられた人口移動の根拠である環境的な要因については明示しておらず、個々の加盟国が自らの裁量で適切と思われる解釈を行うことになっている。

国レベルでみると、環境的なショックへの各国の政策的対応で最もよくみられるのは、すでに自国に在留する被災国の人々の強制送還を一時停止することであり、これは、被災国の当局は概して、そうした帰還者に対処しきれないと考えてのことである。こうした施策は、TPSと同様、すでに受入国に在留する人にしか適用されない。例えば、2004年の津波被害の場合は、以下のとおりであった。

- カナダは、約4,000人の移民の送還を一時停止した。

- スイスは、スリランカからの庇護希望者の送還を2005年2月まで延期した。

- イギリスは、強制送還の延期を宣言した。

- アメリカ合衆国は、スリランカとモルディブからの移民の送還を、2005年4月まで停止した（ただしこの場合、両国はTPSの指定を受けなかった）。

同様にハイチ地震の後にも、伝統的にハイチからの四大移住国であるカナダ、フランス、メキシコ、アメリカ合衆国に加えて、コスタリカ、デンマーク、ドイツ、レバノン、パラグアイ、ルーマニア、スロバキア共和国、スロベニアは、そろってハイチ国民の強制送還を停止している（Independent Expert）[7]。

第4章　環境的及び地政学的ショックに伴う国際移民――それに対するOECD加盟国の対応

　また、アメリカ合衆国自身も、自国での環境的ショックであるにも関わらず、ハリケーンのカトリーナ及びサンディの被害地域の移民に対し、料金の適用免除を行い、サービス及び援助の要請や、「特殊事情（Special Situations）」条項に基づく雇用許可の処理を促進した（コラム4.3）。ニュージーランドと日本も、2011年のそれぞれ自国での地震の後、移民の支援に対策を講じている。さらにごく最近でも、カナダのアルバータ州、フォートマクマレーで山火事が発生し、多数の移民労働者が避難を余儀なくされた。カナダの市民権・移民相は、一時的居住者のための特別措置を伴う公共政策を認め、危機的状況によって直接の被害を受けた国民や永住者のための特別措置を承認した。

コラム4.3　移民受入国であるOECD加盟国で移民が被害を受けた自然災害

　移民送出国で発生したショックは、一般に、近隣諸国や移民受入国の政策にも影響を与える。だが、人口移動を引き起こす危機的状況はどこでも起こりうることであり、それは、旅行や生活、就労目的で在留する外国出身者も多いOECD加盟の移民受入国も例外ではない。実際、多数の移民が受入国で自然災害のショックを経験しており、それによって移民という立場への対応を強いられるが、一時的滞在者の場合は特にそれがいえる。

アメリカ合衆国

　そうした状況での政策対応の顕著な一例が、アメリカ合衆国のとった、カトリーナ（2005年）とサンディ（2012年）の両ハリケーンで被災した外国人向けの救援策である。それらの人々は被災した結果、住まいや仕事、また証明書など個人的な書類も失っている可能性があった。そこで連邦政府は、一時的滞在者にも永住者にも支援の手を差し伸べたが、特に一時的滞在者の窮状に対する緩和策としては以下のようなものがあった。

- ハリケーン発生時にアメリカ合衆国内に滞在していた外国人に対する、非移民の地位への切り替え、あるいは、その延長（認可された滞在期間が満了している場合でも）の許可。

- 市民権・移民局からすでに受けていた一時的入国許可の延長、あるいはその再認定。

- 経済的に困窮する学生に対し、就労（学外も含む）許可申請の処理の迅速化。

- 日程変更に必要な面接に対する期限延長及び支援強化。

　合法的な永住者については、グリーンカードなど移民書類や渡航書類がないまま国外で窮地にある人に対し、領事館による援助を拡大した。移民への救援策は、さらに最近（2015年）のサウスカロライナ州における洪水被害の後にも、実施されている。

日本

　日本では2011年の東日本大震災後、外国人がかなり流出して、純移動がマイナスを示す

結果となった[1]。地震及び津波、そして福島第一原子力発電所の事故の直後は、2,600人の研修生——被災三県の研修生総数4,100人の60%——が出国したのである。だが、2013年末までには、その数も震災前の80%に回復する[2]。震災後に離日した外国人研修生及び技能実習生の中には、再入国許可を取得していないケースもあったが、日本政府は状況の緊急性を認めて、再入国と研修の完了を許可した[3]。

ニュージーランド

ニュージーランドでは2011年2月22日、クライストチャーチ一帯が激震に見舞われた。被害は、自国民にも滞在する外国人にも同様に及んだ。緊急の政策対応の1つとして、移民局長官が3月1日付で出した特別命令があり、これは、ビザが3月31日以前に期限が切れる一時的滞在者が、ビザの延長を申請できるようにするものであった。延長の際には3か月の有効期間が追加されて、労働や勉学などさまざまな目的の滞在が可能となった。さらに、地震発生時は国外にいた一時的滞在者にも、ビザの3か月延長が実施された。支援を提供する国々からの救急要員が迅速に入国できるよう、移民局長官はここでも特別命令を出している（ただし、大部分はビザ免除国からの入国であった）。

クライストチャーチは、難民の再定住地域として重要な場所である。最近入国してクライストチャーチに居住していた人々は、地震後、ほとんどがオークランドに転居した。UNHCRの承諾により、地震後2年間はクライストチャーチの難民割り当て人数が縮小されたのである。クライストチャーチは2005～2010年には、平均で年に120人の難民を受け入れてきたが、ここ数年はその人数は一桁に落ちている[4]。

1. 日本の財務省の財務総合政策研究所による『パブリック・ポリシー・レビュー』第10巻No.1、2014年3月刊行。
2. *http://ajw.asahi.com/article/0311disaster/recovery/AJ201403070079.*
3. *www.moj.go.jp/nyuukokukanri/kouhou/nyuukokukanri01_00074.html.*
4. *www.immigration.govt.nz/NR/rdonlyres/2BBF70DC-6C0B-4041-B914-FE20566D068A/0/RQBStatPakInternet.pdf.*

環境的ショックによる人口移動への対応について、受入国の経験から明らかになる主な施策には以下のようなものが挙げられる。

- 当該国内で生活や就労、勉学を行っている一時的滞在者に対し、状況に応じて救済策を施す。

- 経済的に逼迫している場合の求職や、期限切れが近い法的身分の延長のために、外国人滞在者の法的資格取得を容易にすることで支援する。

- 行政上の手続や料金の負担を軽減して、危機的状況に置かれた外国人滞在者にさらなる負担をかけないようにする。

- 永住者になる可能性のある人に向けた対策では、特に新たに開発されたものはない。

第4章　環境的及び地政学的ショックに伴う国際移民──それに対するOECD加盟国の対応

　一部の受入国でとられた重要な政策措置としては、もう1つ、被災地域の人がすでに自国内に居住する家族員に合流することを可能にするというものがある。この種の政策変更には、手続の簡略化や迅速化が伴う場合がほとんどである。

● フランスは、ハイチ人の国内滞在者の家族に対し、一時滞在ビザなしでの入国を可能にし、一時的滞在の申請を迅速に処理するようにした。

● アメリカ合衆国の「ハイチ人家族再統合のための一時的入国許可プログラム（Haitian Family Reunification Parole Programme）」では、申請手続の簡略化及び迅速化がはかられただけでなく、申請手続の完了前でも、申請者が国内で居住や就労をすることも認めた。

● 2010年にグアテマラで火山爆発が発生した後、アメリカ合衆国はアメリカの市民権や合法的な永住権を得ているグアテマラ人の家族からのビザ申請について、手続の迅速化をはかった。

● 2004年のインド洋での大津波発生後、カナダは、被災地域出身でカナダの市民権や永住権を持つ人の家族の入国を許可する措置をとった。

　❖ インド洋大津波によって重大かつ直接的な被害を受けた親族の保証人になることを希望する、カナダ市民や永住者からの「家族呼び寄せ（Family Class）」申請の手続を迅速化した。

　❖ インド洋大津波の被害者で、カナダに親族がいるものの、「家族呼び寄せ」に基づく資格取得はしない場合の申請は、個別的に審査された。

　❖ インド洋大津波の被害を受けた移民申請者（その種類を問わない）に対しては、新たな申請処理費や永住権申請費を請求しなかった。

　一部の国では、環境的な災害の発生時には、自国の国境の内外を問わず、移民の保護を促進する措置がとられる。例えば2004年のインド洋大津波の際、オーストラリアは、すでに同国内に在住する移民からの各種申請が未決の場合や、被災国からの庇護希望者の一時的滞在ビザの申請について、処理を迅速化している（DIMIA, 2005; IOM, 2009; Laczko and Collett, 2005）。

　だが、新たな制度の制定や法的手段の改定に向けて措置を講じ、自然災害からの避難者の一時的滞在や定住を可能にしようという国は、ごく少数である。その中には、ハイチ地震の際に対応策を講じたブラジルや、それにやや遅れたものの、アメリカ合衆国などが挙げられる。ブラジルは2010年、ハイチ国民に対して人道ビザの発給を始め、アメリカ合衆国は2012年1月、ハイチを、当該国民にH2-A及びH2-Bビザ（それぞれ、農業及び非農業部門での一時的就労が可能なビザ）受給の資格が認められる国のリストに加えている。

　EU加盟国の中では、スウェーデン、フィンランド、イタリアが、それぞれ別個に、出身国が自然災害で被害を受けた人々の一時的保護と救援を行っている。これまでに述べた各国の政策とは異なり、これらのヨーロッパ諸国では、第三国に最初の庇護を求めた難民にも一時的滞在が認められる。つまり、申請時点では受入国に入国していなくてもいいということである。スウェーデンでは、「環境的災害のために出身国に帰ることができない」外国人を、「他の意味で保護を必要とする

180

人」に分類している。スウェーデン——フィンランドも——は、道義上、自然災害に伴う難民認定は、現行の外国人保護規定によって要求可能ともしている（Baldineli and Black, 2016）。イタリアの場合は、外国人保護の法律に、人道に関わる事象——特に、EU外での自然災害など——による被災者への一時的保護が規定されている。

付録4.A2で検討する事例研究や、さらに広く、環境的なショックに対処してきたOECD加盟国の過去の経験から明らかになる重要な点として、以下の3つが挙げられる。

1）COP21やナンセン・イニシアチブによって状況は改善されているものの、環境的ショックによる人口移動に適用すべき国際的な法的枠組みは、まだ不十分である。となれば、国内避難民に関する国連指導原則——何らかの国内法に導入されている——を先例とするソフトロー（拘束力が緩やかな法）という対応が、実際のところ、比較的実用的だといえるだろう。

2）国内の法的枠組みからも、環境的な重大事象による避難や人口移動に対応する方法は見出されてきた。アメリカ合衆国、EU、その他のOECD加盟国では互いに似通った対応がとられ、いずれも短期ビザ及び一時的な強制送還停止をその主眼としている。とはいえ、実際の手順は国によって大きく異なる。国際的合意に基づく指針があれば、自然災害のために被災国内で窮状にある人々に対して、寛大な措置として短期的在留資格を付与することに関して、最低限の基準を設けるのに有用だと思われる。

3）さらに積極的な対応について、法的手段を用意しているOECD加盟国はほとんどなく、避難民保護に関する法律の中で、自然的・環境的災害について明確に言及している国も少数にとどまる。各国は、出身国で環境的な危機が長引く場合、自国内の移民を保護するためにもっと持続性のある法的手段の整備を目指すべきであろう。

2.2　地政学的ショックに関わる人口移動

近年は、アフリカや西アジアをはじめとして、一連の重大な地政学的ショックや紛争の発生が顕著であり、それらによって大規模な人口移動が発生している。過去及び現在の紛争には、ダルフール、ソマリア、イラク、アフガニスタンでのものがあり、さらには、いわゆる「アラブの春」の争乱の背景に対抗する形で、リビアやシリアで発生しているものも挙げられる（付録4.A3）。1990年代には、主な地政学的ショックはヨーロッパで起こっており、最大の事例は旧ユーゴスラビアの分裂である（付録4.A3）。さらに遡ると、OECD加盟国への大規模な人口流入は上記とはまた別の地域からであった。脱植民地化を背景とするものもあれば、例えば、キューバやベトナムからのボートピープルという形態もみられた（付録4.A3）。すべてのケースで、多くの人々が被害を受け、主な受入国の外国人保護制度は困難な問題を抱えることとなった。この間、OECD加盟国はどのような対応策をとり、主要な政策的矛盾にはどのようなものがあったのだろうか。

本項では、各種の被保護資格について、また、OECD加盟国のそれらの資格の適用状況や保護の提供に対する各国のアプローチ——例えば、1951年の難民の地位に関する条約に基づく資格か一時

第4章　環境的及び地政学的ショックに伴う国際移民──それに対するOECD加盟国の対応

的被保護資格か、再定住か一時的庇護かなど──について、論じていく。続いて、地政学的ショックによる人口移動の管理を巡る国際協力について考察し、政府開発援助（ODA）や人道援助の役割の分析も行う。

1951年の難民の地位に関する条約と補完的及び一時的保護

OECD加盟国のほとんどは、1951年の難民の地位に関する条約と、1967年の難民の地位に関する議定書を批准している[8]。したがってそれらの国々は、国際法上、同条約の「難民」の定義に合致する人々の避難要請に応え、保護を提供する義務を負っている。同条約で定義された「難民」とは、「人種、宗教、国籍もしくは特定の社会的集団の構成員であることまたは政治的意見を理由に、迫害を受ける恐れがあるという十分な根拠があるために、出身国に帰ることができないか帰ることを望まない者」をいう。この条約の重要な要件の1つにノン・ルフールマン原則、つまり、「難民を、いかなる方法によっても、生命や自由が脅威にさらされる恐れのある領域へ、その意思に反して追放または送還（ルフールマン）をしてはならない」というものがある。

ここで留意する必要があるのは、地政学的ショックで避難している人々のすべてが、難民条約で定義される難民の資格が与えられるとは限らないことである。というのも、同条約が求めるのは、迫害全般からの保護ではなく、その人が迫害の標的とされている場合の保護だからである。言い換えれば、紛争や内戦からの避難民であっても、暴力行為の特定の対象であることを証明できなければ、この条約の下での難民資格は得られないということである。だが実際には、難民条約が適用可能かどうかは当該の紛争次第で決まる。例えば、UNHCRが最近発表したガイダンス、「シリア・アラブ共和国から避難する人々の国際保護の必要性について（International Protection Considerations with Regard to People Fleeing the Syrian Arab Republic）」には次のような記載がある。すなわち、「国際保護を求めるシリア人の大半は、1951年の難民条約の根拠の1つと関連する、十分な理由のある迫害への恐怖を有することから、条約の第1条A（2）に規定される難民の定義要件を満たす可能性が高いと考える」（UNHCR, 2015a）と。

地政学的危機からの避難民の突発的な大量流入に対応するに当たって、各国は特殊なケースとして、一時的で補完的な在留資格を編み出してきた。その先駆は、1990年代の旧ユーゴスラビアでの紛争による大規模な人口流出に対処しようとしたEU諸国である[9]。UNHCRはこうした一時的保護を、きわめて困難な状況に対する緊急対応であるとして承認している（UNHCR, 2000a）。

オーストラリアは1981年、難民条約の定義する難民資格を得られないと考えられる人々に対して、「特別人道プログラム（Special Humanitarian Programme）」を採択している。またその10年後には、内乱からの避難民に対して「特別援助カテゴリー（Special Assistance Category）」を設けている。そして1999年には、いわゆる「セーフ・ヘブンビザ（Safe Haven Visa）」制度を導入し、コソボからの避難者に一時的な避難所と、被保護資格はあるが未認定の入国者のために、権利を縮小した3年間の一時的な保護ビザを発給した。これは2008年に廃止されるが、2014年には「一時的保護ビザ（Temporary Protection Visas）として、5年期限の別種である「セーフ・ヘブン・エンタプライズビザ（Safe Haven Enterprise Visa）」とともに再導入される。セーフ・ヘブン・エンタプラ

182

イズビザの受給者は、指定された地方（大都市以外の地域）で3年半就労や就学をすると、他のビザ申請が可能になる。

従来のものに代わる一時的／補完的保護資格は、もちろん「ノン・ルフールマン原則」を包含してはいるが、従来の難民資格と比べると、概して認められる権利が少なく、また対象者の受入国への定住化が想定されていない場合が多い。だが、ことは必ずしもその通りに運ぶとは限らない。

例えば、1992年から1999年の間にユーゴスラビア紛争から避難してきた人々は、「一時的保護制度」の下での最初の大規模な難民であったが、かなりの数が帰国しなかった。1995年のデイトン合意後でさえも、「民族浄化」を恐れて国外に留まったのである（Koser and Black, 1999）。多くの避難民が帰国しないことがますます明らかになってくると、一部のOECD加盟国（オーストリア、フィンランド、ルクセンブルクなど）は、難民が一時的保護資格から、やがて何らかの永住資格へと移行することを許可する。一方ドイツは、当初、EUに避難してきたボスニア人の60%を進んで受け入れたものの、自発的な帰国を促すことになる。だが、1997年の時点で、帰国したと推定されるのは全体のわずか3分の1であった（Koser and Black, 1999）。

対照的に、コソボ難民は1999年のコソボ紛争終結後、すぐに一団となって帰国する。紛争の間には、10万人超がヨーロッパやその他のOECD加盟国で、UNHCR及び国際移住機関（IOM）の組織する「人道的避難計画（Humanitarian Evacuation Programme）」による一時的保護を受け、アメリカ合衆国に限っては、戦闘地域からの難民に永住資格も与えている。出身国からの距離が近いことや、紛争が比較的短期間だったこと、国際社会の強力な戦後処理などが、需要な決定因であるのはまちがいないだろう。

ヨーロッパでは、各国の国内法制が急速に拡大する事情を踏まえて、2つのEU理事会指令、すなわち「一時的保護に関する指令」（Council Directive 2001/55/EC）と「認定指令」（Council Directive 2004/83/EC）が、EU全体の共通基準の設定を目指して発せられた[10]。一時的保護に関する指令は、EU加盟国間の結束と共同責任を前提として、人口の大量流入に対する一時的保護の基準を設けたものだが、2001年に最初に合意されて以来、一度も適用されたことがない（コラム4.4）。

コラム4.4　「一時的保護に関する指令」が適用されてこなかったのはなぜか？

　EUは2001年、「一時的保護に関する指令（TPD）」を採択した。TPDは、EU加盟国間の結束と共同責任を前提として、「大量流入」があった場合の避難者の一時的保護に関する統一基準を示すものである。TPDは、1990年代に旧ユーゴスラビアで難民危機が発生し、その一時的保護のための正式な法的枠組みを提供しようとするものであった。多くのヨーロッパ諸国はその危機に当たって、ボスニアやコソボの紛争から避難してきた人々に（主に、人道的避難計画に沿って）一時的な避難場所を提供していた。

TPDでは「大量難民」を、「特定の国または地理的地域から、多数の避難者が当該地域社会に到着することをいい、当該地域社会への到着が自発的であるか、例えば避難支援計画などで支援されてのことであるかは問わない」（第2条）と定義している。これは特に、「大量の人口流入に対して、国内の庇護制度が、庇護を求める当事者及びその他の人々の利益という点で、悪影響を及ぼしたり円滑に機能しなくなったりしかねない恐れがある」場合への適用が想定されている（第2条（a））。TPDには発動のしくみが組み込まれている。それを動かすためには、まず欧州委員会（European Commission）が指令の発動を提案する必要があり、続いてEU理事会（加盟国の代表で構成される）が特定多数決で発動決定を採択する。

TPDの下で提供される保護は一時的で、通常は1年間続くが、EU理事会の判断で最長2年まで延長することもできる。一時的保護を受けると、難民資格では認められる十分な権利が認められないことになる。例えば、一時的保護を受ける人は、救急医療サービスや住居、就労、子どもの教育に関する権利は与えられるものの、家族再統合の権利は限定的なものにとどまる。また、一時的保護資格が終了するまでは、難民資格は得られない。

TPDは、これまでに一度も実施されたことがない。例えば、ここ数年にわたるシリアその他からの難民の大量流入にEU加盟国が対処するのを助けるうえで、なぜこれが活用できないのだろうか。

その理由としては、次の3つが考えられる。第一は、TPDはEU加盟国の間での責任分担を前提にしている点である（ただし、それについての記述は多くない）。だが、難民の各国への配分は明確に記されておらず、それに関してはEU理事会に一任する形をとっている。

第二は、多数のEU諸国が、国の制度を介して一時的保護資格を認定していることである（European Migration Network, 2010）。とはいえ、どの程度の保護や権利が与えられているかは、国によってかなり異なり、国内制度が提供する保護水準は、TPDが求めるものより低い場合がほとんどである。シリアからの難民をすでに受け入れているEU諸国の中には、EU全体の統一政策に同意して、もっと水準の高い保護や権利を付与するよう求められることが不本意だと考える国もあるだろう。

第三は、一部の加盟国で、TPDの発動がプル要因となって、さらに多くの難民がヨーロッパへとやってくるのではないかという懸念が大きいとみられる点である。

再定住と庇護希望

再定住は、難民が庇護を受けたある国から、入国を許可し最終的に永住許可を与えることを承諾した別の国へ移動することをいう。再定住は、難民保護の政策手段として重要なものの1つだが、すべてのOECD加盟国が採用しているわけではない[11]。この20年、150万人を超える難民が、再定

図4.1　OECD加盟国への再定住者

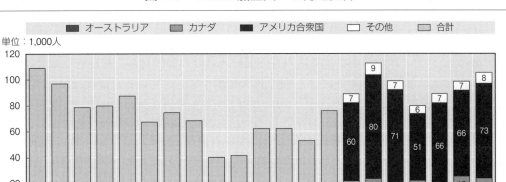

資料：国連難民高等弁務官事務所（UNHCR）。
StatLink: http://dx.doi.org/10.1787/888933395649

住プログラムによってOECD地域に入国している。また、2009年以降は、年間約10万人が再定住を果たしており（図4.1）、この数字は、毎年発給される人道的在留許可全体の3分の1から4分の1の間に当たる。

　アメリカ合衆国単独で、過去10年間のOECD地域における全再定住者のおよそ3分の2を占めており、カナダとオーストラリアがそれに続く。だが、北欧諸国を除けば、ヨーロッパでは再定住は一般的な施策ではなく、ほとんどの国が、難民には受入国で庇護申請をすることを求めている。2015年には、イタリアが新たに再定住を認めるようになり、また韓国が3年間の試行プログラムの実施を発表したことから、再定住を認める国は世界中で28か国に増加した。

　一部のOECD加盟国（オーストラリア、カナダ、アメリカ合衆国、ニュージーランド）は、かつて起こった地政学的危機の際、再定住策を積極的に用いた。1975年から1995年の間には、ベトナム、ラオス、カンボジアから300万人を超す人々が庇護を求めて近隣の国に避難した。同じ20年間に、UNHCRが再定住を進めた避難者は130万人超であり、そのうち20万人未満がヨーロッパ——フランスが半数を占める——に再定住している。さらに、ヨーロッパは、ユーゴスラビア紛争の際の避難民の大部分を受け入れたものの、最大の再定住プログラムが実施されたのはやはりアメリカ合衆国であり、同国は1992年からの10年間に、12万5,000人超の難民の定住先となる。

　「アメリカ合衆国難民受け入れ計画（US Refugee Admissions Program）」は、毎年約7万人の再定住をはかるものだが、その数を2016年には8万5,000人、2017年には10万人に増やす計画もある。だが、シリア難民危機については、アメリカ合衆国はこれまでのところ中心的役割を果たしていない。2011年以降、アメリカ合衆国が受け入れたシリア難民はわずかに2,200人ほどである。とはいえ、アメリカ合衆国政府によれば、2016会計年度には1万人以上を定住させるとのことである[12]。

　カナダは2013年以来、4万5,130人の難民（全国籍の合計）を再定住させている。シリア難民に限れば、2013～2015年の間にほぼ9,000人が定住しており、加えて最近では、2万5,000人のシリア

難民の定住という公約を果たしている（2015年11月4日～2016年2月29日の間の到着人数）。また、ニュージーランドは2015年9月、シリア難民750人の受け入れを発表した。これは、年間の割り当て数750人とは別枠の600人を含んだ数である（つまり、割り当て数から150人分が充てられたということである）。一方、オーストラリアは人道的受け入れ計画を拡充し、受け入れ数を2017～18年度には1万6,250人、2018～19年度には1万8,750人に増やすとしている。同国は2015年には、シリア及びイラク紛争からの避難民のために、1万2,000人の追加受け入れを表明している。

ドイツは2015年、年間500人の難民の再定住計画に着手している。これは、特に保護の必要なシリア難民を合計2万人受け入れるという3段階の連邦政府受け入れ計画——まず2013年5月に5,000人、次に同年12月にも5,000人、最後に2014年7月に1万人をそれぞれ受け入れるという計画——にさらに上乗せするものであった。他にも民間の後援によって、2011年以降、シリア人と家族関係のある人向けに、2万人の再定住枠が用意されている。こうしたさまざまな施策によって、ドイツはシリア難民にとってOECD加盟国の中でも最も寛容な再定住国となっており、これまでの受け入れ数は4万2,000人に上る。

ドイツ以外のヨーロッパ諸国では、シリア難民のための再定住計画を比較的大きな規模で実施しているのは、ノルウェーとスウェーデンの2か国にとどまるが、計画を進めている国は増加している（付録4.A3）。例えばイギリスは、「弱者再定住計画（Vulnerable Person Resettlement Scheme）」を拡充して、2020年までにシリア難民2万人を受け入れると発表している。

2016年3月、EUはトルコとの間で、7万2,000人のシリア人再定住計画について合意した。この取り決めは、ヨーロッパへの新たな安全で合法的なルートを開くことにはなるものの、ヨーロッパ経済領域内のシリア人による年間の庇護申請数——2015年には37万8,000件、2016年は3月までで14万件——に比較すると、受け入れ数は微々たるものである。

一時滞在者のための緊急措置と法的経路

出身国の紛争や政情不安はまた、一時滞在ビザを持つ外国人滞在者に数々の実際的な問題をもたらすことになる。中でも、ビザの有効期限が近づいている、受入国を退去するようにとの裁判所命令を受けている、ビザを持っていない、紛争下にある出身国に家族がいてその家族との再統合を望んでいる、といった人々の場合は特にそれがいえる。

ほとんどの国は環境的ショックの場合と同じく、大規模な地政学的ショックを受けた国からの避難者についても、強制送還は一時的に見合わせている。例えばアメリカ合衆国は最近、TPS（一時的被保護資格）の対象国リストにイエメンとシリアを加えた（表4.1）。ヨーロッパでも、すべての国がシリア国民への一時的保護の措置を講じるか、あるいは少なくとも、強制送還を中止している[13]。

一部の国は、家族の再統合の促進を目的とした、通常は期限付きのプログラムを策定している。アイルランドやスイスによる、シリア難民向けのプログラムがその例である。だが、地政学的ショックから避難してきて保護を必要とする人に対して、人道主義的対応とは別の正規の法的経路を積極的に用いてきたOECD加盟国は少ない。この問題については、以下で詳しく述べる。

環境的及び地政学的ショックに伴う国際移民──それに対するOECD加盟国の対応　第4章

表4.1　アメリカ合衆国に滞在する自国民が、現在一時的被保護資格を得ている国

	承認日	現在の失効期限	人数
エルサルバドル	2001年2月13日	2016年9月9日	263 876
ギニア	2014年11月20日	2016年11月21日	820
ハイチ	2011年11月21日	2017年7月22日	58 954
ホンジュラス	1998年12月30日	2018年1月5日	86 573
リベリア	2014年11月20日	2016年11月21日	2 046
ネパール	2015年6月24日	2016年12月24日	3 325
ニカラグア	1998年12月30日	2018年1月5日	5 368
シエラレオネ	2014年11月20日	2016年11月21日	1 121
ソマリア	2012年5月1日	2017年3月17日	486
南スーダン	2016年1月25日	2017年11月2日	27
スーダン	2013年1月9日	2017年11月2日	1 023
シリア	2015年1月5日	2016年9月30日	4 999
イエメン	2015年9月3日	2017年3月3日	0
合計			428 618

注：2015年12月31日現在の累積数。ただしイエメンは、その時点でまだ申請の可否が決定していなかった。
資料：アメリカ合衆国国土安全保障省（US Department of Homeland Security）。データは市民権・移民局（Citizenship and Immigration Services, USCIS）。

StatLink：http://dx.doi.org/10.1787/888933396403

国際協定と国際協力

　難民の第一次庇護国や通過国、さらにはもし可能なら、出身国との間の国際協力は、常にあらゆる人道危機に対するOECD加盟国の政策対応の要点である。特に、非正規移民や密入国斡旋業者のネットワークとの闘いでは決定的な意味を持つが（コラム4.5）、一方で、難民保護のための秩序ある環境を作るうえでも有用である。

コラム4.5　密入国に終止符を打つことは可能か

　2015年には、ヨーロッパへの不法入国者は100万人を超えた。リビアを出てイタリアからヨーロッパに入る場合と、トルコからギリシャへ入国するというのがその主なルートである。こうしたルートをたどる移民の大部分は、悪辣な密入国斡旋業者や人身売買業者に命を預けることになり、業者はそれによって莫大な利益を得ている。この違法な商売に立ち向かうことは、政策立案者にとって最優先事項であり、EUは2015年5月、密入国斡旋業者を取り締まる行動計画を発表した[*]。

　密入国斡旋の形態は多様であり、相当数の仲介者が関わっている場合もある。多国籍のネットワークとして組織されているものもあれば、また、非公式な組織や個人が拘束力なくつながっているというものも、それ以上に多い。送出国と受入国の間で組織化されている形もあれば、短い移動距離をつないでいくという形もある。また、非合法的な国境通過を行ったり、不正旅券を使用したりする場合もある。

187

OECD加盟国の過去の経験からすると、通過国や出身国との連携は人身売買業者と闘う際の要点の1つだといえる。だが、長期的にみると、密入国斡旋という事業形態を弱体化させない限り、そうした連携だけでは不十分だと考えられる。

国境管理の強化や警察の国際協力に加えて、密入国斡旋業者の儲けに対して、また、密入国需要に対して、政策的な取り組みをしなければならない。密入国を必要とする側の対策をとらずに、斡旋業の収益性を低下させようとすると、低コストでさらに危険度の高いルートの提供が増えるだけになるリスクがある。

難民に対して、密入国の需要を抑制する数少ない方法の1つは、少なくとも短期的には、もっと多くの、そして迅速な再定住の選択肢を提供することである。経済移民の場合、密入国の需要を抑制するには、送出国で防止策や啓蒙活動、そして雇用の選択肢が拡大される必要があり、また、合法的な労働移民の就業機会を増やす——特に、構造的に密入国者に依存する部門で——必要があるだろう。同時に、外国人労働者の非合法雇用に対して、管理や制裁を強化することも求められる。

密入国に対処するには、さらに、開発計画や開発援助に向けた中長期的な新たなアプローチも必要である。各国は、密入国を阻止し、開発計画を密入国ルートを使う可能性の高い人々に役立つものに変え、地域内の移動を促進しつつ地域レベルでの雇用機会を増やすという、開発主導の方策の活用を目指さなければならない。

*http://ec.europa.eu/dgs/home-affairs/e-library/documents/policies/asylum/general/docs/eu_action_plan_against_ migrant_smuggling_en.pdf
資料：OECD（2015）。

ここでもまた、歴史上の実例が大いに参考になる。1980年代後半、「インドシナ難民危機に関する第2回国際会議（Second International Conference on the Indochinese Refugee Crisis）」が開かれ、「包括的行動計画（Comprehensive Plan of Action, CPA）」が採択された。これは直接には、この危機における最大の難民送出国であるベトナムを対象としており、ベトナムからの非合法出国を抑制することを目指すものであった。非合法の出国には、まだベトナム国内にいて他国での再定住を希望している場合も、庇護申請が認められず帰国を強いられている場合もある。過去の例としては他にも、1992年のアルバニアからイタリアへの移民の急増時（30万人以上）や、もっと最近では、モロッコからスペインへの不法移民の管理に、国際協力が重要な意味を持った。

だが、地政学的ショックが起こると、移民管理のための国内法や二国間条約などに支障をきたす可能性もある。加えて、密入国斡旋業者や非合法移民に対峙する国際協力のしくみも、かなり弱体化する場合がある。例えば、合法的な労働移民の道が閉ざされる、本国への送還合意が終了する、領事館が機能不全もしくは閉鎖される、情報交換が縮小される、などの場合である。

近隣の通過国との国境管理の協力体制が不備な場合も、地政学的危機に際して問題が生じる可能性がある。リビアがこれに当たる。この問題に関しては、少なくとも最近までは、難民急増の際の問題としてそれほど大きなものではなかったが、リビアでの政情不安や特有の治安の悪さが、密入国斡旋業者のネットワークや、不法移民（特にサハラ以南のアフリカから）の拡大を許すことになっている。

第一次庇護国での難民の経済的・社会的状態の向上と封じ込め策

財政的な援助——ODA（政府開発援助）によるものが多い——もまた、紛争地域の近隣諸国が、突発的でかつしばしば大規模な難民流入に対処するのを支援するため、特にその能力の向上を目的に行うOECD加盟国の政策対応の一部である。そうした状況での開発援助には、主として3つのねらいがある。すなわち、1）可能な範囲内で当該危機の根本原因に取り組むこと、2）第一次庇護国での難民の自立（つまり回復力）の向上をはかること、3）開発援助による難民受入国の利益が、当該危機のドミノ効果（例えば、主要な市場の喪失や国境地域の治安悪化など）や、大量流入による基本サービス、社会的結束、天然資源その他の資産にかかる負担のために損なわれることがないようにすること、の3つである。人道的な動機を別にすれば、主要な対外政策の目的としてよくあるのが、当該地域での封じ込めの強化と大陸をまたぐ移動の抑制である。

封じ込めというアプローチは、1970年代のインドシナ難民危機の解決法として主流をなし、また、国際社会が今般の難民危機に対応しようとするうえでも、なお最優先策の1つである。だが、危機にある開発途上国に対するODAの従来の形は、需要に対して必ずしもうまく適合していない。例えば、膨大な数の難民人口を抱えるレバノン、ヨルダン、トルコといった中所得国の支援には、もっと適切な方法が案出される必要があるだろう。

シリア危機に関しては、2016年2月ロンドンで、シリア紛争被害者の緊急的及び長期的なニーズに応えるための新たな資金調達を目的に、イギリス、ドイツ、クウェート、ノルウェー、国連の共同主催による会議が行われた。この会議では、110億米ドル以上——2016年に58億米ドル、2017～2020年に54億米ドル——の拠出が確約された。同時に包括的なアプローチも承認され、それは特にヨルダンを対象としていた。ヨルダンの中期的な成長を支援し、難民及びヨルダンの労働者のための雇用機会の拡大をはかるものであった。

とはいえ、現状の切迫した問題に対処するだけでも、まだまだ多くのことがなされる必要がある。例えば2016年5月には、UNHCRがシリアのためにその1年に必要と見積もった資金の4分の1弱しか調達されていなかった。だがもっと一般的には、シリアからの避難民に対し、現住国における合法的な就労の機会や教育の機会を増やすことで、その自立能力の向上を目指すという活動がさらに必要である。

ユニセフ（国連児童基金）の推定では、シリア国内で210万人以上、また近隣諸国では70万人（トルコの40万人を含む）が就学していないという。ユニセフはこの事態に対応するため、2013年に「失われた世代にしないために（No Lost Generation）」イニシアチブを立ち上げている。また最近では、2016年5月に国連が、（主としてシリア人の）避難民の子どもや学齢の難民に学校教育の機会を提供

第4章　環境的及び地政学的ショックに伴う国際移民──それに対するOECD加盟国の対応

するため、次の5年間に38億5,000万米ドルの公私を問わない寄付を募るという、「教育は後回しにできない（Education cannot wait）」イニシアチブに新たに着手している。シリア人の正式な雇用を妨げる法的及び実務的な問題もまた、ヨルダン[14]で、そしてある程度はトルコ[15]でも、シリア人難民が自活する手段を奪い、次の移動に追いやる原因になっていると考えられる。

　人道的対応の場合は、一般に、第一次庇護国での保護の提供と基本的ニーズを満たすことが中心となる。だが、危機が長引けば必要なものが増えていくのは明らかである。取り組むべき課題も、避難民が生計を維持できるようにすることへと変化し、そうなれば別のアプローチが必要になるとともに、多くの場合、人道的活動と開発援助活動との協力の拡大が求められる。開発援助活動の関係者は、政策変更や投資の短期効果をもっと重視することが必要になる一方、人道活動を担う人は難民の経済的自立の達成への努力が必要になる。長期に及ぶ危機の場合、遠方に避難してきた人々の生活を立て直す力を高めることこそが、答えの1つであるのはまちがいないが、もちろん、答えはそれだけではないだろう。

　特別な医療ニーズがあるなど、最も脆弱な層の保護のためには、UNHCRの再定住プログラムは今も重要なアプローチに数えられる。申請処理を迅速化して、潜在的な受益者数を増やすためのプログラムに多くの資源を振り向けることは、国際社会にとってなお優先事項であると思われる。

　だが、経済的に比較的困窮していない中間所得層の難民にとっては、再定住プログラムは利用しにくい。この層の中でも、母国に近い国への避難を選ぶ人もあれば、特に紛争が長期化する場合、さらに他の選択肢を考える人もある[16]。この階層は、密入国斡旋業者への支払い手段を持つ一方で、人道援助や従来の開発プログラムの対象からは外れている。この種の難民が移住を選ばない層とは何が違うのか、また、彼らが最も好反応を示す開発援助プログラムはどのようなものかなど、こうした中間所得層の難民について理解を深めるうえでやるべきことはまだ多い。経済的に比較的困窮していない中間所得層の難民に向けて、従来のものとは違う合法的な移住経路を考えることは、きわめて有用だと思われる。

　ここまで検討してきた事例研究から明らかになった点は、主として以下の6つである。

1）OECD加盟国は、紛争国から避難してきてすでに自国内にいる人々に対しては、環境的ショックによる避難民の場合とほとんど同様に、一時的救済措置で対応している。紛争が長期化している場合、大部分の避難民は庇護申請の資格を与えられるが、一部では制約が加えられて、比較的不安定な保護状態に置かれるケースもある。

2）大規模な再定住プログラムを持つOECD加盟国は、少数である。とはいえ再定住策は、概して迅速性に欠けて対象も限られているものの、なお最も有効な保護方法の1つであり、中でも、戦闘地域や内戦から逃れてきた最も脆弱な人々についてはそれがいえる。EU自体はもちろん加盟国の中にも、新たな再定住プログラムの策定や既存のプログラムの拡充に取り組む国があり、その数も増えている。そうしたプログラムに投入する資源を増やすことは、国際社会にとって優先すべき事項の1つであろう。

3) 一時的及び補完的保護は、庇護希望者が急増した際の——特にヨーロッパでは——最も一般的な対応策であり、今般の人道危機についてもそれがいえる。

4) 独自の対応策を策定したり、代替の法的手段を適用したりする国は、これまでのところほとんどない。その結果、UNHCRの再定住プログラムで優先的な処遇を受けられず、第一次庇護国への統合に向けて苦闘する人々にとって、危機が長期化している場合、わずかに残されているのは非正規移民ということになる可能性がある。

5) いかなる人道危機であっても、国際協力は、それに対応する際の重要な要素の1つである。だが、近年の地政学的ショックに伴う避難民の保護については、各国がその責任分担に消極的なことから、国際協力に困難さと複雑さが増している。また、長期化する難民危機への対応における要点として、人道的援助活動と開発援助活動の連携が注目されるようになっている。

6) 難民危機を予防するためには、地政学的ショックの根本原因の理解とそれへの対処に、いっそうのエネルギーと資源を投入しなければならない。苦境にある難民の経済的・社会的状態を向上させるためには、第一次庇護国に対する開発援助が必要であるが、封じ込めは重大な人道危機に対する主たる対策にはなり得ない。

　過去に、環境的及び地政学的ショックによる移民流入を経験したOECD加盟国は、比較的迅速に対応する能力はあると思われるが、その際に利用する手段は範囲が限られる可能性がある。特に、長期的な危機の場合に、難民やその他の国際保護の対象者に庇護を与える方法として、合法的な移住ルートが使用されたことは今までのところきわめて少ない。次節では、その他の利用可能な選択肢について概観し、評価していく。

第3節　国際的保護を必要とする人々のための代替経路

　国際的保護を必要とする人々は、自らの命を守るためまず隣国に逃げるのが一般的である。そのうちの一部は、UNHCRプログラムや各国固有の人道的な取り決めを介して、第三国での再定住を果たすことが考えられる。その他の人は、危機が長期化した場合、母国に帰還できない限り残された選択肢は2つ、第一次庇護国で生活を再建するか、もしくは、より良い将来を求めてさらに遠方へと移動を続けるかである。

　代替経路[17]は、必ずしも本来は国際的保護のために設けられたものとは限らないが、再定住のしくみを補完しうる移住ルートのことをいう。これには、一般的な移住経路と人道主義的なものの2種類がある。代替の一般的な移住経路には、労働、留学、家族移民の各ビザがあり、人道主義的な経路には、人道ビザと民間スポンサー制度がある。人道ビザを所持していれば、正式な庇護申請を提出した受入国に合法的に入国できる。民間スポンサー制度では、民間の出資者が、難民の再定住費用や、代替の一般的移住経路の利用を促す費用を分担する。受益者になる可能性のある人を増やすことが、その目的である。図4.2は、各種の選択肢を示し、それらを関係の対象グループと結んだ概略図である。

図4.2　国際的保護を必要とする人のための再定住及び代替の移住経路

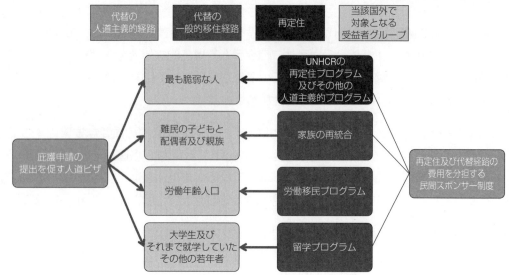

　本節は、この分野の研究成果——ロング（Long, 2009, 2013, 2015）、FRA（2015）、コレットら（Collett et al., 2016）など——をもとに、代替経路について論じる。上記2種の選択肢の可能性について、詳細かつ実証的で標準的な評価の提供を目指し、代替経路の利用範囲、その潜在能力、シリア危機に利用可能な各種経路について評価している。

　だが、まず重要な問題を1つ提示する必要がある。代替経路を利用できるのは、誰であるべきかという問題である。代替経路の対象となるのは、難民キャンプの内外に暮らす避難してきた人々とするのが妥当であろう。つまり対象者は、一時的保護が認められた人と、従来の難民認定を受けた人であり、第一次庇護国でまだ難民登録がされていない場合は対象から除外されるということである。

3.1　国際保護の対象者向けの代替の一般的移住経路

　国際保護の潜在的受益者のための一般的移住経路には、一方に労働移民と留学があり、もう一方に家族移民がある。前者は後者よりも、付与される権利に概して制約が多い。前者にそうした制約があることでどのような結果が生じるかをみた後、国際保護の対象者のための第三の「代替の一般的移住経路」として、家族移民の影響を評価する。

代替経路としての労働移民

　労働移民は、OECD加盟国への全人口移動にかなりの割合を占めている。2014年には、50万人（全体の14％）の長期移民が雇用機会を求めてOECD加盟国に定住し、200万人が一時的労働許可を得ている。労働移民政策を、難民やその他の国際保護対象者のための代替経路とするためには、どのような方法をとればいいのだろうか[18]。

その方法には、主として以下の3つがある。

● 既存の労働移民経路を難民が利用できるよう支援することに徹する。

● 雇用主に対し、労働移民政策の広範な適用範囲内で、外国からきて国際保護の下にある人の採用を促す誘因を設ける。

● 難民に特化した労働移民プログラムを策定する。

　上記3つの方法について考える際には、ほぼすべての既存の労働移民プログラムの下では、労働許可を申請するのは外国人労働者ではなく、雇用主だということを忘れてはならない。つまり、難民が労働移民プログラムを利用できるようにすることを政策目標とするなら、雇用主の求めるものこそが最も重要だということである。

難民が既存の労働移民プログラムを利用するのを支援する

　原則的には、雇用主が既存の労働移民プログラムを通じて、外国からの難民を採用することは可能であるが、実際には、雇用主が採用するのは、その人が当該の職に一番適切な候補者であるとみなした場合に限られる。雇用主が雇用すると決めるに当たっては、技能、職務経験、採用コスト——必要になると思われる実地訓練も含む——など、さまざまな要因が関わってくる。言い換えれば、難民は世界中から集まった移民労働者と競う必要があるということである。

　他の移民に比べて難民が、労働移民としての採用を巡って競う際に不利な理由は少なくない。まず、難民は、雇用機会や労働移民プログラムについてほとんど情報を持たないということがある。また、OECD加盟国の雇用主や採用機関に、紛争地域からの難民という潜在的な労働力の持つ有用性や特質が、理解されている可能性が低いということもある。

　したがって、技能と仕事の合致を助けるためには、第一次庇護国に滞在する難民とOECD加盟国の雇用主に情報を提供することが第一歩となる。この目的のためには、情報ポータルサイトが有用だと考えられる。例えば「ヨーロッパ・サイエンス4レフュジーズ（European Science4Refugees）」[19]イニシアチブはまさに、難民の技能と利用可能な研究職の求人とのより適切なマッチングを目的としている。また、アメリカ合衆国の民間後援のプロジェクト「国境を越えた才能（Talent Beyond Boundaries）」[20]も、レバノン、ヨルダン、トルコに滞在する難民の技能を調査して、雇用主の要求と難民の技能をつなぐことを目指している。

　難民にとって不利な理由として第二の重要な点は、労働移民となる過程で求められる数々の行政上の要件に関わっている。身分証明や旅券、技能や資格の証明書、犯罪歴のないことを示す書類などである。難民が既存の労働移民プログラムの下で、OECD加盟国への入国許可を得る一定の見込みがあるのなら、それらの国々はもっと積極的な支援を行うべきであり、特に、身分証明や技能資格の評価プロセスの迅速化に努力しなければならないだろう。

　受入国はまた、高額の費用が原因で難民が合法的な労働移民経路を避けることのないように、ビザ申請料金の一部を免除したり、支払い延期を許可したりすることも考えられる。もっと一般的に

第4章　環境的及び地政学的ショックに伴う国際移民——それに対するOECD加盟国の対応

は、難民の技能や才能をよりよく活用し配置するために、OECD域内で職を得た難民の移動を容易にするということもあるだろう。EU域内では、こうした問題への取り組みの例があり、コラム4.6でそれについて取り上げている。だが、単に労働移民プログラムの利用を認めるだけでは、各国が多数の難民を移民労働者として入国させるようになる可能性は概して低い。たとえ上述した問題の一部は解決できるとしても、雇用主はなお、難民よりも移民労働者を採用しようとするものと思われる。

第4章

コラム4.6　EUの移民に関する法的枠組み内での、高技能の難民及び庇護希望者にとっての障害とそれに対する取り組み

庇護希望者や難民は、一般に、EUの労働移民に関する指令の対象にはなっていない。難民のほとんどは、「庇護アキ(asylum acquis)」("acquis" はEUの法の総体系を意味する略語)の下で比較的有利な権利を得ているが、EUは庇護ショッピング——よりよい条件を求めて複数国で難民申請をすること——を防ぐため、国家間の移動は制限している。そのため、実際問題として、あるEU加盟国で国際的保護を受けている人が、別の加盟国で職を得た場合、標準的な労働許可を申請して保護状態という特権を失わない限り、その仕事に就く資格は与えられないことになる。さらに、EU指令では、国際保護の受益者は明確に対象から除外されている。つまり、「研究者・学生許可指令 (Students and Researchers Directives)」「EUブルーカード (EU Blue Card)」「季節労働者指令 (Seasonal Workers directive)」に基づく労働許可は、国際保護の受益者には発行できないということである（季節労働者指令は、EU域外からの申請者のみが対象のため）。ただし、国ごとの労働許可は発行される可能性がある。

この点については、ブルーカード指令の改定の議論でも問題になった。ヨーロッパ域外出身の高技能の難民が、受入国で所持する資格の認定を受け、職を得ようとすることには大きな困難が伴う。あるEU加盟国で保護状態にある人は、別の加盟国でブルーカードによる労働許可の資格を得ていても、現住国から出ることができないのである。UNHCR(2015b)は、ブルーカード指令の改定に当たり、難民人口を別枠の有資格労働者として含めることが、解決策の１つになるだろうと示唆している。加えて2016年６月の欧州委員会では、国際保護の受益者が、当該加盟国での保護認定の取り消しや、第二の加盟国での保護認定の取得なしに、第二の国でブルーカードによる労働許可申請ができるようにするという提案もなされている。

さらに厄介なのは、申請が認められなかった庇護希望者の場合である。スウェーデンなど一部の国では、庇護申請が不認定であった人が、労働移民としての認定に切り替えて申請し、その結果を待つ間に働く場合の規定を設けている。これは、時間のかかる保護申請手続の間の就労への奨励策として導入されたものである。それ以外の国は、そうした方策はプル要因となることが考えられ、庇護申請の乱用をあおる可能性があるとして、反対の立場をとっている。

雇用主に対し、外国からの難民労働者の採用を促す誘因を設ける

　情報の提供を増やすこと以外にも、雇用主に対して、外国から来た難民の採用に向けた誘因を提供するという施策を講じることも可能であろう。そうした施策は原則として、他の移民労働者に加えて難民を採用するか、もしくは他の移民労働者に代わって採用するか、どちらかを奨励することになる。後者の場合には、入国者の構成が変化する、つまり難民労働者が増加して移民労働者が減少することになるだろうが、一方で、労働移民プログラムの全体的な規模は必ずしも変わらないことが考えられる。

　実際のところ、数量割当制によって労働移民を調整している国（アメリカ合衆国、イタリア、韓国など）は、難民の特定層のためにかなりの就職口を確保することは可能である。また、移民労働者の選別にポイント制を用いている国（オーストラリア、オーストリア、カナダ、日本、韓国、オランダ、ニュージーランド、イギリス）の場合は、国際保護を受けていることに対してポイントを加算するという方法が考えられる。労働力需要の調整のしくみを備えた受入国なら、その他の要素を調整することもできる。例えば、入国あるいは技能の要件に最低賃金基準を合わせる（基準を下げることで）、労働市場テストや労働者不足職種リストを緩和する（難民のために規定の広告募集期間を短縮すること、あるいは、労働者不足職種リストの拡大版を適用することで）などが可能であろう。

　労働許可申請を行う際に雇用主が支払う事務手数料の引き下げは、一見、建設的な方策のようである。だが、こうした間接的な補助金は、他の採用奨励策と同じく、影響が及ぶのは雇用主の採用費のみであり、直接的な人件費には及ばない。言い換えれば、雇用主にとって採用費は安くなっても、難民労働者を雇用する費用は安くならないということである。

　国際通貨基金（IMF）は、すでにOECD加盟国内に在留する難民を、最低賃金あるいは一般的な水準よりも低い賃金で、採用できるようにしてはどうかと提言している（Aiyar *et al.,* 2016）。これを外国からの採用に適用すれば、雇用主は難民労働者を低コストで採用可能なことになる。ところが、この種のアプローチは、実際は有効でもなければ妥当でもないと思われる理由は少なくない。

　理由の第一は、そうした施策はおそらく低技能労働者の需要にしか効果がないと考えられる点である。既存の労働移民ルートが、ほとんど季節労働に限定されており、またヨーロッパの場合、もっぱらEU域内を移動する労働者が対象だからである。第二は、難民は国内の（さらに低い賃金で働きかねない）労働者と競合するとみなされる可能性があるという点である。そして第三の最も重要な理由は、そうした動きは十中八九、現在進められているOECD加盟国在住の難民の経済的統合に向けた活動を弱体化し、難民に対する一般社会の支持を損なうとみられる点である。

　これらに代わる方策の1つは、倫理的雇用や社会的共同責任を根拠に、難民労働者の採用を雇用主に奨励することかもしれない。難民を引き受けるのは「なすべきよいこと」だという見方が社会に広く認められれば、企業は、倫理的採用をするという顧客の評価から恩恵を受けることになるだろう。だが残念ながら、こうした議論が影響力を持つのは、一部の国や主として大企業のみだと思われる。

第4章　環境的及び地政学的ショックに伴う国際移民──それに対するOECD加盟国の対応

国外からの難民向けに新たな一時的労働移民経路を設ける

　国外からの難民の採用を促すための、第三の、また最も野心的な方法は、第三国で国際的保護を受けている人々に特化した、新たな一時的労働移民プログラムを策定することだろう。だがそれが政治的・経済的に受け入れられるためには、プログラムによって許可される人数が制限されるか、少なくとも厳しく管理される必要がある。

　プログラムは比較的小規模な試験的なものから始めて、やがて規模を拡大できるようにすることが考えられる。最終的な規模は、移民労働に対する受入国の需要の評価と、対象となる難民人口の技能がどの程度その需要に適合するかにかかってくると思われる。

　難民に特化した労働移民プログラムの策定は、既存のプログラムの修正が不可能あるいは不適当であることが前提でなければならないだろう。それは例えば、難民向けの技能や職業、国籍に関する選別システムが検討されている場合や、労働移民に関する二国間協定のもとで採用が行われる場合などである。後者の場合、背景事情からして第一次庇護国が有効な支援や交渉ができるとは考えにくいとすれば、誰が難民の側に立って交渉し、協定の条項を実行するのかが大きな問題になってくる。

　だがもっと一般的には、代替の労働移民経路がかなりの規模で機能するようになれば、施策全般を説明する際に、難民がもたらすと思われるプラスの経済効果を強調する必要が生じ、また、動機もさまざまな移民とは実際のところ何かということに関して、その実状と特別な規制基準を明示する必要も出てくるだろう。それどころか、各種の移民を規制する既存の政策の多くと比較して、難民に代替の労働移民経路を適用することは、事実上、明白な「混合移民」政策に等しいことになると考えられる。だが、さまざまな困難があるとはいえ、実はこの方法こそが現実的なのではないかと歴史は教えている（コラム4.7）。ただし、現段階でこれを実施するには当然ながら、現行の庇護策との調整や、労働市場の機能及び変化するそのニーズへの適合が求められるだろう。

コラム4.7　戦間期（1920〜1930年）における難民の技能と労働需要のマッチング

　ロング（Long, 2015）が述べるように、1920年代の国際保護システムの目的は、既存の労働移民ルートを通じて、難民の入国を助けることにあった。1922年にフリチョフ・ナンセン──1920〜1930年の間、国際連盟の初代難民高等弁務官を務めた人物──が考案したナンセン・パスポートは、無国籍者の移動を可能にするよう作られた旅券の一種であり、特に10月革命後のロシア人の移住を助けた。1939年までに45万部が発行されている。

　1925〜1929年の間は、国際労働機関（ILO）が難民向けの事業責任を負っており（Sallinen, 2013; Long, 2013）、この期間、ILOの難民事業には、受入国の労働需要と割り当てられた難民（職業別の場合が多かった）とのマッチングの仕事が課されていた。ILO

によるその努力の結果、1924～1928年の間に6万人の難民が、主として農業部門で職を得ることができたと推定されている。例えば1926年には、1万人を超すウクライナ人がカナダの農場に雇用されている。

代替経路としての留学

アメリカ合衆国、イギリス、フランス、オーストラリアは、大学生向けの大規模な留学プログラムを実施しており、2013年には、この4か国それぞれが25万～75万人の留学生（そのほとんどが高等教育に在学）を受け入れている。これより規模は小さいものの、ドイツとカナダもまた、重要な留学生受入国である。OECD加盟国全体では、300万人近い留学生が現在教育を受けており、近年ではほとんどの国が、学生ビザから労働許可証への切り替えを大いに奨励している（イギリスは注目すべき例外である）。

留学生プログラムの利点についてはよく知られており、実証も十分なされている。受入国にとっては、授業料による収入がもたらされ、高技能労働者が供給される可能性があり、留学生の出身国との直接的なつながりが生まれるということで、利益が大きい。また送出国にとっても、高等教育のための経費負担が軽減され、学生が卒業して帰国すれば高技能労働者を得られることになって、潜在的な利益がある。

難民の場合でいえば、紛争終了後の社会で大学卒業資格を持つ若者は、出身国の将来に重要な役割を果たすことが考えられる。実際、特別な技能を有する難民は出身国から協力を求められることも多い。政治体制の再建を助け、法による統治を進め、医療や教育、金融といった重要部門で管理職や技術職、行政職などに就くことによって、紛争終了後の社会の安定化に向けた活動に寄与し、脆弱な国の発展を推進するよう求められるのである（OECD, 2010）。

世界全体の難民——中でもシリア難民——のうちかなりの割合は若者であり、そのうちの多くが高等教育に在学中であったり、大学や中等後教育に就学可能な資格を持っていたりする。原則的には、多くの難民がOECD加盟国の留学ビザを取得する資格があり、またその恩恵を受けられることが考えられる。だが実際のところ、そこには障害がある。

第一の障害は、難民やその他の国際保護を受ける人が学生になった場合、その学費や生活費は誰が負担するのかという問題に関わっている[21]。自ら資金を用意できるのは、経済的に比較的恵まれた難民の中でも一部に限られるであろう。

シリアについては、多数の公的及び私的機関がシリア人の学生・生徒への資金提供活動を始めている[22]。カナダでは、「カナダ世界大学サービス（World University Service of Canada, WUSC）」が、多くの大学と提携して奨学金の資金提供や、難民の学生とその家族の支援を行う一方、カナダ政府も最近、WUSCプログラムの拡充を助けるという意向を表明している[23]。また「ドイツ学術交流会

第4章　環境的及び地政学的ショックに伴う国際移民──それに対するOECD加盟国の対応

(German Academic Exchange Service, DAAD)」は、シリア人学生向けに、資金の潤沢な奨学金プログラムを創設している[24]。ポルトガルも700件の授業料免除を申し出ており（ただし、そのほとんどはまだ使われていない）、フランスも最近、シリア人学生1,000人への奨学金の支給を表明した。日本とモロッコからも、奨学金プログラムによるシリア人難民の入国許可を検討中であるとの発表があった[25]。

　上記の事業は、いずれもやや規模が小さい。奨学金については、難民の学生に自己資金がなくてもすむように、授業料だけでなく旅費も賄えて、一定の生活水準を保てるだけのものでなければならない。また、難民の学生向けプログラムは、単に既存の外国人学生向けプログラムを拡大したものを基にすればいいというものでもない。大学は、カリキュラムをニーズに合わせたり、スキルアップ講座や言語教育コースを提供したりすることで、自らの教育課程に修正を加える必要がある。奨学金の水準の調整や精神的な支援も行わなければならない。加えてOECD加盟国は、卒業の有無や就職口の有無にかかわらず、難民の学生が滞在を継続できるかどうか、あるいはどういう状況ならそれが可能かを検討する必要がある。また、難民の学生が社会的成功を目指す機会を最大限に活用し、国際的な保護基準に沿った基本的権利を確保できるようにするために、配偶者や子どもの同行を許可することについて考える必要もある。

　UNHCR（2015c）は、第三国の高等教育プログラムが実行可能な選択肢になるために、いくつかの条件を示している。そのうち特に挙げるべき条件には、以下のようなものがある。学生が授業料を払って、修業期間の勉学や生活の費用を賄えるだけの財政援助をすること、難民の状況を考慮し、それに応じて大学のプログラムを修正すること、難民の権利や法的地位を危うくすることのないようにし、大学院進学の選択肢を必ず用意すること、などである。

　難民の学生については一定の社会的合意が存在すると思われ、また、一般市民による多くの関連活動も難民の就学を支持しているとはいえ、難民が高等教育に就学するという経路にかかる費用に過小評価は禁物である。その費用は、再定住費（初年で平均1万ユーロを超える）に、追加の高等教育費用（OECD加盟国間でかなり異なるものの、推定で年間約1万ユーロ）を加えたものになり、代替経路や従来の人道主義的経路のどれよりも、おそらく最も高額になると思われる。

　難民の就学プログラムは、大学、政府、民間のスポンサーが費用を分担することで資金調達できるのではないかという議論もある。そこに雇用主を加えることも考えられ、プログラムに職業訓練や供給が不足している特定の技能コースが含まれている場合、特にそれがいえる。だが、厳しい財政状況やニーズ──中でも、すでにOECD加盟国に在留する難民のニーズ──の増大を考えると、留学経路を相当程度拡充することは、ほとんど見込みがないように思える。

　難民を学生として受け入れるうえでの第二の障害は、OECD加盟国の高等教育制度に留学生として入学しようとすれば、通常、満たさなければならない要件に関する問題である。そうした要件には、最終学歴の証明書（例えば、高校の卒業証明書）、過去の成績の公式記録、英語や受入国の言語の能力を証明するもの、などの提出がある。多くの難民は、母国で紛争が起こり、困難な状況下で急な出国を迫られて逃れてきている。彼らが規定に従って、正式な書類を提出するのが難しい

198

ことは、十分に考えられる。だが、外国人学生に対する誘致競争の激しいこの分野の世界市場では、教育機関が入学要件を大きく緩和することに消極的である可能性はある。

ヨーロッパでは、資格認定機関である「ENIC-NARIC（ヨーロッパ情報センター及び各国の学術認証情報センター）」ネットワークが、難民の資格評価のための指針を発表し、加盟各国のそうした活動を支援している[26]。また、「世界教育サービス（Wold Education Service）」も最近、書類による証明や評価に代わる手段を求めている難民のため、世界規模での評価方法を紹介している（Loo and Ortiz, 2016）。さらにいえば、OECD加盟各国、特に北欧諸国でも、数々の有益な事業が実施されている（OECD, 2016）。だが、これらの事業の大半は、すでに当該国に在留する難民が対象であり、第三国にいる難民の場合は、その評価は、もしできたとしても、きわめて難しい。その難しさは、シリア人難民がEUの留学奨励制度「エラスムス・ムンドゥス（European Erasmus Mundus）（現在はエラスムス・プラス）」プログラムに応募した結果をみるとよくわかる。2013年の場合、350人超が修士レベルに応募して、合格したのはわずか21人であった。

上述のいくつかの大きな障害に解決方法が見いだせない限り、たとえ留学経路が可能性を秘めていても、将来多くの難民が、OECD加盟国で学生として保護資格を得るということは考えにくい。とはいえ、紛争終結後の母国再建に寄与しうる若年層の成長は、短期的な保護目標よりはるかに優れているのである。

難民向けの労働移民・留学プログラムの利用に共通する問題

労働または留学関連の代替経路の設置や利用にあたっては、少なくとも4つの問題が生じる。4つの問題はそれぞれ、政策目標の性質、移民に付与される権利、難民が身分の切り替えを許可されるべきかどうか、一時的入国ビザの期限が切れた場合にどうなるか、という点に関連している。

政策目標の性質：政策対応において、人道主義的目標（つまり、難民の保護）がどの程度重視されているかということである。難民のための労働または留学という代替経路は、完全な人道主義的立場から設けられるものではないことは明らかである。ここから、当該の難民向け代替経路は次のどちらの方向で策定されているか、という問題が生じる。

- 一般的な移民カテゴリーの目標達成のためにのみ策定される――つまり、難民は労働移民として扱われ、その入国については、移民労働者の入国規定と同じルールで管理される。

- 複合的な動機から策定される――つまり、一般的な移民政策の目標と人道主義的な目標の両方の達成を目指す。

この問題は重要な意味を持つ。というのも、国内の政治的及び国民的議論の中で、その政策について広く納得を得るうえで、難民を特例として受け入れるために、一般的な移民政策の調整をどの程度行えるかが、それによって（他の要素もあるが）決まるからである。例えば、難民が労働移民プログラムの下で入国を許可され、そのプログラムには人道主義的要素が含まれることが明確に承認されていれば、他の労働移民には適用される一定の入国要件の免除など、難民に特化した施策について、その正当性を示すのも実施するのも容易になるだろう。

第4章　環境的及び地政学的ショックに伴う国際移民——それに対するOECD加盟国の対応

　明らかに複合的な目標を持つ政策アプローチは、実施の見込みや恩恵を受ける難民の数という意味で、最も成功する公算が大きい。難民を、その特殊な立場を認めることなく、単に労働移民あるいは学生としてのみ処遇すれば、人道主義的な見地からは容認されないであろう。そしてまた、難民も世界中からやってくる全移民と入国を競う必要があるという単純な理由から、難民の入国者が多数になることも考えにくい。

付与される権利：労働あるいは留学経路で入国する難民の場合、どのような権利が与えられるのだろうか。移民は一般に、公財政に対して良否どちらの影響も与えないか、もしくは良い影響を及ぼすということは証明されているとはいえ、移民の流入、中でも低技能者の流入が財政に与える最終的な影響への危惧は世論の中にある。そうした懸念を緩和する意味で、移民の社会的権利（例えば、ある種の給付金の利用など）を、少なくとも一時的滞在の場合、制限している国もある。そうした国はおそらく、労働者として入国を許可した難民に対しても同様の制限規定を適用することになるだろうが、これは国際的な法律や基準に抵触しかねない。また同じ趣旨で、労働移民の就業先を、指定された短期的な仕事や産業部門に限定する国も多く、難民の労働者にも同じ対応がなされれば、難民や国際保護の受益者を管理する国際基準を満たさない可能性が出てくる。

身分の切り替え：一般的な移民プログラムの下で入国許可を得た難民が、その後移民のカテゴリーを切り替えて、例えば、庇護申請をすることなどを許可すべきかどうか。これは難しい問題だが、重要なポイントである。難民に対する代替経路の設置に対する支持者は、そのほとんどが、難民が保護される権利を保持することの重要性を強く主張する。例えば、UNHCRは次のような期待を示している。

　　代替経路を用いれば、既存の移民プログラムや移民制度が、難民やその家族にとって利用しやすくなると思われるが、その一方で、基本的な難民保護の原則は確実に順守されなければならない。この点に留意して、既存のビザや移民の制度に一定の変更を加えれば、当該国の統合や目標を保持しつつ、国際保護全般の強化が可能になるのではないか[27]。

　しかしながら、代替経路を用いる難民が即座に庇護を要求できるようにすれば、それはある種の制約と受け取られて、労働や留学の経路の利用が大きく限定される可能性がある。政策目標が単に、OECD加盟国で庇護申請をするための法的経路を移民に与えることであるなら、求められる経路は再定住あるいは人道ビザであって、一般的な移民経路ではない。もちろん、庇護要求の権利を疑うということはありえず、そんなことをすれば、まさに国際保護の規定や基準に抵触することになる。実のところ、難民の権利規定に従う義務を果たせば、おそらく入国者数は減少するのではないか。つまり、入国を許可される難民の数と、提供される保護の質や条件の間には、どこかに妥協点があるということである。

一時的入国ビザの期限が切れた場合の帰還：難民が一時的な移住制度を利用している場合、滞在許可の期限が切れて帰国することでどのような影響があるのだろうか。本来なら、その人は保護を受けた第一次庇護国に戻る準備をするのが筋である。だが、OECD加盟の受入国は第一次庇護国に対し、いったいどのようにして、他の庇護国（つまり受入国）をみつけた難民を、連れ戻すよう促す

ことができるのだろうか。ほとんどのケースでは、その答えは、第一次庇護国との間の帰還及び再入国の取り決めを介してということになる。第一次庇護国の大半は、自身が低所得及び低中所得国であり、そのため、自国民自体のOECD加盟国への移住の機会——例えば、ビザなし制度、双務的な労働移民協定、家族移民の優先規則などによる——について交渉するよう、強い要求にさらされている。そのためそれら第一次庇護国は、自国民のために何か見返りが得られない限り、おそらく難民を連れ戻すことを優先事項とはみなさないであろう。

帰還の条件や実施に関連する問題点は、他にも数多い。一時的滞在期限が切れた難民が、帰還を拒否した場合はどうなるのか。強制送還にはどのような費用がかかり、それはだれが支払うのか。そうした難民が、第一次庇護国に帰還する際の身分はどのようなものか。第一次庇護国が1951年の難民条約に調印していない場合、帰還は可能なのか。こういった問題である。

もう1つ挙げるべき問題点は、第一次庇護国での渡航文書の取得が非常に困難なため、難民が一時的な移住プログラムから除外される可能性が高まることである。実際問題として難民は、それによって移動が可能になる有効なパスポートを持たない場合が多い。またもし所持していたとしても、現滞在国での被保護者としての身分を失うかもしれないと、その使用に消極的になることも考えられる。難民条約によって認定されている難民は、理論上では、「条約に基づく渡航文書（Convention travel documents, CTDs）」が取得できる。また、その他の難民でも通過許可証（レセパセ）の受給が可能である。だが実際は、こうした渡航文書の受給には、難民にとって高額の費用が必要であり、手続も非常に複雑なため、発給数は限られている。さらに重要なことは、機械可読の渡航文書を求める国際基準に従っていない国が多い点である（現在、機械可読なCTDsを発給しているのは45か国にとどまる）。加えて、多くの国が、難民が第一次庇護国に帰還しないことを危惧して、難民がCTDsで渡航すること自体を拒否しているのである（Long, 2013）。

これらの問題はきわめてデリケートで、しかも重要なものである。なぜなら、一時的滞在許可の場合は、必ず（一定数の）帰還が実際に行われるというしくみが機能していなければ、労働者や学生という代替の合法的経路は人道主義的経路とは別物だということについて、一般社会の理解を得ることは難しくなると思われるからである。また当然のことながら、UNHCR（2016b）は次の点を強調している。すなわち、難民の安全と品位ある経済的参加の保証を目指す労働移民計画は、ノン・ルフールマンの原則に従わなければならないこと、そして、難民に与えられる新しい身分は、それが何であれ、追放や送還の危険のない現在の難民としての身分と同様の利点がなければならないこと、である。この不可能に近い企てこそが、難民の就労及び就学経路を、OECD域外に滞在する相当数の難民にとって実行可能な選択肢にするための、おそらく最大の難関であろう。

代替経路としての家族移民

OECD加盟国はいずれも、域内への主たる移民の入国方法である家族移民ルートをいくつか用意している。2014年には、家族移民としての永住ビザは、OECD加盟国全体で130万人に発行され、そのうちの半数がアメリカ合衆国によるものであった。同じ家族移民といっても、ある国におけるその国民や永住権を持つ移民の家族再統合（例えば、被扶養児童の父親や母親との再統合）が一方

第4章　環境的及び地政学的ショックに伴う国際移民——それに対するOECD加盟国の対応

にあり、また他方では、一時的在住を許可された移民の扶養家族の入国（例えば、一時的労働移民や留学生の配偶者の入国）があって、理論上、両者は区別される場合もある。

上記のどちらのケースについても、OECD加盟国はさまざまな移民の分類に従って、外国から家族員を呼び寄せるための権利に対し、規定や制限を設けている。家族移民は以下の方法で管理されている。

- 「家族」を定義する——つまり、特定のどのタイプの家族員に家族移民の資格があるかということ。

- 満たす必要のある各種条件を提示する。

- 入国後の家族員の権利を規制する。

ほとんどのOECD加盟国は、家族を配偶者と被扶養児童からなる「核家族」と定義している。国によっては、そこに扶養の必要のある親（一定の条件付きで）や、「拡大家族」の中の一部メンバーを含めることもある。

家族移民を管理する諸条件は、国ごとに大きく異なる。とはいえ、引受人（つまり、外国にいる家族の呼び寄せを求めている、受入国在住の移民）が満たさなければならない所得の最低基準を設けている国は多い。また、保険（例えば、医療保険）への加入や、住居の確保も要件に含まれている。加えて、「待機期間」を条件として課す国もある。これは、移民や一時的／補完的保護を受ける人が、外国にいる家族員を呼び寄せるまでに一定期間、受入国で過ごさなければならないという条件である。

家族再統合のためのEUの最低基準は、EU指令2003/86/ECによって、2003年9月から設けられている（ただし、デンマーク、アイルランド、イギリスは対象ではない）。この指令では、難民の家族再統合に対する条件は、以下のように難民にとってかなり有利なものである（同指令の第v章参照）が、標準的な規則が適用されるのは、補完的保護またはその他の人道主義的待遇を受ける引受人である。EU加盟国は、難民が家族員を呼び寄せるまでに一定期間、当該国に在住することを求めてはならず、また、家族再統合の申請が、難民の身分を取得して3か月以内に郵送された場合、いかなる住居や所得要件についても、再統合の条件を設けることはできない。さらに、家族関係が文書で証明できないというだけで、家族再統合の申請を拒否することもできない。

ほとんどの国は、家族再統合が難民の保護と社会的統合のための必須条件であることを認めており、そのためEU各国は一般に、所得や住居、医療保険について、上記の「家族再統合指令（Family Reunification Directive）」が求めるものよりもさらに有利で長期に継続する規定を設けている。保護者のいない未成年者や一時的／補完的保護の受益者（EU指令では対象外）に対する規定は、国ごとに大きく異なる。この数か月、いくつかの国がこうした人々の家族再統合への条件を厳しくしており、中には大幅に厳格化されたケースもある。付録4.A4に、一部のEU加盟国及びOECD加盟国における、人道主義的移民の家族員に対する入国条件と最近の変化について、難民としての地位別にその情報を示す。

202

難民認定を受けている人は一般に、家族再統合に対して直接的な権利を有する。大部分の国は家族再統合に関するEU指令に沿う形で、一時的であれ永続的であれ、難民認定を受けた引受人には、住居や所得、医療保険に関する条件を満たすという義務を免除している。ただし、デンマークとトルコ[28]は例外で、難民の引受人にも同様の要件を課している。

補完的保護の受益者について、家族再統合の権利を厳しく制限している国は、現在のところ、ごく少数にとどまる（例えば、オーストリア、デンマーク、スウェーデン、ギリシャ、スイス（ある程度））。またこれとは別に、補完的保護の受益者が家族との再統合が可能になるまでに、相当長い待機期間——ドイツとラトビアが24か月、チェコ共和国が15か月、オーストリアとトルコ[29]が12か月——を設けている国もある。申請費用は概して高くはないが、フィンランドでは450ユーロ、ノルウェーでは600ユーロ、デンマークでは800ユーロに達する。OECD加盟国の約半数では、補完的保護や一時的認定を受けている引受人に対して、住居、医療保険、所得の要件を満たすよう求めているが、ただし、条約難民の認定申請中にはそれを適用しない国がほとんどである。

保護者のいない未成年者の場合は、家族再統合の権利を明確に否定する国は皆無であるが、デンマーク、スイス、イギリスは、個別的な評価を基にするという厳格な方針をとっている。またオーストリアは、補完的保護を受ける保護者のいない未成年者の家族再統合には、36か月の待機期間を設けており、スウェーデンは、難民認定を受けた保護者のいない未成年者が引受人として家族を呼び寄せることを、2019年までは制限している。実際のところ多くの国は、家族再統合の権利は親に対してのみ認めているものの、デンマーク、ハンガリー、トルコを除くすべての国は、永続的であれ一時的であれ、保護者のいない未成年の引受人に対しては、住居や医療保険、所得の条件を制度上、適用していない。

ヨーロッパ以外では、難民のための家族再統合を進めているのはアメリカ合衆国のみであるが、カナダ、オーストラリア、ニュージーランドで再定住プログラムの対象となっている難民も、自分の家族の引受人となることができる。例えばオーストラリアでは、「特別人道プログラム（Special Humanitarian Programme）」（1981年導入）が、「人道プログラム（Humanitarian Programme）」によってオーストラリアに入国した人の親族を対象としている。

アイルランドとスイスは、シリア難民危機に対応して、シリア人在住者による家族の呼び寄せを促進する一時的措置を講じた。アイルランドの場合、2014年3月14日から4月30日までの間、政府によって「シリア人のための人道的入国プログラム（Syrian Humanitarian Admission Programme）」が実施された。その目的は、シリア在住もしくは近隣諸国に避難している弱者で、アイルランドに近い親族が在住する人に、アイルランドでの一時的滞在（最長2年間）を可能にすることであった。同プログラムでは、引受人1人に最大で2人の家族員が認められるが、申請は4人までできる。2014年12月の司法・平等相の発表によれば、308件の申請を受理し、111件を承認したという。

同様にスイスでは、2013年9月4日から11月29日まで、スイス国内に在住するシリア人の親族に対し、一時的にビザ取得要件を緩和し、所得に関する要件もまったくなかった。この施策は、紛争

第4章　環境的及び地政学的ショックに伴う国際移民──それに対するOECD加盟国の対応

に苦しむシリア人の親族（中核的な家族員ではない）の一時的な滞在を助けるために策定され、受理した申請数は6,600件にのぼった。またスイス政府は2015年3月、新たな再定着プログラムを発表している。これには、スイスで一時的被保護資格を得た近い親族（配偶者や18歳未満の子ども）を持つ避難者のために、1,000件の一時的保護認定を行うことが含まれている。ドイツもまた、最近策定された民間の後援を受けた再定住プログラムにより、家族員を対象とする施策を講じ、すでに2万人以上を受け入れている。

　家族移民は、潜在的な受益者の数という意味で、非常に大きな可能性を持つ代替経路であると思われる。理論的には、家族再統合──OECD加盟国の国民または永住者が、近い親族である難民を呼び寄せること──に対する障壁を低くする施策はさまざまに考えられるだろう。その中には、再統合の定義を拡大して中核的ではない家族員を含めること、諸手続の迅速化、入国条件の緩和などが挙げられる。だが実際には、各国──特にヨーロッパ諸国──の政策は、これとはまさに逆の方向へと変化している。ルールを変更していない国でさえも、家族再統合の権利を縮小することになる補完的及び一時的保護ビザの発給を増加させており、シリア危機に対して、自国のプログラムを柔軟なものに変えた国はほとんどない。

　家族移民政策が厳格化している理由には、主として以下の4点がある。

　1）最近は、庇護申請者の流れが数か国に特に集中している。当然ながら、再統合を求める家族もまさにそれと同じ国々に向かうことになるだろうが、それらの国々はすでに大きな負担を負っており、もっと公平な資源分担を要求している。

　2）家族移民は社会的統合や長期的な定住を促すものではあるが、ヨーロッパの多くの受入国は、難民の庇護を一時的なものとみており、また、難民は出身国の状況が改善すれば、帰国するものと期待している。

　3）家族移民を容易にすれば、現在の移民以外の人が、危険な旅をし、庇護を求め、家族再統合の権利を行使するのを奨励することになるのではないか、つまり、家族移民の経路を開くことがプル要因として働くのではないかという懸念がある。

　4）第3の理由に近いが、近隣諸国よりも移民に有利な条件を示すと、受入国として好まれるようになるのではないかということも危惧されている。実際のところ、現在、近隣諸国に比べて魅力的に映らないよう、各国が足並みをそろえて最低水準の政策を行うという、いわゆる「底辺への競争」のリスクが生じている。

　こうした問題点を理解することは必要ではあるが、いずれの問題点も克服は可能と思われる。アイルランドとスイスの例を基に考えると、一定の滞在期間を経た難民のみを対象とする一時的な家族再統合のプログラムなら、プル要因の発生を回避できるのではないか。また、ドイツやカナダのように、民間からの財政援助を大いに利用して、国際保護を必要とする避難者の家族再統合を支援するということも考えられる。一時的／補完的保護を受ける場合の最低基準を設けることで、「底辺への競争」のリスクを低減することも可能であろう。

3.2　代替の人道主義的経路

代替の人道主義的経路には大きく分けて2つのタイプ、すなわち、人道ビザと民間スポンサー制度がある。両者の性質はかなり異なっている。人道ビザがあれば、合法的に当該国に入国し、正式な庇護申請を行うことができる。一方、民間スポンサー制度は、複数の出資者が再定住あるいは代替の一般的移民経路の費用を分担して、潜在的な受益者数の拡大を目指すものである。

人道ビザ

人道主義的入国プログラムは、事実上、再定住プログラムの一種であり、UNHCRの援助の下で実施されない、あるいは少なくとも、UNHCRがそのために難民を個別に選んで認定するわけではない再定住プログラムだといえる。人道主義的入国許可は、国内法で決められた特定のカテゴリーの難民、例えば、社会経済的弱者や家族員、あるいは特別なニーズ（医療的なニーズなど）のある人などに適用される。対象者には、1951年の「難民の地位に関する条約」が規定する保護ではなく、一時的または補完的保護を与えられる。人道主義的入国プログラムには、「イギリス社会的弱者移住計画（UK Vulnerable Persons Relocation Scheme）」や「オーストラリア特別人道プログラム（Australian Special Humanitarian Programme）」などがあるが、OECD加盟国のうちこうした計画を策定している、あるいは、必要に応じて策定する能力がある国は少なくない。

人道ビザは、他とは性質が異なっている。基本的な趣旨が、庇護申請のため受入国に入国できるようにする（つまり、難民としての地位が認定されていない段階で入国する）ことにあるからである。こうしたビザがないと、OECD加盟国への避難を希望しながら、再定住や合法的経路をとる資格を取得してない人は、密入国斡旋業者に命を預ける危険を冒すことになる[30]。

欧州議会の調査（European Parliament, 2014）によれば、EU加盟国のうち8か国（ベルギー、ドイツ、フランス、ハンガリー、イタリア、ラトビア、ルクセンブルク、ポーランド）が、国として長期滞在人道ビザ[31]を発行し、一方、マルタとポルトガルは、制限地域で有効なシェンゲンビザ（短期滞在用）を用いて保護を提供している。EU域外では、例えばアルゼンチン、ブラジル、スイスがこの種のビザ制度を採用している。アメリカ合衆国で、緊急の人道的理由のある場合に与えられる「人道的臨時入国許可ビザ（Humanitarian Parole Visas）」も、人道ビザに分類できると思われる。なぜなら臨時入国許可を取得した人は、庇護認定を受けるなど、永住資格に切り替えることが可能だからである。

ブラジルはハイチ地震後の2010年、人道主義的入国プログラムを導入し、シリア紛争への対応にそれを適用している。そして2016年3月には、総計で9,000人のシリア人に人道ビザを発行し、2,200人超に難民認定を行った。フランスもまた人道ビザを採用しており、2013年以降、シリア人の申請者に2,600件のビザを発行し[32]、当局は最近、さらに1,500件を追加すると約束している。アルゼンチンのプログラムは、2014年の開始と比較的新しく、また、その規模も比較的小さいが、これまでところ200人のシリア人を人道的理由で受け入れている。

アメリカ合衆国は人道的臨時入国許可プログラムを、2014年以降ハイチ人の家族に、2007年以

降キューバ人の家族に、そして2014年以降、親がアメリカ合衆国内に合法的に滞在しているエルサルバドル、グアテマラ、ホンジュラスの21歳未満の子どものために、それぞれ適用している。また2015年11月には、60人の連邦議会議員がオバマ大統領に対し、同プログラムをシリア人にも適用するよう要望した。その主張によれば、プログラムの適用で、7,000人超のシリア人家族員に緊急支援が可能となるということであった。これらの家族員はすでに最初の身元調査は通過しているものの、発給数に年間の上限があるためにまだビザを受給していなかったのである。同様に2016年3月には、欧州議会の「市民的自由・司法・内務委員会（Civil Liberties, Justice and Home Affairs Committee, LIBE）」が、国際的保護を必要としている人が、EU域外にある加盟国の大使館や領事館に人道ビザを申請できるよう、EUのビザ規則の改定を求めている。

人道ビザの利用可能性はどの程度かということと、潜在的な受益者をどのように選ぶかということは別の問題である。一部には、人道ビザはもっと多くの国が利用できるだけでなく、国ごとの利用規模ももっと大きくできるという見方もある。現在、受入国は人道ビザの年間発行数を制限したり、到着後の難民認定取得の可能性が高いことを確認する目的で、対象者の選別を行ったりしている。対象者の選別は、家族関係や緊急基準（標準的な再定住プログラムとは異なる基準）に基づいて行われる場合が多い。実際のところ人道ビザは、誰に発行するかということでは各国の自由裁量の余地が大きく、また再定住ビザよりも申請処理が迅速である。

人数の上限も設けず、また前もっての選別もなしで人道ビザを発行するという政策を行えば、申請者が膨大な数になり——少なくとも、移民及び難民に評判の良い受入国の場合——、また、申請者に占める受給者の割合が縮小することが考えられる。各国はまた、大量の申請を処理する能力があるわけではないので、申請処理に忙殺されることも危惧される。結果的に、人道ビザが義務的に適用される可能性はきわめて低くなり、ビザの発行数は集中的にではなく、広範囲に増加する可能性が高くなる。言い換えれば、すでに人道ビザを利用する国がその規模を拡大するよりも、人道ビザを利用する国の数の増加が考えられるということである。

人道ビザの利用が大幅に拡大すれば、OECD加盟各国の政策手段の中に、環境的ショックと地政学的ショックの両方に効果的に対応できるツールが加わることになるだろう。だが、それを本当に有効なものにするには、世界中の領事サービスが避難者にとって利用しやすいものでなければならない。EUは、加盟国の領事サービスがその対象範囲を広げるために連携しており、この点について寄与できると思われる。

民間スポンサー制度

避難民が世界的に急増しているにもかかわらず、認定を受けた難民のための国主導の再定住プログラムは、いまだ非常に規模が小さく、UNHCRの登録難民のうち再定住者は年間1％に満たない。OECD加盟各国は、この人道主義的保護経路の拡大にきわめて消極的である。そうした状況にあって、民間スポンサー制度の基本的な趣旨は、民間（個人、企業、その他の団体）からの寄付や社会資源を活用して、もっと多くの難民の再定住を助け、その人々を支援し、受入国への統合を進めるというものである。

民間スポンサー制度は、その性質からして、移民プログラムや代替経路の1つというわけではなく、受入国の関係者間で費用や責任を分担する方法というべきものである。その点では、あらゆる種類の合法的経路に適用できる横断的アプローチといえる。再定住や家族の再統合に利用されるのが一般的だが、難民の学生に対する支援方法ともなりうるだろう。

民間スポンサー制度は、多種多様な形をとることが考えられ、また、対象となる費用や活動も、例えば、避難のための渡航、医療、住居、求職支援、再定住後の就学支援など多岐にわたる。スポンサーは共同出資者以上の役割を担う（奨学金事業と同様である）。すなわちこの制度では、一定期間の定住費用を賄うことに加えて、社会参加その他の財政面以外の支援も求められる。

最も歴史が古く、いわばその典型ともいえる民間スポンサー制度はカナダで策定され、その始まりは1970年代にまで遡る。1979年から2015年の間に、カナダの民間スポンサーが再定住を支援した難民は、25万人を超える。カナダでは、「民間難民受け入れプログラム（Private Sponsorship of Refugee Program）」の中に、主として3種のスポンサー・プログラムを擁している。すなわち、1)「スポンサー契約保有者（Sponsorship Agreement Holders）」（カナダ移民・難民・市民権省（IRCC）と正式なスポンサー契約を結んでいる法人組織）、2)「グループ・オブ・ファイブ（Groups of Five）」（5人以上のカナダ人または永住者のグループ）、「コミュニティー・スポンサー（Community Sponsors）」（地域に拠点を置く組織）である。後者の2グループは、カナダ政府に直接、定住計画を提出して、スポンサーとなるのに必要な資金提供が可能であり、その他の求められる支援を行う用意があることを証明する必要がある。カナダ政府は通常、難民の健康診断費用やカナダまでの渡航費は貸与しているものの、1年間、もしくは難民が経済的自立を果たすまでの経済支援は、民間スポンサーが行うことになっている。

グループ・オブ・ファイブまたはコミュニティー・スポンサーから、難民として支援を受ける場合、主たる申請者は難民認定を得ていなければならないが、シリア難民とイラク難民についてはこの限りではない。民間スポンサーは、難民の最初の定住に関わり、精神的及び社会的な支援を提供する。2014年の場合、1人の成人難民の支援にかかった費用は1万2,500カナダドルであり、6人の家族の場合は3万2,500カナダドルであった。カナダはまた、政府と民間スポンサーが事業責任を分かち合う融合プログラムも運営している。

「オーストラリア特別人道プログラム（Australian Special Humanitarian Programme）」は、家族員を国外から呼んでオーストラリアに定住させようとする人に、そのルートを提供している。また、オーストラリアは2013年から、「コミュニティによる予備的プラン（Community Proposal Pilot）」という、試行的な支援プログラムも設けている。

ヨーロッパの場合は、ドイツだけが、法人組織の民間スポンサー制度を通常の人道主義的規定に組み込んでいる。ドイツのスポンサー制度は州レベルで実施され、バイエルン州を除く全州で運営されている。各プログラムに共通する条件には、ドイツ国民であれ永住権保持者であれ、スポンサーは難民と親族関係がなければならないというものがあり、またスポンサーは、財政的に無期限の責任を負うものとされる。対象人数の制限はなく、2013年半ば以降、このプログラムによって入国

第4章　環境的及び地政学的ショックに伴う国際移民──それに対するOECD加盟国の対応

許可を得たシリア人難民は2万人を超えている。

これ以外の国は、民間スポンサーについて、期間を限ったプログラム内でのみ扱っている。シリア難民の家族員との再統合を助けた、アイルランドやスイスのプログラムがそれに当たる。アメリカ合衆国の人道主義的プログラムにも、共同出資の要素が含まれるが、スポンサー組織が長期的な財政責任を負わないため、正式には民間スポンサー制度とはみなすことができない[33]。

民間スポンサー制度は、また、難民への公的支援がどうあるべきかを説得力を持って示すものかもしれない。実際に選択されるものから要望を知るというこの種のプログラムは、国内外の政治家に強い政治的メッセージを送る可能性がある。一方で、民間スポンサー制度に批判的な立場からは、国主導のプログラムと民間スポンサー制度が、少なくとも長期的には、立場が入れ替わる危険性があるとの主張がなされている。

実際のところ、民間スポンサー制度の規模は、当該国政府の処理能力だけではなく、民間の寄付やコミュニティの支援の大きさによっても決まる。民間の寄付や支援を募る方法にはさまざまなものが考えられる。クラウドファンディングは、一般市民のこうしたプログラムへの協力を可能にする方法として、有用で透明性もあるが、そこにはスポンサーの責任のあり方という問題が生じる[34]。国による奨励金もまた、民間スポンサーへの国の支援や、間接的な共同出資の方法として検討に値すると思われる。

再定住プログラムの重要な問題の1つは、その種類を問わず、再定住に向けた難民の選定の方法である。国主導のプログラムでは、選定は一般に国連職員により、一定の「脆弱性の評価基準」や国の利害関係及び優先事項に基づく基準に沿って、実施される。民間スポンサー制度の場合、スポンサーや地域コミュニティの積極的な支援を得るためには、選定プロセスにある程度の自由裁量を認めなければならない、という批判がある。宗教的な団体や、倫理的あるいは政治的なグループは、保護の必要な人としてある種の層を重視して、それ以外は除外するというリスクがある。このリスクを軽減するためには、民間スポンサー制度内で利用可能な一部もしくはすべての受け入れ枠を、くじ引きで決めるか、または、UNHCRや受入国による外部基準に基づいて割り振るかすることが考えられる。

民間スポンサー制度には、綿密な規定が必要である。中でも、まずスポンサーの責任は明確にしなければならず、また、問題が生じた際の手続や安全策も用意されている必要がある。各種の寄付者（例えば、個人、企業、地域団体、NGO、UNHCRをはじめとする国際機関など）のそれぞれの役割や互いの関係を、明らかにしておく必要もある。加えて、プログラムの策定にも実施にも公的機関との緊密な連携がなければならない。さらに、再定住の資金を調達するには、主として一般市民の支持に依拠することが多いため、プログラムの対象範囲や重点がメディアの注目度次第で決まり、またその性質上、きわめて移ろいやすくなるというリスクも負っている[35]。

実際のところ、民間スポンサーによる再定住の政治的な成否は、再定住の間及びその後の実際の費用を、スポンサーがどの程度、またどの程度の期間、負担するかにかかっている。比較的長期間にわたり、比較的多くの費用を賄うプログラム（少なくとも理論上は、公的財源への負担が少ない）

は、渡航費や緊急の医療費など、短期間に発生する最低限の費用の負担に主眼を置くプログラムよりも、OECD加盟各国への訴える力に期待できる。だが、そういうプログラムには、地域コミュニティやスポンサーからのより多くの資金、より長い支援が必要になる。対照的に、スポンサーにとって負担が比較的短期間であるか、求められるものが比較的軽微なプログラムは、規律欠如の問題を起こしがちである。スポンサーが、公的機関が救済してくれることを知っているため、危険を冒すのである。

3.3　代替経路の可能性を評価する

　この項では、本章で述べたさまざまな分析結果をまとめ、各種の代替経路の可能性を「保護の規模と質」「社会の受容度」「実行可能性」という3つの主要基準に照らして評価していく。まず、その評価基準について簡単に述べ、次に各種の代替経路の長所と問題点を一覧表にまとめる（表4.2）。最後に、シリア危機という具体的なケースについて、「代替の一般的移民経路」の可能性を評価して、本項を締めくくる。

保護の規模や質

　国境の内外への強制移動に対する政策対応はすべて、紛争や暴力からの避難者に提供される保護の基準に照らして評価される必要がある。保護については、次の3つの要素に分けて評価することが有用であり、また重要でもある。その3要素とは、1）保護の規模（保護する人数）、2）受益者の選定（誰が保護を受けて、誰が受けられないのか、またその理由）、3）提供される保護の条件と質（条約難民認定や標準的な一時的保護との比較）である。

　保護対象の選定結果をみれば、当該の政策が、誰かのための保護を他の犠牲の下で拡大しているかどうか、またそれはなぜかがわかる。後援を受けて再定住した難民が、再定住政策全般の追加対象とみなされるのか否かということである。同様に、特定のグループ（例えば、シリア人など）が、他の難民グループに比べて、（例えば、優先的な扱いやその他の優遇を受けるなどで）保護を受けやすくなる、あるいは、（例えば、外国人労働者や留学生の受け入れを縮小するなど）保護を必要としない他の移民グループの犠牲のもとに、やはり保護を受けやすくなるということは容易に想像できる。こうした選定の結果が規範上の問題になるかどうかについては、必ずしも全体的な合意があるわけではない。

　保護の質については、それぞれの政策ごとに、移民に与えられる保護の程度（例えば、身体的安全、住居、医療など基本的サービスの利用など）や経済的な機会（例えば、教育訓練、技能開発、労働市場への参入など）が異なり、また、受入国の経済や社会への統合に向けた支援のレベルもさまざまである。また、当該の政策が難民に対し、個人の選択、自立、生計を可能にする機会を与えられるかどうか、与えられるとしてそれはどの程度かについても、補足的に問題になる。

第4章　環境的及び地政学的ショックに伴う国際移民——それに対するOECD加盟国の対応

社会の受容度

　政策対応を包括的に評価する際には、受入国とその居住者に対する当該政策の経済的・社会的（及び、その他すべての）影響を含める必要がある。というのも、そうした影響は政治的成否が決まるうえで、大きな役割——場合によっては最も重要な役割——を担うからである。実際のところ、各国が移民プログラムを策定する場合、外交的な目的だけではなく、経済や社会、住居、治安への実際の効果、また、効果だとみなされているものに関連する各種の追加目標も考慮に入れている（OECD, 2016）。各国はまた、国としてのアイデンティティ（意味は明確にされているのだが）及び国の価値観の問題や、当該政策が国の根本的な価値観とどの程度一致しているかについても、考慮に入れる場合がある。

　こうした目標や効果の中には、当然ながら世論に大きく左右されるものもある。世論と政策策定の関係は複雑な場合が多く、世論がどの程度政策策定に影響するかについてはかなり議論がある。多くのOECD加盟国では、移民に対して極端な意見を持つ人の割合が拡大しており、移民に関して発表される論説も、穏健な立場よりも極端な立場からのものがますます増えている。そうした偏向した声高な主張には政府も対応せざるを得なくなり、その結果、証拠に基づく政策の推進に支障をきたして、大胆な改革を企図したり、保護の分野を含む移民制度や移民プログラムを改定したりする際に、政治的視野が著しく狭まる可能性がある。

実行可能性

　政策提言の評価基準として重要な、にもかかわらず見過ごされがちなものに、政策の技術的な実行可能性——国がその政策を実施する能力と定義される——がある。

　実行可能性の1つの側面は、政策の実施に必要な行政的な条件や能力、そして財源に関係している。確かに、資源を再配分すれば、ある程度はそうした制約が取り除かれる可能性はあるが、一部のインフラ整備には時間がかかる場合がある。例えば、人道ビザでは領事館サービスが利用可能になることが求められ、民間スポンサーによる再定住及び奨学金プログラムの場合は、相当な行政処理能力が必要であり、また、労働移民経路を拡充するには、当該の対象グループの需要と供給を適合させる方策を立てなければならない。

　政策実現への制約の中には、国内の法的枠組みに由来するものもあり、特に、独立した司法制度や憲法によって提供される保護についてはそれがいえる。言い換えれば、当該の政策の適法性は、国内法や国際法に照らして評価されるということである。場合によっては、必要な政策変更を可能にするため国内法規が改定されることもあるが、もっと根本的な改革が必要な場合も考えられる（例えば、憲法改正など）。また実行可能性は、政策変更を実施するのに必要な時間——政治的な合意形成の時間を含む——にも影響を受ける。

　さらに、歴史的経験も重要な意味を持つ。新しい政策案の予想される効果について、歴史からどのような教訓を得るかということである。もちろん、歴史は必ずしも繰り返すわけではない。政策変更も、それに対処する際に利用できる施策や制度も、時間とともに変化するものである。とはい

え、過去の移民政策や統合政策の成功例及び失敗例とみなされているものは、政策の議論や決定に重要な役割を果たしている。

3つの基準に照らして代替経路の可能性を評価する

これはいうまでもないことかもしれないが、それでもここで確認しておくことは必要であろう。すなわち、いかなる政策であっても、上記3つの基準（保護の規模と質、社会の受容度、実行可能性）すべてに「最高点」がつくものは皆無であり、また、それぞれの目的の間には緊張関係があるということである。例を挙げれば、ある政策（例えば、一時的保護プログラム）が、相当数の人に基本的な身体的保護を提供できるとしても、例えば、長期的な資源開発や社会的統合の機会を提供することはできない場合がある。つまり、保護の規模と質は二律背反の関係にあるということである。さらに、政策の最終的な評価は、どの目的を優先させるかということや、両者の妥協点をどう見つけるかということにだけ基づくわけではない。最終的な評価は、評価の際に考慮される時間尺度にも依拠している。政策の中には、短期的には実現が難しく、費用もかかるとみられても、長期的には有用なことが明らかになる場合もあるからである。

表4.2では、本章で取り上げた5種の代替経路の、3つの評価基準による評価をまとめている。代替経路の評価は主観的にならざるを得ないとする議論もあるだろうが、この表の趣旨はあくまでも、開かれた体系的な議論を促すため、本章で示した論点や証拠をまとめることにある。

表4.2　保護を必要とする人のための代替経路の可能性——ここまでの分析のまとめ

		保護の規模と質			社会の受容度	実行可能性
		受益者数	保護の質	選定／退去		
労働移民	既存の経路 修正された既存の経路 新設の経路	非常に少ない 少ない 中技能または低技能の労働者を受け入れるなら、他の労働移民経路よりも多くなる可能性がある	身分変更や庇護申請が認められるかどうかによる 統合支援プログラムや難民限定の社会的便益が利用できるかどうかによる	多い／少ない 中程度／少ない 入国要件次第である	以下の状況であれば高くなると思われる 1) 経済的利益が明らかにされ、またそれが増進している 2) 一時的移民が永住化しない 3) 退去数が限定的である	現行の法的枠組みの中で実行可能と思われるが、第一次庇護国への再入国の問題がある ほとんどの国で、法律の変更が必要になると思われる
家族移民	核家族	概して少ない。ただし、近年多くの流入者のある国はこれには当たらない	高い	少ない／中程度	プル要因のリスクが抑えられていれば高い	現行の法的枠組みの中で実行可能と思われる
	拡大家族	多い	高い	少ない／少ない	中程度から低度	ほとんどの国で、法律の変更が必要になると思われる
人道ビザ		選定が厳しければ比較的少なく、厳しくなければ多くなる可能性がある	高い	中程度～多い／少ない	この種のビザ制度を設けているが受益者数は少ないという国では、社会的受容度は高い	第一次庇護国で行政上のインフラ（専任職員による領事館サービス）が必要になる
留学ビザ		避難者のうちの高等教育在学者数が上限になる	身分変更や庇護申請が認められるかどうかによる	多い／中程度	高い	実行は比較的容易だが、費用が大きい
民間スポンサー		多くなる可能性はあるが、国によって異なる	高い	多い／少ない	世論の支持次第で決まる	ほとんどの国に行政能力の向上が求められる

211

第4章　環境的及び地政学的ショックに伴う国際移民──それに対するOECD加盟国の対応

表4.2が示すのは、労働移民という経路は魅力的ではあるものの、実施が最も容易だとはいえないと思われることである。既存の労働移民制度では、対象が高技能者である場合が多く、受益者数は比較的少数にとどまることが考えられる。低技能の難民を対象とする労働移民経路を拡充すれば、受益者数は相当な増加が見込まれるが、一方で、第一次庇護国に強制的に再入国させるという事態に直面するか、あるいは、おそらくほとんどの人が雇用契約の期間中または終了時点で庇護申請を行うことを認めるか、どちらかが避けられなくなると思われる。

家族移民経路は、対象を配偶者と子どもに限定した場合でさえ、最も多くの人を保護できる見込みがあり、代替経路としての可能性がある。OECD加盟の数か国が最近、家族再統合を制限する方策をとっているのは、1つには庇護申請者が大量に流入した場合の費用を考慮してのことであり、もう1つには、プル要因とされるものを避けるためでもある。費用の問題は、民間スポンサーのさらなる積極的な活用や、もっと有利な条件の期間限定のプログラムにより、軽減される可能性はある。

民間スポンサー制度──選定の影響を抑制することができれば──と留学ビザは、世論の大きな支持が得られる可能性のある選択肢である。民間スポンサー制度は、当然ながら従来の再定住プログラムよりも低コストであるとはいえ、そのコストを過小評価するべきではない。一方の留学ビザのコストは明らかに他と比べて最大であるが、長期的には、学生が受入国の社会に十分に統合されたり、出身国に帰って庇護国とのつながりを維持したりする場合、相当な利益を生むことも考えられる。

人道ビザが利用できるのは、OECD加盟国の中でも一握りの国に限られ、しかも実際の利用はごく少ないという場合がほとんどである。一部のグループの保護拡大のために人道ビザが活用されれば、再定住のための柔軟性のある補完的経路になる可能性はある。

シリア難民のための代替の一般的移住経路の可能性

以下、シリア難民のための各種代替経路の可能性について評価していく。ここでは、2010〜2015年の間にOECD加盟国がシリア難民に対して、入国許可を何件交付しているかを種類別に示すとともに、それぞれの移住経路の対象人口について初の推定を行っている。また、これまで述べてきた各種の選択肢の将来性と実行可能性も明らかにしている。

労働移民：最近までに、OECD加盟国で労働許可を与えられたシリア人労働者は、全体で約1万8,200人と非常に少ない（表4.3）。労働許可の発行数は、トルコがほぼ7,700件と最も多いが、その一部は一時的被保護者に付与されたものと考えられる。次がスウェーデンで3,500件、その後にアメリカ合衆国の1,500件、カナダの685件が続く。

だがほとんどの国では、労働許可証を得たシリア難民の数はシリア危機が始まった当初の2010〜2011年がピークであり、以後減少している。これはおそらく、縁故があったり、相応な技能、特に言語能力を持っていたりするシリア人の多くは、OECD加盟国ですでに労働許可証を用いて雇用の機会を得ていたためと思われる。これと逆の傾向がみられるのはフランスであり、オーストラリアにも（フランスほど明確ではないが）その傾向がある。

212

環境的及び地政学的ショックに伴う国際移民——それに対するOECD加盟国の対応　第4章

表4.3　シリア人に対する最初の労働許可証の交付数（OECD加盟国）（2010～2015年）

	2010年	2011年	2012年	2013年	2014年	2015年	合計
オーストラリア	73	80	77	103	91	94	518
オーストリア	6	3	4	11	6	..	30
ベルギー	5	4	7	8	7	..	31
カナダ	128	138	122	121	99	77	685
チリ	4	5	15	20	17	23	84
チェコ共和国	56	37	14	7	8	12	134
デンマーク	14	10	5	10	21	20	80
エストニア	0	1	0	0	0	..	1
フィンランド	3	2	5	7	3	4	24
フランス	22	24	48	62	51	85	292
ドイツ	27	29	89	134	151	231	661
ギリシャ	3	5	5	28	38	24	103
ハンガリー	14	15	27	21	21	26	124
アイスランド	0	0	0	0	0	0	0
アイルランド	3	3	11	7	8	..	32
イスラエル	..	..	..	..	..	..	..
イタリア	311	123	64	55	28	23	604
日本	5	4	12	11	6	9	47
韓国	..	..	..	..	..	..	..
ルクセンブルク	0	1	1	0	1	3	6
メキシコ	..	..	..	..	..	..	..
オランダ	6	6	12	10	9	..	43
ニュージーランド	39	32	74	23	28	40	236
ノルウェー	3	3	8	12	8	6	40
ポーランド	48	136	28	47	21	46	326
ポルトガル	0	0	0	4	7	..	11
スロバキア共和国	4	7	22	20	18	33	104
スロベニア	1	2	2	1	1	2	9
スペイン	19	38	34	34	27	28	180
スウェーデン	435	645	534	727	780	412	3 533
スイス	32	44	45	50	94	82	347
トルコ	..	105	231	794	2 539	4 019	7 688
イギリス	160	135	105	145	140	..	685
アメリカ合衆国	317	334	259	312	304	..	1 526
合計	**1 738**	**1 971**	**1 860**	**2 784**	**4 532**	**5 299**	**18 184**

資料：各国の資料。

StatLink：http://dx.doi.org/10.1787/888933396413

　UNHCRの登録データによれば、シリアの近隣国に在留するシリア人約190万人の年齢層は、18～59歳であるという。ただし、このデータでは総数が実際よりやや少なく算定されており、特にレバノン在留者数についてはそれがいえる。ここで重要になってくるのは、シリア人労働者の技能が、どの程度OECD加盟国の需要に合致しているかという問題である。この点を評価するため、紛争前のシリア人労働者の職業分布を、過去5年間に入国した移民のOECD加盟国内での雇用分布と比較している。

　シリア紛争が始まる前の2007年の場合、シリア人労働者の3分の1、つまり150万人が単純作業の従事者であった（表4.4）。次に多くを占めたのが、技能工及び関連職業の従事者（19%）であり、それに対して管理職、専門職、技師・准専門職は16%であった。だが、シリア人の職業構成は急速に変化する。2007～2010年の間に、上記の国際標準分類での上位3種に就く労働者数は実に24%増

213

第4章　環境的及び地政学的ショックに伴う国際移民——それに対するOECD加盟国の対応

表4.4　シリア人労働者の職業別分布（2007年、2010年）

	2007年 人数（単位1,000人）	2007年 分布（％）	2010年 人数（単位1,000人）	2010年 分布（％）
合計	4 946	100	5 055	100
1. 管理職（立法府議員、上級公務員、管理者）	71	1		
2. 専門職	273	6		
3. 技師・准専門職	424	9		
小計（1、2、3）	767	16	948	19
4. 事務補助員	433	9		
5. サービス・販売従事者	561	11		
6. 農林漁業従事者	322	7		
7. 技能工及び関連職業の従事者	940	19		
8. 設備・機械の運転・組立工	463	9		
9. 単純作業の従事者	1 459	30		
X. 分類不可	0.2	0		

資料：国際労働機関（ILO）年次指標データベース（ILOSTAT）「男女別及び職業別雇用状況」。
StatLink：http://dx.doi.org/10.1787/888933396427

図4.3　OECD加盟ヨーロッパ諸国におけるヨーロッパ域外出身の雇用者の職業別分布（2013年）

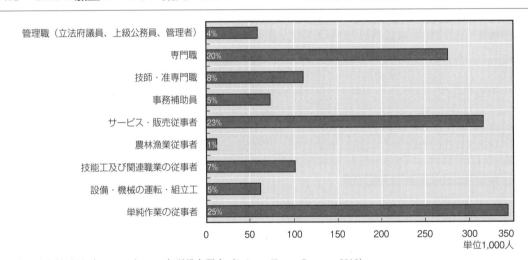

資料：欧州連合統計局（Eurostat）2013年労働力調査（Labour Force Survey, 2013）。
StatLink：http://dx.doi.org/10.1787/888933395651

加し、2010年には95万人、全労働者に占める割合は19％に達した。

　シリアでの学歴に関する最新のデータは、2009年のものである。それによれば同年には、人口（25歳超）の3分の1が初等教育未修了者、3分の1が初等教育修了者、そして残りの3分の1が中等教育レベル以上を修了し、高等教育修了者は約6％であった。

　トルコ、ヨルダン、レバノンに避難したシリア人に関する人口学的データは多くないが、その人口構成には、若者が多く男女比は比較的均衡がとれているという傾向はみられる[36]。トルコに避難

したシリア人の学歴データ（2013年まで遡れる）によれば、6歳以上の避難民のうち10%が高等教育を修了している。レバノンの場合は、入手可能なデータで、大学レベルを修了しているシリア人は3%にとどまる（ILO, 2014）。同様に、ヨルダンに在留するシリア人の学歴レベルも比較的低く、中等教育以上を修了しているのは15歳以上の避難民のわずか15%である（Stave and Hillesund, 2015）。

　第一次庇護国に滞在するシリア難民の技能を、OECD加盟国における労働需要と合致させることは、非常に難しいことのように思われる。EU諸国に最近（この5年間に）入国したEU域外の国民の職業別雇用分布をみると、管理職、専門職、准専門職（国際標準職業分類のレベル1、2、3）の割合（32%）は、紛争前のシリアにおける割合（16%）よりもはるかに大きい。ところが、最近雇用されたEU域外出身の労働者の場合、低技能職が大きな割合を占めており、EU諸国において現在、労働需要が満たされているのは、高技能職に限られることがわかる。2013年の合計では、OECD加盟国に最近入国した移民のうち、35万人が単純作業に従事しており、その一部はおそらく、シリアの隣国で雇用された低技能及び中技能の難民によって担われている可能性がある（ただし、雇用主がシリア難民を潜在的な雇用者とみていればではあるが）。

留学：シリア紛争が始まって以降、シリア難民に交付された留学許可証は少数にとどまっている（表4.5）。2001年からの合計では、1万5,300人のシリア人がOECD加盟国で最初の留学許可証を取得し、そのうち2015年の取得数は1,600人であった（部分的なデータによる）[37]。交付数の最も多いのはアメリカ合衆国（4,800人）であり、それにドイツ（3,600人）、イギリス（2,200人）が続く。フランスとカナダも、それぞれ1,000人以上のシリア人学生を受け入れている。

　UNESCOのデータによると、紛争の始まった当時、シリアの高等教育機関に在学していた学生は60万人をわずかに下回っていた（全人口のおよそ3%）。これは、高等教育レベルの総在学率にする

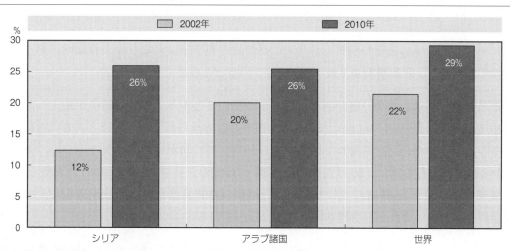

図4.4　高等教育レベルの総在学率（2002年、2010年）

資料：ユネスコ統計研究所（UNESCO Institute for Statistics）（http://data.uis.unesco.org/）。
StatLink: http://dx.doi.org/10.1787/888933395666

第4章　環境的及び地政学的ショックに伴う国際移民──それに対するOECD加盟国の対応

表4.5　シリア人に対する最初の留学許可証の交付数（2010〜2015年）

	2010年	2011年	2012年	2013年	2014年	2015年	合計
オーストラリア	63	59	32	23	28	22	227
オーストリア	9	21	25	25	34	..	114
ベルギー	19	15	11	26	18	..	89
カナダ	215	216	182	190	205	215	1 223
チリ	0	0	0	0	0	2	2
チェコ共和国	59	32	55	36	28	68	278
デンマーク	2	6	4	5	15	9	41
エストニア	0	0	1	0	2	..	3
フィンランド	2	7	0	3	5	10	27
フランス	274	240	102	146	197	115	1 074
ドイツ	278	234	355	650	1 011	1 097	3 625
ギリシャ	6	10	18	24	18	21	97
ハンガリー	6	13	16	31	16	36	118
アイスランド	1	0	0	0	0	2	3
アイルランド	8	5	12	8	12	..	45
イスラエル	..	..	..	..	..	..	..
イタリア	54	54	66	59	59	29	321
日本	20	16	14	4	6	12	72
韓国	..	..	..	..	..	..	..
ルクセンブルク	0	2	0	0	1	0	3
メキシコ	..	..	..	..	..	..	..
オランダ	7	9	6	15	14	..	51
ニュージーランド	18	10	9	8	11	10	66
ノルウェー	4	5	4	2	0	6	21
ポーランド	9	8	23	45	39	39	163
ポルトガル	1	1	4	1	48	..	55
スロバキア共和国	2	5	10	6	6	7	36
スロベニア	0	0	0	0	1	1	2
スペイン	0	20	61	79	84	105	349
スウェーデン	14	10	14	18	43	39	138
スイス	20	19	26	16	6	12	99
トルコ	..	..	..	..	..	..	..
イギリス	650	720	345	255	190	..	2 160
アメリカ合衆国	799	723	801	1 172	1 271	..	4 766
合計	2 540	2 460	2 196	2 847	3 368	1 857	15 268

資料：各国の資料。

StatLink：http://dx.doi.org/10.1787/888933396438

と26%にあたる。紛争に先立つ期間、シリアの高等教育在学率はかなりの上昇傾向にあって、アラブ諸国の平均に並び、世界平均よりわずかに3%下回るところまで来ていた。

年齢が若く教育レベルの高い層が国を離れる率が高いことからすると、紛争が始まって以降、高等教育相当年齢の若者の3分の1近くがシリアを離れたと考えられる。そのほとんどは近隣諸国（トルコ、ヨルダン、レバノン）に逃れているが、ヨーロッパに向かった人も少なくない。実際、2011年1月から2016年4月の間に、30万人を超える18〜34歳のシリア人──そのうちおそらく10万人は大学就学年齢にあたる──が、EUやEFTA（欧州自由貿易連合）に庇護申請をし、ほぼ全員が申請を受理されたか、これから受理されることになっている。

この他に、アンケート調査（ただし、統計的な無作為抽出標本ではない）に基づく算定も可能である。2016年2月にギリシャに上陸したシリア人のうち[38]、全成人回答者の14%が、出国時点に大

学生であった。この割合を、2015年にヨーロッパに到着したシリア人成人の総数（およそ50万人）に当てはめると、7万人が以前は大学生であったことになる。これらの人々が大学教育を受けられるようにすることは、優先すべき課題である。

シリアの近隣諸国に現在在留する若者の4分1が、自国では大学生であったとすれば（紛争前のシリアの高等教育在学率を適用）、2016年の初頭時点で、トルコ、ヨルダン、レバノンには、15〜20万人の高等教育在学者がいたことになる。そのうちこれら隣国で高等教育に在学しているのは、ごくわずかにとどまる（Watenpaugh *et al.*, 2014）。

家族移民：シリア紛争が始まって以降、7万2,000人のシリア人が各種の家族移民プログラムの下で入国を認められてきた（表4.6）。スウェーデンなど一部の国では、2014年と2015年に庇護申請者数が急増し、その人々に合流する家族員数も増加している。スイスやアイルランドといった国々は、シリア難民向けの特別プログラムを設けて、またドイツは民間スポンサー制度を用意して、家族移民経路から比較的多数を受け入れている。

2011年以降、EUやEFTAの加盟国で難民登録されたシリア人70万人のうち、成人男性は約37万5,000人、成人女性は12万5,000人である。2015年の4〜9月にギリシャに到着したシリア難民について、UNHCRが調査したところでは（対象者は1,245人）、回答者の50%近くが自分は独身だと答えている。それを基に推定すると、約12万5,000人が配偶者をシリアに残してきたことが考えられる。典型的なシリアの核家族の構成が5人ということからすると、およそ60万人が直後の家族再統合策によって、ヨーロッパにやってくる可能性がある。とはいえ、家族再統合はすでに達成されている場合も多く、この数字はかなり慎重に扱う必要がある。2016年の時点では、ヨーロッパに到着した船に乗っているのは成人男性よりも子どもや成人女性のほうが多い（55%）。家族移民の経路を利用することの難しさを考えると、さらに多くの家族がヨーロッパに向けて移動することになるか、さらに多くの女性がすでに到着している夫と再統合することになるか、どちらかが推測される[39]。

この他に、アンケート調査（ただし、統計的な無作為抽出標本ではない）に基づく算定も可能である。2016年2月にギリシャに上陸したシリア人[40]に関するUNHCRの最近の調査によれば、全成人回答者の6%が配偶者を、13%が子どもをシリアに残していた。この数字を外挿して2015年の年間の数字を推定すると、シリアに残った配偶者は上記の推定よりかなり少なく、3万人となる。一方、子どもを残してきたと回答した人の割合が大きいことも考慮すると、直後の家族再統合による潜在的な流入者総数はおよそ25万人となって、やはり相当数に上ると考えられる。だがこれでも下限の推定値であり、というのも、2015年の独身男性の割合は（2016年初めの数か月に比べて）はるかに大きいからである。

シリアでは家族の範囲が広い。親と子どもだけではなく、祖父母、おば、おじ、いとこもその一員である。一軒の住居に直接的な家族も拡大家族も、いっしょに暮らすこともめずらしくない。家族の定義が広いこと、親を残してきたと回答する人の数が多いこと（57%）を考えると、家族再統合を進めれば流入者数はかなり増大し、2015年にシリア人から出された庇護申請の件数をおそらく上回ることになるだろう。

第4章　環境的及び地政学的ショックに伴う国際移民——それに対するOECD加盟国の対応

表4.6　シリア人に対する家族関係が理由の最初の入国許可証数（2010〜2015年）

	難民及びその他の人道的被保護者の家族							その他の家族						
	2010年	2011年	2012年	2013年	2014年	2015年	合計	2010年	2011年	2012年	2013年	2014年	2015年	合計
オーストラリア	..	..	..	..	..	..	..	15	<5	29	21	<5	<5	65
オーストリア	..	..	..	..	..	..	..	33	42	32	35	32	..	174
ベルギー	..	..	..	..	..	..	..	212	186	161	206	464	..	1 229
カナダ	..	..	..	..	..	..	..	..	..	..	..	..	..	..
チリ	..	..	..	..	..	..	..	2	1	4	7	9	6	29
チェコ共和国	45	38	49	43	35	29	239	7	4	10	15	11	23	70
デンマーク	68	57	178	365	1 440	6 562	8 670	18	14	21	12	27	74	166
エストニア	..	..	..	..	..	..	..	0	1	1	1	0	..	3
フィンランド	17	19	11	28	73	122	270	..	..	..	..	..	..	..
フランス	..	..	..	..	..	..	..	124	155	207	255	250	224	1 215
ドイツ	..	..	..	..	..	..	..	670	591	1 134	1 237	2 785	12 345	18 762
ギリシャ	..	..	..	..	2	20	22	252	237	302	203	138	188	1 320
ハンガリー	..	..	..	..	..	..	..	47	87	79	106	76	69	464
アイスランド	..	..	..	..	..	..	..	1	0	2	3	0	1	7
アイルランド	..	..	..	..	..	..	..	6	5	3	10	11	..	35
イスラエル	..	..	..	..	..	..	..	..	..	..	..	..	..	..
イタリア	..	..	..	..	..	..	..	191	247	362	391	289	195	1 675
日本	..	..	..	..	..	..	..	8	16	16	14	16	14	84
韓国	..	..	..	..	..	..	..	..	..	..	..	..	..	..
ルクセンブルク	0	0	0	0	0	1	1	2	0	1	0	1	0	4
メキシコ	..	..	..	..	..	..	..	..	..	..	..	..	..	..
オランダ	..	..	..	..	..	..	..	85	70	67	68	178	..	468
ニュージーランド	0	3	1	3	0	8	15	8	8	9	17	9	6	57
ノルウェー	5	2	13	83	186	604	893	35	44	20	26	23	43	191
ポーランド	..	..	..	..	..	..	..	24	18	47	47	10	8	154
ポルトガル	..	..	..	..	..	..	..	3	1	5	2	14	..	25
スロバキア共和国	0	0	0	0	0	798	798	3	5	16	23	17	49	113
スロベニア	0	0	0	0	7	0	7	0	0	0	0	0	0	0
スペイン	1	0	0	26	42	110	179	21	33	41	34	52	60	241
スウェーデン	42	50	141	718	5 209	9 053	15 213	726	1 109	1 281	2 129	2 312	1 363	8 920
スイス	29	64	84	98	409	661	1 345	..	..	..	..	..	..	..
トルコ	..	..	..	..	..	..	..	..	..	..	..	..	..	..
イギリス	..	..	..	..	..	..	..	55	75	50	140	140	..	460
アメリカ合衆国	..	..	..	..	..	..	..	1 365	1 534	1 762	1 995	1 746	..	8 402
合計	207	233	477	1 364	7 403	17 968	27 652	3 913	4 483	5 662	6 997	8 610	14 668	44 333

注：ギリシャのデータは表4.A3.6に含む。
..：データなし
資料：各国の資料。

StatLink：http://dx.doi.org/10.1787/888933396448

まとめ

　図4.5は、シリア難民への対応策のうち、代替経路利用の現状と可能性についてまとめたものである。まず労働移民の経路は、これまでのところ著しく軽視されてきたことが明らかになっている。上述したように、それには客観的な理由があるものの、この経路の可能性と実際の利用状況との間の大きな落差については、詳細に考察する意味があるだろう。この落差を埋めるためには、シリア人労働者の持つ技能内容を明らかにすること、そして、それを受入国の潜在的な労働需要と合致させることが必要になる。また、国際保護の受益者の移動を促進するうえで、第一次庇護国との実際的な労働協定の締結を探ることも求められる。

　今までのところ、シリアから逃れてきた全大学生のおそらく約10%が、OECD加盟国で留学ビ

図4.5　OECD加盟国におけるシリア難民の代替経路の可能性と現状

ザを取得してきたと思われる。10％という割合はかなりの人数に相当し、また、留学という代替経路を支援する、強力な市民運動や最近の国内的・国際的な多くの事業のおかげで、その人数はここ数年でさらに増加していくと思われる。だが、留学生プログラムに難民を積極的に迎え入れるには、授業料や生活費を支援するだけではすまない。そこには、避難民であるシリア人学生に固有のニーズを考慮した、学習が可能になる環境を整えることも求められる。

　当然ながら、家族移民によって入国した人の数は各種経路の中でもすでに最も多い。だが、シリア難民の家族再統合の件数は少なく、その理由には特に次のようなものが挙げられる。まず、2015年末に入国した人はほとんどがいまだ申請ができていないこと、また、ヨーロッパ在留のシリア難民にとって、最も一般的な身分は一時的被保護者であるにも関わらず、その身分の場合、家族再統合がしばしば制限されること、さらに、再定住した難民は、家族とともに入国することが多いということ、などである。

　これとは対照的に、すでにOECD加盟国に在住する親族との再統合は、比較的広く行われており、また増加傾向にもある。この結果は、民間スポンサー制度の利用拡大がその要因である。それでも、シリア難民の保護経路としての家族移民の可能性はなお大きい。いっそうの関心を寄せ、先入観を捨てて取り組むだけの価値はある。

第4節　要点と結論

　環境的・地政学的ショックが大規模な人口移動を引き起こすと、有効で組織的な対応策を備えていない保護及び移民管理制度には、大きな負担がかかることになる。本章でみてきた多くの事例では、各国の対応策は対象範囲の点でもタイミングの点でもまちまちで、また往々にして場当たり的である。さらに、国際行動が共同でなされることは稀であり、その稀なケースでも、共通の対応策

第4章　環境的及び地政学的ショックに伴う国際移民——それに対するOECD加盟国の対応

を立てるのに何年もかかるのが普通であったり、参加するのが少数の国にとどまったりしてきた。

　他の条件がすべて同じとして、環境的・地政学的ショックの発生頻度やその強度は、今後増していくのかどうか、それは確かめようもないことである。だが、そうしたショックが招く結果については、国内的及び国際的な人口移動が拡大する現況を踏まえれば、いっそうのグローバル化が進むことは間違いないだろう。したがって、現在展開する難民危機の先に目を向け、将来のショックによる人口移動の問題に対処できるような、対応のしくみや国際的な連携体制を強化する方法を探ることは、すべてのOECD加盟国にとって最も有用である。その点に関しては、過去や現在の経験の分析から次の3つの教訓が得られる。

　1）有効な国際協力を、当然の前提としてみることはできない。

　2）危機が長引くと、恒久的な解決策に対するニーズと、短期的な保護策を選ぼうとする世論との間の齟齬が大きくなる。

　3）難民の選定——ほとんどの移民制度に共通する要素——については、国際的保護の枠組みの中で再考される必要がある。

　第一の点についていえば、どの国も、人口の大規模移動に直面する他の国を物的あるいは金銭的に支援する法的義務は負っていない。UNHCRの運営費もすべて任意の拠出金で賄われており、再定住の費用についても毎年再交渉が行われている。EUでも、最近ある提案がなされるまでは、保護を求める避難者急増の際に有効な責任分担を行うための「欧州共通庇護制度（Common Asylum System）」の中でも、組織的な安定化のしくみはまったく考慮されてこなかった。今般の難民危機についても、残念ながら世界的にもEU域内でも共同行動や責任分担の動きは弱いといわざるを得ない。もちろん、共同行動の内容を改善し量的にも拡大することが不可能だといっているわけではないが、連携のためのインセンティブやルールがなければ、各国が進んで取り組むことは考えにくい。

　責任や負担の分担の問題は、第一次庇護国——概して危機発生地域に隣接している——に対して国際社会が提供する支援にも関わっている。そうした国々は自身、長期化する大規模な人口流入に悩まされていることが多く、そのため、移動をしてきた人々の生活再建や地域への統合を実現するうえで、国際的な協力は欠かせない。このことは、世界的な公平性という意味でも、また二次的な避難者を減らすためにも重要である。難民封じ込め政策が、現在展開しているシリア危機など、大きな人道危機に対する唯一の政策対応ではあり得ないのである。

　第二の点については、1951年の難民条約での難民の地位が、標準ではなく例外になっていく危険性がある。一時的保護策が、ショックによる大規模な人口移動に対する国際的保護の主たる形態になると、さまざまな問題が生じかねない。

　難民危機が短期的なものであれば、送還の一時停止や一時的／補完的保護認定も意味があるが、避難や保護の必要が長期に及ぶ場合、それらはあまり適切な策ではないと思われる。実際、過去の経験が示すように、避難者はいつの間にか何十年もの間、不安定な身分で生活することになりかね

ない。そうした事態に陥ると、その国に固有の技能水準という点からみて、被保護者の側も、また受入国の側も最適とはいえない投資を行うリスクを負うことになり、そこには人道的及び社会的制度への長期的な弊害も生じる。さらに、一時的被保護者の地位に関する条件には、国による大きな相違がある。この点は、各国が国際的保護を望む人々にとって、最も魅力ある場所と思われないようにしたいと考えている場合、ある種の条件の下では「底辺への競争」を引き起こす可能性がある。各国が、長期に及ぶ危機に対しても、制度として一時的保護策を採用しないようにするためには、在留期間に応じた、権利や義務に関するある種の等級づけを導入することも考えられる[41]。長期的でもっと安定的な保護に向けた経路の利用を促すためには、少なくとも、国際的なガイドラインによって、短期的な保護や許容できる地位についての最低基準を設けることが考えられる[42]。

　最後の第三の点は選定の問題である。UNHCRの再定住プログラムは、最も脆弱な人々を対象としているため、本来、非常に選定基準が厳しい。現在、密航斡旋業者に命を預けている人々の大半は、その最弱者とはみなされず、再定住者に選定されることはまれだと思われる。従来の再定住プログラムの拡充は、もちろん望ましいことではあるが、現在のシリア危機による避難民を含め、密航ルート経由の庇護希望者の流入を防ぐには十分とはいえないだろう。

　代替経路──労働移民、留学、家族移民、さらには人道ビザ、民間スポンサー制度──における選定もまた、非常に厳しくなる可能性はあるが、これらの経路が対象とする層は、UNHCRのそれとは大きく異なっている。例えば、留学ビザや労働移民の経路では、人的資本や経済資本に恵まれた層が想定されていることが考えられる。家族移民や民間スポンサー制度の場合は、当然ながら、社会関係資本や社会的つながりに強みのある個人やコミュニティが優先されることになる。

　家族移民には、多数の人々を保護できる可能性があることは明らかであるのに対し、それ以外の代替経路は実際問題として限界があり、同じように多数の人に恩恵を及ぼすことはできない。だが、たとえ対象人数が比較的少ないとしても、解決策の一部として重視していく必要はある。代替経路は、それがなければ再定住しなかったはずの人々に新たな選択肢を開くという事実からも、有益な補完ルートだといえる。すべての潜在的な受益者に国際的保護の機会を与える方法としては、従来とは別の選定方法を基に一定の再定住者数（最弱者枠から除外された人々の補完枠として）を割り振るということが考えられる。そうした選定方法の1つは、中立的な、くじ引きを基本とするものであり、この方法では、第一次庇護国でUNHCRに難民登録をした人全員にそのチャンスが与えられることになる[43]。移民の枠が十分にあるなら、こうした方法は、再定住者リストの一番下の人であっても、UNHCRに難民登録された国に留まれば再定住が可能だと理解されれば、密航ルートの利用を思いとどまらせる強力な要因となるだろう。

　ショックに関連する人口移動への将来的な対応策は、それがどのような形をとるにしても、もっと枠にとらわれず、もっと包括的でグローバルなものでなければならない。利用すべき手段についてはよく知られているものの、もっと組織的に、また迅速に活用される必要がある。一般的にいうなら、誰もが望むのは、こうした対応策は受け身ではなく先を見越して行われることであり、また根本的には、国際社会が難民危機の解決ではなくその予防に資金を投入することであろう。

第4章　環境的及び地政学的ショックに伴う国際移民──それに対するOECD加盟国の対応

本章で考察してきた問題はすべて、将来の大規模人口移動のショックに対するよりよい備えということにも、また、シリア危機による膨大な数の避難民への今まさに行われている対応努力にも、ともに関連している。現在のシリア難民危機では、当面の政治的対応策は、途方に暮れる人々の救命、避難民や庇護希望者に対する緊急支援の提供、国境警備の強化、そして、第一次庇護国への人道援助による支援に向けられている。こうした行動は継続される必要があり、また場合によっては拡大される必要もある。だがそれとともに、以下のような中長期的な視野を持つ活動によって補完されることも求められる。

- 移民とその子どもたちの地域社会への統合を促す。

- 共同行動と責任及び負担の分担のしくみを強化する。

- 将来の変化や適切な政策対応について十分に予測する。

- 移民問題に関する社会の信頼の再構築に着手する。

注

1. とはいえ、EUの法律や措置はEU加盟国に対して拘束力を持つ場合もある。

2. *www.iom.int/regional-consultative-processes* を参照。

3. *www.unhcr.org/pages/4a2cd39e6.html* を参照。

4. *www.nanseninitiative.org* を参照。

5. *https://micicinitiative.iom.int/* を参照。

6. 例えばドイツやイタリアは、その憲法の中で庇護権を認めている。

7. この「独立専門家（Independent Expert）」は、人権委員会が、その決議1995/70と議長声明PRST/15/1によって設置したものである。

8. *www.unhcr.org/3d9abe177.html* 及び *www.unhcr.org/4dac37d79.html* を参照。

9. 1990年代初めには、多数のOECD加盟国もまた、庇護関連の法律の大きな改正を行ったり、迫害のリスクはないと推測される「安全な送出国」からの庇護申請の処理を迅速化したり、庇護申請者にとって安全だと思われる送出国や通過国を意味する「安全な第三国」という概念を導入したり、あるいは手続を加速させる目的で、「明らかに根拠のない」庇護申請のふるい分けを始めたりしている。ビザを持たない移民を渡航させた業者への罰金の増額や、密航斡旋及び人身売買の厳罰化も漸次進められた（1990年代初頭のOECD加盟国における庇護政策の傾向の詳細については、例えばHatton,2011などを参照）。

10. 加えて、「国際的保護の付与及び取消のための共通手続に関する指令」（Council Directive 2013/32/EU-recast）と「国際的保護申請者の受け入れ基準を定める指令」（Council Directive 2013/33/EU-recast）が出された。

環境的及び地政学的ショックに伴う国際移民——それに対するOECD加盟国の対応　第4章

11. 再定住策は、1951年の難民に関する条約の下での既存の義務を補完するものである。

12. UNHCRは、2016年2月末現在、アメリカ合衆国に対し、3万2,300人のシリア人難民の再定住について検討するよう要請している。

13. 一方で、2016年3月18日発表の「EU・トルコ共同声明（EU-Turkey joint Statement）」（2016年4月4日発効）には、以下のような合意内容が示されている。
　　——2016年3月20日以降に、トルコからギリシャの島々に渡る新規の非正規移民は、EU法及び国際法に完全に従い（つまり、いかなる集団的追放も排除された状態で）トルコに送還される。また、庇護申請をしていない移民や、申請が却下あるいは不認定であった移民もトルコに送還される。
　　——特にシリア人に関しては、ギリシャの島々からトルコに送還されたシリア人1人につき、「国連脆弱性基準（UN Vulnerability Criteria）」を考慮したうえで、シリア人1人をトルコからEU加盟国に再定住させる。

14. 1993年以来、レベノンとシリアの間では二国間協定——人の移動制限を撤廃し、両国の国民に、在留や労働、経済活動を行う自由を付与するもの——が交わされている。だが2014年には、労働大臣令（Decree 197）により、シリア人が就業可能な分野が、農業、建設業、清掃サービス業に限定される。さらに2015年2月にはレバノンの当局が、UNHCRへの登録更新を希望するシリア人は、今後は労働しないという約束をする必要があるとの指示を出している。

15. トルコでは、一時的保護を受けているシリア人の非公式雇用の防止、そうしたシリア人など外国人労働者への需要と自国の労働者への需要の均衡の維持、そして、シリア人が「まともな仕事」を得て労働市場に参入できるようにすることを目的とした「一時的保護下にある外国人の労働許可に関する規定（Regulation on Work Permits of Foreigners Under Temporary Protection」が2016年1月15日に発効し、一時的保護下にあるシリア人の労働市場への参入が可能になった。

16. 低中所得国であるシリアにおける危機が、他の紛争よりもはるかに大規模な人口移動を引き起こしたことは、ある意味では、それほど意外なことではないともいえる。

17. 代替経路は、再定住や国内での庇護の付与に対する補完的で追加的な方法と考えるべきであり、そのため、「追加的経路」「補完的経路」と呼ぶこともできるであろう。

18. この項では以下、難民または難民労働者についてのみ述べる。

19. *http://ec.europa.eu/euraxess/index.cfm/jobs/science4refugees* を参照。

20. *www.talentbeyondboundaries.org/* を参照。

21. この項では以下、難民または難民の学生についてのみ述べる。

22. 各種ある中でも以下のサイトを参照。
http://jusoorsyria.com/programs/jusoor-scholarship-program/
http://jusoorsyria.com/scholarships-for-syrian-students-and-refugees
www.iie.org/en/Programs/Syria-Scholarships#.VySnFk1f0pE
　特にヨーロッパでの活動一覧については以下のサイトを参照。
http://ec.europa.eu/education/policy/ higher-education/doc/inspiring-practices-refugees_en.pdf
　さらに、いくつかの国では、すでに自国内に滞在するシリア人に対し、奨学金が提供されている。ロシアは最近、300件の奨学金の用意があると発表し、サウジアラビアは2012年、「2つの聖堂の管理者によるシリア人学生のためのプログラム（Programme of Custodian of the Two Holy Shrines for the Syrian Students」の下で、3,000人のシリア人学生を無料で入学させると発表している（de Bel-Air, 2015）。アメリカ合衆国で

223

第4章　環境的及び地政学的ショックに伴う国際移民──それに対するOECD加盟国の対応

は、「国際教育を行う教育機関の緊急学生基金（Emergency Student Fund of the Institute of International Education）」もまた、すでに国内に在留するシリア人学生を支援している。フランスではカタールが、すでにフランス国内に在留するシリア人学生100人の奨学金（ソルボンヌ大学）を提供している。

　また、シリア人学生がシリアの近隣諸国の高等教育を受けられるようにするため、HOPESプロジェクト（*http:// bruessel.daad.de/medien/bruessel/short_description_hopes.pdf*）など、多数の事業が行われている。長く継続しているDAFIプロジェクトも、世界中の難民に対してその種の支援を提供している（*www.unhcr.org/dafi-scholarships.html*）。

23. WUSCは1978年以来、60校を超える大学やシージェップ（予科大学）と提携して、1,400人を超える難民の学生を支援してきた。

24. *www.daad.de/laenderinformationen/syrien/en/* を参照。

25. *www.unhcr.org/571dd1599.pdf* を参照。

26. *www.enic-naric.net/recognise-qualifications-held-by-refugees.aspx* を参照。

27. *http://reliefweb.int/sites/reliefweb.int/files/resources/56f29f579.pdf* を参照。

28. 「外国人及び国際保護に関する法律（Law on Foreigners and International Protection）」の第35条によれば、12か月の待機期間、住居、所得、医療保険といった家族統合のための諸条件は、トルコ国内に在留する難民や補完的な保護の受益者には、求められない場合もある。

29. 注28を参照。

30. 国際輸送の制裁規定では、有効なビザや渡航書類を所持しない人を輸送した航空会社には罰金が科せられる。そのため、正式な証拠書類を持たないままのOECD加盟国への空路での渡航はめったにない。

31. EUのビザ規定は、短期滞在ビザの場合、シェンゲン圏の一部であるEU加盟各国での滞在期間を最大3か月としている。

32. この件数は、フランスで庇護申請を提出した全シリア人の約4分の1に相当する。

33. アメリカ合衆国では、1987～1995年の間、「民間主導の活動（Private Sector Initiative）」によって個人やグループが難民のスポンサーになることが可能であった。スポンサーになると、申請手続や移動、医療、再定住の費用を負担していた。8,000人を超える難民が恩恵を受けたが、その大多数はキューバ出身で、「キューバ系アメリカ人財団（Cuban American National Foundation）」から支援された人々であった。1990年には、また別の試験的なプログラムが実施されて、8,000人の旧ソ連のユダヤ人の入国と再定住に民間資金を提供した。両プログラムともに、すでに活動を終えている。

34. クラウドファンディングは、今般の難民危機のための寄付金を集める目的ですでに利用されている。例えば、「キックスターター（Kickstarter）」はUNHCRと共同で、紛争地域の難民の窮状を救うための募金に一役買っている（www.kickstarter.com/aidrefugees）。

35. こうしたことは、スポンサー制度がまだ新しい場合や小規模である場合に、いっそう明白に表れることが多い。だが、スポンサー制度が十分に確立されているカナダでは、難民を支援したいという要望が、政府による、民間の支援の下での難民の年間入国許可数を常に上回っている。

36. *http://data.unhcr.org/syrianrefugees/country.php?id=122*（2016年4月）を参照。

37. トルコでの留学許可のデータは入手できないが、シリア人の大学在籍者総数は2010～2014年で4,400人であ

り、この内2,800人は2014年単年分が占める。

38. *https://data.unhcr.org/mediterranean/download.php?id=874*を参照。

39. 2015年の4〜9月に実施された調査では、34%が受け入れ先としてヨーロッパのその国を選んだのは、「家族や社会的ネットワーク」があるからだと回答している。また、2016年2月の調査では、44%が、受け入れ先にその国を選択した理由として、明確に家族再統合を挙げている。

40. *https://data.unhcr.org/mediterranean/download.php?id=874*を参照。

41. ここでは、労働経済学者の間で続く、単一雇用契約か一括雇用契約かという議論と比較することも考えられる。この議論は、契約関係を通じてできるだけ均質な規定を設けることで、労働市場の二重性を緩和する道を探ろうとするものである。

42. ここで注目すべきは、難民条約の下で難民認定を受けた場合でも、享受できる何らかの権利や資格、自由が徐々に広がることはあり得るという点である。

43. UNHCRは、くじ引きではなく、到着日による選定を実施して成功している。くじ引きよりも、公平性や安全性が高い方法だと受け取られている可能性がある。ただし、残留人数が多くなった場合、インセンティブの問題が必ずしも解決されないことが考えられる。

参考文献・資料

Aiyar S. *et al.* (2016), "The Refugee Surge in Europe: Economic Challenges", *IMF discussion paper SDN/16/02, www.imf.org/external/pubs/ft/sdn/2016/sdn1602.pdf.*

Argueta, C.N. and R.E. Wasem (2016), "Temporary Protected Status: Current Immigration Policy and Issues", Congressional Research Service, 18 February.

Australian Visa Bureau (2011), "Australian Visa information for Japanese nationals in Australia". Retrieved from *www.visabureau.com/australia/news/15-03-2011/australian-visa-information-for-japanesenationals-in-australia.aspx.*

Baldinelli G. M. and R. Black (2016), "The impact of environmental shocks on migration policies", *OECD Working Paper.*

Batalova, J. (2005), "Spotlight on Foreign Born in Areas Affected by Hurricanes Katrina and Rita", *The Online Journal of the Migration Policy Institute.* Retrieved from *www.migrationpolicy.org/article/spotlightforeign-born-areas-affected-hurricanes-katrina-and-rita.*

Bettini, G. (2015), "'Climate migration' proved too political for the Paris agreement – and rightly so", *The Conversation.* Retrieved from: *https://theconversation.com/climate-migration-proved-too-political-for-theparis-agreement-and-rightly-so-52133.*

Betts, A. (2006), "Comprehensive Plans of Action: Insights from CIREFCA and the Indochinese CPA", New Issues in Refugee Research, *Working Paper*, No. 120, UNHCR.

Bohra-Mishra, P., M. Oppenheimer and S.M. Hsiang (2014), "Nonlinear permanent migration response to climatic variations but minimal response to disasters", *Proceedings of the National Academy of Sciences of the United States of America*, 111 (27), 9780-5. *http://dx.doi.org/10.1073/pnas.1317166111.*

Burns, W. (2016), "Loss and Damage and the 21st Conference of the Parties to the United Nations Framework Convention on Climate Change", Forum for Climate Engineering Assessment.

Canada Helps Reunite Tsunami Families (2005), Retrieved from *www3.carleton.ca/landonpearson/htmfiles/hill/26_htm_files/v26-Tsunami_Families.htm.*

Chaloff, J., J.-C. Dumont and T. Liebig (2012), "The Impact of the Economic Crisis on Migration and Labour Market Outcomes of Immigrants in OECD Countries" (with), CESifo DICE Report, 2012, Vol. 10, issue 1, pp. 39-47, *www.cesifo-group.de/portal/pls/portal/docs/1/1216140.pdf.*

Chishti, M. and C. Bergeron (2010), "Haiti Tragedy Raises Important Immigration Issues for the United States", *The Online Journal of the Migration Policy Institute*. Retrieved from *www.migrationpolicy.org/article/haiti-tragedy-raises-important-immigration-issues-united-states.*

Cohen, R. and M. Bradley (2010), "Disasters and Displacement: Gaps in Protection", *Journal of International Humanitarian Legal Studies*, 1 February, pp. 1-35.

Collett, E., P. Clewett and S. Fratzke (2016), *No Way Out? Making Additional Migration Channels Work for Refugees*, Migration Policy Institute Europe, Brussels.

Cooper, M.D. (2012). *Migration and Disaster-Induced Displacement: European Policy, Practice and Perspective*, No. 308.

Council of the European Union (2004), Council Directive 2004/83/EC of 29 April 2004 on minimum standards for the qualification and status of third country nationals or stateless persons as refugees or as persons who otherwise need international protection and the content of the protection gran.

De Bel-Air, F. (2016), "Migration profile : Syria, Migration Policy Centre", *Policy Briefs 20*, 16/02.

De Haas, H. (2012), "The Arab Spring and Migration", *http://heindehaas.blogspot.co.uk/2012/03/arabspring-and-migration.html.*

DIMIA (Department of Immigration & Multicultural & Indigenous Affairs) (2005), DIMIA Annual Report 2004-05.

Eliasson, H. (2011), "Visa assistance to Japanese nationals in Australia", *Australian Immigration News*. Retrieved from *www.migrationexpert.com/australia/visa/australian_immigration_news/2011/Mar/1/418/Visa_assistance_to_Japanese_nationals_in_Australia.*

European Commission (2016), Climate Action. Paris Agreement. Retrieved from: *http://ec.europa.eu/clima/policies/international/negotiations/paris/index_en.htm.*

European Migration Network (2010), "The different national practices concerning granting of non-EU harmonised protection statuses" *http://ec.europa.eu/dgs/home-affairs/what-we-do/networks/european_migration_network/reports/docs/emn-studies/non-eu-harmonised-protection-status/0_emn_synthesis_report_noneuharmonised_finalversion_january2011_en.pdf.*

European Parliament (2014), "Humanitarian visas: option or obligation?", Directorate General for Internal Policies.

FAO (2011), Central America Flood Update.

Fargues, P. and C. Fandrich (2012), "Migration after the Arab Spring", Migration Policy Centre, Florence, *http://cadmus.eui.eu/handle/1814/23504*.

Feng, S., A.B. Krueger and M. Oppenheimer (2010), "Linkages among climate change, crop yields and Mexico-US cross-border migration", Proceedings of the National Academy of Sciences of the United States of America, Vol. 107 (32), pp. 14257-14262.

Fontaine, P.M. (1995), "The Comprehensive Plan of Action (CPA) on Indo-Chinese Refugees: Prospects for the Post-CPA and Implications for a Regional Approach to Refugee Problems", *Pacifica Review* Vol. 7 (2), pp. 39-60.

FRA – European Union Agency for Fundamental Rights (2015), "Legal entry channels to the EU for persons in need of international protection: a toolbox", *http://fra.europa.eu/en/publication/2015/legal-entry-channels-eu-persons-need-international-protection-toolbox*.

Gibney, M.J. (1999), "Liberal Democratic States and Responsibilities to Refugees", *American Political Science Review*, Vol. 93 (1) (March), pp. 169-81.

Government of France (2016), United Nations Conference on Climate Change. More on the Agreement. Retrieved from: *www.cop21.gouv.fr/en/more-details-about-the-agreement*.

Gray, C. L. (2009), "Environment Land and Rural Out-Migration in the Southern Ecuadorian Andes", *World Development*, Vol. 37 (2), pp. 457-468.

Gray, C. L. (2011), "Soil Quality and Human Migration in Kenya and Uganda", *Global Environmental Change*, Vol. 21 (2), pp. 421-430.

Guadagno, L. (2015), "Migration and Disaster Risk Reduction in the Sendai Framework. Connecting the Spots", *Notes on Migration and the Environment from a Geographical Perspective*, TransRe, *www.transre.org/en/blog/migration-and-disaster-risk-reduction-sendai-framework/*.

Guha-Sapir, D., P. Hoyois and R. Below (2013), "The numbers and trends", *Annual Disaster Statistical Review 2012*, Brussels.

Haas, H. de (2012), "The Arab Spring and Migration", *http://heindehaas.blogspot.co.uk/2012/03/arabspring-and-migration.html*.

Hathaway, J (1993), "Labelling the 'Boat People': The Failure of the Human rights Mandate of the Comprehensive Plan of Action for Indochinese refugees", *Human Rights Quarterly*, Vol. 15 (4), pp. 686-702.

Hatton, T.J. (2011), "Seeking Asylum Trends and Policies in the OECD", Centre for Economic Policy Research, London, *www.voxeu.org/sites/default/files/file/Hatton%20Seeking%20Asylum.pdf*.

House of Representative 285 (112th) : Pakistani Temporary Protected Status Act of 2011 (2011), govtrack. us. Retrieved from *www.govtrack.us/congress/bills/112/hr285#overview*.

Human Rights Council (2012), "Report of the Independent Expert on the situation of human rights in Haiti, Michel Forst", *Addendum*: Forced returns of Haitians from third states.

第4章 環境的及び地政学的ショックに伴う国際移民——それに対するOECD加盟国の対応

IDMC (2016), *Quarterly Update*, October-December 2015, *www.internal-displacement.org/assets/publications/2015/IDMC-quarterly-update-2015-QU4.pdf*.

IDMC and NRC (2010), *Displacement due to natural hazard-induced disasters. Global estimates for 2009 and 2010*.

IDMC and NRC (2012, 2013, 2014, 2015), *Global estimates. People displaced by natural hazard-induced disasters*.

IFRC (2011), *Drought in the Horn of Africa. Preventing the Next Disaster*, Geneva.

ILO (2014), *Assessment of the Impact of Syrian Refugees in Lebanon and their Employment Profile, www.ilo.org/wcmsp5/groups/public/-arabstates/-ro-beirut/documents/publication/wcms_240134.pdf*. Immigration and Nationality Act (1952), United States of America, *www.uscis.gov/iframe/ilink/docView/SLB/HTML/SLB/act.html*.

IOM (2016), Guidelines to protect migrants in countries experiencing conflict or natural disaster, Migrants in Countries in Crisis Initiative.

IOM (2009), "Migration, Environment and Climate Change: Assessing the Evidence", F. Laczko and C. Aghazarm (eds.), *International Organization for Migration*, Geneva.

Ionesco, D. (2015), "COP21 Paris Agreement: A Stepping Stone for Climate Migrants", *Migration Newsdesk*, 23 December 2015, *https://weblog.iom.int/cop21-paris-agreement-stepping-stone-climatemigrants#sthash.ecVXRTdH.dpuf*.

Ionesco, D., D. Mokhnacheva and F. Gemenne (2016), *Atlas des migrations environnementales*, Presses de la Fondation nationale des sciences politiques, Paris.

Kolmannskog, V. (2009), "Climate change-related displacement and the European response", Paper presented at SID Vijverberg Session on Climate Change and Migration, The Hague.

Koser, K. (2011), "Responding to Migration from Complex Humanitarian Emergencies: Lessons Learned from Libya", Chatham House, London, *www.chathamhouse.org/sites/files/chathamhouse/1111bp_koser.pdf*.

Koser, K. and R. Black (1999), "Limits to Harmonization: The 'Temporary Protection' of Refugees in the European Union", *International Migration*, Vol. 37 (3), *http://onlinelibrary.wiley.com/doi/10.1111/1468-2435.00082/abstract*.

Kraler, A., T. Cernei and M. Noack (2011), "Climate refugees", Legal and policy responses to environmentally induced migration, European Parliament, Brussels.

Kraler, A., T. Cernei and M. Noack (2012), "Policy Brief Climate Change & Migration: What is the Role for Migration Policies?", Vienna.

Kumin, J. (2015), *Welcoming Engagement: How Private Sponsorship Can Strengthen Refugee Resettlement in the European Union*, Migration Policy Institute Europe, Brussels, *www.migrationpolicy.org/research/welcoming-engagement-how-private-sponsorship-can-strengthen-refugee-resettlement-european*.

Laczko, F. and E. Collett (2005), "Assessing the Tsunami's Effects on Migration", *The Online Journal of the*

Migration Policy Institute, www.migrationpolicy.org/article/assessing-tsunamis-effects-migration.

Lambert, K. (2015), "The Paris Agreement: Spotlight on Climate Migrants, Forestry and Environmental Studies Blog", *Yale School of Forestry and Environmental Studies*, *https://environment.yale.edu/ blog/2015/12/the-paris-agreement-spotlight-on-climate-migrants.*

Lindley, A. and L. Hammond (2014), "Histories and Contemporary Challenges of Crisis and Mobility in Somalia", in A. Lindley (ed.), *Crisis and Migration: Critical Perspectives*, Routledge.

Long, K. (2009), "Extending protection? Labour migration and durable solutions for refugees", New Issues in Refugee Research, *Research Paper*, No. 176, UNHCR Policy Development and Evaluation Service.

Long, K. (2013), When refugees stopped being migrants: Movement, labour and humanitarian protection, Migration Studies, Vol 1 n°1 2013.

Long, K. (2015), *From Refugee to Migrant? Labor Mobility's Protection Potential*, Washington, DC: Migration Policy Institute.

Loo, B. *et al.* (2016), "Recognizing refugee qualifications: Practical tips for credential assessment", *Special Report*, WES Research.

Martin, S. (2009), "Managing environmentally induced migration", in In F. Laczko and C. Aghazarm (eds.), *Migration, Environment and Climate Change: Assessing the Evidence*, pp. 353-384), International Organization for Migration, Geneva.

Martin, S. (2010), "Climate Change and International Migration", pp. 1-9,Washington, DC.

Maxwell, D., N. Majid, H. Stobaugh, J.J. Kim, J. Lauer and E. Paul (2014), "Lessons Learned from the Somalia Famine and the Greater Horn of Africa Crisis 2011-12", *Desk Review of Literature*, Medford, United States.

McConnahie, K. (2014), "Forced Migration in South-East Asia and East Asia", in *The Oxford Handbook of Refugee and Forced Migration Studies*, edited by E. Fiddian-Qasmiyeh, G. Loescher, K. Long, and N. Sigona, Oxford University Press.

Messick, M. and C. Bergeron (2014), "Temporary Protected Status in the United States: A Grant of Humanitarian Relief that Is Less than Permanent", *The Online Journal of the Migration Policy Institute*, Retrieved from *www.migrationpolicy.org/article/temporary-protected-status-united-states-granthumanitarian-relief-less-permanent.*

Myers, N. (2005), "Environmental refugees: an emergent security issue", 13th Economic Forum, Prague, 23-27 May.

Newland, K. (2015), *Rethinking Global Protection: New Channels, New Tools*, Washington, DC: Migration Policy Institute.

OECD (2016), *Making integration work for refugee and others in need of protection*, OECD publishing, Paris, *http://dx.doi.org/10.1787/9789264251236-en.*

OECD (2015), "Can we put an end to smuggling?", *Migration Policy Debates*, No. 9, December 2015, *www. oecd.org/migration/Can%20we%20put%20an%20end%20to%20human%20smuggling.pdf.*

第4章　環境的及び地政学的ショックに伴う国際移民——それに対するOECD加盟国の対応

OECD (2014), "Non-regular employment, job security and the labour market divide", *OECD Employment Outlook 2014*, OECD publishing, Paris, *http://dx.doi.org/10.1787/empl_outlook-2014-en*.

OECD (2013), "The Fiscal Impact of Immigration in OECD Countries", *International Migration Outlook 2013*, OECD Publishing, Paris, *http://dx.doi.org/10.1787/migr_outlook-2013-en*.

OECD (2010), The contribution of Diaspora Return to Post-Conflict and Fragile Countries, Key findings and Recommendations, Paris.

OECD (2009), "International Migration and the Economic Crisis: Understanding the Links and Shaping Policy Responses", in OECD, *International Migration Outlook 2009*, OECD Publishing, Paris, *http://dx.doi.org/10.1787/migr_outlook-2009-3-en*.

OECD-EU (2016), *Recruiting Immigrant Workers: Europe 2016*, OECD Publishing, Paris, *http://dx.doi.org/10.1787/9789264257290-ens*.

Pelletan, C. (2012), *Haïti-France/Migration: Une politique migratoire sévère en Outre-Mer*, Alter Presse, *www.alterpresse.org/spip.php?article13192#.VAXiMvldV8E*.

Republic of Turkey, Prime Ministry (2013), "Syrian Refugees in Turkey, 2013", Disaster and Emergency Management Presidency.

Robinson, C. (2004), "The Comprehensive Plan of Action for Indochinese Refugees, 1989-97: Sharing the Burden and Passing the Buck", *Journal of Refugee Studies*, Vol. 17 (3), pp. 319-333.

Ruhs, M. (2016 forthcoming), "High-income countries and the global refugee crisis: Assessing 'alternative pathways' to protection", *OECD Working Paper*.

Sallinen (2013), *Intergovernmental Advocates of Refugees*, LAP Lambert Academic Publishing.

Savaresi, A. (2016), "The Paris Agreement: A new beginning?", *Journal of Energy & Natural Resources Law*.

SJR LAC (2011), "Los flujos haitianos hacia América Latina: Situación actual y Propuestas".

Stave S.E. and S. Hillesund (2015), *Impact of Syrian refugees on the Jordanian labour market*, ILO& Fafo, *www.ilo.org/wcmsp5/groups/public/-arabstates/-ro-beirut/documents/publication/wcms_364162.pdf*.

Suhrke, A. *et al.* (2000), *The Kosovo refugee crisis: an independent evaluation of UNHCR's emergency preparedness and response*, UNHCR Evaluation and Policy Analysis Unit, February, *www.unhcr.org/cgibin/texis/vtx/search?page=search&docid=3ba0bbeb4&query=Kosovo*.

Terrazas, A. (2010), "Salvadoran Immigrants in the United States", *The Online Journal of the Migration Policy Institute*, Retrieved from *www.migrationpolicy.org/article/salvadoran-immigrants-united-states*.

The Council of the European Union (2004), Council Directive 2004/83/EC of 29 April 2004 on minimum standards for the qualification and status of third country nationals or stateless persons as refugees or as persons who otherwise need international protection and the content of the protection granted.

The Law Society of Upper Canada (2005), Frequently Asked Questions about the Tsunami as it relates to Immigration.

環境的及び地政学的ショックに伴う国際移民──それに対する OECD 加盟国の対応　第4章

The Nansen Initiative (2015), "The Nansen Initiative Global Consultation Conference Report", 12-13 October 2015, Geneva.

Thomaz, D. (2013), "States of Fragility", *Post-disaster Haitian migration*, (May), pp. 35-36.

UN (2016), In Safety and Dignity: Addressing Large Movements of Refugees and Migrants Report of the Secretary-General.

UNDP (2011), Cash and Compassion. The Role of the Somali Diaspora in Relief, Development and Peace-building.

UNFCCC (2015), Adoption of the Paris Agreement, FCCC/CP/2015/L.9/Rev.1. Conference of the Parties, Twenty-first session, Paris, 30 November to 11 December 2015.

UNHCR, "The 1951 Refugee Convention." *www.unhcr.org/pages/49da0e466.html*

UNHCR (2016a), Global trend report Forced displacement in 2015.

UNHCR (2016b), Global responsibility sharing through pathways for admission of Syrian refugees, *www.unhcr.org/en-us/events/conferences/56f29f579/global-responsibility-sharing-factsheet.html.*

UNHCR (2015a), International Protection Considerations with Regard to People Fleeing the Syrian Arab Republic Update IV, HCR/PC/SYR/01, *www.refworld.org/docid/5641ef894.html.*

UNHCR (2015b), UNHCR's Contributions to the EU's New European Policy on Legal Migration and the Review of the "Blue Card" Directive. *http://ec.europa.eu/dgs/home-affairs/what-is-new/publicconsultation/2015/docs/consultation_029/contributions/unhcr_en.pdf.*

UNHCR (2015c), Higher education considerations for refugees in countries affected by the Syria and Iraq crises. Education brief, UNHCR Geneva July 2015.

UNHCR (2014a), "Finding Solutions For Syrian Refugees. Resettlement and Other Forms of Admission of Syrian Refugees." UNHCR, Switzerland. *www.unhcr.org/cgi-bin/texis/vtx/home/opendocPDFViewer.html?docid=52b2febafc5&query=syrian%20resettlement.*

UNHCR (2014b), "Refugees in the Horn of Africa: Somali Displacement Crisis", Information Sharing Portal. Retrieved from http://data.unhcr.org/horn-of-africa/regional.php.

UNHCR (2014c), "Asylum Trends, First half 2014. Levels and Trends in Industrialized Countries", UNHCR, Switzerland. *www.unhcr.org/5423f9699.html.*

UNHCR (2011), "Chapter One: Resettlement Within UNHCR's Mandate: International Protection And The Search For Durable Solutions", *www.unhcr.org/3d464b239.html.*

UNHCR (2010), "OHCHR/UNHCR urge extending suspension of returns to Haiti", Briefing Notes, Retrieved from *www.unhcr.org/4b7543026.html.*

UNHCR (2000a), "The State of The World's Refugees 2000: Fifty Years of Humanitarian Action", *www.unhcr.org/4a4c754a9.html.*

UNHCR (2000b), The Global report 2000. http://www.unhcr.org/publications/fundraising/4a0d27b66/global-report-2000.html.

231

UNHCR（1999a），"Kosovo: One last Chance", *Refugees, 116, www.unhcr.org/3c6914bc5.html.*

UNHCR（1999b），The Global Report 1999. *www.unhcr.org/publications/fundraising/4a0d20356/global-report-1999.html.*

USCIS（2016），*Proposed Refugee Admissions for Fiscal Year 2016.*

USCIS（2015a），"Extension of the Designation of Somalia for Temporary Protected Status", Federal Register. Retrieved from: *www.federalregister.gov/articles/2015/06/01/2015-13094/extension-of-thedesignation-of-somalia-for-temporary-protected-status.*

USCIS（2015b），"Designation of the Republic of Yemen for Temporary Protected Status", Federal Register. Retrieved from: *www.federalregister.gov/articles/2015/09/03/2015-21881/designation-of-therepublic-of-yemen-for-temporary-protected-status#h-10.*

USCIS（2015c），"Designation of Nepal for Temporary Protected Status", Federal Register, *www.federalregister.gov/articles/2015/06/24/2015-15576/designation-of-nepal-for-temporary-protected-status.*

USCIS（2014a），"Temporary Protected Status Designated Country: Somalia", U.S. Department of Homeland Security, *www.uscis.gov/humanitarian/temporary-protected-status-deferred-enforceddeparture/tps-designated-country-somalia/temporary-protected-status-designated-country-somalia.*

USCIS（2014b），"TPS Designated Country: Haiti", U.S. Department of Homeland Security, *www.uscis.gov/humanitarian/temporary-protected-status-deferred-enforced-departure/tps-designated-country-haiti.*

USCIS（2014c），"Designation of Guinea for Temporary Protected Status", Federal Register, *www.federalregister.gov/articles/2014/11/21/2014-27770/designation-of-guinea-for-temporary-protected-status.*

USCIS（2013a），"Temporary Protected Status Extended for Hondurans", *www.uscis.gov/news/temporaryprotected-status-extended-hondurans.*

USCIS（2013b），"Temporary Protected Status Extended for Nicaraguans", *www.uscis.gov/news/temporaryprotected-status-extended-nicaraguans.*

USCIS（2013c），"USCIS Reminds Filipino Nationals Impacted by Typhoon Haiyan of Available Immigration Relief Measures", US Department of Homeland Security, *www.uscis.gov/news/alerts/uscis-reminds-filipino-nationals-impacted-typhoon-haiyan-available-immigration-relief-measures.*

USCIS（2012），"USCIS Reminds Individuals Affected by Hurricane Sandy of Temporary Immigration Relief Measures", (November 2, 2012), US Department of Homeland Security, *www.uscis.gov/node/42372.*

USCIS（2011a），"Relief for Nationals from Central America Stranded in the U.S. Due to Extreme Flooding", US Department of Homeland Security, *www.uscis.gov/news/alerts/relief-nationals-centralamerica-stranded-us-due-extreme-flooding.*

USCIS（2011b），"USCIS Reminds Japanese Nationals Impacted by Recent Disaster of Available Immigration Benefits", US Department of Homeland Security, *www.uscis.gov/news/uscis-remindsjapanese-nationals-impacted-recent-disaster-available-immigration-benefits.*

USCIS（2010），"USCIS Reminds Guatemalans of Certain Immigration Benefits Available", US Department of Homeland Security, *www.uscis.gov/news/news-releases/uscis-remindsguatemalans-certain-immigration-*

benefits-available.

USCIS（2005a）, *Fee Waivers for Hurricane Katrina Victims Hurricane*, Vol. 7.

USCIS（2005b）, Interim relief for certain foreign academic students adversely affected by Hurricane Katrina. Frequently Asked Questions（FAQ）.

Valenta, M. and S.P. Ramet（2011）, *The Bosnian Diaspora: Integration in transnational communities*, Ashgate. 2011. ISBN 978-1-4094-1252-6.

Van Hear, N.（2014）, "Reconsidering Migration and Class", *International Migration Review*, Vol. 48（S1）.

Warner, K.（2011）, *Climate Change Induced Displacement: Adaptation Policy in the Context of the UNFCCC Climate Negotiations*（No. PPLA/2011/02）, Geneva.

Wasem, R. E. and K. Ester（2011）, Congressional Research Service.

Watenpaugh, K.D., A.L. Fricke and J.R. King（2014）, *The War Follows Them*, Institute of International Education, University of California.

Zetter, R.（2015）, *Protection in Crisis: Forced Migration and Protection in a Global Era*, Migration Policy Institute,Washington, DC.

第4章　環境的及び地政学的ショックに伴う国際移民——それに対するOECD加盟国の対応

付録4.A1

2009～2014年発生の環境的災害

表4.A1.1［1/2］　主要な環境的災害（2009～2014年）

災害	発生地域	発生年月日	避難者数
アフリカ			
洪水	ナイジェリア	2010年9月	560 000
洪水	ニジェール（南部及び南西部）	2012年7～8月	530 000
洪水	チャド（南部）	2012年7～10月	500 000
洪水	ナイジェリア	2012年9～10月	6 089 000
干ばつ	ソマリア	2011年7月～2012年8月	28 000
洪水	スーダン	2013年7～9月	320 000
南北アメリカ			
洪水	ブラジル	2009年4月	500 000
地震	ハイチ	2010年1月	1 500 000
地震	チリ	2010年2月	2 000 000
洪水	コロンビア	2010年4月	1 500 000
洪水	コロンビア	2010年7月	1 500 000
洪水	メキシコ	2010年9月	810 000
洪水	グアテマラ、エルサルバドル、ホンジュラス、ニカラグア、コスタリカ	2011年10月	700 000
ハリケーン・サンディ	アメリカ合衆国	2012年10月	776 000
イキケ地震と津波	チリ	2014年4月	972 500
アジア			
サイクロン・アリア	インド	2009年5月	2 300 920
サイクロン・アリア	バングラデシュ	2009年5月	842 000
洪水	中国	2009年7月	938 000
洪水	インド	2009年7月	500 000
タイフーン・モーラコット	中国	2009年8月	1 620 000
洪水	インド	2009年9月	2 500 000
地震	インドネシア（西スマトラ州）	2009年9月	675 000
トロピカル・ストーム・ケッツァーナ	フィリピン	2009年9月	561 242
タイフーン・パーマァ	フィリピン	2009年9月	500 000
洪水	中国	2010年5月	15 200 000
洪水	パキスタン	2010年7～8月	11 000 000
洪水	インド	2010年9月	523 000
洪水	タイ	2010年10月	1 000 000
洪水	フィリピン	2011年1～2月	672 131
洪水	スリランカ	2011年1月	362 646
地震と津波	日本	2011年3月	492 000
洪水	中国	2011年6～9月	3 514 000
洪水	バングラデシュ	2011年7月	400 000
地すべり	日本	2011年7月	400 000

表4.A1.1 ［2/2］　主要な環境的災害（2009〜2014年）

災害	発生地域	発生年月日	避難者数
洪水	タイ	2011年8〜12月	1 500 000
洪水	インド	2011年8〜10月	570 000
タイフーン・カバヤン	中国	2011年8月	360 000
トロピカル・ストーム・ワシ	フィリピン	2011年12月	441 037
洪水	中国	2012年4〜5月	443 000
洪水	インド（アッサム州及びアーンドラ・プラデーシュ州）	2012年6〜9月	6 900 000
洪水	フィリピン（ルソン島、ビサヤ諸島、ミンダナオ島）	2012年6〜8月	1 553 000
洪水	中国	2012年6月	1 420 000
洪水	バングラデシュ	2012年6月	600 000
タイフーン・ハイクイ	中国	2012年8月	2079 000
洪水	パキスタン（バローチスターン州、シンド州、パンジャーブ州）	2012年8〜9月	1 857 000
タイフーン・サオラーとタイフーン・ダムレイ	中国	2012年8月	867 000
タイフーン・カイタク	中国	2012年8月	530 000
タイフーン・パブロ	フィリピン（ミンダナオ島）	2012年12月	1 932 000
タイフーン・ハイエン（フィリピン名はヨランダ）	フィリピン	2013年11月	4 095 000
タイフーン・チャーミー（フィリピン名はマリング）	フィリピン	2013年8月	1 744 000
洪水	中国	2013年6〜7月	1 577 000
トロピカル・サイクロン・マハセン	バングラデシュ	2013年5月	1 100 000
洪水	インド	2013年6〜10月	1 042 000
トロピカル・サイクロン・ファイリン	インド	2013年10月	1 000 000
タイフーン・フィートゥ	中国	2013年10月	826 000
タイフーン・ハイエン	ベトナム	2013年11月	800 000
タイフーン・ウサギ	中国	2013年9月	587 000
タイフーン・ウトー	中国	2013年8月	513 000
タイフーン・ソーリック	中国	2013年7月	500 000
タイフーン・ナリ（フィリピン名はサンティ）	フィリピン	2013年10月	406 000
洪水	中国	2013年7〜8月	354 000
ボホール島地震	フィリピン	2013年10月	349 000
タイフーン・ラマスーン（フィリピン名はグレンダ）	フィリピン	2014年7月	2 994 100
タイフーン・ハグピート（フィリピン名はルビー）	フィリピン	2014年12月	1 823 200
洪水	インド	2014年7月	1 073 700
河川洪水	インド	2014年10月	812 000
河川洪水	パキスタン	2014年9月	740 150
サイクロン・ハドハド	インド	2014年10月	639 300
タイフーン・ラマサン	中国	2014年7月	628 000
タイフーン・ハーロン（日本では台風11号）	日本	2014年8月	570 000
洪水	バングラデシュ	2014年8月	542 000
ストーム	中国	2014年5月	447 000
洪水	中国	2014年7月	403 000
トロピカル・ストーム・レンレン（フィリピン名はアガトン）	フィリピン	2014年1月	400 000
洪水	インド	2014年9月	367 000

資料：Baldinelli and Blach（2006）。データ源は、国内避難民モニタリングセンター（IDMC）及びノルウェー難民委員会（NRC）の2010年、2012年、2013年、2014年、2015年のデータ、また国連食糧農業機関（FAO）の2011年のデータ。

第4章　環境的及び地政学的ショックに伴う国際移民──それに対するOECD加盟国の対応

付録4.A2

近年の環境災害への対応策

スマトラ島沖地震・インド洋大津波（2004年）

　2004年12月26日にインド洋で発生した海底地震と津波によって、政治的にも物理的にも世界中に衝撃波が及んだ。スリランカ、インド、タイ、インドネシアのインド洋沿岸地域に津波を起こし、家屋や財産を破壊し、人命を奪った災害であった。また、他に比べてはるかに広範な社会的関心も呼んだ。それはおそらく、多くの欧米諸国の市民がこの災害に巻き込まれたためであり、この点は重要な意味を持つ。結果として、被災地域出身の移民が在住するOECD加盟国の多くが、政策的な対応を行ったのである。

　そうした対応策のうち最初に実施されたものの1つは、本国送還の一時停止であった。これは、2005年1月12日にUNHCRが行った勧告に応じたものであり、その勧告の内容は、すべての国が、インド、インドネシア、スリランカ、ソマリアにおける被災地域出身の在留者──申請が不認定となった庇護希望者や不法滞在者も含む──の強制送還を一時的に停止するようにというものであった。カナダ、スイス、イギリス、アメリカ合衆国は、インド、インドネシア、モルディブ、セーシェル、ソマリア、スリランカ、タイ出身者の強制送還を一時停止した（IOM, 2009; Laczko and Collett, 2005; Martin, 2009, 2010）

- カナダは、スリランカ、モルディブ、セーシェル、インド、インドネシア、タイ出身の在留者約4,000人の送還を一時停止した。

- スイスは、スリランカ出身で不認定となった庇護希望者の送還を延期した。

- イギリスは、強制送還の延期を発表した。

- アメリカ合衆国は、スリランカとモルディブ出身者の本国送還を、2005年4月7日まで休止するとした。

　アメリカ合衆国では、インド、インドネシア、スリランカ、タイ、ミャンマー、マレーシア、モルディブ、セーシェル、ソマリアの出身者には、一時的被保護資格（Temporary Protection Status, TPS）を付与すべきだとする提案がなされた。この提案は、地震被害への対処に追われるこれらの国々には、帰還者への対応ができないのではないかという論拠に基づいていた。

　受入国では、他にもさまざまな方策が導入された。例えばカナダでは、担当省のカナダ市民権・移民省（Citizenship and Immigration Canada, CIC）が次のような措置を講じた。

- この災害で重大かつ個人的な被害を受けた近い親族の引受人になることを希望する、カナダ国籍もしくは永住権の保有者による、家族移民申請（Family Class application）の処理を迅速化する。

- カナダに親族がいるものの、家族移民ビザを取得していないこの災害の被災者からの申請は、個別的に判断する。

- この災害で被災した、もしくは被災しているあらゆる種類のビザ申請者に対して、その申請が新規の場合は申請料を課さない。

- この災害で被災した、もしくは被災しているあらゆる種類のビザ申請者には、永住ビザ（Right of Permanent Residence visa）――入国ビザ（Right of Landing visa）ともいう――のビザ料金を課さない。この措置は、新規の申請と、災害発生前に申請中であったものに適用される。

　結果として、2015年のカナダは、インド、スリランカ、タイ、インドネシア出身の移民からの申請約1,000件を優先して処理し、また、カナダ在住の近い親族との統合を望む被災国の市民――内縁関係か婚姻関係かを問わず配偶者、扶養されている子どもなど――からの移民申請を迅速に処理することとなった。カナダの市民権や永住権を持つ人の、親を亡くした親族の子どもや、姪、甥には特別の配慮がなされた。加えて、カナダの入国管理官は、スリランカ、インド、インドネシア、ソマリアからの移民に対し、カナダの地域社会が、出身国からの避難者の再定住プロセスをどう支援すればいいかを判断するため面接を行った（Laczko and Collett, 2005）。

　オーストラリアもまた、被災国の市民向けの短期ビザの処理を優先して行い、申請中であったものも迅速に処理した（DIMIA, 2005; Laczko and Collett, 2005）。新規の申請については、オーストラリアに家族が在住する人と、親を亡くした子ども（つまり家族の最後の生存者）が優先された。

ハイチ地震（2010年）

　インド洋大津波に比べて、おそらくメディアの注目度は低かったと思われるが、2010年1月12日にハイチを襲ったこの地震もまた、ハイチからの移民や難民に対するOECD加盟国の政策対応を促すこととなる。国連のいくつかの機関が共同で緊急アピールを出し、各国はハイチへの強制送還を停止するようにと要請した（Human Rights Council, 2012）。その機関には、人権状況に関する独立専門機関（Independent Expert）のミシェル・フォルスト[1]や国連人権高等弁務官事務所（Office of the United Nations High Commissioner for Human Rights, OHCHR）、UNHCRが含まれていた。OHCHRとUNHCRは2010年1月、「ハイチへの意思に反した送還は、人道危機が継続し、社会的安定が未達成であることから、人々が安全に安定的に帰国できる時まで停止するよう、各国に強く要請する」との声明も発表した（UNHCR, 2010）。

　上記の独立専門機関[2]の報告書によれば、ハイチ地震後の政策対応は国連加盟国の間でもさまざまであったという。フランス、アメリカ合衆国、メキシコ、カナダという、従来からハイチ移民の

第4章　環境的及び地政学的ショックに伴う国際移民——それに対するOECD加盟国の対応

大半を受け入れてきた国からは、強制送還はすべて中止しているとの回答があった。コスタリカ、デンマーク、ドイツ、レバノン、パラグアイ、ルーマニア、スロバキア共和国、スロベニアもまた、2010年の地震後、ハイチ人の強制送還は中止していると回答している。ただし、これらの国がハイチ移民を受け入れたことがあるのかどうかは不明である。

アメリカ合衆国は国内に在留するハイチ人に、一時的被保護資格（Temporary Protection Status, TPS）を付与した。また、カナダでは2004年以降、ハイチの現況が人々の命や安全を脅かしていることを理由に、送還の一時的停止（Temporary Suspension of Removals, TSR）が行われて、在留ハイチ人は恩恵を受けてきたが、地震後は、ハイチへの強制送還はTSRの対象でない場合まで含めて、すべて停止された。メキシコもまた、強制送還を停止すること、及び、メキシコに家族のいるハイチ人への人道ビザ発給を速やかに行うことに異存がない旨を明らかにした。

フランスは、TPSの付与に加えて、家族再統合の手続を簡略化して、ハイチ人移民の家族が短期滞在ビザなしで入国できるようにした。遅滞なくその申請を処理するとともに、地震発生後にビザや滞在許可の期限が切れた移民に、一時的滞在許可を与えることも行った。アメリカ合衆国では、TPSの付与は一部の法的要件の保留という形で実施され、その結果、ハイチの学生は労働許可を、孤児は人道的な臨時入国許可を得ることができ、また、最終的な退去命令を受けていたハイチ人はそれを免除されて、アメリカ合衆国内での任意滞在を継続することができるようになった（Human Rights Council, 2012）。アメリカ合衆国市民権・移民局（US Citizenship and Immigration Services, USCIS）によれば、就労許可証の有効期限を延長して、ハイチ人移民が国内で引き続き就労できるようにしたという（USCIS, 2014b）。TPSの取得者は、他の国に出て、その後アメリカ合衆国に戻るということも許されている。

TPSの資格を得るために申請者は、ハイチ国籍を持つことと、ハイチ地震発生時にアメリカ合衆国に在住していたことを証明しなければならなかった。また、それまでに重罪を1件もしくは軽罪を2件宣告された者は、その資格がなかった。地震の直後は、TPSや就労許可の申請は優先的に処理され、申請費用が支払えない場合は免除された（Chishti and Bergeron, 2010）。

だが、こうした施策が講じられたものの、ほとんどの国は、地震後まもなくしてハイチ人の本国送還を再開している。カナダでは、送還の一時停止は維持する一方で、強制送還が再開された（Human Rights Council, 2012）。アメリカ合衆国でも送還の一時停止は有効なまま、2011年には、「アメリカ合衆国の治安維持」のため、「ハイチへの送還再開策（Policy for Resumed Removals to Haiti）」が承認された。この方策は主として、「社会の安全を脅かす、最終命令を受けた外国人」の本国送還を目的としていた。メキシコもまた、他のラテンアメリカ諸国とともに、送還を再開している。フランスは、公式にはハイチ移民への支援と人権の擁護への支持を表明しながら、カリブ地域にある海外領土の国境を閉鎖している（Pelletan, 2012）。

フランスもアメリカ合衆国も、新たに到着するハイチからの避難民は受け入れなかった。ハイチからの避難民は、1951年の難民条約に基づく難民資格があるとは考えられないからというのが、両国の言い分であった。それどころか両国ともに、ハイチからの避難民の大量流入を阻止するための

238

強硬策をとり、中でもアメリカ合衆国は、自国の沖合での海上封鎖さえ行ったのである（Pelletan, 2012; Thomaz, 2013）。

日本及びニュージーランドでの地震（2011年）

2011年に日本で地震と津波が発生した後、アメリカ合衆国は自国内に在住する日本人に対し、市民権・移民局からの一連の援助を要請できる許可証を与えた。「自然災害は、合法的な移民の地位を取得あるいは維持する能力を阻害する可能性がある」（USCIS, 2001b）ことから、日本人はこの災害の後、以下のような一時的救済策の利用が可能になったのである。

● すでにアメリカ合衆国内にいる者が、たとえ定められた在留期間を過ぎた後でも、非移民の地位の変更や延長を申請することを可能とすること。

● 市民権・移民局によって一時的入国許可を得ていた者が、再度それを取得すること。

● 経済的困難に見舞われた学生による、学外での就労許可の要請に迅速に応えること。

● アメリカ合衆国の国民もしくは合法的永住者の親族から、就労許可申請や移民申請があればその処理を優先すること。

● グリーンカードなどの入国書類を携行せずに国外にいる合法的な永住者に、支援を与えること。

オーストラリア政府は、この地震で被災した日本人在住者にビザの延長を提示した（Eliasson, 2011）。また災害の後、オーストラリア移民・市民権相（Australian Minister for Immigration and Citizenship）のクリス・ボーエン（Chris Bowen）は日本国民に向けて、オーストラリアではこの地震の被災者のために、ビザ支援サービスが利用できると発表した（Australian Visa Bureau, 2011）。

ニュージーランド地震は、2011年2月に発生した。ニュージーランド政府は、当初は直接的な被害への対処に追われたが、やがて最大の被災地であるカンタベリー地方の再建に目を向けるようになるとともに、移民労働者への需要が高まった。そこで政府は、建設部門を中心に、緊急に人材を必要とする職種を示す「カンタベリー人材不足職業リスト（Canterbury Skilled Shortage List）」を作成した。また、「カンタベリー技能と雇用拠点（Canterbury Skills and Employment Hub）」という事業、つまり、雇用主が求人を登録すると、求職者のデータベースとつきあわせて最良の組み合わせを探し出すという、無料の職業マッチングサービスも行われた。この事業のそもそもの目的は、企業が地元で必要とする人材を得るのを支援することにあるが、その目的が果たせない場合、最新の方法の出番となって、企業がそのニーズに合う国外の移民にアクセスするのを助けることになる。雇用主と求職者を支援するために設けられたこの事業は、4つの機関の協働事業である[3]。

こうした事業の運用段階での労働者の搾取防止を目的として、産業革新雇用省（Ministry of Business, Innovation and Employment）は、労働市場でのコンプライアンス維持のための協働機関をカンタベリー地方の中心都市、クライストチャーチに設けた。これは、労働基準監督官や、移民コンプライアンス担当、医療や安全担当チームの活動を調整する役割を担っており、その活動に

第4章　環境的及び地政学的ショックに伴う国際移民——それに対するOECD加盟国の対応

は労働市場リスクが関わることから、潤沢な資金が与えられた。産業革新雇用省はまた、雇用主とも接触して、労働移民が急増した送出国からの労働者について、現況を常に知らせるようにしている[4]。

　もう1つ、政府は教育輸出部門を守るための施策を、他の機関とも連携して実施した。カンタベリーでは、留学生の入学者数が2010年には1万5,210人であったものが、2012年には6,543人と、57%も減少したことを受けて、各省が政策変更に同意し、カンタベリーで英語を学ぶ学生の一部について、労働許可の対象を拡大している。この政策変更の目的は、英語コースの提供者に営業上の便宜をはかることにあった。これは実験的な試みであったが、現在ではニュージーランド全土で広く実施されている。

　2014年までには、被災地域も平常に復した。2011年2月の地震後、永住者や長期滞在の移民は流出超過ではあるものの、流入数は2011～12年度以降49%も増えている。増加傾向はその後も続き、2013～14年度には6,591人が、カンタベリーでエッセンシャルスキルの仕事のオファーがあることから、労働ビザを受給している。この数は前年より40%多く、その結果カンタベリーは、エッセンシャルスキル部門の労働者の25%が目指すニュージーランド第2の移民受入地域となった。加えて、職を得ているか、そのオファーを受けている技能移民部門の主申請者の18%が、就職する地域としてカンタベリーを指定しており、その割合は2011～12年度の12%から拡大している。

ハリケーン・カトリーナ（2005年）とハリケーン・サンディ（2012年）

　アメリカ合衆国市民権・移民局は、ハリケーン・カトリーナ（2005年）及びハリケーン・サンディ（2012年）で被災し、住居や仕事、身分証明書等を失った外国出身者に対し、救済策を講じた。ハリケーン・カトリーナの場合、被災地域の居住者の授業料免除や、大学の内外での学生の就業に対する制限の一時停止なども救済策に含まれていた（USCIS, 2005a, 2005b）。一方、ハリケーン・サンディの外国人被災者に対しては、以下のような便宜が図られた。

- 地震発生時にアメリカ合衆国内に滞在していた人について、非移民ビザの変更や延長を行う。たとえ、ビザの有効期限終了後に提出された申請であっても、同様である。

- 事前に市民権・移民局から一時的入国許可を得ている人について、その延長や再入国許可を認める。

- 経済的に困窮する学生からの労働許可申請は、その処理や裁定を優先的に行う。

- 学外での労働に対する許可申請について、その処理や裁定を優先的に行う。

- グリーンカードなどの入国書類や渡航文書を携帯せずに国外にいる、永住権保持者を支援する。

- 申請に必要な面接に出頭しない、必要な証明書類を提出しないといった申請者を支援する。提出の遅れを容認する。

- 最初の申請後の追加書類の請求や、不認定の通知に応じることができない人を支援する。提出

期限を延長し、また、応答がないことを理由に申請や申し立てを却下しない。

洪水、サイクロン、火山爆発

上述の3項目の大地震はいずれも、被災した故国に帰れない人の窮状への政治的対応を引き出す結果となった。この点は、洪水やサイクロンに関してもある程度似た傾向がみられるものの、ここでの議論は、地震の場合と違って対象がアメリカ大陸に限定される。大まかにいえば、この数十年、中央アメリカを襲った一連の洪水や異常気象事象に対して、北アメリカ諸国の政治的対応がみられたということになる。同様に大規模な気象事象は世界の他地域でも発生しているが、それに対する政策的措置は微々たるものか、皆無かである。

中央アメリカでの洪水やサイクロンへの政策対応の歴史は、意外にも古い。例えばアメリカ合衆国は、1998年のハリケーン・ミッチの後、ホンジュラス、ニカラグアの国民に、一時的被保護資格を付与している。またもっと最近では、さまざまな他の自然災害への対応策として、一時的被保護資格が拡大されている（Terrazas, 2010）。その結果、アメリカ合衆国連邦議会のための、議会調査局レポート（Congressional Research Service Report）によれば、2001〜2012年に21万7,000人のエルサルバドル人が、また1998〜2012年に、6万6,000人のホンジュラス人、3,000人のニカラグア人が、一時的保護を受けている（Wasem and Ester, 2011）。

エルサルバドル国民に初めて一時的被保護資格が付与されたのは、1990年の移民法によってであり、継続する激しい内戦を理由としてであった。アメリカ合衆国連邦議会が、一国だけの国民に対して一時的被保護資格を導入したのは、後にも先にもこのときだけである（Messick and Bergeron, 2014; Wasem and Ester, 2011）。この措置は1992年には終了したが、2001年には3回に及ぶ大地震を受けてブッシュ政権下で再開され、その後も、引き続き更新されている。

ホンジュラスとニカラグアの国民が、一時的被保護資格を初めて付与されたのは1998年のハリケーン・ミッチの後である。この自然災害の結果、大規模な避難と甚大な被害が生じたことがその理由であった（Wasem and Ester, 2011）。アメリカ合衆国国土安全保障長官（Secretary of Homeland Security）のジャネット・ナポリターノ（Janet Napolitano）は、一時的被保護資格の対象を拡大し、2015年までの間、ニカラグアとホンジュラス両国の有資格の国民に付与するようにした（USCIS, 2013a, 2013b）。エルサルバドル人は、ハリケーン・ミッチ後には一時的被保護資格を付与されず（ただし、2001年の地震後に付与される）、グアテマラ人も同様であった。とはいえ、両者とも、強制送還の一時的停止については対象となった。

グアテマラは2010年、同国内での火山噴火とシビア・トロピカル・ストームの襲来を受けて、アメリカ合衆国政府に対し一時的被保護資格の付与の要請を行ったが、それに対する返答はなかった（Terrazas, 2010）。だが、トロピカル・ストーム・アガサがそれに続くと、市民権・移民局もようやくグアテマラの「特別な状況」を認識する。2010年のトロピカル・ストーム・アガサの後、グアテマラ国民は、大災害に見舞われたときに利用可能な救済策の存在を知らされることになる。その救済策には次のようなものがあった。

第4章　環境的及び地政学的ショックに伴う国際移民──それに対するOECD加盟国の対応

- すでにアメリカ合衆国内に滞在するグアテマラ国民は、非移民ビザの変更もしくは延長を申請できること。

- 市民権・移民局から一時的入国許可を得た人は、再入国許可を得られること。

- ある種の再入国許可については、延長や処理の迅速化が行われること。

- 経済的な困窮による学外での就業許可要請については、裁定や承認を迅速に行い、アメリカ合衆国の国民や永住者の近い親族からの移民申請は、迅速に処理すること。

- 国外で身分証明書類を失い、足止めされている永住者を支援すること。

　2011年にも市民権・移民局は、中央アメリカ諸国を襲った大洪水の後、それらの国の国民に対し、アメリカ合衆国内にすでに在住する有資格者からの申請に基づき、上述と同じ移民関連の救済措置を利用できると発表している。

　一方、アメリカ合衆国内に在住するフィリピン国民の場合は、2013年に母国の広範囲に被害を与えたタイフーン・ハイヤンの後、移民関連の救済措置の対象となったが（USCIS, 2013c）、同様に自然災害に見舞われた他のアジア諸国からの移民には、同様の措置を求める機会はまったく与えられていない。例えば、アメリカ合衆国在住のパキスタン移民は、特例的な救済策の対象にも、一時的被保護資格の対象にもならなかった。2010年の大洪水の後には、パキスタン人の権利擁護団体が一時的被保護資格の認定を求めている。「2011年パキスタン人への一時的被保護資格付与法（Pakistani Temporary Protected Status Act of 2011）」が議会に提出されたが、同法案は2011年2月7日に「下院移民政策と取締小委員会（House Subcommittee on Immigration Policy and Enforcement）」に付託され、結局今に至るまで制定されていない（Wasem and Ester, 2011）。

　他の国でも、アジアでの洪水に対する対応策で特筆すべきものはほとんどみられない。ベルギーは、洪水被害の続く間は、パキスタン人移民の強制送還は一時的に停止する決定をしたが、そもそもこれは政治的な理由により、両国の相互的な関係から進められたものであった（Kraler Cernei and Noack, 2011）。これ以外に、他の移民受入国から何らかの対応策がとられたという事実はない。

ソマリアの干ばつと飢饉

　アメリカ合衆国では1991年に、ソマリア国民に一時的被保護資格が付与され、以後もこの措置は継続して更新されている。当初その資格が付与されたのは、ソマリア国内の部族間抗争や政治的混乱、テロ活動が理由であったが、その後、続く内戦や干ばつ、飢饉のために適用が延長されていった（Messick and Bergeron, 2014; USCIS, 2014a）。

　ソマリアの危機の根は深い。ソマリアは1980年代末から内戦状態にあり、アメリカ合衆国がソマリア国民に一時的被保護資格を与えたのもその頃である（1991年）。社会の混乱や治安の悪化が一時的被保護資格が付与された主な理由ではあったが、その措置が延長されたのは、内戦の継続や繰り返される干ばつ、飢饉など、さまざまな理由が組み合わされたものになっている（Messick and

242

Bergeron, 2014; USCIS, 2014a）。だが、アメリカ合衆国での一時的被保護資格の付与以外には、ソマリアに特化した保護策は他のどのOECD加盟国にもみられない。ソマリアの環境状態や慢性的な干ばつ及び飢饉への対応策については、いうまでもない。その原因は主に以下の2点にある。

● ソマリアの人道危機及び食糧危機、治安の悪化、人口の脆弱性といった問題は、上述してきた環境危機のように、単純に1つの主要因に帰することができない。ソマリアの現状は、政治的、経済的、環境的な要素が組み合わされた結果である。すなわち、異常降雨や変動の激しい食料価格、そして、一方はソマリア暫定連邦政府（Transitional Federal Government）とアフリカ連合ソマリア平和維持活動（African Union Mission to Somalia）、もう一方はアル・シャバブ（Al-Shabaab）という両者の戦闘——地域住民による伝統的な対処のしくみを蝕んでいる——の組み合わせの結果である（IFRC, 2011; Lindley and Hammond, 2014; Maxwell *et al.*, 2014）。

● 干ばつや慢性的な飢饉は、徐々に被害が広がる災害であり、長い間に繰り返し起こる一連の要因によって生じ、比較的余裕のある層に被災地域からの移住を企図させる結果を招く。

　100万人を超えるソマリア人が国内避難民となる一方、近隣諸国に移住する人もある。UNHCRによれば、ケニアは現在、登録されたソマリア難民を42万9,000人受け入れ、エチオピアは24万5,000人、イエメンは23万7,000人を受け入れている（UNHCR, 2014c）。またOECD加盟国——カナダ、アメリカ合衆国、イギリス、スウェーデン、ノルウェー、デンマーク、イタリア、オランダ、ドイツ——に移住した人も少なくない（UNDP, 2011）。結果として、大規模な国際移住が行われたことになる。

注

1. この独立専門機関は、国連人権委員会の決議1995/70及び議長声明PRST/15/1によって設置された。

2. この独立専門機関は国連加盟国にアンケートを送り、次の4点について情報を提供するよう要請した。その4点とは、1）2010年1月12日以降のハイチ国民の帰国数及び送還数、2）非正規移民や強制送還の対象であるハイチ国民に適用される法的及び行政上の枠組み（申請の可否を含む）、3）ハイチ人（特に脆弱な層に属する人）に特有の状況に対処するための、特例的な法律や行政その他の措置、4）帰国者のハイチへの適切な再統合を図るための追跡的措置である。

3. その4機関とは、産業革新雇用省（Ministry of Business, Innovation and Employment）、カンタベリー地震復興庁（Canterbury Earthquake Recovery Authority）、社会開発省（Ministry of Social Development）、高等教育委員会（Tertiary Education Commission）である。

4. *www.immigraion.govt.nz/NR/rdonlyres/A621A5*を参照。

付録4.A3

地政学的ショックへの対応策

インドシナ難民危機（1975〜1997年）

1975年、サイゴンが北ベトナム軍によって陥落して、ベトナム戦争は終わりを告げた。アメリカ合衆国をはじめとする外国軍が撤退し、その後、南ベトナム、ラオス、カンボジア（いずれも旧フランス領インドシナ）に共産主義政府が樹立された。この3か国では、ベトナム戦争中にアメリカ合衆国政府を支援したりその仕事に携わったりした多くの人が、迫害を受ける危険を感じるようになっていた。

その結果、以後の約25年間に、300万を超える人々がベトナム、ラオス、カンボジアを脱出する。大量の難民が近隣諸国（香港（当時）、中国、タイ、フィリピン、マレーシア、シンガポール、インドネシア）へ小型船（ボート）で逃れ、「ボート・ピープル」として知られるようになった。海上で命を落とした難民も数多い。

インドシナ難民の近隣諸国への集団脱出は、最初は比較的小規模であったが、1970年代後半には膨大な数に達した。サイゴン陥落直前、アメリカ合衆国は、旧南ベトナム政府と密接な関係にあった1万4,000人を避難させ、再定住させた。さらに、1975年末までには、ベトナム人ボート・ピープル約5,000人がタイ沿岸に、約4,000人が香港に、1,800人がシンガポールに、1,250人がフィリピンに到着した（UNHCR, 2000a）。1978年末までに、東南アジア全域の難民キャンプに暮らすベトナム人ボート・ピープルは、ほぼ6万2,000人に達していた。月ごとの到着数は急増を続け、1979年6月の5万4,000人でピークに達した。1975〜1979年までの間に、推定で55万人のインドシナ難民が、近隣の東南アジア諸国に庇護を求め、1979年半ばまでには、そのうちの約20万人が再定住し、残りは周辺の第一次庇護国にとどまっていた（UNHCR, 2000a）。

1970年代後半には、インドシナ難民の東南アジア諸国への新たな流入が、第三国での定住者数を大幅に上回っていた。この傾向は1980年代、「国連インドシナ難民国際会議（UN conference on Indochinese refugees）」（1979年7月、ジュネーブ）の後に逆転する。だが1987〜1988年になると、ベトナムを脱出する人の数が急増し、国連は新たなインドシナ難民会議を開催する。同会議から生まれたのが、「包括的行動計画（Comprehensive Plan of Action, CPA）」として知られるようになる新しいアプローチであり、これはその後8年に渡って実施される。CPAによって、新たに到着する難民数は激減して、再定住が大きく進展し、アメリカ合衆国だけで100万人を超えるベトナム人ボート・ピープルの定住が実現したのである。

インドシナ難民危機は、周辺地域の内外を問わず、多くの国が参加する大規模な国際的政策対応

環境的及び地政学的ショックに伴う国際移民——それに対するOECD加盟国の対応　第4章

をもたらした。その中でも中心となる2つの柱は、上述した1979年の第1回インドシナ難民国際会議での取り決めと、その10年後、1989年の第2回会議で合意されたCPAであった。

1979年のインドシナ難民国際会議での計画

　1970年代後半には、ベトナムを脱出するボート・ピープルの数が急増し、第一次庇護国である東南アジア諸国に重い負担となっていた。1979年になると、ASEAN加盟国（当時は、インドネシア、マレーシア、フィリピン、タイ、シンガポール）は、他国が再定住計画に沿って受け入れ人数を増やさないのであれば、新たな難民の受け入れを停止すると発表した。国連は、庇護制度へのこの直接的な脅威を懸念し、また、周辺国の一部ではすでに「押し戻し」が行われていたため、1979年7月、ジュネーブでインドシナ難民国際会議を開催して、重要な約束を多数取り付けることとなった。まず第一は、世界的な再定住の公約を、年間12万5,000人から26万人に引き上げたことである（UNHCR, 2000a）。その一方で、ベトナムは、「不法出国」に歯止めをかけ、「合法出国」を促進することに同意している。第一次庇護国への財政支援も大幅に増額され、インドネシアとフィリピンは、難民の迅速な第三国定住を促進すべく、各地に申請処理センターを設置することを承諾している。

　この国際協定の全体的な政策手法は、東南アジア諸国で一時的庇護を提供し、その後、第三国での恒久的定住を進める、というものである。これによって、1980年代初頭には、新たに到着する難民は激減し、再定住者が大きく増加することになった。

1989年の包括的行動計画（CPA）

　1980年代後半には、東南アジア諸国で新たな難民の到着数が再び増加し、1979年合意の政策手法が破綻をきたし始める。また、すべてのインドシナのボート・ピープルが、引き続き自動的に難民認定を受けること（この政策が、経済移民のプル要因になっているとの見方もあった）に対して、多くの高所得国が次第に懐疑的になっていたことも一因で、再定住計画が徐々に縮小される動きも出ていた。

　国連は、インドシナ難民危機に関して再び大規模な会議を開催し、その後8年間継続する包括的行動計画（CPA）を採択した。フォンテーヌ（Fontaine, 1995）は、これを「積年の問題の解決に向けた類のない試み」と評している。CPAには、インドシナ危機での主要な難民送出国であるベトナムも直接関わっており、その目的も以下のように多岐に渡った（UNHCR, 2000a）。すなわち、1）「合法出国計画」などを通して、ベトナムからの不法出国を抑制すること、2）すべての庇護希望者に、その地位が決定し恒久的解決策が見つかるまで、一時的庇護を提供すること、3）庇護申請の認定に当たっては、国際基準に基づくこと、4）難民と認定された人は第三国に定住させること、5）不認定となった人は本国に帰還させ、再統合を支援すること、などである。

　CPAがもたらした効果は数多いが、その1つは、「周辺国での」庇護と第三国定住との間の機械的な結びつきを断つことであり、これは、保護要求が認められなかったベトナム人庇護希望者を本国に送還するという、新たな政策を介して実行された。CPAによって、ベトナム人庇護希望者の流

245

第4章　環境的及び地政学的ショックに伴う国際移民──それに対するOECD加盟国の対応

表4.A3.1　第一次庇護国別インドシナ難民の到着数（1975～1995年）

	第一次庇護国	1975～1979年	1980～1984年	1985～1989年	1990～1995年	1975～1995年累積
ベトナム人ボート・ピープル	香港	79 906	28 975	59 518	27 434	195 833
	インドネシア	51 156	36 208	19 070	15 274	121 708
	日本	3 073	4 635	1 834	1 529	11 071
	韓国	409	318	621	0	1 348
	マカオ	4 333	2 777	17	1	7 128
	マレーシア	124 103	76 205	52 860	1 327	254 495
	フィリピン	12 299	20 201	17 829	1 393	51 722
	シンガポール	7 858	19 868	4 578	153	32 457
	タイ	25 723	52 468	29 850	9 280	117 321
	その他	2 566	340	321	0	3 227
	ベトナム人ボート・ピープル合計	311 426	241 995	186 498	56 391	796 310
カンボジア人	タイ（陸路）	171 933	47 984	12 811	4 670	237 398
ラオス人		211 344	96 224	42 795	9 567	359 930
ベトナム人		14 666	11 117	10 467	6 668	42 918
	タイへの到着数合計	397 943	155 325	66 073	20 905	640 246
合計（海路と陸路）		709 369	397 320	252 571	77 296	1 436 556[1]

1. 1975年以降、インドネシア、マレーシア、フィリピンに到着したカンボジア人難民も2,163人に上った。
資料：国連難民高等弁務官事務所（UNHCR, 2000a, p.98）。

StatLink：http://dx.doi.org/10.1787/888933396456

表4.A3.2　受入国別インドシナ難民の再定住数（1975～1995年）

再定住国	カンボジア人	ラオス人	ベトナム人	1975～1995年合計
オーストラリア	16 308	10 239	110 996	137 543
ベルギー	745	989	2 051	3 785
カナダ	16 818	17 274	103 053	137 145
デンマーク	31	12	4 682	4 725
フィンランド	37	6	1 859	1 902
フランス	34 364	34 236	27 071	95 671
西ドイツ	874	1 706	16 848	19 428
日本	1 061	1 273	6 469	8 803
オランダ	465	33	7 565	8 063
ニュージーランド	4 421	1 286	4 921	10 628
ノルウェー	128	2	6 064	6 194
スウェーデン	19	26	6 009	6 054
スイス	1 638	593	6 239	8 470
イギリス	273	346	19 355	19 974
アメリカ合衆国	150 240	248 147	424 590	822 977
その他	8 063	4 688	7 070	19 821
合計	235 485	320 856	754 842	1 311 183

注：アメリカ合衆国のデータには、合法出国計画（Orderly Departure Programme, ODP）による再定住者は含まない。
資料：国連難民高等弁務官事務所（UNHCR, 2000a, p.99）。

StatLink：http://dx.doi.org/10.1787/888933396467

出は激減し、やがて事実上の収束に至った。CPAが実施された8年の間に、50万人を超えるベトナム人及びラオス人が第三国に再定住し、10万人以上のベトナム難民が本国に送還された（UNHCR, 2000a）。

　CPAの評価は、明らかに賛否が混在している。マコナヒー（McConnahie, 2014）は、CPAは「重大な人道的緊急事態に対して成果を収めた国際対応」と評する一方で、強制送還や、世界的な難

民制度の埒外で東南アジアを1つの地域として一括管理したことなど、問題ある側面や弊害も少なくなかったことを指摘して、「CPAは責任分担の可能性を切り開きはしたものの、その先例としての価値は疑わしい」と結論づけている（McConnahie, 2014）。同様に、コートランド・ロビンソン（Robinson, 2004）は、CPAは「責任分担」の成功例であると同時に、「国際的な責任逃れと問題ある妥協」の見本でもある、と評している。批判的評価では、ハサウェイ（Hathaway, 1993）が、「ベトナム人庇護希望者にとっては、1979年と1989年のいずれの国際協定によっても、難民条約の定義が事実上実行されることはなかった」と述べている。一方ベッツ（Betts, 2006）は、世界の他地域で長期化する難民問題に対し、包括的な地域的アプローチを開発するうえで役立つとして、CPAから得た一連の政治的教訓を挙げている。

ユーゴスラビア崩壊——ボスニア紛争（1992～1995年）とコソボ紛争（1998～1999年）

ボスニア紛争（1992～1995年）

ボスニア紛争は1992年に勃発して95年まで続いた。ユーゴスラビア社会主義連邦共和国の崩壊過程の一部をなす紛争である。同共和国は、ボスニア・ヘルツェゴビナ、クロアチア、マケドニア、モンテネグロ、スロベニア、セルビアという6か国からなる連邦国家であった。1992年、UNHCRはヨーロッパ各国に、ボスニアでの内戦を逃れた人々に一時的保護を提供するよう求めた。続く数年間で、100万人近い難民が同共和国外で保護を受け、中でもドイツは、ヨーロッパで最多の32万人を受け入れた（表4.A3.3）。

ヨーロッパ諸国に逃れたボスニア人は、一時的保護制度の下で保護を受けた最初の大規模な難民グループであった。コーザーとブラック（Koser and Black, 1999）は、その時点の支配的な政治的・経済的状況（例えば、世論の反対や失業率の上昇など）が、こうした政策対応が行われるうえで重要な役割を果たすと論じている。

1995年にデイトン和平合意が締結された後、ヨーロッパやヨーロッパ以外のOECD加盟国は、ボスニアの国外への難民も国内避難民も故郷に帰還できるものと期待した。帰還を果たした難民も多かったものの、国外に留まる人もかなりの数に上った。それは1つには、紛争時の「民族浄化」によって、多くのボスニア人が最初に避難を始めた場所に戻れなくなったためである（Koser and Black, 1999）。その結果、EUの多くの受入国が、ボスニア難民の地位を一時的被保護資格から永住資格へと変更することになる。

表4.A3.3が示すように、ボスニア紛争中（1992～1995年）の難民は総計120万人であり、そのうち22万人は第一次庇護国から別の受入国に移動し、48万人が1996～2005年の間にボスニア・ヘルツェゴビナに送還されて、50万人が2005年の時点で第三国に定住していた（Valenta and Ramet, 2011）。

第4章　環境的及び地政学的ショックに伴う国際移民——それに対するOECD加盟国の対応

表4.A3.3　ボスニア難民（1992～2005年）[1]

ボスニア・ヘルツェゴビナからの 難民受入国（1992～1995年）	ボスニア・ヘルツェゴ ビナからの難民登録数 （1992～1995年）	次の受入国に 移動した難民数	ボスニア・ヘルツェゴ ビナへの送還数 （1996～2005年）	当該受入国への 定住者数 （2005年）
オーストラリア	15 000	..	800	14 200
オーストリア	86 500	5 500	10 100	70 900
ベルギー	5 500	..	500	5 000
チェコ共和国	5 000	1 000	1 000	3 000
デンマーク	17 000	..	1 600	15 400
フランス	6 000	100	900	5 000
ギリシャ	4 000	400	600	3 000
オランダ	22 000	2 000	4 000	16 000
クロアチア	170 000	50 000	56 000	62 000
イタリア	12 100	2000	2 000	8 100
カナダ	20 000	1 000	600	18 400
ハンガリー	7 000	1 000	2 500	3 500
マケドニア旧ユーゴスラビア共和国	9 000	4 800	3 750	450
ノルウェー	12 000	1 300	2 500	8 200
ドイツ	320 000	52 000	246 000	22 000
アメリカ合衆国	20 000	1 000	1 500	17 500
スロベニア	43 100	23 200	15 000	4 900
セルビア及びモンテネグロ	297 000	50 000	110 000	137 000
スペイン及びポルトガル	4 500	1 000	1 000	2 500
スウェーデン	58 700	..	1 900	56 000
スイス	24 500	2 600	11 000	10 900
トルコ	23 500	17 800	4 650	1 050
イギリス及びアイルランド	4 100	100	1 000	3 000
その他	13 500	1 200	1 100	11 200
合計	**1 200 000**	**220 000**	**480 000**	**500 000**

注：アメリカ合衆国のデータは、同国の国勢調査局が示す数字よりはるかに小さい。国勢調査局の資料では、1992 - 2000年の
　　間、3万7,000人のボスニア難民と庇護希望者が永住権を取得した。同じく国勢調査によると、その数は2001～2008年には
　　さらに拡大し、8万1,000人のボスニア難民と庇護希望者が永住権を取得したという（U.S. Census Bureau, 2001参照）
..：データなし
1. スイス連邦移民局（Secretariat d'Etat aux migrations, SEM）の公式データによれば、その数字は本表のデータ（Valenta
　　and Ramet, 2011）と大きく異なっているが、これは本表のデータには、一時的入国許可を含むためだと考えられる。スイ
　　ス連邦移民局のデータでは、ボスニア・ヘルツェゴビナからの1992～1995年の難民登録数は約1万4,861件、2005年の難民
　　数は3,423人、1996年～2005年の送還数は約1,400件である。
資料：Valenta and Ramet（2011）。

StatLink：http://dx.doi.org/10.1787/888933396475

コソボ紛争（1998～1999年）

　コソボ紛争は1998年2月から1999年6月まで続いた。セルビア人支配に対するコソボ解放軍の
反乱から始まり、戦闘は急速に激化して、20万人を超える国内避難民（セルビア内）が発生した。
1999年3月には、NATO軍がコソボ解放軍のユーゴスラビア連邦共和国（セルビアとモンテネグロ）
に対する反乱を支持し、コソボ内の特定の標的に対する空爆を開始した。空爆後、コソボのアルバ
ニア人85万人以上が避難を余儀なくされ、その多くがアルバニア、マケドニア旧ユーゴスラビア共
和国（FYROM）、モンテネグロへと避難していく。1999年6月までのコソボからの避難民は、アル
バニアで45万人、マケドニア旧ユーゴスラビア共和国で25万人、モンテネグロで5万人以上を数え
た（図4.A3.1）。

環境的及び地政学的ショックに伴う国際移民——それに対する OECD 加盟国の対応　第4章

図4.A3.1　1999年3月23日～6月9日の緊急時における避難先別コソボ難民の流入数

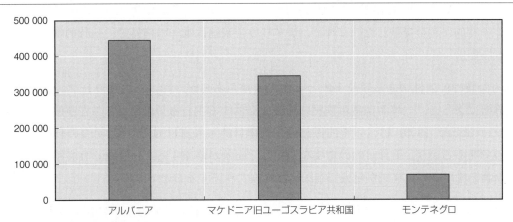

資料：国連難民高等弁務官事務所（UNHCR, 2000）。
StatLink：http://dx.doi.org/10.1787/888933395674

図4.A3.2　人道的避難プログラム（HEP）と庇護申請総数（1999年）

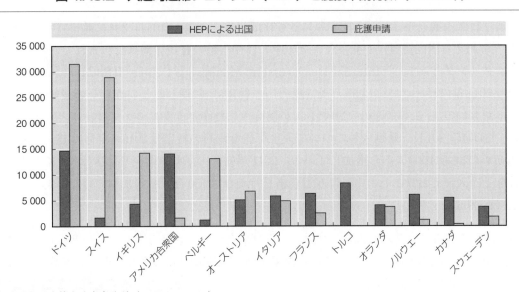

資料：国連難民高等弁務官事務所（UNHCR, 1999b）。
StatLink：http://dx.doi.org/10.1787/888933395689

　マケドニア政府は、国内のアルバニア系少数民族との緊張が高まる中、コソボのアルバニア人25万人の流入による弊害を懸念し、国際社会に「責任分担」を要請した。UNHCRと国際移住機関（International Organization for Migration, IOM）がそれに応え、1999年4月初めに「人道的避難プログラム（Humanitarian Evacuation Programme, HEP）」を立ち上げる。HEPは、10万人弱の難民の28か国への避難を支援した。他の国々の側からいえば、1999年には、HEPに基づくものか「自

249

発的到着」（つまり、通常の庇護申請）か、いずれかで到着する難民による庇護申請を、12万件以上を受け付けている（図4.A3.2）。HEPに参加した受入国の大半はコソボからの難民に恒久的保護ではなく一時的保護を提供したのに対し、アメリカ合衆国は唯一の例外で、一時的保護と恒久的保護をともに提供している。

　一時的保護は可能性のある政策手段として以前からあるが、旧ユーゴスラビアの崩壊で発生した難民危機によって、一時的保護が難民に保護を提供する主たる手段になることが明らかになった。ギブニー（Gibney, 1999）は、一時的保護は、管理目的と人道目的という、2つの目的の達成を目指すものであるという。管理目的の重要な側面は、紛争が終結するか、少なくとも鎮静化した後に、一時的保護を受けていた難民が確実に本国に戻れるようにすることである。

　1999年のコソボ難民の大規模な帰還は、1992～95年のボスニア紛争中に保護されたボスニア難民の状況とはきわめて対照的である。大半の国が、HEPの下で管理目的を達成することができ、UNHCR（UNHCR, 1999）によれば、「和平合意後3週間以内に、60万人以上の難民が大挙してコソボに戻り、これは近代史上最も迅速な帰還の1つに数えられる」という。

リビア内戦（2011年～）

　第一次リビア内戦──「2月17日革命」とも呼ばれる──は、2011年2月に始まった。この内戦で50万人を超える国内避難民が発生し、その中には相当数の移民労働者も含まれていた。「国内避難民モニタリングセンター（Internal Displacement Monitoring Centre, IDMC）」によると、避難民の数は2011年のピーク時には55万人（総人口の約8%）に達したという。その後約49万人が故国に戻ったものの、「この帰還の実態やそれが維持されたかどうかについては、ほとんどわかっていない」（IDMC, 2014）。避難者数について入手可能な最新の数字は2015年7月の43万5,000人で、2015年初めの36万3,000人から増加している。2011年初頭の暴動以前、リビアは約250万人の移民労働者を受け入れており、その中には在留資格を持たない150万人も含まれていたと推定されている（Koser, 2011）。

　リビア内戦を国外へと逃れた人の大半は、エジプトとチュニジアを中心に、当初は近隣諸国に向かった。2011～2012年の間に、リビアから周辺諸国に避難した移民労働者とその家族は80万人弱に達し（IOM, 2012）、その40％がチュニジアに逃れ、エジプトがそれに次ぐ避難先となった。加えて、リビア人も30万人以上がチュニジアに、15万人以上がエジプトに逃れたが（Koser, 2011）、ほとんどが比較的短期間で帰還する。また2011年9月末には、リビアに取り残された4万人以上の移民労働者が、国際移住機関（IOM）の手で避難を果たした。

　国際移住機関は、こうした政策対応の一環として、「移住危機対応フレームワーク（Migration Crisis Operational Framework, MCOF）」を策定している。「MCOFは国際移住機関が、加盟国やパートナー国の移住危機に対する適切な準備、適切な対応を支援する方法を改善し体系化するための、実際的、機能的で制度全体に及ぶ枠組みである」。最近では、アメリカ合衆国とフィリピンが、紛争国に在留する移民のニーズに応える目的で、「危機にある国の移民イニシアチブ」を立ち上げている。

OECD加盟国への移住

　利用可能なデータによると、2011年に、リビア内戦に起因するリビア国民のOECD加盟国、中でもヨーロッパ諸国への移住が起こり、また、2014年以降も再びそれが繰り返されている。OECD加盟国において、リビア国民から新規に提出された庇護申請数は、2011年には3,684件と、2010年の821件に比べ4倍に増加した。最大規模の流入を受け入れたOECD加盟国のほとんどで、リビア国民による新規申請数は2011年に増加し、その後、2012年と2013年には減少、もしくはあまり変化のない状態が続く（図4.A3.3及び表4.A3.4）が、2014年と2015年には再び急増して5,800件に達する。OECD加盟国中の主な申請先は、ドイツ（1,100件）、イギリス（900件）、フランス（700件）、カナダ（500件）であった。

図4.A3.3　OECD加盟国におけるリビア国民の庇護申請数（2015年の上位4か国）

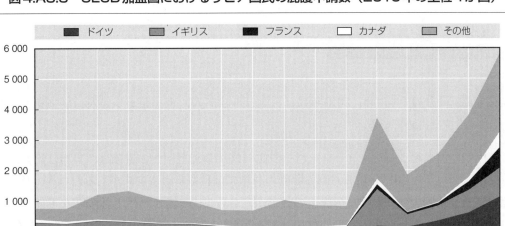

資料：国連難民高等弁務官事務所（UNHCR）。OECD国際移民データベース（OECD International migration database）。
StatLink : http://dx.doi.org/10.1787/888933395693

　OECD加盟国、特にEU諸国へのこうした非正規の移住フローを生んだのは、果たしてリビア内戦なのであろうか。フロンテックス（Frontex）（欧州対外国境管理協力機関）は、EUへの特定移動ルートにおける不法越境の摘発について、データを提供している。どのような取り締まりデータについてもいえることだが、その種のデータの解釈には細心の注意が必要である。不法越境の摘発数に変化があったとしても、それは越境しようとする移民の実数の変化を反映していることもあれば、取り締まり活動の変化を表していることもあり、また、その両方の場合も考えられるということに、留意しなければならない。

　フロンテックスのデータによると、地中海中央ルート（イタリアとマルタ）を通る不法越境の摘発数は全般にかなり増加している。2011年と2013年に増加がみられ、2014年第3四半期には7万5,000件と急増している（図4.A3.4）。2015年にも15万件を数えたが、2014年の17万件からは減少した。とはいえ、リビア人は、フロンテックスのこのデータで上位にあるわけではない。2014 年はシリア

第4章　環境的及び地政学的ショックに伴う国際移民——それに対するOECD加盟国の対応

図4.A3.4　地中海中央ルートでの不法越境摘発数（2008～2015年）

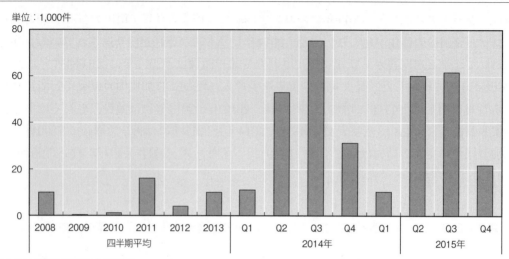

資料：欧州対外国境管理協力機関（Frontex）。
StatLink：http://dx.doi.org/10.1787/888933395700

人が全摘発数の4分の1を占め、2015年には、エリトリア人、ナイジェリア人、ソマリア人が摘発数で1位から3位を占めている。

リビア内戦が引き起こした、ヨーロッパその他のOECD加盟国への避難は、当初は比較的小規模であったが、2014年と2015年にみられる移動の急増には目を止める意味があるだろう。リビアから周辺諸国に避難を強いられた移民労働者の一部が、さらにヨーロッパへと移動した可能性もあるが、既存のデータでは、どれがその継続的移住（第2の国にしばらくいた後、第3の国に移住すること）に当たるのかを分析するのは容易ではない。

2011年以降（つまり、アラブの春の後）の、北アフリカからヨーロッパへの移民フローを評価する際には、その移民フローには、以前からすでに定着していた傾向と形態があることに留意する必要がある。ファルグとファンドリッチ（Fargues and Fandrich, 2012）そしてド・ハース（de Haas, 2012）は、2011年以後のヨーロッパへの移民も、以前から行われている傾向の一環であり、アラブの春を契機にわずかに加速したにすぎないという点で、意見が一致している。

政策対応

ヨーロッパ諸国は、リビア危機への政策対応の最前線にあり、それぞれが個別に対応に当たってきた。ほとんどのヨーロッパ諸国は、一部に例外はあるものの、リビア危機に対しては、国境の警備と取り締まりを非常に重視すると同時に、保護のために移民の入国を許可することで、北アフリカの国々が避難と移民フローを管理できるよう、支援に当たった。また、移民の根本原因への対処にも努めており、それは特に、2015年の移民に関するバレッタ・サミット（Valletta Summit）での、アフリカ諸国との移民に関する連携や調整の取り決めを通じて進められている。2015年6月には、イタリアの移民の再配置計画が採択され、2015年9月には対象が拡大されたが、これまでのところ、

表4.A3.4　OECD加盟国におけるリビア人庇護希望者数（2005〜2015年）

	2005年	2006年	2007年	2008年	2009年	2010年	2011年	2012年	2013年	2014年	2015年
ドイツ	49	30	31	33	14	18	170	138	346	602	1 127
イギリス	182	128	56	69	101	117	1 204	408	497	733	939
マルタ	9	5	1	1	1	7	66	54	108	417	890
フランス	10	11	0	7	5	13	151	61	82	276	682
カナダ	28	38	28	22	32	43	177	24	30	148	517
スウェーデン	451	318	420	646	367	311	404	352	399	478	309
イタリア	0	0	0	18	15	2	444	68	51	91	278
アメリカ合衆国	8	2	6	2	9	7	165	52	69	152	264
オーストラリア	1	0	0	1	7	12	202	188	318	322	178
スイス	53	34	25	20	34	31	243	183	140	161	122
ノルウェー	23	13	40	71	61	32	116	59	70	81	42
合計	964	689	675	1 000	822	810	3 770	1 848	2 389	3 379	4 796

資料：国連難民高等弁務官事務所統計データベース（UNHCR Statistics database）（*http://popstats.unhcr.org/en/asylum_seekers_monthly*）。

StatLink：http://dx.doi.org/10.1787/888933396487

リビア国民のために、あるいは、リビアから避難を余儀なくされた第三国の労働者のために、再定住プログラムが策定されたという話はまったくない。

2011年、フロンテックスが強化されて、イタリアによる移民・難民の運搬船の拿捕を支援する合同作戦ヘルメス（Joint Operation EPN Hermes Extension）が始動した。また、ユーロポール（欧州警察組織）もイタリアに専門家チームを配備し、イタリアの警察当局が、到着する非正規移民の中から犯罪が疑われる者をみつけ出す活動に協力することになる。

2013年10月、約500人の移民を運ぶリビアの船が、イタリアのランペドゥーザ島沖で沈没した。イタリア政府はこれに対し、海軍によるマーレ・ノストラム作戦（Operation Mare NOstrum）を開始して海上での人命救助に当たる。この作戦によって救出された、主にアフリカと中東からの移民の数は、1年間で15万人を上回った。マーレ・ノストラム作戦は段階的に終了し（2014年10月）、次にEUがフロンテックス・プラス／トリトン作戦（Frontex Plus/Triton）を開始するが、これはマーレ・ノストラム作戦と目的や活動範囲は同様ながら、能力的には劣っていた。2015年4月、地中海で新たな海難事故が発生した後、EUは、フロンテックスによるトリトン・ポセイドン合同作戦のために予算を3倍に増やすことになる。

EUは2015年5月、地中海南中部での、密入国斡旋や不法取引のネットワーク壊滅を目指す軍事作戦のための危機管理構想を承認し、ソフィア作戦（地中海EU海軍部隊が主体）に着手した。この作戦のねらいは、移民の密入国や不法取引の組織が使用する、もしくは使用が疑われる船舶その他を摘発し、召喚し、処置するための組織的な軍事行動にあった。

EUはすでに、2013年に地中海作業部会（Task Force Mediterranean）を設置している（2013年10月7〜8日の司法内務理事会の協議会にて）。この作業部会の目的は、移民によるEU沿岸への危険な渡航を防ぐため、EU域外の国との連携を強化し、移住の根本原因に取り組むことである。こうした背景の下、EUは現時点までに、2013年6月にモロッコ、2014年3月にチュニジアというように、

第4章　環境的及び地政学的ショックに伴う国際移民——それに対するOECD加盟国の対応

北アフリカ諸国との新たなEUモビリティ・パートナーシップ（mobility partnership）の締結を進めてきた。これらのパートナーシップは、不法移民や密航の防止に向けた協力体制を強化し、移民政策と開発政策の関係を深め、北アフリカ諸国の難民庇護や国際的保護の能力向上を図ることを目指すものである。

リビア危機に対するEUの取り組みには、これとは別に、北アフリカ諸国が、アラブの春の暴動に起因する地域的避難や強制移住を管理することへの、財政援助を行うという側面もある。EUは2011年半ば以降、リビアの近隣諸国で行われる難民や避難民の流入管理の取り組みに、1億ユーロを出資している。

アラブの春の暴動はまた、EU域外の国の国民が突然大量に流入した場合——実際にそうなのか、その懸念があるだけかを問わず——のシェンゲン協定について、EUでの議論を激化させた。2011年、フランスは一時的にイタリアとの国境を閉鎖し、列車での取調べを実施した。イタリアが、2万人を超えるチュニジア人移民に居住許可証を発行すると決定したことに、応じたものである。イタリアで居住許可証を取得すれば、フランスはもちろん、シェンゲン圏内の他の国への移動が可能となるのである。

シリア内戦（2011年〜）

シリア内戦は2011年春、アラブの春の影響下で表面化してきた全国規模の抗議行動とともに始まった。国連人権高等弁務官事務所（OHCHR）の報告では、シリア内戦による死者は2011年3月から2014年4月末までで、19万1,369人を数えるという。リビア同様、シリアは多数の移民労働者や難民を長く受け入れてきた。内戦開始前の2011年には、移民労働者が推定で180万人、イラク難民が少なくとも13万5,000人、そしてパレスチナ難民24万人がシリアに在住していた。コーザー（Koser, 2013）は、2013年の段階でも、まだ約15万人の移民労働者がシリアに在留していたと述べている。

シリアの近隣諸国への避難

2011年以降、シリア内戦は何百万もの人々に影響を及ぼしてきた。国内では、650万人以上が避難を余儀なくされ（IDMC, 2015）[2]、国外では、トルコでのほぼ300万人をはじめ、480万のシリア人が近隣諸国でUNHCRに難民登録をしている（図4.A3.5）。さらに、50万人を超える人々がヨーロッパで保護を求め、また、ペルシャ湾岸諸国のシリア難民数も最大で100万人増加したとされる（de Bel-Air, 2016）。つまるところ、シリアの人口の半分以上が、現在は故国を離れて生活していることになる。入手可能な情報によると、シリア難民の人口構成は、トルコ、レバノン、ヨルダンで大きく異なっているが、どの避難先でも子どもがかなりの割合を占めているという。

- **トルコ**——トルコに在住するシリア人は、2015年半ばから2016年4月までの間に50%増加して、275万人に達した。そのうち20%が子どもであり、20%のうち約4.2%が5〜12歳、14%が12〜18歳である。また約116万人、つまり全体の42%を18〜59歳が

図4.A3.5　主要受入国におけるシリア難民数（2014～2015年）

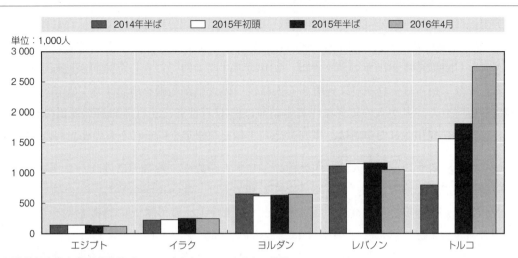

資料：国連難民高等弁務官事務所（UNHCR）。トルコのみ政府の推計。
StatLink：http://dx.doi.org/10.1787/888933395712

占めている。2013年の調査に基づくシリア難民の学歴データでは、6歳以上の難民のうち10％が高等教育に達していた。

- **レバノン**——UNCHRのよると[3]、レバノンのシリア人110万人の半分以上を18歳未満が占め、年齢層別では、0～4歳が18％、5～11歳が23％、12～17歳が13％である。また全体の44％の46万2,000人が18～59歳である。2014年のILOによるシリア難民のレバノンへの影響評価においても、非常に近い数字が報告されている。ILOの評価では、レバノンのシリア人は大学レベルの教育を受けた者はわずか3％と、全般に比較的低学歴であることが明らかにされている。就業状況では、約半数（47％）が経済活動をし、失業者は3人に1人のみであった。就業者の大半が対個人サービス業（27％）と農業（24％）に従事し、13％が技能職に就いていた。残りは、単純労働か低技能職に同等に分布していた。

- **ヨルダン**——ヨルダンには65万人のシリア人が在住し、同国の人口の7％を占めている[4]。ヨルダンのシリア人の年齢ピラミッドは、レバノンと非常によく似ており、未成年者が半分強を占めて、年齢層別の分布もほぼ同じである（5歳未満が16％、5～11歳が22％、12歳以上が13％）[5]。約29万2,000人（45％）が18～59歳である。ヨルダンのシリア人の多くは比較的学歴が低く、中等教育もしくはそれ以上を修了した者は、15歳以上でわずかに15％である（Stave and Hillesund, 2015）。だが、ヨルダンのシリア人の学歴分布は、2009年のシリア人口全般の学歴分布と類似している。職業分布は、35～40％がシリアにいた時と同じく技能工及び関連職業に従事し、20％がサービス・販売従事者、12％が設備・機械の運転・組立て工で、技能職は10％であった。労働力参加率は28％とかなり低いが、これは法的制約にも一因がある。

第4章　環境的及び地政学的ショックに伴う国際移民——それに対するOECD加盟国の対応

OECD加盟国での庇護申請

　シリア国民によるEUへの不法入国の摘発数は、2009年には1,000件以下であったものが、2013年には2万5,000件を超え、2014年は7万5,000件、2015年にはほぼ60万件へと増加した。だが、フロンテックスとUNHCRの2016年のデータは、2016年第1四半期でこうした傾向が逆転したことを示している。シリアからヨーロッパに到着する人は、その大半が庇護を申請する。2015年に、OECD加盟国に登録されたシリア人の正式な庇護申請数は約37万件で、2011年以降の総計では58万件に達する。2015年に提出された申請は、事実上そのすべてが認定を得られるものと思われる。

　ヨーロッパに到着するシリア人は、内戦前のシリア人全般や、近隣国に逃れたシリア人とは明らかに人口構成が異質である。ヨーロッパに来るシリア人は、高い技能を持ち、社会的に中層や上層の出身者の割合が大きい。2016年2月に、ギリシャに上陸したシリア人の特徴を調べたUNHCRの最近の調査（主要4島で736人に面接）では、成人の20%が学位を持ち、さらに28%が後期中等教育を修了していることが明らかになった。一方で、初等教育修了か、もしくは初等教育も受けていない人もなお25%を占めた[6]。

政策対応

　シリア危機に対し、世界規模の協調的な対応を推進すべく、EUや国際レベルでさまざまな取り組みが行われてきたが、これまでの政策対応では、窮状に対処しきれておらず、また、この人道危機への持続可能な解決策も提供できていない。シリア危機によって、欧州共通庇護制度はどうも弱点を露呈したようである。同制度は、保護を求める人のこれほど大規模な流入を想定していなかったのである。

　EUは政策面では機能してきたが[7]、世界規模の、果敢にして包括的な対応に欠かせない共通の土台を見つけることには苦戦しており、2015年4月以降、EU首脳陣が、移民問題に関して10回以上、ほぼ月に1度の割合で会談を重ねている。

　欧州委員会は2015年5月、欧州移民アジェンダ（European Agenda on Migration）を提案した。このアジェンダは包括的対応の基盤となるものであり、難民の再配置及び再定住計画、帰還強化に向けた規定、EU域外の国との協力、合法的な労働移民の管理などが含まれている。これを受けて2015年6月には、イタリアとギリシャから、保護が必要な4万人を2年間に渡って再配置し、また、EU域外に2万人を再定住させるという緊急計画に基づく対策案が、合意に至った。

　欧州委員会は9月には、難民危機に対処するための第二の一括法案を提出し、理事会の承認を得た。これには、再配置計画の12万人への拡大（やはり実施期間は2年）が盛り込まれていたが、全加盟国からの賛成が得られたわけではなかった。10月には、初の閣僚級会議が、トルコ、レバノン、ヨルダン、西バルカン諸国の同等レベルの代表と共に行われた。続く2度目の会議は、国家首脳レベルが招集されたものの、参加はEUの一部の国と西バルカン諸国に留まった。

　11月には、EU議長が、「統合的な政治的危機対応（Integrated Political Crisis Response）」を十分に稼働させることを決定、同月末には、EUとトルコが共同行動計画を採択する。その計画には、

環境的及び地政学的ショックに伴う国際移民——それに対するOECD加盟国の対応　第4章

表4.A3.5　OECD加盟国におけるシリア人の庇護申請者数（2005〜2015年）

	2005年	2006年	2007年	2008年	2009年	2010年	2011年	2012年	2013年	2014年	2015年
ドイツ	878	608	604	744	819	1 490	2 634	6 201	11 851	39 332	158 657
ハンガリー	18	32	48	16	19	26	91	145	960	6 749	64 081
スウェーデン	392	433	440	551	587	427	646	7 814	16 317	30 313	50 909
オーストリア	78	88	166	140	279	194	423	922	1 991	7 661	24 314
オランダ	280	293	36	48	101	125	168	454	2 673	8 748	18 675
ノルウェー	79	49	48	114	271	110	189	312	868	1 978	10 520
ベルギー	228	167	199	281	335	302	494	798	944	2 524	10 185
デンマーク	46	55	74	105	383	821	428	907	1 702	7 185	8 604
ブルガリア	15	10	15	20	30	52	67	436	4 447	6 202	5 950
スペイン	35	15	31	97	30	19	97	255	725	1 666	5 627
フランス	32	21	45	32	61	192	119	629	1 303	3 129	5 110
スイス	82	125	285	357	370	387	688	1 146	1 852	3 768	4 649
ギリシャ	57	143	1 311	808	965	167	352	275	485	791	3 319
イギリス	388	179	188	181	173	158	508	1 289	2 020	2 353	2 841
アメリカ合衆国	1 216	1 276	1 760	987	260	137	296	744	710	1 130	1 784
合計	**2 846**	**2 422**	**3 724**	**3 815**	**4 804**	**4 803**	**8 265**	**23 328**	**47 747**	**128 141**	**372 282**

資料：国連難民高等弁務官事務所統計データベース（UNHCR Statistics database）（*http://popstats.unhcr.org/en/asylum_seekers_monthly*）。

StatLink : http://dx.doi.org/10.1787/888933396492

ビザ規制を撤廃してEU到達を促進するための、既存の再入国協定や施策の具体的な適用に向けた資金面の取り決めやスケジュールなどが含まれていた。

　2015年12月には欧州委員会が、EUの対外国境の安全と、より有効な移民管理を目的とした一括法案を提示した。2016年2月には、EU・トルコ共同行動計画の財政面に関する具体的措置が合意に至り、同年のロンドン会議で、欧州理事会常任議長が、トルコ在留のシリア人への人道支援として30億ユーロを出資すると発表した。

　2016年3月、EU首脳陣は、移民危機での協力の強化と、2015年11月締結の合意内容の完全実施のために、トルコと協議を行った。さらに同月、EU理事会は規則を採択し、EU域内での緊急支援用として1億ユーロを承認した。

　EUとトルコは3月中旬、トルコを通ってヨーロッパに向かう不法移民の流れを阻止することを目的として、EU・トルコ共同声明に署名した。2016年3月20日以降、ギリシャの島嶼部に到着するすべての非正規移民をトルコに送還し、トルコに送還されたシリア人1人につき、EUはトルコからシリア人1人を受け入れることで、両者は合意した。この取り決めが機能するには、十分な数の再定住枠が必要となる。この目的に用いられる既存の受け入れ約束分は、2015年6月のEU再定住計画2万2,504人のうち、未完了の1万8,000人を含むことになる。必要受け入れ枠はそこに、既存の再配置決定に基づく未配置の5万4,000人分を合わせれば充足すると見込まれている。

　欧州委員会は2016年6月、欧州共通庇護制度を改革し、ヨーロッパへの安全な合法ルートを開発するための、選択肢を提示した。この提案には、再配置の義務に従うことを拒むEU諸国への厳しい制裁金規定も盛り込まれていた。

第4章　環境的及び地政学的ショックに伴う国際移民──それに対するOECD加盟国の対応

表4.A3.6　シリア人の難民及びその他の人道的地位の認定数（2010～2015年）

	2010年	2011年	2012年	2013年	2014年	2015年	合計
オーストラリア	11	5	51	210	1 057	2 321	3 655
オーストリア	121	409	781	1 091	3 928	8 305	14 635
ベルギー	222	95	504	1 189	1 278	2 730	6 018
カナダ	33	76	85	152	1 290	8 842	10 478
チリ	0	0	5	5	6	8	24
チェコ共和国	11	26	68	209	113	130	557
デンマーク	409	460	753	1 382	4 126	6 017	13 147
エストニア	0	0	0	0	0	0	0
フィンランド	0	0	0	0	0	0	0
フランス	49	74	189	539	1 069	1 963	3 883
ドイツ	0	0	0	0	0	0	0
ギリシャ	2	7	11	171	702	3 205	4 098
ハンガリー	..	..	..	..	..	..	0
アイスランド	0	0	0	0	0	0	0
アイルランド	0	0	0	0	0	0	0
イスラエル	..	..	..	..	..	..	
イタリア	30	65	200	390	310	330	1 325
日本	0	0	7	26	15	9	57
韓国	..	..	..	..	..	..	..
ルクセンブルク	0	0	2	3	54	118	177
メキシコ	..	..	..	..	..	..	
オランダ	0	0	0	0	0	0	0
ニュージーランド	0	0	1	12	53	190	256
ノルウェー	35	8	245	691	1 247	1 550	3 776
ポーランド	0	4	2	84	68	91	249
ポルトガル	0	0	0	0	0	0	0
スロバキア共和国	1	1	1	1	11	8	23
スロベニア	0	0	2	7	2	10	21
スペイン	1	0	1	124	1 120	546	1 792
スウェーデン	142	190	5 152	12 539	17 601	19 390	55 014
スイス	134	464	385	715	3 522	3 476	8 696
トルコ	..	..	..	..	..	..	
イギリス	40	147	919	1 455	1 423	2 053	6 037
アメリカ合衆国	278	459	780	1 209	1 808	..	4 534
合計	1 519	2 490	10 144	22 204	40 803	61 292	138 452

資料：各国の資料。

StatLink：http://dx.doi.org/10.1787/888933396500

欧州委員会は2016年6月、以下のような今後の取り組みについて発表した。

- より適切な移民管理のため、EU域外の国との移民に関する新たな連携枠組みを設ける。

- EUに合法的に居住する非EU加盟国民の統合に関する行動計画を策定する。

- EU域外出身の高技能労働者向けに、「EUブルー・カード」制度を改定する。

- 事務局の作業文書、「難民危機を経済的視点からみる」を作成する。

　この重大な人道危機への対応は、総じて力強さに欠け、これまでの取り組みの多くは、第一次庇護国における難民の立ち直りに重点が置かれてきた。だが、UNHCRと国連開発計画が初めて共同で展開する「シリア周辺地域・難民・回復計画（Regional Refugee Resilience Plan, 3RP）」は、この地域の問題への革新的アプローチの優れた事例といえる。この計画は、地域での一貫した戦略の

258

中で、人道支援と開発力との結合を模索するものであり、難民保護と人道支援を確実に実施し、難民の回復力を高めることを目的に、各国（エジプト、イラク、ヨルダン、レバノン、トルコ）の政府当局のリーダーシップによって作成された計画に依っている[8]。

　もう1例、この種の催しとしては初の「世界人道サミット（World Humanitarian Summit）」が挙げられる。世界人道サミットは2016年5月にイスタンブールで開催され、長引く避難状況に対処するに当たっての、開発と人道支援双方の関係者による、新たな統合的連携アプローチを始動させている。欧州委員会は、2016年5月の伝達文書で[9]、このアプローチへの支持を表明している。

　再定住は、UNHCRにとって最優先の課題となっている。最も脆弱な難民のニーズに取り組み、シリアの近隣国の負担を軽減するために、すでに約束済みの10万人の増加分に加えて、2018年末までに、45万人を優に上回る再定住の受け入れが必要になると推定されている[10]。だが、UNHCRの度々の要請にもかかわらず、再定住の取り組みへの反応ははかばかしいとはいえない。UNHCRは各国に対し、シリア難民を受け入れるための再定住以外の解決策——例えば、民間スポンサー、家族再統合の取り決め外での親族入国、場合によっては労働者・学生・投資家の移民計画など——を考慮するよう促してもいる（UNHCR, 2014a, 2016b）。カナダやドイツをはじめとするOECD加盟国のいくつかは、再定住の取り組みを大きく進展させたものの、全般的な対応は今までのところニーズを満たすには不十分である。

　最後に、2016年9月、国連事務総長が国連総会の一環として、初の難民に関する国連首脳会合を開催したことを挙げておく。事務総長は、その報告書「難民及び移民の大規模な移動への取り組み」において[11]、難民保護を提供する必要に応えて、責任分担に関する新たな世界規模の協定が締結されることを求めている。

注

1. *www.internal-displacement.org/middle-east-and-north-africa/libya/figures-analysis* を参照。

2. *www.internal-displacement.org/middle-east-and-north-africa/syria/figures-analysis* を参照。

3. *http://data.unhcr.org/syrianrefugees/country.php?id=122* を参照。

4. 2015年の国勢調査の中間集計による。

5. *http://data.unhcr.org/syrianrefugees/country.php?id=107* を参照。

6. *https://data.unhcr.org/mediterranean/download.php?id=874* を参照。

7. *http://europa.eu/rapid/press-release_MEMO-16-222_fr.htm* を参照。

8. 中間集計による。以下のサイトを参照。
www.unhcr.org/syriarrp6/docs/Syria-rrp6-full-report.pdf

http://data.unhcr.org/syrianrefugees/regional.php

9. *http://ec.europa.eu/echo/files/policies/refugees-idp/Communication_Forced_Displacement_Development_2016.pdf*を参照。

10. *www.unhcr.org/52b2febafc5.pdf*で、シリア難民の再定住及びその他の入国許可に関するすべての取り決めについて定期的な更新情報が参照できる。

11. *www.un.org/pga/70/wp-content/uploads/sites/10/2015/08/21-Apr_Refugees-and-Migrants-21-April-2016.pdf*を参照。

付録4.A4

人道移民に対する家族再統合の条件（難民としての地位別）

表4.A4.1 ［1/3］ 条約難民の家族再統合の条件

	必要在留期間	核家族の再統合が認められている	拡大家族の再統合が認められている	免除期間後の要件			免除期間（地位認定から引受人になるまで）	免除期間中の特定条件	手数料
				所得要件がある	住居要件がある	医療保険要件がある			
オーストラリア	0か月（UNHCRによる海外からの再定住者）	はい（対象となる家族員は、新生児並びにビザ発行後の婚姻を除き、初回申請時に申告しなければならない）	はい（ただし、特定条件で優先された場合のみ）	いいえ	いいえ	いいえ	期限なし	..	無料（特定の状況の場合は除く）
オーストリア	0か月	はい	いいえ	はい（引受人と家族にかかる費用）	はい	はい	3か月	..	無料
ベルギー	0か月	はい	はい（身体障害のある成人した子ども）	はい	はい	はい	12か月	家族員が身体障害のある成人の子どもである場合、または、到着前には家族関係がなかった場合は免除なし	180ユーロ
カナダ	0か月	はい（18歳以上の配偶者／事実婚のパートナー、及び扶養を要する19歳未満の未婚の子どもや孫）	はい（実質的家族及び両親と祖父母）	はい（配偶者／パートナー／扶養の必要な子どもを除く）	はい	いいえ	0か月	..	550カナダドル（子どもは150カナダドル）
チェコ共和国	0か月	はい（20歳以上の配偶者）	はい（65歳超の両親及び養子）	はい（引受人と家族にかかる費用）	はい	はい	3か月	..	2,500チェコ コルナ（100ユーロ）

第4章　環境的及び地政学的ショックに伴う国際移民──それに対するOECD加盟国の対応

表4.A4.1 ［2/3］ 条約難民の家族再統合の条件

	必要在留期間	核家族の再統合が認められている	拡大家族の再統合が認められている	免除期間後の要件			免除期間（地位認定から引受人になるまで）	免除期間中の特定条件	手数料
				所得要件がある	住居要件がある	医療保険要件がある			
デンマーク	0か月	はい（24歳以上の配偶者及び15歳以上の子ども）	いいえ	はい（状況に応じて免除）	はい（状況に応じて免除）	はい（状況に応じて免除）	0か月	..	6,000デンマーククローネ（805ユーロ）、状況に応じて免除あり
エストニア	0か月	はい	はい	はい	はい	はい	6か月	他国での家族再統合が可能な場合は免除なし	無料
フィンランド	0か月	はい	はい	いいえ（引受人到着後に家族関係が成立した場合を除く）（ただし、検討中）	いいえ（ただし、検討中）	いいえ（ただし、検討中）	期限なし（ただし、3か月を検討中）	..	家族員の成人は455ユーロ、子どもは230ユーロ
フランス	0か月	はい（家族形成を除く）	いいえ	いいえ	いいえ	いいえ	期限なし	..	19ユーロ
ドイツ	0か月	はい	いいえ	はい	はい	はい	3か月	他国での家族再統合が可能な場合は免除なし	無料
ギリシャ	0か月	はい	はい（成人した未婚の子ども、両親、事実婚パートナー）	はい	はい	はい	3か月	引受人の両親には免除なし	450ユーロ（未成年の申請者を除く）
ハンガリー	0か月	はい	はい	はい	はい	はい	6か月	..	60ユーロ
アイスランド	0か月	はい（家族形成を除く）	はい（直系尊属）	いいえ	いいえ	いいえ	0か月	..	12,000アイスランドクローナ(86ユーロ)（未成年は6,000アイスランドクローナ）
アイルランド	0か月	はい（家族形成を除く）	いいえ	いいえ	いいえ	いいえ	0か月	..	300ユーロ
イタリア	0か月	はい	はい	いいえ	いいえ	いいえ	期限なし	..	16ユーロ
ルクセンブルク	0か月	はい	はい	はい（引受人と家族にかかる費用）	はい	はい	3か月	..	無料
オランダ	0か月	はい（家族形成を除く）	はい（成人した子ども）	はい	いいえ	いいえ	3か月	..	無料
ニュージーランド	0か月	はい（配偶者及び24歳以下の未婚で扶養が必要な子ども）	はい（ニュージーランドにいる唯一の、及び／または未婚の保護者）	はい	いいえ	はい	0か月	..	無料

表4.A4.1 ［3/3］ 条約難民の家族再統合の条件

	必要在留期間	核家族の再統合が認められている	拡大家族の再統合が認められている	免除期間後の要件			免除期間（地位認定から引受人になるまで）	免除期間中の特定条件	手数料
				所得要件がある	住居要件がある	医療保険要件がある			
ノルウェー	0か月	はい（ただし、家族形成は24歳以上にするなどの導入を検討中）	はい	はい	いいえ（拡大家族と家族形成を除く）	いいえ	12か月所得要件の免除（ただし、免除期間の短縮を検討中）	拡大家族と家族形成に対しては所得要件の免除なし	5,900ノルウェークローネ（630ユーロ）（未成年の申請者は無料）
ポーランド	0か月	はい	いいえ	はい（引受人と家族にかかる費用）	はい	はい	6か月	..	340ポーランドズロチ（80ユーロ）、免除される場合もある
ポルトガル	0か月	はい	はい	いいえ	いいえ	いいえ	期限なし	..	無料
スロバキア共和国	0か月	はい（家族形成を除く）	はい	はい	はい	いいえ	3か月		無料
スロベニア	0か月	はい	はい	はい	はい	はい	3か月		無料
スペイン	0か月	はい（家族形成を除く。家族が第3国在留の場合や異なる国籍を持つ場合を除く）	はい（家族形成及び、家族が第3国にいる場合や異なる国籍を持つ場合を除く）	いいえ	いいえ	いいえ	期限なし		26ユーロ
スウェーデン	0か月	はい（家族形成及び21歳以下の配偶者を除く）	いいえ	はい	はい	いいえ	3か月		無料
スイス	0か月	はい	いいえ（ただし、人道ビザ及び2013年にシリア人に一時的に許可されたビザの場合は除く）	いいえ（ただし、補完的保護の受益者を除く）	いいえ（ただし、補完的保護の受益者を除く）	いいえ（ただし、補完的保護の受益者を除く）	0か月	..	無料（ただし、旅費やビザ取得費用、特定のケースでは家系証明の費用が必要）
トルコ	12か月	はい	はい	はい	はい	いいえ	0か月	..	各種の対応
イギリス	0か月	はい（家族形成を除く）	いいえ	いいえ	いいえ	いいえ	期限なし	..	無料
アメリカ合衆国	0か月	はい	両親（家族関係宣誓供述書の申請が必要）	いいえ	いいえ	いいえ	なし	なし	無料

注：スウェーデン：居住許可の取得条件を厳しくする臨時措置法（2016年7月20日施行）に基づくデータ。同措置法は3年間適用となる。

　スイス：国内法で庇護対象外となった条約難民、並びに他の法的理由で国外に送還できない外国人に対するいわゆる一時的入国許可（補完的保護の1種）を法律で認めている。

　アメリカ合衆国：難民に対して、「後から合流する（follow-to-join）」ためのペティション（請願）を、到着から2年以内に完了することを法律で認めている。このペティションが認可されれば、主たる申請者である難民の配偶者と未婚の子ども（21歳未満）に派生的な難民資格が与えられる。また、難民が特定の国籍を持つ場合、移民受け入れ制度の第3優先に基づいて、両親、配偶者、21歳未満の未婚の子どもを申請する資格が付与されている。この場合は、当該親族は自らの難民申請を行う必要がある。永住資格に身分変更したり、市民権を取得したりした難民は、他の永住者やアメリカ合衆国市民と同程度までの、移民ビザ・ペティションを提出することも可能である。その場合は追加料金が発生し、家族は難民ではなく移民として入国する。

表4.A4.2［1/3］ 補完的保護の受益者に対する家族再統合の条件

	必要在留期間	核家族の再統合を認めている	拡大家族の再統合を認めている	免除期間後の要件			免除期間（地位認定から引受人になるまで）	免除期間中の特定条件	手数料
				所得要件がある	住居要件がある	医療保険要件がある			
オーストラリア	0か月（海路で非正規に入国した恒久的保護ビザの保持者は、家族移民申請の手続での優先順位が最も低い）	はい	一部認められる	はい	はい	いいえ	0か月	..	ビザのサブクラスに基づく料金
オーストリア	36か月	はい	いいえ	はい（引受人本人と家族にかかる費用）	はい	はい	0か月	..	無料
ベルギー	0か月	はい	はい（身体障害のある成人の子ども）	はい	はい	はい	12か月	家族員が身体障害のある成人の子どもである場合、または、到着前には家族関係がなかった場合は免除なし	180ユーロ
チェコ共和国	15か月	はい（20歳以上の配偶者）	はい（65歳以上の両親と養子）	はい（引受人と家族にかかる費用）	はい	はい	0か月	..	2,500チェココルナ（100ユーロ）
デンマーク	36か月	はい（24歳以上の配偶者と、15歳以上の子ども）	いいえ	はい（状況に応じて免除）	はい（状況に応じて免除）	はい（状況に応じて免除）	0か月	..	6,000デンマーククローネ（805ユーロ）、状況に応じて免除あり
エストニア	0か月	はい	はい	はい	はい	はい	6か月	他国での家族再統合が可能な場合は免除なし	無料
フィンランド	0か月	はい	はい	いいえ（引受人到着後に家族関係が成立した場合は除く）（ただし、検討中）	いいえ（ただし、検討中）	いいえ（ただし、検討中）	期限なし（ただし、免除期間外の要件導入を検討中）	..	家族員の成人は455ユーロ、子どもは230ユーロ
フランス	0か月	はい（家族形成を除く）	いいえ	いいえ	いいえ	いいえ	期限なし	..	19ユーロ

環境的及び地政学的ショックに伴う国際移民──それに対するOECD加盟国の対応　第4章

表4.A4.2 ［2/3］　補完的保護の受益者に対する家族再統合の条件

	必要在留期間	核家族の再統合を認めている	拡大家族の再統合を認めている	免除期間後の要件			免除期間（地位認定から引受人になるまで）	免除期間中の特定条件	手数料
				所得要件がある	住居要件がある	医療保険要件がある			
ドイツ	24か月	はい	いいえ	はい	はい	はい	3か月	他国での家族再統合が可能な場合は免除なし	無料
ギリシャ	家族再統合の権利なし	…	…	…	…	…	…	…	…
ハンガリー	0か月	はい	はい	はい	はい	はい	0か月	‥	60ユーロ
アイスランド	0か月	はい（家族形成の場合を除く）	はい（直系尊属）	はい	はい	はい	0か月		12,000アイスランドクローナ（86ユーロ）（未成年は6,000アイスランドクローナ）
アイルランド	0か月	はい（家族形成を除く）	いいえ	いいえ	いいえ	いいえ	0か月		300ユーロ
イタリア	0か月	はい	はい	いいえ	いいえ	いいえ	期限なし	‥	16ユーロ
ルクセンブルク	0か月	はい	はい	はい	はい	はい	3か月	‥	無料
オランダ	0か月	はい（家族形成を除く）	はい	はい	いいえ	いいえ	3か月	‥	無料
ノルウェー	0か月	はい（ただし、特に24歳以上の家族形成の導入を検討中）	はい	はい	いいえ（拡大家族と家族形成を除く）	いいえ	12か月の所得要件免除（ただし、免除期間短縮を検討中）		5,900ノルウェークローネ（630ユーロ）（未成年の申請者は無料）
ポーランド	0か月	はい	はい（成人の子ども）	はい（引受人と家族にかかる費用）	はい	はい	6か月	‥	340ポーランドズロチ（80ユーロ）、免除される場合もある
ポルトガル	0か月	はい	はい	いいえ	いいえ	いいえ	期限なし	‥	無料
スロバキア共和国	0か月	はい（家族形成を除く）	はい	はい	はい	いいえ	3か月	‥	無料
スロベニア	0か月	はい	はい	はい	いいえ	はい	3か月	‥	無料
スペイン	0か月	はい（家族形成及び、家族が第三国にいる場合や異なる国籍の持つ場合を除く）	はい（家族形成及び、家族が第三国にいる場合や異なる国籍の持つ場合を除く）	いいえ	いいえ	いいえ	期限なし	‥	26ユーロ

第4章

第4章　環境的及び地政学的ショックに伴う国際移民──それに対するOECD加盟国の対応

表4.A4.2［3/3］　補完的保護の受益者に対する家族再統合の条件

| | 必要在留期間 | 核家族の再統合を認めている | 拡大家族の再統合を認めている | 免除期間後の要件 | | | 免除期間（地位認定から引受人になるまで） | 免除期間中の特定条件 | 手数料 |
				所得要件がある	住居要件がある	医療保険要件がある			
スウェーデン	0か月	いいえ（引受人が2015年11月24日までに庇護申請をしていない場合や、再統合の拒否が国際公約に反していない場合）	いいえ	はい	はい	いいえ	3か月	..	無料
スイス	36か月（例外適用あり。詳細未定）	はい	いいえ	はい	はい	はい	0か月	..	無料
トルコ	12か月	はい	はい	はい	はい	いいえ	0か月	..	各種の対応
イギリス	0か月	はい（家族形成の場合を除く）	いいえ	いいえ	いいえ	いいえ	期限なし	..	無料

注：スウェーデン：居住許可の取得条件を厳しくする臨時措置法（2016年7月20日施行）に基づくデータ。同措置法は3年間適用となる。
　スイス：国内法で庇護対象外となった条約難民、並びに他の法的理由で国外に送還できない外国人に対するいわゆる一時的入国許可（補完的保護の1種）を法律で認めている。

表4.A4.3［1/3］　保護者のいない未成年者（UAM）に対する家族再統合の条件

| | 必要在留期間 | 核家族の再統合を認めている | 拡大家族の再統合を認めている | 免除期間後の要件 | | | 免除期間（地位認定から引受人になるまで） | 免除期間中の特定条件 | 手数料 |
				所得要件がある	住居要件がある	医療保険要件がある			
オーストラリア	0か月	はい（家族員についてはビザ申請の際に事前に申告する必要がある）	はい（ただし、特定の状況で優先権が与えられるのみ）	いいえ	いいえ	いいえ	期限なし	..	無料（特定条件の場合は除く）
オーストリア	● 0か月（UAMが難民認定されている場合） ● 36か月（UAMが補完的保護の受益者の場合）	はい	いいえ	いいえ	いいえ	いいえ	期限なし（UAMの地位に関わらず）	免除は未成年引受人の両親にのみ適用	無料
ベルギー	0か月	はい（両親）	いいえ	いいえ	いいえ	いいえ	期限なし	…	180ユーロ
チェコ共和国	0か月	はい（両親）	いいえ	はい（引受人と家族にかかる費用）	はい	はい	3か月	..	2,500チェココルナ（100ユーロ）。15歳未満の場合は1,000チェココルナ（40ユーロ）

表4.A4.3［2/3］ 保護者のいない未成年者（UAM）に対する家族再統合の条件

	必要在留期間	核家族の再統合を認めている	拡大家族の再統合を認めている	免除期間後の要件			免除期間（地位認定から引受人になるまで）	免除期間中の特定条件	手数料
				所得要件がある	住居要件がある	医療保険要件がある			
デンマーク	特になし	はい	いいえ	はい（状況に応じて免除）	はい（状況に応じて免除）	はい（状況に応じて免除）	0か月	..	6,000デンマーククローネ（805ユーロ）。状況に応じて免除
エストニア	0か月	はい（庇護希望者の場合、他の未成年の子どもは任意）	はい	いいえ	いいえ	いいえ	UAMが18歳に達するまで	..	無料
フィンランド	0か月	はい	はい	なし（引受人到着後に家族関係が成立した場合を除く）（ただし、検討中）	いいえ（ただし、検討中）	いいえ（ただし、検討中）	期限なし（ただし、免除期間外の要件導入を検討中）	..	無料
フランス	0か月	はい（直系尊属の親族）	いいえ	いいえ	いいえ	いいえ	期限なし	..	19ユーロ
ドイツ	0か月	はい（両親）	いいえ	いいえ	いいえ	いいえ	期限なし	..	無料
ギリシャ	0か月	はい（直系尊属の親族）	はい	いいえ	いいえ	いいえ	期限なし	..	450ユーロ
ハンガリー	0か月	はい（両親もしくは法定後見人）	はい	はい	はい	はい	0か月	..	60ユーロ
アイスランド	0か月	はい（両親）	はい（直系尊属）	いいえ	いいえ	いいえ	0か月	..	12,000アイスランドクローナ（86ユーロ）（未成年は6,000アイスランドクローナ）
アイルランド	0か月	はい（両親）	いいえ	いいえ	いいえ	いいえ	0か月	..	300ユーロ
イタリア	0か月	はい	はい	いいえ	いいえ	いいえ	期限なし	..	21ユーロ
ルクセンブルク	0か月	はい	はい（UAMに両親もしくは法定後見人がいない場合）	はい（引受人と家族にかかる費用）	はい	はい	3か月	..	無料
オランダ	0か月	はい（両親）	いいえ	はい	いいえ	いいえ	3か月	..	無料
ノルウェー	0か月	はい（UAMが難民認定を受けている場合）	はい（兄弟姉妹）（UAMが難民認定を受けている場合）	いいえ	いいえ	いいえ	12か月（18歳未満の引受人は、所得の要件を満たさなくてもよい）	..	無料
ポーランド	0か月	はい（直系親族もしくは法定後見人）	いいえ	はい（引受人と家族にかかる費用）	はい	はい	6か月	..	340ポーランドズロチ（80ユーロ）。免除される場合もある
ポルトガル	0か月	はい	いいえ	いいえ	いいえ	いいえ	期限なし	..	無料
スロバキア共和国	0か月	はい（両親）	いいえ	はい	はい	いいえ	3か月	..	無料
スロベニア	0か月	はい	はい	はい	いいえ	はい	3か月	..	無料

第4章　環境的及び地政学的ショックに伴う国際移民──それに対するOECD加盟国の対応

表4.A4.3 ［3/3］　保護者のいない未成年者（UAM）に対する家族再統合の条件

	必要 在留期間	核家族の 再統合を 認めている	拡大家族の 再統合を 認めている	免除期間後の要件			免除期間 （地位認定 から引受人に なるまで）	免除期間中 の特定条件	手数料
				所得要件 がある	住居要件 がある	医療保険 要件がある			
スペイン	0か月	はい	はい （家族形成及び、家族が第三国にいる場合や異なる国籍を持つ場合を除く）	いいえ	いいえ	いいえ	期限なし	..	26ユーロ
スウェーデン	0か月	はい（両親）（UAMが難民認定を受けているか、2015年11月24日までに庇護申請している場合、もしくは再統合の拒否が国際公約に反する場合）	いいえ	いいえ	いいえ	いいえ	期限なし	..	無料
スイス	特になし	はい	なし（ただし、2013年にはシリア人に対して一時的に許可）	各種の対応	各種の対応	いいえ	各種の対応	..	各種の対応
トルコ	12か月	はい	はい	はい	はい	いいえ	0か月	..	各種の対応
イギリス	可能性なし（「やむを得ない特別な事情」には例外あり）	..	..	..	..	..	..	..	..
アメリカ合衆国	..	いいえ	いいえ	いいえ（注：連邦政府はUAMに対する免除期間を設けていない）	はい（UAMが連邦政府の保護下にある間は、住居を与えられる）	はい（UAMが連邦政府の保護下にある間は、医療が受けられる）	連邦政府は、UAMに対しては「免除期間」を設けていない。連邦政府の保護や家族から離れた後の、援助やサービスを受ける資格の有無は、合法移民の地位や特定の地位の認定を受けているかどうかによる。	..	手数料は申請する移民の地位によって異なる

注：スウェーデン：居住許可の取得条件を厳しくする臨時措置法（2016年7月20日施行）に基づくデータ。同措置法は3年間適用となる。

第5章
国別の情報
——最近の移民動向と移民政策の変化

第5章

オーストラリア

2014～15プログラム年度の永住移民数は1.2%減少して20万5,400人となった。その内訳は、「オーストラリア移民プログラム（Australian Migration Programme）」での許可が18万9,100件、「人道支援プログラム（Humanitarian Programme）」が1万3,800件、残りはニュージーランド国民向けの2,500件である。移民プログラムの3分の2は、技能移民ストリーム（Skill stream）によって発給されたビザ（12万7,800件。うち53.4%は帯同する家族移民への発給）であり、ほぼ3分の1が家族移民ストリーム（6万1,100件）であった。残りの240件（0.1%）は「在留特別許可（Special Eligibility visa）」のカテゴリーで発給されている。

技能移民ストリームは0.6%の微減であったが、これは、地方雇用主指名カテゴリーの大幅な減少を、他のカテゴリーの増加により全体として埋め合わせた結果である。技能移民ストリームのうち、「ポイントテストによる技能移民（Point-Tested Skilled Migration）」が57%、「雇用主指名永住ビザ（permanent employer-sponsored visas）」が37.8%を占める。残りの5.1%は事業家・投資家ビザ（Business, Innovation and Investment visas）（このうち4分の3が中国からの移民向け）とタレントビザ（Distinguished Talent visa）（200件、0.2%）である。

移民プログラムによる移民送出国ランキングでは、インドが3万4,900人（18.4%）で4年連続の1位であった（前年比10.6%減）。以下、中国（2万7,900人で4.1%増）、イギリス（2万1,100人で9.2%減）と続く。プログラムの管理下にあるこうした移民に加えて、2万3,400人のニュージーランド人が「トランスタスマン渡航協定（Trans-Tasman Travel Arrangement）」の下で、オーストラリアに永住移民として入国している。

2014～15年度には、人道支援プログラムによって1万3,800件のビザが発給されたが、そのうち1万1,000件が国外からの再定住希望者へのビザであり、2,700件が国内在留者からの保護希望に対するものであった。再定住ビザを付与された人の出身地で最も多かったのはイラク、シリア、ミャンマー、アフガニスタン、コンゴ民主共和国である。オーストラリア政府は、シリアの人道危機への対応として、今後12～18か月間にわたり、シリア及びイラクでの紛争から避難してきて国連難民高等弁務官事務所（UNHCR）に登録された難民、計1万2,000人の再定住を受け入れると発表した。その結果、2015～16年度の人道支援プログラムによる受け入れ数は、2万5,750人とほぼ倍増している。

2014～15年度の一時就労（技能職）ビザ（サブクラス457）の申請はわずかに減少し、発給数は2.5%減少して9万6,100件であった。受給数が最も多かったのは3年連続でインド（2万5,200件）、2位がイギリス（1万4,700件）、3位が中国（6,700件）である。

学生ビザは、2014～15年度には2.6%増加して29万9,540件と、今までで2番目に多い発給数を記録した。発給数が最も多かったのは中国からの留学生で、前年比9%増の6万5,700件、インド（13.4%減の2万9,600件）、韓国（2.7%増の1万3,200件）がそれに続いた。

ワーキングホリデー・ビザは、2014～15年度には21万4,800件が発給されたが、これは前年と比較して6.3%の減少である。新設のセカンドワーキングホリデー・ビザの発給数も、2005～06年度に同制度が始まって以来初めて減少に転じ、2013～14年度の4万5,600件から2014～15年度には4万1,300件となった。

オーストラリア国外から申請された訪問ビザの発給数は、2014～15年度には430万件と、2013～14年度と比較して7.9%の増加を示した。国別で最も多かったのは中国（65万8,400件）で、2位がイギリス（55万6,100件）、3位がアメリカ合衆国（42万5,900件）であった。

政府は2015年、サブクラス457ビザプログラムに対する独立審査（Independent Review）の推奨を受けて、各種の制度変更を行った。例えば、英語力要件、スポンサーシップ有効期限、情報共有条項、証拠に基づく政策条項などの改正である。政府はこうした法改正を行うに当たって、「技能移民に関する閣僚諮問委員会（Ministerial Advisory Council on Skilled Migration）」を復活させたり、労働市場の現況に関して技術的なアドバイスを行う専門的な労働市場調査機関を設置したりした。また、独立審査の推奨に応えて、「（移民による収益の請求に関する）改正移民法（Migration Amendment (Charging for a Migration Outcome) Act）」も施行され、雇用主によるビザ申請者からの申請料の受領は違法であることが明記された。

制度変更の実施に向けた推奨事項には他に、オーストラリア国民の就業機会の拡大や、サブクラス457ビザプログラムにおける、低リスク企業の申請処理の合理化を目指す新たな訓練制度の導入、そして、「一時技能者移民の最低賃金枠（Temporary Skilled Migration Income Threshhold）」の見直しがある。

2015年6月、政府は学生ビザのシステムの簡略化を行うと発表した。この変更では、留学生ビザのサブクラス数を8つから2つに減らし、すべての留学生を対象とした、単一のリスク審査の枠組みが導入されることになっている。

中国からの渡航者が激増していることから、移民局（Department of Immigration and Border Protection）は新たな訪問ビザのシステムを実施しようとしている。2016年末の実施を目指した試行期間中から、中国国民は有効期限10年の訪問ビザを取得することができ、このオプションを選んだ場合は、1回の入国につき3か月までオーストラリアでの滞在が認められる。その他にも、サービス処理の迅速化や、オンラインによるビザ申請の有用性の向上などの試みがある。

詳細については下記を参照
www.immi.gov.au

国別の情報——最近の移民動向と移民政策の変化　第5章

移民のフローとストックの最近の傾向
オーストラリア

移民フロー（外国人） ——当該国の定義に基づく	2005年	2010年	2013年	2014年	平均		人数（単位：1,000人）
					2004-08年	2009-13年	2014年
住民1,000人当たり							
流入者数	8.0	9.4	10.9	10.1	8.5	10.1	236.6
流出者数	1.4	1.3	1.4	..	1.4	1.3	..

移民流入数（外国人） ——在留許可の種類別（標準化データ）	単位：1,000人		割合（%）	
	2013年	2014年	2013年	2014年
労働移民	61.3	61.6	24.2	26.7
家族移民（帯同家族含む）	127.9	128.1	50.5	55.4
人道移民	20.0	13.8	7.9	6.0
自由移動	40.3	27.3	15.9	11.8
その他	4.0	0.3	1.6	0.1
合計	253.5	231.0	100.0	100.0

移民送出国上位10か国（外国人流入者総数に占める割合）(%)

一時的移民	2005年	2013年	2014年	平均
				2009-13年
単位：1,000人				
留学生	116.7	141.8	179.1	155.9
研修生	7.0	3.6	3.5	4.0
ワーキングホリデー利用者	104.4	249.2	239.6	202.6
季節労働者	..	1.5	2.0	0.6
企業内転勤	..	8.9	0.0	7.5
その他の一時的労働者	71.6	148.6	125.5	122.7

庇護希望者の流入	2005年	2010年	2013年	2014年	平均		人数
					2004-08年	2009-13年	2014年
住民1,000人当たり	0.2	0.4	0.5	0.4	0.2	0.5	8 960

人口増加の内訳	2005年	2010年	2013年	2014年	平均		人数（単位：1,000人）
					2004-08年	2009-13年	2014年
住民1,000人当たり							
合計	13.5	15.0	16.9	..	16.4	16.9	..
自然増加	6.7	7.2	6.8	..	6.8	7.1	..
純移動及び統計上の調整	6.8	7.8	10.0	..	9.5	9.8	..

移民のストック	2005年	2010年	2013年	2014年	平均		人数（単位：1,000人）
					2004-08年	2009-13年	2014年
総人口に占める割合（%）							
外国出身人口	24.1	26.6	27.6	28.1	24.6	26.9	6 601
外国人人口	..	..	..	..			

帰化	2005年	2010年	2013年	2014年	平均		人数
					2004-08年	2009-13年	2014年
外国人人口に占める割合（%）	..	..	..	..	..	..	162 002

就業状況	2005年	2010年	2013年	2014年	平均	
					2004-08年	2009-13年
就業率（人口全体に占める割合）(%)						
自国出身の男性	79.9	79.2	78.0	77.2	80.2	78.7
外国出身の男性	76.7	78.0	77.8	77.8	77.2	78.0
自国出身の女性	67.1	68.5	68.6	68.3	67.7	68.7
外国出身の女性	58.4	60.7	62.0	61.7	58.9	61.2
失業率（労働力人口に占める割合）(%)						
自国出身の男性	4.9	5.3	5.9	6.3	4.6	5.5
外国出身の男性	5.2	5.1	5.8	5.6	4.7	5.4
自国出身の女性	5.2	5.2	5.6	6.1	4.9	5.2
外国出身の女性	5.5	6.1	6.1	6.6	5.5	6.2

注と資料は本章末尾に記載。

StatLink：http://dx.doi.org/10.1787/888933395835

オーストリア

2014年にオーストリアに流入した外国人の総数は、2013年に比べて1万9,000人（14％）増の15万4,300人であった。一方、外国人の流出数は7万6,500人と、2013年から3％の微増を示した。その出国先は、ほぼ3分の2がEEA（欧州経済領域：European Economic Area）またはスイスである。結果として、外国人の純移動は7万7,700人の流入超過となり、これは前年と比較して1万7,000人（28％）の拡大であった。2014年のオーストリア人の純移動が5,400人の流出超過であったので、全体の純移動はこれを差し引いて7万2,300人の流入超過となる。2015年1月までの外国人人口のストックは110万人（総人口の13％）で、前年同月と比較して8万人の増加である。最も多かったのはドイツ人（17万人）、次いでトルコ人（11万5,000人）、セルビア人（11万4,000人）であった。

新規流入した外国人15万4,300人のうち、9万6,600人（63％）がEEAまたはスイス出身者であった。このうち、EU加盟15か国（2004年以前の加盟国）出身者は3万600人（20％）——主にドイツ（1万7,300人）及びイタリア（4,500人）——、EU加盟13か国（新規加盟国）出身者は6万4,800人（42％）——ほとんどがルーマニア（2万200人）、ハンガリー（1万4,200人）、ポーランド（6,900人）——であった。残りの5万7,700人（37％）はEU域外からの流入であり、最も多かったのはEU加盟国以外のヨーロッパ諸国及びトルコ出身者の2万5,600人（16.6％）である。ヨーロッパ南東部及びトルコからの流入は近年減少傾向にあるのに対し、アジアからの移民数は増加し（14.5％）、その大部分はシリア及びアフガニスタンからの難民流入によるものである。アフリカ（3.3％）とアメリカ大陸（2.6％）からの流入は相対的に少ない状態が続いている。

EU域外出身者に新規発行された、2014年の在留許可総数は2万6,700件と、2013年と同様であった。このうち1万7,200件が永住許可であり、これは2013年から4％減少している。永住許可の約22％は、移民割り当て数に基づきEU域外から受け入れた移民の家族に発行され、残りの78％は、オーストリア人やEEA市民の家族、「赤・白・赤カード（Red-White-Red card）」取得者（労働移民）、オーストリアの大学の卒業者、人道移民の家族が対象であった。一時在留許可の発行は約9,500件で、最も多いのは学生とその家族（71％）、次いで一時的労働者とその家族が多かった。一時的滞在の延長許可は、その大半が学生に対して発行されている（延長許可全体の68％、1万1,800件）。また就労許可の2015年の発行数は2万9,500件で、2014年は2万8,500件、2013年は5万2,000件であった。

欧州連合統計局（Eurostat）のデータでは、オーストリアの庇護申請者数は、2014年の2万5,700人から2015年の8万5,500人へと急増している。2015年の庇護申請者の主な出身国はアフガニスタン（29％）、シリア（29％）、イラク（15％）であった。またオーストリアは、EU域内の他の国での庇護申請を望む人道移民にとって、重要な経由国となっている。オーストリアのデータによれば、2014年には、1万1,500人超の庇護申請者が、難民と認定されるか、または、人道的配慮に基づくその他の保護を付与された。

オーストリアは、中東での人道危機への対応として、2013〜2015年の間に1,500人の人道難民を再定住させることに同意した。シリア難民に関しては受け入れ分担計画が採択されたが、シリア難民の一部は、国連難民高等弁務官事務所（UNHCR）によって特に脆弱であるとの認定を受けていた。

オーストリア内務省によれば、不法入国や不法滞在によってオーストリアで拘束された外国人の数は近年増加しており、2012年は2万4,400人、2013年は2万7,500人、2014年は3万4,100人であった。

2015年初め、有効な渡航書類を所持しない人が国境を越えてくるのを防ぐため、国境管理法（Border Control Act）が改正された。南部の国境にはフェンスが設置され、シェンゲン協定が一時的に停止された。

政府は難民の統合のために2億4,800万ユーロの予算を組んでおり、そのほとんどがドイツ語学習コース増設への出資や、難民の子どもの教育訓練支援に振り向けられている。加えて7,000万ユーロが、難民の労働市場統合をはかる政策のために確保されている。

2014年、統合政策の管轄が内務省から欧州・国際問題省（Ministry of Europe, Integration and Foreign Affairs）に移され、さらに、内務省内に移民難民に関する法律を施行する連邦移民・難民庁（Federal Agency for Alien Affairs and Asylum）が新たに設置された。2016年1月、政府は自国の庇護制度の破綻を避けるべく、同年の庇護申請受け入れ数の一般的な基準を3万7,500件までと想定した。だが、政府の委託を受けた報告書では、実際に受け入れ数に上限を設ければ、EU法及び国際法上の違反となることが明らかになっている。2016年6月に政府は移民法を改正し、庇護申請の手続にかかる期間の短縮、3年経過後の庇護権の見直し、補完的保護受益者の家族再統合を3年後という短期間で認めること、などを可能にした。

2015年12月、議会で難民認定法（Recognition Act）制定の発議がなされた。他国で取得された資格の認定手続を評価・検証し、簡略化するうえでの法的根拠を規定する法律である。国会の手続は2016年4月に始まり、同年秋に発効することになっている。

詳細については下記を参照

www.bmi.gv.at
www.sozialministerium.at
www.statistik.gv.at
www.migration.gv.at/en

国別の情報——最近の移民動向と移民政策の変化　第5章

移民のフローとストックの最近の傾向
オーストリア

移民フロー（外国人）——当該国の定義に基づく	2005年	2010年	2013年	2014年	平均		人数（単位：1,000人）
					2004-08年	2009-13年	2014年
住民1,000人当たり							
流入者数	11.9	11.5	15.9	18.1	11.4	13.3	154.3
流出者数	6.1	8.2	8.8	9.0	6.6	8.5	76.5

移民流入数（外国人）——在留許可の種類別（標準化データ）	単位：1,000人		割合（%）	
	2013年	2014年	2013年	2014年
労働移民	4.7	4.9	6.8	6.6
家族移民（帯同家族含む）	10.4	10.6	15.2	14.2
人道移民	2.5	1.3	3.7	1.8
自由移動	50.5	57.5	73.9	77.0
その他	0.3	0.3	0.4	0.4
合計	68.3	74.6	100.0	100.0

移民送出国上位10か国（外国人流入者総数に占める割合）(%)

2004〜2013年の年平均　2014年

ルーマニア
ドイツ
ハンガリー
セルビア
シリア
ポーランド
スロバキア共和国
クロアチア
ブルガリア
ボスニア・ヘルツェゴビナ

0　5　10　15　20

一時的移民	2005年	2013年	2014年	平均
				2009-13年
単位：1,000人				
留学生	3.2	4.6	5.4	4.1
研修生	0.4	..	..	..
ワーキングホリデー利用者	..	..	..	..
季節労働者	11.4	15.1	7.2	13.6
企業内転勤	0.2	0.2	0.2	0.1
その他の一時的労働者	6.3	0.6	0.7	3.4

庇護希望者の流入	2005年	2010年	2013年	2014年	平均		人数
					2004-08年	2009-13年	2014年
住民1,000人当たり	2.7	1.3	2.1	3.3	2.1	1.8	28 060

人口増加の内訳	2005年	2010年	2013年	2014年	平均		人数（単位：1,000人）
					2004-08年	2009-13年	2014年
住民1,000人当たり							
合計	5.8	2.7	6.4	8.9	4.5	4.0	77.1
自然増加	0.4	0.2	0.0	0.4	0.4	0.0	3.5
純移動及び統計上の調整	5.4	2.5	6.5	8.5	4.1	4.0	73.7

移民のストック	2005年	2010年	2013年	2014年	平均		人数（単位：1,000人）
					2004-08年	2009-13年	2014年
総人口に占める割合（%）							
外国出身人口	14.5	15.7	16.7	17.4	14.7	16.0	1 485
外国人人口	9.7	10.9	12.6	13.4	9.8	11.4	1 146

帰化	2005年	2010年	2013年	2014年	平均		人数
					2004-08年	2009-13年	2014年
外国人人口に占める割合（%）	4.5	0.7	0.7	0.7	3.2	0.8	7 570

就業状況	2005年	2010年	2013年	2014年	平均	
					2004-08年	2009-13年
就業率（人口全体に占める割合）(%)						
自国出身の男性	76.2	77.9	77.7	76.2	77.1	78.0
外国出身の男性	71.1	73.5	74.4	71.1	72.7	74.1
自国出身の女性	63.5	67.9	69.6	68.9	64.9	68.6
外国出身の女性	54.2	59.8	59.4	59.3	55.1	59.0
失業率（労働力人口に占める割合）(%)						
自国出身の男性	3.9	3.8	4.0	4.8	3.5	3.7
外国出身の男性	10.8	8.8	9.6	10.8	9.5	9.2
自国出身の女性	4.6	3.6	4.1	4.5	4.2	3.7
外国出身の女性	10.5	7.6	8.9	9.5	9.7	8.1

注と資料は本章末尾に記載。

StatLink：http://dx.doi.org/10.1787/888933395841

273

ベルギー

2014年の純移動は3万6,000人の流入超過で、2013年の2万7,000人から増加している。これは、外国人の流入数の伸びが流出数よりも大きい状態が続いているためである。この年の外国人（庇護希望者を含む）の流入超過は、前年比22%増の4万7,500人であったのに対し、ベルギー人の純移動は比較的変化が小さかった（−1万1,100人）。外国人の主な送出国ということでは、ルーマニア、ブルガリア、イタリアからの流入超過の増加が最も大きい。

移民フローの変化と、帰化申請の規定変更の効果が相まって、ベルギーにおける外国人人口は2014年に3万6,600人増加し、合計で130万人となった（総人口の11.6%に当たる）。このうち3分の2がヨーロッパ諸国出身者で、フランス人、イタリア人、オランダ人が特に多い（それぞれ15万人程度）。

労働許可の初回発給数は、2013年の1万3,000件から50%減少して、2014年には5,500件であった。この大幅な減少は、ブルガリア人とルーマニア人に対して労働市場が自由化されたことによる。クロアチア人については、有給の仕事に就こうとする場合、2015年6月30日までは労働許可を取得していなければならない。新たに労働許可を取得した移民の流入数（2013年時点で登録されていたルーマニア人とブルガリア人は含まない）は、2013年の5,700人から2014年には5,500人へと減少した。高技能労働者（2014年の発給数は更新も含めて8,300件）の数自体は2008年以降比較的変化がないが、全体に占める割合は2014年に急激に拡大した（2013年は24%に対して2014年は54%）。これは主に、多くの場合季節労働者として雇用されていた（主に園芸分野で）ルーマニアとブルガリアからの労働者が算入されなくなったためである。高技能労働者のほぼ50%は、インド、アメリカ合衆国、日本の出身者が占める。

欧州連合統計局（Eurostat）のデータによると、庇護申請者数は2014年の1万4,130人から、2015年には3万9,100人へと増加した。主たる送出国であるシリア、イラク、アフガニスタンの3か国で、2015年の庇護申請数の半数を占める。2015年の庇護申請に対する一次審査1万9,400件のうち、認定されたのは54%であった。EU加盟28か国の平均は51%である。

ベルギーは、2年間で1,100人の難民を再定住させることに合意している。これは、欧州委員会の要請する人数よりやや多い。また、国連難民高等弁務官事務所（UNHCR）による難民の第三国定住プログラムを推進するため、ブルンジとレバノンに対する複数の任務も果たしてきた（それぞれコンゴ人とシリア人に関するもの）。このプログラムの下、2015年には300人がベルギーに再定住している。

ベルギーは、シリアとイラクに対象を絞った人道支援のため、新たに3,000万ユーロを拠出した（2015年の総額は5,170万ユーロ）。これは主に、UNHCRと国連世界食糧計画（WFP）の活動支援を目的とするものである。

ベルギーは、国際的保護を求める庇護希望者の受け入れ枠を拡大しており、2015年7月の1万6,200人から同年末には3万6,000人としている。

2015年9月、改正移民法が施行された。同法には、ベルギー社会を害する恐れがあったり、国の安全の脅威となりえたりする庇護申請者に対して、人道的保護を制限する条項が含まれている。

2015年12月、庇護希望者が就労を許可されない期間について、それまでは申請の受理から6か月間であったものを4か月に短縮する国王令が発効した。

フランデレン地域では、市民統合を管轄する大臣が、同地域に居住するすべての非ヨーロッパ諸国出身者に対し、すでにワロン地域またはブリュッセルに居住したことがあったとしても、市民としての行動を学習する講座の受講を義務づけると発表した。

2015年12月、ベルギー当局は人身売買根絶に向けた対策を強化するための行動計画を発表した。この計画には、立法規定の改定や、人身売買ネットワークの実態究明（特に資金の流れの分析によって）の推進などが盛り込まれている。

移民局は今後、正規の在留資格を得る目的で複数の申請が提出された場合、最新の申請のみを考慮の対象とすることになる。2015年5月から実施されているこの措置は、人道的あるいは医療的な根拠に基づく過剰な在留申請を抑制することが目的である。

2015年1月以降、在留許可の申請に管理手数料が徴収されるようになった。金額は、申請の種類により60ユーロから215ユーロまでである。家族再統合のための申請や学生ビザの場合は160ユーロ、正規化による在留申請や経済移民の申請の場合は215ユーロである。最も脆弱なグループ（難民、保護者のいない未成年者、緊急の医療的根拠に基づく在留許可申請者）については、手数料は徴収されない。

詳細については下記を参照

www.emploi.belgique.be
www.ibz.be
https://dofi.ibz.be
www.statbel.fgov.be
www.cgra.be
http://fedasil.be
www.relationdecomplaisance.be

国別の情報──最近の移民動向と移民政策の変化　第5章

移民のフローとストックの最近の傾向
ベルギー

移民フロー（外国人） ──当該国の定義に基づく	2005年	2010年	2013年	2014年	平均		人数（単位： 1,000人）
					2004-08年	2009-13年	2014年
住民1,000人当たり							
流入者数	7.4	10.4	10.5	11.0	8.2	10.5	123.6
流出者数	3.7	4.7	7.0	6.7	3.8	5.5	76.1

移民流入数（外国人） ──在留許可の種類別（標準化データ）	単位：1,000人		割合（%）	
	2013年	2014年	2013年	2014年
労働移民	4.3	4.8	4.7	5.1
家族移民（帯同家族含む）	22.3	23.1	23.9	24.8
人道移民	4.9	6.1	5.3	6.6
自由移動	61.8	59.1	66.2	63.4
その他	..	..	..	..
合計	93.3	93.1	100.0	100.0

移民送出国上位10か国（外国人流入者
総数に占める割合）（%）

[ ] 2004〜2013年の　■ 2014年
　年平均

ルーマニア
フランス
オランダ
ポーランド
イタリア
スペイン
ブルガリア
モロッコ
ポルトガル
シリア
0　　5　　10　　15

一時的移民	2005年	2013年	2014年	平均
				2009-13年
単位：1,000人				
留学生	..	..	..	..
研修生	..	..	..	..
ワーキングホリデー利用者	..	..	..	..
季節労働者	2.7	..	..	..
企業内転勤	..	..	..	..
その他の一時的労働者	2.8	..	..	..

庇護希望者の流入	2005年	2010年	2013年	2014年	平均		人数
					2004-08年	2009-13年	2014年
住民1,000人当たり	1.5	2.0	1.1	1.2	1.3	1.7	13 870

人口増加の内訳	2005年	2010年	2013年	2014年	平均		人数（単位： 1,000人）
					2004-08年	2009-13年	2014年
住民1,000人当たり							
合計	5.9	9.5	3.9	4.8	6.6	7.7	54.4
自然増加	1.4	2.2	1.5	1.8	1.7	1.9	20.3
純移動及び統計上の調整	4.5	7.3	2.5	3.0	4.9	5.8	34.2

移民のストック	2005年	2010年	2013年	2014年	平均		人数（単位： 1,000人）
					2004-08年	2009-13年	2014年
総人口に占める割合（%）							
外国出身人口	12.1	14.9	15.4	16.1	12.6	14.9	1 812
外国人人口	8.6	10.2	11.3	11.6	8.9	10.7	1 305

帰化	2005年	2010年	2013年	2014年	平均		人数
					2004-08年	2009-13年	2014年
外国人人口に占める割合（%）	3.6	3.3	2.8	1.5+	3.8	3.0	18 727

就業状況	2005年	2010年	2013年	2014年	平均	
					2004-08年	2009-13年
就業率（人口全体に占める割合）（%）						
自国出身の男性	69.3	68.5	67.5	66.9	69.2	68.1
外国出身の男性	61.2	61.4	60.5	60.3	61.5	60.9
自国出身の女性	56.0	58.7	59.7	60.5	56.5	59.0
外国出身の女性	39.7	45.0	45.3	45.6	41.1	44.5
失業率（労働力人口に占める割合）（%）						
自国出身の男性	6.5	6.7	6.8	7.2	5.8	6.3
外国出身の男性	15.7	16.9	18.2	18.7	15.3	16.9
自国出身の女性	8.4	7.1	6.8	6.5	7.6	6.6
外国出身の女性	18.9	17.3	16.0	16.3	17.1	16.0

注と資料は本章末尾に記載。

StatLink：http://dx.doi.org/10.1787/888933395851

275

ブルガリア

2014年の移民フローは、流入・流出ともに増加し、純移動は2,100人の流出超過となった。ブルガリア人の流出超過分（−1万4,300人）が、外国人の流入超過分（＋1万2,200人）によって十分に埋め合わせられなかったということである。だが、これらの数字（永住者の登録数の変化に基づいている）は、移民フローの規模を実際よりも低く見積もっている可能性がある。外国人の流入数（その9割がEU域外出身者）は、2013年の1万3,900人から2014年は1万7,100人へと増加し、流出数も33％増加して4,900人であった。流入移民の送出国の上位3か国は、トルコ（大部分が学生）、シリア（主に庇護希望者）、そしてロシアである。ブルガリア人の流出数は50％近く増加して2万3,900人となった。中期及び短期の労働移民がその多くを占める。

外国出身でブルガリアに居住する人の数は、2014年に過去最高の12万4,800人を記録した。これは総人口の1.8％に相当するが、3年前には0.5％であった。こうした増加の要因としては特に、ブルガリアがEU加盟国であること、そして、国外在住のブルガリア系市民の誘致のために積極的な政策をとったことが、一定の役割を果たしたと思われる。近年は、ブルガリア系少数民族が居住する国だけではなく、その他のEU加盟国からも流入が増加しており、外国出身人口に占めるEU市民の割合は3分の1を超える。ブルガリアに住むEU市民の主な出身国は、ギリシャ、イギリス、ドイツであり、これらの国はまた、ブルガリア人の主たる移住先でもある。

ブルガリアの労働市況は今なお弱く、労働力需要も縮小傾向にある。おそらくこれが、外国人労働者の流入数が減少している原因であると思われる。2014年に新たに発給された労働許可は、2005年以降で最少の300件未満であり、一方、労働許可の更新は300件あった。だが、国外派遣労働者や旅行業の雇用者は労働許可の取得要件を免除されていることが多く、そのうち最大のグループは中国人とトルコ人の技能労働者であった。

2014〜15学年度に在学していた留学生の数は1万1,500人であり、前年と変化がなかった（学生全体の4.3％）。近隣諸国及びブルガリア系少数民族の居住国からの学生が、留学生総数の80％以上を占めている（ブルガリア系市民であればブルガリア国内の大学には無料で入学できる）。ブルガリア国家統計局によれば、2014〜15学年度に外国に留学していたブルガリア人学生は2万7,900人であり、これは、ブルガリアの大学に在籍する学生全体の10％程度に相当する。留学先として多く選ばれているのはイギリスとドイツで、オーストリア、フランス、スペイン、オランダがこれに続く。

2015年の庇護申請件数は2万200件（扶養家族を含む）であり、EU加盟28か国で受理された申請件数の1.6％を占める。2万200件は2014年のほぼ倍の数字である。送出国の上位3か国（イラク、アフガニスタン、シリア）の難民が、申請数全体の3分の2を占める。2015年に一次審査が行われた5,600件のうち、認定件数は90％を超えた（EU加盟28か国の認定率は51％）。2014年には、特にトルコとの国境で移民流入による緊張が高まった。30キロメートルに及ぶフェンスの設置に加え、ブルガリア国境警察による介入が頻繁に行われた結果、違法越境者（大多数がシリアとアフガニスタンからの避難者）が2013年の1万1,600人から、2014年には6,500人へと減少した。

外国からの直接投資を促進するため、一定額以上の投資を行うヨーロッパ域外からの起業家に対して、永住許可の発行や国籍付与の手続の簡略化策が新たに導入された。

改正された国籍法では、ブルガリア人との婚姻でブルガリアに永住している外国人、また、EU市民やブルガリアと互恵協定を締結している国の出身者は、これまでの国籍を放棄することなくブルガリア国籍を取得することができると規定されている。

2015年9月、EU指令2011/95/EUを反映する形で難民法の新たな改正案が採択された。同指令は、EU域外の国の国籍保有者や無国籍者が国際保護の対象となるかどうかの基準に関するものである。改正難民法では、「一時的保護」という新たなカテゴリーが導入された。一時的被保護資格は、出身国の領土内の軍事衝突や内戦、外国の介入、市民権の侵害、暴力行為が生じて、出国せざるを得なくなった避難民が大量に流入した場合などに付与される。また政府は、ブルガリア系市民が紛争や内戦から避難してきた場合に、難民認定を受けるまでの手続を簡略化する案も提示している。

詳細については下記を参照
www.nsi.bg
www.aref.government.bg

国別の情報──最近の移民動向と移民政策の変化　第5章

移民のフローとストックの最近の傾向
ブルガリア

移民フロー（外国人） ──当該国の定義に基づく	2005年	2010年	2013年	2014年	平均		人数（単位： 1,000人）
					2004-08年	2009-13年	2014年
住民1,000人当たり							
流入者数	..	0.5	2.5	..	..	1.2	..
流出者数	..	3.7	2.7	..	..	2.5	..

移民流入数（外国人） ──在留許可の種類別（標準化データ）	単位：1,000人		割合（%）	
	2013年	2014年	2013年	2014年
労働移民	..	..	..	..
家族移民（帯同家族含む）	..	..	..	..
人道移民	..	..	..	..
自由移動	..	..	..	..
その他	..	..	..	..
合計	..	..	..	..

一時的移民	2005年	2013年	2014年	平均
				2009-13年
単位：1,000人				
留学生	2.1	..	..	..
研修生	..	..	..	..
ワーキングホリデー利用者	..	..	..	..
季節労働者	..	..	..	..
企業内転勤	..	..	..	..
その他の一時的労働者	0.6	..	..	0.5

庇護希望者の流入	2005年	2010年	2013年	2014年	平均		人数
					2004-08年	2009-13年	2014年
住民1,000人当たり	0.1	0.1	0.9	..	0.1	0.3	

人口増加の内訳	2005年	2010年	2013年	2014年	平均		人数（単位： 1,000人）
					2004-08年	2009-13年	2014年
住民1,000人当たり							
合計	-7.7	-7.1	-5.4	-6.0	-7.3	-6.0	-43.5
自然増加	-5.5	-4.7	-5.2	-5.7	-5.1	-4.8	-41.4
純移動及び統計上の調整	-2.2	-2.4	-0.2	-0.3	-2.3	-1.2	-2.1

移民のストック	2005年	2010年	2013年	2014年	平均		人数（単位： 1,000人）
					2004-08年	2009-13年	2014年
総人口に占める割合（%）							
外国出身人口	..	1.0	1.5	..	..	..	..
外国人人口	..	0.3	0.8	..	..	0.5	..

帰化	2005年	2010年	2013年	2014年	平均		人数
					2004-08年	2009-13年	2014年
外国人人口に占める割合（%）	..	..	..	..			

就業状況	2005年	2010年	2013年	2014年	平均	
					2004-08年	2009-13年
就業率（人口全体に占める割合）（%）						
自国出身の男性	..	63.4	62.1	63.8	65.8	63.0
外国出身の男性	..	49.7	64.6	68.8	62.2	58.1
自国出身の女性	..	56.3	56.8	58.2	57.2	56.7
外国出身の女性	..	45.1	51.6	50.1	57.4	49.3
失業率（労働力人口に占める割合）（%）						
自国出身の男性	..	11.0	14.1	12.5	7.0	11.6
外国出身の男性	..	3.7	8.0	4.0	7.4	7.4
自国出身の女性	..	9.6	11.9	10.5	7.5	9.8
外国出身の女性	..	17.6	17.5	6.5	6.2	14.3

注と資料は本章末尾に記載。

StatLink：http://dx.doi.org/10.1787/888933395865

カナダ

カナダでは、2014年に26万400人の外国人に対し永住許可が付与された。これは2013年の水準と比較して0.5%の増加であり、受け入れ予定人数の24万〜26万5,000人の範囲内である。2014年のファミリークラス（家族移民）での流入数は18%減少して6万6,660人、難民も2%減少して2万3,290人であった。対照的に経済移民としての入国者数は11%増の16万5,090人で、そのうち8万6,950人が配偶者及び扶養家族である。ファミリークラスのうち、4万8,510人が配偶者やパートナー、子どもであり、1万8,150人（2013年から78%減）が両親または祖父母であった。

2014年の永住移民送出国の上位3か国は、フィリピン（4万35人）、インド（3万8,341人）、中国（2万4,640人）であった。このうちフィリピンとインドからの移民は急増しているが（それぞれ35%と16%の増加）、これは主に経済移民の増加によるものである。一方、中国からの永住移民が減少しているのは、ファミリークラスの移民フローに原因がある。

高学歴の移民の割合は2014年も引き続き増加しており、25〜64歳の永住者の半数以上（52%）が中等後教育を修了して、学士、修士あるいは博士の学位を取得している。

また同年、一時在留許可の取得者で、カナダに3〜5年継続的に居住した後に永住権が認められた人は約1万人であった。カナダは、永住移民の他に55万6,550人の一時的移民も受け入れており、この数字は2013年（56万7,190人）に比べて1.9%の減少である。一時的移民の大多数は労働許可の取得者であり、その数は2013年の40万1,580人から減少して2014年は36万5,750人であった。さらに、就学許可の取得者は21万1,980人で、前年の19万4,050人から増加している。労働許可の取得者のうち、9万5,090人が労働市場評価（Labour Market Opinion）での合格を条件として入国し（TFWP（外国人一時就労プログラム））、また、19万7,920人が労働市場評価を免除されて入国している（IMP（国際移動プログラム））。9万5,090人の内訳は、住み込みの介護者1万1,960人、農業従事者3万9,550人、高技能労働者2万6,650人、低技能労働者1万6,880人であった。

2014年、カナダの移民プログラムには数多くの変更が加えられた。住み込み介護者プログラム（Live-in Caregiver Program）に関する11月の改正では、「介護者は被介護者と同居する」という要件が撤廃された。有資格の介護者にはその際、永住権取得への新たなルートが2つ設けられた。1つは、個人宅で子どもの保育に当たる人向けのものであり、もう1つは、高度な医療的処置を必要とする人の介護者向けのルートである。

また6月には、TFWP（外国人一時就労プログラム）を2つの別個のプログラムに再編する、すなわち、既存のTFWPを整理するとともに、IMP（国際移動プログラム）を新設するという改革が実施された。IMPは、労働市場影響調査（Labour Market Impact Assessment, LMIA）——労働市場評価の後継——を免除される移民カテゴリーを含んでおり、その主たる目的は、特定分野の人材不足を解消することよりも、広い意味での経済的及び文化的なカナダの国益を高めることにある。さらに政府は、企業が雇用できる低賃金の一時就労外国人の割合に上限を設けるという措置も講じた。この上限設定により、TFWPの利用がかなり減少する可能性はあるものの、求人がある場合には必ず、カナダ国民及び永住者がまず考慮されるようになるため、雇用主のTFWPへの依存度の低下や、カナダ人に対して支払われる賃金の上昇をもたらす。

改定が行われた2つ目のプログラムは、留学生プログラム（International Student Program）であり、これはカナダの中等後教育機関への外国人の入学を促進するためのものである。このプログラムも2014年に修正が施され、学生ビザの発給は州または準州政府の教育当局が、調査確認のうえ指定した教育機関に入学予定の外国人のみに限定することとした。入学に関すること以外では、規制関連の改革によって、学生ビザでカナダ国内に滞在している間、学生は積極的に勉学に取り組むことが義務づけられた。また、留学生が就労する際には別途労働許可を取得するという要件が撤廃されたため、留学生の学外での就労が容易になった。

2015年の永住者受け入れ数は、全体で26万〜28万5,000人が計画されている（2015年の最終的なデータはまだ出ていない）。政府は2015年、経済移民向けの申請管理システム、「エクスプレスエントリー（Express Entry）」を新設し、それを通して、3万1,000通を超える永住権申請への招待状がさまざまな分野の高技能労働移民に送られた。結果として、3万7,424件（主たる申請者及びその家族）の申請が受理され、ほぼ1万人が永住者としてカナダに入国している。

2015年10月、カナダでは、経済の発展と中産階級の強化を重視する新政権が誕生し、その結果、現在、移民全般、中でも家族再統合による移民の拡大に重点が置かれている。シリア危機に対しては、新政権は2015年11月、2016年2月までに2万5,000人のシリア難民の再定住を受け入れると表明したが、この一大事業は滞りなく達成されている。

詳細については下記を参照
www.cic.gc.ca

国別の情報——最近の移民動向と移民政策の変化　第5章

移民のフローとストックの最近の傾向
カナダ

移民フロー（外国人） ——当該国の定義に基づく	2005年	2010年	2013年	2014年	平均		人数（単位：1,000人）
					2004-08年	2009-13年	2014年
住民1,000人当たり							
流入者数	8.1	8.2	7.3	7.3	7.6	7.5	260.4
流出者数	..	..	..	..	..	..	..

移民流入数（外国人） ——在留許可の種類別（標準化データ）	単位：1,000人		割合（%）	
	2013年	2014年	2013年	2014年
労働移民	64.7	78.0	25.0	30.1
家族移民（帯同家族含む）	162.9	153.6	63.0	59.2
人道移民	31.0	27.6	12.0	10.7
自由移動	..	..	..	..
その他	0.0	0.0	0.0	0.0
合計	258.6	259.3	100.0	100.0

移民送出国上位10か国（外国人流入者総数に占める割合）(%)

一時的移民	2005年	2013年	2014年	平均
				2009-13年
単位：1,000人				
留学生	56.7	..	..	60.3
研修生	..	..	..	..
ワーキングホリデー利用者	28.0	..	..	41.9
季節労働者	20.3	..	..	25.0
企業内転勤	6.8	..	..	10.1
その他の一時的労働者	62.4	..	..	108.9

庇護希望者の流入	2005年	2010年	2013年	2014年	平均		人数
					2004-08年	2009-13年	2014年
住民1,000人当たり	0.6	0.7	0.3	0.4	0.8	0.7	13 450

人口増加の内訳	2005年	2010年	2013年	2014年	平均		人数（単位：1,000人）
					2004-08年	2009-13年	2014年
住民1,000人当たり							
合計	10.5	11.2	..	..	11.0	..	..
自然増加	3.5	3.9	..	..	3.8	..	..
純移動及び統計上の調整	7.0	7.3	..	..	7.1	..	..

移民のストック	2005年	2010年	2013年	2014年	平均		人数（単位：1,000人）
					2004-08年	2009-13年	2014年
総人口に占める割合（%）							
外国出身人口	18.7	19.9	19.9	..	18.9	19.8	..
外国人人口	..	..	..	..			

帰化	2005年	2010年	2013年	2014年	平均		人数
					2004-08年	2009-13年	2014年
外国人人口に占める割合（%）	..	..	..	..	11.5	5.9	268 359

就業状況	2005年	2010年	2013年	2014年	平均	
					2004-08年	2009-13年
就業率（人口全体に占める割合）(%)						
自国出身の男性	..	74.0	74.9	74.9	76.9	74.4
外国出身の男性	..	74.5	76.6	76.5	77.9	75.3
自国出身の女性	..	70.4	71.0	70.9	71.6	70.6
外国出身の女性	..	63.4	65.2	64.5	64.1	64.0
失業率（労働力人口に占める割合）(%)						
自国出身の男性	..	8.6	7.5	7.5	6.6	8.3
外国出身の男性	..	9.9	7.9	7.4	6.8	9.0
自国出身の女性	..	6.6	6.2	5.9	5.2	6.4
外国出身の女性	..	9.7	8.3	8.3	7.3	9.1

注と資料は本章末尾に記載。

StatLink : http://dx.doi.org/10.1787/888933395876

チ リ

チリの内務公安省（Ministry of the Interior and Public Security）によれば、2014年にチリ国内に居住していた外国人はほぼ41万1,000人で、これは人口全体の2.3％に当たる。そのうちの4分の3が他の南アメリカ諸国の出身者であり、ヨーロッパ及び北アメリカ出身者は、2014年には合わせて17％と、2005年の24％に比べて割合が縮小している。

外国人居住者を特に多く送り出している国は、ペルー（2014年は32％）、アルゼンチン（16％）、ボリビア（9％）、コロンビア（6％）、エクアドル（5％）である。南アメリカ以外ではスペイン（4％）、アメリカ合衆国（3％）、中国（2％）が主たる送出国である。外国人人口は、首都サンティアゴやアリカなどの都市部に集中しており、また、タラパカ、アントファガスタ、アタカマといった鉱業地域にも多く、そうした鉱業地域では、外国人人口が2000年代半ばと比べてほぼ倍増している。

永住許可発給数は、2013年には5％減少したものの、2014年には39％増加して3万9,000件となった。永住許可取得者で最も多いのはペルー人（全体の28％）、次いでボリビア人（21％）、コロンビア人（16％）、アルゼンチン人及びスペイン人（それぞれ5％）である。2005年と比較すると、ペルー人とアルゼンチン人への永住許可発給数は減少したが、ボリビア人、コロンビア人、スペイン人については増加している。2005年には、ドミニカ人とハイチ人への永住許可はごく少数であったが、2014年には、それぞれ永住許可発給数全体の3％と2％を占めた。

ビザの新規発給件数は、2005年から2014年の間に、4万1,400件から13万7,400件へと3倍に増加している。移民は、ビザ制度の下で1〜2年在留（もしくは学業を修了）すれば、永住権を申請できる。2014年に発給されたビザのうち約半数（6万6,600件）が、雇用契約に基づいて発給されたものであり、その受給者数で最も多いのは依然としてペルー人であった（44％）。とはいえ、2位のコロンビア人（32％）、3位のハイチ人（4％）への発給数も前年より増加した。

残る半数の新規発給ビザは、主として一時的滞在ビザである（6万8,500件）。発給数が伸びているこのカテゴリーには、以下のような何種類かのビザがある。すなわち、専門職及び技術職向けのビザ、チリ人もしくは永住者の親族向けのビザ、また、「メルコスール（南米南部共同市場）居住協定（MERCOSUR Residence Agreement）」の加盟国の国民に対するビザなどである。メルコスール加盟国の国民向けのビザを付与された移民は、2012年には年間総流入者数の16％であった。この割合は拡大傾向にあると思われるが、受給者に労働者、学生、家族移民が含まれるため、他のカテゴリーとの関連がわかりにくくなっている。この種の移民は、過去10年間に比べて北部地域、特にアントファガスタを目指すケースが多い一方で、首都や南部地域への流入数は減少傾向にある。2014年に、この制度の下で在留していた移民の主たる送出国はボリビアであり、ボリビアは2010年からメルコスール居住協定の恩恵を受けている（2005年の4％に対して2014年は40％）。ペルー（15％）、コロンビア（10％）、アルゼンチン（9％）がそれに続く。

学生ビザは新規に発行されたビザのうちわずか2％にすぎない（2,300件）。学生の主な送出国はコロンビア、ペルー、エクアドル、アメリカ合衆国である。

2014年にチリが受理した庇護申請は280件であり、申請の大半はコロンビア人からのものであった。

2015年には、チリの移民制度に大きな変更があった。まず第一に、同年1月、アントファガスタ地域での居住を求める申請手続（主にボリビア出身の一時移民の希望者が増加している）が簡略化された。第二に、新たなビザカテゴリーが設けられて、国外でチリ人と結婚した外国人及び国内外を問わずシビルユニオン（法律婚と同様の法的権利を認められたカップル）契約を交わした外国人が、チリ国内で在留・就労することが認められるようになった。また、新たな労働関係のビザ（一時的労働ビザ（visa por motivos laborales））も導入された。第三に、弱い立場にある移民が、公共医療サービスを利用しやすくするための制度的変更が合意され、第四に、国際法のいっそうの遵守を目指して、14歳未満の子どもには移民に関する罰則が免除されるようになった。

2016年4月、チリとハンガリーの間で、ワーキングホリデー利用者の交換に関する新たな協定が結ばれた。これは、2001年という早期に締結されたニュージーランドとの協定に続くものである。

詳細については下記を参照
www.extranjeria.gov.cl
www.interior.gov.cl
www.minrel.gov.cl

国別の情報——最近の移民動向と移民政策の変化　第5章

移民のフローとストックの最近の傾向
チリ

移民フロー（外国人） ——当該国の定義に基づく	2005年	2010年	2013年	2014年	平均		人数（単位：1,000人）
					2004-08年	2009-13年	2014年
住民1,000人当たり							
流入者数	2.3	3.7	7.5	7.8	3.2	5.0	138.0
流出者数	..	..	..	..	..	..	..

移民流入数（外国人） ——在留許可の種類別（標準化データ）	単位：1,000人		割合（%）	
	2013年	2014年	2013年	2014年
労働移民	..	..	..	..
家族移民（帯同家族含む）	..	..	..	..
人道移民	..	..	..	..
自由移動	..	..	..	..
その他	..	..	..	..
合計	..	..	..	..

移民送出国上位10か国（外国人流入者
総数に占める割合）(%)

凡例：2004～2013年の年平均　／　2014年

ペルー
コロンビア
ボリビア
アルゼンチン
スペイン
エクアドル
ハイチ
アメリカ合衆国
ベネズエラ
ドミニカ共和国

0　10　20　30　40　50

一時的移民	2005年	2013年	2014年	平均
				2009-13年
単位：1,000人				
留学生	..	..	..	
研修生	..	..	..	
ワーキングホリデー利用者	..	..	..	
季節労働者	..	..	..	
企業内転勤	..	..	..	
その他の一時的労働者	..	..	..	

庇護希望者の流入	2005年	2010年	2013年	2014年	平均		人数
					2004-08年	2009-13年	2014年
住民1,000人当たり	0.0	0.0	0.0	0.0	0.0	0.0	280

人口増加の内訳	2005年	2010年	2013年	2014年	平均		人数（単位：1,000人）
					2004-08年	2009-13年	2014年
住民1,000人当たり							
合計	10.2	10.9	10.6	10.5	10.5	11.0	187.6
自然増加	9.0	9.0	8.3	8.2	9.1	8.8	146.5
純移動及び統計上の調整	1.2	1.9	2.3	2.3	1.4	2.2	41.0

移民のストック	2005年	2010年	2013年	2014年	平均		人数（単位：1,000人）
					2004-08年	2009-13年	2014年
総人口に占める割合（%）							
外国出身人口	1.5	2.2	2.5	..	1.6	2.3	..
外国人人口	..	..	..	..	..	..	..

帰化	2005年	2010年	2013年	2014年	平均		人数
					2004-08年	2009-13年	2014年
外国人人口に占める割合（%）	..	..	..	..	..	..	980

就業状況	2005年	2010年	2013年	2014年	平均	
					2004-08年	2009-13年
就業率（人口全体に占める割合）（%）						
自国出身の男性	..	..	71.0	..	72.2	70.2
外国出身の男性	..	..	83.3	..	78.9	78.7
自国出身の女性	..	..	46.6	..	42.2	43.8
外国出身の女性	..	..	66.7	..	54.4	61.2
失業率（労働力人口に占める割合）（%）						
自国出身の男性	..	..	6.6	..	6.2	7.5
外国出身の男性	..	..	4.1	..	2.5	5.1
自国出身の女性	..	..	8.7	..	9.9	10.5
外国出身の女性	..	..	3.7	..	8.4	6.8

注と資料は本章末尾に記載。

StatLink：http://dx.doi.org/10.1787/888933395884

チェコ共和国

2013年には、多くの外国人の出国により、かつてない規模の流出超過を記録したチェコ共和国だが、2014年と2015年には流入超過に転じた（チェコ国民及び外国人合わせて、2014年は＋2万1,000人、2015年は＋1万6,000人）。2014年の流入数は2008年以降最多の4万1,600人に増加し、2015年にはわずかに減少して3万4,900人であった。2014年と2015年の流出数はそれぞれ2万人で、2013年よりも1万900人減少している。流入・流出ともに最も多くを占めるのは引き続きウクライナ人であり、次の多いのが、流入数ではスロバキア人とロシア人、流出数ではチェコ人とベトナム人となっている。チェコ国民に限れば、わずかながら流出超過を示す。

2014年末時点で、44万9,370人の外国人が合法的にチェコ共和国内に居住していた（総人口の4.3%）。90日超もしくは長期の在留ビザ、つまり一時在留許可を取得していた人は19万9,500人、永住許可を取得していたのはEU市民を含めて25万人であった。両者の合計は前年より1万人増加しており、2008年の経済危機以前の水準を超えた。EU加盟28か国の市民は全外国人居住者の41%を占め、2010年の32%から毎年増加している。送出国別にみると、従来と同様にウクライナ、スロバキア共和国、ベトナムからの移民が多く、この3か国で2014年の登録外国人の57%を占める。

チェコ共和国に　時的に在留する外国人19万9,500人の滞在目的は、最も多いのが就業または事業活動で全体の48.4%、次いで家族関連が27.1%である。

2014年12月にチェコ共和国内で雇用されていた外国人は、推定で26万1,000人であった。EU加盟国ではスロバキア共和国（12万9,220人）、ポーランド（1万9,600人）、ルーマニア（1万3,750人）、ブルガリア（1万3,680人）出身者が多く、EU域外では、ウクライナ（3万5,320人）、ロシア（4,720人）、ベトナム（3,980人）、モルドバ（2,110人）からの移民が多い。

2014～15学年度も、留学生数は引き続き増加して4万1,180人に達した。これは、チェコ国内の全大学生数の11.9%に当たる。過半数（全体の63.6%）がEU加盟28か国の出身者だが、その割合は減少傾向にある。EU加盟国で特に多いのは、スロバキア共和国からの学生（2万2,680人）である。EU域外では、旧ソビエト連邦の各共和国出身者が多数を占め、中でもロシア出身者の増加率が特に高い。留学生が在学する教育段階は、半数が学士課程、3分の1が修士課程、5%が博士課程である。

2015年の庇護申請者数は1,240人（扶養家族を含む）と、EU加盟28か国で受理された申請数の1%に満たないが、2014年と比較すると約33%の増加である。上位3か国（ウクライナ、シリア、キューバ）からの庇護申請が、全体の3分の2を占める。一次審査の結果、約34%が認定を受けた（EU加盟28か国全体では51%）。ただしこの数字には、申請プロセスの完了を待たずに出国した申請者は算入されていない。

ヨーロッパの難民危機への対応策として、チェコ共和国政府は、2017年までに3,000人の難民の再定住を受け入れることに合意した。2015年10月、第一陣としてシリア難民の家族がヨルダンから到着した。特別な医療的ニーズを持つ子どものいる家族が、優先されたのである。

2014年半ば、「EU域外国民の就労・滞在のための申請一元化に関するEU指令（Single Permit Directive）」（2011/98/EU）の国内法への導入を受けて、従来からある就労ビザ（3か月を超える在留のため）と就業在留許可証を一本化した書類「就業カード（employee card）」が導入された。就業カードには、家族給付や社会保険料などに関する規定も記載されている。

庇護に関するEU指令が国内法に導入されたことで、庇護希望者の就労が認められない期間が12か月から6か月に短縮された。

2015年11月、政府は国際的保護の受益者を対象とする、主に住居、教育、言語習得、雇用に重点を置いた新たな統合プログラム（Integration Programme）の設置を決めた。

2014年1月、チェコ共和国の国籍取得に関する新法が発効し、今までよりも広範に、二重（または複数）国籍の取得が認められることとなった。また無国籍者や、かつてチェコ共和国及びチェコスロバキアの国民であった人とその子孫について、国籍取得が容易になった。この法律が導入された結果、2014年の国籍取得申請は増加している。

詳細については下記を参照

www.mvcr.cz
www.czso.cz
www.imigracniportal.cz
http://portal.mpsv.cz/sz/zahr_zam

国別の情報──最近の移民動向と移民政策の変化　第5章

移民のフローとストックの最近の傾向
チェコ共和国

移民フロー（外国人） ──当該国の定義に基づく	2005年	2010年	2013年	2014年	平均		人数（単位：1,000人）
					2004-08年	2009-13年	2014年
住民1,000人当たり							
流入者数	5.7	2.7	2.6	3.6	6.9	2.7	38.5
流出者数	2.1	1.2	2.6	1.5	2.1	1.3	16.1

移民流入数（外国人） ──在留許可の種類別（標準化データ）	単位：1,000人		割合（%）	
	2013年	2014年	2013年	2014年
労働移民	..	..	..	..
家族移民（帯同家族含む）	..	..	..	..
人道移民	..	..	..	..
自由移動	..	..	..	..
その他	..	..	..	..
合計	27.8	38.5	..	..

移民送出国上位10か国（外国人流入者総数に占める割合）(%)

□ 2004～2013年の年平均　■ 2014年

ウクライナ
スロバキア共和国
ロシア
ベトナム
ドイツ
ルーマニア
ブルガリア
カザフスタン
アメリカ合衆国
ハンガリー

0　10　20　30　40

一時的移民	2005年	2013年	2014年	平均
				2009-13年
単位：1,000人				
留学生	4.4	..	..	
研修生	..	..	..	
ワーキングホリデー利用者	..	..	..	
季節労働者	..	..	..	
企業内転勤	..	..	..	
その他の一時的労働者	..	..	..	

庇護希望者の流入	2005年	2010年	2013年	2014年	平均		人数
					2004-08年	2009-13年	2014年
住民1,000人当たり	0.4	0.1	0.0	0.1	0.3	0.1	920

人口増加の内訳	2005年	2010年	2013年	2014年	平均		人数（単位：1,000人）
					2004-08年	2009-13年	2014年
住民1,000人当たり							
合計	3.0	2.5	-0.4	2.5	5.1	1.7	25.9
自然増加	-0.6	1.0	-0.2	0.4	0.3	0.4	4.2
純移動及び統計上の調整	3.5	1.5	-0.1	2.1	4.8	1.3	21.7

移民のストック	2005年	2010年	2013年	2014年	平均		人数（単位：1,000人）
					2004-08年	2009-13年	2014年
総人口に占める割合（%）							
外国出身人口	5.1	6.3	7.0	..	5.6	6.8	..
外国人人口	2.7	4.0	4.1	4.2	3.3	4.1	449

帰化	2005年	2010年	2013年	2014年	平均		人数
					2004-08年	2009-13年	2014年
外国人人口に占める割合（%）	1.0	0.3	0.6	1.2	1.0	0.4	5 114

就業状況	2005年	2010年	2013年	2014年	平均	
					2004-08年	2009-13年
就業率（人口全体に占める割合）(%)						
自国出身の男性	73.3	73.4	75.9	76.8	73.9	74.4
外国出身の男性	71.0	79.1	82.8	84.1	72.0	79.2
自国出身の女性	56.4	56.3	59.7	60.7	56.9	57.7
外国出身の女性	51.3	56.2	60.3	59.5	53.0	56.8
失業率（労働力人口に占める割合）(%)						
自国出身の男性	6.4	6.5	6.0	5.2	5.4	6.0
外国出身の男性	9.6	5.6	6.4	5.7	8.5	7.0
自国出身の女性	9.7	8.5	8.3	7.4	8.1	8.2
外国出身の女性	15.8	9.5	9.6	8.8	13.1	9.8

注と資料は本章末尾に記載。

StatLink：http://dx.doi.org/10.1787/888933395895

第5章　国別の情報——最近の移民動向と移民政策の変化

デンマーク

デンマーク統計局によると、デンマークへの流入人口は2009年以降継続して増加しており、2015年には9万7,900人（2014年比13％増）に達した。流入人口のうちデンマーク人は2万2,000人程度で、これはおおむね変化がない。2015年に流入した外国人のうち、最も多かったのはシリア人（2014年比109％増の1万1,300人）、次いでルーマニア人（同1％減の5,100人）、ポーランド人（同3％減の4,800人）の順で多かった。流出数（4万9,000人）は横ばいで推移しており、そのうち2万500人がデンマーク人である。結果的に純移動は流入超過であり、その増加幅は2013年以降、毎年25％を超えるが、これは主に外国人の流入数が増加していることによる。

2016年1月時点で、デンマーク国内に居住している移民（両親がともに外国人、もしくはともに外国出身者である人と定義される）は54万人である。これは、前年よりも8％多い。移民の送出国で最も多かったのはポーランド（2014年と比較して7％増）であり、以下、トルコ（0.4％増）、ドイツ（1.4％増）、シリア（108％増）、ルーマニア（17％増）と続く。デンマークの総人口に占める移民の割合は、2015年1月の8.9％から2016年1月には9.5％に増加した。

2015年に発行された在留許可総数は8万4,700件と、2014年（7万2,300件）からの増加幅は17％を超え、ここ数年は、EU/EEA域内出身者に対する許可がほぼ半数を占める。その他の新規許可（EU域外出身者に発行されたもの）は、4つの移民カテゴリー（家族、労働、人道、学生）の間で比較的均等に発給されている。家族移民への在留許可発給数は2015年は1万1,600件と倍増し、人道移民への在留許可は80％の増加である。労働移民に対する在留許可は、EEA域外からの外国人に対して1万2,000件が発給されており、対象となったのは主にインド、中国、イランからの入国者である。

欧州連合統計局（Eurostat）のデータによると、デンマークにおける2015年の庇護申請数は2万900件（扶養家族を含む）であった。これは、2014年と比較して43％超の増加である。送出国の上位3か国はシリア、イラン、アフガニスタンであり、この3か国で申請受理総数の3分の2を占める。一次審査の結果、81％が認定されている（EU加盟28か国の平均は51％）。

2015年2月、外国人法に修正が加えられて、一時的な補完的被保護資格が新たに導入された。これは、母国の全般的状況を理由に庇護認定を受けた人を対象とするものである。

2015年1月から実施の外国人雇用に関する制度改革で

は、高技能労働者を求める企業のニーズに応える目的で、グリーンカード制度もその対象となった。すなわち、学歴レベルがさらに重視されるようになり、ポイント制度もデンマークの労働市場の需要に合うように変更されたのである。同時に、研究者のための条件も改善されて、デンマーク国内での居住に関して融通性が増し、現在では、デンマークでの在留許可及び就労許可を喪失することなく、6か月を超えた国外滞在が可能になっている。

新たに移民・統合・住宅省（Ministry of Immigration, Integration and Housing）が設置されて、移民及び統合に関する政策全般に責任を負うこととなった。さらに新政権は、2015年7月、統合のための給付金——新来の難民や移民にとって、就労及びデンマーク社会への統合に向けた大きな誘因になることを目指すもの——を削減するという法案を提出した。適用対象には、新来の難民や移民のみでなく、過去8年間に7年以上デンマークに居住していなかったデンマーク国民も含まれる。給付金に関するこの法的措置は、言語能力に対する特別手当も含め、2015年9月に施行された。

新政権による制度改正案には他にも、家族再統合に関する柔軟なルールの新設、そして、永住権やデンマーク国籍の取得を希望する外国人に対する要件の厳格化があった。また、政府提案の一連の施策には、デンマークを庇護申請者にとってあまり魅力のない国にしようとする意図があると思われる。例えば、クオータ制による難民受け入れの際のデンマーク社会への適応可能性審査の再導入や、庇護申請者の身元調査の強化などの施策である。加えて、デンマーク語が話せない難民や、デンマークで雇用されていない難民の永住権取得の可能性を排除する立法措置も講じられている。デンマーク政府はその後、移民に関連する年間の支出総額を10億デンマーククローネ削減し、また、難民の出身地域への支援を強化するとの目標を発表した。

2016年1月、デンマーク議会は、庇護申請の処理や定住対策のコストに充てるため、庇護申請者の所持する一定以上の貴重品を没収するという法案を採択した。

詳細については下記を参照

www.ast.dk
www.sm.dk
www.justitsministeriet.dk
www.newtodenmark.dk
www.workindenmark.dk

移民のフローとストックの最近の傾向
デンマーク

移民フロー（外国人）——当該国の定義に基づく	2005年	2010年	2013年	2014年	平均		人数（単位：1,000人）
					2004-08年	2009-13年	2014年
住民1,000人当たり							
流入者数	3.7	6.0	7.5	8.9	4.8	6.4	49.0
流出者数	3.0	4.9	5.4	..	3.4	5.0	..

移民流入数（外国人）——在留許可の種類別（標準化データ）	単位：1,000人		割合（%）	
	2013年	2014年	2013年	2014年
労働移民	7.9	7.9	15.1	14.3
家族移民（帯同家族含む）	8.7	10.0	16.6	18.0
人道移民	3.9	6.1	7.4	11.0
自由移動	27.7	26.7	52.8	48.1
その他	4.2	4.8	8.1	8.7
合計	52.4	55.5	100.0	100.0

一時的移民	2005年	2013年	2014年	平均
				2009-13年
単位：1,000人				
留学生	6.9	7.0	7.4	6.2
研修生	1.9	1.4	1.5	1.6
ワーキングホリデー利用者	..	..	..	..
季節労働者				
企業内転勤	..	..	..	..
その他の一時的労働者	2.6	3.9	4.4	3.6

移民送出国上位10か国（外国人流入者総数に占める割合）(%)

凡例：2004～2013年の年平均　／　2014年

シリア、ルーマニア、ポーランド、ドイツ、ノルウェー、ウクライナ、リトアニア、フィリピン、ブルガリア、イタリア（横軸：0 2 4 6 8 10 12）

庇護希望者の流入	2005年	2010年	2013年	2014年	平均		人数
					2004-08年	2009-13年	2014年
住民1,000人当たり	0.4	0.9	1.4	2.7	0.4	0.9	14 820

人口増加の内訳	2005年	2010年	2013年	2014年	平均		人数（単位：1,000人）
					2004-08年	2009-13年	2014年
住民1,000人当たり							
合計	2.9	5.7	4.4	5.8	4.4	5.0	32.5
自然増加	1.7	1.6	0.6	1.0	1.7	1.2	5.5
純移動及び統計上の調整	1.2	4.0	3.8	4.8	2.7	3.8	27.0

移民のストック	2005年	2010年	2013年	2014年	平均		人数（単位：1,000人）
					2004-08年	2009-13年	2014年
総人口に占める割合（%）							
外国出身人口	6.5	7.7	8.6	9.1	6.7	8.0	501
外国人人口	5.0	6.2	7.2	7.6	5.3	6.5	423

帰化	2005年	2010年	2013年	2014年	平均		人数
					2004-08年	2009-13年	2014年
外国人人口に占める割合（%）	3.8	0.9	0.5	1.2	3.1	1.1	4 747

就業状況	2005年	2010年	2013年	2014年	平均	
					2004-08年	2009-13年
就業率（人口全体に占める割合）（%）						
自国出身の男性	80.4	76.5	76.0	76.5	81.7	76.9
外国出身の男性	71.7	67.2	67.3	70.9	69.9	68.0
自国出身の女性	73.2	72.6	71.7	71.8	74.4	72.5
外国出身の女性	56.1	60.5	59.1	57.4	57.1	59.6
失業率（労働力人口に占める割合）（%）						
自国出身の男性	4.2	7.8	6.4	6.0	3.5	7.0
外国出身の男性	8.7	15.5	11.4	10.8	9.1	12.9
自国出身の女性	4.9	5.8	6.5	6.0	4.3	6.1
外国出身の女性	10.7	12.2	13.4	13.9	8.8	13.2

注と資料は本章末尾に記載。

StatLink：http://dx.doi.org/10.1787/888933395905

エストニア

2014年のエストニアからの人口流出は4,600人と、2013年から30%超減少した。だが流出数が流入数（3,900人）を上回る状態には変わりなく、その結果純移動は−700人となり、前年の−2,600人からは縮小している。流出人口の大部分（93%）はエストニア人であり、主たる受入国はフィンランド（66%）、次いでイギリス（8%）であった。また、流入人口でも、全体の65%をフィンランドから帰国したエストニア人が占める。流入人口の3分の1はフィンランドからの移民で、対フィンランドの純移動をみると、なお流出超過（−1,800人）ではあるものの、2013年（−4,000人）よりは縮小している。

2015年1月時点でエストニアの総人口は131万人（前年比0.2%減）で、その16%が外国人である。外国人のうち9万4,200人がロシア人であるが、それに加えて、国籍不明者8万8,100人の多くが、1991年以前に旧ソビエト連邦の各地から移り住んだ長期在留移民とその子孫である。

2014年にEU/EFTA域外の国民に対して発行された一時在留許可（在留資格の変更も含む）は4,100件と、前年比16%の増加であった。他に、4,800件の在留資格の延長（11%増）も認められている。最も件数の多い移民カテゴリーは家族移民であり、2014年に発給された一時在留許可の34%（1,400件）、在留資格延長の44%（2,100件）を占める。労働移民は在留許可では30%（1,000件）を占めるが、資格延長については8%（400件）にとどまる。2014年は、留学のための一時在留許可（32%増加して900件）や在留資格延長（45%増）も増加幅が大きい。一時在留許可発給数に占めるロシア人及び国籍不明者の割合は縮小したのに対し、ウクライナ人、ジョージア人、インド人、ナイジェリア人への発給数の割合はかなり拡大した。

EU/EFTA市民には在留許可は不要であり、住所登録のみで一時的な居住の権利が与えられて、5年後の更新も可能である。2015年1月1日時点でエストニアに居住しているEU/EFTA市民は2万3,000人、そのうち2014年の登録者は3,000人であった。

欧州連合統計局（Eurostat）のデータによると、2015年の庇護申請者数（被扶養者を含む）は、2014年の147人に対して228人であった。送出国の上位3か国（ウクライナ、シリア、イラク）の申請者が全体の半数を占める。2015年に行われた一次審査80件のうち、44%が認定されている（EU28か国の平均は51%）。

エストニアは2015年、EUの再定住計画の下で国際的保護を必要とする約550人を2年以内に再定住させることに、初めて合意した。再配置システム（追加的な収容センターの設置を含む）が設けられ、2016年3月末には最初の難民家族団が到着した。また2015年末、エストニアはイタリアとの間で、国際的保護を必要とする難民の再配置に関する協定を締結した。

2015年1〜8月に確認された非正規移民は620人で、そのうち190人がロシア人、200人が国籍不明者であった。一方、2014年の非正規移民は800人、2013年は1,000人であった。

2015年4月、高技能移民の誘致と定住を目的とする、2015〜2016年に向けた国としての初の行動計画が承認された。新設されたポータルサイト、「エストニアで働く（Work in Estonia）」には、外国人対象の人材募集やエストニアでの仕事及び生活に関する情報などが掲載されている。

2015年8月以降、エストニアでの正規の在留期間が5年未満の新来移民（EU市民を含む）は、統合教育のための一日教室、及び約80時間のエストニア語の基礎講座（レベルA1）が受講できるようになった。統合教育の一日教室は、個々の移民のニーズに合わせた講習会からなり、また、労働関連の情報や、家族移民、留学生、人道移民向けの多方面にわたる情報の提供も行う。

2016年には、改正「移民法（Aliens Act）」が施行された。これによって、過去5年間のうち3年間エストニアに居住する一時的在留者に、簡略化された手続で長期在留許可を申請する資格が与えられる。また一時的在留者に対し、在留許可の期限が切れた後も、エストニア国内での求職が可能になるよう、追加で90日間（留学生、研究者、教員、講師の場合は183日間）、滞在を延長する機会が認められた。移民の採用方法の簡略化のためにもいくつか変更が加えられたが、特に、移民が同時に複数の雇用主に雇用されることや、人材派遣企業を介して就業することを可能にした点が注目される。これによって雇用主は、有期雇用のために適切な人材を探す上で、柔軟な対応ができることになる。

2016年に施行される「市民権法（Citizenship Act）」の改正によって、エストニア国内で生まれた子どもは両親が国籍不明者であっても、両親のいずれかが5年以上エストニアに居住していれば、出生時に帰化することで自動的にエストニアの市民権を取得できるようになった。

詳細については下記を参照
www.politsei.ee/en/
www.stat.ee/en
www.siseministeerium.ee

国別の情報——最近の移民動向と移民政策の変化　第5章

移民のフローとストックの最近の傾向
エストニア

移民フロー（外国人） ——当該国の定義に基づく	2005年	2010年	2013年	2014年	平均		人数（単位： 1,000人）
					2004-08年	2009-13年	2014年
住民1,000人当たり							
流入者数	0.7	0.9	1.2	1.0	1.1	1.2	*1.3*
流出者数	0.5	0.5	0.2	0.2	0.4	0.4	*0.3*

移民流入数（外国人） ——在留許可の種類別（標準化データ）	単位：1,000人		割合（%）	
	2013年	2014年	2013年	2014年
労働移民	..	..	..	..
家族移民（帯同家族含む）	..	..	..	..
人道移民	..	..	..	..
自由移動	..	..	..	..
その他	..	..	..	..
合計	..	..	..	..

移民送出国上位10か国（外国人流入者総数に占める割合）(%)

一時的移民	2005年	2013年	2014年	平均
				2009-13年
単位：1,000人				
留学生	..	..	..	
研修生	..	..	..	
ワーキングホリデー利用者	..	..	..	
季節労働者	..	..	..	
企業内転勤	..	..	..	
その他の一時的労働者	..	..	..	

庇護希望者の流入	2005年	2010年	2013年	2014年	平均		人数
					2004-08年	2009-13年	2014年
住民1,000人当たり	0.0	0.0	0.1	0.1	0.0	0.0	*150*

人口増加の内訳	2005年	2010年	2013年	2014年	平均		人数（単位： 1,000人）
					2004-08年	2009-13年	2014年
住民1,000人当たり							
合計	-4.5	-1.8	-3.3	-2.0	-3.1	-2.4	*-2.5*
自然増加	-2.2	0.0	-1.3	-1.5	-1.7	-0.6	*-1.9*
純移動及び統計上の調整	-2.3	-1.9	-2.0	-0.5	-1.4	-1.8	*-0.6*

移民のストック	2005年	2010年	2013年	2014年	平均		人数（単位： 1,000人）
					2004-08年	2009-13年	2014年
総人口に占める割合（%）							
外国出身人口	16.9	15.9	9.9	10.0	16.9	13.6	*133*
外国人人口	..	..	15.9	15.9	..	..	*211*

帰化	2005年	2010年	2013年	2014年	平均		人数
					2004-08年	2009-13年	2014年
外国人人口に占める割合（%）	..	..	0.6	0.8	..	0.6	*1 614*

就業状況	2005年	2010年	2013年	2014年	平均	
					2004-08年	2009-13年
就業率（人口全体に占める割合）(%)						
自国出身の男性	65.6	61.4	71.2	72.8	69.1	66.5
外国出身の男性	73.2	60.8	71.9	74.6	74.9	68.4
自国出身の女性	61.2	60.9	65.6	66.8	63.0	63.4
外国出身の女性	65.6	57.8	65.9	62.5	68.3	62.6
失業率（労働力人口に占める割合）(%)						
自国出身の男性	8.9	19.4	9.0	7.9	7.5	13.9
外国出身の男性	9.4	23.6	11.2	8.8	8.7	16.6
自国出身の女性	6.3	13.4	8.1	6.7	5.9	10.5
外国出身の女性	11.4	22.2	10.8	9.7	8.3	15.0

注と資料は本章末尾に記載。

StatLink：http://dx.doi.org/10.1787/888933395911

287

フィンランド

フィンランド統計局（Statistics Finland）によると、2014年の流入超過は2,000人縮小して＋1万6,000人であった。これは、フィンランド人の流出超過が拡大し（−1,600人から−2,200人へ）、合わせて外国人の流入超過が縮小した（＋1万9,600人から＋1万8,200人）ためである。2014年に、フィンランドから流出した1万5,500人の3分の1が外国人であり、その数は、2013年の4,200人から2014年は5,500人へと増加している。新たな外国人流入者の主な出身国は、エストニア（4,700人）、ロシア（2,400人）、インド、イラク、中国（各800人）であった。速報データによれば、純移動の流入超過分では人口の自然減少分を埋め合わせられず、2016年初頭には総人口が減少するとみられている。2015年末時点で、フィンランド国内に居住する外国人総数は23万1,000人（人口の4.1%）であり、2014年比で5%増加している。2014年の場合、特に多かった外国人はエストニア人（8%増の5万5,000人）、ロシア人（0.6%増の3万1,100人）、スウェーデン人（増減なしの8,300人）であった。

EU域外の出身者に対する初回在留許可の発給数は、ここ何年か比較的変化がない（2015年は1万7,800件）。2015年の二大発給理由は、家族再統合（新規発給総数の34%で前年比10%減）と留学（同33%で前年比5%増）ではあったが、就業のための在留許可も30%を超えていた（前年比7%増）。これに加えて、EU市民及びその家族に対する在留登録証の発行が1万1,000件あった。

2015年1月から8月の間に、フィンランド移民局（Finnish Immigration Service）は雇用を理由とした在留許可を4,000件発給した（EU域外出身者に対する初回在留許可）。このうち57%は、労働市場テストが求められる「雇用者向け在留許可」のカテゴリーが占め、それ以外では、高技能専門職が680人、自営業者が50人未満、EUのブルーカード保持者が18人であった。残り900件は、その他の種類の労働者に対する許可であった。

2015年に、国際的保護の観点から在留許可が発給されたのは1,600人（2014年は1,000人）、そのうち難民資格が付与されたのは1,100人であった（2014年は500人）。在留許可のほとんどは、イラク（650人）、ソマリア（490人）、アフガニスタン（120人）の出身者に付与されている。フィンランドはまた、クオータ制による難民もレバノン、エジプト、マラウィ、ザンビア、イランから約1,000人受け入れている。

OECD加盟国の中でも、フィンランドは庇護申請者数の増加率が最も高く、受理件数は2014年の3,500件から2015年は3万2,100件へと激増している。保護者のいない未成年の難民の登録も、3,000人を超えている（前年は200人）。2015年の申請数の3分の2をイラク人が占め、次いでアフガニスタン（5,200人）、ソマリア（2,000人）、シリア（900人）の出身者が多い。2015年に実施された一次審査3,000件のうち、57%が認定を受けている。欧州連合統計局（Eurostat）のデータでは、EU加盟28か国の平均は51%である。

庇護希望者受け入れ施設が国内各地に相当数新設され（2014年の20か所に対し、2015年は年末までに144か所）、登録処理の迅速化のため、トルニオに専用の登録センターが設けられた。2016年には庇護申請数に減少傾向がみられたのを受けて、フィンランド移民局は33か所の受け入れ施設を閉所し、さらに10か所について有期契約を更新しないことを決めている。

「季節労働者及び企業内転勤者に関するEU指令（EU Seasonal Workers and Intra-company Transfers Directive）」が、2016年には国内法に導入されることになっている。

2016〜2019年に実施される統合プログラムの準備が進められている。このプログラムで優先されるテーマは、1）人種差別には厳正に対処しつつ、移民について率直な議論を進める、2）移民の技能を活用して技術革新を進める、3）統合のための施策を拡充する（特に女性や若年者に関連するもの）、4）難民の受け入れと再定住を継続する、の4つである。

2014年には、外国人留学生が、卒業後もフィンランド国内に留まることができる期間が6か月から12か月に延長された。フィンランドで就業する機会を増やすための措置である。EEA域外からの留学生に対して、授業料が導入される予定がある。

2016年4月、政府は、国際的／一時的保護の受益者が家族再統合を希望する場合の基準の厳格化に向けた法案を、議会に提出した。同法案では、主たる申請者は、家族をフィンランドに呼び寄せる前に、家族を十分扶養可能なことを証明する必要があるとされる。難民には、これは適用されないことになっている。

詳細については下記を参照
www.migri.fi
www.intermin.fi
www.stat.fi

国別の情報——最近の移民動向と移民政策の変化　第5章

移民のフローとストックの最近の傾向
フィンランド

移民フロー（外国人） ——当該国の定義に基づく	2005年	2010年	2013年	2014年	平均		人数（単位：1,000人）
					2004-08年	2009-13年	2014年
住民1,000人当たり							
流入者数	2.4	3.4	4.4	4.3	2.9	3.9	23.6
流出者数	0.5	0.6	0.8	1.0	0.7	0.7	5.5

移民流入数（外国人） ——在留許可の種類別（標準化データ）	単位：1,000人		割合（%）	
	2013年	2014年	2013年	2014年
労働移民	1.2	1.3	5.2	5.5
家族移民（帯同家族含む）	8.9	9.6	37.4	40.7
人道移民	3.1	2.9	12.8	12.3
自由移動	10.2	9.5	42.6	40.1
その他	0.5	0.3	2.1	1.4
合計	23.9	23.6	100.0	100.0

移民送出国上位10か国（外国人流入者総数に占める割合）(%)

[□] 2004～2013年の年平均　■ 2014年

エストニア
ロシア
インド
イラク
中国
ソマリア
スウェーデン
シリア
タイ
アフガニスタン

0　5　10　15　20　25

一時的移民	2005年	2013年	2014年	平均
				2009-13年
単位：1,000人				
留学生	..	5.4	5.6	5.0
研修生	..	0.3	..	0.2
ワーキングホリデー利用者	..	..	..	..
季節労働者	12.2	14.0	14.0	12.9
企業内転勤	..	..	..	..
その他の一時的労働者	6.5	2.0	1.0	7.6

庇護希望者の流入	2005年	2010年	2013年	2014年	平均		人数
					2004-08年	2009-13年	2014年
住民1,000人当たり	0.7	0.7	0.6	0.6	0.6	0.7	3 520

人口増加の内訳	2005年	2010年	2013年	2014年	平均		人数（単位：1,000人）
					2004-08年	2009-13年	2014年
住民1,000人当たり							
合計	3.6	4.5	4.4	3.8	4.0	4.6	21.0
自然増加	1.9	1.9	1.1	0.9	2.0	1.6	5.0
純移動及び統計上の調整	1.7	2.6	3.3	2.9	2.0	2.9	16.0

移民のストック	2005年	2010年	2013年	2014年	平均		人数（単位：1,000人）
					2004-08年	2009-13年	2014年
総人口に占める割合（%）							
外国出身人口	3.4	4.6	5.6	5.9	3.6	5.0	322
外国人人口	2.2	3.1	3.8	4.0	2.4	3.4	220

帰化	2005年	2010年	2013年	2014年	平均		人数
					2004-08年	2009-13年	2014年
外国人人口に占める割合（%）	5.2	2.8	4.6	4.0	4.9	3.5	8 260

就業状況	2005年	2010年	2013年	2014年	平均	
					2004-08年	2009-13年
就業率（人口全体に占める割合）(%)						
自国出身の男性	71.2	68.9	69.7	69.7	71.8	69.9
外国出身の男性	61.7	69.0	71.6	66.2	67.3	68.5
自国出身の女性	68.0	67.2	68.3	68.8	68.3	68.0
外国出身の女性	49.7	59.9	60.7	55.1	53.1	59.5
失業率（労働力人口に占める割合）(%)						
自国出身の男性	9.3	8.9	8.8	9.1	8.1	8.6
外国出身の男性	22.4	16.4	13.6	16.5	16.5	15.5
自国出身の女性	9.4	7.6	7.2	7.5	8.3	7.2
外国出身の女性	22.7	10.5	15.0	17.1	20.9	14.1

注と資料は本章末尾に記載。

StatLink：http://dx.doi.org/10.1787/888933395924

289

第5章　国別の情報——最近の移民動向と移民政策の変化

フランス

　フランス国立統計経済研究所（Institut national de la statistique et de études économiques, INSEE）の推計によると、未成年者を含む2013年の流入者総数は33万3,000人であった。このうち3分の1をフランス人の帰国者が占め、4分の1強が、自由移動の権利を行使するその他のEU諸国出身者であった。ここから流出数の28万7,000人を減ずると、2013年のフランスの純移動は4万人の流入超過ということになる。前年は7万人の流入超過であった。

　フランスでEEA域外からの移民に対して発給された新規の在留許可は、2014年は21万1,000件、2013年は20万5,000件であった。EEA域外からの流入移民は、マグレブ諸国（アルジェリア、モロッコ、チュニジア）の出身者が多く、長期的な流入者では40％を占めている。

　EU域外からの移民フローの中で最大のカテゴリーは、依然として家族移民であり、2014年にフランス本土で新たに発給されたこのカテゴリーの在留許可は、9万2,000件であった。この数字は、2013年に比べると1.5％減少しているが、それは主に、家族再統合を理由とする在留特別許可の発給数——2012年11月28日付けの通達の施行後、2013年にピークを迎えた——が減少したためである。この通達は、不法滞在移民の正規化に関する条件に修正を加えるもので、その結果、2012年から2013年にかけて、在留特別許可の発給数が50％増加している。正規化の件数は3万5,000件に達した後、2014年には減少して3万2,000件となった。外国人労働者の正規化については減少傾向の影響は受けず、18.5％の増加を示したが、この経済移民カテゴリーは在留特別許可全体の16％にすぎないため、在留特別許可の発給数では、家族再統合を理由とするものが引き続き大半を占めている。

　2014年には留学生の入国者数は3.5％増加して、新規発給の在留許可が6万5,000件と、史上最多を記録した。移民労働者に対する新規在留許可の発給数は1万9,000件にすぎなかったものの、2013年に比べると7％増加している。人道移民に対する発給数もかなり伸び、16％増加して1万4,000件であった。

　庇護申請数は6年続けて増加した後、2013年から2014年にかけて2.2％減少して、正式な申請数は6万5,000件となった（異議申し立て及び家族申請を含む）。初回申請数だけみても、1％の減少である。だが2015年に劇的な変動があり、内務省によると、初回の庇護申請が24％も急増して、正式な新規申請数が7万3,500件という記録的な数に達したという。庇護申請者のほとんどは、スーダン、シリア、コソボの出身者で、これら3か国で申請件数の15％を占める。欧州連合統計局（Eurostat）のデータによれば、フランスでは2015年、一次申請のほ

ぼ4分の1が認定された（EU加盟28か国の平均は51％）。

　2014年7月23日、政府は移民と難民に関する2つの法案を提出した。うちの1つは、「庇護権の改革に関する法律」として2015年7月23日に議会を通過し、同年11月1日に施行された。2つ目の「フランスにおける外国人の権利に関する法律」は2016年3月7日に制定され、遅くとも2016年11月1日までに発効することになっている。

　「庇護権の改革に関する法律」では、庇護希望者に新たな権利が認められた。まず、異議申し立てが「国家庇護権裁判所（National Court of Asylum, CNDA）」に提起されると審査が自動的に一時中止され（略式手続の事案も含む）、庇護希望者はEU指令に沿って「フランス難民及び無国籍者保護局（French Refugee Protection Agency, OFPRA）」からの助言を得ることが可能になった。また、申請プロセスの全段階での、弱者（病人、性的迫害を受けた女性、未成年者など）に対する脆弱性評価の改善と手当の支給も規定された。一方で、申請処理の迅速化もはかられ、2016年末までに、庇護申請の処理期間を1件につき平均9か月にすることが目標とされている。多数の庇護希望者が国内の特定地域に集中するのを防ぐため、また、良質な収容施設や社会的サービスを提供するため、新法では強制的な収容制度の設置も規定されている。

　「フランスにおける外国人の権利に関する法律」には3つの目標がある。第一は、外国人の受け入れと統合を確かなものにすることであり、その手立てとして、最優先事項であるフランス語能力の習得の制度化と、共和国統合契約（Republican Integration Contract）に代わる受け入れ統合契約（Reception and Integration Contract）の導入が挙げられている。居住開始後1年経過すると、頻繁に更新しなくてもよいように、2～4年間の在留許可を発行することも定められている。

　この法律はまた、特別な技能や知識を持った移民を誘致することも目標としている。高い技能を有する移民には、在留許可と同じ趣旨の、「才能パスポート（talent passport）」と呼ばれる4年間有効の単一の在留許可証が発給され、主たる所持者とその家族が対象となる。この法律ではもう1つ、司法による統制と透明性の向上によって、不法移民の取り締まりを担う行政機関の権限を強化するため、いくつかの措置も講じられている。

詳細については下記を参照
www.immigration.interieur.gouv.fr
www.ofii.fr/
www.ofpra.gouv.fr

国別の情報——最近の移民動向と移民政策の変化　第5章

移民のフローとストックの最近の傾向

フランス

移民フロー（外国人） ——当該国の定義に基づく	2005年	2010年	2013年	2014年	平均		人数（単位： 1,000人）
					2004-08年	2009-13年	2014年
住民1,000人当たり							
流入者数	2.2	2.3	2.5	2.6	2.4	2.4	168.1
流出者数	..	..	..	..	..	..	..

移民流入数（外国人） ——在留許可の種類別（標準化データ）	単位：1,000人		割合（%）	
	2013年	2014年	2013年	2014年
労働移民	25.1	31.3	9.7	12.1
家族移民（帯同家族含む）	105.0	103.9	40.5	40.1
人道移民	12.1	13.2	4.7	5.1
自由移動	95.9	87.6	37.0	33.8
その他	21.4	23.0	8.3	8.9
合計	259.4	258.9	100.0	100.0

移民送出国上位10か国（外国人流入者総数に占める割合）(%)

［　］2004～2013年の年平均　■ 2014年

アルジェリア
モロッコ
チュニジア
中国
コモロ
トルコ
セネガル
ロシア
コンゴ民主共和国
コートジボワール

0　5　10　15　20

一時的移民	2005年	2013年	2014年	平均
				2009-13年
単位：1,000人				
留学生	46.2	63.0	65.4	62.3
研修生	0.6	0.0	0.0	0.0
ワーキングホリデー利用者	..	..	..	..
季節労働者	16.2	6.1	6.6	6.4
企業内転勤	1.0	0.1	0.1	0.2
その他の一時的労働者	6.5	3.5	2.5	3.2

庇護希望者の流入	2005年	2010年	2013年	2014年	平均		人数
					2004-08年	2009-13年	2014年
住民1,000人当たり	0.8	0.8	0.9	0.9	0.7	0.8	59 030

人口増加の内訳	2005年	2010年	2013年	2014年	平均		人数（単位： 1,000人）
					2004-08年	2009-13年	2014年
住民1,000人当たり							
合計	5.6	4.8	4.2	4.4	5.8	4.6	284.0
自然増加	4.0	4.2	3.5	3.7	4.3	3.9	239.0
純移動及び統計上の調整	1.6	0.7	0.7	0.7	1.5	0.7	45.0

移民のストック	2005年	2010年	2013年	2014年	平均		人数（単位： 1,000人）
					2004-08年	2009-13年	2014年
総人口に占める割合（%）							
外国出身人口	11.3	11.7	12.0	12.4	11.4	11.8	7 921
外国人人口	5.8	6.2	6.6	6.9	6.0	6.3	4 395

帰化	2005年	2010年	2013年	2014年	平均		人数
					2004-08年	2009-13年	2014年
外国人人口に占める割合（%）	..	3.8	2.4	..	3.9	3.1	105 613

就業状況	2005年	2010年	2013年	2014年	平均	
					2004-08年	2009-13年
就業率（人口全体に占める割合）（%）						
自国出身の男性	69.4	68.5	68.1	67.8	69.4	68.3
外国出身の男性	67.2	66.0	65.6	63.5	67.8	65.6
自国出身の女性	59.7	61.3	62.0	62.1	60.2	61.4
外国出身の女性	48.2	50.2	50.1	49.7	49.3	50.0
失業率（労働力人口に占める割合）（%）						
自国出身の男性	7.5	8.4	9.3	9.8	7.2	8.7
外国出身の男性	12.4	14.0	15.3	16.7	12.2	14.9
自国出身の女性	9.0	8.7	8.8	9.2	8.7	9.0
外国出身の女性	16.8	15.1	16.9	16.4	15.4	16.0

注と資料は本章末尾に記載。

StatLink：http://dx.doi.org/10.1787/888933395935

291

ドイツ

ドイツ連邦統計庁の推計によると、2015年の外国人（庇護希望者を含む）の純移動は、約200万人が入国し90万人が出国した結果、110万人の流入超過という記録的な数に達した。これは、1992年以降、最多の流入超過を記録していた2014年（入国者数130万人で流入超過は＋57万7,000人）のほぼ2倍に当たる。2014年までの外国人の純移動は、ほとんどが他のEU加盟国との間の流出入に左右されていたが、それに対して2015年は、ドイツで庇護を希望する人々の大量流入の影響が際立っている。

2015年、いわゆる「EASYシステム」——庇護希望者の事前登録と最初の受け入れ施設への配分を行う、ITによるシステム——への登録者数は109万1,900人であった。庇護申請者（扶養家族を含む）は44万1,900人を数え、EU加盟28か国全体の申請者数の3分の1を占める（欧州連合統計局（Eurostat）のデータ）。44万1,900人という数は、2014年と比較して150%超の増加であり、庇護申請者数として過去最多である。庇護申請者の送出国では、シリア（300%増の15万9,000人）、アルバニア（600%増の5万4,000人）、コソボ（400%増の3万3,000人）が上位を占め、この3か国の合計で全体の56%に相当する。セルビアからの庇護申請者は1万7,000人で変化がなく、エリトリアからは2,000人減の1万1,000人であった。一次審査の結果、認定されたのは約56%である（EU加盟28か国の平均は51%）。2016年はすでに1〜3月で、新規に提出された庇護申請数が約17万6,500件に達している（2015年の1〜3月は7万5,000件）。

2014〜15年度の冬学期に、ドイツの大学に在籍していたEEA域外からの留学生は23万5,900人で、中国（13%）、インド（5%）、ロシア（5%）出身者が特に多かった。EEA域外からの学生が大学を卒業後、ドイツで求職活動ができるようにするための在留許可は、2014年は発行数が4,500件であったのに対し、2015年は5,000件であった。

2011年、2004年にEU加盟した国々に対する就労制限が廃止された後、中央及び東ヨーロッパ各国からの労働者が急増し、2011年4月には22万7,000人であったものが、2015年6月には86万7,000人にもなる。EUのブルーカードを所持する外国人は2015年3月末時点で2万2,000人、そのうち1万400人が人材不足職業（shortage occupation）に就き、5,300人がドイツで最終学歴を修了している。

庇護申請者の大量流入に対応して、ドイツは2015年10月、総合的な一括法「庇護手続迅速化法（Asylverfahrensbeschleunigungsgesetz）」を採択した。この法律の目的は、庇護手続の迅速化、難民の統合奨励、申請が却下された申請者の強制送還の促進、にある。同法には、1）各州に財政支援を行うこと、2）統合コースへの参加を容易にし、それを職業に関連したドイツ語学習につなげること、3）収容施設に対する建築規制を緩和すること（例えば、市や州当局に、難民及び庇護希望者の宿泊施設の建設や改修が許可される範囲の拡大など）、4）保護者のいない未成年の難民への支援を向上させること、そして、5）「安全な送出国」のリストにアルバニア、コソボ、モンテネグロを加えること、なども含まれている。セルビア、マケドニア旧ユーゴスラビア共和国、ボスニア・ヘルツェゴビナは、2014年5月以降「安全な送出国」とみなされており、申請数は減少し始めている。また、送還を猶予されている（tolerated status）、安全な出身国からの庇護希望者や避難者のうち、2015年8月31日より後に申請した人には労働許可が与えられない。

この法律はまた、ドイツ在留の可能性が高い庇護希望者、すなわちシリア、イラン、イラク、エリトリアからの庇護申請者、送還猶予の対象者、人道的理由による一時在留許可を得ていて、法的あるいは実際上の理由でドイツを出国できない人にとって、語学コースや統合コースへの参加機会を広げるものともなった。統合コースの目的は、参加者が十分なレベルのドイツ語を習得し、ドイツの法制度や文化、歴史についての知識を獲得することにある。

2016年3月には、第2次難民対策法（Asylpaket II）が発効した。この法律では、専門の受け入れ施設を設置して、安全な送出国出身者の庇護申請の判定を3週間以内に行うことが定められている。一次審査の結果に対して異議申し立てを行った場合や、虚偽の書類提出や指紋採取の拒否など非協力的な申請者についても、この迅速化された手続の対象となると考えられる。さらに、国外退去（認定を受けられなかった申請者でも、健康状態に問題があることを理由に実施されないことが多かった）も、今後は本人の病状が重篤な場合を除き、執行が可能となった。また、補完的保護を受ける人道移民（保護者のいない未成年者を含む）の家族再統合は、2年が経過しなければ許可されないことになった。

詳細については下記を参照

www.bmas.bund.de
www.bmi.bund.de
www.bamf.de
www.destatis.de
www.anerkennung-in-deutschland.de
www.make-it-in-germany.com

国別の情報——最近の移民動向と移民政策の変化　　第5章

移民のフローとストックの最近の傾向
ドイツ

移民フロー（外国人） ——当該国の定義に基づく	2005年	2010年	2013年	2014年	平均		人数（単位：1,000人）
					2004-08年	2009-13年	2014年
住民1,000人当たり							
流入者数	7.0	8.4	13.7	16.6	7.0	10.3	1 342.5
流出者数	5.9	6.5	8.1	9.5	6.2	7.1	765.6

移民流入数（外国人） ——在留許可の種類別（標準化データ）	単位：1,000人		割合（%）	
	2013年	2014年	2013年	2014年
労働移民	24.3	27.9	5.2	4.8
家族移民（帯同家族含む）	56.0	63.7	12.0	11.1
人道移民	30.7	42.4	6.5	7.4
自由移動	354.8	434.9	75.7	75.7
その他	2.4	5.6	0.5	1.0
合計	468.8	574.5	100.0	100.0

移民送出国上位10か国（外国人流入者総数に占める割合）(%)

[:::] 2004～2013年の年平均　　■ 2014年

ルーマニア
ポーランド
ブルガリア
イタリア
シリア
ハンガリー
クロアチア
セルビア
スペイン
ギリシャ

0　5　10　15　20　25

一時的移民	2005年	2013年	2014年	平均
				2009-13年
単位：1,000人				
留学生	55.8	86.0	92.6	73.1
研修生	2.6	3.9	3.8	4.5
ワーキングホリデー利用者	..	..	..	..
季節労働者	329.8	0.0	0.0	152.5
企業内転勤	3.6	7.8	9.4	6.5
その他の一時的労働者	63.6	23.9	12.6	29.6

庇護希望者の流入	2005年	2010年	2013年	2014年	平均		人数
					2004-08年	2009-13年	2014年
住民1,000人当たり	0.4	0.5	1.4	2.1	0.3	0.7	173 070

人口増加の内訳	2005年	2010年	2013年	2014年	平均		人数（単位：1,000人）
					2004-08年	2009-13年	2014年
住民1,000人当たり							
合計	-0.8	-0.6	2.8	5.3	-1.3	0.6	430.1
自然増加	-1.7	-2.2	-2.6	-1.9	-1.7	-2.4	-153.4
純移動及び統計上の調整	1.0	1.6	5.5	7.2	0.4	3.0	583.5

移民のストック	2005年	2010年	2013年	2014年	平均		人数（単位：1,000人）
					2004-08年	2009-13年	2014年
総人口に占める割合（%）							
外国出身人口	12.6	13.0	12.9	13.2	..	12.6	10 689
外国人人口	8.2	8.3	9.4	10.1	8.2	8.6	8 153

帰化	2005年	2010年	2013年	2014年	平均		人数
					2004-08年	2009-13年	2014年
外国人人口に占める割合（%）	1.7	1.5	1.6	1.4	1.7	1.5	108 422

就業状況	2005年	2010年	2013年	2014年	平均	
					2004-08年	2009-13年
就業率（人口全体に占める割合）(%)						
自国出身の男性	72.4	75.9	77.6	78.3	74.5	76.7
外国出身の男性	64.7	74.4	75.8	76.8	68.2	74.5
自国出身の女性	61.8	67.8	70.5	71.4	64.4	68.9
外国出身の女性	48.1	55.9	58.9	60.0	50.9	57.2
失業率（労働力人口に占める割合）(%)						
自国出身の男性	10.1	7.0	5.2	4.8	8.3	6.1
外国出身の男性	17.9	11.3	8.9	8.3	15.5	10.4
自国出身の女性	9.9	6.1	4.5	4.2	8.5	5.5
外国出身の女性	16.9	10.1	8.3	7.4	15.0	9.6

注と資料は本章末尾に記載。

StatLink : http://dx.doi.org/10.1787/888933395947

ギリシャ

　労働力調査のデータによると、ギリシャの2015年第2四半期の外国人人口は64万7,700人で、総人口の6%であった。そのうち、EU域外出身が54万7,300人、EU市民が10万300人であり、国別では、アルバニア（41万2,500人）、ブルガリア（3万3,700人）、ルーマニア（2万2,600人）の3か国が上位を占めた。

　EU域外出身者に対する有効な在留許可の発給数は、2010年12月の60万件をピークにその後は漸減し、2015年6月には55万人をわずかに超える程度となった。2014年12月から2015年6月の間には微増するが、これは季節的な影響もある。2015年6月に移民の出身国として最も多かったのは、アルバニア（37万7,600人、有効な在留許可総数の70%）であり、以下、ロシア（1万8,900人）、パキスタン（1万8,200人）と続く。EU域外出身の男性の場合、在留許可の種類は、45%が長期在留許可（10年もしくは無期限）、31%が家族再統合、2%が就労目的であった。対照的に女性の場合は、3分の2が家族再統合を理由とするものであり、23%が長期在留許可、11%が就労関連の在留許可であった。残りには、少数ながら就学のための在留許可が含まれている（0.4%）。

　国のデータでは、2015年の庇護申請者数は1万3,300人（扶養家族を含む）であり、これはEU加盟28か国で受理された申請総数の1%に当たる。2014年の申請者数9,400人と比較すると、41%の増加である。申請者総数のうち53%を、シリア（2014年の770人から3,500人）、パキスタン（同1,600人から1,800人）、アフガニスタン（同1,700人から1,720人）の上位3か国が占める。2015年に行われた一次審査の42%が認定された（EU加盟28か国の平均は51%）。ただし、庇護申請者は移動傾向が強いことから、多数の庇護申請がこの算定に含まれていない点に注意が必要である。加えて、ギリシャに到着した人道移民の多くは、宿泊施設や食事、語学講習などの支援策が充実しており、就業の見込みも大きいというので、他のEU加盟国での庇護申請を望んでいるという事実もある。

　トルコから海を渡ってギリシャの島嶼部に到着する人の数は、2013年には1万1,450人であったものが、2014年は4万3,520人、2015年には87万2,520人と、すさまじい勢いで増加している（ギリシャ国家警察のデータ）。2015年1月から2016年2月の間の入国者では、シリア人がその半数超を占め、アフガニスタン人（24万6,050人）とイラク人（11万3,700人）も急増している。イラン人、パキスタン人の拘留者数はそれぞれ2万7,120人、3万1,700人であった。

　2014年11月、シリア難民向けに略式の認定手続が採用され、シリア国籍が証明されれば難民資格が付与されることになった。2015年には新政権が、前政権による拘留政策全般を見直すため、新たにいくつかの施策を採用した。庇護希望者や脆弱な人々（女性、子ども、病人、障害者、拷問等の被害者など）、また6か月を超えて拘留された人は段階的に釈放されて、可能であればシェルターや開放型の受け入れ施設に振り分けられるか、あるいは、自力で宿泊場所を探すことになるか、どちらかになる。

　ここ数年、ギリシャは庇護希望者や非正規移民の管理策を向上させてきた。その結果、2015年1月までは、特に海上及び陸上のギリシャ・トルコ国境での密入国者の拘束が著しく増加しており、同時に送還者数もそれが自発的か強制的かを問わず増加した。送還者で最も多かったのはパキスタン人である。だが、2015年には大量の移民が国境に押し寄せ、ギリシャの国境管理は窮地に立たされることとなった。そこで「EU・トルコ共同声明（EU-Turkey joint Statement）」が発表されて、2016年3月以降は、新たにトルコからギリシャの島嶼部へと渡ってくる非正規移民（経済移民及び庇護希望者）はすべてトルコに送還され、また、トルコに送還されたシリア人と同じ数だけ、EUはトルコ国内に滞在する他のシリア人難民を、EU域内のどこかに再定住させることになっている。

　ギリシャ新政府は2015年、市民権取得を容易にするための市民権法の改正案を提出し、議会の承認を得た。これは、ギリシャ国内で生まれて、少なくとも初等教育を開始した子どもや、教育のほとんどをギリシャ国内で修了した若者の場合は、簡単な宣誓と申請だけで帰化を可能にするものである。さらに2015年には、特別在留許可や人道的な在留許可に関する移民規定（Migration Code）の条項が法改正によって強化された。特別在留許可の事由に、EU域外の国民で、ギリシャと長期に渡るつながりがある、もしくは、在留期間あるいはそれまでの在留資格に関わる一定の条件を満たしている場合が加えられたのである。また、弱者保護（人道的事由による許可）のための特別な規定も強化され、その対象となるカテゴリーに、人身売買や悪質な搾取の被害者、及び、刑事訴訟における証人も含まれることとなった。人道的事由による在留許可も特別在留許可も、初回発給時の有効期限は2年間であり、その後、正規の在留許可に切り替えることもできる。

　2016年4月施行の法律によって、EUの「庇護手続に関する指令（Asylum Procedures Directive）」に沿う形で、庇護申請の初回受付及び手続に関する制度的枠組みに変更が加えられた。その結果、国際的保護あるいは難民認定の申請者及び受益者の就労の権利が規定され、庇護申請者支援部局（Asylum Service）が拡充され、難民受け入れ事務総局（Secretariat General for Reception）が設置されることになった。

詳細については下記を参照

www.statistics.gr
www.ypes.gr
www.ypakp.gr
www.yptp.gr
www.astynomia.gr

国別の情報——最近の移民動向と移民政策の変化　第5章

移民のフローとストックの最近の傾向
ギリシャ

移民フロー（外国人）——当該国の定義に基づく	2005年	2010年	2013年	2014年	平均		人数（単位：1,000人）
					2004-08年	2009-13年	2014年
住民1,000人当たり							
流入者数	5.9	3.0	..	..	..	..	..
流出者数	..	4.2	..	..	..	..	..

移民流入数（外国人）——在留許可の種類別（標準化データ）	単位：1,000人		割合（%）	
	2013年	2014年	2013年	2014年
労働移民	..	..	..	..
家族移民（帯同家族含む）	..	..	..	..
人道移民	..	..	..	..
自由移動	..	..	..	..
その他	..	..	..	..
合計	..	..	..	..

一時的移民	2005年	2013年	2014年	平均
				2009-13年
単位：1,000人				
留学生	..	..	..	
研修生	..	..	..	
ワーキングホリデー利用者	..	..	..	
季節労働者	..	..	..	
企業内転勤	..	..	..	
その他の一時的労働者	..	..	..	

庇護希望者の流入	2005年	2010年	2013年	2014年	平均		人数
					2004-08年	2009-13年	2014年
住民1,000人当たり	0.8	0.9	0.7	0.8	1.3	1.0	9 450

人口増加の内訳	2005年	2010年	2013年	2014年	平均		人数（単位：1,000人）
					2004-08年	2009-13年	2014年
住民1,000人当たり							
合計	3.8	0.4	-7.0	-6.3	3.9	-3.0	-68.8
自然増加	0.3	0.5	-1.6	-2.0	0.4	-0.4	-21.6
純移動及び統計上の調整	3.5	-0.1	-5.4	-4.3	3.5	-2.6	-47.2

移民のストック	2005年	2010年	2013年	2014年	平均		人数（単位：1,000人）
					2004-08年	2009-13年	2014年
総人口に占める割合（%）							
外国出身人口	..	7.4	..	6.4	..	..	727
外国人人口	5.0	7.2	6.0	6.2	5.4	6.9	707

帰化	2005年	2010年	2013年	2014年	平均		人数
					2004-08年	2009-13年	2014年
外国人人口に占める割合（%）	0.0	1.1	3.8	0.0	0.9	2.4	..

就業状況	2005年	2010年	2013年	2014年	平均	
					2004-08年	2009-13年
就業率（人口全体に占める割合）（%）						
自国出身の男性	73.5	70.2	58.0	57.9	73.8	65.5
外国出身の男性	82.6	76.7	56.3	58.9	83.5	68.4
自国出身の女性	45.7	47.8	40.0	40.9	46.9	44.6
外国出身の女性	50.2	51.2	39.5	42.5	49.5	46.1
失業率（労働力人口に占める割合）（%）						
自国出身の男性	6.2	9.4	23.2	22.6	5.8	14.7
外国出身の男性	6.7	15.2	37.3	33.8	5.7	23.8
自国出身の女性	15.4	16.2	30.7	29.8	13.8	21.8
外国出身の女性	15.6	17.7	38.9	35.4	15.2	25.4

注と資料は本章末尾に記載。

StatLink：http://dx.doi.org/10.1787/888933395953

ハンガリー

2014年にハンガリーに移住した外国人は2万6,000人で、2013年を22％上回り、過去に最多であった2008年の2万5,000人をも上回った。送出国の上位3か国は、中国（全体の18％）、ルーマニア（14％）、ドイツ（8％）である。中国からの移民は、2014年の1年間で2倍を超える増加を示し、ロシアからの新規移民も75％増えた。2014年までの数年と同様に、近隣諸国（特にルーマニア）出身の移民は減少したが、これは1つには2010年、国外のハンガリー系住民向けに、帰化手続が、国外でも可能な簡略化された方式に変わったためである。その結果、近隣諸国が移民フロー全体に占める割合は、10年前は約80％だったものが、2014年には25％を下回るまでになっている。

2014年の外国人の流出は、17％減少して1万800人であった。流出移民の主な出身国は、ルーマニア（3,500人）、スロバキア共和国（700人）、ウクライナ（500人）である。

ハンガリー中央統計局（Hungarian Central Statistical Office）によると、2014年にハンガリーに居住していた外国人は14万6,000人で、これは総人口の1.5％に当たる（前年比4％増）。主な出身国は、ルーマニア（2万8,600人）、ドイツ（1万8,800人）、中国（1万6,500人）である。

就労許可は、ほとんどが非ヨーロッパ諸国の出身者に発給されているが、その発給数は、2014年1月の就労在留許可（労働許可と在留許可が一体化したもの）の導入に関わる管理上の問題もあって、2014年には4,700件と半減している。就労許可の受給者数の多い上位2か国は、ウクライナ（900人）と中国（850人）である。2015年上半期には、2,600件の就労許可証が発給された。また、農業部門での季節労働者向けに発給された2014年の就労許可は340件で、2013年から21％増加している。

さらに、国家雇用庁（National Employment Office）のデータによると、就労許可を免除されている外国人労働者の新規登録件数は、2014年には8,900件（前年比11％増）であった。この種の流入人口は徐々に減少してきており、最近やや持ち直しているものの、2009年のピーク時（登録件数1万8,500件）にははるかに及ばない。就労許可を免除されている外国人労働者のほとんどはEEA加盟国の国民であり、残り10％が、就労許可がなくてもハンガリーで就労する資格のあるEU域外の国民である。この種の外国人労働者の主な出身国は、ルーマニア（2013年比3.7％減の4,000人）、スロバキア共和国（同2倍の1,400人）、イギリス（同24％減の500人）である。

2014〜15学年度には、前年比8％増の2万2,000人の留学生がハンガリーに滞在していた。その大半は、ドイツと近隣諸国（一部はハンガリー系）からの留学生である。

ハンガリーにとって、国民の国外流出は依然として懸念される問題である。最新のデータでは、推定で35万人のハンガリー人が国外に在住している。2014年には、3万1,000人以上が1年を超えてハンガリーを離れており、その受入国はドイツ、オーストリア、イギリスが中心で、主な目的は就労である。帰還を奨励するため、ハンガリー政府は、「若者よ、故国に帰ろう（Youth, Come Home）」と銘打った試験的なプログラムを開始している。

庇護申請者数が突如として桁外れの増加を示したことで、ハンガリー政府は大変な難題を抱えることとなった。国境を越えてハンガリーに入り、その後ハンガリーを経由して西ヨーロッパに向かおうとする人々が、激増しているのである。2015年、ハンガリーはEU加盟国の中で2番目に多くの庇護希望者を受け入れており、その数はEU全体の初回庇護申請数の15％に当たる。庇護希望者は、2013年の1万8,600人から2014年の4万1,200人、そして2015年の17万4,400人へと、まさに劇的な増加を示した。2014年には、コソボ人が庇護申請数2万1,000件で最も多かったが、2015年には、シリア（6万4,100人）とアフガニスタン（4万5,600人）が主要な送出国となる。

国連難民高等弁務官事務所（UNHCR）のデータによると、2015年の夏には、50万人近くがハンガリー領内を通過したという。西ヨーロッパに向かう移民の流入を食い止めようと、ハンガリー政府は、クロアチアとの国境を一時封鎖し、セルビアとの国境にフェンスを設置した。

EU域外の国民の雇用でいえば、最も重要な政策変更は、2014年1月のEU法に基づく就労在留許可の導入である。ただし、（それまで一般的であった）就労許可単独の手続も、ハンガリーでの就労期間が90日以内の場合はなお適用されている。政策変更によって、EU域外の国民（就労在留許可証を所持し、ハンガリー国内で合法的に居住している無国籍者を含む）は、ハンガリーでの6か月を超えた就労が許可されていれば、高齢者向けの無拠出制手当や障害手当、すべての家族給付の受給が可能になった。

2014年1月には、難民や補完的保護の受益者を対象に統合契約が導入され、社会統合及び労働市場への統合に関連するすべての分野について、支援が行われている。統合契約の履行には、地方政府の家族支援センターが重要な役割を担っている。庇護希望者は、庇護申請を提出してから9か月以内に就労資格を与えられる。

詳細については下記を参照
www.bmbah.hu

国別の情報——最近の移民動向と移民政策の変化　第5章

移民のフローとストックの最近の傾向
ハンガリー

移民フロー（外国人） ――当該国の定義に基づく	2005年	2010年	2013年	2014年	平均		人数（単位：1,000人）
					2004-08年	2009-13年	2014年
住民1,000人当たり							
流入者数	2.5	2.4	2.1	2.6	2.6	2.3	26.0
流出者数	0.3	0.6	1.3	1.1	0.4	0.7	10.8

移民流入数（外国人） ――在留許可の種類別（標準化データ）	単位：1,000人		割合（%）	
	2013年	2014年	2013年	2014年
労働移民	..	..	..	..
家族移民（帯同家族含む）	..	..	..	..
人道移民	..	..	..	..
自由移動	..	..	..	..
その他	..	..	..	..
合計	..	..	..	..

移民送出国上位10か国（外国人流入者総数に占める割合）(%)

□ 2004～2013年の年平均　■ 2014年

中国
ルーマニア
ドイツ
スロバキア共和国
アメリカ合衆国
ロシア
ウクライナ
トルコ
イタリア
ブラジル

0　10　20　30　40

一時的移民	2005年	2013年	2014年	平均
				2009-13年
単位：1,000人				
留学生	..	..	..	..
研修生	..	..	..	..
ワーキングホリデー利用者	..	..	..	..
季節労働者	..	..	..	..
企業内転勤	..	..	..	..
その他の一時的労働者	..	..	..	..

庇護希望者の流入	2005年	2010年	2013年	2014年	平均		人数
					2004-08年	2009-13年	2014年
住民1,000人当たり	0.2	0.2	1.9	4.2	0.2	0.6	41 370

人口増加の内訳	2005年	2010年	2013年	2014年	平均		人数（単位：1,000人）
					2004-08年	2009-13年	2014年
住民1,000人当たり							
合計	-2.2	-2.8	-3.2	-2.8	-1.7	-2.6	-28.0
自然増加	-3.9	-4.0	-3.8	-3.5	-3.5	-3.9	-35.0
純移動及び統計上の調整	1.7	1.2	0.6	0.7	1.7	1.3	7.0

移民のストック	2005年	2010年	2013年	2014年	平均		人数（単位：1,000人）
					2004-08年	2009-13年	2014年
総人口に占める割合（%）							
外国出身人口	3.3	4.5	4.5	4.8	3.5	4.4	476
外国人人口	1.5	2.1	1.4	1.5	1.6	1.7	146

帰化	2005年	2010年	2013年	2014年	平均		人数
					2004-08年	2009-13年	2014年
外国人人口に占める割合（%）	6.9	3.1	6.5	6.2	5.0	7.1	8 745

就業状況	2005年	2010年	2013年	2014年	平均	
					2004-08年	2009-13年
就業率（人口全体に占める割合）(%)						
自国出身の男性	63.0	60.2	64.0	67.6	63.3	61.7
外国出身の男性	72.3	69.2	79.2	82.7	73.2	73.5
自国出身の女性	50.9	50.4	52.7	55.8	50.7	51.0
外国出身の女性	54.3	62.4	58.0	59.5	54.2	58.8
失業率（労働力人口に占める割合）(%)						
自国出身の男性	7.1	11.7	10.4	7.7	7.0	11.0
外国出身の男性	3.0	7.6	7.2	4.0	3.6	8.4
自国出身の女性	7.4	10.8	10.2	7.9	7.4	10.5
外国出身の女性	6.4	7.4	13.0	8.3	7.0	9.6

注と資料は本章末尾に記載。

StatLink : http://dx.doi.org/10.1787/888933395964

第5章　国別の情報——最近の移民動向と移民政策の変化

アイルランド

アイルランドの2015年4月までの1年間の純移動は1万1,600人の流出超過であり、この数字は前年4月までと比較して1万人少ない。流入人口は引き続き増加して、2015年4月までの1年間は、ほぼ7万人であった。主な送出国は、EU加盟12か国（1万3,400人）である。アイルランド人の帰還者数は、2012年以降減少していたが、1万2,100人と微増を示した。

流出人口は引き続き減少して、2015年4月までの1年間は8万900人であった。例外的にこの年、カナダとイギリスへの移住が増加しているのが注目される。流出者総数に占めるアイルランド人の割合は、40%超である（2013〜14年度の4万700人から2014〜15年度の3万5,300人へと減少）。EU新規加盟国の国民は、金融危機の最初の2年間に大量に流出したが、以後その動きはかなり鈍化し、2014〜15年度の流出者数は8,500人強と、過去かなりの年数を振り返っても最も少ない。

2015年の在留外国人総数は、57万8,000人（総人口の12.5%）であり、前年の56万4,300人から増加している。最も多いのはEU新規加盟国出身者で、2015年には23万7,000人超にまで増加した。EU域外出身者も引き続き増加して19万3,000人を超えたが、これは1つには、高技能移民の継続的な流入と、留学生の増加を反映している。2014年には、新規の就労許可証が4,900件発給され、さらに630件の更新があった。主な発給対象はインド（30%）、アメリカ合衆国（12%）、パキスタン（9%）の出身者である。

有効な在留許可証（アイルランド入国管理局の発行）を保有する、EEA域外出身の在留外国人は2%減少して、10万5,600人であった。家族や留学を理由とする在留許可件数は、2013年から微増し（それぞれ3%と6%）、補完的保護のための許可件数も同様に微増を示した（ただし、この種の許可件数は依然として少なく、2014年は290件であった）。在留許可発行の理由として最も多いのは、これまでと同様に留学であり（有効な発給総数の39%）、家族（22%）と就労（15%）がそれに続く。主要な発給対象は、ブラジル人（1万5,100人）、インド人（1万1,100人）、中国人（9,500人）である。

2015年には、3,276件の庇護申請（扶養家族を含む）があり、これは2014年と比べて126%超の増加である。国別の申請受理件数では、上位3か国（パキスタン、バングラデシュ、アルバニア）が全体の57%を占めた。一次審査で認定を受けたのは約42%である（EU加盟28か国平均は51%）。2015年初頭の時点で、審査中の補完的保護申請が1,792件あり、そのうち1,480件は2015年中に決定が下されて、うち181件に補完的保護が認められた。

2014年には、就労許可制度に多くの変更が加えられた。高技能労働者が就業機会を得やすくするため、ま

た、雇用主による搾取があった場合の防衛手段を提供するための変更である。2014年10月には、就労許可の新たな9つのカテゴリーに関する規定の運用が始まった。2014年3月には、「新興起業家プログラム（Start-up Entrepreneur Programme, STEP）」が改定され、要件である最低投資額が7万5,000ユーロから5万ユーロに引き下げられた。

2014年10月には、「イギリス・アイルランド提携ビザ制度（British-Irish Visa Scheme）」が導入された。同制度は、両国間の移民データの共有に関する新たな取り決めによるものである。

2015年12月30日には、「国際保護法案（International Protection Bill）」が署名を経て国際保護法として成立した。この法律は、単一の申請手続の導入について規定するものであり、この新たな申請手続は、アイルランドにおける現行の重層的で連続的な保護申請制度に代わって採用されることになる。新たな申請手続には、庇護希望者を人道的に、また敬意を払って遇することと、一方で、適切な保護策を用意したうえで、庇護及び移民の手続の効率化を進めることの間で、望ましいバランスをはかろうという意図がある。国際保護法は、2016年中に発効する。2014年10月、庇護申請者に対する各種の支援を含む、保護プロセスや直接的な提供システムの改善について検討する作業グループが、政府によって設置された。2015年6月に発表された作業グループの報告書には、合計173件の勧告が示され、その多くが、さまざまな政府部局やサービス機関への示唆を含んでいる。2014年3月、アイルランドは、シリア及び、シリア内戦の影響下にある周辺諸国の弱者を支援する「シリア難民の人道的受け入れプログラム（Syrian Humanitarian Admission Programme, SHAP）」を発表した。SHAPは、シリアに留まっているか、2011年3月のシリア内戦勃発以降に周辺諸国に避難しているかを問わず、アイルランドに近親者が在住する弱者に、アイルランドでの一時的在留を許可しようとするものである。計119人が、このプログラムによって入国を果たしている。2015年9月、政府は「アイルランド難民保護プログラム（Irish Refugee Protection Programme）」を策定し、それによって、「EU再配置・再定住プログラム（EU Relocation and Resettlement Programmes）」の下、最大4,000人を受け入れる予定である。

詳細については下記を参照

www.inis.gov.ie
www.entemp.ie/labour/workpermits
www.ria.gov.ie

国別の情報──最近の移民動向と移民政策の変化　第5章

移民のフローとストックの最近の傾向
アイルランド

移民フロー（外国人）──当該国の定義に基づく	2005年	2010年	2013年	2014年	平均		人数（単位：1,000人）
					2004-08年	2009-13年	2014年
住民1,000人当たり							
流入者数	15.9	5.3	9.0	10.8	18.9	8.0	49.0
流出者数	..	8.9	8.5	9.1	..	9.3	41.2

移民流入数（外国人）──在留許可の種類別（標準化データ）	単位：1,000人		割合（%）	
	2013年	2014年	2013年	2014年
労働移民	2.4	3.7	8.5	11.3
家族移民（帯同家族含む）	2.4	2.7	8.4	8.2
人道移民	0.2	0.2	0.6	0.7
自由移動	23.3	26.2	82.5	79.8
その他	..	..	..	..
合計	28.3	32.8	100.0	100.0

一時的移民	2005年	2013年	2014年	平均
				2009-13年
単位：1,000人				
留学生	..	..	..	5.8
研修生	..	..	..	..
ワーキングホリデー利用者	..	..	..	..
季節労働者	..	..	..	..
企業内転勤	..	..	..	..
その他の一時的労働者	..	..	..	..

庇護希望者の流入	2005年	2010年	2013年	2014年	平均		人数
					2004-08年	2009-13年	2014年
住民1,000人当たり	1.0	0.4	0.2	0.3	1.0	0.4	1 440

人口増加の内訳	2005年	2010年	2013年	2014年	平均		人数（単位：1,000人）
					2004-08年	2009-13年	2014年
住民1,000人当たり							
合計	24.6	4.6	3.2	5.1	23.4	3.7	23.4
自然増加	8.2	10.3	8.5	8.3	9.1	9.7	38.1
純移動及び統計上の調整	16.3	-5.7	-5.2	-3.2	14.2	-6.0	-14.6

移民のストック	2005年	2010年	2013年	2014年	平均		人数（単位：1,000人）
					2004-08年	2009-13年	2014年
総人口に占める割合（%）							
外国出身人口	12.5	17.1	16.8	..	14.0	16.8	..
外国人人口	..	12.4	12.4	12.4	..	12.3	564

帰化	2005年	2010年	2013年	2014年	平均		人数
					2004-08年	2009-13年	2014年
外国人人口に占める割合（%）	..	1.1	4.4	3.8	1.2	2.6	21 090

就業状況	2005年	2010年	2013年	2014年	平均	
					2004-08年	2009-13年
就業率（人口全体に占める割合）（%）						
自国出身の男性	75.8	63.3	64.6	66.5	75.7	63.7
外国出身の男性	78.8	64.6	67.4	68.5	79.2	65.6
自国出身の女性	58.0	56.2	56.4	57.3	58.5	56.2
外国出身の女性	57.7	54.0	54.1	54.3	59.5	54.5
失業率（労働力人口に占める割合）（%）						
自国出身の男性	4.5	16.9	15.0	13.0	4.9	16.4
外国出身の男性	6.0	19.9	16.7	14.2	6.4	18.9
自国出身の女性	3.5	9.2	9.8	8.6	3.7	9.3
外国出身の女性	6.0	13.2	14.5	12.7	5.9	13.8

注と資料は本章末尾に記載。

StatLink：http://dx.doi.org/10.1787/888933395973

イスラエル

イスラエルは、国内に合法的に居住する外国人を、2つの大きなカテゴリーに分けている。すなわち、1つは「帰還法（Law of Return）」によって永住が可能なユダヤ人あるいはその配偶者、並びに「イスラエル入国法（Entry into Israel Law）」の下で法的地位を付与されている国民の家族というカテゴリーであり、もう1つが、旅行者や留学生、外国人労働者などとして、イスラエルに一時的に入国しているとみられる外国人というカテゴリーである。2015年6月30日の時点で、在留外国人の総人口は22万8,000人と、2年前の23万300人から減少している。この外国人人口は、ほとんどが一時的労働者や庇護希望者、在留期間を超過した旅行者である。というのも、帰還法によって入国した永住移民は、到着するとただちに市民権を付与されるのが一般的だからである。

イスラエル中央統計局（Central Bureau of Statistics）と移民統合省（Ministry of Aliya and Immigrant Absorption）によると、帰還法によるイスラエルへの入国者（帰国したイスラエル人や在留者を除く）は、2011年、2012年には約1万9,000人であったものが、2015年には3万1,000人と急増している。フランスからの流入が、2013年の3,400人から2015年は7,500人に増加し、ウクライナからも7,200人と、3倍を超える増加を示した。2015年の主要な送出国は他に、ロシア（6,700人）とアメリカ合衆国（3,100人）がある。

2015年12月31日時点で、就労許可を得て入国した外国人のストックは、前年の8万9,900人から増加して9万3,100人であった。ただし、このうち1万5,900人は、合法的な一時就労制度の対象外である。こうした傾向には、ルーマニア、ブルガリア、モルドバ共和国、タイと調印した（建設及び農業分野の労働者に関する）二国間協定が影響している。また、農業及び建設分野の外国人労働者の割当人数が引き上げられ、また、現行のヨルダン人日雇い労働者300人の割り当てに加えて、エイラット（国内有数のリゾート地）のホテル産業にヨルダン出身の外国人労働者1,500人が新規に割り当てられたことから、外国人労働者総数は引き続き増加するものと思われる。建設分野はなお人材難であり、イスラエルは2016年、外国の建設業者からの事業提案に門戸を開いた。認可された企業は、プロジェクトの実施に当たって、最大1,000人の外国人労働者を送り込むことができる。

永住権を持つパレスチナ人の日雇い労働者数は、2011年末の2万5,000人から2015年末には4万8,350人へと増加しており、一方、パレスチナ人の季節労働者数は同じ時期、雇用主の労働力需要に合わせて変動し、2015年末には7,550人であった。2015年12月23日時点で、永住者で日雇い就労許可を取得してイスラエルで就業するパレスチナ人4万8,350人（前年は4万2,800人）は、主に建設分野で雇用されており、季節労働者としても6,200人（前年は5,300人）が雇用されている。

ビザが切れて不法滞在している元旅行者のストックは、2014年12月31日時点で推定9万1,000人であり、前年の9万人から増加している。

非正規の越境は、2011年に月1,500件というピークを迎えたが、2012年半ば以降はおおむね止んでいる。これは、長期拘留やエジプト国境へのフェンス建設を含む強制措置によるものである。2015年12月31日時点で、非正規越境者4万3,200人（2012年12月31日時点の5万6,100人から減少）が、イスラエルに在住していると推定され、そのほとんどが、エリトリアやスーダン出身で集団的に被保護資格を得た人々である。この減少傾向の原因は、1つには、自発的な帰国やアフリカの第三国での再定住が増加しているからである。2014年と2015年には、9,800人（ほとんどがスーダン人とエリトリア人）が自発的に帰国または再定住した。また、2014年と2015年には、約1万200人が庇護申請を行い、その大半がスーダンとエリトリアの出身者であった。

この数年の間に、イスラエルと相手国との間で、外国人の一時的労働者のイスラエル入国を管理する、二国間協定がいくつか調印された。2015年にはネパールとの間で、外国人介護士の相互的な募集のための試験的プログラムが、合意された。また2014年には、「ワークアンドホリデー・ビザ協定（Work and Holiday Visa Agreements）」を、2010年のニュージーランドとの協定に加えて、新たにオーストラリア、韓国、ドイツなど数か国とも結んでいる。

2014年12月、「潜入防止法（Prevention of Infiltration Law）」の新しい改正案が可決された。この法改正によって、イスラエルへの新規潜入者全員の閉鎖型施設での1年間の拘留と、集団的に被保護資格を得た人々の開放型施設における20か月以内の拘留が定められた。なお2015年8月には、最高裁判所が後者の拘留期間を12か月以内に変更している。

詳細については下記を参照

www.cbs.gov.il
www.economy.gov.il
www.piba.gov.il
www.moia.gov.il

国別の情報——最近の移民動向と移民政策の変化　第5章

移民のフローとストックの最近の傾向
イスラエル

移民フロー（外国人） ——当該国の定義に基づく	2005年	2010年	2013年	2014年	平均		人数（単位： 1,000人）
					2004-08年	2009-13年	2014年
住民1,000人当たり							
流入者数	3.1	2.2	2.1	2.9	2.7	2.1	24.1
流出者数	..	..	..	..	..	..	..

移民流入数（外国人） ——在留許可の種類別（標準化データ）	単位：1,000人		割合（%）	
	2013年	2014年	2013年	2014年
労働移民	..	..	..	..
家族移民（帯同家族含む）	..	..	..	..
人道移民	..	..	..	..
自由移動	..	..	..	..
その他	..	..	..	..
合計	..	..	..	..

移民送出国上位10か国（外国人流入者
総数に占める割合）(%)

2004～2013年の年平均　／　2014年

旧ソ連
フランス
アメリカ合衆国
イギリス
イタリア
アルゼンチン
カナダ
ブラジル
ベルギー
エチオピア

0　10　20　30　40　50

第5章

一時的移民	2005年	2013年	2014年	平均
				2009-13年
単位：1,000人				
留学生	..	..	..	..
研修生	..	..	..	..
ワーキングホリデー利用者	..	..	..	..
季節労働者	..	..	..	..
企業内転勤	..	..	..	..
その他の一時的労働者	..	..	..	..

庇護希望者の流入	2005年	2010年	2013年	2014年	平均		人数
					2004-08年	2009-13年	2014年
住民1,000人当たり	0.1	0.8	0.7	..	0.5	0.7	..

人口増加の内訳	2005年	2010年	2013年	2014年	平均		人数（単位： 1,000人）
					2004-08年	2009-13年	2014年
住民1,000人当たり							
合計	28.8	..	..	..	28.8	..	..
自然増加	26.4	..	..	..	26.7	..	..
純移動及び統計上の調整	2.4	..	..	..	2.1	..	..

移民のストック	2005年	2010年	2013年	2014年	平均		人数（単位： 1,000人）
					2004-08年	2009-13年	2014年
総人口に占める割合（%）							
外国出身人口	28.1	24.5	22.6	22.2	27.4	23.8	1 817
外国人人口	..	..	..	..	..	..	..

帰化	2005年	2010年	2013年	2014年	平均		人数
					2004-08年	2009-13年	2014年
外国人人口に占める割合（%）	..	..	..	..	..	..	

就業状況	2005年	2010年	2013年	2014年	平均	
					2004-08年	2009-13年
就業率（人口全体に占める割合）(%)						
自国出身の男性	59.2	61.5	69.4	69.6	60.3	64.5
外国出身の男性	66.1	69.3	78.6	79.5	67.4	73.1
自国出身の女性	51.4	55.5	59.8	60.9	52.4	57.0
外国出身の女性	55.5	60.5	73.4	75.6	56.5	65.3
失業率（労働力人口に占める割合）(%)						
自国出身の男性	9.0	7.0	6.4	6.0	8.1	6.8
外国出身の男性	8.2	6.9	5.5	5.2	7.3	6.2
自国出身の女性	10.4	7.2	7.0	6.5	9.6	7.3
外国出身の女性	8.3	5.3	3.9	4.1	7.7	5.1

注と資料は本章末尾に記載。

StatLink : http://dx.doi.org/10.1787/888933395982

301

イタリア

2014年、イタリアへの流入人口は引き続き減少する一方、流出は増加が続き、特にイタリア国民の流出は増加が大きかった。2014年の流入人口は、前年比9.7%減の27万7,630人であり、そのうち外国人が24万8,360人（11%減）、イタリア人が2万9,270人（3%増）であった。特に流入移民の多い国は、ルーマニア（5万700人）、モロッコ（1万7,640人）、中国（1万5,830人）、バングラデシュ（1万2,670人）である。流出人口は、2013年の12万5,730人（イタリア人8万2,100人を含む）から、2014年には13万6,330人（イタリア人8万8,860人を含む）に増加した。イタリア人の流出人口は、2010～2014年の間に2倍を超える増加を示している。主な移住先はイギリス、ドイツ、スイス、フランスである。

2015年1月の在留外国人数は約500万人（総人口の8.2%）で、2014年の490万人から増加している。外国人の占める割合が特に大きい（10%超）地方は、エミリア・ロマーニャ州、ロンバルディア州、ウンブリア州、ラツィオ州、トスカーナ州である。在留外国人のうち約30%はEU市民であり、国別ではルーマニア（110万人）、アルバニア（49万480人）、モロッコ（44万9,060人）、中国（26万5,820人）、ウクライナ（22万6,060人）が多い。

2014年に発給された新規の在留許可証は24万8,320件と、2008～2010年の年平均発給分の半数を下回る。家族を理由とする在留許可の発給数は10万1,420件（41%）であり、国別にみて特に多いのは、モロッコ（1万3,560件）、アルバニア（9,500件）、中国（7,520件）である。就労を理由とする在留許可の場合は、2014年は計5万7,000件で、バングラデシュ人（6,620件）、インド人（5,660件）、モロッコ人（5,620件）への発給が特に多かった。

外国出身労働者の高失業率が続いている（2013年は16.6%、2014年は16.3%）ことを主な理由に、新規の移民労働者の受け入れ枠は、それ以前と比べて相応に低い水準に設定された。季節労働者の受け入れについては、2015年と2016年は、2014年より2,000人少ない1万3,000人に設定され、対象を特定の職種や国籍に限定して、農業分野と観光分野の需要のみに応えるものとされた。このうち1,500人は、複数年にわたる季節労働の認可取得者、つまり、すでにイタリアに入国して連続2年以上季節雇用されてきた労働者向けに確保された。一方、2015年と2016年の季節労働者以外の移民受け入れ枠は、それぞれ5,500人と3,600人に設定され、在留資格を変更した移民はそれぞれ1万2,350人と1万4,250人であった。

2014～15学年度には、7万340人の外国人学生がイタリアの大学に在籍していた。出身者が特に多い国は、アルバニア（15%）、中国（10%）、ルーマニア（10%）である。また主な専攻分野は、経済学・統計学・工学（計36%）、社会的・政治的分野と言語学（それぞれ11%）、医学（10%）である。

国連難民高等弁務官事務所（UNHCR）によると、2015年、15万人を超える非正規移民がイタリアの海岸に到着した。そして2016年の第1四半期には、その数は前年同期比42%増の1万4,500人を記録する。そうした移民の主な出身国は、ナイジェリア、ガンビア、セネガルである。2015年の庇護申請件数は、扶養家族を含めて8万3,250件（EU加盟28か国の受理件数の7%）であり、2014年から31%超増加している。受理された申請件数全体の43%を、上位3か国の出身者（ナイジェリア人、パキスタン人、ガンビア人）が占める。一次審査で認定を受けた割合は、EU加盟28か国の51%に対して、約42%であった。

内務省が地方当局に対して追加的な財政支援措置を講じ、それによって地方当局は、庇護希望かどうかにかかわらず、保護者のいない未成年者に対して、一時的受け入れを行うことが可能になった。その結果、2015年には約1,500人分の新しい収容スペースが提供されている。また、庇護希望者や保護者のいない未成年者向けに、新たな受け入れ手続により採用され、EU指令の国内法化が実現した。「EUブルーカード（EU Blue Card）」の発給手続も簡略化された。

2015年10月には、市民権条項の改正案が代議院（下院）で承認された。この法案によれば、新たに以下の外国人グループが、イタリアの市民権を取得する資格を得ることになる。すなわち、1）イタリアで生まれて、両親がEUの長期在留許可証を保有している子ども、及び、2）12歳の誕生日より前にイタリアに到着し、イタリアで5年以上の学校教育を修了した外国生まれの子ども、の2つのグループである。2016年4月の段階で、この法案はなお元老院（上院）で審議中である。

「ベビー・ボーナス（Baby Bonus）」は、長期在留の外国人にも対象が拡大されている。これは、2015～2017年に誕生したり養子になったりした子どもの家族に、最長3年間、年960ユーロを月払いで支給するという制度である。

詳細については下記を参照
www.interno.it
www.istat.it
www.lavoro.gov.it

国別の情報──最近の移民動向と移民政策の変化　第5章

移民のフローとストックの最近の傾向
イタリア

移民フロー（外国人）──当該国の定義に基づく	2005年	2010年	2013年	2014年	平均		人数（単位：1,000人）
					2004-08年	2009-13年	2014年
住民1,000人当たり							
流入者数	4.8	7.0	4.7	4.2	6.6	6.0	248.4
流出者数	0.3	0.5	0.7	0.8	0.3	0.6	47.5

移民流入数（外国人）──在留許可の種類別（標準化データ）	単位：1,000人		割合（%）	
	2013年	2014年	2013年	2014年
労働移民	73.1	48.5	29.1	23.8
家族移民（帯同家族含む）	81.1	61.4	32.2	30.1
人道移民	14.4	20.6	5.7	10.1
自由移動	77.9	68.4	31.0	33.5
その他	4.9	5.2	2.0	2.6
合計	251.4	204.1	100.0	100.0

移民送出国上位10か国（外国人流入者総数に占める割合）(%)

凡例：2004～2013年の年平均　／　2014年

ルーマニア
モロッコ
中国
バングラデシュ
アルバニア
インド
ウクライナ
パキスタン
エジプト
セネガル

0　5　10　15　20　25　30

一時的移民	2005年	2013年	2014年	平均
				2009-13年
単位：1,000人				
留学生	31.7	41.5	41.9	38.6
研修生	..	..	..	..
ワーキングホリデー利用者	0.4	0.5	0.5	0.4
季節労働者	84.2	7.6	4.8	19.0
企業内転勤	..	..	..	..
その他の一時的労働者	..	..	..	..

庇護希望者の流入	2005年	2010年	2013年	2014年	平均		人数
					2004-08年	2009-13年	2014年
住民1,000人当たり	0.2	0.2	0.4	1.1	0.2	0.4	63 660

人口増加の内訳	2005年	2010年	2013年	2014年	平均		人数（単位：1,000人）
					2004-08年	2009-13年	2014年
住民1,000人当たり							
合計	3.3	2.9	1.6	0.2	5.2	2.2	12.9
自然増加	–0.2	–0.4	–1.4	–1.6	0.0	–0.9	–95.8
純移動及び統計上の調整	3.5	3.4	3.0	1.8	5.2	3.1	108.7

移民のストック	2005年	2010年	2013年	2014年	平均		人数（単位：1,000人）
					2004-08年	2009-13年	2014年
総人口に占める割合（%）							
外国出身人口	..	8.8	9.7	9.8	..	9.0	5 805
外国人人口	4.6	6.4	8.3	8.5	5.0	7.0	5 014

帰化	2005年	2010年	2013年	2014年	平均		人数
					2004-08年	2009-13年	2014年
外国人人口に占める割合（%）	1.2	1.8	2.3	2.6	1.3	1.8	129 887

就業状況	2005年	2010年	2013年	2014年	平均	
					2004-08年	2009-13年
就業率（人口全体に占める割合）(%)						
自国出身の男性	69.2	66.7	64.3	64.1	69.5	66.2
外国出身の男性	79.9	76.1	68.5	68.7	81.2	73.9
自国出身の女性	45.1	45.7	46.1	46.4	45.8	46.1
外国出身の女性	47.6	49.5	49.0	49.7	49.7	49.6
失業率（労働力人口に占める割合）(%)						
自国出身の男性	6.2	7.4	11.1	11.6	5.7	8.4
外国出身の男性	6.8	10.0	15.9	15.6	6.0	11.5
自国出身の女性	9.7	9.2	12.4	13.3	8.8	10.1
外国出身の女性	14.5	13.3	17.7	17.4	12.6	14.8

注と資料は本章末尾に記載。

StatLink：http://dx.doi.org/10.1787/888933395991

303

日 本

2015年末には、在留外国人の登録者数が223万人と、記録的な水準に達した。出身国別で最も多いのは、中国人の66万5,800人（在留外国人総数の30％）であり、韓国人45万7,800人、フィリピン人22万9,600人がそれに続いた。

2014年、33万6,500人の外国人（短期滞在者や再入国許可を受けた外国人を除く）が入国した。これは前年より10％の増加であり、流入者数は2008年の水準に戻っている。就労目的で入国した新規入国者数も同様の傾向であり、前年比5％増の6万7,100人であった。そのうちの53％（前年比5％減）は、興行を理由に入国が認められている。企業内転勤（15％増）と技術者（42％増）はそれぞれ流入者全体の11％を占め、さらに10％は、人文知識・国際業務の専門家であった。興行関係と企業内転勤を除くと、新規労働移民は、2013年の2万500人から2014年の2万4,600人へと20％増加している。外国人労働者に同伴してきた扶養家族は7％増の2万400人、技能実習生として訓練目的で入国した人は22％増の8万2,500人だった。

厚生労働省のデータでは、在留外国人労働者は、2014年10月末の78万8,000人から1年後には90万8,000人へと増加している。2015年には、出身者数の上位3か国はいずれも増加し、中国人は1万700人増加の32万2,500人、ベトナム人は4万8,800人増加の11万人、フィリピン人は1万5,000人増加の10万6,500人であった。法的地位別にみると、16万7,300人が就労目的で在留が認められる専門的・技術的分野で働き、36万7,200人は身分に基づいて在留し就労している。また、16万7,700人はパートタイム労働に携わる留学生、16万8,300人は技能実習生である。

日本学生支援機構（JASSO）によると、2015年5月の時点で、日本の高等教育機関に在籍する留学生は15万2,100人で、前年と比べて9％増加している。この増加を牽引しているのは、専修学校の留学生の増加である。また、日本語教育機関に在籍する留学生も、前年比25％増の5万6,300人であった。中国人が全留学生に占める割合は45％で、2013年の58％から減少したのに対し、ベトナム人の割合は19％で、2013年の8％から増加している。全体的にみて、留学生のほとんどはアジア地域出身者である。

難民認定申請数は、2014年（53％増）と2015年（52％増）に急増し、2015年には7,586人に達した。難民認定を受ける資格がなくても、人道的理由で在留を認められている場合もある（2015年は79人）。2015年には、5か国（ネパール、インドネシア、トルコ、ミャンマー、ベトナム）の出身者が、難民認定申請者10人中6人超を占めた。1978～2005年にかけて、日本はインドシナ難民（ベトナム、ラオス、カンボジアの出身者）を1万1,319人受け入れている。また2015年現在、24家族からなるミャンマー人難民、計105人の再定住を認めている。

2016年初めの時点で、不法残留外国人は前年比4.7％増の6万2,800人であった。主な出身国は韓国（1万3,400人）、中国（8,700人）、タイ（6,000人）である。

2015年9月、出入国管理行政及びその他の必要な施策の指針を定める「第5次出入国管理基本計画」が策定された。この5か年計画は、日本の経済や社会に活力をもたらす外国人の円滑な受け入れ、技能実習制度の見直し、難民の適正かつ迅速な保護と不法滞在者対策の推進といった、主要な課題に取り組むものである。

2014年6月、「出入国管理及び難民認定法」の改正法が公布された。この改正法では、新たな在留資格が創設され、高度の専門的な能力を有する外国人に無期限の在留資格が認められた。施行は2015年4月である。

日本は、インドネシア、フィリピン、ベトナムと締結した経済連携協定に基づき、それぞれ2008年、2009年、2014年から、3か国出身の有資格の看護師・介護福祉士候補者を受け入れてきた。政府はこうした介護人材の日本での活動を促進するため、資格に関する通知内容を見直し、受け入れ可能な施設の範囲を拡大している。

家事代行サービスを行う外国人の受け入れプログラムが始動し、認定事業者が外国人を採用して、国家戦略特区の1つである神奈川県で家事代行サービスを提供することが可能になった。この活動は今後拡大することが考えられる。

2015年4月以降、建設分野及び造船分野で、技能実習修了者を従業員として受け入れる緊急的・時限的措置が講じられている。これらの施策には、2020年開催の東京オリンピックに向けた労働力の供給というねらいもある。

詳細については下記を参照

www.immi-moj.go.jp
www.mhlw.go.jp
www8.cao.go.jp/teiju-portal/eng/index.html

国別の情報——最近の移民動向と移民政策の変化　第5章

移民のフローとストックの最近の傾向
日　本

移民フロー（外国人） ——当該国の定義に基づく	2005年	2010年	2013年	2014年	平均		人数（単位：1,000人）
					2004-08年	2009-13年	2014年
住民1,000人当たり							
流入者数	2.9	2.2	2.4	2.7	2.7	2.3	*336.5*
流出者数	2.3	1.9	1.7	1.7	1.9	1.8	*212.9*

移民流入数（外国人） ——在留許可の種類別（標準化データ）	単位：1,000人		割合（%）	
	2013年	2014年	2013年	2014年
労働移民	27.7	29.3	43.6	46.0
家族移民（帯同家族含む）	21.7	21.4	34.1	33.6
人道移民	0.1	0.2	0.2	0.2
自由移動	..	..	..	..
その他	14.0	12.8	22.0	20.1
合計	63.6	63.5	100.0	100.0

移民送出国上位10か国（外国人流入者総数に占める割合）(%)

▢▢ 2004〜2013年の年平均　　■■ 2014年

一時的移民	2005年	2013年	2014年	平均
				2009-13年
単位：1,000人				
留学生	41.5	70.0	82.5	61.4
研修生	83.3	83.9	98.7	82.1
ワーキングホリデー利用者	4.7	10.5	11.5	8.5
季節労働者	..	..	..	..
企業内転勤	4.2	6.2	7.2	5.8
その他の一時的労働者	110.2	47.2	45.5	41.4

庇護希望者の流入	2005年	2010年	2013年	2014年	平均		人数
					2004-08年	2009-13年	2014年
住民1,000人当たり	0.0	0.0	0.0	0.0	0.0	0.0	*5 000*

人口増加の内訳	2005年	2010年	2013年	2014年	平均		人数（単位：1,000人）
					2004-08年	2009-13年	2014年
住民1,000人当たり							
合計	..	-2.0	..	..	-0.5	..	..
自然増加	..	-1.4	..	..	-0.1	..	..
純移動及び統計上の調整	..	-0.6	..	..	-0.3	..	..

移民のストック	2005年	2010年	2013年	2014年	平均		人数（単位：1,000人）
					2004-08年	2009-13年	2014年
総人口に占める割合（%）							
外国出身人口	..	..	..	..	..	..	..
外国人人口	1.6	1.7	1.6	1.7	1.6	1.6	*2 122*

帰化	2005年	2010年	2013年	2014年	平均		人数
					2004-08年	2009-13年	2014年
外国人人口に占める割合（%）	0.8	0.6	0.4	0.4	0.7	0.5	*9 277*

就業状況	2005年	2010年	2013年	2014年	平均	
					2004-08年	2009-13年
就業率（人口全体に占める割合）(%)						
自国出身の男性	..	..	..	..	..	..
外国出身の男性	..	..	..	..	..	..
自国出身の女性	..	..	..	..	..	..
外国出身の女性	..	..	..	..	..	..
失業率（労働力人口に占める割合）(%)						
自国出身の男性	..	..	..	..	..	..
外国出身の男性	..	..	..	..	..	..
自国出身の女性	..	..	..	..	..	..
外国出身の女性	..	..	..	..	..	..

注と資料は本章末尾に記載。

StatLink：http://dx.doi.org/10.1787/888933396003

第5章 　国別の情報──最近の移民動向と移民政策の変化

韓 国

韓国では、2000年代半ば以降、韓国人以外の純移動は流入超過が続いている。2014年の流入超過はかなり大きく、前年の9万2,400人に対して13万6,500人に達した。外国人の流入人口全体に占める労働移民の割合は60％で変化がなく、留学生は13％、家族移民は減少して10％であった。一方、帰還する韓国人は2014年も引き続き減少を示したが、減少ペースは落ち、流出超過傾向が逆転して5,100人の流入超過となった。

韓国に在留する外国人のストックは、年々増加している。長期在留（90日を超える滞在）の外国人は、2014年末の138万人から1年後には147万人へと増加した。そのうち、一般外国人の登録者は109万人から114万人に、韓国系外国人の登録者は28万6,400人から32万4,800人に、それぞれ増加している。滞在日数が90日以内の短期滞在者も、41万9,700人から43万1,700人に増加した。

就労のための移民のストックは2014年には12％、2015年はそこからさらに1.3％と急増し、外国人労働者数（62万5,100人）を2011年の水準（59万5,100人）まで引き上げた。雇用許可（E-9）を得て入国した低技能労働者は、2014年に受け入れ枠を5万3,000人に引き下げたため、2009年以来初めて減少を示し、5万1,600人となった。2014年に登録されているE-9ビザ保持者は、全体で27万6,000人であり、主に製造業で就労している。H-2ビザは、韓国系外国人の就労のための滞在を許可するものである（受け入れ枠は前年と変わらず30万3,000人）。新規に発給されたH-2ビザは、2014年で27万8,600件、2015年には25万9,500件であった。2015年には、約28万5,300人のH-2ビザ所持者が韓国に滞在し、その大半は韓国系中国人であった。技能職の場合は、外国語の会話指導（E-2）と特定活動（E-7）のビザが、依然として最も一般的な入国手段であり、2014年の新規入国者は、それぞれ7,000人と3,900人であった。

2010年以降、学位プログラムの留学生数は、徐々に減少して2013年には6万500人となったが、その後再び増加に転じ、2015年には6万6,300人に達した（それでも、2011年の水準を下回る）。対照的に、韓国語講座の生徒数は、2010年以降、増加が続き、2015年には3万人に達した。2014年には、留学生全体の3分の2を中国人が占め、ベトナム人（6％）、モンゴル人（4％）がそれに続いた。

まだ帰化していない結婚移住者は、2015年には15万1,600人であった。結婚移住者はほとんどが女性である。外国人配偶者の主な出身国は中国（40％）で、ベトナム（26％）、日本（8％）、フィリピン（7％）がそれに続いた。

庇護希望者はこの数年増加し、2014年の2,900人から2015年には5,700人となった。主な出身国は、パキスタン（1,100人）、エジプト（800人）、シリア（400人）である。2015年には、105人の庇護希望者が難民と認定され、194人に人道的配慮による在留資格が付与された。

ビザの期限が切れたまま滞在する非正規移民の総数は、2014年には微増して20万8,800人となった。非正規滞在者は、低技能の労働移民に多い。

雇用主が低技能の外国人労働者（E-9、H-2）について雇用状況の変化を通知する手続が、簡略化された。また、学士号以上の学位を取得したハイテク専門人材が永住権（F-5ビザ）を取得できる年収要件が、韓国の1人当たり国民総所得（GNI）の3倍から1人当たりGNIと同額に引き下げられた。さらに、ポイント制度の導入により、専門職の外国人労働者が永住資格（F-5）を取得する方法が多様化された。

2015年、低技能外国人労働者（E-9ビザ）を選択する際のポイント制度の予備テストが行われ、2017年には実施される見込みである。ポイントは、韓国語力と職歴、職業関連の技能水準をもとに決められる。成長の可能性が高い小規模企業分野の低技能外国人労働者の受け入れ枠が、20％引き上げられた。このカテゴリーの労働者の受け入れ枠は現在、各部門の外国人労働者に対する需要の推移に応じて、部門間で調整できるようになっている。低技能外国人労働者を雇用する前に国内労働者を探すことが義務づけられている期間は、農業、畜産、漁業の各部門で2週間から1週間に短縮された。

留学生のビザ発行手続が簡略化されている。また、留学生は、就学期間中に週25時間就労することが認められており、これは以前よりも5時間長い。

詳細については下記を参照
www.eps.go.kr
www.immigration.go.kr
www.kostat.go.kr

国別の情報──最近の移民動向と移民政策の変化　第5章

移民のフローとストックの最近の傾向
韓　国

移民フロー（外国人） ──当該国の定義に基づく	2005年	2010年	2013年	2014年	平均		人数（単位：1,000人）
					2004-08年	2009-13年	2014年
住民1,000人当たり							
流入者数	5.3	5.9	7.2	8.1	5.5	6.0	*407.1*
流出者数	5.5	4.0	5.3	5.4	3.9	4.8	*270.5*

移民流入数（外国人） ──在留許可の種類別（標準化データ）	単位：1,000人		割合（％）	
	2013年	2014年	2013年	2014年
労働移民	1.6	1.2	2.4	1.6
家族移民（帯同家族含む）	36.5	33.1	54.7	43.7
人道移民	0.0	0.6	0.1	0.8
自由移動	..	..	..	..
その他	28.6	40.8	42.8	53.9
合計	66.7	75.7	100.0	100.0

移民送出国上位10か国（外国人流入者総数に占める割合）(%)

凡例：2004〜2013年の年平均　■ 2014年

中国
タイ
ベトナム
アメリカ合衆国
ウズベキスタン
フィリピン
インドネシア
カンボジア
ネパール
カナダ

0　10　20　30　40　50

一時的移民	2005年	2013年	2014年	平均
				2009-13年
単位：1,000人				
留学生	9.0	19.2	21.9	16.5
研修生	4.4	12.5	15.1	12.2
ワーキングホリデー利用者	0.3	1.2	1.3	0.7
季節労働者	..	..	..	..
企業内転勤	8.4	..	..	..
その他の一時的労働者	135.0	152.2	167.0	133.0

庇護希望者の流入	2005年	2010年	2013年	2014年	平均		人数
					2004-08年	2009-13年	2014年
住民1,000人当たり	0.0	0.0	0.0	0.1	0.0	0.0	*2 900*

人口増加の内訳	2005年	2010年	2013年	2014年	平均		人数（単位：1,000人）
					2004-08年	2009-13年	2014年
住民1,000人当たり							
合計	29.4	29.3	34.5	..	28.3	31.8	..
自然増加	13.1	15.2	21.2	..	12.5	17.9	..
純移動及び統計上の調整	16.3	14.1	13.3	13.0	15.8	13.9	

移民のストック	2005年	2010年	2013年	2014年	平均		人数（単位：1,000人）
					2004-08年	2009-13年	2014年
総人口に占める割合（％）							
外国出身人口	..	..	..	..	..	..	..
外国人人口	1.1	2.0	2.0	2.2	1.4	1.9	*1 092*

帰化	2005年	2010年	2013年	2014年	平均		人数
					2004-08年	2009-13年	2014年
外国人人口に占める割合（％）	3.5	1.9	..	..	2.1	1.6	

就業状況	2005年	2010年	2013年	2014年	平均	
					2004-08年	2009-13年
就業率（人口全体に占める割合）（％）						
自国出身の男性	..	..	..	..	..	..
外国出身の男性	..	..	..	..	..	..
自国出身の女性	..	..	..	..	..	..
外国出身の女性	..	..	..	..	..	..
失業率（労働力人口に占める割合）（％）						
自国出身の男性	..	..	..	..	..	..
外国出身の男性	..	..	..	..	..	..
自国出身の女性	..	..	..	..	..	..
外国出身の女性	..	..	..	..	..	..

注と資料は本章末尾に記載。

StatLink：http://dx.doi.org/10.1787/888933396014

ラトビア

2012～2014年の間に、ラトビアの人口は3万8,000人減少して199万人になった。人口流出がその主たる原因である。とはいえ2014年の流出超過は、2013年の1万4,200人に対して8,700人であった。2014年の流入人口は、2013年より2,100人多い1万300人で、その約3分の1（3,900人）が、ラトビア人の帰還者である。外国人流入者の送出国として最も多いのはロシア（3,190人）であり、ウクライナ（650人）、ポーランド（190人）がそれに続いた。流出人口は、前年を3,500人下回る1万9,000人であった。

非ラトビア人の居住人口（非国籍者及び外国人）は、2014年初めの30万4,800人から2015年初めの29万8,400人（総人口の15%）へと微減している。非国籍者（主に、旧ソ連のラトビア以外の出身で長期的に居住する人々）は、非ラトビア人人口の81%、総人口の12%を占めているが、死亡や国外移住、帰化により、1995年の73万人から24万2,300人に減少している。非ラトビア人の居住者の中で2番目に多いのはロシア人である（2015年初頭で4万1,900人）。

2015年に、在留許可を保有する外国人は8万8,600人（総人口の4%前後）で、そのうち1万5,200人がEU市民である。外国人5人中3人が永住許可を取得しており、そのほとんどがロシア人である。一時的在留者の出身国の上位3か国は、ロシア（1万3,500人）、ウクライナ（3,800人）、ドイツ（2,000人）である。一時的在留者数は、2014年末のストックと比較すると10%増加しているのに対し、永住許可保有者数は比較的変動が少ない（2%増加）状態が続いている。

一時在留許可の新規取得者は、2014年には31%減少して7,200人であったが、その1つの理由として、「投資家ビザ関連法（Investor visa law）」の改正がある。これによって投資家への在留許可取得者数が、主たる申請者は2014年の2,400人が2015年には480人に、扶養家族は2014年の3,200人が2015年には900人へと、大幅に減少したのである。一方、労働移民の数は2015年には1,400人から2,100人へと増加し、そのうち12%が高技能者であった。流入人口に占める割合は、労働移民全体が29%、その家族が8%である。ほとんどの労働移民は、ウクライナ、ベラルーシ、ロシアが出身国である。

留学目的の在留許可の新規発給数は、2015年は1,570件であった（2014年は1,050件なので50%増加）。留学生に対する新規の在留許可のうち、ウズベキスタン、インド、ドイツの3か国が全体の半分超を占める。

2015年には330件の庇護申請（扶養家族を含む）があり、これは2014年から10%の減少である。庇護申請者の出身国上位3か国（イラク、ベトナム、ウクライナ）で、申請総数の63%を占める。2015年に審査が行われたのは20件に留まり、そのうち認定を受けたのは12%であった。

ラトビア政府は2015年、ギリシャ、イタリア、EU域外の出身者281人を再定住及び再配置させることを承認した。同年12月には、難民の受け入れ及び統合のための「行動計画（Action Plan）」がスタートした。

国外流出による人口への影響を考慮して、国籍法の改正（2013年10月施行）が行われた。その結果、国外移住をしたラトビア人とのつながりを維持する手段として、二重国籍が認められるようになった。2014年12月31日の時点で、二重国籍者は約3万5,000人である。

2014年1月1日、改正移民法が施行され、EU域外の国民とEU市民に対する送還決定及び退去命令の定義が明確化された。2015年には、「帰還外国人及び入国禁止の登録（Register of Returned Foreigners and Entry Bans）」に関する規定が発効し、ラトビア市民権・移民局（Office of Citizenship and Migration Affairs）や国境警備隊（State Border Guard）の職員が非正規移民を包括的に管理できるようになった。

2015年1月1日、投資家の在留許可に関して移民法が改正され、外国人が25万ユーロ以上投資すれば、最長5年間の一時在留許可が取得できると規定された。

2015年5月、「帰還法（Repatriation law）」の改正案が議会で可決された。ラトビア国民やラトビア系の人に対する帰還の促進及び支援、その適応期間中における援助を目的とするものである。この法改正によって、それまで2世代に限定されていた支援策が拡大され、また、配偶者や21歳未満の子ども、扶養家族である親など、帰還家族の資格の適用対象に関する定義も変更されている。この施策は、1990年より前に国外に移住したか、未成年であるか、またはラトビア以外で生まれた人にのみ適用される。

詳細については下記を参照

www.pmlp.gov.lv
www.csb.gov.lv
www.emn.lv

国別の情報──最近の移民動向と移民政策の変化　第5章

移民のフローとストックの最近の傾向
ラトビア

移民フロー（外国人） ──当該国の定義に基づく	2005年	2010年	2013年	2014年	平均		人数（単位： 1,000人）
					2004-08年	2009-13年	2014年
住民1,000人当たり							
流入者数	0.8	1.2	1.6	2.0	..	1.4	4.5
流出者数	..	..	1.5	..	..	..	..

移民流入数（外国人） ──在留許可の種類別（標準化データ）	単位：1,000人		割合（%）	
	2013年	2014年	2013年	2014年
労働移民	..	..		
家族移民（帯同家族含む）	..	..	..	..
人道移民	..	..		
自由移動	..	..	..	..
その他	..	..		
合計	..	..	..	..

移民送出国上位10か国（外国人流入者
総数に占める割合）(%)

■ 2014年

ロシア
ウクライナ
ベラルーシ
ドイツ
リトアニア
ウズベキスタン
スウェーデン
イギリス
中国
フィリピン

0　5　10　15　20　25　30

一時的移民	2005年	2013年	2014年	平均
				2009-13年
単位：1,000人				
留学生	..	..	..	..
研修生	..	..	..	..
ワーキングホリデー利用者	..	..	..	..
季節労働者	..	..	..	..
企業内転勤	..	..	..	..
その他の一時的労働者	..	..	..	..

庇護希望者の流入	2005年	2010年	2013年	2014年	平均		人数
					2004-08年	2009-13年	2014年
住民1,000人当たり	..	..	0.1	..	..	..	..

人口増加の内訳	2005年	2010年	2013年	2014年	平均		人数（単位： 1,000人）
					2004-08年	2009-13年	2014年
住民1,000人当たり							
合計	-9.8	-21.9	-11.1	-7.7	-10.3	-15.5	-15.4
自然増加	-4.9	-4.9	-4.0	-3.4	-4.3	-4.4	-6.7
純移動及び統計上の調整	-4.9	-17.0	-7.1	-4.3	-5.9	-11.1	-8.7

移民のストック	2005年	2010年	2013年	2014年	平均		人数（単位： 1,000人）
					2004-08年	2009-13年	2014年
総人口に占める割合（%）							
外国出身人口	..	13.5	12.2	12.0	..	..	265
外国人人口	..	13.2	..	..			

帰化	2005年	2010年	2013年	2014年	平均		人数
					2004-08年	2009-13年	2014年
外国人人口に占める割合（%）	..	..	..	..	..	..	..

就業状況	2005年	2010年	2013年	2014年	平均	
					2004-08年	2009-13年
就業率（人口全体に占める割合）(%)						
自国出身の男性	66.9	57.7	66.6	68.4	69.2	62.0
外国出身の男性	72.8	59.5	68.1	68.4	75.8	63.8
自国出身の女性	58.8	59.0	64.2	64.8	61.3	61.3
外国出身の女性	62.5	59.3	57.3	60.9	64.3	58.8
失業率（労働力人口に占める割合）(%)						
自国出身の男性	9.3	22.8	12.9	12.2	8.4	18.4
外国出身の男性	8.2	24.9	11.8	11.3	7.5	19.6
自国出身の女性	8.6	17.0	11.2	10.0	7.5	13.9
外国出身の女性	10.0	14.3	13.5	11.1	9.3	15.8

注と資料は本章末尾に記載。

StatLink : http://dx.doi.org/10.1787/888933396025

リトアニア

リトアニアの人口は減少が続き、2011年の国勢調査では300万人であったものが、2016年初めには推定288万人となっている。在留外国人はこの1年間に0.8%増加し、2016年初めには4万1,138人を数えた。これは、総人口の1.42%に相当する。在留外国人全体のほぼ半数（1万8,262人）は、EEA域外の国の出身者で、長期在留許可を保有している。

リトアニアは、全人口に占める流出人口の割合が、ヨーロッパでも最高水準にある。2015年は特に急増ぶりが顕著であり、流出人口は2014年の3万6,600人に対して4万4,600人に達した。この数字には、流出人口のうち申告者しか含まれないのに対し、2010年以前の数字は申告していない流出者も含めて推定しているため、2011年以後の増加幅はさらに大きくなる可能性が示唆される。2015年の流出人口のうち80%超がリトアニア人であり、その移住先は依然としてイギリス（43%）が最も多く、次いでドイツ（7%）、アイルランド（7%）、ノルウェー（6%）である。2015年の流出人口のうち、49%は20〜34歳の年齢人口であった。

流入人口は、2014年の2万4,300人から、2015年には2万2,130人へと減少したものの、2010年の5,200人に比べればかなり多い。流入人口の83%（1万8,400人）は、帰還したリトアニア人である。外国人（3,800人）のうち最も多いのはウクライナ人（31%）で、その割合は2013年と比べて3分の1も増加しており、ロシア人（19%）──全体に占める割合が3分の1以上減少した──、ベラルーシ人（10%）がそれに続く。また、外国人の流入人口の22%をEEA域内の国民が占め、2015年の流入者の多くは、それまでイギリス（40%）、ノルウェー（9%）、アイルランド（9%）に居住していた。ロシア、ウクライナ、ベラルーシからの移民を合わせると、流入人口全体に占める割合は、2014年の15%から2015年の13%に減少している。2015年の場合、外国人の移住目的は、大多数が経済的理由（60%）であり、家族再統合（23%）、留学（13%）がそれに続いた。流入の減少と流出の増加により、流出超過は2014年の1万2,300人から2015年は2万2,400人へと拡大し、2012年の水準に並んだ。

EU/EFTA域外出身の労働者に発給された就労許可証は、2014年の5,400件から2015年は6,900件に増加したが、全雇用者に占める割合はなおわずかである。EU/EFTA域外からの移民の就業先は、主として運送（2015年に発給の就労許可証の77%）、製造、宿泊・飲食サービスの分野であり、出身国別では、ウクライナ（64%）、ベラルーシ（25%）、モルドバ（3%）など、近隣諸国がほとんどである。また、EU/EFTA域外出身の高技能労働者に発給されたEUブルーカード（EU Blue Card）は197件、更新は89件であった。

庇護申請数は、2014年に増加した後、2015年には再び減少し、前年比59%減の291件であった。申請数が最も多い国はウクライナ（22%）であり、ジョージア（16%）、ロシア（14%）がそれに続いた。2015年に審査されたのは351件で、難民あるいは補完的被保護資格の認定を受けたのはそのうちの30%である。2015年、リトアニアへの再配置及び再定住の調整に当たるため、政府内に諮問委員会が設置され、同年中に、EUの再配置計画の下で6人の難民がリトアニアへの移住を果たしている。

2015年に不法在留が発覚した外国人は1,500人で、その多くは、ベラルーシ人（32%）、ロシア人（19%）、ウクライナ人（17%）であった。

2015年には、優秀な高技能移民を誘致して、経済成長とイノベーションを促進することを目的に、移民政策にいくつか変更が加えられた。その変更点は第一に、リトアニアで勉学や訓練を修了した留学生は、専攻分野で就労するに当たって、就労経験を証明する必要がなくなったこと、第二に、以前の留学生及び一部の一時的労働者は、リトアニアを出国しなくても、高技能者対象の在留許可を申請すれば、在留資格が変更できるようになったこと、第三に、資格の認定手続が簡略化されたことである。

また、高技能移民の雇用手続の円滑化をはかる提案もいくつかなされた。中でも、人手不足の職業リストに挙げられた仕事に応募する移民や、リトアニアで教育を受けた元留学生、外国企業に雇用され、リトアニアの企業での在外勤務（1年未満）のため入国した労働者には、労働市場テストの適用を中止するという提案が特筆される。

2016年、指定条件をすべて満たす革新的な企業（スタートアップ企業）に雇用された外国人に、一時在留許可証を発給する案が承認された。一方で、一時在留許可を申請する外国人全員を対象とする要件、特に犯罪歴調査とセキュリティチェックに関しては、厳格化されている。

詳細については下記を参照
www.migracija.lt
www.stat.gov.lt/en
www.123.emn.lt/en/home

国別の情報——最近の移民動向と移民政策の変化　第5章

移民のフローとストックの最近の傾向
リトアニア

移民フロー（外国人） ——当該国の定義に基づく	2005年	2010年	2013年	2014年	平均		人数（単位：1,000人）
					2004-08年	2009-13年	2014年
住民1,000人当たり							
流入者数	0.6	0.3	1.0	1.5	0.7	0.6	4.8
流出者数	0.7	1.2	1.0	1.1	0.7	1.1	3.5

移民流入数（外国人） ——在留許可の種類別（標準化データ）	単位：1,000人		割合（%）	
	2013年	2014年	2013年	2014年
労働移民	..	..	..	..
家族移民（帯同家族含む）	..	..	..	..
人道移民	..	..	..	..
自由移動	..	..	..	..
その他	..	..	..	..
合計	..	..	..	..

移民送出国上位10か国（外国人流入者総数に占める割合）(%)

凡例：2004～2013年の年平均　／　2014年

ロシア、ウクライナ、ベラルーシ、ジョージア、ラトビア、ドイツ、パキスタン、アゼルバイジャン、イラン、ポーランド　（横軸：0, 10, 20, 30, 40）

一時的移民	2005年	2013年	2014年	平均
				2009-13年
単位：1,000人				
留学生	..	..	..	..
研修生	..	..	..	..
ワーキングホリデー利用者	..	..	..	..
季節労働者	..	..	..	..
企業内転勤	..	..	..	..
その他の一時的労働者	..	..	..	..

庇護希望者の流入	2005年	2010年	2013年	2014年	平均		人数
					2004-08年	2009-13年	2014年
住民1,000人当たり	0.0	0.1	0.1	..	0.0	0.1	

人口増加の内訳	2005年	2010年	2013年	2014年	平均		人数（単位：1,000人）
					2004-08年	2009-13年	2014年
住民1,000人当たり							
合計	-19.7	-28.9	-9.6	-7.6	-13.0	-15.7	-22.2
自然増加	-4.3	-3.7	-3.9	-3.4	-4.2	-3.6	-9.9
純移動及び統計上の調整	-15.4	-25.2	-5.7	-4.2	-8.8	-12.1	-12.3

移民のストック	2005年	2010年	2013年	2014年	平均		人数（単位：1,000人）
					2004-08年	2009-13年	2014年
総人口に占める割合（%）							
外国出身人口	..	6.4	..	..	..	..	..
外国人人口	1.0	1.0	0.8	0.7	1.1	0.9	23

帰化	2005年	2010年	2013年	2014年	平均		人数
					2004-08年	2009-13年	2014年
外国人人口に占める割合（%）	..	..	..	..	..	..	179

就業状況	2005年	2010年	2013年	2014年	平均	
					2004-08年	2009-13年
就業率（人口全体に占める割合）(%)						
自国出身の男性	65.7	56.2	64.5	66.3	66.2	60.3
外国出身の男性	76.6	64.1	72.1	72.9	75.6	66.9
自国出身の女性	59.4	58.5	62.7	64.8	60.3	60.7
外国出身の女性	59.7	60.0	65.6	66.0	63.4	61.6
失業率（労働力人口に占める割合）(%)						
自国出身の男性	8.2	21.6	13.5	12.5	7.1	17.2
外国出身の男性	10.8	19.9	8.3	10.9	8.3	15.7
自国出身の女性	8.1	14.6	10.6	9.4	6.9	12.1
外国出身の女性	16.6	17.7	10.4	9.7	11.3	15.3

注と資料は本章末尾に記載。

StatLink：http://dx.doi.org/10.1787/888933396034

ルクセンブルク

ルクセンブルクでは、移民の流入は増加が続き、2013年の2万1,100人から2014年には2万2,300人になる一方、移民の流出はわずかに増えて1万1,300人であった。その結果、2014年の流入超過は1万1,000人となり、近年で最も高い水準を示した（2013年から7%増加）。流入超過分の約3分の2は、EU及びその他のヨーロッパ諸国の国民が占め、流入超過が最大であったのはフランス人で、ポルトガル人、イタリア人がそれに続いた。

2014年にEU域外の国民に発給された初回の在留許可件数は3,100件（18%減）、更新数は5,900件、長期在留許可数は800件であった。初回在留許可の発給数が特に多い移民カテゴリーは、家族、給与所得者、「欧州ブルーカード（European Blue Cards）」保持者である。また、初回在留許可（長期在留許可を除く）の受給者の主な出身国は、アメリカ合衆国、中国、インドである。国際的保護の申請は増加しているが、帰還は減少が続いている。EU/EEA及びスイスの国民は在留登録証を申請する必要があるが、2014年発行のこの種の証明書は1万4,900件であり、前年の1万6,100件から減少した。

2015年1月の時点で、在留外国人は前年比3.9%増の25万9,000人であり、これは総人口の46%に当たる。EU市民が外国人全体の86%、総人口の39%を占め、ルクセンブルクの人口増加は、そのほとんどがEU市民の流入によるものである。流入外国人の多い上位5か国、すなわち、EU加盟国のポルトガル（9万2,000人）、フランス（3万9,000人）、イタリア（1万9,000人）、ベルギー（1万9,000人）、ドイツ（1万3,000人）だけで、外国人人口全体の70%を占めた。EU加盟国以外の主な送出国は、モンテネグロ（4,000人）、カーボベルデ（3,000人）、中国（2,500人）である。2014年に増加幅が最も大きかったのは、アメリカ合衆国（14%増）、次いで中国（12%増）、カーボベルデ（5%増）であった。

2014年には、EU加盟国出身の外国人は、労働人口（自営業者を含む）の65%を占めたのに対し、EU域外の国の国民は4%であった。ベルギー、フランス、ドイツからルクセンブルク国内に通勤する越境労働者は、労働人口の42%を占める。

2014年末のルクセンブルク大学の在学者数は6,300人で、そのうち45%がEU市民、11%がEU域外の国の国民であった。2014年、移民省（Directorate of Immigration）はEU域外の出身者（主に、中国人、ロシア人、インド人の学生）に対して、200件の初回学生ビザを発行した。

欧州連合統計局（Eurostat）のデータによると、2015年の庇護希望者数は、前年の2倍を超える2,400人であった。シリア人（630人）とイラク人（550人）の初回庇護申請が全体の半分を占め、アフガニスタン人（220人）、コソボ人（190人）、アルバニア人（130人）からの申請がそれに続いた。2015年に、一次審査で認定を受けた割合は25%（EUの平均は51%）、補完的保護が認められたのは5%未満であった。

2013年末の政権交代後、何件かの法改正が発表された。その中には、投資家と企業経営者を対象とする在留許可の新たな2つのカテゴリーの設定や、投資家と企業家のための法的枠組みの構築などがあった。現行のブルーカードについては、高技能移民や企業内転勤者向けの略式手続の導入が政府内で検討されている。

2015年12月には、「欧州共通庇護制度（Common European Asylum System, CEAS）」に関するEU指令（2013/32/EU及び2013/33/EU）を、国内法に導入するための改正法案が採択された。この制度改革は、より効率的で信頼できる制度へと改善すること、そして、弱者の権利を拡大することが目的である。

ルクセンブルク政府は2015年6月7日、国民投票を実施して、3点の主要な憲法改正項目について国民の賛否を問うた。最も議論が分かれたのは、在留外国人に選挙権を付与するかどうかという問いであった。これが否決されたことから、政府は取り組みの重点を、各種の選択肢を通じて国籍法を改正し、ルクセンブルク市民権の取得条件を緩和することに再び移すことになる。こうした状況を背景にして、法務相は2016年3月、ルクセンブルク市民権に関する新しい法案を議会に提出した。

詳細については下記を参照
www.mae.lu
www.statistiques.public.lu
www.olai.public.lu

国別の情報——最近の移民動向と移民政策の変化　第5章

移民のフローとストックの最近の傾向
ルクセンブルク

移民フロー（外国人） ——当該国の定義に基づく	2005年	2010年	2013年	2014年	平均		人数（単位： 1,000人）
					2004-08年	2009-13年	2014年
住民1,000人当たり							
流入者数	29.6	31.2	40.2	42.3	30.5	34.9	*21.0*
流出者数	15.4	15.1	18.1	19.1	16.5	15.7	*9.5*

移民流入数（外国人） ——在留許可の種類別（標準化データ）	単位：1,000人		割合（%）	
	2013年	2014年	2013年	2014年
労働移民	1.1	0.7	6.3	3.7
家族移民（帯同家族含む）	1.1	1.3	5.9	6.9
人道移民	0.2	0.2	0.9	1.2
自由移動	15.5	16.5	85.9	87.4
その他	0.2	0.1	0.9	0.7
合計	18.0	18.8	100.0	100.0

一時的移民	2005年	2013年	2014年	平均
				2009-13年
単位：1,000人				
留学生	..	..	..	..
研修生	..	..	..	..
ワーキングホリデー利用者	..	..	..	..
季節労働者	..	..	..	..
企業内転勤	..	..	..	..
その他の一時的労働者	..	..	..	..

移民送出国上位10か国（外国人流入者総数に占める割合）(%)

庇護希望者の流入	2005年	2010年	2013年	2014年	平均		人数
					2004-08年	2009-13年	2014年
住民1,000人当たり	1.7	1.5	2.0	2.0	1.6	2.4	*970*

人口増加の内訳	2005年	2010年	2013年	2014年	平均		人数（単位： 1,000人）
					2004-08年	2009-13年	2014年
住民1,000人当たり							
合計	17.0	19.3	23.2	23.9	16.3	21.4	*13.3*
自然増加	3.9	4.1	4.2	4.0	3.8	3.9	*2.2*
純移動及び統計上の調整	13.1	15.2	19.0	19.9	12.5	17.5	*11.0*

移民のストック	2005年	2010年	2013年	2014年	平均		人数（単位： 1,000人）
					2004-08年	2009-13年	2014年
総人口に占める割合（%）							
外国出身人口	36.2	40.5	48.3	50.1	37.3	42.5	*249*
外国人人口	41.1	43.5	50.6	52.1	42.0	45.4	*259*

帰化	2005年	2010年	2013年	2014年	平均		人数
					2004-08年	2009-13年	2014年
外国人人口に占める割合（%）	0.5	2.0	1.8	2.0	0.6	1.9	*4 991*

就業状況	2005年	2010年	2013年	2014年	平均	
					2004-08年	2009-13年
就業率（人口全体に占める割合）(%)						
自国出身の男性	68.8	68.3	65.2	66.6	68.3	67.0
外国出身の男性	80.1	78.8	78.3	78.9	78.5	78.5
自国出身の女性	50.5	52.9	55.4	56.1	50.6	54.1
外国出身の女性	58.3	61.9	62.4	65.0	59.6	61.7
失業率（労働力人口に占める割合）(%)						
自国出身の男性	3.0	2.4	4.1	4.7	2.7	3.2
外国出身の男性	4.2	5.3	7.1	7.1	5.0	5.8
自国出身の女性	4.5	3.6	3.9	4.0	4.6	3.8
外国出身の女性	7.5	6.8	9.0	7.3	7.7	8.2

注と資料は本章末尾に記載。

StatLink：http://dx.doi.org/10.1787/888933396047

313

メキシコ

この20年、メキシコへの移民の流入は急激に増加してきた。2014年の予備的な推定値では、外国出身人口のストックは、2013年の99万1,200人から減少して93万9,900人となっているが、それでもまだ2000年の水準のほぼ2倍である。

2014年に外国人に新たに発給された永住許可証は4万3,500件、一時在留許可証は5万1,300件と、この10年間では最高水準であった。ただし、史上最高を記録した2013年の6万700件には及ばないが、2013年の記録は主に、2012年の法改正によって、一時的滞在者が永住許可を取得しやすくなった結果である。永住許可証の新規受給者の内訳は大幅に変化した。カテゴリー別の割合をみると、家族が理由の流入は2013年の39.6%から2014年の48.4%へと増加し、就労は27.2%から23.7%に減少して、2010年以降で最小の割合となった。また人道的理由による流入は、0.4%から0.8%に微増している。この5年間、国籍別にみた新規永住者の構成には変動がなく、アメリカ合衆国、コロンビア、キューバが主な送出国である。

一時的滞在の場合は、その理由として最も多いのは引き続き就労（42%）であるが、2013年以降、家族（24.5%）に増加傾向がみられる。留学生の一時的滞在の割合（21%）は、2013年よりやや少ない。また、人道的理由は微増して、2014年は1.2%であった。2014年までの5年間についてみると、一時的移住のこの4種のフローの主な出身国は、アメリカ合衆国、コロンビア、スペイン、キューバであった。アメリカ合衆国からの流入は減少傾向にあるが、これは、到着時に永住許可申請書を渡されるアメリカ人が増えたのも理由の1つである。インド人の流入は増加しているものの、全体に占める割合は2014年でも4%にとどまる。

2014年に発給された越境労働者証は約1万5,400件で、2013年の1万5,800件から減少した。減少の理由は、おおむね第1次産業の競争力不足にある。越境労働者で最も多いのは農業分野の雇用者で、そのほとんどはグアテマラと（それより少ないが）ベリーズの出身である。男性（ほとんどは20〜29歳）が、フロー全体の84%を占めた。

2014年にメキシコから強制送還された外国人は10万7,800人で、そのうち1万8,200人は18歳未満である。これら未成年の大半は中央アメリカ出身であり、国別では44%がホンジュラス、34%がグアテマラ、21%がエルサルバドルである。2014年には、メキシコ当局が強制送還を行った保護者のいない未成年者は倍増して、8,300人となった。

2014年の在外メキシコ人は1,200万人強と推定され、これは総人口の10%に相当する。このうちメキシコ出身のアメリカ合衆国在住者は1,190万人である。アメリカ合衆国におけるメキシコ出身人口の増加率は、近年、その伸びがかなり鈍化しており、それは2014年も続いた。

2014年に難民認定された庇護希望者数は、ほぼ2倍の450人となった。そのほとんどが中央アメリカ出身者である。2014年10月、「難民・補完的保護に関する法律（Law on Refugees and Complementary Protection）」が改正されて、「難民・補完的保護・政治的亡命に関する法律（Law on Refugees, Complementary Protection and Political Asylum）」と改称された。この法改正の結果、政治的亡命は、難民資格とは別に定義されて、政治的な理由で迫害された外国人や、生命や自由、安全が危険にさらされている政治犯をすべて含むようになっている。このカテゴリーが追加されたことで、メキシコの法律は国際保護の範囲を拡大する結果となった。

2014年12月、「青少年の権利に関する一般法（General Law on the Rights of Children and Youth）」が採択された。この法律は、保護者の有無にかかわらず、青少年の移民を対象とする特別な保護策の重要性を認めるものである。同法はまた、保護者のいない移民の子ども向けのシェルターや、「保護者のいない子どもの移民のための連邦弁護士（Federal Solicitor for Unaccompanied Child Migrants）」の制度化も規定している。

2015年6月、政府はメキシコに帰還した青少年の、教育制度への参加を促す施策を導入した。帰還した青少年は今後、出生証明書や修学証明書を提出しなくても、小学校や高等学校レベルへの入学が許可されるようになる。

2015年11月に、メキシコは「移民に関する地域会議（Regional Conference on Migration）」を主催した。この会議では、パナマやカナダなど11か国の移民担当部局の次官級が一堂に会した。

2015年、時限的な「一時的移民正規化プログラム（Temporary Migration Regularization Program）」が施行された。このプログラムの恩恵を受けられるのは、2012年11月より前にメキシコに入国した外国人のみである。一時滞在が認められれば、就労許可を申請できるようになる。

詳細については下記を参照

www.politicamigratoria.gob.mx

www3.inegi.org.mx/sistemas/temas/default.aspx?s=est&c=17484

国別の情報──最近の移民動向と移民政策の変化　第5章

移民のフローとストックの最近の傾向
メキシコ

移民フロー（外国人） ──当該国の定義に基づく	2005年	2010年	2013年	2014年	平均		人数（単位：1,000人）
					2004-08年	2009-13年	2014年
住民1,000人当たり							
流入者数	0.1	0.2	0.5	0.4	0.1	0.3	43.5
流出者数	..	..	..	..	..	..	..

移民流入数（外国人） ──在留許可の種類別（標準化データ）	単位：1,000人		割合（%）	
	2013年	2014年	2013年	2014年
労働移民	16.6	10.3	30.5	23.7
家族移民（帯同家族含む）	19.2	21.0	35.3	48.4
人道移民	0.2	0.3	0.4	0.8
自由移動	..	..	..	..
その他	18.4	11.8	33.8	27.1
合計	54.4	43.5	100.0	100.0

移民送出国上位10か国（外国人流入者総数に占める割合）(%)

[ ] 2004〜2013年の年平均　■ 2014年

アメリカ合衆国
キューバ
グアテマラ
ベネズエラ
中国
コロンビア
ホンジュラス
アルゼンチン
カナダ
スペイン

0　5　10　15　20　25

一時的移民	2005年	2013年	2014年	平均
				2009-13年
単位：1,000人				
留学生	5.1	7.4	10.7	5.5
研修生	..	..	..	..
ワーキングホリデー利用者	..	..	..	..
季節労働者	45.5	15.2	15.4	25.1
企業内転勤	..	..	..	..
その他の一時的労働者	41.3	32.6	40.7	36.9

庇護希望者の流入	2005年	2010年	2013年	2014年	平均		人数
					2004-08年	2009-13年	2014年
住民1,000人当たり	0.0	0.0	0.0	0.0	0.0	0.0	1 520

人口増加の内訳	2005年	2010年	2013年	2014年	平均		人数（単位：1,000人）
					2004-08年	2009-13年	2014年
住民1,000人当たり							
合計	11.8	12.5	11.3	10.9	12.4	12.1	1 307.1
自然増加	16.3	14.1	13.3	13.0	15.8	13.9	1 561.1
純移動及び統計上の調整	-4.5	-1.6	-2.0	-2.1	-3.5	-1.8	-254.0

移民のストック	2005年	2010年	2013年	2014年	平均		人数（単位：1,000人）
					2004-08年	2009-13年	2014年
総人口に占める割合（%）							
外国出身人口	0.5	0.8	0.8	0.8	..	0.8	940
外国人人口	..	0.2	..	0.3	..	..	326

帰化	2005年	2010年	2013年	2014年	平均		人数
					2004-08年	2009-13年	2014年
外国人人口に占める割合（%）	..	0.8	1.2	..	..	1.0	2 341

就業状況	2005年	2010年	2013年	2014年	平均	
					2004-08年	2009-13年
就業率（人口全体に占める割合）(%)						
自国出身の男性	80.7	77.8	78.3	78.2	80.7	78.2
外国出身の男性	70.9	67.4	68.2	67.7	72.4	66.4
自国出身の女性	41.8	43.5	45.0	44.3	43.1	44.1
外国出身の女性	38.5	31.8	39.0	39.9	35.6	36.8
失業率（労働力人口に占める割合）(%)						
自国出身の男性	3.5	5.6	5.1	5.0	3.6	5.4
外国出身の男性	3.3	6.8	6.9	7.2	3.9	6.8
自国出身の女性	4.0	5.5	5.1	5.0	4.1	5.3
外国出身の女性	2.8	6.7	6.8	6.1	5.7	7.0

注と資料は本章末尾に記載。

StatLink：http://dx.doi.org/10.1787/888933396059

オランダ

2015年には、流入超過が引き続き拡大して、5万6,000人に達した。流出人口があまり変化がなかったのに対し、流入人口が2014年から急増（ほぼ2万人増加）したのである。2014年の流出人口14万8,000人のうち、6万4,420人はオランダ人であり、移住先として最も多いのは近隣諸国、中でもベルギーとドイツである。

外国人の流入は、2013年の12万2,300人から2014年の13万9,350人へと増加している。2014年の新たな流入移民は、半数超がEU市民であった。流入数の増加ペースが特に速い国の中には、ポーランド（16%増の2万3,800人）、ブルガリア（15%の5,200人）をはじめとするEUの新規加盟国が多く、また、イタリア（21%増の5,200人）の増加も顕著である。シリア人の流入は、1,000人未満から6,900人に激増し、インド人の新規流入数は多少の増加にとどまった（4,500人から2014年には5,000人）。

移民・帰化局（Immigration and Naturalisation Service）提供のデータによると、2014年には、高技能職（専門知識と才能分野）の就労許可発給数が1万1,260件となり、前年の1万300件から微増した。高技能労働者のほとんどは、インド人、アメリカ人、中国人である。一方、これ以外の移民労働者への就労許可は、2013年の2,750件から2014年の1,700件へと減少している。主な出身国は同じく、インド、アメリカ合衆国、中国である。家族や親族への在留許可認定も、2万7,600件から2万4,300件に減少し、主な出身国は、インド人、トルコ人、アメリカ人であった。また、留学目的の在留許可件数は1万2,750件で、引き続きあまり変動がなく、主な出身国は中国、アメリカ合衆国、インドネシアとなっている。留学生の誘致拡大のため、政府は2014年7月、EU域外出身の学生向けの奨学金に対し、追加的な資金調達を行うと発表した。

欧州連合統計局（Eurostat）のデータでは、庇護希望者（扶養家族を含む）は、2015年は前年の倍近くに増えて、4万3,000人に達した。この数字は、EU加盟28か国が受理した庇護申請件数の3%超に当たる。申請件数の上位3か国の国民（シリア人、エリトリア人、イラク人）が、全体の60%を占めた。2015年に一次審査で認定された割合は、EU加盟28か国の51%に対して、約80%であった。また、2014年に国連難民高等弁務官事務所（UNHCR）の再定住プログラムの受益者となった難民は約800人と、前年よりも50%多く、そのほとんどはシリアとエリトリアの出身者であった。

2015年1月1日、革新的な起業家を誘致する目的で、スタートアップ・ビザ（Start-up Visa）が導入された。申請者は、（アクセラレーター・プログラムやインキュベーター・プログラムといった、大手企業による新興企業の支援制度において）、スタートアップ企業の支援に優れた実績を挙げているスポンサーの確保が必要になる。申請が認められれば、1年間の在留許可を取得でき、その間に革新的な製品やサービスを開発することが可能になる。

2014年には、庇護関連の分野でいくつかの政策変更がなされたが、その多くは、欧州共通庇護制度の実施に直接関連し、また、より効率的な入国許可手続の導入を目指すものである。変更内容は例えば、申請処理の迅速化、一次登録過程での申し立て書の早期提出、難民認定者の家族再統合に対する条件の緩和などである。また、庇護手続におけるLGBT（レズビアン、ゲイ、バイセクシャル、トランスジェンダー）の地位向上のため、新しい指針も示されている。

庇護希望者、特にシリアとエリトリアの出身者の急増に対応して、「中央難民機関（Central Agency for the Reception of Asylum Seekers, COA）」は、既存の受け入れ施設の定員を増やし、新しい（一時または緊急の）受け入れ施設も開設した。2014年には、計1万床近いベッドを備えた20棟が新設され、さらに2015年には、その収容人数の拡大もはかられている。政府は、庇護申請の不認定者の帰還に充てる資金を増額した。

2015年1月から、移民社会に残る強制結婚に対する追加的な施策が講じられている。その施策の中でも特に、専門知識を提供する国立センターの設置、リスクのある国の領事館員による積極的な関与、国外に残された未成年者に対する渡航文書交付のための許可の付与に関する規則改定、などが注目される。

2015年11月には、多くの移民に義務づけられている、市民統合プロセスにさまざまな変更が加えられた。市民統合テストに向けた準備講座は、移民本人が費用を負担する必要があるが、庇護希望者については一部に例外が設けられ、それ以外の移民でも場合によっては融資が受けられるようになった。

2016年3月初頭以降、国内または外国で卒業する留学生の求職期間には、同じ規則が適用される。すなわち、卒業後3年間は求職のための一時在留許可を得る資格があり、求職期間中にどのような仕事をすることも可能だという規則である。

詳細については下記を参照

www.ind.nl
www.cbs.nl

国別の情報——最近の移民動向と移民政策の変化　第5章

移民のフローとストックの最近の傾向
オランダ

移民フロー（外国人） ——当該国の定義に基づく	2005年	2010年	2013年	2014年	平均		人数（単位： 1,000人）
					2004-08年	2009-13年	2014年
住民1,000人当たり							
流入者数	3.9	6.6	7.3	8.2	4.6	6.8	139.3
流出者数	2.9	3.9	4.9	4.9	3.0	4.3	83.4

移民流入数（外国人） ——在留許可の種類別（標準化データ）	単位：1,000人		割合（%）	
	2013年	2014年	2013年	2014年
労働移民	13.0	11.9	11.9	9.6
家族移民（帯同家族含む）	21.1	20.4	19.4	16.5
人道移民	10.0	19.4	9.1	15.7
自由移動	65.2	72.3	59.7	58.3
その他	..	..	..	..
合計	109.2	124.1	100.0	100.0

移民送出国上位10か国（外国人流入者
総数に占める割合）(%)

一時的移民	2005年	2013年	2014年	平均
				2009-13年
単位：1,000人				
留学生	10.9	11.8	12.6	11.1
研修生	9.9	..		3.7
ワーキングホリデー利用者	..	..	..	..
季節労働者	..	..	..	..
企業内転勤	..	..	..	..
その他の一時的労働者	46.1	..	..	12.5

庇護希望者の流入	2005年	2010年	2013年	2014年	平均		人数
					2004-08年	2009-13年	2014年
住民1,000人当たり	0.8	0.8	0.9	1.4	0.7	0.8	23 850

人口増加の内訳	2005年	2010年	2013年	2014年	平均		人数（単位： 1,000人）
					2004-08年	2009-13年	2014年
住民1,000人当たり							
合計	1.5	4.9	3.0	4.2	2.5	4.1	71.4
自然増加	3.2	2.9	1.8	2.1	3.1	2.5	36.0
純移動及び統計上の調整	-1.7	2.0	1.2	2.1	-0.7	1.6	35.5

移民のストック	2005年	2010年	2013年	2014年	平均		人数（単位： 1,000人）
					2004-08年	2009-13年	2014年
総人口に占める割合（%）							
外国出身人口	10.6	11.2	11.6	11.8	10.7	11.4	1 996
外国人人口	4.2	4.6	4.8	5.0	4.3	4.7	847

帰化	2005年	2010年	2013年	2014年	平均		人数
					2004-08年	2009-13年	2014年
外国人人口に占める割合（%）	4.1	3.6	3.3	4.0	4.1	3.7	32 578

就業状況	2005年	2010年	2013年	2014年	平均	
					2004-08年	2009-13年
就業率（人口全体に占める割合）(%)						
自国出身の男性	81.5	81.2	80.1	79.4	82.5	81.2
外国出身の男性	69.5	72.1	68.6	69.7	70.6	71.1
自国出身の女性	68.6	71.3	72.1	70.4	69.9	72.2
外国出身の女性	53.1	57.3	57.1	54.8	53.4	57.6
失業率（労働力人口に占める割合）(%)						
自国出身の男性	3.6	4.0	6.2	6.5	3.1	4.3
外国出身の男性	10.8	7.8	14.0	12.2	9.0	10.3
自国出身の女性	4.4	4.0	5.4	7.0	3.9	4.2
外国出身の女性	9.9	8.7	12.4	13.3	9.1	9.5

注と資料は本章末尾に記載。

StatLink : http://dx.doi.org/10.1787/888933396062

ニュージーランド

2014～15年度のニュージーランドの純移動は、流入超過がかなり大きかった。これは、ニュージーランド人の流出超過が少なく（5,600人）、ニュージーランド人以外の流入超過が大きかった（6万3,900人）ためである。流入超過を示した外国人は、インド（1万2,000人）、中国（8,000人）、イギリス（4,300人）、フィリピン（4,300人）からの移民であった。2011～12年度以降、ニュージーランド人のオーストラリアへの年間移住件数は減少する一方、オーストラリアから帰国するニュージーランド人は増加している。2014～15年度のオーストラリアへの移住によるニュージーランド人の流出超過は、2012～13年度の3万2,700人、2013～14年度の1万2,300人をかなり下回る。

2014～15年度の定住ビザの取得者数は4万3,100人で、2013～14年度の4万4,000人から2%減少している。定住ビザ取得者が減少した主要因は、「家族（Family）」ストリームが1万5,200人と14%減少したことにある。「技術移民（Skilled Migrant）」カテゴリーのビザ取得者数は、2013～14年度から4%増加して、2万1,170人であった。企業家カテゴリーの取得者は急増し、過去2年度をそれぞれ38%及び18%上回ったが、定住ビザ取得者総数に占める割合はなお2%にとどまる。

2014～15年度には、中国が定住ビザ取得者の送出国として最大であり（前年比2%減の17%）、そのほとんどが、技術移民カテゴリー（32%）と「両親（Parent）」ストリーム（29%減の31%）であった。上位送出国には他に、インド（16%）とイギリス（11%）がある。

2014～15年度の一時在留許可取得者（訪問者を除く）約25万4,000人のうち、就労ビザ取得者は計17万800人（前年比10%増）であった。就労ビザでは、「必須技能（Essential Skills）」ビザが2万8,500人（労働市場テストの対象となる一時的労働者）に発行されて、前年から8%増加した。季節労働のための入国は、前年から7%増加して1万1,700人であった。労働市場テストの対象ではない労働ビザカテゴリーでは、「ワーキングホリデー制度（Working Holiday Scheme）」の下で6万1,400人（12%増）、「家族政策（Family policy）」の下で2万9,300人（9%増）の一時的労働者の在留が承認された。また、「就学から就労への移行政策（Study to Work Policy）」によるビザ取得者は、2013～14年度の1万1,800人から2014～15年度の1万3,700人へと増加した。この増加の主因となったのが、「ポストスタディーワークビザ（オープン）（Post-study work visa (open)）」取得者（53%増の9,600人）であるが、一方の「ポストスタディーワークビザ（エンプロイヤーアシスティッド）（Post-study work visa (employer assisted)）」の取得者数は23%減少し、4,100人であった。

2014～15年度にニュージーランドでの就学を認められた新規留学生は、2013～14年度から23%増加して4万8,030人となり、全留学生の57%を新規留学生が占めた。最大の留学生送出国はなお中国（27%）であり、インド（23%）、韓国（6%）がそれに続いた。インドからの留学生は、急増を続けている。

この10年、ニュージーランドでの庇護申請者数は大幅に減少しており、2003～04年度の711人に対して、2014～15年度は328人であった。庇護申請者の最大の送出国は、中国、フィジー、パキスタン（いずれも8%）である。難民認定は100件（審査対象の35%）であった。また、クオータ制によって在留許可証を付与されたのは、2013～14年度は760人、2014～15年度は900人であった。

2015年5月6日、「2015年改正移民法（Immigration Amendment Act 2015）」が国王の裁可を受けた。特に注目すべき改正点は、移民の搾取への取り組みと、入国審査官の調査権限の強化である。

必須技能カテゴリーの労働ビザは、労働市場テストの対象である。労働市場テストによって、雇用主はニュージーランド人を雇用しようと努力したこと、それでも、欠員を埋めるにふさわしいニュージーランド人が採用できず、移民向けに求人を出すということを証明するのである。2014～15年度には、この制度に関してさまざまな改定が行われた。改定された点には、一時的な必須技能労働ビザを申請する必要はあるが、技術移民カテゴリーの滞在申請が審査中である移民は、労働市場テストが免除されるというものもある。また、カンタベリー地方の復興支援に当たっての、必須技能労働に関する指示内容の変更や、低技能労働者の搾取を抑制するための改定も行われた。こうした改定が行われた結果、労働ビザの有効期限が延長され、複数の雇用主の下での就労が可能になり、労働者を雇用しようとする人材派遣会社のための新しい認定方法が導入されることとなった。その他、必須技能に関する指示内容や、関連の労働市場テストも変更された。「認定季節労働者（Recognised Seasonal Employer, RSE）」に関して制限事項が増える一方、すべてのワーキングホリデー制度の片務的変更によって、ワーキングホリデー利用者はニュージーランド滞在中に最長6か月の就学が可能となった。

オンライン申請用紙が発表されて、ほとんどの学生ビザ、労働ビザ、訪問ビザの申請書類の電子提出が可能になった。また、オンライン移民健康診断システム「eメディカル（eMedical）」が、2014年11月に導入された。

詳細については下記を参照

www.immigration.govt.nz
www.employment.govt.nz/
www.investmentnow.govt.nz/index.html

国別の情報——最近の移民動向と移民政策の変化　第5章

移民のフローとストックの最近の傾向
ニュージーランド

移民フロー（外国人） ——当該国の定義に基づく	2005年	2010年	2013年	2014年	平均		人数（単位： 1,000人）
					2004-08年	2009-13年	2014年
住民1,000人当たり							
流入者数	13.3	13.2	15.1	18.3	14.0	14.0	80.3
流出者数	5.5	6.0	5.2	4.9	5.3	5.6	21.7

移民流入数（外国人） ——在留許可の種類別（標準化データ）	単位：1,000人		割合（%）	
	2013年	2014年	2013年	2014年
労働移民	10.1	11.7	22.8	23.6
家族移民（帯同家族含む）	27.1	29.8	61.2	60.3
人道移民	3.4	3.6	7.6	7.2
自由移動	3.7	4.4	8.3	8.9
その他	..	..	..	..
合計	44.4	49.5	100.0	100.0

移民送出国上位10か国（外国人流入者総数に占める割合）(%)

[____] 2004〜2013年の　　■ 2014年
　　　年平均

インド
イギリス
中国
オーストラリア
フィリピン
フランス
ドイツ
アメリカ合衆国
日本
韓国
0　　5　　10　　15　　20

一時的移民	2005年	2013年	2014年	平均
				2009-13年
単位：1,000人				
留学生	70.0	65.2	84.9	69.0
研修生	1.8	1.2	1.1	1.3
ワーキングホリデー利用者	29.0	57.6	61.4	47.9
季節労働者	2.9	8.4	9.3	8.0
企業内転勤	..	..	..	..
その他の一時的労働者	44.2	35.3	37.3	31.9

庇護希望者の流入	2005年	2010年	2013年	2014年	平均		人数
					2004-08年	2009-13年	2014年
住民1,000人当たり	0.1	0.1	0.1	0.1	0.1	0.1	290

人口増加の内訳	2005年	2010年	2013年	2014年	平均		人数（単位： 1,000人）
					2004-08年	2009-13年	2014年
住民1,000人当たり							
合計	9.2	10.7	11.8	17.3	10.0	9.9	77.9
自然増加	7.5	8.3	6.7	6.0	7.8	7.6	27.0
純移動及び統計上の調整	1.7	2.4	5.1	11.3	2.2	2.3	50.9

移民のストック	2005年	2010年	2013年	2014年	平均		人数（単位： 1,000人）
					2004-08年	2009-13年	2014年
総人口に占める割合（%）							
外国出身人口	20.3	21.6	22.4	23.9	20.7	21.8	1 050
外国人人口	..	..	..	..	..	..	

帰化	2005年	2010年	2013年	2014年	平均		人数
					2004-08年	2009-13年	2014年
外国人人口に占める割合（%）	..	..	..	..	..	..	28 757

就業状況	2005年	2010年	2013年	2014年	平均	
					2004-08年	2009-13年
就業率（人口全体に占める割合）（%）						
自国出身の男性	82.9	79.1	78.2	80.0	82.5	78.6
外国出身の男性	76.2	75.9	78.3	79.0	77.6	76.9
自国出身の女性	69.9	68.6	68.8	70.6	70.1	68.6
外国出身の女性	59.4	61.1	65.1	65.3	60.5	63.3
失業率（労働力人口に占める割合）（%）						
自国出身の男性	3.4	6.1	6.0	5.3	3.6	6.2
外国出身の男性	4.3	7.2	5.4	5.2	4.1	6.7
自国出身の女性	4.0	6.9	7.2	6.5	4.0	6.9
外国出身の女性	4.9	7.7	7.2	7.5	5.2	7.4

注と資料は本章末尾に記載。

StatLink：http://dx.doi.org/10.1787/888933396078

ノルウェー

2014年のノルウェーへの流入者総数（庇護希望者を除く）は、2013年より5,800人減少して、7万人であった。そのうち88%は外国人で、EU加盟国出身者が過半数を占めるが、その割合は58%へと微減している。出身国として最も多いのは引き続きポーランドであり（新規流入者は9,900人）、スウェーデン（4,600人）、リトアニア（4,400人）がそれに続く。増加が目立つのは、エリトリア（2,800人）、シリア（2,100人）、インド（1,800人）からの移民である。2014年にノルウェーから国外に流出した外国人は2万3,000人と、前年に比べて1,700人減少した。2014年の流出人口で特に多いのは、スウェーデン人（3,800人）、ポーランド人（2,900人）、リトアニア人（1,400人）である。外国人の流入超過は、前年を3,800人下回る3万8,100人と、2006年以来最も少なかった。2015年初頭の時点で、移民は66万9,400人、親が移民のノルウェー生まれの子どもが13万5,600人であり、合わせて人口の15.6%（2014年から0.7パーセントポイント増加）を占める。

2014年に流入した労働移民は、2011年のピーク時から約20%減少したが、2004年以前の水準と比べるとなお多いとみられる。2014年にノルウェーに流入した北欧諸国以外からの労働移民は2万1,000人超であり、北欧諸国以外からの移民全体の約43%を占めた。一方、ノルウェーに移住してきた北欧諸国の出身者はおよそ3,800人で、その大多数が雇用者であった。労働移民全体の約90%はヨーロッパ出身者であり、その大半は中央ヨーロッパ及び東ヨーロッパからの移民である。短期滞在の就労者は増加を続けており、特に東ヨーロッパのEU加盟国出身者についてはそれがいえる。

2014年の北欧諸国以外からの移民に占める家族移民の割合は、前年と同じく32%であった。EU域外からの移民に新規に発給された家族関連の在留許可証は、2013年の1万1,900件から2014年の1万1,100件に微減した。また、北欧諸国以外のEU市民で、登録時に家族関係を移住理由として申告したのは、1万1,200人であった。2014年の家族関係の在留許可発給数では、ソマリア、フィリピン、インドが上位3か国であり、北欧諸国を除くEU/EFTA域内に限ると、ポーランド、リトアニア、ルーマニアが多かった。

2014年には、保護の必要性または人道的理由に基づいて在留許可が付与された北欧諸国以外からの移民は、2013年の13%から増えて14%であった。

2015年には、庇護希望者数が前年のほぼ3倍になり、3万1,150人に達した。主な出身国は、シリア（申請者数は2014年の2,000人から1万500人に増加）、アフガニスタン（600人から6,900人に増加）、エリトリア（2,900人で変動なし）である。2015年の一次審査での決定件数8,400件近くのうち、認定されたのは75%と、2014年の約67%から増加した。2015年には、ほぼ2,400人の難民がノルウェーに再定住している。

2014～15年度には、移民に関する政府の施策がいくつか発表された。その中には、永住許可の申請前に必要な連続的な滞在期間を、3年から5年に引き上げる案があった。また、移民規定を変更して、庇護申請手続時の永住準備が導入されたが、その目的は、子どもの状況への配慮をいっそう重視すること、及び、子どものノルウェー社会とのつながりに基づいて、子どもとその家族に合法的滞在を許可する時期を明確化することにある。さらに、クオータ制による難民の選抜に関して新基準が設けられた。統合に成功する可能性の高い難民を選抜するのが狙いだが、保護の必要性が何よりも優先されている。また、再定住させるシリア難民の割り当て数が、2014年の1,000人から2015年の2,000人に引き上げられた。だが、2015年後半に到着する庇護希望者が急増し、2016年も同様と思われるため、政府は、2016年度の当初予算に対して補正予算案を提示するとともに、庇護希望者数の低減措置を複数提案している。

2014～15年度の施策の中には、統合政策に関係するものもあった。その1つは、2015年5月以降、国庫補助金制度により、親が負担する幼稚園費用が、低所得世帯については世帯収入の最大6%に制限されるというものである。また、2015年8月以降、低所得世帯の4～5歳児全員に、幼稚園での週20時間の自由時間を提供するという措置も講じられた。こうした施策は、特に移民の子ども向けというわけではないが、移民の子どもの受ける恩恵は大きいと推測される。さらに、「イントロダクション法（Introduction Act）」の改正案も提出されている。改正の目的は、ノルウェー語学習の質向上をはかること、移民が外国で取得した資格の迅速な評価を雇用主が必要とする場合、それを支援するための評価キットの導入、そして、ノルウェー市民権を申請する資格取得に当たっては、ノルウェー語での口頭テストと市民テストでの合格を要件とすること（一部少数の例外はある）である。

詳細については下記を参照

www.udi.no
www.ssb.no
www.regjeringen.no
www.imdi.no

国別の情報——最近の移民動向と移民政策の変化　第5章

移民のフローとストックの最近の傾向

ノルウェー

移民フロー（外国人）——当該国の定義に基づく	2005年	2010年	2013年	2014年	平均		人数（単位：1,000人）
					2004-08年	2009-13年	2014年
住民1,000人当たり							
流入者数	6.8	13.3	13.8	12.6	8.9	13.4	61.4
流出者数	2.7	4.6	5.2	4.8	2.9	4.5	23.3

移民流入数（外国人）——在留許可の種類別（標準化データ）	単位：1,000人		割合（%）	
	2013年	2014年	2013年	2014年
労働移民	3.8	3.7	6.4	6.8
家族移民（帯同家族含む）	11.9	11.0	19.8	20.1
人道移民	6.7	5.7	11.2	10.3
自由移動	37.8	34.6	62.7	62.8
その他	..	..	..	..
合計	60.3	55.0	100.0	100.0

移民送出国上位10か国（外国人流入者総数に占める割合）(%)

[⬚⬚] 2004〜2013年の年平均　　■ 2014年

ポーランド
スウェーデン
リトアニア
エリトリア
フィリピン
ルーマニア
シリア
インド
デンマーク
ソマリア

0　　5　　10　　15　　20

一時的移民	2005年	2013年	2014年	平均
				2009-13年
単位：1,000人				
留学生	4.3	8.4	8.5	7.6
研修生	0.3	0.2	0.3	0.2
ワーキングホリデー利用者	0.1	..	..	0.1
季節労働者	1.8	4.5	5.5	3.0
企業内転勤	0.2	..	..	0.3
その他の一時的労働者	2.1	2.0	2.2	1.7

庇護希望者の流入	2005年	2010年	2013年	2014年	平均		人数
					2004-08年	2009-13年	2014年
住民1,000人当たり	1.2	2.1	2.4	2.6	1.7	2.4	12 640

人口増加の内訳	2005年	2010年	2013年	2014年	平均		人数（単位：1,000人）
					2004-08年	2009-13年	2014年
住民1,000人当たり							
合計	7.4	12.7	11.4	11.1	9.4	12.6	57.0
自然増加	3.5	4.1	3.5	3.7	3.6	3.9	19.0
純移動及び統計上の調整	3.9	8.6	7.9	7.4	5.9	8.7	38.0

移民のストック	2005年	2010年	2013年	2014年	平均		人数（単位：1,000人）
					2004-08年	2009-13年	2014年
総人口に占める割合（%）							
外国出身人口	8.2	11.6	14.5	15.2	8.9	12.6	742
外国人人口	4.8	7.6	10.0	10.5	5.3	8.3	512

帰化	2005年	2010年	2013年	2014年	平均		人数
					2004-08年	2009-13年	2014年
外国人人口に占める割合（%）	5.9	3.6	2.9	3.2	5.1	3.5	15 336

就業状況	2005年	2010年	2013年	2014年	平均	
					2004-08年	2009-13年
就業率（人口全体に占める割合）(%)						
自国出身の男性	78.8	77.9	77.6	77.4	79.3	78.0
外国出身の男性	67.0	72.8	74.7	74.6	72.1	73.5
自国出身の女性	72.9	74.1	75.0	74.8	74.0	74.6
外国出身の女性	59.8	65.8	62.6	64.7	64.0	65.8
失業率（労働力人口に占める割合）(%)						
自国出身の男性	4.0	3.6	3.0	3.2	3.2	3.1
外国出身の男性	12.5	9.1	7.7	7.6	8.6	8.7
自国出身の女性	3.9	2.6	2.4	2.5	3.0	2.4
外国出身の女性	8.5	6.6	9.2	8.3	6.4	6.9

注と資料は本章末尾に記載。

StatLink：http://dx.doi.org/10.1787/888933396088

第5章

第5章　国別の情報——最近の移民動向と移民政策の変化

■ ポーランド ■

2014年、3か月以上の滞在を目的に、外国からポーランドへの入国が登録された人は9万1,380人と、2013年を13%上回った。登録された流入者の92%超が外国人であり、その多くはヨーロッパ出身者であった（流入外国人全体の81%）。近年の流入増加は、主にウクライナ人によるものであり、ウクライナ人は2013年には外国人全体の33%であったのに対し、2014年には約40%を占めるまでになった。他に多かったのは、ドイツ人（6.9%）、ベトナム人（5.2%）、中国人（4.1%）、ロシア人（3.5%）である。一方の流出者数は、2009〜2012年の間の推定人数が21万8,000人から27万6,000人までと、年によって幅がある。

在留許可に関するデータも同様の傾向を示している。2014年には、4万2,600件の一時的在留許可（前年比32%増加）と、6,600件の永住許可（82%増加）が発給され、EU市民による在留登録は約8,600件であった（0.5%増加）。一時在留許可発給件数の大幅な増加は、2014年5月に導入された新たな規則や、2012年に始まった非正規移民の正規化過程、そして、ウクライナからの流入者の増加と関連している。2014年12月の時点で、在留可能な何らかの書類を保有する外国人は17万5,000人であり、前年比45%の増加を示した。2015年7月末には、さらに10%増加して19万3,700人に達している。ウクライナ人は永住許可保有者の37%、一時在留許可保有者の39%を占め、在留登録を行ったEU市民のうち最も多かったのはドイツ人（31%）である。

EU域外出身の外国人に対する労働許可証の発給件数は、2007年以降増加を続けている。2014年と2015年は、それぞれ4万3,000件（2013年比11.6%増）、6万5,800件であった。2015年の発給件数が最も多かったのはウクライナ人（77%）であり、ベラルーシ人（3%）とモルドバ人（2%）がそれに続いた。また、2006年に申請手続の簡略化が段階的に行われたことで、最長6か月間の就労を目的とする流入者が急増した。特に2014年には、発給件数が64%増加して38万7,400件に上り、このうち、ウクライナ人の受給者が90%超を占めた。主な就労部門は依然として農業と建設業であるが、その割合は縮小した。2015年になると、手続の簡略化の恩恵を受けて申請件数は倍増し、78万2,200件に達した。

2014年にポーランドの高等教育機関に在籍する留学生は、前年比ほぼ30%増の約4万6,000人であった。その約半数はウクライナ出身者であり、続いてベラルーシ、ノルウェー、スウェーデン、スペイン、トルコ、ロシア、リトアニアの出身者であった。

欧州連合統計局（Eurostat）のデータによると、2015年の庇護申請者数（扶養家族を含む）はほぼ倍増して1万300人となった。これは、EU加盟28か国の庇護申請者数125万6,000人の1%未満に当たる。庇護申請者の送出数上位3か国はロシア、ウクライナ、タジキスタンであり、この3か国で受理した申請総数の90%近くを占めた。一次審査で認定を受けたのは決定件数の約18%であった（EU加盟28か国の平均は51%）。庇護希望者は流動性が高いため、多くの申請がこの計算から除外されていることに留意する必要がある。

2014年5月に外国人に関する新たな法律が発効したことに伴い、移民の一部カテゴリーに対して有利な条件が導入され、一部の手続が簡略化された。すなわち、一時在留許可の有効期限が最大3年に延長され（以前は最大2年）、また、労働移民が一時在留許可と労働許可の申請をする際に単一の手続ですむようになった。留学生についても、有効期限の長い一時在留許可を取得することが可能になり、加えて、ポーランドの大学の卒業生は、求職のために1年間の一時在留許可の申請をすることが可能になった。さらに、一時的在留・労働許可証の保有者には、失職後1か月間の求職期間が与えられ、また、失業給付の受給権が、規則の定める条件を満たす外国人にも拡大された。2014年11月の言語法（Act on Polish Language）改正では、帰化に必要なポーランド語の能力水準が引き下げられた。

2015年5月以降、労働許可要件の免除対象が拡大されて、特定の科学的または芸術的価値のある随時講義・講演・発表を行う人、及び学生も対象に含まれることとなった。

2015年7月、政府は、国際的保護を必要とするシリアとエリトリア出身の難民2,000人を受け入れると発表した。また同年9月には、イタリアとギリシャの難民キャンプにいる5,082名の庇護希望者を、2年（2016〜17年）の間にポーランドに再配置することに同意した。

詳細については下記を参照

www.udsc.gov.pl
www.stat.gov.pl
www.mpips.gov.pl
http://cudzoziemcy.gov.pl/

国別の情報──最近の移民動向と移民政策の変化　第5章

移民のフローとストックの最近の傾向
ポーランド

移民フロー（外国人） ──当該国の定義に基づく	2005年	2010年	2013年	2014年	平均		人数（単位：1,000人）
					2004-08年	2009-13年	2014年
住民1,000人当たり							
流入者数	1.0	1.1	1.2	0.8	1.0	1.1	*32.0*
流出者数	..	..	..	..	..	..	..

移民流入数（外国人） ──在留許可の種類別（標準化データ）	単位：1,000人		割合（%）	
	2013年	2014年	2013年	2014年
労働移民	..	..	..	..
家族移民（帯同家族含む）	..	..	..	..
人道移民	..	..	..	..
自由移動	..	..	..	..
その他	..	..	..	..
合計	..	..	..	..

移民送出国上位10か国（外国人流入者
総数に占める割合）(%)

□ 2004～2013年の　■ 2014年
　　年平均

ウクライナ
ドイツ
ベトナム
中国
ベラルーシ
ロシア
トルコ
スペイン
アルメニア
イタリア

0　5　10　15　20　25　30

一時的移民	2005年	2013年	2014年	平均
				2009-13年
単位：1,000人				
留学生	..	..	..	..
研修生	..	..	..	..
ワーキングホリデー利用者	..	..	..	..
季節労働者	..	..	..	..
企業内転勤	..	..	..	..
その他の一時的労働者	..	..	..	..

庇護希望者の流入	2005年	2010年	2013年	2014年	平均		人数
					2004-08年	2009-13年	2014年
住民1,000人当たり	0.2	0.2	0.4	0.2	0.2	0.2	*6 810*

人口増加の内訳	2005年	2010年	2013年	2014年	平均		人数（単位：1,000人）
					2004-08年	2009-13年	2014年
住民1,000人当たり							
合計	-0.4	0.9	-1.0	-0.4	-0.3	0.2	*-17.0*
自然増加	-0.1	0.9	-0.4	0.0	0.2	0.3	*-1.0*
純移動及び統計上の調整	-0.3	-0.1	-0.5	-0.4	-0.5	-0.2	*-16.0*

移民のストック	2005年	2010年	2013年	2014年	平均		人数（単位：1,000人）
					2004-08年	2009-13年	2014年
総人口に占める割合（%）							
外国出身人口	..	..	..	..	..	..	..
外国人人口	..	..	..	..	..	..	..

帰化	2005年	2010年	2013年	2014年	平均		人数
					2004-08年	2009-13年	2014年
外国人人口に占める割合（%）	..	5.9	..	..	2.3	5.6	*4 518*

就業状況	2005年	2010年	2013年	2014年	平均	
					2004-08年	2009-13年
就業率（人口全体に占める割合）(%)						
自国出身の男性	59.0	65.3	66.6	68.2	61.4	66.1
外国出身の男性	35.9	58.8	69.5	72.1	42.9	63.2
自国出身の女性	47.0	52.6	53.4	55.2	48.9	52.9
外国出身の女性	24.0	43.4	47.7	54.2	26.9	46.1
失業率（労働力人口に占める割合）(%)						
自国出身の男性	16.9	9.4	9.8	8.6	12.9	9.2
外国出身の男性	10.2	12.1	5.7	9.8	8.0	8.6
自国出身の女性	19.4	10.1	11.2	9.7	14.6	10.3
外国出身の女性	15.3	11.0	21.1	14.8	13.7	13.8

注と資料は本章末尾に記載。

StatLink：http://dx.doi.org/10.1787/888933396091

第5章　国別の情報——最近の移民動向と移民政策の変化

ポルトガル

2014年、ポルトガルの純移動は依然として流出超過（3万100人）であったが、その規模は2012年（3万7,300人）及び2013年（3万6,200人）と比較するとわずかに縮小している。外国人の流入の連続的な減少傾向は2009年に始まっており、これは経済危機の影響を反映したものである。経済危機はまた、2008年以降、ポルトガル人労働者の流出増加も引き起こし、2013年には長期的流出者が5万3,800人に達したものの、2014年には4万9,600人に減少している。だが短期流出者を含めると、総流出者数は引き続き増加傾向にあり、2013年の12万8,100人から、2014年は13万4,600人（93％が生産年齢人口（15〜64歳））となった。これは、1960年代末から1970年代初め、ポルトガル人のヨーロッパ各国への大量流出があった時期に匹敵する水準である。流出者の3分の2は、EU加盟の他の27か国を移住先とし、流出者の約96％がポルトガル人である。男女別では、男性が70％を占めるが、長期的流出でも一時的流出でも女性の割合が増加しており、また、女性は学歴水準が男性よりもかなり高い。女性の多く（48％）が高学歴者であるのに対し、男性は低学歴者が過半数（61％超）を占めている。

2008年に始まった在留許可の新規発給件数の減少傾向は、2014年には増加に転じ、2013年の3万3,200件から3万5,270件となった。ポルトガルへの最大の移民送出国は依然としてブラジルであるが、2014年のブラジルからの流入者（5,560人）は2012年（1万1,700人）の半数にすぎず、2008年（3万2,750人）を大きく下回っている。東ヨーロッパからの流入者は減少が続き、2012年2,400人、2013年1,800人、2014年1,700人であった。流入者の減少傾向は、ポルトガル語圏のアフリカ諸国の国民にも認められた（2013年の新規発給数6,400件に対して、2014年は5,700件）。一方、アジア諸国とEU加盟15か国（従来の加盟国）からの流入者は、最近の傾向を引き継いで2014年も増加が続いた（前者は2012年以降、後者は2013年以降の傾向）。また、中国人の流入も増加している（1,900人から3,700人）が、これは2012年に導入された投資活動用のビザ制度に関連している。タイやネパールからの労働移民も、小規模ながら増加傾向にある。

2012年10月〜2015年12月の間、投資活動用の在留許可証が、申請者本人に対して2,800件、その家族に対して4,000件超発給され、合計16億9,300万ユーロの投資が行われた。投資家の5人に4人が中国人であり、ブラジル人、ロシア人、南アフリカ人がそれに続いた。

長期滞在用ビザ（EEA域外の国民に付与される）の総発給数は、2013年の約1万4,000件から2014年には1万5,000件近くまで増加した。2014年の申請理由は、53.4％が就労、17.6％が留学、15.3％が家族再統合であった。国別では、ブラジルが最多の4,300件、続いてポルトガル語圏のアフリカ諸国（4,280件）、アジア（3,350件、うち1,100件が中国）、ヨーロッパ（1,100件）であった。ビザの申請理由は申請者の出身国によって異なり、インド、ネパール、カーボベルデは家族再統合、ブラジル、東ヨーロッパ、北アメリカ、上記以外のアジア諸国は就労が主な理由であった。

2015年の庇護申請者数（扶養家族を含む）は900人であり、2014年と比べて86％を超える増加となった。ウクライナ、マリ、パキスタンが申請者数の上位3か国であり、この3か国で申請者数全体の半数を超えた。一次審査で約半数が認定を受けたが、これはEU加盟28か国の平均とほぼ等しい。

2015年、ポルトガルは今般の人道危機に対するEUの枠組みの中で、4,600人の再定住と再配置の割り当てを受け入れた。

2015年3月、人口の流入・流出両面への施策などからなる新たな「戦略的移民計画2015〜2020年（Strategic Plan for Migration 2015-20）」が承認された。この計画では、「才能ビザ（talented visa）」を新設して才能ある移民の誘致を進めるという、ビザ制度の改定が提案されている。また、農業部門における季節移民の問題についても、大きく2つのイニシアチブが示されている。1つは、移民労働者向けの法律ガイドの作成であり、もう1つは、ポルトガル各地の季節的な農業労働に関するオンラインガイドの充実である。

「戦略的移民計画」ではまた、高等教育段階の留学生の誘致及びその促進を目的とした、一連の措置についても提案されている。例えば、留学生の受け入れや統合に関する指針の作成、ビザ申請手続を容易にする環境整備など、である。また、2014年3月から施行された新規則では、ポルトガルの高等教育機関への入学が決まった時点で、ポルトガルに住んでいない、あるいは2年未満しか住んでいないEU域外出身者にも、「留学生資格（Status of International Student）」が与えられるようになった。ただし、留学生がポルトガルの教育機関で修士課程や博士課程を修了するには、法で定められた最高額の授業料以上の金額を払う必要がある。さらに2014年6月の変更によって、研究者や学者はビザの取得が容易になった。

詳細については下記を参照

www.imigrante.pt
www.sef.pt

移民のフローとストックの最近の傾向
ポルトガル

移民フロー（外国人） ――当該国の定義に基づく	2005年	2010年	2013年	2014年	平均		人数（単位：1,000人）
					2004-08年	2009-13年	2014年
住民1,000人当たり							
流入者数	2.7	4.8	3.1	3.3	3.6	4.3	35.3
流出者数	0.0	..	..	..	..	..	..

移民流入数（外国人） ――在留許可の種類別（標準化データ）	単位：1,000人		割合（%）	
	2013年	2014年	2013年	2014年
労働移民	6.4	6.4	23.7	17.9
家族移民（帯同家族含む）	9.6	10.9	35.6	30.3
人道移民	0.1	0.1	0.5	0.3
自由移動	10.6	12.4	39.5	34.5
その他	3.2	6.1	12.0	17.0
合計	27.0	35.9	100.0	100.0

移民送出国上位10か国（外国人流入者総数に占める割合）(%)

口口口 2004〜2013年の年平均　■■■ 2014年

ブラジル
中国
ルーマニア
カーボベルデ
フランス
イギリス
アンゴラ
スペイン
ギニアビサウ
イタリア

0　10　20　30　40

一時的移民	2005年	2013年	2014年	平均
				2009-13年
単位：1,000人				
留学生	4.1	4.7	3.4	6.0
研修生	..	..	..	..
ワーキングホリデー利用者	..	..	..	..
季節労働者	..	..	..	..
企業内転勤	..	..	..	..
その他の一時的労働者	7.7	..	..	3.4

庇護希望者の流入	2005年	2010年	2013年	2014年	平均		人数
					2004-08年	2009-13年	2014年
住民1,000人当たり	0.0	0.0	0.0	0.0	0.0	0.0	440

人口増加の内訳	2005年	2010年	2013年	2014年	平均		人数（単位：1,000人）
					2004-08年	2009-13年	2014年
住民1,000人当たり							
合計	1.6	-0.1	-5.7	-5.1	1.7	-2.6	-52.5
自然増加	0.2	-0.5	-2.3	-2.2	0.2	-1.1	-22.5
純移動及び統計上の調整	1.4	0.4	-3.4	-2.9	1.5	-1.5	-30.0

移民のストック	2005年	2010年	2013年	2014年	平均		人数（単位：1,000人）
					2004-08年	2009-13年	2014年
総人口に占める割合（%）							
外国出身人口	7.1	8.1	..	..	7.3	..	..
外国人人口	4.0	4.2	3.7	3.7	4.1	4.1	395

帰化	2005年	2010年	2013年	2014年	平均		人数
					2004-08年	2009-13年	2014年
外国人人口に占める割合（%）	0.2	4.8	5.9	5.3	1.6	5.3	21 124

就業状況	2005年	2010年	2013年	2014年	平均	
					2004-08年	2009-13年
就業率（人口全体に占める割合）(%)						
自国出身の男性	73.1	69.7	63.4	65.4	73.6	67.3
外国出身の男性	78.1	74.3	64.1	69.5	78.4	70.5
自国出身の女性	61.2	60.8	57.6	59.1	61.5	59.5
外国出身の女性	67.3	64.5	61.3	64.3	66.7	64.6
失業率（労働力人口に占める割合）(%)						
自国出身の男性	7.0	10.2	16.4	13.9	6.7	12.9
外国出身の男性	8.3	12.7	22.5	17.2	8.3	17.3
自国出身の女性	9.1	12.0	16.5	14.6	9.0	13.6
外国出身の女性	10.4	17.2	21.0	16.7	11.0	17.2

注と資料は本章末尾に記載。

StatLink：http://dx.doi.org/10.1787/888933396104

ルーマニア

EU加盟後、ルーマニアでは大規模な流出超過が続いたが、公式統計によると、2014年には、一時的移民と永住移民の流入者数（17万2,700人。大多数はルーマニア人の帰還者）が、流出者数（18万4,100人）に近づいて、流出超過は1万1,000人にまで縮小した。

2014年、外国人居住者は総人口の0.5%を占めた。2014年の外国人人口は、2012年の10万2,800人から9万8,600人へと減少し、そのうち5万7,500人はEU域外出身者であった。外国人居住者の主な出身国は、イタリア（1万1,400人）、モルドバ（9,900人）、トルコ（8,800人）、中国（7,400人）、ドイツ（5,200人）である。ここ数年の傾向と同じく、流入人口の大半は、家族再統合のための移民と、ルーマニア人の家族の入国者が占めた。また、移民の半数以上が35歳未満であり、約60%が男性であった。

ルーマニアでは、労働許可証の受給者の年間割り当て数が定められているが、以前から、申請者数がその割り当て数を下回る事態が続いてきた。2014年と2015年の割り当て数は5,500人であり、そのうち3,000人が長期的労働移民、900人が企業内転勤者、そして900人が高技能移民と定められていた。2014年の就労ビザの発給件数は2,300件（前年は2,100件）、そのうち長期的労働移民への発給が1,700件であった。2014年にルーマニアに派遣されたEU/EEA加盟国の国民は、推定で4,700人に減少し、その主な出身国は、ハンガリー、ポーランド、イタリア、ドイツであった。

留学のためのルーマニアへの流入者は増加している。国家統計局（National Institute of Statistics）のデータでは、2013〜14年度の外国人学生数は約2万1,000人、そのうちEU域外からの学生が1万4,000人超で、その中には6,000人を超えるモルドバからの学生が含まれていた。

欧州連合統計局（Eurostat）のデータによると、庇護希望者数（初回申請）は2014年の1,500件から、2015年は1,200件に減少した。庇護申請者の主な出身国は、パキスタン（250人）、イラク（170人）、バングラデシュ（170人）である。2015年の場合、一次審査での決定件数500件のうち、認定を受けたのは3分の1であった（EU加盟国平均は51%）。さらに2015年9月、政府は1,500名の難民を任意で受け入れることが可能であると発表した。

北アフリカ、ウクライナ、中東の状況を反映して、ルーマニア経由でシェンゲン圏を目指す移民の数が増加している。2014年と2015年には、モルドバ、ウクライナ、セルビアとの国境付近で非正規移民の数が増加し、2015年は約1,500人の違法越境者が検挙されたが、大半はモルドバ及びセルビアとの国境地域においてであった。違法越境者のほとんどはシリア、アフガニスタン、イラク、パキスタン、イランの出身者であった。

2014年末には 300万人のルーマニア人が、他のEU加盟国で就労または就学していたと推定される。主な移住先はスペインとイタリアであり、1年間以上どちらかの国に定住したルーマニア人は約200万人に上った。

2014年、新たな国家移民戦略（National Strategy on Immigration）が提案された。この中に挙げられた施策は、高技能労働者の誘致、外国人の高等教育機関へ入学促進、高技能のEU域外外国民に対する大学卒業後の求職機会の提供、非正規移民と再入国に対する対応の厳格化、そして、より適切な庇護政策の採用を目的としていた。

政令2014年25号（Government Ordinance（GO）25/2014）によって、以下の2つのEU指令が国内法に導入された。そのEU指令とは、不法に滞在するEU域外の国の国民を送還するための、加盟国の共通基準及び手続に関する指令（Directive 2008/115/EC）と、EU域外の国の国民が加盟国内に滞在し労働するのに必要な単一許可証を得るための単一の申請手続、及び加盟国に合法的に滞在するEU域外出身労働者の一連の共通の権利に関する指令（2011/98/EU）である。同政令はまた、ルーマニアにおける外国人労働者の雇用と派遣に関する法律を改正し、長期的労働者・季節労働者・越境労働者、研修生、高技能労働者の雇用条件を定めた。

EU域外の労働者に関してカテゴリーが追加され、そのカテゴリーに該当する労働者は、今後、労働市場テストが免除されることになる。特に、ルーマニア国民の家族員として3年以上ルーマニアに合法的に居住する人、就学目的の一時的居住権を有する人、そして、長期在留許可を持つ人が適用対象になる。

政府決定2015年691号（Government Decision No. 691/2015）によって、親が外国で働く子どもの保育及び教育サービスに関する新たな手続が承認された。

詳細については下記を参照

www.insse.ro
www.mai.gov.ro
www.igi.mai.gov.ro

国別の情報——最近の移民動向と移民政策の変化　第5章

移民のフローとストックの最近の傾向
ルーマニア

移民フロー（外国人） ——当該国の定義に基づく	2005年	2010年	2013年	2014年	平均		人数（単位： 1,000人）
					2004-08年	2009-13年	2014年
住民1,000人当たり							
流入者数	0.2	0.3	..	..	0.3	..	..
流出者数	..	..	..	..	..	..	..

移民流入数（外国人） ——在留許可の種類別（標準化データ）	単位：1,000人		割合（%）	
	2013年	2014年	2013年	2014年
労働移民	..	..	..	..
家族移民（帯同家族含む）	..	..	..	..
人道移民	..	..	..	..
自由移動	..	..	..	..
その他	..	..	..	..
合計	..	..	..	..

移民送出国上位10か国（外国人流入者
総数に占める割合）(%)

〔 〕2004～2013年の年平均

モルドバ
イギリス
イタリア
アメリカ合衆国
ドイツ
ハンガリー
カナダ
フランス
イスラエル
オーストリア

0　20　40　60　80

一時的移民	2005年	2013年	2014年	平均
				2009-13年
単位：1,000人				
留学生	..	..	..	..
研修生	..	..	..	..
ワーキングホリデー利用者	..	..	..	..
季節労働者	..	..	..	..
企業内転勤	..	..	..	..
その他の一時的労働者	..	..	..	..

庇護希望者の流入	2005年	2010年	2013年	2014年	平均		人数
					2004-08年	2009-13年	2014年
住民1,000人当たり	0.0	0.0	0.1	..	0.0	0.1	..

人口増加の内訳	2005年	2010年	2013年	2014年	平均		人数（単位： 1,000人）
					2004-08年	2009-13年	2014年
住民1,000人当たり							
合計	-5.9	-4.7	-3.6	-3.9	-10.3	-4.9	-76.7
自然増加	-1.9	-2.3	-3.2	-3.1	-1.8	-2.5	-61.1
純移動及び統計上の調整	-4.0	-2.4	-0.4	-0.8	-8.5	-2.3	-15.5

移民のストック	2005年	2010年	2013年	2014年	平均		人数（単位： 1,000人）
					2004-08年	2009-13年	2014年
総人口に占める割合（%）							
外国出身人口	..	..	1.0	..	..	..	..
外国人人口	..	0.3	0.5	0.5	..	0.4	99

帰化	2005年	2010年	2013年	2014年	平均		人数
					2004-08年	2009-13年	2014年
外国人人口に占める割合（%）	..	..	..	..	..	..	..

就業状況	2005年	2010年	2013年	2014年	平均	
					2004-08年	2009-13年
就業率（人口全体に占める割合）(%)						
自国出身の男性	63.7	67.9	67.6	68.7	64.6	66.9
外国出身の男性	76.2	89.2	67.3	61.5	74.2	78.3
自国出身の女性	51.5	52.5	52.6	53.3	52.6	52.4
外国出身の女性	33.7	56.4	43.4	40.6	40.8	50.5
失業率（労働力人口に占める割合）(%)						
自国出身の男性	8.1	7.8	8.0	7.6	8.1	7.9
外国出身の男性	4.0	5.0	-	-	3.9	4.6
自国出身の女性	6.8	6.5	6.6	6.4	6.1	6.5
外国出身の女性	-	-	15.5		9.5	6.9

注と資料は本章末尾に記載。

StatLink：http://dx.doi.org/10.1787/888933396113

第5章　国別の情報——最近の移民動向と移民政策の変化

ロシア

ロシア（クリミアを除く）の純移動の流入超過は、2015年は約22万人に縮小した。流入者は1%増加して57万3,000人であったものの、流入超過は2014年と比較して18%の縮小である。以下のフローデータにも、クリミアの流出入の動きは算入されていない。流入者の約30%は、ウクライナ（16万9,000人、47%の増加）、ウズベキスタン（7万4,000人、47%の減少）、カザフスタン（6万6,000人）、タジキスタン（4万7,000人）、アルメニア（4万6,000人）からであった。ロシアからの流出者は14%増えて36万2,000人となったが、その主因は、労働許可の有効期限が切れたり、ロシアで新しい仕事をみつけられなかったりした長期労働移民の流出にある。流出者の主な行き先は、ウズベキスタン（9万5,000人）、ウクライナ（4万8,000人）、タジキスタン（3万6,000人）、カザフスタン（3万人）、アルメニア（2万5,000人）であった。

2015年、連邦移民局（Federal Migration Service）は、38万2,000件の一時在留許可と14万9,000件の永住許可を発給した。受給者の78%超が、ウクライナ（21万6,000人）、ウズベキスタン（6万4,000人）、カザフスタン（5万3,000人）、タジキスタン（4万3,000人）、アルメニア（約8,000人）の国民である。2015年末には、在留許可の保有者のストックは105万人に達し、2014年末よりも21%近く増加した。その約80%を、ウクライナ（30万6,000人）、ウズベキスタン（13万8,000人）、アルメニア（11万6,000人）、タジキスタン（10万人）、カザフスタンとアゼルバイジャン（それぞれ8万6,000人）の国民が占めた。

一時的労働移民は、2014年の370万人をピークに、2015年には激減し、労働許可及びビザ免除国の国民に対するライセンスを合わせた発給件数は190万件であった。この減少の理由は、1つには、キルギスタンとアルメニアの国民が許可証なしでロシアの労働市場に参加できるようになったことであるが、それ以上に重要なのは、労働市場への参加に関する新しい規則の制定、経済危機、そして、150万人を超える外国人の入国禁止である。2015年のライセンスと労働許可の合計受給者数は、その82%以上をウズベキスタン（89万3,000人）、タジキスタン（42万8,000人）、ウクライナ（20万9,000人）の国民が占めていた。2014年と比較すると、ウズベキスタンからの合法的労働移民は37%減少し、モルドバからは67%、アゼルバイジャンからは54%減少した。また、独立国家共同体（Commonwealth of Independent States, CIS）の加盟国以外からの労働移民も大幅に減少した（ただし、北朝鮮からの労働者の新規流入は3万3,000人と変わらない）。例えば、中国人に対する労働許可証の発給は5万4,000件にとどまり（2014年は9万3,000件）、トルコは2万4,000件（2014年は3万5,000件）、

ベトナムは1万1,000件（2014年は2万件）であった。

2015年もウクライナ南東部からの移民の受け入れは続いて、2016年1月1日には、一時的庇護の受益者のストックは31万3,700人に達し、そのうちの99.2%がウクライナ人であった。2014年には略式の手続が採用されたため、ウクライナ人による一時的庇護の申請処理に要する期間が3か月から3日に短縮された。2016年までには、その多くがロシアの市民権を獲得している。

2015年1月、外国人労働者の入国に関する新たな規則が施行された。新規則には、1）ほぼすべての外国人に対するロシア語、ロシアの歴史、ロシアの法律に関する基本的な知識の試験の義務化、2）健康保険と健康診断の義務化、そして、3）ビザ免除国の国民の私企業での就業を可能にする（規則施行前は個人宅のみ）権利の拡大、などがある。2015年以降、ライセンス保有者が支払う毎月の手数料が地域レベルで設定されるようになったが、移民の受け入れ数の多い地域は手数料が高くなる傾向がある。また、高技能専門職に対しては、より柔軟な給与基準が導入された。

2014年5月、アルメニア、ベラルーシ、カザフスタン、キルギスタン、ロシアで構成されるユーラシア経済連合（Eurasian Economic Union, EEU）が結成された。この新たに生まれた共同市場では、加盟国の国民は制約なしに、つまり、ライセンスがなくても他の加盟国で働くことができる。また、加盟国からの移民労働者は、出身国での学歴・技能の認定手続を免除される。さらに、加盟国の国民は許可証なしで就労可能であることに加えて、滞在の登録期限は30日以内である（加盟国以外の国の国民は入国後7就労日以内）。また、家族は労働者本人とともに入国し、労働契約の期限が切れるまでロシアに滞在することが認められている。

2015年1月、過去の長期不法滞在者に対する新たな入国制限が施行された。この新法では、不法滞在期間が180〜270日の場合、ロシア出国後5年間は再入国ができないと規定されている。不法滞在期間が270日を超える場合は、10年間にわたって再入国が許されない。

2015年末、トルコ国民に関して規制が導入され、ビザ免除制度の廃止とトルコ出身労働者の採用停止が示された。引き続きトルコ人労働者を雇うことを許可されているのは、ロシア企業のうち53社のみである。

詳細については下記を参照

www.fms.gov.ru
www.fms.gov.ru/government_services
www.mid.ru
www.gks.ru

国別の情報──最近の移民動向と移民政策の変化　第5章

移民のフローとストックの最近の傾向
ロシア

移民フロー（外国人） ──当該国の定義に基づく	2005年	2010年	2013年	2014年	平均		人数（単位：1,000人）
					2004-08年	2009-13年	2014年
住民1,000人当たり							
流入者数	1.2	1.4	2.4	3.2	1.5	2.0	462.5
流出者数	0.5	0.2	1.3	2.1	0.4	0.6	308.5

移民流入数（外国人） ──在留許可の種類別（標準化データ）	単位：1,000人		割合（%）	
	2013年	2014年	2013年	2014年
労働移民	..	..	..	..
家族移民（帯同家族含む）	..	..	..	..
人道移民	..	..	..	..
自由移動	..	..	..	..
その他	..	..	..	..
合計	..	..	..	..

移民送出国上位10か国（外国人流入者総数に占める割合）(%)

[...] 2004～2013年の年平均　■ 2014年

ウクライナ、ウズベキスタン、カザフスタン、アルメニア、タジキスタン、アゼルバイジャン、モルドバ、キルギスタン、ベラルーシ、ジョージア
0　10　20　30　40

一時的移民	2005年	2013年	2014年	平均
				2009-13年
単位：1,000人				
留学生	..	..	..	35.6
研修生	..	..	..	
ワーキングホリデー利用者	..	..	..	
季節労働者	..	..	..	
企業内転勤	..	..	..	
その他の一時的労働者	..	..	..	1 273.1

庇護希望者の流入	2005年	2010年	2013年	2014年	平均		人数（単位：1,000人）
					2004-08年	2009-13年	2014年
住民1,000人当たり	0.0	0.0	0.0	..	0.0	0.0	..

人口増加の内訳	2005年	2010年	2013年	2014年	平均		人数（単位：1,000人）
					2004-08年	2009-13年	2014年
住民1,000人当たり							
合計	-5.2	..	..	..	-3.3	..	..
自然増加	-5.9	..	..	..	-4.4	..	..
純移動及び統計上の調整	0.8	..	..	..	1.1	..	..

移民のストック	2005年	2010年	2013年	2014年	平均		人数（単位：1,000人）
					2004-08年	2009-13年	2014年
総人口に占める割合（%）							
外国出身人口	..	7.8	..	..	..	..	..
外国人人口	..	0.5	0.5	0.6	..	..	873

帰化	2005年	2010年	2013年	2014年	平均		人数
					2004-08年	2009-13年	2014年
外国人人口に占める割合（%）	..	..	..	..	..	..	157 791

就業状況	2005年	2010年	2013年	2014年	平均	
					2004-08年	2009-13年
就業率（人口全体に占める割合）(%)						
自国出身の男性	..	..	..	..	..	..
外国出身の男性	..	..	..	..	..	..
自国出身の女性	..	..	..	..	..	..
外国出身の女性	..	..	..	..	..	..
失業率（労働力人口に占める割合）(%)						
自国出身の男性	..	..	..	..	..	..
外国出身の男性	..	..	..	..	..	..
自国出身の女性	..	..	..	..	..	..
外国出身の女性	..	..	..	..	..	..

注と資料は本章末尾に記載。

StatLink：http://dx.doi.org/10.1787/888933396125

スロバキア共和国

移民フローのデータ（永住者数の変化に基づく）によると、流入者数は2013年の約5,100人から2014年の5,400人へと微増し、5,400人のうち、4,800人がヨーロッパからであった。流出者の増加はこれより顕著であり、2013年の2,800人から2014年には3,600人となった。3,600人のうち3,300人はヨーロッパへの再定住者である。つまり、2014年の流入超過は1,700人に縮小したことになる。2014年に流入者が最も多かったのはチェコ共和国（1,230人）で、イギリス（710人）、ハンガリー（410人）がそれに続いた。一方、最大の流出先もチェコ共和国（1,160人）であり、続いてオーストリア（850人）、イギリス（350人）であった。

新たに発給された在留許可数は過去2年間で増加し、2014年には1万7,200件となった。受給者の多くはEU域外出身者であり（2014年は1万920人）、主に一時的在留者と送還猶予対象者（内務省外国人警察が許可証を発給）であった。2014年の受給者の上位5か国は2011年以来おおむね変わらず、ウクライナ（3,020人）、ロシア（1,280人）、セルビア（1,090人）、韓国（910人）、中国（590人）である。従来、受給者の上位10か国に名を連ねていた独立国家共同体の加盟国は、その地位をトルコ、一部アジア諸国（特にベトナム）、バルカン半島諸国（クロアチア、マケドニア旧ユーゴスラビア共和国）に譲りつつある。

外国人労働者の流入は、2013年に大きく減少（約3分の1減少）して8,800人となり、2014年はさらに減少して8,000人となった。2015年上半期は、約5,000人であった。こうした減少傾向は、EEA域外の国の国民（労働許可を得た就労）についても、EEA域内の国民（情報カードによって登録）についても認められるが、2014年は前者の減少が顕著であった。EEA域外出身者の労働許可の大多数は長期（12か月以上）であるのに対し、域内出身者は短期的な労働（3か月未満）のために入国する場合が多い。EEA域外出身の労働者では、男性、高等教育修了者、25〜34歳が主体である。一方、EEA出身の労働者の年齢と学歴の分布はそれよりは比較的均等である。

外国人労働者のストックは、2015年半ばのデータでは、他のEU新規加盟国の出身者が大半を占め、特に、ルーマニア、ポーランド、ハンガリー、チェコ共和国、ブルガリアが多い。国外で働くスロバキア人労働者の数は、2014年には約13万4,000人、2015年上半期には13万9,000人と増加している。その移住先として特に多い上位5か国は、チェコ、オーストリア、ドイツ、イギリス、ハンガリーである。

欧州連合統計局（Eurostat）のデータによると、2015年の庇護申請数は270件であった（扶養家族を含む）。これは2014年と比較して17%超の増加である。イラク、アフガニスタン、ウクライナが申請数の上位3か国であり、申請者全体の4分の3を占めていた。2015年に一次審査が行われたのは120件であり、そのうちの約5割が認定された。申請過程が終了するまでにスロバキア共和国を出国した申請者は、この計算には含まれていない。

2015年12月、スロバキア共和国政府が合意した再定住プログラムの一環として、イラク人家族25世帯からなる最初の一団が到着した。

非正規移民は、2013年と2014年には（ウクライナ紛争があったにもかかわらず）増加が認められなかったが、2015年上半期には劇増して900件を超えた。非正規移民の出身国の上位5か国は、アフガニスタン、ウクライナ、ベトナム、ソマリア、シリアである。また、不法滞在での検挙者数は2013年には700人、2014年には増加して1,070人であった。不法滞在者の上位5か国は、ウクライナ、コソボ、シリア、アフガニスタン、ベトナムである。最近は、コソボとシリアの出身者が非正規移民に占める割合が大きくなり始めている。

2014年1月、外国人居住法（Act on Residence of Aliens）の改正法が発効した。これは、2つのEU指令（2011/95/EU及び2011/98/EU）を国内法に導入する過程で立案されたものである。主な変更点としては、EU域外の国の国民に対して、労働許可と在留許可をまとめた単一の許可証を付与することで、申請手続の効率化をはかるという規定が挙げられる。

2015年、さらに庇護分野の2つのEU指令も採択された。国際的保護申請者の受け入れに関するルールを規定する指令（2013/33/EU）と、国際的被保護資格の付与と撤回のための共通手続に関する指令（2013/32/EU）である。両指令を採択することで、庇護法（Act on Asylum）のさらなる改正が必要となり、2015年5月に改正法が発効した。また他の法律についても改正の必要が生じた（外国人の在留に関する法、子どもの社会的・法的保護に関する法、民事訴訟手続に関する規則、行政手続に関する規則、困窮者に対する社会的支援に関する法など）。スロバキア共和国はこれらの指令を自国の法体系に導入することによって、欧州共通庇護制度（common European asylum system）構築の第2段階を完了した。

詳細については下記を参照
www.minv.sk
www.employment.gov.sk

国別の情報——最近の移民動向と移民政策の変化　第5章

移民のフローとストックの最近の傾向
スロバキア共和国

移民フロー（外国人） ——当該国の定義に基づく	2005年	2010年	2013年	2014年	平均		人数（単位：1,000人）
					2004-08年	2009-13年	2014年
住民1,000人当たり							
流入者数	1.4	2.3	0.5	0.4	2.2	1.5	2.4
流出者数	0.2	0.5	0.5	0.0	0.5	0.5	0.1

移民流入数（外国人） ——在留許可の種類別（標準化データ）	単位：1,000人		割合（%）	
	2013年	2014年	2013年	2014年
労働移民	..	..	..	..
家族移民（帯同家族含む）	..	..	..	..
人道移民	..	..	..	..
自由移動	..	..	..	..
その他	..	..	..	..
合計	..	..	..	..

移民送出国上位10か国（外国人流入者総数に占める割合）(%)

凡例：2004～2013年の年平均 / 2014年

ハンガリー
チェコ共和国
ルーマニア
ポーランド
イタリア
ウクライナ
ドイツ
クロアチア
イギリス
ブルガリア

0　5　10　15　20　25

一時的移民	2005年	2013年	2014年	平均
				2009-13年
単位：1,000人				
留学生	..	..	..	..
研修生	..	..	..	..
ワーキングホリデー利用者	..	..	..	..
季節労働者	..	..	..	..
企業内転勤	..	..	..	..
その他の一時的労働者	..	..	..	..

庇護希望者の流入	2005年	2010年	2013年	2014年	平均		人数
					2004-08年	2009-13年	2014年
住民1,000人当たり	0.7	0.1	0.1	0.0	0.8	0.1	230

人口増加の内訳	2005年	2010年	2013年	2014年	平均		人数（単位：1,000人）
					2004-08年	2009-13年	2014年
住民1,000人当たり							
合計	0.8	1.9	0.9	1.0	1.2	1.7	5.4
自然増加	0.2	1.3	0.5	0.7	0.3	1.1	3.7
純移動及び統計上の調整	0.6	0.6	0.4	0.3	0.9	0.6	1.7

移民のストック	2005年	2010年	2013年	2014年	平均		人数（単位：1,000人）
					2004-08年	2009-13年	2014年
総人口に占める割合（%）							
外国出身人口	4.6	..	3.2	3.3	5.8	..	178
外国人人口	0.5	1.3	1.1	1.1	0.6	1.2	62

帰化	2005年	2010年	2013年	2014年	平均		人数
					2004-08年	2009-13年	2014年
外国人人口に占める割合（%）	6.3	0.4	0.4	0.4	6.1	0.4	233

就業状況	2005年	2010年	2013年	2014年	平均	
					2004-08年	2009-13年
就業率（人口全体に占める割合）(%)						
自国出身の男性	64.6	65.2	66.3	67.6	66.6	66.4
外国出身の男性	67.1	74.5	72.5	78.6	70.5	72.2
自国出身の女性	51.0	52.4	53.3	54.3	52.3	52.8
外国出身の女性	37.7	38.9	60.5	54.7	48.2	51.3
失業率（労働力人口に占める割合）(%)						
自国出身の男性	15.5	14.3	14.0	12.9	12.8	13.4
外国出身の男性	17.4	8.9	11.8	6.0	11.6	11.7
自国出身の女性	17.2	14.6	14.6	13.7	15.0	14.1
外国出身の女性	28.6	16.7	9.5	9.1	18.7	14.1

注と資料は本章末尾に記載。

StatLink : http://dx.doi.org/10.1787/888933396130

スロベニア

スロベニアへの流入人口は引き続きそれほど多くなく、またその数にはあまり変化がない。国家統計局（National Statistical Office）によると、流入者数は2013年が1万3,900人、2014年は1万3,800人で、1万3,800人のうち2,500人がスロベニア国民、1万1,300人が外国人であった。2013年の純移動は、わずかに流入超過（500人）であったが、2014年には流入が1万3,800人、流出が1万4,300人で、500人の流出超過に転じた。1万4,300人の流出者のうち、8,100人がスロベニア国民、6,200人が外国人である。

外国人のストックは過去数年間で増加しており、2012年の8万5,600人から2015年12月には12万6,000人に達した。2015年には、外国人は総人口（約200万人）の6%を占めることとなった。外国人のうち、女性は34%にとどまる。2015年に、スロベニア在住の外国人で特に多かったのは、ボスニア・ヘルツェゴビナ（4万4,900人）、コソボ（1万2,100人）、マケドニア旧ユーゴスラビア共和国（1万100人）出身者であった。全体としてみると、スロベニアの全外国人の75%超が、旧ユーゴスラビアの出身であり、17%がEU諸国の出身である。

2015年1月の時点で、25〜39歳のスロベニア国民の約1万3,000人が国外に在住していた。その半数以上が過去4年間の流出者であり、また、約40％が高等教育修了者である。過去4年間の流出者の主な目的国はオーストリア、ドイツ、クロアチアであった。

2015年、EU域外の国の国民に対して、新たに1万1,600件の一時在留許可が発給された。2014年と2013年の発給数は、それぞれ1万600件、9,100件であった。また、一時在留許可の更新は1万8,300件であった。さらに、EU市民向けの登録証の新規発給が7,000件、その更新が1,800件あった。EU市民向けの在留登録証発行数のストックはあまり変化がなく、2014年が1万3,400件、2015年は1万3,700件であった。永住許可のストックは、2015年末の時点で、EU域外出身者への発給が7万1,600件（2014年は6万7,700件）、EU市民への発給が9,900件（2014年は9,300件）であった。

2015年、人道移民に関してはスロベニアはなお通過国であったが、北に向けて通過するその移民の規模が著しく増大した。2015年10月半ばから2016年1月末の間に42万3,000人が通過し、その多くがシリア（45%）、アフガニスタン（30%）、イラク（17%）の出身者であった。人道移民のこの流れは、2015年10月には1日当たり平均8,000人近くに上ったが、2016年1月には2,000人を下回るまでに減少している。また庇護申請数は、内務省（Ministry of Interior）のデータによると2015年は277件（2013年は272件、2014年は385件）であり、申請者の主な出身国はアフガニスタン（17%）、イラク（17%）、イラン（12%）であった。2015年には130件の審査が行われ、45人が国際的被保護資格を付与されている。

2016年3月、スロベニアはそれまでの政策を転換し、今後は合法移民と、スロベニアに庇護を申請する予定の人、そして人道的に明白な必要性がある人にのみ、入国を許可すると発表した。さらに、庇護申請の不認定基準を規定する法案が承認され、その結果、当局は「安全な第三国（safe third country of asylum）」を経てスロベニアに到着した人や、安全な出身国から来た人の庇護申請を却下できることになった。加えて、国境や空港での庇護申請に関しては、14日以内に認否の決定を行うことが可能になった。スロベニアは、EUの再配置計画の一環として、2016年と2017年の間にギリシャとイタリアから人道移民567人の再配置を受け入れること、またこれ以外に、EU域外の国から20人を再定住させることに同意している。

スロベニアは2015年9月、EU指令を受ける形で、EU域外の国の国民に対する労働許可と在留許可を一本化して、労働移民に関する法律を簡略化した（ボスニア国民と滞在期間が3か月以内の季節労働者を除く）。それまでは、在留許可と労働許可が別個の担当部局から発給されていたのである。ただし、EU域外の国の国民は労働市場テストに合格する必要があるという点は変わらない。また雇用主には、EU域外の国の国民を雇用する場合、正規雇用が義務づけられるようになり、移民法や労働法に違反した雇用主に対する罰則が強化された。家族再統合に関する条項も修正されて、身元引受人は合法的にスロベニアに永住しているか、または1年以上在住していることが求められるようになった。この点は、身元引受人が補完的被保護資格を得ていて、保護期間が1年間のみの場合にも適用される。補完的被保護資格を得ていても保護期間がもっと長い場合や、難民認定を受けている場合はこの規則が適用されないが、その場合でも、申請をしなかったり、認定の取得後90日以内に家族関係を示す証拠を提示しなかったりすると、経済的に自立していることを証明する必要が生じる。

詳細については下記を参照

www.mddsz.gov.si/en
www.mnz.gov.si/en
www.stat.si/eng
www.infotujci.si

国別の情報——最近の移民動向と移民政策の変化　第5章

移民のフローとストックの最近の傾向
スロベニア

移民フロー（外国人） ——当該国の定義に基づく	2005年	2010年	2013年	2014年	平均		人数（単位： 1,000人）
					2004-08年	2009-13年	2014年
住民1,000人当たり							
流入者数	..	5.5	7.5	8.8	..	8.4	18.4
流出者数	3.3	5.9	0.3	0.5	4.3	3.1	1.0

移民流入数（外国人） ——在留許可の種類別（標準化データ）	単位：1,000人		割合（%）	
	2013年	2014年	2013年	2014年
労働移民	..	..	..	..
家族移民（帯同家族含む）	..	..	..	..
人道移民	..	..	..	..
自由移動	..	..	..	..
その他	..	..	..	..
合計	..	..	..	..

移民送出国上位10か国（外国人流入者
総数に占める割合）(%)

□□□ 2004～2013年の　　■■■ 2014年
　　　年平均

ボスニア・ヘルツェゴビナ
クロアチア
ブルガリア
セルビア
イタリア
ロシア
マケドニア旧ユーゴスラビア共和国
ルーマニア
スロバキア
ハンガリー

0　10　20　30　40

一時的移民	2005年	2013年	2014年	平均
				2009-13年
単位：1,000人				
留学生	..	..	..	..
研修生	..	..	..	..
ワーキングホリデー利用者	..	..	..	..
季節労働者	..	..	..	..
企業内転勤	..	..	..	..
その他の一時的労働者	..	..	..	..

庇護希望者の流入	2005年	2010年	2013年	2014年	平均		人数
					2004-08年	2009-13年	2014年
住民1,000人当たり	0.8	0.1	0.1	0.2	0.4	0.1	360

人口増加の内訳	2005年	2010年	2013年	2014年	平均		人数（単位： 1,000人）
					2004-08年	2009-13年	2014年
住民1,000人当たり							
合計	16.8	3.6	1.1	0.9	16.3	2.6	1.8
自然増加	1.8	2.3	0.9	1.1	2.3	1.7	2.3
純移動及び統計上の調整	15.0	1.3	0.2	-0.2	14.0	0.9	-0.5

移民のストック	2005年	2010年	2013年	2014年	平均		人数（単位： 1,000人）
					2004-08年	2009-13年	2014年
総人口に占める割合（%）							
外国出身人口	..	11.2	15.9	16.3	..	..	341
外国人人口	..	4.7	5.3	5.6	..	5.0	118

帰化	2005年	2010年	2013年	2014年	平均		人数
					2004-08年	2009-13年	2014年
外国人人口に占める割合（%）	..	1.8	1.4	1.1	..	1.5	1 262

就業状況	2005年	2010年	2013年	2014年	平均	
					2004-08年	2009-13年
就業率（人口全体に占める割合）(%)						
自国出身の男性	70.2	69.6	66.6	67.6	71.3	68.4
外国出身の男性	72.7	70.3	71.3	66.8	72.2	70.4
自国出身の女性	61.3	62.8	60.3	61.2	62.3	62.0
外国出身の女性	61.6	59.8	48.9	49.1	61.6	55.9
失業率（労働力人口に占める割合）(%)						
自国出身の男性	6.2	7.4	9.4	8.9	5.0	7.9
外国出身の男性	6.2	9.4	11.0	11.1	5.3	9.2
自国出身の女性	7.1	6.9	10.1	10.3	6.3	7.9
外国出身の女性	7.8	9.8	21.4	15.7	8.0	13.4

注と資料は本章末尾に記載。

StatLink：http://dx.doi.org/10.1787/888933396141

スペイン

過去数年間と同じく、2014年もスペインの純移動は流出超過であった。だが、外国人の流出は33万600人と前年よりも28%減少し、流入は26万5,800人で7%増加した。差し引きすると、外国人の流出超過は、2013年の21万1,000人に対して、2014年は6万4,800人にとどまった。流出超過はスペイン国民についても認められた（2013年は4万1,000人、2014年は3万7,500人）。スペイン国民の流出の64%をスペイン生まれの国民が占め、残りの3分の1は外国生まれのスペイン国民で、出身国への帰還者が主であった。

2014年12月31日時点で、490万人の外国人が在留登録証または在留許可証を保有していた。そのうち270万人は、域内の移動の自由を保障するEUの制度に基づく在住者であり（うち37万600人はEU域外出身の家族）、残りは、長期在留許可と一時在留許可を保有する、それぞれ170万人と48万人のEU域外の国の国民であった。一時在留許可保有者の半数近くが就労を理由としており、3分の1は家族員である。2013年と2014年の間に、外国人ストックで減少幅（一部は帰化による）が最も大きかったのは、エクアドル人、コロンビア人、ボリビア人である。逆に、ルーマニア、イタリア、イギリス国民のストックは増加傾向を示した。

非EU加盟国の国民に発給される新規の労働許可証の数は、2008年以降減少を続け、2014年には2,900件となった。受給者の特に多い国は、フィリピン（13%）、ペルー（11%）、中国（8%）である。労働許可はこの他に、2013年と同様、3,100件が季節労働者に対して発給された。季節労働者の76%がモロッコ人であり、残りは主にコロンビアとエクアドルの出身者であった。また、全季節労働者のうち女性が78%を占め、モロッコ人については女性の割合は98%に上った。外国人全体では、2014年には186万人近くがスペインで雇用者として登録され、そのうちの62万3,000人超がEU市民であった。外国人の就業先はほぼ4分の3がサービス部門であり、農業部門（13%）と建設部門（6%）がこれに続いた。また、外国人労働者の学歴水準は上昇傾向にある。

2013～14学年度、7万4,900人の外国人学生（総学生数の4.9%）がスペインの高等教育機関に在籍していた。修士課程レベルでは外国人学生は18%超を占め、そのうち半数以上がラテンアメリカとカリブ海諸国の出身で、21%がEU市民であった。学生全体に占める、アジアとオセアニア出身者の割合は増加傾向にある。教育と移民、それぞれの担当部局の合意により、留学生の事務手続上の負担が一部軽減された。

庇護申請数は急激に増加している。2014年は5,600件の申請があり、2013年から25%増加した。さらに2015年には3倍増の1万4,600件となった（扶養家族を含む）。これは、EU加盟28か国の申請件数の1.2%に当たる。申請者の出身地で特に多いのは、シリア、ウクライナ、ヨルダン川西岸地区及びガザ地区であり、この3か所で申請者全体の3分の2を超えた。2015年に一次審査を受けた1,000件の庇護申請のうち、認定を受けたのは約31%であった（EU加盟28か国の平均は51%）。2013年に承認された「スペイン再定住プログラム（National Resettlement Programme）」の枠内で、2014年12月からシリア人家族が入国を開始している。

欧州対外国境管理協力機関（Frontex）によると、スペインに陸路または海路で入国する非正規移民の数は、2014年と2015年に急増した。カナリア諸島に到着した移民は2014年の275人から2015年の870人に、西地中海ルート（海路及び陸路）による違法越境者は、2012年と2013年には6,400人と6,800人であったものが、2014年と2015年はそれぞれ7,840人と7,160人に増加した。2014年には、ほぼ7,700人がスペインから追放され（2013年は9,000人）、さらに1,100人が他のEU諸国に送還された（2013年は1,200人）。

いくつかの施策が、庇護手続の改善、NGO及び地方当局との連携による難民の受け入れ能力の拡大、難民の受け入れと統合に必要な財源の拡充を目的として講じられた。

2013年に採択された「起業家支援及び国際化法（Entrepreneurial Support and Internationalisation Act）」が2015年に改正され、国際投資家、起業家、高技能専門職、研究者、企業内転勤者の入国と居住がさらに容易になった。この改正によって、これらのカテゴリーの労働者の家族再統合が円滑に行えるようになり、また、大企業や戦略部門における企業内転勤者向けの「略式の」入国手続も導入された。2015年8月には、この種の労働者に対するビザ及び許可が5,900件発給され、同行家族にも5,500件が発給された。

2015年、未成年者の法的保護のための法律に、外国人の未成年者に対する明確な指示規定が新設された。未成年者の権利が、より適切に保護されることが目的である。

2015年7月、不法就労者の減少を目的とする、新しい労働監督法（Labour Inspection Act）が可決された。これには、人身売買や性的搾取の犠牲者の発見・保護・支援のための提案も盛り込まれた。

詳細については下記を参照

http://extranjeros.empleo.gob.es/es/index.html
www.empleo.gob.es/es/estadisticas/index.htm
www.ine.es/inebmenu/mnu_migrac.htm

移民のフローとストックの最近の傾向
スペイン

移民フロー（外国人） ——当該国の定義に基づく	2005年	2010年	2013年	2014年	平均		人数（単位：1,000人）
					2004-08年	2009-13年	2014年
住民1,000人当たり							
流入者数	15.7	7.2	5.4	5.8	16.4	6.7	*265.8*
流出者数	1.1	7.9	10.0	7.2	3.0	8.3	*330.6*

移民流入数（外国人） ——在留許可の種類別（標準化データ）	単位：1,000人		割合（％）	
	2013年	2014年	2013年	2014年
労働移民	37.4	31.6	20.7	17.2
家族移民（帯同家族含む）	41.2	39.1	22.9	21.3
人道移民	0.5	1.6	0.3	0.9
自由移動	92.5	102.1	51.3	55.6
その他	8.8	9.3	4.9	5.1
合計	180.4	183.7	100.0	100.0

移民送出国上位10か国（外国人流入者総数に占める割合）（％）

凡例: ☐ 2004〜2013年の年平均　■ 2014年

ルーマニア、モロッコ、イタリア、イギリス、中国、コロンビア、ロシア、フランス、ドミニカ、ベネズエラ
（横軸 0 5 10 15 20）

一時的移民	2005年	2013年	2014年	平均
				2009-13年
単位：1,000人				
留学生	29.9	44.5	49.1	46.1
研修生	..	..	..	..
ワーキングホリデー利用者	..	..	..	..
季節労働者	7.0	3.1	3.1	3.0
企業内転勤	1.2	0.0	0.0	0.7
その他の一時的労働者	33.8	5.6	4.6	8.5

庇護希望者の流入	2005年	2010年	2013年	2014年	平均		人数
					2004-08年	2009-13年	2014年
住民1,000人当たり	0.1	0.1	0.1	0.1	0.1	0.1	*5 900*

人口増加の内訳	2005年	2010年	2013年	2014年	平均		人数（単位：1,000人）
					2004-08年	2009-13年	2014年
住民1,000人当たり							
合計	13.4	1.3	-4.6	-1.3	13.8	-0.3	*-62.6*
自然増加	1.8	2.3	0.8	0.7	2.3	1.7	*32.3*
純移動及び統計上の調整	11.5	-0.9	-5.4	-2.0	11.4	-2.0	*-95.0*

移民のストック	2005年	2010年	2013年	2014年	平均		人数（単位：1,000人）
					2004-08年	2009-13年	2014年
総人口に占める割合（％）							
外国出身人口	11.1	14.5	13.6	13.4	12.2	14.3	*6 155*
外国人人口	9.5	12.5	10.9	10.3	10.5	12.1	*4 719*

帰化	2005年	2010年	2013年	2014年	平均		人数
					2004-08年	2009-13年	2014年
外国人人口に占める割合（％）	1.1	2.2	4.7	1.9	1.4	2.5	*93 714*

就業状況	2005年	2010年	2013年	2014年	平均	
					2004-08年	2009-13年
就業率（人口全体に占める割合）（％）						
自国出身の男性	74.6	66.1	60.2	61.5	74.3	63.9
外国出身の男性	79.6	57.9	54.8	56.0	78.9	57.5
自国出身の女性	50.0	52.2	50.3	51.7	51.3	51.5
外国出身の女性	59.2	52.7	49.5	49.1	58.1	51.0
失業率（労働力人口に占める割合）（％）						
自国出身の男性	6.8	16.9	23.9	21.8	7.1	19.6
外国出身の男性	9.1	32.9	35.7	34.0	10.6	33.0
自国出身の女性	11.9	18.8	25.3	24.1	12.1	20.9
外国出身の女性	13.8	27.6	33.7	32.6	15.1	30.2

注と資料は本章末尾に記載。

StatLink：http://dx.doi.org/10.1787/888933396159

スウェーデン

　住民登録（庇護希望者と一時的労働者を除く）のデータによると、流入者のフローは2015年に過去最高を記録し（13万4,200人、前年比5.7%の増加）、流出者のフローは9%増えて5万5,800人であった。スウェーデン国民の流出者は全流出者の30%を占めた。スウェーデン国民の流出超過は2015年には4,100人に拡大する（2014年は4,000人）一方、外国人の流入超過は8万2,500人に達した（2014年は7万9,700人）。流入者で最も多いのはシリア人で（2万8,000人で2014年よりも29%増）、続いて、スウェーデン人の帰還者（2万400人で2%減）、エリトリア人（7,600人で28%増）、さらに、無国籍者とポーランド人が5,500人ずつであった。ソマリアとアフガニスタンからの流入者数は、減少幅がそれぞれ17%、12%と急減した。

　2015年には、10万9,200人が在留許可つまり居住権を付与された（更新者と、2014年5月以降は、移民庁に登録する必要がなくなったEU市民を除く）。この数字は2014年の11万600人とほぼ同じである。移民のカテゴリー別では、家族移民が全体の41%（4万3,400人）を占めた（2014年は38%）。難民及びその他の国際的保護を必要とする人に付与された在留許可件数は、2014年の3万5,500件から微増して、2015年には3万6,600件（全体の34%）であった。そのうち1,900件は、クオータ難民に付与されたものである。就労目的の在留許可は1万5,900件から1万7,000件（16%）へと再び増加し、留学目的の許可（9%）はほぼ変わらず9,400件であった。

　スウェーデン移民庁（Swedish Migration Agency）によると、2015年には、庇護申請数が前年の2倍を超えて約16万3,000件に達した（扶養家族を含む）。これはEU加盟28か国の申請者全体の、10分の1超に当たる。申請数全体の72%を上位3か国、すなわち、シリアの5万1,300件（2014年比68%増）、アフガニスタンの4万1,600件（2014年は2,900件）、イラクの2万900件（2014年は2,700件）が占めた。また、保護者同伴の未成年者からの申請が20%を超えた。欧州連合統計局（Eurostat）のデータによると、一次審査で約72%が認定を受けている（EU加盟28か国の平均は51%）。

　2015年には計1万3,300件の労働許可証が発給されたが、そのほとんどは外国から到着した移民が対象であった。2015年に就労目的で発給された許可証の中で、最大の割合を占める職業グループはベリー収穫者（3,800件）であり、これに、IT専門職（2014年の2,500件から増加して3,200件）と工学技術者（710件）が続いた。受給者の上位3か国は、タイ（2014年の3,000件から増加して4,200件）、インド（2014年から横ばいの3,300件）、中国（2014年の950件から減少して740件）である。

　2014年8月、労働移民制度の悪用防止のための新たな規則が発効した。また2015年7月には、労働移民に関する国家委員会が設置され、スウェーデン国内の労働移民に対する虐待や搾取の実態を調査し、搾取の阻止に向けた対策を示すことになった。

　2014年、スウェーデンの大学を卒業した外国人留学生に対し、6か月の求職ビザが導入された。

　政府は、2016年の国家予算の枠組みの中で、新来の移民の労働市場への統合促進をはかる総合的な受け入れ策に着手した。その具体的な目標としては、1）言語講座・職業訓練・技能の認定・住居の提供を通じて、収入の得られる仕事への移行を促進すること、2）地方自治体が、新たに入国した子どもや若者に、良質の就学前教育や学校教育を提供するうえでの支援を拡大すること、3）国全体で難民の受け入れと統合を推進すること、が挙げられている。2016年1月以降、庇護希望者の受け入れ数の多い地方自治体への支援に際し、増額された財源の利用が可能になった。また、未成年の庇護希望者の学校教育に要する費用について、地方自治体への定額払い戻しを50%増やすことも提案されている。

　2014年7月、スウェーデンとEU域外の国との間の循環移民を促進するための改正法が発効した。経済発展に移民の及ぼすプラスの効果を高めることが、その目的である。

　2016年初め、人材不足の職種へ技能移民の参入を促進するため、新たなファスト・トラック制度の運用が始まった。部門別になったこの制度では、プログラム参加者の母語を使ってその技能の評価・認可・橋渡しを行い、それと並行して言語教育を提供する。技能の認可や橋渡しを開始するより前に、スウェーデン語の言語技能が要求されることはない。ファスト・トラック制度の導入に関する協議は、現在も新たに14の部門、20の職種に対して行われている。技能の橋渡しを担うこの取り組みには、多くの資源が充てられている。

　政府は、移民のためのスウェーデン語教育と、後期中等職業教育などの関連教育との統合の意向を発表した。それによれば、移民のためのスウェーデン語教育は、将来的には、地方自治体の成人教育制度の中で実施し、さらに、地方自治体の成人教育の基礎レベルに、新たなモジュール課程を設ける予定とのことである。

詳細については下記を参照
www.migrationsverket.se
www.scb.se
www.regeringen.se

国別の情報——最近の移民動向と移民政策の変化　第5章

移民のフローとストックの最近の傾向
スウェーデン

移民フロー（外国人） ——当該国の定義に基づく	2005年	2010年	2013年	2014年	平均		人数（単位：1,000人）
					2004-08年	2009-13年	2014年
住民1,000人当たり							
流入者数	5.7	8.4	9.9	10.9	7.6	8.8	106.1
流出者数	1.8	2.4	2.6	2.7	2.0	2.4	26.4

移民流入数（外国人） ——在留許可の種類別（標準化データ）	単位：1,000人		割合（%）	
	2013年	2014年	2013年	2014年
労働移民	3.9	3.7	4.5	4.4
家族移民（帯同家族含む）	31.8	32.9	36.7	38.9
人道移民	28.9	35.6	33.4	42.2
自由移動	22.0	12.2	25.4	14.4
その他	..	..	..	..
合計	86.7	84.5	100.0	100.0

移民送出国上位10か国（外国人流入者
総数に占める割合）(%)

2004〜2013年の年平均　2014年

シリア
エリトリア
ポーランド
ソマリア
アフガニスタン
インド
フィンランド
イラン
中国
ドイツ

0　5　10　15　20　25

一時的移民	2005年	2013年	2014年	平均
				2009-13年
単位：1,000人				
留学生	10.8	12.4	10.2	14.0
研修生	0.6	0.4	0.5	0.5
ワーキングホリデー利用者	..	..	..	..
季節労働者	0.5	5.9	2.9	5.4
企業内転勤	..	..	..	..
その他の一時的労働者	4.8	18.7	0.0	15.9

庇護希望者の流入	2005年	2010年	2013年	2014年	平均		人数
					2004-08年	2009-13年	2014年
住民1,000人当たり	1.9	3.4	5.6	7.7	2.8	3.9	75 090

人口増加の内訳	2005年	2010年	2013年	2014年	平均		人数（単位：1,000人）
					2004-08年	2009-13年	2014年
住民1,000人当たり							
合計	4.0	8.1	9.4	10.6	6.1	8.3	102.0
自然増加	1.0	2.8	2.5	2.7	1.5	2.4	26.0
純移動及び統計上の調整	3.0	5.3	6.9	7.9	4.7	5.8	76.0

移民のストック	2005年	2010年	2013年	2014年	平均		人数（単位：1,000人）
					2004-08年	2009-13年	2014年
総人口に占める割合（%）							
外国出身人口	12.5	14.8	16.0	16.5	13.0	15.1	1 604
外国人人口	5.3	6.8	7.2	7.6	5.6	6.9	739

帰化	2005年	2010年	2013年	2014年	平均		人数
					2004-08年	2009-13年	2014年
外国人人口に占める割合（%）	8.2	5.4	7.5	6.3	7.5	6.3	43 510

就業状況	2005年	2010年	2013年	2014年	平均	
					2004-08年	2009-13年
就業率（人口全体に占める割合）(%)						
自国出身の男性	76.2	76.0	78.3	78.5	77.0	76.9
外国出身の男性	63.7	67.0	67.4	68.0	66.2	67.2
自国出身の女性	72.6	72.8	75.9	76.8	73.5	74.2
外国出身の女性	58.4	55.9	58.5	59.2	58.6	57.7
失業率（労働力人口に占める割合）(%)						
自国出身の男性	7.0	7.6	6.6	6.6	5.9	6.9
外国出身の男性	15.1	16.1	17.0	16.6	13.2	16.6
自国出身の女性	6.9	7.0	6.4	5.9	5.9	6.6
外国出身の女性	13.7	16.8	15.8	16.2	13.0	15.6

注と資料は本章末尾に記載。

StatLink：http://dx.doi.org/10.1787/888933396166

337

第5章　国別の情報——最近の移民動向と移民政策の変化

スイス

　2015年、長期滞在の外国人の流入者は約15万500人であった。これは2014年と比べて1.1%の減少であり、前年からの減少傾向が持続した形である。流入者全体の4分の3近くを、EU及びEFTAの加盟国の国民が占め、中でも二大送出国のドイツとイタリアが、それぞれ15%と12%を占め、フランス（急増して10%）とポルトガル（8%）がそれに続いた。EU/EFTA加盟国からの流入者の63%は就労目的であり、それ以外の国の国民は、家族再統合を目的とする場合が多かった（流入者の47%）。

　流出者数、つまり、スイスの在留登録を抹消した外国人数は、2014年の6万9,200人に対して、2015年は7万3,400人であった。2015年の場合、EU/EFTA加盟国の国民が全体の75%を占め、うち1万5,800人がドイツ人、7,100人がフランス人、6,900人がイタリア人、6,600人がポルトガル人であった。2015年のスイスの純移動は、7万1,500人の流入超過で、2014年から9.4%縮小している。2015年の流入超過に特に貢献したのは、イタリア、フランス、ドイツ、ポルトガルからの移民であった。

　2015年末の時点で、スイスに永住する外国人はほぼ200万人であり、2014年から4万6,900人増加した。外国人人口は全居住者数の4分の1近くに上り、この割合は前年からほとんど変わっていない。そのうち最も多くを占めるのは、イタリア人とドイツ人（それぞれ外国人人口の15.7%と15.1%）、そしてポルトガル人（13.4%）、フランス人（6.2%）である。

　2015年に、就労のために長期在留許可を得た外国人はほぼ7万1,000人で、2014年から5.1%減少した。EU/EFTA加盟国の国民が全体の約94%を占め、そのほとんどがドイツ人（1万5,900人）、イタリア人（1万800人）、フランス人（8,900人）、ポルトガル人（6,900人）であった。

　2015〜16学年度に、大学で高等教育レベルの教育課程または訓練課程に在籍する外国人は4万3,600人であり、そのうちの3万6,300人が、国外で教育を受けた後に勉学のためスイスに来た学生である。これに加えて1万5,600人が応用科学大学と教員養成大学に在学し、そのうちの1万70人が国外の教育経験を有している。これらの数字は前年度より増加している。

　スイス連邦移民局（Secretary of State for Migration）によると、庇護希望者数は2014年の2万3,800人から2015年の3万9,500人へと増加した。出身者数の上位3か国は、エリトリア、アフガニスタン、シリアであり、この3か国で2015年に流入した庇護希望者の57%を占めた。2015年には一次審査が2万8,100件に対して実施され、難民認定率は25%、総認定率（難民または補完的保護の認定）は53%であった（EU加盟28か国の平均は51%）。

　2014年中にスイスは、他のダブリン規約締結国に対して、庇護手続の責任があるとの理由で1万4,900人の移送を要請し、その結果、2,600人が空路または陸路で該当する国へ送られた。反対に、他の締結国からの送還要請も4,000件超あり、そのうち1,800件を受理して、900人超が支障なくスイス国内に移送された。大量の難民がイタリアの海岸に押し寄せ、それによってイタリアの庇護及び受け入れ制度が圧迫されたため、ダブリン規約に則ったスイスからの送還は2013年と2014年の間は減少し、国内で庇護手続を行うケースが3,000件増加した。とはいえスイスは、2009年以降、ダブリン規約に基づいて受け入れた数よりも、他の締結国への送還数のほうが多い。

　2016年3月、スイス連邦参事会（Federal Council）（内閣に当たる）は、移民の流入制限に関する憲法の規定の履行を目的とした法案を、いくつか議会に提出した。その1つは、すでにスイスに在留する労働者の能力の活用を促進するため、難民認定や一時的保護認定を受けた人の就業を阻んでいる煩雑な形式主義的手続を廃止すること、またそれによって、難民認定や一時的保護認定を受けた人の労働市場への統合を進めることを意図している。また別の法案は、庇護手続の迅速化を目指すものであり、これは連邦議会での可決を経て、2016年6月に国民投票によって承認された。

　外国人に関する連邦法及び補足給付に関する連邦法の改正案には、人の自由移動に関する協定の実施を促すための立法措置が、4件盛り込まれることになっている。その1つは、外国人とその家族は、求職だけを目的としてスイスに入国した場合、社会保障制度から除外されるというものであり、また、報酬を得る活動を継続しない場合は在留資格を停止するという規定もある。さらに、補足給付金の給付を担当する部局と、移民の管理を担う州当局の間の情報交換に関する新たな条項を設けて、情報の流れを円滑にする措置も講じられる。もう1つ、スイスに不法に滞在する外国人を、補足給付制度から除外することも規定される。

詳細については下記を参照

www.sem.admin.ch
www.bfs.admin.ch/bfs/portal/en/index/themen/01/
*　07.html*

国別の情報──最近の移民動向と移民政策の変化　第5章

移民のフローとストックの最近の傾向
スイス

移民フロー（外国人） ──当該国の定義に基づく	2005年	2010年	2013年	2014年	平均		人数（単位： 1,000人）
					2004-08年	2009-13年	2014年
住民1,000人当たり							
流入者数	12.7	17.1	19.4	18.8	15.7	17.9	152.1
流出者数	6.7	8.4	8.7	8.6	7.0	8.1	69.2

移民流入数（外国人） ──在留許可の種類別（標準化データ）	単位：1,000人		割合（%）	
	2013年	2014年	2013年	2014年
労働移民	2.2	1.9	1.6	1.4
家族移民（帯同家族含む）	21.3	19.5	15.6	14.5
人道移民	5.1	6.4	3.7	4.7
自由移動	105.8	103.8	77.6	77.1
その他	2.0	3.1	1.4	2.3
合計	136.2	134.6	100.0	100.0

移民送出国上位10か国（外国人流入者
総数に占める割合）(%)

```
□ 2004～2013年の        ■ 2014年
  年平均
ドイツ
イタリア
ポルトガル
フランス
スペイン
ポーランド
イギリス
ハンガリー
アメリカ合衆国
オーストリア
        0   5   10  15  20  25
```

一時的移民	2005年	2013年	2014年	平均
				2009-13年
単位：1,000人				
留学生	8.6	12.3	10.9	11.8
研修生	0.3	0.1	0.1	0.1
ワーキングホリデー利用者	..	..	..	..
季節労働者	..	..	..	..
企業内転勤	..	..	..	..
その他の一時的労働者	101.6	105.0	89.4	93.4

庇護希望者の流入	2005年	2010年	2013年	2014年	平均		人数
					2004-08年	2009-13年	2014年
住民1,000人当たり	1.4	1.7	2.4	2.7	1.6	2.4	22 110

人口増加の内訳	2005年	2010年	2013年	2014年	平均		人数（単位： 1,000人）
					2004-08年	2009-13年	2014年
住民1,000人当たり							
合計	6.4	10.6	13.0	..	9.5	11.5	98.0
自然増加	1.6	2.3	2.2	2.6	1.8	2.2	21.3
純移動及び統計上の調整	4.9	8.3	10.8	..	7.7	9.2	76.7

移民のストック	2005年	2010年	2013年	2014年	平均		人数（単位： 1,000人）
					2004-08年	2009-13年	2014年
総人口に占める割合（%）							
外国出身人口	23.8	26.5	28.6	29.2	24.5	27.3	2 355
外国人人口	20.3	22.0	23.5	24.1	20.6	22.5	1 947

帰化	2005年	2010年	2013年	2014年	平均		人数
					2004-08年	2009-13年	2014年
外国人人口に占める割合（%）	2.6	2.3	1.9	1.8	2.8	2.2	33 325

就業状況	2005年	2010年	2013年	2014年	平均	
					2004-08年	2009-13年
就業率（人口全体に占める割合）(%)						
自国出身の男性	..	85.3	85.0	84.8	..	85.4
外国出身の男性	..	82.9	83.6	83.7	..	83.7
自国出身の女性	..	75.1	77.0	78.0	..	76.0
外国出身の女性	..	66.6	68.5	69.0	..	67.7
失業率（労働力人口に占める割合）(%)						
自国出身の男性	..	3.2	3.2	3.4	..	3.1
外国出身の男性	..	6.9	7.1	7.1	..	6.7
自国出身の女性	..	3.6	3.1	3.3	..	3.3
外国出身の女性	..	8.9	8.2	8.3	..	8.1

注と資料は本章末尾に記載。

StatLink : http://dx.doi.org/10.1787/888933396171

第5章

トルコ

2014年、38万件近くの在留許可（更新を含む）が、「安全・外国人・国境・庇護管理総局（General Directorate of Security, Foreigners, Border and Asylum Bureau）」によって発給され、2013年の31万4,000件から増加した。発給理由の第一は、2014年も引き続き家族再統合であり、続いて第二に留学であった。この2つの理由での在留許可証はほぼ6万1,000人に発給され、前年の5万700人から増加した。対照的に、就労を理由とする在留許可の発給数は2013年の4万4,300件から、2014年は1万8,500件に減少した。近年、受給する外国人の出身国が変化している。2012年の上位5か国はジョージア、ロシア、アゼルバイジャン、ブルガリア、ドイツであったが、2014年はイラク（3万8,700件）、シリア（3万1,800件）、アフガニスタン（2万9,800件）、アゼルバイジャン（2万7,000件）、イラン（1万8,900件）出身者への発給数が大きく増加した。

長年の間、トルコ人の流出人口は請負労働の移民が主体であった。しかし最近は、トルコ雇用協会（Turkish Employment Agency）によって国外へ送り出されるトルコ人労働者の数が年々減少しており、2012年の6万7,000人から、2013年には5万5,400人、2014年には3万9,600人になった。主な移住先は、ロシア（23%）、イラク（19%）、サウジアラビア（9.5%）、トルクメニスタン（9%）、アゼルバイジャン（6%）である。

外国人に発給される労働許可証の数は、2010年の1万4,200件から2015年の6万4,550件へと増加傾向が続いている。2013年、2014年と同様に、2015年も受給者が最も多いのは、ジョージア（13%）であり、続いてウクライナ（9%）、キルギスタン（6%）、シリア（6%）、トルクメニスタン（5%）であった。シリア人に発給される労働許可証の数は、2013年の800件から2015年には4,000件超に増加した。

トルコの高等教育委員会が提供するデータによると、2013〜14年度に高等教育機関に在籍する留学生は4万8,200人であり、前年度の4万3,300人よりも増加した。2014年の留学生送出の上位5か国は、トルクメニスタン（6,900人）、アゼルバイジャン（6,900人）、イラン（4,300人）、アフガニスタン（2,300人）、シリア（1,800人）であった。

2014年の庇護申請数は8万7,820件と、2013年からほぼ倍増した。そのうち1万6,700件がアフガニスタン人から、1万5,500件がイラク人からの申請であった。シリアからの難民は、2011年12月から2015年の間に、250万人が一時的被保護資格を付与されている。

2015年3月、「非正規移民に関する戦略文書と国家行動計画（Strategy Document and National Action Plan on Irregular Migration）」が、移民管理総局（Directorate General of Migration Management）によって発表された。これには以下のような6つの戦略目標が掲げられている。すなわち、1）非正規移民の発生防止と移民関連の組織犯罪撲滅のための関連法の強化、2）包括的な政策による非正規労働移民の抑制、3）非正規移民の送還（移送）制度の強化、4）非正規移民に関する体系的なデータの収集・分析・共有のしくみの構築、5）脆弱な状況にある非正規移民の保護、6）非正規移民問題に対する地域的及び国際的な協働体制の強化、である。国家行動計画は2018年末完了の予定だが、それまでの短期的及び中期的な目標もそれぞれ設定されている。

トルコ政府はシリア危機を受けて、シリア難民に対する一時的保護制度を設けているが、これは3つの主要原則に基づいている。すなわち、国境開放政策、ノン・ルフールマン原則、そして、トルコ当局への登録とキャンプ区域内での支援である。

2014年2月、トルコと欧州対外国境管理協力機関（Frontex）は、2014〜2016年の協働計画に調印し、まず、統計データの共有、共同での訓練活動、業務調整に着手した。2014年9月には、シェンゲンビザの申請者に対して最寄りの大使館への生体情報（10本指の指紋と顔写真）の提供を求める、ビザ情報システム（Visa Information System, VIS）の運用が始まり、入国する旅行者にも出国するトルコ国民にも適用されるようになった。

2016年1月、トルコ政府は在留する250万人のシリア難民の一部（登録をしていて、6か月以上トルコに滞在する人）に対して、不法就労のリスクを低減するため、労働許可申請を認める新しい規則を公布した。対象のシリア難民が労働許可を得るには、最低賃金以上を支払う用意のある雇用主をトルコ国内で見つける必要がある。労働許可の発給は当該職場の総労働者数の10%に制限されているとはいえ、最初の推計によれば発給状況は低調である。農業部門と畜産部門で季節労働に携わる難民は、労働許可の取得が免除されている。

2016年3月7日、EUとトルコは、ギリシャに上陸した非正規移民（経済移民も庇護希望者も含む）はすべてトルコへ送還するという協定を結んだ。この協定には、トルコがギリシャの島嶼部からの再入国を認めたシリア人1人につき、トルコに滞在するシリア人1人をEUに再定住させるという条項も含まれている。また、トルコに対する経済的補償も合意され、すでにEU委員会によって拠出された3億5,000万ユーロに加えて、支援金として30億ユーロが支払われている。2016年3月には、食費及び教育費として9,500万ユーロの支払いが合意され、2016年末にはさらに別の支援契約が結ばれる予定である。

2015年5月に県移民管理局（Provincial Directorate of Migration Management）が活動を開始し、それまで国家警察が担当していた各県業務を引き継いでいる。

詳細については下記を参照

www.iskur.gov.tr
www.tuik.gov.tr
www.nvi.gov.tr
www.csgb.gov.tr
www.mfa.gov.tr
www.goc.gov.tr

国別の情報——最近の移民動向と移民政策の変化　第5章

移民のフローとストックの最近の傾向
トルコ

移民フロー（外国人） ——当該国の定義に基づく	2005年	2010年	2013年	2014年	平均		人数（単位： 1,000人）
					2004-08年	2009-13年	2014年
住民1,000人当たり							
流入者数	..	0.4	..	..	..	..	..
流出者数	..	..	..	..	..	..	..

移民流入数（外国人） ——在留許可の種類別（標準化データ）	単位：1,000人		割合（%）	
	2013年	2014年	2013年	2014年
労働移民	..	..	..	..
家族移民（帯同家族含む）	..	..	..	..
人道移民	..	..	..	..
自由移動	..	..	..	..
その他	..	..	..	..
合計	..	..	..	..

移民送出国上位10か国（外国人流入者
総数に占める割合）(%)

■ 2010年

アゼルバイジャン
アフガニスタン
ロシア
ドイツ
アメリカ合衆国
イラン
カザフスタン
トルクメニスタン
イラク
イギリス
0　2　4　6　8　10

一時的移民	2005年	2013年	2014年	平均
				2009-13年
単位：1,000人				
留学生	..	..	..	..
研修生	..	..	..	..
ワーキングホリデー利用者	..	..	..	..
季節労働者	..	..	..	..
企業内転勤	..	..	..	..
その他の一時的労働者	..	..	..	..

庇護希望者の流入	2005年	2010年	2013年	2014年	平均		人数
					2004-08年	2009-13年	2014年
住民1,000人当たり	0.1	0.1	0.6	1.1	0.1	0.3	87 820

人口増加の内訳	2005年	2010年	2013年	2014年	平均		人数（単位： 1,000人）
					2004-08年	2009-13年	2014年
住民1,000人当たり							
合計	12.3	15.9	12.4	11.4	12.4	13.6	882.7
自然増加	12.3	11.8	10.7	10.4	12.4	11.5	802.0
純移動及び統計上の調整	0.0	4.1	1.7	1.0	0.0	2.1	80.7

移民のストック	2005年	2010年	2013年	2014年	平均		人数（単位： 1,000人）
					2004-08年	2009-13年	2014年
総人口に占める割合（%）							
外国出身人口	..	..	..	..	..	..	..
外国人人口	..	..	..	..	..	..	..

帰化	2005年	2010年	2013年	2014年	平均		人数
					2004-08年	2009-13年	2014年
外国人人口に占める割合（%）	..	..	..	..	..	..	

就業状況	2005年	2010年	2013年	2014年	平均	
					2004-08年	2009-13年
就業率（人口全体に占める割合）(%)						
自国出身の男性	..	66.7	69.6	69.6	66.6	67.9
外国出身の男性	..	64.5	63.9	70.5	66.6	64.1
自国出身の女性	..	26.1	29.6	29.5	23.3	27.3
外国出身の女性	..	27.8	33.0	37.2	30.5	29.4
失業率（労働力人口に占める割合）(%)						
自国出身の男性	..	10.5	8.1	9.2	9.8	9.5
外国出身の男性	..	12.4	10.2	10.5	8.6	11.7
自国出身の女性	..	11.6	10.8	12.0	10.2	11.0
外国出身の女性	..	14.1	11.5	14.7	9.4	13.7

注と資料は本章末尾に記載。

StatLink：http://dx.doi.org/10.1787/888933396184

第5章　国別の情報──最近の移民動向と移民政策の変化

イギリス

　イギリスの流入人口はこの数年、事実上変化がみられなかったが、2014年は増加して63万2,000人に達した。一方、2014年の流出人口は前年とほぼ変わらず32万人であった。イギリス国民の純移動は、前年と同様の5万5,000人の流出超過であり、外国人の流入超過が36万7,000人（前年比9万8,000人増）に上ったことから、全体としては大きな流入超過となった。外国人の流入の主な理由は、就労（44%）と留学（36%）である。

　労働関連のビザの発給数（扶養家族を含む）は、2015年には1%減少して16万6,000件となった。第1階層（Tier 1）の就労ビザの発給数の推移（2015年の発給数は5,400件で45%減）は、就職先の決まっている技能労働者（及びその扶養家族）が対象の第2階層（Tier 2）、また、青少年交流や一時的労働者を対象とする第5階層（Tier 5）とは対照的であった（第2階層が9万2,000件、第5階層が4万5,000件で、それぞれ2%増）。

　第2階層の就労ビザのうち、5万9,000件が企業内転勤のカテゴリーで発給された。また、身元引受人を必要とする技能労働者の就労ビザ（第2階層）の申請数（主たる申請者）は、2015年に3%増えて5万6,000件となった。情報通信部門（3%増）だけで、このカテゴリーの全申請数の42%を占めている。

　就労に関連した滞在延長（扶養家族を含む）は減少を続けており、2014年の8万8,400件から2015年には8万200件になった。そのうち約5万9,000件は、技能労働（第2階層）のビザ延長であった（2014年比3%減）。第2階層の3万5,000件（主たる申請者）の滞在延長のうち、約2万3,400件は以前も第2階層（技能労働）であった労働者が対象であり、5,600は以前は学生であった人、5,400件は第1階層のポストスタディーワークビザ（現在は廃止されている）の受給者が対象である。

　2015年、留学関連のビザ発給数は21万400件で前年より4%減少した。このうち1万5,000件は、扶養家族の受給分である。この減少傾向は、政府が、留学による入国ルートの乱用を抑制しようと試みている結果である。大学を身元引受人とするビザは、この影響が最も小さく、発給数は16万6,400件で1%の減少にとどまった。

　永住許可の発給数は、2014年に約3分の1減少し、2015年にはさらに14%減少して、2000年来の最低水準である9万件となった。2015年の発給数の44%は就労、20%が庇護、18%（2014年の約半分）が家族を理由としていた。

　欧州連合統計局（Eurostat）のデータによると、2015年は3万8,900件（扶養家族を含む）の庇護申請があり、これはEU加盟28か国が受理した申請総数の3%に当たる。また、2014年の申請数3万2,300件から20%増加している。庇護申請者数の上位3か国（エリトリア、イラン、パキスタン）で、全体の28%を占める。一次審査で認定を受けたのは約36%であった（EU加盟28か国平均は51%）。

　政府は移民助言委員会の勧告をほぼ受け入れて、第2階層ビザの大きな改革に乗り出しており、2017年4月にはそれが完全実施に至る予定である。その内容は、まず第2階層（一般）の資格を有する移民の数を削減するため、一部例外を除いて、2017年までに最低年収を3万英ポンドに引き上げる。また、EEA域外出身の看護師はこれまで人材不足のリストに挙げられてきたが、労働市場テストを受けることが必要になる。さらに、企業内転勤のビザ申請には、最低年収4万1,500英ポンドが条件となる。ただし、高給を得ている人の滞在延長については、条件の一部が2017年4月から緩和される予定である。若干の例外を除いて、2017年4月以降、雇用主による移民の技能負担金は1人当たり年間1,000英ポンドになる。

　2015年9月、政府はシリア難民対象の「脆弱な人々の再定住計画（Vulnerable Persons Relocation Scheme）」を拡大して、今後5年間に、シリア近隣諸国から最大2万人の難民を再定住させると発表した。また、イギリスでの庇護を申請する人とは別に、すでにイギリスに滞在するシリア人に対して、ビザの延長申請や、別のビザカテゴリーへの変更を可能にする一時的容認措置が、2017年2月まで延長された。

　移民の統合促進のため、政府は2016年1月、家族を理由とする移民に対し、ヨーロッパ言語共通参照枠（Common European Framework of Reference for Languages）のレベルA2を、英語能力の新たな要件にすると発表した。現在は、EEA域外出身の配偶者や親が、ビザを取得するにはPre-A1、定住するにはB1が要件となっている。この条件を満たして初めて2年半後の延長申請時に、定住につながる合計5年の在留許可が与えられる。新しいA2要件が適用されるのは、2016年10月以降となっている。

詳細については下記を参照

www.gov.uk/government/collections/migration-statistics

www.ons.gov.uk

国別の情報──最近の移民動向と移民政策の変化　第5章

移民のフローとストックの最近の傾向
イギリス

移民フロー（外国人） ──当該国の定義に基づく	2005年	2010年	2013年	2014年	平均		人数（単位： 1,000人）
					2004-08年	2009-13年	2014年
住民1,000人当たり							
流入者数	6.8	7.5	6.4	7.9	7.4	6.8	*504.0*
流出者数	2.6	3.0	2.7	2.7	2.9	2.9	*171.0*

移民流入数（外国人） ──在留許可の種類別（標準化データ）	単位：1,000人		割合（%）	
	2013年	2014年	2013年	2014年
労働移民	84.0	79.2	28.9	25.4
家族移民（帯同家族含む）	64.7	64.4	22.3	20.7
人道移民	21.3	17.2	7.3	5.5
自由移動	98.3	128.2	33.8	41.2
その他	22.3	22.4	7.7	7.2
合計	290.6	311.5	100.0	100.0

一時的移民	2005年	2013年	2014年	平均
				2009-13年
単位：1,000人				
留学生	124.0	..	..	211.0
研修生	..	..	..	..
ワーキングホリデー利用者	56.6	..	..	16.7
季節労働者	15.7	..	..	19.5
企業内転勤	..	..	..	20.4
その他の一時的労働者	202.6	..	..	97.8

移民送出国上位10か国（外国人流入者
総数に占める割合）(%)

□ 2004～2013年の年平均　　■ 2014年

庇護希望者の流入	2005年	2010年	2013年	2014年	平均		人数
					2004-08年	2009-13年	2014年
住民1,000人当たり	0.5	0.4	0.5	0.5	0.5	0.4	*31 260*

人口増加の内訳	2005年	2010年	2013年	2014年	平均		人数（単位： 1,000人）
					2004-08年	2009-13年	2014年
住民1,000人当たり							
合計	7.2	8.1	7.0	8.1	7.4	7.3	*524.0*
自然増加	2.3	3.9	3.2	3.2	2.8	3.7	*207.1*
純移動及び統計上の調整	4.9	4.2	3.8	4.9	4.5	3.6	*316.9*

移民のストック	2005年	2010年	2013年	2014年	平均		人数（単位： 1,000人）
					2004-08年	2009-13年	2014年
総人口に占める割合（%）							
外国出身人口	9.4	11.5	12.3	13.2	9.9	11.8	*8 482*
外国人人口	5.1	7.4	7.8	8.7	5.8	7.5	*5 592*

帰化	2005年	2010年	2013年	2014年	平均		人数
					2004-08年	2009-13年	2014年
外国人人口に占める割合（%）	5.7	4.5	4.3	2.5	4.9	4.3	*125 653*

就業状況	2005年	2010年	2013年	2014年	平均	
					2004-08年	2009-13年
就業率（人口全体に占める割合）(%)						
自国出身の男性	77.6	73.8	74.8	76.4	77.2	74.2
外国出身の男性	72.3	76.2	77.7	78.9	75.2	76.4
自国出身の女性	66.8	65.4	67.0	68.4	66.7	66.0
外国出身の女性	55.8	58.1	58.5	60.6	56.3	57.9
失業率（労働力人口に占める割合）(%)						
自国出身の男性	4.8	9.0	8.4	6.6	5.4	8.7
外国出身の男性	7.5	7.7	7.2	6.1	7.2	8.1
自国出身の女性	3.8	6.8	6.7	5.5	4.3	6.8
外国出身の女性	7.1	8.5	9.9	8.2	7.5	9.4

注と資料は本章末尾に記載。

StatLink：http://dx.doi.org/10.1787/888933396193

第5章　国別の情報——最近の移民動向と移民政策の変化

アメリカ合衆国

2014年度に、合法的永住（Lawful Permanent Resident, LPR）資格を付与された人数は、前年度比2.6%増で101万6,500人に達した。そのうち約48万1,400人（47%）が新規入国者であった（前年度比5%増）。

家族を身元引受人とする流入者は、0.6%減少して64万5,600人（新規LPRの64%）であった。就労に基づく流入者は15万1,600人（新規LPRの15%）であり、労働者本人（2013年の7万5,200人から減少して7万1,000人）とその家族員（同じく8万5,900人から減少して8万600人）からなる。移民多様化ビザ（「グリーンカード抽選プログラム」）はLPRの5%を占め、前年度とほぼ同水準であった。1年間で最大の増加を示した2つのプログラム（家族も含む）は、犯罪被害者に発給されるＵビザ（LPRに切り替え可能な非移民ビザ、前年比212%増）と、アメリカ合衆国政府が雇用するイラク人とアフガニスタン人に発給される特別移民ビザ（前年比441%増）であった。

就労のための移民は、その約3分の2がアジア出身者である（特に多いのはインド、中国、韓国、フィリピン）。また、家族を身元引受人とする優先移民ビザ取得者の41%近くが北アメリカ（メキシコ、ドミニカ、エルサルバドル、ハイチ）、44%がアジア（ベトナム、フィリピン、中国、インド）の出身であった。

2014年に実際に入国を許可された難民は総計7万人であり（2013年と同水準）、ここ数年のうちに入国してLPRへの切り替えを認められた難民は、24%増加して9万6,000人となった。これは主に、キューバ人の増加によるものである。入国許可を得た難民の出身国の上位は、イラク、ミャンマー、ソマリアであった。

2014年、非移民ビザの発給数（旅行者を除く）は225万件に増加した。発給数が特に多かったビザの種類は、一時的労働者とその家族（73万2,000件）、留学生とその家族（64万件）、交換訪問者とその家族（37万3,000件）である。2014年、旅行者を除くビザ受給者が最も多かった国は中国（36万3,000件）で、インド（35万4,000件）、メキシコ（20万6,000件）が続いた。専門職対象の一時的就労ビザ（H-1Bビザ）は、2013年の15万3,200件、2014年の16万1,400件から、2015年に17万2,700件に増加した。ほとんどの受給者はインド人（67%）と中国人（9%）である。H-1Bビザの申請数は、4年連続で、各年度の第1週目に総割り当て数を超えてしまい、アメリカ合衆国市民権・移民サービス局（US Citizenship and Immigration Service, USCIS）は、H-1Bビザの割り当てに抽選を利用する必要に迫られた。加えて、2014年と2015年には、それぞれ14万9,600人と16万4,600人の企業内転勤者を受け入れており、これも2013年の14万800人から増加した。

2015年5月、一時的技能労働者（H-1B）の被扶養配偶者が持つH-4ビザについて、その所有者の一部が就労許可を得られることになった。H-4ビザの発給数は2009年から2015年の間に倍増して12万4,500件に達したが、H-4ビザのすべての保有者が就労許可を得る資格があるわけではない。

投資家を対象とするEB-5ビザの申請数は、2013年と2014年はそれぞれ6,500件、1万1,800件であり、2015年には1万7,700件と最多を記録した。EB-5プログラムは1年間の発給数の上限が1万件であるため（家族員を含む）、承認待ちの申請が2万2,000件にまで増えている。承認件数は、2014年の4,900件から2015年には8,800件に急増した。

農業部門以外の一時的労働者を対象とするH-2Bプログラムは、1年間の発給数の上限が6万6,000件である。しかし、近年の申請数は法定の上限を超えているため、2015年12月に制度改定が行われ、2013年、2014年、あるいは2015年中に上限内に収まったH-2Bビザの一部の就労者は、2016年度は発給枠とは別の免除枠に入れられることになった。

2015年2月に出された裁判所命令に従って、現行の「若年移民に対する国外強制退去の延期措置（Deferred Action for Childhood Arrivals, DACA）」の申請対象の拡大、及び「米国市民と永住者の親に対する国外強制退去の延期措置（Deferred Action for Parents of Americans and Lawful Permanent Residents, DAPA）」は差し止めとなり、連邦最高裁判所の再審理を待っている状態である。2012年8月から2015年9月までに、DACAの申請者は約78万8,000人に上り、70万人近くが初回申請で承認されて、そのうちの47万9,000人近くが更新を申請している。

2016年5月以降、科学・技術・工学・数学（いわゆるSTEM分野）の学位取得を目指すF-1ビザの学生のうち、適格者は「オプショナル・プラクティカル・トレーニング（Optional Practical Training, OPT）の24か月間の延長申請が可能になった。この延長システムは、STEM分野の学生がかつて利用できた17か月間のSTEM OPTによる延長の代わりとなる一方で、プログラムの管理を強化する新たな特徴も備えている。また、夏期就労体験（Summer Work Travel）プログラムは、乱用への懸念を受けて管理が強化されている。例えば2016年以降、ビザ免除国の国民は、アメリカ合衆国に入国する前に就業先を確保しておかなければならないことなど、このプログラムに対する全般的な改善努力が続けられている。

詳細については下記を参照

www.dhs.gov/immigration-statistics

www.uscis.gov/tools/reports-studies/immigration-forms-data

https://travel.state.gov/content/visas/en/law-and-policy/statistics.html

www.foreignlaborcert.doleta.gov/

www.ice.gov/removal-statistics/

www.cbp.gov/newsroom/media-resources/stats

国別の情報——最近の移民動向と移民政策の変化　第5章

移民のフローとストックの最近の傾向
アメリカ合衆国

移民フロー（外国人） ——当該国の定義に基づく	2005年	2010年	2013年	2014年	平均		人数（単位： 1,000人）
					2004-08年	2009-13年	2014年
住民1,000人当たり							
流入者数	3.8	3.4	3.1	3.2	3.7	3.4	1 016.5
流出者数	..	..	..	..	..	..	..

移民流入数（外国人） ——在留許可の種類別（標準化データ）	単位：1,000人		割合（%）	
	2013年	2014年	2013年	2014年
労働移民	75.9	71.0	7.7	7.0
家族移民（帯同家族含む）	735.0	726.2	74.2	71.4
人道移民	119.6	134.2	12.1	13.2
自由移動	..	..	..	..
その他	59.4	85.1	6.0	8.4
合計	989.9	1 016.5	100.0	100.0

移民送出国上位10か国（外国人流入者
総数に占める割合）（%）

[ ] 2004〜2013年の　■ 2014年
　　年平均

メキシコ
インド
中国
フィリピン
キューバ
ドミニカ
ベトナム
韓国
エルサルバドル
イラク

0　　5　　10　　15　　20

一時的移民	2005年	2013年	2014年	平均
				2009-13年
単位：1,000人				
留学生	237.9	534.3	595.6	437.0
研修生	1.8	2.7	2.2	2.3
ワーキングホリデー利用者	88.6	86.4	90.3	99.7
季節労働者	31.9	74.2	89.3	62.2
企業内転勤	65.5	66.7	71.5	67.9
その他の一時的労働者	266.1	275.7	296.8	237.0

庇護希望者の流入	2005年	2010年	2013年	2014年	平均		人数
					2004-08年	2009-13年	2014年
住民1,000人当たり	0.1	0.1	0.2	0.4	0.1	0.2	121 160

人口増加の内訳	2005年	2010年	2013年	2014年	平均		人数（単位： 1,000人）
					2004-08年	2009-13年	2014年
住民1,000人当たり							
合計	8.9	7.5	7.2	..	8.9	7.5	..
自然増加	5.7	5.2	5.0	..	6.0	5.2	..
純移動及び統計上の調整	3.2	2.3	2.2	..	2.9	2.3	..

移民のストック	2005年	2010年	2013年	2014年	平均		人数（単位： 1,000人）
					2004-08年	2009-13年	2014年
総人口に占める割合（%）							
外国出身人口	12.1	12.9	13.1	13.3	12.3	12.9	42 391
外国人人口	7.2	7.3	7.0	7.0	7.2	7.1	22 407

帰化	2005年	2010年	2013年	2014年	平均		人数
					2004-08年	2009-13年	2014年
外国人人口に占める割合（%）	2.9	2.9	3.5	3.0	3.3	3.3	653 416

就業状況	2005年	2010年	2013年	2014年	平均	
					2004-08年	2009-13年
就業率（人口全体に占める割合）（%）						
自国出身の男性	74.9	68.2	69.3	70.2	74.6	68.9
外国出身の男性	82.7	77.4	79.6	80.9	82.7	78.2
自国出身の女性	65.8	62.2	62.2	63.0	65.8	62.3
外国出身の女性	57.7	57.4	57.4	57.6	58.4	57.2
失業率（労働力人口に占める割合）（%）						
自国出身の男性	5.5	10.9	8.2	6.8	5.6	9.6
外国出身の男性	4.3	10.0	6.5	5.1	4.6	8.6
自国出身の女性	5.2	8.7	7.2	6.1	5.1	8.1
外国出身の女性	5.6	9.5	7.6	6.6	5.5	9.0

注と資料は本章末尾に記載。

StatLink：http://dx.doi.org/10.1787/888933396208

第5章　国別の情報——最近の移民動向と移民政策の変化

各国の表に示すデータの資料と注記

外国人の移民フロー

OECD加盟国及びロシア——資料と注記は統計付録（表A.1及び表B.1に関連するメタデータ）を参照。

ブルガリア——永住許可及び長期在留許可の新規発給件数。資料は内務省。

リトアニア——入国及び在留者の出国。資料はリトアニア共和国統計局。

ルーマニア——永住者数の変化。資料はルーマニア統計年鑑（Romanian Statistical Yearbook）。

長期的移民の流入：在留許可の種類別（標準化データ）

表の数字は、ほとんどが在留及び就労許可のデータに基づき、可能な範囲で標準化している（*www.oecd.org/migration/imo*）。

一時的移民

在留許可あるいは就労許可のデータに基づく。一時的移民のデータには、自由移動の協定の対象である労働者は含まれないのが一般的である。

庇護希望者の流入

国連難民高等弁務官事務所（UNHCR）（*www.unhcr.org/statistics*）。

人口変化の内訳

OECD——人口及び人口動態統計（Population and Vital Statistics（ALFS）, OECD, 2015）。

欧州連合統計局（Eurostat）——人口変化：人口動態と国レベルの未補正比率（Population change-Demographic balance and crude rates at national level）。

移民のストック

- **外国出身人口**

  各国の資料及び事務局の推計。各国の資料と注記は統計付録（表A.4及び表B.4に関連するメタデータ）を参照。

- **外国人人口**

  各国の資料。OECD加盟国の詳細な資料と注記は統計付録（表A.5及び表B.5に関連するメタデータ）を参照。

  リトアニア——在留登録サービス（Residents' Register Service）（内務省）。

  ルーマニア——内務省。

帰化

各国の資料。OECD加盟国の詳細な資料と注記は統計付録（表A.6及び表B.6に関連するメタデータ）を参照。

ブルガリア——内務省。

リトアニア——内務省。

就業状況

ヨーロッパ諸国、トルコ——欧州連合統計局（Eurostat）労働力調査（Labour Force Surveys）。

オーストラリア、カナダ、イスラエル、ニュージーランド——労働力調査（Labour Force Surveys）。

チリ——全国家計調査（Encuesta de Caracterización Socioeconómica Nacional, CASEN）。

メキシコ——全国職業及び雇用調査（Encuesta Nacional de Ocupación y Empleo, ENOE）。

アメリカ合衆国——人口動態調査（Current Population Surveys）。

統計付録

はじめに	348
全項目に共通する留意事項	349
外国人の流入と流出	350
表A.1　外国人流入数（OECD加盟国及びロシア）	352
表B.1　外国人流入数（国籍別）	353
表A.2　外国人流出数（OECD加盟国）	370
表A.1・表A.2・表B.1に関連するメタデータ──外国人の流入と流出	371
庇護希望者の流入	376
表A.3　庇護希望者流入数（OECD加盟国及びロシア）	377
表B.3　庇護希望者流入数（国籍別）	378
表A.3・表B.3に関連するメタデータ──庇護希望者の流入	394
外国人及び外国出身人口のストック	395
表A.4　外国出身人口のストック（OECD加盟国及びロシア）	397
表B.4　外国出身人口のストック（出身国別）	399
表A4・表B4に関連するメタデータ──外国出身人口のストック	415
表A.5　外国人（国籍別）人口のストック（OECD加盟国及びロシア）	417
表B.5　外国人人口のストック（国籍別）	419
表A5・表B5に関連するメタデータ──外国人人口のストック	433
国籍の取得	435
表A.6　国籍取得（OECD加盟国及びロシア）	436
表B.6　国籍取得（旧国籍別）	438
表A.6・表B.6に関連するメタデータ──国籍取得	455

イスラエルに関する注記：

イスラエルの統計データは、イスラエル政府関係当局により、その責任の下で提供されている。OECDにおける当該データの使用は、ゴラン高原、東エルサレム、及びヨルダン川西岸地区のイスラエル入植地の国際法上の地位を害するものではない。

キプロスに関する注記：

1. トルコによる注記：この文書に掲載の情報で「キプロス」と表記されているものは、キプロス島南部を指す。キプロス島のトルコ系住民とギリシャ系住民の両方を代表する単一の政府は存在せず、トルコは北キプロス・トルコ共和国（TRNC）を承認している。国連の場で恒久的かつ公正な解決策が見いだされるまでは、トルコは「キプロス問題」に関してこの立場を維持するものとする。

2. OECD加盟の全EU加盟国及びEUによる注記：キプロス共和国はトルコを除く全国連加盟国によって承認されている。本書に掲載の情報は、キプロス共和国政府の実効支配下にある地域に関するものである。

統計付録

はじめに

　この付録に掲載するデータのほとんどは、各国の移民に関する継続的な報告制度の担当部局——OECD事務局が、加盟各国当局の承認を得て依頼している——から提供されたものである。そのため、これらのデータは必ずしも共通の定義に基づいているわけではない。本付録で検討対象となったのは、データの入手可能なOECD加盟国とロシアである。移民に関する継続的報告制度には、データ収集方法を変更するような権限はなく、つまりその性質からいって、既存の統計データを利用せざるをえないシステムだといえる。とはいえこの報告制度が、データ収集方法に必須の改善点は何かを示すうえで積極的な役割を果たし、また、十分な証拠に基づく一貫性のある統計データの提供のために、最大限の努力を払っていることは確かである。

　本付録は、「流入（immigrant）」人口（一般的には外国出身人口）の情報を提供することを目的としている。収集された情報は、流入人口全体のフローとストック、及び、国籍の取得に関するものである。これらのデータは標準化されておらず、そのため各国間で十分な比較はできない。特に、例えば、住民登録を行う際の基準や在留許可の発給条件は国によって多種多様であり、たとえ同種の資料が利用されていても、測定値は大きく異なる可能性もある。

　このような比較可能性の問題に加えて、調査対象に非正規移民が含まれることが非常に少ないという問題がある。むろん、国勢調査には非正規移民の一部が含まれていることは考えられる。また、正規化プログラムが設けられている場合は、事後にはなるものの、かなりの数の非正規移民を識別して数え上げることはできる。この方法をとれば、人数の測定という点では、ある時点の外国出身人口の規模を比較的的確に把握することは可能になる。ただし、入国年については特定できるとは限らないという問題は残る。

　本付録の4つの項目ごとの構成は、以下のとおりである。まずその項目の掲載データに関する留意事項を記した後、次に対象国全体をまとめた表（A表、受入国別の総数）、続いて、受入国ごとの外国人の国籍別または出身国別（場合による）の一覧（B表）を示し、最後に、各国の表に掲載したデータの資料及び注記を付している。

統計付録

全項目に共通する留意事項

- 表に示すのは、2004～2014年に関する年次データである。

- Ａ表の国名はアルファベット順である。Ｂ表の国名は、データが入手可能な最新年について、人数の多い国籍または出身国の順に示す。

- 送出国別の表（Ｂ表）では主要な15か国のみを示し、「その他の国」には、外国人または外国出身者の合計から、表に示す15か国の合計を差し引いた数値を記載している。送出国によってはデータの得られない年があるが、その場合は残りを示す「その他の国」に含まれることになる。「その他の国」の変化について解釈する際には、この点に注意が必要である。

- 外国人の流出に関しては国籍別の表を示していない（表Ａ.2）が、そのデータは、男女別のデータとともにウェブサイト（www.oecd.org/migration/imo）で入手できる。

- 各セルでデータの丸めを行っているため、各セルの合計値と表の「合計」は必ずしも一致しない。

- 表中の「..」はデータが入手できないことを示す。

349

統計付録

外国人の流入と流出

OECD加盟国が、外国人の流入と流出に特化した測定ツールを備えていることは稀であり、各国の推定値は、住民登録または在留許可データに基づくのが一般的である。ここでは、この2種の資料によってそれぞれ何が測定されるのか、系統的な説明を行う。

住民登録から得るフローデータ

住民登録からは、通常、自国民と外国人の双方について、流入と流出のデータが得られる。外国人が住民登録を行うには、適切な住居の所有、及び／または、有効期間が住民登録に必要な最短滞在期間以上の労働許可を保有していることを示す必要があると考えられる。一方、流出者については、出国の意思表明によってそれと識別される場合が多いが、（予定する）不在期間の長さは必ず規定されているわけではない。

住民登録では、出国者は入国者ほど厳密に記録されない傾向がある。実際、現在の受入国に将来戻るつもりの流出者は、登録の抹消に伴う権利の喪失を避けるため、出国の通知に消極的であることが考えられる。住民登録の基準も各国でかなり異なる。特に、住民登録に必要な最低滞在期間は3か月から1年とその差が大きく、国際比較を妨げる要因となっている。また、一部の国では住民登録のデータに一時的移民が多数含まれており、場合によっては、（受け入れ施設や移民用の簡易宿泊所ではなく）一般世帯を営む庇護希望者、さらには留学生が含まれることもある。

在留許可／労働許可から得るフローデータ

許可証に関する統計値は、一般に、当該期間に発給された許可証の数に基づいており、調査対象である許可証の種類によって異なってくる。いわゆる「移民国家」（オーストラリア、カナダ、ニュージーランド、アメリカ合衆国）は、永住権の取得者数を流入数とみなしており、しかも永住権は入国時に付与されることが多い。だが本付録では、これらの国の流入者について一時的移民のデータも対象としている。またフランスの場合は、有効期限が1年以上の許可証の取得者が対象である（ただし学生を除く）。

許可証から得られるデータのもう1つの特徴は、自国民のフローが記録されないことである。また、外国人の一部フローも、保有する許可証の種類が統計に含まれない、あるいは許可証の取得が必要ではない（自由移動の協定のため）という理由で記録されないこともある。さらに、許可証のデータは物理的なフロー、つまり、実際の滞在期間を反映しているとは限らない。許可証は国外で発行されることがあるが、結局それが使用されなかったり、入国が遅れたりする場合が考えられること、また、許可証の中には、在留資格の変更など、当該国に既に一定期間滞在する人に対して発

350

給されるものがあることが、その理由である。

各国固有の調査から推定されるフロー

アイルランドは、四半期全国世帯調査（Quarterly National Household Surveys）の結果と、許可証データや庇護申請などの資料に基づいてフローを推定している。その推定値は、国勢調査のデータを基に定期的に修正される。また、イギリスのデータは、航空機、鉄道、船舶によって出入国する旅客を対象とした国際旅客調査（International Passenger Survey）に基づいている。この調査の目的の1つが、移民の数と特徴を推定することにあり、旅客およそ500人に1人の割合で無作為の標本抽出が行われるのである。アイルランド、イギリスともに、それぞれ最新の国勢調査に基づく修正が行われることからすると、上記2種の推定値は「理想的な」資料ではないとも考えられる。オーストラリアとニュージーランドも旅客調査を実施して、出入国時に行われる意思表明に基づいて滞在期間を推定している。

統計付録　外国人の流入と流出

表A.1　外国人流入数（OECD加盟国及びロシア）

単位：1,000人

	2004年	2005年	2006年	2007年	2008年	2009年	2010年	2011年	2012年	2013年	2014年
オーストラリア											
永住	146.4	161.7	176.2	189.5	203.9	222.6	206.7	210.7	242.4	251.9	236.6
一時的在留	261.6	289.4	321.6	368.5	420.0	474.8	467.0	504.7	..	..	..
オーストリア	104.2	98.0	82.9	91.5	94.4	91.7	96.9	109.9	125.6	135.2	154.3
ベルギー	72.4	77.4	83.4	93.4	106.0	102.7	113.6	117.9	128.9	117.6	123.6
カナダ											
永住	235.8	262.2	251.6	236.8	247.2	252.2	280.7	248.7	257.9	259.0	260.4
一時的在留	227.1	228.5	248.6	278.0	311.5	291.5	282.0	293.2	315.9	..	..
チリ	32.1	38.1	48.5	79.4	68.4	57.1	63.9	76.3	105.1	132.1	138.0
チェコ共和国	50.8	58.6	66.1	102.5	76.2	38.2	28.0	20.7	28.6	27.8	38.5
デンマーク	18.7	20.1	24.0	31.4	37.0	32.0	33.4	34.6	35.5	41.3	49.0
エストニア	0.8	1.0	1.5	2.0	1.9	2.2	1.2	1.7	1.1	1.6	1.3
フィンランド	11.5	12.7	13.9	17.5	19.9	18.1	18.2	20.4	23.3	23.9	23.6
フランス	141.6	135.9	159.4	145.9 ¦	147.0	149.6	145.8	142.1	151.6	160.7	168.1
ドイツ	602.2	579.3	558.5	574.8	573.8	606.3	683.5	841.7	965.9	1 108.1	1 342.5
ギリシャ	..	65.3	63.2	46.3 ¦	41.5	35.8	35.4	33.0	32.0	31.3	29.5
ハンガリー	22.2	25.6	23.6	22.6	35.5	25.6	23.9	22.5	20.3	21.3	26.0
アイスランド	2.5	4.7	7.1	9.3	7.5	3.4	3.0	2.8	2.8	3.9	4.3
アイルランド	41.8	66.1	88.9	120.4	89.7	50.7	23.9	33.7	32.1	40.2	49.0
イスラエル	20.9	21.2	19.3	18.1	13.7	14.6	16.6	16.9	16.6	16.9	24.1
イタリア	394.8	282.8	254.6	515.2	496.5	406.7	424.5	354.3	321.3	279.0	248.4
日本	372.0	372.3	325.6	336.6	344.5	297.1	287.1	266.9	303.9	306.7	336.5
韓国	178.5	253.7	303.0	300.4	302.2	232.8	293.1	307.2	300.2	360.5	407.1
ルクセンブルク	12.2	13.8	13.7	15.8	16.8	14.6	15.8	19.1	19.4	19.8	21.0
メキシコ	8.5	9.2	6.9	7.2	15.9	23.9	26.2	22.0	18.2	63.0	43.5
オランダ	65.1	63.4	67.7	80.3	103.4	104.4	110.2	118.5	115.7	122.3	139.3
ニュージーランド	55.4	54.8	58.7	59.6	63.9	60.3	57.6	61.0	62.0	67.5	80.3
ノルウェー	27.9	31.4	37.4	53.5	58.8	56.7	65.1	70.8	70.0	66.9	61.4
ポーランド	36.9	38.5	34.2	40.6	41.8	41.3	41.1	41.3	47.1	46.6	32.0
ポルトガル	34.1	28.1	22.5	32.6	72.8	61.4	50.7	45.4	38.5	33.2	35.3
ロシア	119.2	177.2	186.4	287.0	281.6	279.9	191.7	356.5	417.7	482.2	578.5
スロバキア共和国	7.9	7.7	11.3	14.8	16.5	14.4	12.7	8.2	2.9	2.5	2.4
スロベニア	..	..	..	30.5	43.8	24.2	11.3	18.0	17.3	15.7	18.4
スペイン	645.8	682.7	803.0	920.5	567.4	365.4	330.3	335.9	272.5	248.4	265.8
スウェーデン	47.6	51.3	80.4	83.5	83.3	83.8	79.0	75.9	82.6	95.4	106.1
スイス	96.3	94.4	102.7	139.7	157.3	132.4	134.2	142.5	143.8	155.4	152.1
トルコ	..	..	..	..	..	..	29.9	..	..	..	..
イギリス	434.3	405.1	451.7	455.0	456.0	430.0	459.0	453.0	383.0	406.0	504.0
アメリカ合衆国											
永住	957.9	1 122.4	1 266.3	1 052.4	1 107.1	1 130.8	1 042.6	1 062.0	1 031.6	990.6	1 016.5
一時的在留	1 299.3	1 323.5	1 457.9	1 606.9	1 617.6	1 419.2	1 517.9	1 616.8	1 675.9	1 787.7	1 949.1

注：定義と資料の詳細は表A.2の後に付したメタデータを参照。

イスラエルのデータに関する情報：http://dx.doi.org/10.1787/888932315602

StatLink：http://dx.doi.org/10.1787/888933395726

352

外国人の流入と流出　統計付録

表B.1　外国人流入数（国籍別）── オーストラリア（永住）

単位：1,000人

	2004年	2005年	2006年	2007年	2008年	2009年	2010年	2011年	2012年	2013年	2014年	2014年の女性の割合（%）
インド	11.3	12.8	15.2	19.8	22.7	25.3	23.5	21.9	27.9	38.2	39.7	..
ニュージーランド	18.7	22.4	23.8	28.3	34.5	33.0	24.4	34.6	44.3	41.2	27.3	..
中国	12.5	15.2	17.3	21.1	20.7	22.9	25.0	29.0	25.6	28.1	27.3	..
イギリス	25.7	26.2	30.9	30.7	31.7	33.3	26.7	21.5	27.0	23.1	23.8	..
フィリピン	4.4	4.8	5.4	6.1	7.1	8.9	10.3	10.7	12.8	11.0	10.3	..
アイルランド	1.6	1.6	1.8	1.9	2.0	2.7	3.0	3.4	5.0	5.3	6.3	..
パキスタン	1.4	1.7	1.6	1.8	1.9	2.1	2.0	2.1	4.3	4.5	6.1	..
アフガニスタン	1.3	3.5	3.5	2.6	2.0	2.0	3.2	3.4	3.6	4.6	6.0	..
ベトナム	2.5	2.5	2.9	3.4	3.0	3.3	3.9	4.8	4.8	5.7	5.2	..
南アフリカ	7.1	5.7	4.8	5.4	6.9	11.3	11.1	8.1	8.0	5.8	4.9	..
スリランカ	2.1	3.0	3.3	3.8	4.8	5.3	5.8	4.9	6.1	5.7	4.6	..
マレーシア	5.1	4.7	4.8	4.8	5.1	5.4	4.9	5.0	5.4	5.6	4.5	..
ネパール	0.5	0.6	0.6	0.7	0.9	1.0	1.3	2.1	2.5	4.1	4.4	..
イラク	1.8	3.3	5.1	2.5	2.6	4.4	2.9	3.3	2.5	3.6	4.1	..
アメリカ合衆国	3.0	3.0	2.9	2.8	3.0	3.1	3.2	3.0	3.3	3.8	3.8	..
その他の国	47.3	50.8	52.4	53.9	54.9	58.6	55.6	53.1	59.2	61.4	58.3	
合計	146.4	161.7	176.2	189.5	203.9	222.6	206.7	210.7	242.4	251.9	236.6	..

注：定義と資料の詳細については、諸表の後に付したメタデータを参照。

StatLink : http://dx.doi.org/10.1787/888933395787

表B.1　外国人流入数（国籍別）── オーストリア

単位：1,000人

	2004年	2005年	2006年	2007年	2008年	2009年	2010年	2011年	2012年	2013年	2014年	2014年の女性の割合（%）
ルーマニア	5.5	5.1	4.5	9.3	9.2	9.3	11.3	12.9	13.4	13.5	20.7	47
ドイツ	13.2	14.7	15.9	18.0	19.2	17.6	18.0	17.4	17.8	17.7	16.8	46
ハンガリー	3.2	3.4	3.6	4.5	5.2	5.8	6.4	9.3	13.1	14.9	14.5	47
セルビア	11.6	11.7	7.4	6.4	6.1	4.6	7.2	6.1	6.8	7.2	7.6	44
シリア	0.2	0.2	0.1	0.2	0.2	0.3	0.2	0.4	0.9	1.7	7.4	22
ポーランド	7.0	6.8	5.7	5.3	4.4	3.8	4.0	6.4	7.1	7.3	6.9	41
スロバキア共和国	3.5	3.6	3.5	3.6	4.9	4.0	4.0	5.3	6.0	6.2	6.5	53
クロアチア	3.3	2.8	2.5	2.3	2.0	1.9	1.9	1.9	2.0	4.2	6.0	42
ブルガリア	1.7	1.4	1.2	2.2	2.5	2.6	3.1	3.2	3.6	3.9	5.8	47
ボスニア・ヘルツェゴビナ	5.4	4.6	3.2	3.0	2.9	2.4	2.5	3.9	4.1	5.0	5.2	45
イタリア	1.4	1.4	1.5	1.7	1.8	2.0	2.2	2.3	3.1	4.0	4.1	42
トルコ	8.2	7.7	4.9	5.2	5.0	4.7	4.3	3.8	4.1	4.5	3.7	43
アフガニスタン	0.7	0.7	0.5	0.5	1.0	1.4	1.3	2.9	3.8	2.3	3.2	29
ロシア	6.8	4.0	2.5	2.2	2.9	2.4	2.2	2.6	3.4	3.5	3.1	58
スロベニア	0.6	0.5	0.6	0.7	0.7	0.8	0.8	1.3	1.9	2.5	3.1	41
その他の国	31.8	29.5	25.4	26.4	26.4	28.0	27.4	30.0	34.6	36.7	39.7	
合計	104.2	98.0	82.9	91.5	94.4	91.7	96.9	109.9	125.6	135.2	154.3	44

注：定義と資料の詳細については、諸表の後に付したメタデータを参照。

StatLink : http://dx.doi.org/10.1787/888933395787

統計付録　外国人の流入と流出

表B.1　外国人流入数（国籍別）── ベルギー

単位：1,000人

	2004年	2005年	2006年	2007年	2008年	2009年	2010年	2011年	2012年	2013年	2014年	2014年の女性の割合（%）
ルーマニア	1.4	2.3	3.1	5.5	6.8	6.1	8.0	10.9	11.2	10.0	13.7	42
フランス	9.5	10.4	11.6	12.3	14.1	12.3	13.5	13.8	13.3	13.6	13.7	50
オランダ	8.8	10.1	11.5	11.4	11.7	8.8	9.3	9.5	9.1	9.0	9.2	48
ポーランド	3.5	4.8	6.7	9.4	9.0	9.9	8.9	9.3	8.6	7.5	6.9	44
イタリア	2.3	2.5	2.6	2.7	3.7	3.6	4.3	4.7	5.2	5.7	6.3	45
スペイン	1.6	1.8	1.8	1.9	2.8	3.6	4.6	5.3	6.0	6.1	6.1	48
ブルガリア	0.7	0.9	0.8	2.6	3.9	3.3	4.2	4.3	4.5	3.9	5.0	47
モロッコ	8.0	7.1	7.5	7.8	8.2	9.1	9.8	8.5	5.9	4.7	4.8	56
ポルトガル	1.9	1.9	2.0	2.3	3.2	2.9	2.7	3.1	4.2	4.3	3.6	43
シリア	..	..	..	..	0.2	0.2	0.2	0.2	0.9	1.0	3.0	42
ドイツ	3.3	3.3	3.3	3.4	3.8	3.4	3.3	3.1	2.9	2.9	2.8	53
インド	1.2	1.3	1.5	1.6	2.1	1.8	2.3	2.3	2.3	2.6	2.7	38
アメリカ合衆国	2.6	2.4	2.6	2.5	2.6	2.7	2.7	2.6	2.5	2.6	2.5	55
イギリス	2.4	2.2	2.0	2.0	2.4	1.9	2.2	2.1	2.0	2.0	1.9	46
トルコ	3.2	3.4	3.0	3.2	3.2	3.1	3.2	2.9	2.4	2.0	1.8	49
その他の国	22.0	23.0	23.5	24.8	28.5	30.3	34.3	35.4	47.8	39.6	39.7	
合計	72.4	77.4	83.4	93.4	106.0	102.7	113.6	117.9	128.9	117.6	123.6	48

注：定義と資料の詳細については、諸表の後に付したメタデータを参照。

StatLink：http://dx.doi.org/10.1787/888933395787

表B.1　外国人流入数（国籍別）── カナダ（永住）

単位：1,000人

	2004年	2005年	2006年	2007年	2008年	2009年	2010年	2011年	2012年	2013年	2014年	2014年の女性の割合（%）
フィリピン	14.0	18.1	18.4	19.8	24.9	28.6	38.6	36.8	34.3	29.5	40.0	61
インド	28.2	36.2	33.8	28.7	28.3	29.5	34.2	27.5	30.9	33.1	38.3	48
中国	36.6	42.6	33.5	27.6	30.0	29.6	30.4	28.5	33.0	34.1	24.6	55
イラン	6.3	5.8	7.5	7.0	6.5	6.6	7.5	7.5	7.5	11.3	16.8	51
パキスタン	13.4	14.3	13.1	10.1	9.0	7.2	6.8	7.5	11.2	12.6	9.1	50
アメリカ合衆国	7.0	8.4	9.6	9.5	10.2	9.0	8.1	7.7	7.9	8.5	8.5	50
イギリス	7.5	7.3	7.1	8.2	9.0	8.9	8.7	6.2	6.2	5.8	5.8	41
フランス	4.4	4.4	4.0	4.3	4.5	5.1	4.6	4.1	6.3	5.6	4.7	46
メキシコ	2.3	2.8	2.8	3.2	2.9	3.1	3.9	3.9	4.2	4.0	4.5	49
韓国	5.4	5.8	6.2	5.9	7.3	5.9	5.5	4.6	5.3	4.5	4.5	55
ナイジェリア	1.5	2.2	2.6	2.4	2.1	3.2	3.9	3.1	3.4	4.2	4.2	49
イラク	1.8	2.2	1.8	2.4	3.5	5.5	5.9	6.2	4.0	4.9	3.9	50
アルジェリア	3.6	3.6	4.8	3.6	4.0	5.4	4.8	4.3	3.8	4.3	3.7	50
ハイチ	1.7	1.7	1.6	1.6	2.5	2.1	4.7	6.5	5.9	4.2	3.3	54
エジプト	2.4	2.5	2.2	2.4	3.3	3.5	6.0	4.7	5.6	4.2	3.2	47
その他の国	99.7	104.1	102.5	99.9	99.2	99.3	106.9	89.7	88.3	88.2	85.4	
合計	235.8	262.2	251.6	236.8	247.2	252.2	280.7	248.7	257.9	259.0	260.4	52

注：定義と資料の詳細については、諸表の後に付したメタデータを参照。

StatLink：http://dx.doi.org/10.1787/888933395787

外国人の流入と流出　統計付録

表B.1　外国人流入数（国籍別）—— チリ

単位：1,000人

	2004年	2005年	2006年	2007年	2008年	2009年	2010年	2011年	2012年	2013年	2014年	2014年の女性の割合（%）
ペルー	15.6	20.0	28.6	53.2	39.0	27.6	27.7	30.7	38.6	39.3	39.9	..
コロンビア	1.1	1.7	2.4	3.3	4.4	5.3	7.2	12.5	17.8	26.6	28.4	..
ボリビア	1.4	1.6	1.9	6.0	4.5	3.6	5.8	7.2	13.6	26.9	27.4	..
アルゼンチン	4.3	4.1	3.5	3.0	3.7	3.9	3.8	3.8	4.9	6.0	6.6	..
スペイン	0.5	0.5	0.6	0.6	0.7	0.8	0.9	1.2	2.5	4.9	4.7	..
エクアドル	1.8	1.9	2.2	3.1	3.1	2.7	2.5	2.9	3.6	4.0	4.2	..
ハイチ	0.0	0.0	0.1	0.1	0.1	0.3	0.7	0.9	1.8	2.6	3.6	..
アメリカ合衆国	1.3	1.5	1.5	1.5	2.1	2.2	2.9	3.0	3.5	3.3	3.3	..
ベネズエラ	0.4	0.4	0.4	0.6	0.6	0.7	0.7	1.1	1.2	1.5	2.9	..
ドミニカ	0.1	0.1	0.2	0.3	0.0	0.6	1.0	1.8	4.4	3.7	2.5	..
中国	0.6	0.7	0.7	0.9	1.3	1.3	1.3	1.6	1.9	1.9	2.2	..
ブラジル	0.8	0.8	1.1	1.2	1.2	1.1	1.3	1.4	1.7	1.6	1.7	..
メキシコ	0.3	0.4	0.5	0.5	0.7	0.7	0.7	0.8	1.0	1.0	1.1	..
パラグアイ	0.2	0.3	0.4	0.6	0.7	0.7	0.7	0.8	0.9	1.1	1.0	..
フランス	0.3	0.4	0.4	0.4	0.5	0.5	0.6	0.6	0.8	0.8	0.9	..
その他の国	3.3	3.7	4.0	4.0	5.7	5.3	6.0	6.0	6.8	7.1	7.5	
合計	32.1	38.1	48.5	79.4	68.4	57.1	63.9	76.3	105.1	132.1	138.0	..

注：定義と資料の詳細については、諸表の後に付したメタデータを参照。

StatLink：http://dx.doi.org/10.1787/888933395787

表B.1　外国人流入数（国籍別）—— チェコ共和国

単位：1,000人

	2004年	2005年	2006年	2007年	2008年	2009年	2010年	2011年	2012年	2013年	2014年	2014年の女性の割合（%）
ウクライナ	16.3	23.9	30.2	39.6	18.7	8.1	3.5	2.0	5.9	3.7	8.4	46
スロバキア共和国	15.0	10.1	6.8	13.9	7.6	5.6	5.1	4.4	4.8	6.5	6.9	47
ロシア	2.0	3.3	4.7	6.7	5.8	4.1	3.7	2.1	3.2	3.1	4.9	59
ベトナム	4.5	4.9	6.4	12.3	13.4	2.3	1.4	0.7	1.6	1.2	1.7	48
ドイツ	1.3	1.4	0.8	1.9	4.3	2.0	2.0	1.3	1.3	1.7	1.6	15
ルーマニア	0.3	0.4	0.4	0.9	0.6	0.5	0.4	0.4	0.7	0.9	1.2	33
ブルガリア	0.7	0.8	0.8	1.1	1.0	0.6	0.6	0.5	0.7	1.0	1.1	40
カザフスタン	0.2	0.4	0.5	1.0	0.7	0.8	0.7	0.5	0.6	0.6	1.0	55
アメリカ合衆国	0.7	1.4	1.8	1.7	2.2	2.5	1.7	1.3	1.1	0.8	0.9	45
ハンガリー	0.1	0.0	0.0	0.1	0.1	0.1	0.1	0.1	0.1	0.4	0.7	31
ポーランド	1.8	1.3	0.9	2.3	1.2	0.9	0.7	0.6	0.6	0.6	0.6	44
中国	0.5	0.8	1.4	1.0	0.9	0.6	0.5	0.3	0.4	0.4	0.5	54
ベラルーシ	0.6	0.7	0.8	1.1	0.6	0.4	0.3	0.2	0.4	0.4	0.5	59
インド	0.1	0.2	0.4	0.4	0.3	0.3	0.2	0.2	0.3	0.3	0.4	29
トルコ	0.1	0.2	0.4	0.4	0.4	0.4	0.5	0.4	0.4	0.4	0.4	36
その他の国	6.9	8.7	9.9	18.1	18.2	9.2	6.7	5.5	6.5	5.9	7.5	
合計	50.8	58.6	66.1	102.5	76.2	38.2	28.0	20.7	28.6	27.8	38.5	44

注：定義と資料の詳細については、諸表の後に付したメタデータを参照。

StatLink：http://dx.doi.org/10.1787/888933395787

統計付録　外国人の流入と流出

表B.1　外国人流入数（国籍別）—— デンマーク

単位：1,000人

	2004年	2005年	2006年	2007年	2008年	2009年	2010年	2011年	2012年	2013年	2014年	2014年の女性の割合（%）
シリア	0.0	0.0	0.1	0.0	0.1	0.2	0.4	0.6	0.9	1.6	5.4	31
ルーマニア	0.2	0.3	0.3	0.8	1.4	1.5	2.0	2.7	3.2	3.6	4.2	38
ポーランド	0.7	1.3	2.5	4.3	6.5	3.4	2.9	3.2	3.3	3.6	4.0	35
ドイツ	1.0	1.3	1.9	3.0	3.0	2.2	1.9	1.9	1.8	1.8	2.0	52
ノルウェー	1.2	1.2	1.4	1.4	1.4	1.3	1.4	1.5	1.4	1.4	1.7	60
ウクライナ	0.6	0.9	1.3	1.8	1.8	1.4	1.2	1.2	1.2	1.3	1.5	42
リトアニア	0.5	0.6	0.8	0.7	1.1	1.3	1.5	1.6	1.5	1.4	1.5	41
フィリピン	0.4	0.5	0.8	1.3	1.7	1.8	1.8	1.7	1.4	1.7	1.5	93
ブルガリア	0.1	0.1	0.1	0.3	0.7	0.9	0.9	1.0	1.2	1.4	1.4	40
イタリア	0.3	0.3	0.4	0.5	0.5	0.6	0.7	0.7	0.9	1.1	1.4	35
スウェーデン	0.8	0.9	1.2	1.3	1.3	1.1	1.1	1.1	1.1	1.3	1.4	53
インド	0.4	0.5	0.5	0.9	1.0	0.8	0.9	1.1	0.9	1.1	1.4	38
イギリス	0.7	0.7	0.9	0.9	1.0	0.9	1.0	1.1	1.0	1.1	1.2	38
中国	1.2	1.0	0.8	1.0	1.3	1.0	0.8	0.8	0.8	1.2	1.2	55
スペイン	0.3	0.4	0.4	0.5	0.5	0.5	0.7	0.8	0.9	1.0	1.1	45
その他の国	10.1	10.0	10.8	12.9	13.8	13.4	14.1	13.8	13.9	16.8	18.3	
合計	18.7	20.1	24.0	31.4	37.0	32.0	33.4	34.6	35.5	41.3	49.0	45

注：定義と資料の詳細については、諸表の後に付したメタデータを参照。

StatLink：http://dx.doi.org/10.1787/888933395787

表B.1　外国人流入数（国籍別）—— エストニア

単位：1,000人

	2004年	2005年	2006年	2007年	2008年	2009年	2010年	2011年	2012年	2013年	2014年	2014年の女性の割合（%）
ロシア	0.2	0.2	0.3	0.4	0.4	0.5	0.4	0.9	0.5	0.5	0.4	52
フィンランド	..	..	..	..	..	0.3	..	..	..	..	..	..
ウクライナ	..	..	..	..	..	0.2	..	..	..	..	..	..
ドイツ	..	..	..	..	..	0.1	..	..	..	..	..	..
ラトビア	..	..	..	..	..	0.1	..	..	..	..	..	..
中国	..	..	..	..	..	0.1	..	..	..	..	..	..
スウェーデン	..	..	..	..	..	0.1	..	..	..	..	..	..
アメリカ合衆国	..	..	..	..	..	0.1	..	..	..	..	..	..
イタリア	..	..	..	..	..	0.1	..	..	..	..	..	..
フランス	..	..	..	..	..	0.1	..	..	..	..	..	..
その他の国	0.5	0.7	1.1	1.5	1.5	0.6	0.8	0.8	0.6	1.1	0.9	
合計	0.8	1.0	1.5	2.0	1.9	2.2	1.2	1.7	1.1	1.6	1.3	39

注：定義と資料の詳細については、諸表の後に付したメタデータを参照。

StatLink：http://dx.doi.org/10.1787/888933395787

外国人の流入と流出　統計付録

表B.1　外国人流入数（国籍別）—— フィンランド

単位：1,000人

	2004年	2005年	2006年	2007年	2008年	2009年	2010年	2011年	2012年	2013年	2014年	2014年の女性の割合（%）
エストニア	1.7	1.9	2.5	2.9	3.0	3.2	3.9	4.7	6.0	5.9	4.7	49
ロシア	1.9	2.1	2.1	2.5	3.0	2.3	2.3	2.8	3.1	2.9	2.4	59
インド	0.3	0.4	0.5	0.5	0.6	0.6	0.5	0.6	0.6	0.7	0.8	43
イラク	0.3	0.1	0.1	0.4	0.5	0.9	1.1	0.7	0.6	0.9	0.8	41
中国	0.4	0.6	0.5	0.7	1.0	0.8	0.6	0.8	0.7	0.8	0.7	62
ソマリア	0.2	0.4	0.3	0.6	0.6	0.8	1.0	0.7	0.4	0.7	0.6	49
スウェーデン	0.7	0.7	0.7	0.7	0.9	0.8	0.7	0.7	0.6	0.6	0.6	40
シリア	0.0	0.0	0.0	0.0	0.0	0.0	0.0	0.0	0.2	0.2	0.6	47
タイ	0.4	0.4	0.4	0.6	0.6	0.6	0.6	0.6	0.6	0.6	0.6	82
アフガニスタン	0.3	0.3	0.3	0.2	0.2	0.2	0.3	0.4	0.6	0.6	0.5	58
ポーランド	0.1	0.1	0.2	0.4	0.6	0.3	0.3	0.3	0.5	0.5	0.5	37
ベトナム	0.1	0.2	0.2	0.3	0.3	0.3	0.3	0.4	0.4	0.4	0.5	58
フィリピン	0.1	0.1	0.1	0.2	0.2	0.2	0.2	0.2	0.3	0.3	0.5	71
ウクライナ	0.1	0.1	0.1	0.2	0.2	0.2	0.2	0.3	0.3	0.4	0.4	56
スペイン	0.1	0.1	0.1	0.2	0.2	0.1	0.1	0.2	0.3	0.4	0.4	44
その他の国	4.8	5.3	5.6	7.1	8.0	6.6	6.2	7.0	8.2	8.0	9.0	
合計	11.5	12.7	13.9	17.5	19.9	18.1	18.2	20.4	23.3	23.9	23.6	49

注：定義と資料の詳細については、諸表の後に付したメタデータを参照。

StatLink：http://dx.doi.org/10.1787/888933395787

表B.1　外国人流入数（国籍別）—— フランス

単位：1,000人

	2004年	2005年	2006年	2007年	2008年	2009年	2010年	2011年	2012年	2013年	2014年	2014年の女性の割合（%）
アルジェリア	27.9	24.8	31.1	26.8	24.4	23.1	21.4	21.2	23.7	23.6	24.1	50
モロッコ	22.2	20.0	23.0	22.1	24.9	21.5	20.1	18.8	19.8	20.0	21.1	55
チュニジア	8.9	8.0	9.3	8.8	8.8	10.3	10.7	10.3	11.3	11.6	11.9	40
中国	2.9	2.8	6.0	5.0	5.2	5.5	5.7	5.5	6.3	7.6	7.6	58
コモロ	1.0	1.1	2.8	2.8	3.1	3.3	2.9	2.5	3.1	4.8	5.6	59
トルコ	9.1	8.9	9.3	7.9	7.2	6.7	5.7	5.5	5.8	5.9	5.3	46
セネガル	2.5	2.5	3.3	3.3	3.3	3.9	4.0	4.0	4.2	4.4	4.6	45
ロシア	2.9	3.0	3.2	2.9	3.1	3.4	3.5	3.8	3.8	4.1	4.3	67
コンゴ	1.8	2.4	4.0	3.6	3.7	3.5	3.4	3.6	3.9	4.3	4.3	54
コートジボワール	4.0	3.8	4.0	3.7	3.4	3.5	3.3	3.2	3.4	3.6	4.3	56
マリ	2.6	2.5	3.3	3.0	4.7	5.7	4.9	4.6	3.6	3.9	4.1	34
カメルーン	4.1	4.3	4.5	4.1	3.8	3.9	3.6	3.6	3.8	3.8	4.1	58
ハイチ	3.1	3.2	3.2	2.5	2.2	2.6	4.8	3.4	3.2	3.4	3.2	55
アメリカ合衆国	2.6	2.4	2.9	2.7	2.8	3.5	3.0	3.1	3.1	3.1	3.1	54
ブラジル	1.4	1.4	2.2	2.3	2.2	2.3	2.7	2.3	2.6	2.7	3.1	61
その他の国	44.5	45.0	47.4	44.4	44.1	47.0	46.2	46.8	50.3	53.8	57.3	
合計	141.6	135.9	159.4	145.9	147.0	149.6	145.8	142.1	151.6	160.7	168.1	52

注：定義と資料の詳細については、諸表の後に付したメタデータを参照。

StatLink：http://dx.doi.org/10.1787/888933395787

統計付録　外国人の流入と流出

表B.1　外国人流入数（国籍別）── ドイツ

単位：1,000人

	2004年	2005年	2006年	2007年	2008年	2009年	2010年	2011年	2012年	2013年	2014年	2014年の女性の割合（%）
ルーマニア	23.5	23.3	23.4	42.9	48.2	57.3	75.5	97.5	120.5	139.5	190.9	36
ポーランド	125.0	147.7	151.7	140.0	119.9	112.0	115.6	164.7	177.8	190.4	190.9	36
ブルガリア	11.6	9.1	7.5	20.5	24.1	29.2	39.8	52.4	60.2	60.9	77.4	37
イタリア	19.6	18.3	17.7	18.2	20.1	22.2	23.9	28.1	36.9	47.5	70.4	39
シリア	2.2	2.1	1.7	1.7	2.0	2.3	3.0	4.6	8.5	19.0	64.7	33
ハンガリー	17.4	18.6	18.6	22.2	25.2	25.3	29.3	41.1	54.5	60.0	56.4	31
クロアチア	10.5	9.3	8.3	8.4	8.7	9.1	10.2	11.5	12.9	25.8	43.8	32
セルビア	21.7	17.5	10.9	2.2	7.0	9.1	19.1	18.4	24.1	28.7	41.9	45
スペイン	7.6	7.1	8.2	8.6	7.8	9.0	10.7	16.2	23.3	29.0	34.4	44
ギリシャ	10.2	9.0	8.2	8.0	8.3	8.6	12.3	23.0	32.7	32.1	30.6	43
トルコ	42.6	36.0	29.6	26.7	26.7	27.2	27.6	28.6	26.2	23.2	23.5	44
中国	13.1	12.0	12.9	13.6	14.3	15.4	16.2	18.3	19.7	22.4	22.5	51
アメリカ合衆国	15.3	15.2	16.3	17.5	17.5	17.7	18.3	20.1	19.6	20.5	21.5	47
ボスニア・ヘルツェゴビナ	8.0	7.0	6.6	6.4	6.2	6.1	6.9	9.5	12.2	15.1	20.5	39
ロシア	28.5	23.1	16.4	15.0	15.1	15.7	16.1	17.5	18.8	31.4	19.1	61
その他の国	245.3	224.0	220.3	223.1	223.0	240.1	259.2	290.1	318.0	362.7	434.0	
合計	602.2	579.3	558.5	574.8	573.8	606.3	683.5	841.7	965.9	1 108.1	1 342.5	39

注：定義と資料の詳細については、諸表の後に付したメタデータを参照。

StatLink：http://dx.doi.org/10.1787/888933395787

表B.1　外国人流入数（国籍別）── ハンガリー

単位：1,000人

	2004年	2005年	2006年	2007年	2008年	2009年	2010年	2011年	2012年	2013年	2014年	2014年の女性の割合（%）
中国	0.8	0.5	1.4	1.9	1.5	1.3	1.1	0.9	1.1	2.2	4.7	50
ルーマニア	12.1	8.9	7.9	6.7	10.0	7.1	6.6	5.8	4.2	4.0	3.7	29
ドイツ	0.1	3.9	0.7	0.7	3.2	2.7	2.4	2.4	2.1	2.0	2.0	43
スロバキア共和国	0.1	1.6	0.6	0.7	1.3	1.2	1.2	1.1	1.0	1.1	1.2	57
アメリカ合衆国	0.4	0.4	0.6	0.4	1.2	1.3	1.1	1.0	1.0	1.0	1.1	51
ロシア	0.3	0.2	0.4	0.3	0.4	0.5	0.4	0.4	0.5	0.6	1.0	55
ウクライナ	3.6	2.1	3.7	2.9	4.1	1.9	1.6	1.3	0.9	0.6	0.7	46
トルコ	0.2	0.1	0.3	0.3	0.7	0.5	0.5	0.6	0.6	0.5	0.6	39
イタリア	0.0	0.3	0.2	0.1	0.3	0.3	0.3	0.3	0.4	0.4	0.5	25
ブラジル	0.0	0.0	0.1	0.0	0.1	0.1	0.1	0.1	0.1	0.4	0.5	38
セルビア	1.6	1.1	2.4	4.4	4.1	1.2	1.0	0.9	0.7	0.6	0.5	33
オーストリア	0.0	0.8	0.4	0.3	0.7	0.7	0.6	0.5	0.5	0.5	0.5	37
日本	0.2	0.3	0.4	0.3	0.5	0.3	0.3	0.3	0.3	0.4	0.5	41
韓国	0.0	0.1	0.4	0.3	0.3	0.3	0.4	0.4	0.3	0.3	0.4	37
フランス	0.0	0.7	0.1	0.0	0.4	0.4	0.3	0.3	0.3	0.3	0.4	46
その他の国	2.8	4.7	4.0	3.2	6.8	5.9	5.9	6.2	6.3	6.4	7.8	
合計	22.2	25.6	23.6	22.6	35.5	25.6	23.9	22.5	20.3	21.3	26.0	43

注：定義と資料の詳細については、諸表の後に付したメタデータを参照。

StatLink：http://dx.doi.org/10.1787/888933395787

外国人の流入と流出　統計付録

表B.1　外国人流入数（国籍別）── アイスランド

単位：1,000人

	2004年	2005年	2006年	2007年	2008年	2009年	2010年	2011年	2012年	2013年	2014年	2014年の女性の割合（%）
ポーランド	0.2	1.5	3.3	5.6	3.9	1.2	0.8	0.8	0.9	1.3	1.4	38
ドイツ	0.1	0.3	0.3	0.3	0.3	0.2	0.2	0.2	0.1	0.2	0.2	68
スペイン	0.0	0.0	0.0	0.0	0.1	0.1	0.1	0.1	0.1	0.2	0.2	41
アメリカ合衆国	0.1	0.1	0.2	0.1	0.1	0.1	0.1	0.1	0.2	0.2	0.2	51
リトアニア	0.1	0.2	0.4	0.6	0.4	0.2	0.3	0.2	0.1	0.2	0.2	45
イギリス	0.1	0.1	0.1	0.1	0.1	0.1	0.1	0.1	0.1	0.1	0.1	39
デンマーク	0.2	0.2	0.2	0.2	0.1	0.1	0.1	0.1	0.1	0.1	0.1	42
フランス	0.0	0.0	0.0	0.1	0.1	0.1	0.1	0.1	0.0	0.1	0.1	48
チェコ共和国	0.0	0.0	0.1	0.1	0.1	0.1	0.0	0.0	0.0	0.1	0.1	35
ルーマニア	0.0	0.0	0.0	0.1	0.1	0.0	0.0	0.0	0.1	0.1	0.1	49
ラトビア	0.0	0.1	0.2	0.2	0.3	0.2	0.1	0.1	0.1	0.1	0.1	47
ポルトガル	0.5	0.2	0.4	0.2	0.3	0.1	0.0	0.0	0.0	0.1	0.1	39
スロバキア共和国	0.0	0.0	0.1	0.1	0.2	0.0	0.0	0.0	0.0	0.1	0.1	30
スウェーデン	0.1	0.1	0.1	0.2	0.1	0.1	0.1	0.1	0.1	0.1	0.1	40
イタリア	0.2	0.1	0.1	0.1	0.1	0.1	0.1	0.0	0.0	0.1	0.1	39
その他の国	0.9	1.6	1.5	1.3	1.3	0.8	0.9	0.9	0.9	1.1	1.2	
合計	2.5	4.7	7.1	9.3	7.5	3.4	3.0	2.8	2.8	3.9	4.3	45

注：定義と資料の詳細については、諸表の後に付したメタデータを参照。

StatLink：http://dx.doi.org/10.1787/888933395787

表B.1　外国人流入数（国籍別）── イスラエル

単位：1,000人

	2004年	2005年	2006年	2007年	2008年	2009年	2010年	2011年	2012年	2013年	2014年	2014年の女性の割合（%）
旧ソ連	10.1	9.4	7.5	6.5	5.6	6.8	7.0	7.2	7.2	7.3	11.6	53
フランス	2.0	2.5	2.4	2.3	1.6	1.6	1.8	1.6	1.7	2.9	6.5	51
アメリカ合衆国	1.9	2.0	2.2	2.1	2.0	2.5	2.5	2.4	2.3	2.2	2.4	51
イギリス	0.4	0.4	0.6	0.6	0.5	0.7	0.6	0.5	0.6	0.4	0.5	48
イタリア	0.0	0.0	0.0	0.1	0.1	0.1	0.1	0.1	0.1	0.1	0.3	48
アルゼンチン	0.5	0.4	0.3	0.3	0.2	0.3	0.3	0.2	0.2	0.3	0.3	55
カナダ	0.2	0.3	0.2	0.2	0.3	0.3	0.3	0.2	0.2	0.2	0.3	54
ブラジル	0.2	0.3	0.2	0.3	0.2	0.2	0.2	0.2	0.2	0.2	0.3	51
ベルギー	0.1	0.1	0.1	0.1	0.1	0.1	0.2	0.2	0.1	0.2	0.2	56
エチオピア	3.7	3.6	3.6	3.6	1.6	0.2	1.7	2.7	2.4	1.4	0.2	49
オーストラリア	0.1	0.1	0.1	0.1	0.1	0.1	0.1	0.1	0.1	0.1	0.1	56
ハンガリー	0.1	0.1	0.1	0.0	0.1	0.1	0.1	0.1	0.1	0.1	0.1	50
南アフリカ	0.1	0.1	0.1	0.1	0.3	0.3	0.2	0.2	0.1	0.2	0.1	49
キューバ	0.1	0.0	0.1	0.1	0.1	0.0	0.0	0.1	0.1	0.1	0.1	50
ドイツ	0.1	0.1	0.1	0.1	0.1	0.1	0.1	0.1	0.1	0.1	0.1	51
その他の国	1.3	1.7	1.7	1.7	1.0	1.2	1.3	1.1	1.0	1.1	1.0	
合計	20.9	21.2	19.3	18.1	13.7	14.6	16.6	16.9	16.6	16.9	24.1	52

注：定義と資料の詳細については、諸表の後に付したメタデータを参照。

StatLink：http://dx.doi.org/10.1787/888933395787

統計付録　外国人の流入と流出

表B.1　外国人流入数（国籍別）── イタリア

単位：1,000人

	2004年	2005年	2006年	2007年	2008年	2009年	2010年	2011年	2012年	2013年	2014年	2014年の女性の割合（%）
ルーマニア	66.1	45.3	39.7	271.4	174.6	105.6	92.1	90.1	81.7	58.2	50.7	64
モロッコ	34.8	26.1	21.8	23.5	37.3	33.1	30.0	23.9	19.6	19.6	17.6	48
中国	19.3	14.7	13.6	9.7	12.8	16.8	22.9	20.1	20.5	17.6	15.8	48
バングラデシュ	8.4	5.8	5.6	5.2	9.3	8.9	9.7	10.3	10.1	10.5	12.7	24
アルバニア	38.8	28.4	23.1	23.3	35.7	27.5	22.6	16.6	14.1	12.2	11.4	58
インド	9.0	7.2	6.3	7.1	12.5	12.8	15.2	13.3	11.2	10.8	11.1	40
ウクライナ	35.0	15.7	14.8	15.5	24.0	22.6	30.4	17.9	11.5	12.8	9.7	78
パキスタン	7.5	6.5	4.1	3.5	5.7	7.9	10.8	7.5	8.8	7.8	9.6	26
エジプト	11.6	5.6	5.0	3.7	5.3	8.0	9.3	9.6	8.6	9.8	8.7	32
セネガル	5.3	2.9	2.3	2.3	4.8	4.9	8.9	6.6	5.5	6.5	6.3	28
フィリピン	8.1	5.5	4.4	4.0	7.8	10.0	10.7	10.4	9.9	7.6	5.8	56
ナイジェリア	3.8	2.7	2.6	2.5	3.7	4.0	4.8	4.5	6.7	6.3	5.3	38
スリランカ	5.2	3.9	3.7	3.8	6.6	6.3	7.1	6.8	7.1	6.3	5.3	53
ブラジル	5.2	8.8	10.2	11.9	12.6	9.7	8.6	7.1	5.7	5.0	5.0	57
モルドバ	11.9	9.3	7.8	13.0	22.0	16.8	26.6	15.0	8.8	8.1	3.8	70
その他の国	124.7	94.5	89.6	114.8	121.8	111.9	114.8	94.8	91.5	80.2	69.8	
合計	394.8	282.8	254.6	515.2	496.5	406.7	424.5	354.3	321.3	279.0	248.4	51

注：定義と資料の詳細については、諸表の後に付したメタデータを参照。

StatLink：http://dx.doi.org/10.1787/888933395787

表B.1　外国人流入数（国籍別）── 日本

単位：1,000人

	2004年	2005年	2006年	2007年	2008年	2009年	2010年	2011年	2012年	2013年	2014年	2014年の女性の割合（%）
中国	90.3	105.8	112.5	125.3	134.2	121.2	107.9	100.4	107.0	93.0	98.6	..
ベトナム	6.5	7.7	8.5	9.9	12.5	10.9	11.9	13.9	19.5	31.7	43.0	..
アメリカ合衆国	21.3	22.1	22.2	22.8	24.0	23.5	22.7	19.3	21.0	21.1	22.0	..
韓国	22.8	22.7	24.7	28.1	30.0	27.0	27.9	23.4	25.7	24.2	21.1	..
フィリピン	96.2	63.5	28.3	25.3	21.0	15.8	13.3	13.6	15.4	16.4	19.9	..
タイ	7.1	9.0	8.7	9.0	10.5	9.9	10.9	13.6	15.4	15.4	14.3	..
インドネシア	10.7	12.9	11.4	10.1	10.1	7.5	8.3	8.4	9.3	9.6	11.8	..
ネパール	..	..	1.6	2.2	3.6	3.6	2.9	3.5	4.8	8.3	11.5	..
台湾	..	..	4.5	4.9	5.5	5.4	6.6	5.6	6.6	6.6	7.7	..
インド	..	..	4.9	5.8	5.7	4.6	4.9	4.7	5.6	5.6	6.9	..
ブラジル	32.2	33.9	27.0	22.9	14.4	3.0	4.7	4.5	5.8	4.8	6.1	..
イギリス	6.3	6.3	6.6	5.8	6.0	5.3	5.8	5.2	5.5	6.1	5.9	..
フランス	..	..	3.8	4.2	4.5	3.9	4.0	2.9	4.0	4.5	4.5	..
ドイツ	..	..	4.7	4.9	4.8	4.5	4.3	3.7	4.1	4.1	4.3	..
オーストラリア	..	..	4.1	3.8	3.5	3.1	1.1	2.8	2.9	3.0	3.3	..
その他の国	78.5	88.4	52.2	51.7	54.1	47.9	50.0	41.5	51.3	52.3	55.5	
合計	372.0	372.3	325.6	336.6	344.5	297.1	287.1	266.9	303.9	306.7	336.5	..

注：定義と資料の詳細については、諸表の後に付したメタデータを参照。

StatLink：http://dx.doi.org/10.1787/888933395787

外国人の流入と流出　統計付録

表B.1　外国人流入数（国籍別）—— 韓国

単位：1,000 人

	2004年	2005年	2006年	2007年	2008年	2009年	2010年	2011年	2012年	2013年	2014年	2014年の女性の割合（%）
中国	67.4	115.8	161.2	177.0	161.7	117.6	155.3	149.2	127.3	178.6	192.9	..
タイ	9.8	13.7	15.8	10.5	8.6	5.8	6.9	10.3	13.8	18.3	48.3	..
ベトナム	7.8	18.0	20.0	21.2	24.0	16.4	22.9	27.9	24.7	22.2	28.0	..
アメリカ合衆国	18.1	18.0	17.8	18.9	23.4	27.1	28.3	28.1	28.9	26.6	24.5	..
ウズベキスタン	3.6	3.2	4.8	4.9	9.4	4.7	8.6	8.2	11.4	12.3	12.9	..
フィリピン	10.1	16.5	17.9	12.2	9.1	8.9	9.1	9.6	9.9	12.0	10.7	..
インドネシア	5.2	10.2	6.9	5.2	9.7	3.3	5.3	8.1	8.3	11.8	10.5	..
カンボジア	0.9	0.8	2.2	1.9	3.4	2.6	3.7	6.4	9.5	10.5	9.5	..
ネパール	1.5	0.6	1.1	0.8	2.4	2.6	2.7	4.3	6.9	6.0	6.8	..
カナダ	5.4	5.5	5.6	6.0	6.4	6.5	6.5	6.0	6.0	5.6	5.5	..
ミャンマー	0.8	0.6	1.8	0.5	0.5	1.7	0.6	2.6	4.1	4.6	5.1	..
スリランカ	1.9	5.0	4.1	2.5	4.8	1.7	4.2	5.9	4.7	5.3	4.8	..
日本	7.0	6.8	5.5	5.0	4.7	4.4	4.7	5.5	5.8	5.9	4.7	..
モンゴル	5.1	8.3	9.6	8.6	8.1	5.3	5.4	4.3	5.7	4.3	4.0	..
インド	2.5	2.0	2.3	2.5	2.2	1.8	2.3	2.4	2.6	2.9	3.4	..
その他の国	31.6	28.5	26.6	22.6	23.8	22.4	26.6	28.5	30.7	33.5	35.4	
合計	178.5	253.7	303.0	300.4	302.2	232.8	293.1	307.2	300.2	360.5	407.1	..

注：定義と資料の詳細については、諸表の後に付したメタデータを参照。

StatLink：http://dx.doi.org/10.1787/888933395787

表B.1　外国人流入数（国籍別）—— ルクセンブルク

単位：1,000 人

	2004年	2005年	2006年	2007年	2008年	2009年	2010年	2011年	2012年	2013年	2014年	2014年の女性の割合（%）
フランス	2.0	2.2	2.5	2.8	3.2	2.7	2.9	3.2	3.5	3.5	3.9	44
ポルトガル	3.5	3.8	3.8	4.4	4.5	3.8	3.8	5.0	5.2	4.6	3.8	44
イタリア	0.5	0.6	0.6	0.6	0.8	0.7	0.8	1.0	1.1	1.3	1.6	39
ベルギー	1.0	1.0	0.9	0.9	1.0	1.0	1.2	1.2	1.3	1.5	1.6	41
ドイツ	0.8	0.8	0.9	1.0	1.1	1.0	1.0	1.1	1.0	1.0	1.0	47
ルーマニア	0.1	0.1	0.1	0.3	0.3	0.2	0.3	0.5	0.4	0.4	0.8	56
アメリカ合衆国	0.2	0.3	0.3	0.3	0.3	0.3	0.3	0.4	0.4	0.5	0.7	51
スペイン	0.2	0.2	0.2	0.2	0.2	0.2	0.3	0.5	0.5	0.6	0.6	46
ポーランド	0.2	0.3	0.3	0.4	0.5	0.4	0.4	0.4	0.4	0.4	0.5	48
イギリス	0.3	0.4	0.4	0.4	0.5	0.4	0.4	0.4	0.4	0.5	0.5	41
中国	0.1	0.1	0.1	0.1	0.1	0.1	0.1	0.2	0.2	0.4	0.3	55
セルビア	0.1	0.3	0.2	0.4	0.3	0.1	0.3	0.9	0.5	0.3	0.3	51
ギリシャ	0.1	0.1	0.1	0.1	0.1	0.1	0.1	0.2	0.3	0.3	0.3	51
オランダ	0.2	0.2	0.3	0.2	0.3	0.2	0.2	0.2	0.2	0.3	0.3	37
ハンガリー	0.1	0.2	0.1	0.1	0.1	0.1	0.1	0.2	0.2	0.2	0.2	48
その他の国	3.0	3.2	2.8	3.4	3.3	3.1	3.5	4.0	3.8	4.2	4.6	
合計	12.2	13.8	13.7	15.8	16.8	14.6	15.8	19.1	19.4	19.8	21.0	46

注：定義と資料の詳細については、諸表の後に付したメタデータを参照。

StatLink：http://dx.doi.org/10.1787/888933395787

統計付録　外国人の流入と流出

表B.1　外国人流入数（国籍別）—— メキシコ

単位：1,000人

	2004年	2005年	2006年	2007年	2008年	2009年	2010年	2011年	2012年	2013年	2014年	2014年の女性の割合（%）
アメリカ合衆国	..	..	..	1.4	2.2	2.9	4.0	4.3	4.0	14.4	9.4	43
キューバ	..	..	..	0.3	1.0	1.7	1.8	1.7	1.8	3.2	2.7	54
グアテマラ	..	..	..	0.1	1.0	2.1	1.8	1.3	0.5	3.1	2.6	62
ベネズエラ	..	..	..	0.3	0.7	1.3	1.7	1.3	1.2	2.8	2.6	57
中国	..	..	..	0.6	1.3	2.0	1.7	1.1	0.8	5.2	2.6	41
コロンビア	..	..	..	0.3	1.1	1.9	2.3	1.8	1.4	3.2	2.5	61
ホンジュラス	..	..	..	0.0	0.8	1.4	1.5	1.0	0.4	2.4	2.3	62
アルゼンチン	..	..	..	0.5	0.9	1.4	1.4	1.0	0.9	3.2	2.1	47
カナダ	..	..	..	0.2	0.4	0.6	0.7	0.8	0.8	3.5	2.0	45
スペイン	..	..	..	0.3	0.6	0.9	1.0	0.8	1.0	2.6	1.8	37
エルサルバドル	..	..	..	0.1	0.5	0.8	0.7	0.7	0.4	1.6	1.2	57
フランス	..	..	..	0.2	0.4	0.5	0.6	0.5	0.4	1.4	1.0	39
ペルー	..	..	..	0.2	0.4	0.7	0.8	0.6	0.4	1.2	0.9	46
イタリア	..	..	..	0.2	0.3	0.5	0.6	0.5	0.4	1.5	0.9	34
韓国	..	..	..	0.3	0.4	0.4	0.5	0.4	0.4	1.3	0.8	40
その他の国	..	..	..	2.2	4.1	4.9	4.9	4.2	3.4	12.1	8.1	
合計	8.5	9.2	6.9	7.2	15.9	23.9	26.2	22.0	18.2	63.0	43.5	49

注：定義と資料の詳細については、諸表の後に付したメタデータを参照。

StatLink：http://dx.doi.org/10.1787/888933395787

表B.1　外国人流入数（国籍別）—— オランダ

単位：1,000人

	2004年	2005年	2006年	2007年	2008年	2009年	2010年	2011年	2012年	2013年	2014年	2014年の女性の割合（%）
ポーランド	4.5	5.7	6.8	9.2	13.3	12.7	14.5	18.6	18.3	20.4	23.8	46
ドイツ	5.3	5.9	7.2	7.5	9.0	8.7	9.8	9.6	8.7	8.1	8.2	56
シリア	0.1	0.1	0.0	0.0	0.1	0.1	0.1	0.1	0.1	0.6	6.9	37
イギリス	3.6	3.2	3.6	4.0	4.7	4.4	4.4	4.4	4.7	5.1	5.3	43
ブルガリア	0.4	0.4	0.5	4.9	5.2	4.3	4.3	5.4	5.0	4.5	5.2	48
イタリア	1.2	1.4	1.6	1.9	2.6	2.6	2.8	3.1	3.6	4.2	5.1	42
インド	0.6	1.2	2.0	2.5	3.5	3.1	3.2	3.8	4.0	4.5	5.1	39
スペイン	1.3	1.3	1.4	1.5	2.3	2.6	3.1	3.7	4.6	5.3	5.0	51
中国	3.0	3.0	2.9	3.4	4.2	4.3	4.5	5.5	5.2	4.7	4.8	60
ルーマニア	0.6	0.5	0.7	2.3	2.4	2.2	2.6	2.7	2.5	2.5	4.6	45
アメリカ合衆国	2.3	2.5	3.1	3.2	3.4	3.1	3.3	3.7	3.7	3.6	3.8	54
フランス	1.8	1.8	2.0	2.2	3.0	2.9	2.9	2.9	3.0	3.2	3.6	50
ハンガリー	0.6	0.6	0.6	1.0	1.7	2.2	2.4	2.6	3.1	2.9	2.9	46
エリトリア	0.0	0.0	0.0	0.0	0.0	0.0	0.0	0.1	0.0	0.1	2.9	27
トルコ	4.1	3.1	2.8	2.4	3.3	3.5	3.7	3.4	3.2	3.0	2.8	46
その他の国	35.8	32.7	32.6	34.1	44.5	47.8	48.6	48.9	45.8	49.6	49.4	
合計	65.1	63.4	67.7	80.3	103.4	104.4	110.2	118.5	115.7	122.3	139.3	49

注：定義と資料の詳細については、諸表の後に付したメタデータを参照。

StatLink：http://dx.doi.org/10.1787/888933395787

外国人の流入と流出　統計付録

表B.1　外国人流入数（国籍別）—— ニュージーランド

単位：1,000 人

	2004年	2005年	2006年	2007年	2008年	2009年	2010年	2011年	2012年	2013年	2014年	2014年の女性の割合（%）
インド	3.6	3.0	3.1	4.3	6.3	7.1	7.8	6.6	6.9	7.1	12.2	27
イギリス	12.6	14.0	14.8	12.6	11.6	10.1	8.9	9.5	9.3	9.8	10.2	45
中国	6.7	4.2	4.4	4.0	4.7	5.6	5.8	7.2	7.6	7.9	9.1	54
オーストラリア	5.4	5.1	4.8	4.9	4.3	3.9	4.1	3.7	3.6	4.4	4.9	50
フィリピン	0.6	0.9	2.6	3.6	4.1	2.8	2.0	2.4	2.9	3.2	4.7	43
フランス	0.7	0.6	0.7	0.8	1.1	1.4	1.4	1.9	1.9	2.7	3.8	44
ドイツ	1.5	2.1	2.3	2.4	2.6	2.6	2.4	2.7	2.6	3.3	3.7	52
アメリカ合衆国	2.0	2.3	2.3	2.4	2.3	2.3	2.3	2.5	2.5	2.8	2.9	53
日本	3.5	3.1	2.8	2.3	2.2	1.9	1.9	1.8	1.8	1.9	2.0	62
韓国	2.3	1.7	1.9	2.1	1.8	2.1	1.9	1.7	1.6	1.8	1.7	56
アイルランド	1.1	1.2	1.0	1.0	1.1	1.4	1.4	2.1	1.9	2.2	1.7	41
南アフリカ	1.4	1.5	1.8	2.1	3.1	1.7	1.2	1.2	1.1	1.2	1.6	52
サモア	0.9	1.4	1.3	1.2	1.3	1.2	1.0	1.5	1.4	1.4	1.5	45
フィジー	2.0	2.7	2.5	2.7	3.1	2.7	1.3	1.1	1.2	1.2	1.3	47
カナダ	0.9	1.0	1.0	1.0	1.1	1.0	1.0	1.1	1.1	1.1	1.3	58
その他の国	10.2	10.2	11.3	12.3	13.3	12.5	13.0	13.9	14.7	15.5	17.8	
合計	55.4	54.8	58.7	59.6	63.9	60.3	57.6	61.0	62.0	67.5	80.3	45

注：定義と資料の詳細については、諸表の後に付したメタデータを参照。
StatLink：http://dx.doi.org/10.1787/888933395787

表B.1　外国人流入数（国籍別）—— ノルウェー

単位：1,000 人

	2004年	2005年	2006年	2007年	2008年	2009年	2010年	2011年	2012年	2013年	2014年	2014年の女性の割合（%）
ポーランド	1.6	3.3	7.4	14.2	14.4	10.5	11.3	12.9	11.5	10.5	9.9	37
スウェーデン	2.4	2.7	3.4	4.4	5.7	6.0	7.6	8.2	5.7	5.3	4.6	47
リトアニア	0.5	0.8	1.3	2.4	2.9	3.2	6.6	7.7	6.6	5.6	4.4	40
エリトリア	0.1	0.3	0.3	0.4	0.8	1.7	2.0	2.0	2.4	2.7	2.8	30
フィリピン	0.6	0.8	1.1	1.6	1.8	1.7	2.1	2.6	2.5	2.8	2.2	83
ルーマニア	0.2	0.2	0.2	0.6	1.1	1.1	1.3	1.4	2.0	2.5	2.1	42
シリア	0.1	0.1	0.1	0.1	0.1	0.1	0.1	0.1	0.4	0.8	2.1	33
インド	0.3	0.4	0.6	1.0	1.1	0.8	0.8	1.2	1.5	1.5	1.8	40
デンマーク	1.6	1.5	1.5	1.5	1.3	1.3	1.4	1.6	1.8	2.0	1.7	43
ソマリア	1.2	1.1	1.2	1.6	1.2	1.3	1.6	1.7	3.6	2.8	1.7	48
ドイツ	1.4	1.7	2.3	3.8	4.3	2.8	2.7	2.3	1.8	1.6	1.5	49
スペイン	0.2	0.2	0.3	0.3	0.4	0.5	0.8	1.0	1.4	1.5	1.4	44
イギリス	0.9	0.8	1.0	1.1	1.2	1.3	1.5	1.5	1.4	1.3	1.3	33
アイスランド	0.3	0.3	0.3	0.3	0.3	1.6	1.7	1.7	1.5	1.1	1.1	47
ラトビア	0.1	0.2	0.3	0.5	0.6	1.1	2.3	2.1	1.7	1.3	1.1	39
その他の国	16.4	17.0	16.3	19.7	21.5	21.9	21.4	22.8	24.4	23.5	21.6	
合計	27.9	31.4	37.4	53.5	58.8	56.7	65.1	70.8	70.0	66.9	61.4	45

注：定義と資料の詳細については、諸表の後に付したメタデータを参照。
StatLink：http://dx.doi.org/10.1787/888933395787

363

統計付録 外国人の流入と流出

表B.1 外国人流入数（国籍別）── ポーランド

単位：1,000人

	2004年	2005年	2006年	2007年	2008年	2009年	2010年	2011年	2012年	2013年	2014年	2014年の女性の割合（%）
ウクライナ	10.2	9.8	9.6	9.4	10.3	10.1	10.3	10.1	11.8	11.9	7.8	58
ドイツ	2.2	6.1	4.6	6.7	2.9	1.7	1.8	1.9	2.3	2.0	2.0	18
ベトナム	2.2	1.9	1.7	1.8	2.8	3.0	2.4	2.1	4.0	2.8	2.0	44
中国	0.5	0.6	0.4	0.7	1.2	2.0	2.3	2.8	2.9	3.0	1.6	46
ベラルーシ	2.4	2.4	2.3	2.6	3.1	3.2	2.9	2.5	2.6	2.3	1.4	55
ロシア	2.1	1.9	1.8	1.6	1.8	1.6	1.6	1.6	1.9	1.9	1.1	62
トルコ	0.5	0.6	0.7	0.7	0.9	1.0	1.1	1.2	1.3	1.4	0.9	17
スペイン	0.2	0.3	0.1	0.3	0.2	0.3	0.4	0.4	0.6	0.9	0.9	33
アルメニア	2.0	1.5	1.3	1.4	1.6	1.6	1.4	1.2	1.6	1.1	0.9	52
イタリア	0.7	0.7	0.3	0.7	0.5	0.6	0.5	0.6	0.7	0.9	0.9	17
インド	0.7	0.7	0.7	0.7	1.0	1.1	1.2	1.1	1.2	1.2	0.8	28
韓国	0.3	0.4	0.5	0.9	1.1	1.0	1.1	1.0	1.0	1.1	0.6	44
フランス	1.5	1.1	0.5	0.8	0.6	0.6	0.5	0.6	0.6	0.6	0.6	36
ブルガリア	0.4	0.4	0.6	1.2	0.4	0.4	0.4	0.3	0.4	0.6	0.6	42
イギリス	1.0	0.9	0.4	0.8	1.5	0.5	0.5	0.5	0.5	0.5	0.5	23
その他の国	9.9	9.3	8.6	10.3	11.8	12.6	12.7	13.3	13.7	14.4	9.4	
合計	36.9	38.5	34.2	40.6	41.8	41.3	41.1	41.3	47.1	46.6	32.0	41

注：定義と資料の詳細については、諸表の後に付したメタデータを参照。

StatLink：http://dx.doi.org/10.1787/888933395787

表B.1 外国人流入数（国籍別）── ポルトガル

単位：1,000人

	2004年	2005年	2006年	2007年	2008年	2009年	2010年	2011年	2012年	2013年	2014年	2014年の女性の割合（%）
ブラジル	14.4	9.5	6.1	5.0	32.8	23.1	16.2	12.9	11.7	6.7	5.6	59
中国	0.8	0.3	0.5	1.0	2.0	1.9	1.7	1.5	1.4	1.9	3.7	50
ルーマニア	0.8	0.8	0.6	0.2	5.3	8.1	6.0	4.6	3.0	2.7	2.5	42
カーボベルデ	3.1	3.5	3.3	4.1	5.3	4.6	4.2	4.6	3.4	2.7	2.2	54
フランス	0.5	0.4	0.2	0.8	0.7	0.7	0.7	0.7	0.5	0.7	1.9	44
イギリス	1.2	1.0	0.8	3.9	2.7	2.2	1.8	1.7	1.2	1.4	1.5	45
アンゴラ	1.1	1.2	0.4	0.4	2.0	1.5	1.3	1.4	1.3	1.5	1.5	50
スペイン	0.6	0.6	0.3	1.4	1.3	1.5	1.7	1.5	1.4	1.5	1.5	47
ギニアビサウ	1.0	1.1	1.3	1.6	2.5	1.5	1.6	1.7	1.6	1.2	1.2	52
イタリア	0.4	0.3	0.1	1.0	1.0	1.0	1.0	0.8	0.7	0.8	1.1	48
ドイツ	0.6	0.5	0.3	1.6	1.1	1.1	1.0	0.8	0.6	0.8	1.0	46
ウクライナ	1.9	1.6	1.5	2.0	3.6	2.4	2.1	1.8	1.5	1.1	1.0	58
ネパール	..	..	..	..	0.1	0.2	0.2	0.4	0.5	0.8	0.9	31
インド	0.2	0.3	0.5	0.5	0.9	1.0	0.9	1.1	0.9	1.0	0.8	36
ブルガリア	0.3	0.3	0.3	0.1	0.9	1.5	1.4	1.0	0.7	0.8	0.8	57
その他の国	7.3	6.8	6.2	9.0	10.7	9.2	9.1	9.0	8.0	7.7	8.1	
合計	34.1	28.1	22.5	32.6	72.8	61.4	50.7	45.4	38.5	33.2	35.3	49

注：定義と資料の詳細については、諸表の後に付したメタデータを参照。

StatLink：http://dx.doi.org/10.1787/888933395787

外国人の流入と流出　統計付録

表B.1　外国人流入数（国籍別）—— ロシア

単位：1,000人

	2004年	2005年	2006年	2007年	2008年	2009年	2010年	2011年	2012年	2013年	2014年	2014年の女性の割合（%）
ウクライナ	17.7	30.8	32.7	51.5	49.1	45.9	37.2	50.0	56.2	56.2	147.1	..
ウズベキスタン	14.9	30.4	37.1	52.8	43.5	42.5	37.1	46.5	52.6	55.8	59.5	..
カザフスタン	40.2	51.9	38.6	40.3	40.0	38.8	6.4	10.2	39.6	45.1	52.5	..
アルメニア	3.1	7.6	12.9	30.8	35.2	35.8	31.4	43.1	48.9	49.6	50.8	..
タジキスタン	3.3	4.7	6.5	17.3	20.7	27.0	27.8	34.4	37.5	37.4	36.9	..
アゼルバイジャン	2.6	4.6	8.9	21.0	23.3	22.9	21.1	25.3	26.4	26.8	30.5	..
モルドバ	4.8	6.6	8.6	14.1	15.5	16.4	11.7	16.8	20.5	22.3	28.4	..
キルギスタン	9.5	15.6	15.7	24.7	24.0	23.3	2.4	2.6	14.0	16.1	18.7	..
ベラルーシ	5.7	6.8	5.6	6.0	5.9	5.5	2.2	2.5	6.1	7.1	8.3	..
ジョージア	4.9	5.5	6.8	10.6	8.8	7.5	5.1	7.4	8.3	7.6	7.7	..
ベトナム	0.0	0.1	0.2	0.9	0.7	1.0	3.0	3.5	3.4	3.3	2.7	..
中国	0.2	0.4	0.5	1.7	1.2	0.8	2.3	2.5	2.4	2.0	1.8	..
トルクメニスタン	3.7	4.1	4.1	4.8	4.0	3.3	1.5	1.9	2.0	1.9	1.6	..
トルコ	0.1	0.1	0.2	0.3	0.4	0.4	1.2	1.4	1.5	1.3	1.4	..
シリア	0.1	0.1	0.1	0.1	0.1	0.1	0.3	0.4	1.0	1.6	1.3	..
その他の国	8.4	7.9	7.8	10.1	9.2	8.7	8.4	9.2	10.5	10.4	13.4	
合計	119.2	177.2	186.4	287.0	281.6	279.9	199.3	257.7	330.9	344.7	462.5	..

注：定義と資料の詳細については、諸表の後に付したメタデータを参照。

StatLink：http://dx.doi.org/10.1787/888933395787

表B.1　外国人流入数（国籍別）—— スロバキア共和国

単位：1,000人

	2004年	2005年	2006年	2007年	2008年	2009年	2010年	2011年	2012年	2013年	2014年	2014年の女性の割合（%）
ハンガリー	0.3	0.4	0.5	0.8	1.1	1.1	1.1	1.0	0.7	0.4	0.5	22
チェコ共和国	1.6	1.1	1.3	1.2	1.4	1.6	1.2	0.9	0.5	0.4	0.4	44
ルーマニア	0.1	0.1	0.4	3.0	2.3	0.8	0.9	0.6	0.3	0.3	0.3	34
ポーランド	0.9	0.5	1.1	0.7	0.6	0.7	0.5	0.3	0.1	0.2	0.1	46
イタリア	0.2	0.2	0.3	0.3	0.2	0.3	0.3	0.2	0.2	0.2	0.1	18
ウクライナ	0.7	0.6	1.0	1.2	1.8	1.6	1.3	0.7	0.1	0.1	0.1	61
ドイツ	0.6	0.9	0.9	0.9	1.1	0.6	0.5	0.3	0.1	0.1	0.1	28
クロアチア	0.1	0.1	0.1	0.1	0.1	0.1	0.1	0.1	0.0	0.1	0.1	22
イギリス	0.3	0.2	0.3	0.3	0.3	0.3	0.2	0.2	0.1	0.0	0.1	24
ブルガリア	0.1	0.1	0.1	0.8	0.5	0.2	0.2	0.3	0.2	0.1	0.1	13
フランス	0.3	0.3	0.3	0.3	0.2	0.2	0.2	0.2	0.1	0.1	0.1	19
ノルウェー	0.1	0.1	0.0	0.1	0.1	0.0	0.1	0.1	0.1	0.0	0.0	58
オーストリア	0.4	0.4	0.4	0.3	0.3	0.3	0.2	0.2	0.1	0.0	0.0	23
スペイン	0.1	0.1	0.1	0.1	0.1	0.1	0.1	0.1	0.1	0.0	0.0	45
ロシア	0.2	0.2	0.3	0.3	0.3	0.5	0.5	0.3	0.0	0.0	0.0	59
その他の国	2.2	2.5	4.1	4.5	6.2	5.9	5.1	2.9	0.5	0.5	0.4	
合計	7.9	7.7	11.3	14.8	16.5	14.4	12.7	8.2	2.9	2.5	2.4	33

注：定義と資料の詳細については、諸表の後に付したメタデータを参照。

StatLink：http://dx.doi.org/10.1787/888933395787

統計付録　外国人の流入と流出

表B.1　外国人流入数（国籍別）── スロベニア

単位：1,000人

	2004年	2005年	2006年	2007年	2008年	2009年	2010年	2011年	2012年	2013年	2014年	2014年の女性の割合（%）
ボスニア・ヘルツェゴビナ	..	..	..	13.8	17.9	5.3	3.7	4.5	4.4	3.7	5.1	34
クロアチア	..	..	..	2.2	2.3	2.0	1.8	1.9	2.2	0.8	2.4	26
ブルガリア	..	..	..	1.4	2.3	1.3	0.0	2.3	2.4	2.5	2.1	12
セルビア	..	..	..	6.3	7.6	2.6	1.6	1.9	1.7	1.5	1.6	21
イタリア	..	..	..	0.2	0.0	0.2	0.0	0.4	0.5	0.6	0.7	33
ロシア	..	..	..	0.1	0.2	0.1	0.1	0.3	0.3	0.5	0.7	50
マケドニア旧ユーゴスラビア共和国	..	..	..	2.7	5.0	2.2	1.0	1.2	0.8	0.6	0.6	50
ルーマニア	..	..	..	0.3	0.4	0.2	0.0	0.3	0.3	0.4	0.4	27
スロバキア共和国	..	..	..	0.6	0.5	0.3	0.0	0.6	0.4	0.4	0.3	46
ハンガリー	..	..	..	0.1	0.2	0.0	0.0	0.2	0.2	0.3	0.3	29
スペイン	..	..	..	0.0	0.1	0.1	0.0	0.2	0.3	0.3	0.3	47
ポーランド	..	..	..	0.2	0.2	0.2	0.0	0.2	0.4	0.8	0.3	42
ウクライナ	..	..	..	0.5	0.5	0.0	0.3	0.4	0.2	0.2	0.3	50
ドイツ	..	..	..	0.2	0.2	0.2	0.0	0.2	0.3	0.2	0.2	45
チェコ共和国	..	..	..	0.1	0.1	0.2	0.0	0.2	0.2	0.2	0.2	69
その他の国	..	..	..	1.7	6.2	9.2	2.7	3.2	2.7	2.8	3.0	
合計	..	..	..	30.5	43.8	24.2	11.3	18.0	17.3	15.7	18.4	34

注：定義と資料の詳細については、諸表の後に付したメタデータを参照。

StatLink：http://dx.doi.org/10.1787/888933395787

表B.1　外国人流入数（国籍別）── スペイン

単位：1,000人

	2004年	2005年	2006年	2007年	2008年	2009年	2010年	2011年	2012年	2013年	2014年	2014年の女性の割合（%）
ルーマニア	103.6	108.3	131.5	197.6	61.3	44.1	51.9	50.8	27.3	22.8	30.0	50
モロッコ	73.4	82.5	78.5	85.0	71.8	43.2	30.2	28.0	22.4	20.5	20.2	44
イタリア	15.0	16.5	18.6	21.2	15.9	11.8	11.2	11.6	12.0	12.2	15.0	44
イギリス	48.4	44.7	42.5	38.2	23.8	17.9	16.2	15.7	16.4	14.1	14.2	47
中国	20.3	18.4	16.9	20.4	20.1	11.9	10.5	10.7	9.2	9.1	9.4	55
コロンビア	21.5	24.9	35.6	41.7	36.0	20.4	13.7	13.2	10.0	8.7	8.5	57
ロシア	7.4	7.8	8.0	7.3	5.8	5.3	6.2	7.6	7.6	8.4	8.2	60
フランス	9.9	11.1	12.7	13.0	8.9	7.7	7.8	7.8	7.4	7.3	8.1	47
ドミニカ	10.3	12.2	14.7	18.1	16.2	9.5	6.9	10.4	10.0	8.1	7.7	54
ベネズエラ	12.1	12.5	11.7	12.9	8.7	5.7	6.5	6.8	4.6	4.7	7.2	56
ドイツ	14.0	15.2	16.9	17.8	11.3	9.3	8.3	8.3	8.0	7.2	6.9	50
ブラジル	16.5	24.6	32.6	36.1	20.5	10.5	8.7	7.9	6.4	5.1	5.7	58
ホンジュラス	1.9	2.8	6.5	8.8	4.6	3.7	4.7	6.3	5.3	4.3	5.7	74
ウクライナ	11.9	10.0	10.7	11.1	6.9	4.8	4.9	5.1	3.7	3.3	5.7	57
パキスタン	9.4	12.4	8.2	10.6	8.9	6.4	15.3	11.5	8.3	6.5	5.5	26
その他の国	270.4	278.7	357.3	380.6	247.0	153.3	127.4	134.2	113.9	105.9	107.9	
合計	645.8	682.7	803.0	920.5	567.4	365.4	330.3	335.9	272.5	248.4	265.8	50

注：定義と資料の詳細については、諸表の後に付したメタデータを参照。

StatLink：http://dx.doi.org/10.1787/888933395787

外国人の流入と流出　統計付録

表B.1　外国人流入数（国籍別）—— スウェーデン

単位：1,000 人

	2004年	2005年	2006年	2007年	2008年	2009年	2010年	2011年	2012年	2013年	2014年	2014年の女性の割合（%）
シリア	0.5	0.5	0.9	0.5	0.5	0.7	1.0	1.5	4.7	11.7	21.7	38
エリトリア	0.3	0.6	0.8	0.8	1.2	1.4	1.6	2.1	2.2	3.3	5.9	36
ポーランド	2.5	3.4	6.3	7.5	7.0	5.2	4.4	4.4	4.4	4.6	5.1	44
ソマリア	1.1	1.3	3.0	3.8	4.1	6.9	6.8	3.1	4.5	11.0	4.2	50
アフガニスタン	1.0	0.7	1.7	0.8	1.0	1.6	1.9	3.4	4.7	4.2	3.8	44
インド	0.8	1.1	1.0	1.1	1.5	1.8	2.2	1.7	2.0	2.4	3.0	39
フィンランド	2.8	2.9	2.6	2.6	2.4	2.4	2.3	2.3	2.3	2.3	2.6	58
イラン	1.5	1.1	2.0	1.4	1.8	2.4	2.8	2.2	2.1	2.0	2.4	51
中国	1.5	1.7	2.0	2.4	2.7	3.1	3.2	2.6	2.5	2.1	2.4	50
ドイツ	1.8	2.0	2.9	3.6	3.4	2.8	2.2	2.2	2.2	2.2	2.2	51
ノルウェー	2.6	2.4	2.5	2.4	2.3	1.9	2.1	2.0	2.0	2.0	2.1	52
デンマーク	3.8	4.0	5.1	5.1	4.1	3.8	3.4	3.2	2.6	2.5	2.0	46
ルーマニア	0.3	0.4	0.3	2.6	2.5	1.8	1.7	1.9	1.7	1.9	2.0	45
イギリス	1.2	1.1	1.5	1.5	1.7	1.6	1.4	1.8	1.5	1.6	1.8	36
セルビア	1.8	2.1	4.2	2.0	1.9	1.1	0.9	1.1	1.4	1.1	1.8	52
その他の国	24.1	26.0	43.5	45.4	45.2	45.2	41.0	40.2	41.6	40.6	43.1	
合計	47.6	51.3	80.4	83.5	83.3	83.8	79.0	75.9	82.6	95.4	106.1	45

注：定義と資料の詳細については、諸表の後に付したメタデータを参照。

StatLink：http://dx.doi.org/10.1787/888933395787

表B.1　外国人流入数（国籍別）—— スイス

単位：1,000 人

	2004年	2005年	2006年	2007年	2008年	2009年	2010年	2011年	2012年	2013年	2014年	2014年の女性の割合（%）
ドイツ	18.1	20.4	24.8	41.1	46.4	33.9	30.7	30.5	27.1	26.6	23.8	42
イタリア	5.7	5.4	5.5	8.4	9.9	8.5	10.1	10.8	13.6	17.5	17.8	37
ポルトガル	13.6	12.2	12.5	15.5	17.8	13.7	12.8	15.4	18.6	19.9	14.9	44
フランス	6.7	6.9	7.6	11.5	13.7	10.9	11.5	11.5	11.4	13.5	13.8	43
スペイン	1.7	1.5	1.6	2.1	2.4	2.5	3.3	4.6	6.5	8.8	7.6	45
ポーランド	0.7	0.8	1.3	2.1	2.4	2.1	2.0	3.4	3.3	2.9	4.8	42
イギリス	2.9	3.0	3.4	5.1	5.6	4.8	5.5	5.4	4.4	4.6	4.2	42
ハンガリー	0.4	0.3	0.5	0.7	1.1	1.1	1.2	2.1	2.5	2.5	4.2	43
アメリカ合衆国	2.7	2.9	3.2	..	..	..	4.0	4.2	3.5	3.4	3.1	54
オーストリア	2.3	1.9	2.0	2.8	3.2	2.8	2.6	2.9	3.1	2.9	3.0	42
中国	..	..	..	..	..	..	1.9	2.1	2.4	2.9	2.9	60
スロバキア共和国	0.2	0.2	0.2	0.2	1.2	1.1	1.0	1.9	1.6	1.5	2.7	43
インド	..	..	..	..	..	..	2.4	2.4	2.6	2.5	2.6	43
ルーマニア	0.6	0.6	0.6	0.7	0.8	1.0	1.4	1.7	2.3	2.7	2.4	71
ロシア	..	..	..	..	..	..	1.9	2.0	2.1	2.1	1.9	66
その他の国	40.8	38.2	39.6	49.6	52.8	50.1	41.9	41.6	38.9	41.1	42.4	
合計	96.3	94.4	102.7	139.7	157.3	132.4	134.2	142.5	143.8	155.4	152.1	46

注：定義と資料の詳細については、諸表の後に付したメタデータを参照。

StatLink：http://dx.doi.org/10.1787/888933395787

統計付録　外国人の流入と流出

表B.1　外国人流入数（国籍別）── トルコ

単位：1,000人

	2004年	2005年	2006年	2007年	2008年	2009年	2010年	2011年	2012年	2013年	2014年	2014年の女性の割合（%）
アゼルバイジャン	..	..	..	..	..	..	2.5	..	..	..	..	52
アフガニスタン	..	..	..	..	..	..	2.2	..	..	..	..	36
ロシア	..	..	..	..	..	..	1.8	..	..	..	..	76
ドイツ	..	..	..	..	..	..	1.6	..	..	..	..	57
アメリカ合衆国	..	..	..	..	..	..	1.5	..	..	..	..	54
イラン	..	..	..	..	..	..	1.5	..	..	..	..	40
カザフスタン	..	..	..	..	..	..	1.4	..	..	..	..	55
トルクメニスタン	..	..	..	..	..	..	1.2	..	..	..	..	47
イラク	..	..	..	..	..	..	1.2	..	..	..	..	43
イギリス	..	..	..	..	..	..	1.1	..	..	..	..	51
ブルガリア	..	..	..	..	..	..	1.1	..	..	..	..	71
キルギスタン	..	..	..	..	..	..	1.0	..	..	..	..	54
ウクライナ	..	..	..	..	..	..	0.9	..	..	..	..	85
シリア	..	..	..	..	..	..	0.9	..	..	..	..	79
中国	..	..	..	..	..	..	0.8	..	..	..	..	24
その他の国	..	..	..	..	..	..	9.1	..	..	..	..	
合計	..	..	..	..	..	..	29.9	..	..	..	..	54

注：定義と資料の詳細については、諸表の後に付したメタデータを参照。

StatLink：http://dx.doi.org/10.1787/888933395787

表B.1　外国人流入数（国籍別）── イギリス

単位：1,000人

	2004年	2005年	2006年	2007年	2008年	2009年	2010年	2011年	2012年	2013年	2014年	2014年の女性の割合（%）
インド	51	47	57	55	48	64	68	61	36	30	46	..
中国	32	22	23	21	18	22	28	45	41	46	39	..
ルーマニア	..	..	..	..	..	10	7	8	6	19	37	..
ポーランド	16	49	60	88	55	32	34	33	30	28	32	..
フランス	10	..	..	..	..	14	11	17	14	15	24	..
スペイン	..	..	..	..	..	11	5	8	17	21	21	..
アメリカ合衆国	14	15	16	15	17	17	16	16	17	12	20	..
イタリア	..	..	..	..	14	8	9	10	10	17	17	..
オーストラリア	27	20	26	18	14	12	18	13	16	11	15	..
ポルトガル	5	..	..	..	..	..	4	5	7	12	15	..
リトアニア	..	..	..	..	..	..	13	17	9	11	14	..
ドイツ	..	..	13	15	18	11	7	13	8	10	13	..
パキスタン	21	16	31	27	17	17	30	43	19	10	11	..
カナダ	..	..	6	..	7	..	6	9	7	6	11	..
ブラジル	..	..	2	..	..	..	..	1	1	3	9	..
その他の国	258	236	218	216	248	212	203	154	145	155	180	
合計	434	405	452	455	456	430	459	453	383	406	504	..

注：定義と資料の詳細については、諸表の後に付したメタデータを参照。

StatLink：http://dx.doi.org/10.1787/888933395787

表B.1 外国人流入数（国籍別）── アメリカ合衆国（永住）

単位：1,000人

	2004年	2005年	2006年	2007年	2008年	2009年	2010年	2011年	2012年	2013年	2014年	2014年の女性の割合（%）
メキシコ	175.4	161.4	173.8	148.6	190.0	164.9	139.1	143.4	146.4	135.0	134.1	56
インド	70.2	84.7	61.4	65.4	63.4	57.3	69.2	69.0	66.4	68.5	77.9	50
中国	55.5	70.0	87.3	76.7	80.3	64.2	70.9	87.0	81.8	71.8	76.1	56
フィリピン	57.8	60.7	74.6	72.6	54.0	60.0	58.2	57.0	57.3	54.4	50.0	62
キューバ	20.5	36.3	45.6	29.1	49.5	39.0	33.6	36.5	32.8	32.2	46.7	52
ドミニカ	30.5	27.5	38.1	28.0	31.9	49.4	53.9	46.1	41.6	41.3	44.6	56
ベトナム	31.5	32.8	30.7	28.7	31.5	29.2	30.6	34.2	28.3	27.1	30.3	58
韓国	19.8	26.6	24.4	22.4	26.7	25.9	22.2	22.8	20.8	23.2	20.4	56
エルサルバドル	29.8	21.4	31.8	21.1	19.7	19.9	18.8	18.7	16.3	18.3	19.3	55
イラク	3.5	4.1	4.3	3.8	4.8	12.1	19.9	21.1	20.4	9.6	19.2	47
ジャマイカ	14.4	18.3	25.0	19.4	18.5	21.8	19.8	19.7	20.7	19.4	19.0	55
パキスタン	12.1	14.9	17.4	13.5	19.7	21.6	18.3	15.5	14.7	13.3	18.6	50
コロンビア	18.8	25.6	43.2	33.2	30.2	27.8	22.4	22.6	20.9	21.1	18.2	61
ハイチ	14.2	14.5	22.2	30.4	26.0	24.3	22.6	22.1	22.8	20.4	15.3	54
バングラデシュ	8.1	11.5	14.6	12.1	11.8	16.7	14.8	16.7	14.7	12.1	14.6	50
その他の国	395.8	512.1	571.9	447.5	449.3	496.7	428.5	429.6	425.6	423.0	412.4	
合計	957.9	1 122.4	1 266.3	1 052.4	1 107.1	1 130.8	1 042.6	1 062.0	1 031.6	990.6	1 016.5	54

注：定義と資料の詳細については、諸表の後に付したメタデータを参照。

StatLink：http://dx.doi.org/10.1787/888933395787

統計付録　外国人の流入と流出

表A.2　外国人流出数（OECD加盟国）

単位：1,000人

	2004年	2005年	2006年	2007年	2008年	2009年	2010年	2011年	2012年	2013年	2014年
オーストラリア	28.8	27.8	29.0	29.7	30.9	27.6	29.3	31.2	29.9	31.7	..
オーストリア	50.0	49.8	55.0	56.6	60.2	67.2	68.4	72.8	74.4	74.5	76.5
ベルギー	37.7	38.5	39.4	38.5	44.9	49.1	50.8	56.6	69.5	78.8	76.1
チェコ共和国	33.8	21.8	31.4	18.4	3.8	9.4	12.5	2.5	16.7	27.2	16.1
デンマーク	15.8	16.3	17.3	19.0	23.3	26.6	27.1	26.6	29.1	29.7	31.4
エストニア	0.6	0.6	0.6	0.4	0.5	0.7	0.6	0.6	0.4	0.3	0.3
フィンランド	4.2	2.6	2.7	3.1	4.5	4.0	3.1	3.3	4.2	4.2	5.5
ドイツ	547.0	483.6	483.8	475.8	563.1	578.8	529.6	538.8	578.8	657.6	765.6
ハンガリー	3.5	3.3	4.0	4.1	4.2	5.6	6.0	2.7	9.9	13.1	10.8
アイスランド	1.5	0.9	1.5	4.0	5.9	5.8	3.4	2.8	2.2	2.3	2.5
アイルランド	..	20.7	20.7	33.4	36.1	52.8	40.3	38.6	40.6	38.1	41.2
イタリア	14.0	16.0	17.0	20.3	27.0	32.3	32.8	32.4	38.2	43.6	47.5
日本	278.5	292.0	218.8	214.9	234.2	262.0	242.6	230.9	219.4	213.4	212.9
韓国	150.5	264.6	174.2	152.1	210.0	233.5	196.1	217.7	290.0	268.1	270.5
ルクセンブルク	7.5	7.2	7.7	8.6	8.0	7.3	7.7	7.5	8.6	8.9	9.5
オランダ	46.1	47.2	52.5	47.9	49.8	57.5	64.0	70.2	80.8	83.1	83.4
ニュージーランド	22.2	22.8	20.5	21.4	23.0	23.6	26.3	26.4	24.4	23.2	21.7
ノルウェー	13.9	12.6	12.5	13.3	15.2	18.4	22.5	22.9	21.3	25.0	23.3
スロバキア共和国	5.0	1.1	1.5	2.0	3.3	3.3	2.9	1.9	2.0	2.8	0.1
スロベニア	6.0	6.5	11.0	11.8	7.3	15.1	12.0	2.1	1.7	0.7	1.0
スペイン	41.9	48.7	120.3	199.0	254.9	344.1	363.2	353.6	389.3	459.0	330.6
スウェーデン	16.0	15.9	20.0	20.4	19.2	18.4	22.1	23.7	26.6	24.6	26.4
スイス	47.9	49.7	53.0	56.2	54.1	55.2	65.5	64.0	65.9	70.0	69.2
イギリス	126.2	154.1	173.4	158.0	243.0	211.0	185.0	190.0	165.0	170.0	171.0

注：定義と資料の詳細については、諸表の後に付したメタデータを参照。

StatLink：http://dx.doi.org/10.1787/888933395739

外国人の流入と流出　統計付録

表A.1・表A.2・表B.1に関連するメタデータ── 外国人の流入と流出

	データに記録された移民の種類	注記	資料
オーストラリア	永住移民：国外から到着して、オーストラリアに終生居住する資格を付与された人（定住者（Settler Arrivals））と、すでに一時的にオーストラリアに滞在しており、その間に永住資格を得た人を含む。永住者には、永住ビザの保有者、定住意思が明白な一時的（暫定）ビザの保有者、定住意思を示すニュージーランド国民、及びその他の定住資格を有する人が含まれる。 一時的移民：一時入国ビザを得た人（訪問者は除く）。すなわち、ワーキングホリデー利用者、留学生、高技能の一時的在留者及び社会的・文化的・国際的な交流のためのビザ保有者、訓練・研究を目的とする人、高度に専門的な職業に従事するための短期滞在者。 流出者：16か月のうち12か月以上オーストラリアを離れていた人。流出入の状況は純移動（Net Overseas Migration, NOM）で表す。	データは年度（前年の7月から当該年の6月）を対象とする。表B.1では永住移民の流入数を示す。2014年以降、5人未満の数値は表記されない。	オーストラリア移民・国境警備省
オーストリア	流入と流出：在留許可を保有し、実際に3か月以上滞在している外国人。	2001年までは、データの資料は地域住民登録。2002年以降は中央住民登録。2002〜07年のデータは、住民登録に基づいて2006年に実施された国勢調査の結果に合わせて修正されている。流出データには、行政機関による修正を含む。	住民登録（オーストリア統計局）
ベルギー	流入：在留許可を保有し、3か月以上ベルギーに滞在する意思のある外国人。 流出：行政機関による修正を含む。	2012年以降、庇護希望者を流出入のデータに含めている。	住民登録（経済統計局（Directorate for Statistics and Economic Information, DGSIE））
カナダ	永住移民：カナダの永住資格取得者の総数。 一時的移民：一時在留許可を得て、合法的に一時的な滞在をする人の流入人数（最初の入国）。一時的在留者には、外国人労働者（季節労働者を含む）、留学生、難民申請者、人道的理由で一時的滞在を許された人、及び、その他の一時的な入国者（就労許可や就学許可の取得によるものでも、保護を求めてのことでもない）。	表B.1には永住資格保有者の流入のみを示す。送出国とは、最後に永住許可を得た国をいう。プライバシーを考慮して、数値には乱数丸め（random rounding）を適用している。この方法では、切り上げまたは切り下げによって、表中のすべての数値が5の倍数になるように無作為に丸めている。	カナダ移民・難民・市民権省
チリ	一時在留許可の取得者。		在留許可登録（内務省外国人課）
チェコ共和国	流入：永住許可または長期在留許可（90日超のビザ）を保有するか、当該年に難民認定された外国人。2004年5月以降は、滞在予定が30日未満のEU加盟国の国民を含まない。 流出：永住または一時的に居住していた外国人が出国する場合。	出身国とは、最後に永住または一時的に居住していた国をいう。EU加盟国の国民の流出入数は、低く見積もられている可能性がある。	外国人登録（チェコ共和国統計局）

371

統計付録　外国人の流入と流出

表A.1・表A.2・表B.1に関連するメタデータ── 外国人の流入と流出

	データに記録された移民の種類	注記	資料
デンマーク	流入：合法的にデンマークに居住し、中央住民登録を行って、1年間以上デンマークに居住する外国人。2006年以降、デンマーク統計局は集計方法を変更している。従って、2006年以降のデータは、それ以前のデータとの直接的な比較はできない。流出：行政機関による修正を含む。	庇護希望者及びすべての一時在留許可の保有者は含まない。	中央住民登録（デンマーク統計局）
エストニア	流入者は、エストニアに12か月以上滞在する意思のある外国人。流出者の場合は、12か月以上エストニアを離れる意思のある外国人。	12か月以上一時的に滞在している他のEU加盟国の国民の数は、低く見積もられている可能性がある。	エストニア統計局
フィンランド	流入：有効期間が1年以上の在留許可を有する外国籍者と、フィンランドに12か月以上滞在する意思のあるEU加盟国の国民。移住期間が6か月未満の北欧諸国の国民は含まない。	フィンランド系の外国人を含む。庇護希望者及び一時在留許可の保有者は含まない。EU加盟国の国民の流入数は低く見積もられている可能性がある。	中央住民登録（フィンランド統計局）
フランス	2004年のデータは、フランス移民統合庁による。2005年以降は、永住許可の新規発給数に基づく。また、一時的在留許可から永住許可への在留資格の変更も含む。	欧州経済領域（EEA）の国民は含まない。2008〜2014年のデータは2015年に遡及修正されている。	内務省
ドイツ	流入：それまでは登録された住所を持たず、ドイツに1週間以上滞在する意思のある外国人。流出：ドイツ国内に新たな住所を登録することなく現住所から離れる人の住民登録抹消、及び行政による登録抹消件。	一般世帯を営む庇護希望者を含む。ドイツ系帰還者（Aussiedler）の流入は含まない。2008年、地方当局が休眠状態の登録者の一掃に乗り出し、その結果、2008年以降、報告される流出者数が増加した。	中央住民登録（連邦統計局）
ギリシャ	2007年までは在留許可の新規発給数。2008年以降は、ギリシャ国家統計局による推定値。		内務省、行政再建省、ギリシャ国家統計局
ハンガリー	流入：ハンガリーに90日以上滞在する意思のある外国人。流出：在留許可または在留許可を有しているが、当該年に出国して戻る意思がない外国人、もしくは、許可の有効期限が切れているが新たな申請を行っていないか、申請取り下げによって当局が許可を無効とした外国人。2012年からは推定値を含む。		住民登録、移民国籍局、中央統計局
アイスランド	流入：12か月以上滞在する意思のある外国人。		移民データ登録（Register of Migration Data）、アイスランド統計局
アイルランド	データは、四半期全国世帯調査（Quarterly National Household Surveys）に基づく。すべての数値は前年の5月から当該年の4月を対象とする。流入：調査時にアイルランドに在留し、1年前は国外に居住していた人の推定値（表A.1）。流出：過去12か月のある時点でアイルランドに在留し、現在は国外に居住する人（表A.2）。		中央統計局

372

外国人の流入と流出　　**統計付録**

表A.1・表A.2・表B.1に関連するメタデータ── 外国人の流入と流出

	データに記録された移民の種類	注記	資料
イスラエル	最後の居住国別にみた永住移民に関するデータ。	イスラエルの統計データは、イスラエルの政府関係当局により、その責任の下で提供されている。OECDにおける当該データの使用は、ゴラン高原、東エルサレム、及びヨルダン川西岸地区のイスラエル入植地の国際法上の地位を害するものではない。	住民登録（中央統計局）
イタリア	流出入：居住地の移転。	季節労働者を除く。国勢調査の結果に基づいて、行政機関による修正が行われている（最新の国勢調査は2011年）。	国立統計研究所（ISTAT）による行政住民登録（Administrative Population Register）(Anagrafe）の分析
日本	流入：一時的訪問者と再入国者を除き、日本に入国した外国人。 流出：再入国許可を取得せずに日本を離れた外国人。一時的訪問者を除く。		法務省入国管理局
韓国	データは長期間（90日以上）の流出入が対象。		法務省
ルクセンブルク	流入：在留許可を保有し、ルクセンブルクに12か月以上滞在する意思のある外国人。 流出：12か月以上国外に居住する意思をもって、ルクセンブルクを離れた外国人。		中央住民登録（国立統計経済研究所（Statec))
メキシコ	2012年までは、新規の在留許可（「一時在留許可」FM2ビザ）を発給された外国人。2011年と2012年は、在留許可（「永住許可」）を得た新規の難民と元難民も含む。2013年以降は、2011年移民法の発効に伴い、永住カードが発給されている外国人。	一時的移民から永住移民への在留資格の変更は除く。2013年の急増は、2011年移民法の発効に伴う行政手続の変化に起因する。急増した「新規在留者」のほとんどは、すでに一時的在留資格を得てメキシコに居住していた者であり、新規に到着した外国人数は、それ以前の年と同等である。	内務省の出入国管理庁（National Migration Institute, INM）
オランダ	流入：在留許可を有し、オランダに今後6か月のうち4か月以上滞在する意思のある外国人。 流出：行政機関による修正を経た純流出数、すなわち、未報告の外国人流出者を含む。	流入者は、受け入れ施設に滞在する庇護希望者を除く。	住民登録（中央統計局）
ニュージーランド	流入：永住及び12か月以上の長期滞在を目的として入国した人。 流出：永久的及び長期的な出国者、つまり、ニュージーランドで12か月以上滞在した後に、国外で生活するために戻る外国出身者。		ニュージーランド統計局
ノルウェー	流入：在留または労働許可を保有し、ノルウェーに6か月以上滞在する意思のある外国人。 流出：在留または労働許可を保有し、ノルウェーに6か月以上滞在した外国人。	庇護希望者は、申請が認定され、ノルウェーの地方自治体に定住して初めて移民として登録される。申請が却下された庇護希望者は、申請過程が長期に渡り、出身国への帰国が相当期間遅れたとしても、「移民」としては登録されない。	中央住民登録（ノルウェー統計局）

373

統計付録　外国人の流入と流出

表A.1・表A.2・表B.1に関連するメタデータ―― 外国人の流入と流出

	データに記録された移民の種類	注記	資料
ポーランド	永住許可及び「期限付き」在留許可の発給数。2006年8月以降は、EU加盟国の国民とその家族には在留許可が発行されない。ただし、3か月以上の滞在を予定している場合は、在留登録を行う必要がある。		外国人局
ポルトガル	在留許可に基づくデータ。2004年の数値には、各年に発行された長期ビザ（一時在留、留学、就労）によって入国した外国人と、2001年の正規化プログラムの下で毎年発給される在留許可を保有する外国人（2004年は178人）を含む。2005年の流入数には、その年に発給された在留許可と長期ビザの保有者を含む。2006年以降の数値には、非EU加盟25か国の国民に発給される長期ビザと、EU加盟25か国の国民（ビザ免除）に付与される新たな在留資格を含む。	2011年の流入者には、外国人法第88条第2項（継続的正規化）に従って、正規の在留資格を得た外国人を含まない。	外国人・国境局、外務省
ロシア	一時的在留許可及び永住許可の発給数。		連邦移民サービス
スロバキア共和国	流出入：永住、一時的在留、送還猶予を含む。2012年にデータの収集方法を変更。		外国人登録（スロバキア共和国統計局）
スロベニア	流入：新規の一時在留許可発給数。流出：外国に移住する意思を表明した一時的及び永住移民。		中央住民登録、内務省及び国家統計局
スペイン	流出入：法的資格の如何に関わらず、12か月以上の定住所の変更を表明した外国人数。2008年以降、データは移民統計に基づく。すなわち、外国人による地方自治体への住民登録件数とその抹消件数の推定値である。	行政機関による修正を含む。加えて2006年以降は、在留許可の有効期限が切れた外国人を除外するための修正も行われている。	地方自治体住民登録（Municipal Population Registers）（国立統計局（INE））
スウェーデン	流入：在留許可を保有し、スウェーデンに1年以上滞在する意思のある外国人（EU加盟国の国民を含む）。流出：1年以上国外に住む意思をもってスウェーデンを離れる外国人	庇護希望者と一時的就労者は含まない。	住民登録（スウェーデン統計局）
スイス	流入：永住または在留許可を保有する外国人。L許可（短期在留許可）の保有者でも、スイスでの滞在が12か月以上の場合は含まれる。流出：永住許可または在留許可を保有する外国人、または1年以上スイスに滞在するL許可の保有者がスイスを離れる場合。データには行政機関による修正を含み、そのため、例えば許可証の有効期限が切れた外国人は、スイスを出国しているとみなされる。		外国人登録（連邦移民局）
トルコ	12か月以上トルコに滞在する意思のある外国人に対して、新規に発給される在留許可数。		警察総局（内務省）

外国人の流入と流出　統計付録

表A.1・表A.2・表B.1に関連するメタデータ——外国人の流入と流出

	データに記録された移民の種類	注記	資料
イギリス	流入：イギリスへの入国を許可された非イギリス国民。 流出：イギリスの領土を離れる非イギリス国民。	表A.1のデータは、実際には1年間以上滞在した短期移民（庇護希望者を含む）を含むように調整されている。表B.1の流入者の国籍別データには、その調整は行われていない。変動係数が30%を超える統計値は個別に表示せず、「その他の国」に分類している。	国際旅客調査（国家統計局）
アメリカ合衆国	永住移民：合法的永住者（グリーンカード取得者）。 一時的移民：データは、訪問者や乗り継ぎ旅行者（BビザとCビザ）、及び乗務員（Dビザ）を除く、非移民ビザの発給数を対象とする。家族は含む。	すでにアメリカ合衆国に滞在していて、在留資格を変更した人を含む。一部の合法的永住者は条件付きで承認され、2年後にはその条件付きの地位から離脱していることが求められる（新規入国時に合法的永住者として数えられる）。データは会計年度（前年の10月～当該年の9月）を対象とする。	移民統計局（国土安全保障省）、市民権・移民サービス局（国土安全保障省）

注：セルビアのデータは、セルビア、モンテネグロ、及びセルビア・モンテネグロの出身者を含む。

一部に2003年以前の数値や、本付録中に記載のない国籍／出身国に関する言及があるが、それらのデータはhttp://stats.oecd.org/で入手可能である。

統計付録

庇護希望者の流入

　本付録に示す庇護希望者に関する統計値は、国連難民高等弁務官事務所（United Nations High Commission for Refugees, UNHCR）が提供するデータに基づいている。難民のための国際活動を実施し調整する使命を担うUNHCRは、1950年以降、OECD加盟国やその他の国の難民や庇護希望者に関する網羅的な統計資料を定期的に作成してきた（*www.unhcr.org/figures-at-a-glance.html*）。

　UNHCRの統計値は、ほとんどの場合、行政資料から得たものであるが、提供されるデータの性質によって差異がみられる。例えば一部の国では、庇護希望者数は申請が受理された時点で計上されるため、結果的に、到着日ではなく申請受理日の統計値に含まれることになる。申請の受理とは、行政当局が申請者の訴えをこれから審査し、その審査手続中は申請者に一定の権利を付与することを意味する。一方、国によっては、申請者の家族は違う条件で入国を許可されるため、ここでのデータに含まない国（フランス）もあれば、家族全体が計上される国（スイス）もある。

　受入国全体をまとめた表（表A.3）の数値は、通常、一次申請（最初の手続段階）に関するものであり、送出国別データを示す表B.3の合計とはかなり異なる場合がある。これは、UNHCRが得る送出国別データは、一次申請と異議申し立ての両方を一体として扱っており、この2つのカテゴリーを遡って分類するのが時に困難なためである。したがって、庇護申請総数の参照先は、やはり表A.3に示す数値ということになる。

庇護希望者の流入　統計付録

表A.3　庇護希望者流入数（OECD加盟国及びロシア）

単位：人

	2004年	2005年	2006年	2007年	2008年	2009年	2010年	2011年	2012年	2013年	2014年	2015年
オーストラリア	3 200	3 200	3 520	3 980	4 770	6 210	8 250	11 510	15 790	11 740	8 960	12 350
オーストリア	24 630	22 460	13 350	11 920	12 840	15 820	11 010	14 420	17 410	17 500	28 060	85 620
ベルギー	15 360	15 960	11 590	11 120	12 250	17 190	21 760	26 000	18 530	12 500	13 870	38 700
カナダ	25 750	20 790	22 870	28 340	34 800	33 970	22 540	24 990	20 220	10 360	13 450	16 070
チリ	200	380	570	760	870	..	260	310	170	250	280	..
チェコ共和国	5 460	4 160	3 020	1 880	1 710	1 360	980	760	750	500	920	1 250
デンマーク	3 240	2 260	1 920	1 850	2 360	3 820	4 970	3 810	6 190	7 560	14 820	21 230
エストニア	10	10	10	10	10	40	30	70	80	100	150	230
フィンランド	3 860	3 570	2 330	1 430	4 020	5 910	4 020	3 090	2 920	3 020	3 520	32 270
フランス	58 550	49 730	30 750	29 390	35 400	42 120	48 070	52 150	55 070	60 230	59 030	74 300
ドイツ	35 610	28 910	21 030	19 160	22 090	27 650	41 330	45 740	64 540	109 580	173 070	441 900
ギリシャ	4 470	9 050	12 270	25 110	19 880	15 930	10 270	9 310	9 580	8 220	9 450	11 370
ハンガリー	1 600	1 610	2 120	3 430	3 120	4 670	2 100	1 690	2 160	18 570	41 370	174 430
アイスランド	80	90	40	40	80	40	50	80	110	170	160	360
アイルランド	4 770	4 320	4 310	3 990	3 870	2 690	1 940	1 420	1 100	950	1 440	3 280
イスラエル	..	940	860	5 760	4 630	4 140	5 580	6 460	5 700	4 760	5 560	..
イタリア	9 720	9 550	10 350	14 050	30 320	17 600	10 050	34 120	17 350	25 720	63 660	83 240
日本	430	380	950	820	1 600	1 390	1 200	1 870	2 550	3 260	5 000	7 580
韓国	150	410	280	720	360	320	430	1 010	1 140	1 570	2 900	5 710
ルクセンブルク	1 580	800	520	430	460	480	740	2 080	2 000	990	970	2 300
メキシコ	400	690	480	370	320	680	1 040	750	810	1 300	1 520	..
オランダ	9 780	12 350	14 470	7 100	13 400	14 910	13 330	11 590	9 660	14 400	23 850	43 100
ニュージーランド	580	350	280	250	250	340	340	310	320	290	290	350
ノルウェー	7 950	5 400	5 320	6 530	14 430	17 230	10 060	9 050	9 790	11 470	12 640	30 520
ポーランド	8 080	6 860	4 430	7 210	7 200	10 590	6 530	5 090	9 170	13 760	6 810	10 250
ポルトガル	110	110	130	220	160	140	160	280	300	510	440	900
ロシア	910	960	1 170	3 370	5 420	5 700	2 180	1 270	1 240	1 960	6 670	..
スロバキア共和国	11 400	3 550	2 870	2 640	910	820	540	490	730	280	230	270
スロベニア	1 170	1 600	520	430	240	180	250	370	310	240	360	260
スペイン	5 540	5 250	5 300	7 660	4 520	3 010	2 740	3 410	2 580	4 510	5 900	13 370
スウェーデン	23 160	17 530	24 320	36 370	24 350	24 190	31 820	29 650	43 880	54 260	75 090	156 460
スイス	14 250	10 060	10 540	10 390	16 610	16 010	13 520	19 440	25 950	19 440	22 110	38 120
トルコ	3 910	3 920	4 550	7 650	12 980	7 830	9 230	16 020	26 470	44 810	87 820	133 590
イギリス	40 630	30 840	28 320	28 300	31 320	30 680	22 640	25 900	27 980	29 400	31 260	38 570
アメリカ合衆国	44 970	39 240	41 100	40 450	39 360	38 080	49 310	70 030	78 410	84 400	121 160	172 740
OECD加盟国	370 600	316 330	285 290	319 760	361 490	366 040	357 090	433 270	479 720	576 620	836 120	1 650 690

注：定義と資料の詳細は表B.3の後に付したメタデータを参照。
イスラエルのデータに関する情報：http://dx.doi.org/10.1787/888932315602

StatLink：http://dx.doi.org/10.1787/888933395741

統計付録　庇護希望者の流入

表B.3　庇護希望者流入数（国籍別）—— オーストラリア

単位：人

	2004年	2005年	2006年	2007年	2008年	2009年	2010年	2011年	2012年	2013年	2014年
中国	833	981	1 044	1 215	1 238	1 197	1 191	1 190	1 155	1 537	1 541
インド	242	170	318	344	371	214	412	767	949	1 163	964
パキスタン	61	105	93	146	220	266	470	821	1 538	1 104	828
マレーシア	208	172	108	144	234	231	253	182	173	209	704
イラク	64	84	184	213	199	326	856	495	778	362	422
リビア	1	1	0	0	1	7	12	202	188	318	322
フィジー	84	50	34	70	81	262	547	277	236	413	287
ベトナム	33	25	29	35	52	45	93	130	81	128	264
イラン	66	94	79	87	162	350	1 354	2 142	1 851	967	262
バングラデシュ	130	62	56	67	135	70	104	127	162	382	250
レバノン	57	55	67	76	92	114	203	158	326	349	246
ネパール	39	75	37	48	33	44	162	271	189	298	230
エジプト	74	66	50	41	96	134	328	418	394	849	208
スリランカ	126	320	325	448	423	1 105	796	371	2 468	806	176
インドネシア	162	168	267	183	235	195	189	175	126	190	152
その他の国	1 016	764	831	857	1 223	2 857	5 696	3 742	5 376	2 585	2 132
合計	3 196	3 192	3 522	3 974	4 795	7 417	12 666	11 468	15 990	11 660	8 988

注：定義と資料の詳細については、諸表の後に付したメタデータを参照。

StatLink：http://dx.doi.org/10.1787/888933395794

表B.3　庇護希望者流入数（国籍別）—— オーストリア

単位：人

	2004年	2005年	2006年	2007年	2008年	2009年	2010年	2011年	2012年	2013年	2014年
シリア	134	78	88	166	140	279	194	423	922	1 991	7 661
アフガニスタン	757	928	699	761	1 382	2 237	1 582	3 623	4 003	2 589	4 916
セルビア（及びコソボ：S/RES/1244（1999））	2 841	4 409	2 515	1 760	1 702	2 033	972	541	606	1 146	2 046
ロシア	6 185	4 362	2 441	2 676	3 435	3 559	2 322	2 319	3 098	2 841	1 484
無国籍	199	375	204	185	134	149	165	191	149	253	1 293
ソマリア	45	87	183	467	411	344	190	611	483	433	1 152
イラク	231	221	380	472	490	399	336	484	491	468	1 051
イラン	347	306	274	248	250	340	387	457	761	595	726
ナイジェリア	1 825	881	421	394	535	837	573	411	400	691	544
アルジェリア	235	187	138	109	173	248	304	446	573	949	442
ウクライナ	424	278	176	182	139	120	82	63	79	64	419
ジョージア	1 744	955	564	400	511	975	370	261	300	257	348
パキスタン	575	498	110	103	106	183	276	952	1 827	1 037	330
インド	1 842	1 530	479	385	355	427	433	463	401	339	266
アルメニア	414	520	350	405	360	440	278	218	343	300	248
その他の国	6 779	6 816	4 301	3 194	2 699	3 216	2 508	2 930	2 954	3 528	2 774
合計	24 577	22 431	13 323	11 907	12 822	15 786	10 972	14 393	17 390	17 481	25 700

注：定義と資料の詳細については、諸表の後に付したメタデータを参照。

StatLink：http://dx.doi.org/10.1787/888933395794

表B.3　庇護希望者流入数（国籍別）── ベルギー

単位：人

	2004年	2005年	2006年	2007年	2008年	2009年	2010年	2011年	2012年	2013年	2014年
シリア	182	228	167	199	281	335	302	494	798	944	2 524
イラク	388	903	695	825	1 070	1 066	1 637	2 004	636	295	965
エリトリア	24	20	20	27	35	63	106	83	65	57	745
アフガニスタン	287	253	365	696	879	1 228	1 124	2 773	2 349	892	744
ギニア	565	643	413	526	661	1 112	1 455	2 046	1 370	1 023	657
コンゴ民主共和国	1 471	1 272	843	716	579	713	813	1 084	1 392	1 166	632
ロシア	1 361	1 438	1 582	1 436	1 615	2 158	1 141	1 747	1 190	791	536
セルビア（及びコソボ：S/RES/1244（1999））	1 294	1 203	778	1 219	1 050	2 808	4 545	3 067	995	747	526
アルバニア	255	167	125	193	172	265	208	1 152	607	472	487
ウクライナ	82	75	52	27	61	28	47	62	73	36	481
カメルーン	506	530	335	279	367	280	289	451	457	360	345
ジョージア	211	256	232	156	222	353	336	347	386	229	280
ソマリア	139	113	124	168	163	143	237	454	293	156	260
セネガル	17	15	6	21	50	110	224	314	454	292	212
ルワンダ	427	565	370	321	273	338	1 065	368	284	193	211
その他の国	7 995	8 097	5 352	4 170	4 641	5 995	7 943	9 218	6 929	4 572	4 271
合計	15 204	15 778	11 459	10 979	12 119	16 995	21 472	25 664	18 278	12 225	13 876

注：定義と資料の詳細については、諸表の後に付したメタデータを参照。

StatLink : http://dx.doi.org/10.1787/888933395794

表B.3　庇護希望者流入数（国籍別）── カナダ

単位：人

	2004年	2005年	2006年	2007年	2008年	2009年	2010年	2011年	2012年	2013年	2014年
中国	1 876	1 630	1 501	1 353	1 476	1 484	1 582	1 853	1 741	762	1 189
パキスタン	880	596	578	349	368	397	492	828	808	630	776
コロンビア	3 631	1 117	1 373	2 577	3 069	2 292	1 354	892	724	597	579
ナイジェリア	554	579	664	755	765	768	860	685	700	468	578
イラク	81	112	190	293	310	244	151	164	174	237	576
シリア	74	67	45	68	76	89	126	176	336	493	558
スロバキア共和国	16	9	4	7	106	501	241	294	404	32	469
アフガニスタン	128	238	229	270	408	410	392	397	362	386	461
ハンガリー	43	22	25	23	302	2 518	2 321	4 409	1 823	95	390
ハイチ	170	352	698	3 231	4 247	1 436	1 061	519	419	329	364
ウクライナ	205	213	283	242	241	184	85	51	66	62	360
コンゴ民主共和国	375	310	431	351	437	326	314	370	357	308	346
ソマリア	409	241	200	238	441	474	365	409	413	291	331
バングラデシュ	308	168	116	73	96	112	118	115	109	156	321
インド	1 064	888	852	641	674	546	593	751	765	228	294
その他の国	15 612	13 126	15 607	17 767	23 693	21 304	13 043	13 370	11 260	5 261	6 069
合計	25 426	19 668	22 796	28 238	36 709	33 085	23 098	25 283	20 461	10 335	13 661

注：定義と資料の詳細については、諸表の後に付したメタデータを参照。

StatLink : http://dx.doi.org/10.1787/888933395794

統計付録　庇護希望者の流入

表B.3　庇護希望者流入数（国籍別）—— チリ

単位：人

	2004年	2005年	2006年	2007年	2008年	2009年	2010年	2011年	2012年	2013年	2014年
コロンビア	182	347	540	713	816	..	220	267	138	224	..
シリア	0	0	0	0	0	..	0	0	5	5	..
アフガニスタン	1	0	0	0	0	..	0	0	0	3	..
ヨルダン川西岸及びガザ地区	0	0	0	0	0	..	0	0	0	3	..
ロシア	0	0	0	1	0	..	0	2	0	3	..
キューバ	7	1	0	4	2	..	14	9	5	2	..
アルバニア	0	0	0	0	0	..	0	0	0	1	..
ボリビア	1	0	0	2	0	..	3	4	4	1	..
ブラジル	0	0	0	1	0	..	0	0	0	1	..
コンゴ民主共和国	0	9	3	3	3	..	2	2	5	1	..
メキシコ	0	0	0	0	0	..	0	0	3	1	..
ペルー	2	6	6	3	8	..	5	1	0	1	..
エルサルバドル	0	0	0	0	0	..	0	3	0	1	..
トーゴ	0	0	0	0	0	..	0	0	0	1	..
ウクライナ	0	0	0	0	0	..	1	0	0	1	..
その他の国	10	17	24	29	43	..	15	17	8	0	..
合計	203	380	573	756	872	..	260	305	168	249	282

注：定義と資料の詳細については、諸表の後に付したメタデータを参照。

StatLink：http://dx.doi.org/10.1787/888933395794

表B.3　庇護希望者流入数（国籍別）—— チェコ共和国

単位：人

	2004年	2005年	2006年	2007年	2008年	2009年	2010年	2011年	2012年	2013年	2014年
ウクライナ	1 599	988	571	293	328	202	64	101	101	68	416
シリア	4	22	20	31	63	46	6	7	57	69	102
ベトナム	362	208	124	100	107	63	26	27	35	37	42
無国籍	46	73	101	65	33	60	21	14	14	21	16
キューバ	5	8	20	94	20	11	16	20	14	36	15
モルドバ	94	59	29	31	16	20	4	7	6	10	7
イラク	38	47	80	49	27	11	5	8	5	11	6
アフガニスタン	15	2	1	21	28	4	6	25	10	8	6
セルビア（及びコソボ：S/RES/1244（1999））	21	30	27	49	30	29	6	1	8	16	6
ロシア	1 499	260	170	99	80	57	36	25	29	40	5
その他の国	1 762	2 319	1 871	1 045	958	745	295	257	238	187	293
合計	5 445	4 016	3 014	1 877	1 690	1 248	485	492	517	503	914

注：定義と資料の詳細については、諸表の後に付したメタデータを参照。

StatLink：http://dx.doi.org/10.1787/888933395794

庇護希望者の流入　統計付録

表B.3　庇護希望者流入数（国籍別）── デンマーク
単位：人

	2004年	2005年	2006年	2007年	2008年	2009年	2010年	2011年	2012年	2013年	2014年
シリア	56	46	55	74	105	383	821	428	907	1 702	7 185
エリトリア	18	8	5	6	15	37	26	20	57	98	2 293
無国籍	20	27	7	4	13	2	3	54	57	418	1 265
ソマリア	154	80	57	35	58	179	110	107	914	964	688
ロシア	163	119	61	115	183	341	340	304	521	983	526
アフガニスタン	285	173	122	144	418	1 059	1 476	903	576	425	321
イラン	140	123	89	109	196	334	597	461	548	374	285
モロッコ	17	14	14	7	19	31	29	45	108	162	226
セルビア（及びコソボ：S/RES/1244（1999））	778	375	246	92	118	275	402	325	689	551	180
イラク	217	264	507	700	543	309	237	115	133	115	148
アルジェリア	50	45	15	17	38	46	46	103	134	111	120
ウクライナ	20	9	3	5	7	9	3	19	15	38	118
ジョージア	32	10	16	6	25	17	15	19	75	69	104
エチオピア	6	15	8	3	5	6	8	4	13	22	102
ナイジェリア	88	55	52	22	29	54	24	52	115	142	93
その他の国	1 176	891	663	532	586	773	768	844	1 270	1 352	1 120
合計	3 220	2 254	1 920	1 871	2 358	3 855	4 905	3 803	6 132	7 526	14 774

注：定義と資料の詳細については、諸表の後に付したメタデータを参照。

StatLink：http://dx.doi.org/10.1787/888933395794

表B.3　庇護希望者流入数（国籍別）── エストニア
単位：人

	2004年	2005年	2006年	2007年	2008年	2009年	2010年	2011年	2012年	2013年	2014年
ウクライナ	0	0	0	0	1	1	0	2	0	0	37
その他の国	15	10	12	9	13	39	32	65	77	97	106
合計	15	10	12	9	14	40	32	67	77	97	143

注：定義と資料の詳細については、諸表の後に付したメタデータを参照。

StatLink：http://dx.doi.org/10.1787/888933395794

表B.3　庇護希望者流入数（国籍別）── フィンランド
単位：人

	2004年	2005年	2006年	2007年	2008年	2009年	2010年	2011年	2012年	2013年	2014年
イラク	118	289	227	307	1 253	1 195	575	588	784	764	807
ソマリア	243	320	91	81	1 176	1 180	571	365	173	196	407
ウクライナ	30	14	11	5	10	7	10	9	16	5	298
アフガニスタン	164	237	96	70	249	461	265	292	188	172	198
ロシア	210	233	168	172	208	602	436	294	199	219	167
ナイジェリア	94	72	68	41	76	131	84	105	93	202	157
シリア	15	11	21	8	24	36	41	109	180	148	146
アルバニア	59	33	21	13	16	9	12	11	18	51	98
セルビア（及びコソボ：S/RES/1244（1999））	772	457	283	142	161	340	325	160	167	119	88
イラン	95	79	87	78	143	162	142	125	121	147	84
アルジェリア	31	36	25	25	27	48	47	55	54	81	79
モロッコ	3	7	0	4	12	30	15	28	37	70	70
ガンビア	1	12	17	5	8	45	33	21	29	64	39
無国籍	21	32	18	6	26	20	52	40	25	24	34
カメルーン	7	40	28	11	20	24	21	21	22	37	29
その他の国	1 756	1 668	1 113	461	580	1 655	1 348	824	723	647	816
合計	3 619	3 540	2 274	1 429	3 989	5 945	3 977	3 047	2 829	2 946	3 517

注：定義と資料の詳細については、諸表の後に付したメタデータを参照。

StatLink：http://dx.doi.org/10.1787/888933395794

381

統計付録　庇護希望者の流入

表B.3　庇護希望者流入数（国籍別）―― フランス

単位：人

	2004年	2005年	2006年	2007年	2008年	2009年	2010年	2011年	2012年	2013年	2014年
コンゴ民主共和国	3 848	2 959	2 278	2 126	2 485	2 784	3 395	3 804	5 321	5 263	5 170
ロシア	3 331	2 905	2 251	3 222	3 579	3 383	4 302	4 042	5 366	4 676	3 596
シリア	52	32	21	45	32	61	192	119	629	1 303	3 129
セルビア（及びコソボ：S/RES/1244（1999））	3 812	3 896	3 042	3 063	3 129	5 236	5 754	3 458	3 957	5 867	2 969
アルバニア	595	456	307	198	335	534	478	475	2 647	5 016	2 843
中国	4 196	2 590	1 214	1 288	821	1 602	1 933	2 184	2 226	2 293	2 675
バングラデシュ	959	851	607	959	1 242	1 441	3 140	3 568	1 093	3 069	2 646
ギニア	1 020	1 136	858	946	1 256	1 665	2 012	2 017	1 884	2 445	2 166
パキスタン	1 046	567	392	343	325	633	890	1 432	1 941	1 735	2 130
スリランカ	2 246	2 044	2 143	2 130	2 304	3 097	2 827	3 183	3 122	2 325	2 129
スーダン	286	402	452	403	397	812	812	783	752	840	1 948
ハイチ	3 133	5 035	1 840	673	925	1 451	1 992	2 010	1 602	1 473	1 854
アルジェリア	4 209	2 003	1 125	965	973	1 118	1 169	1 132	1 162	1 479	1 601
アルメニア	1 292	1 547	1 680	1 924	2 081	3 114	1 766	3 638	2 187	1 722	1 539
マリ	859	566	153	607	2 664	701	702	733	938	1 663	1 473
その他の国	27 591	21 704	12 233	10 107	12 446	14 231	16 297	19 225	20 312	19 166	21 173
合計	58 475	48 693	30 596	28 999	34 994	41 863	47 661	51 803	55 139	60 335	59 041

注：定義と資料の詳細については、諸表の後に付したメタデータを参照。

StatLink：http://dx.doi.org/10.1787/888933395794

表B.3　庇護希望者流入数（国籍別）―― ドイツ

単位：人

	2004年	2005年	2006年	2007年	2008年	2009年	2010年	2011年	2012年	2013年	2014年
シリア	776	878	608	604	744	819	1 490	2 634	6 201	11 851	39 332
セルビア（及びコソボ：S/RES/1244（1999））	3 878	4 818	3 107	1 871	1 511	1 981	6 546	5 974	10 383	14 853	24 080
エリトリア	453	347	278	335	247	346	642	632	650	3 616	13 198
アフガニスタン	912	685	525	329	650	3 375	5 905	7 767	7 498	7 735	9 115
アルバニア	155	114	111	70	61	49	39	78	232	1 247	7 865
ボスニア・ヘルツェゴビナ	416	313	187	103	127	171	301	305	2 025	3 323	5 705
マケドニア旧ユーゴスラビア共和国	198	181	119	83	78	109	2 466	1 131	4 546	6 208	5 614
ソマリア	244	165	147	126	166	346	2 235	984	1 243	3 786	5 528
イラク	1 290	1 895	2 065	4 171	6 697	6 538	5 555	5 831	5 352	3 958	5 345
ロシア	2 767	1 663	1 038	752	768	936	1 199	1 689	3 202	14 887	4 411
パキスタン	1 064	520	451	293	309	481	840	2 539	3 412	4 101	3 968
ナイジェリア	1 005	536	414	439	500	791	716	759	892	1 923	3 924
イラン	1 374	916	609	616	804	1 170	2 475	3 352	4 348	4 424	3 194
ジョージア	793	480	235	183	233	560	664	471	1 298	2 336	2 873
ウクライナ	225	130	89	60	35	66	62	44	124	141	2 657
その他の国	18 843	12 544	9 883	7 808	7 862	9 112	9 270	10 772	12 365	23 025	36 261
合計	34 393	26 185	19 866	17 843	20 792	26 850	40 405	44 962	63 771	107 414	173 070

注：定義と資料の詳細については、諸表の後に付したメタデータを参照。

StatLink：http://dx.doi.org/10.1787/888933395794

表B.3 庇護希望者流入数（国籍別）── ギリシャ

単位：人

	2004年	2005年	2006年	2007年	2008年	2009年	2010年	2011年	2012年	2013年	2014年
アフガニスタン	382	458	1 087	1 556	2 287	1 510	524	637	584	1 223	1 711
パキスタン	247	1 154	2 378	9 144	6 914	3 716	2 748	2 309	2 339	1 358	1 623
シリア	44	57	143	1 311	808	965	167	352	275	485	791
バングラデシュ	208	550	3 750	2 965	1 778	1 809	987	615	1 007	727	635
アルバニア	23	21	20	51	202	517	693	276	384	579	570
イラン	228	203	528	354	312	303	125	247	211	188	358
ジョージア	323	1 897	428	1 559	2 241	2 170	1 162	1 121	893	532	350
スーダン	90	121	183	105	126	115	38	55	71	121	336
ナイジェリア	325	406	391	390	746	780	393	362	267	256	332
カメルーン	3	3	5	4	29	44	20	39	24	84	281
エジプト	83	104	27	75	95	145	104	306	249	308	280
エリトリア	10	17	28	26	47	47	59	37	138	157	258
アルジェリア	27	48	17	19	18	44	79	79	105	144	187
イラク	936	971	1 415	5 474	1 760	886	342	257	315	145	175
セネガル	1	7	66	219	386	336	381	375	373	100	110
その他の国	1 369	2 657	1 594	1 728	2 034	2 441	2 390	2 180	2 342	1 803	1 435
合計	4 299	8 674	12 060	24 980	19 783	15 828	10 212	9 247	9 577	8 210	9 432

注：定義と資料の詳細については、諸表の後に付したメタデータを参照。

StatLink：http://dx.doi.org/10.1787/888933395794

表B.3 庇護希望者流入数（国籍別）── ハンガリー

単位：人

	2004年	2005年	2006年	2007年	2008年	2009年	2010年	2011年	2012年	2013年	2014年
セルビア（及びコソボ：S/RES/1244（1999））	180	243	384	723	1 593	2 322	637	238	246	6 155	21 206
アフガニスタン	38	23	13	35	116	1 194	796	649	880	2 279	8 539
シリア	10	18	32	48	16	19	26	91	145	960	6 749
ヨルダン川西岸及びガザ地区	65	24	37	52	41	23	209	36	17	86	829
イラク	36	18	68	136	125	57	55	54	28	56	468
パキスタン	54	40	18	15	246	41	41	121	327	3 052	296
イラン	46	25	20	14	10	87	72	33	45	59	247
バングラデシュ	29	90	15	10	35	26	7	3	15	678	222
キューバ	6	3	6	30	18	7	2	1	2	32	205
ソマリア	18	7	42	99	185	75	53	61	69	185	171
ナイジェリア	73	89	109	86	56	66	42	22	27	441	169
ガーナ	2	4	2	4	3	5	1	2	1	264	157
エリトリア	1	0	0	2	0	0	0	4	5	92	103
トルコ	125	65	43	56	70	114	95	25	30	84	99
マリ	0	0	0	0	0	0	0	0	0	304	96
その他の国	905	957	1 301	2 094	593	624	408	325	285	3 680	1 555
合計	1 588	1 606	2 090	3 404	3 107	4 660	2 444	1 665	2 122	18 407	41 111

注：定義と資料の詳細については、諸表の後に付したメタデータを参照。

StatLink：http://dx.doi.org/10.1787/888933395794

統計付録　庇護希望者の流入

表B.3　庇護希望者流入数（国籍別）—— アイスランド

単位：人

	2004年	2005年	2006年	2007年	2008年	2009年	2010年	2011年	2012年	2013年	2014年
ウクライナ	1	3	1	1	1	0	0	0	0	0	15
アルバニア	5	2	1	5	5	3	0	2	11	22	10
ロシア	3	10	6	5	3	0	0	7	3	5	10
シリア	0	0	0	5	1	3	2	1	3	5	5
イラク	5	0	1	1	5	2	5	5	3	6	5
ベラルーシ	3	0	2	3	0	0	0	4	3	2	5
ジョージア	0	3	2	0	4	0	1	4	8	3	5
コロンビア	0	0	0	0	0	0	0	1	1	0	5
マケドニア旧ユーゴスラビア共和国	0	0	0	0	0	0	4	2	0	2	5
その他の国	57	67	25	22	59	27	39	47	82	70	105
合計	74	85	38	42	78	35	51	73	114	115	170

注：定義と資料の詳細については、諸表の後に付したメタデータを参照。

StatLink：http://dx.doi.org/10.1787/888933395794

表B.3　庇護希望者流入数（国籍別）—— アイルランド

単位：人

	2004年	2005年	2006年	2007年	2008年	2009年	2010年	2011年	2012年	2013年	2014年
パキスタン	55	68	167	185	237	258	200	175	104	91	291
ナイジェリア	1 776	1 276	1 037	1 028	1 008	569	387	182	158	129	139
バングラデシュ	7	20	5	24	47	29	51	22	21	29	93
アルバニア	99	58	35	71	51	47	13	34	46	48	91
ジンバブエ	69	51	77	87	114	91	48	67	48	70	74
アルジェリア	66	32	49	47	65	71	32	48	29	51	73
コンゴ民主共和国	140	138	109	149	172	101	70	70	58	72	61
マラウイ	3	6	8	14	22	14	15	26	23	55	36
ウクライナ	68	31	35	25	20	17	5	9	14	9	34
南アフリカ	45	33	38	39	75	54	53	45	33	28	33
ベネズエラ	0	1	0	2	2	0	0	1	0	0	25
イラン	72	202	205	85	65	38	36	13	24	8	16
イラク	38	55	215	285	203	76	29	18	11	27	12
中国	152	96	139	259	180	194	228	142	32	22	12
モーリシャス	1	2	0	19	19	15	19	12	17	16	11
その他の国	2 174	2 252	2 193	1 666	1 585	1 115	753	426	321	287	447
合計	4 765	4 321	4 312	3 985	3 865	2 689	1 939	1 290	939	942	1 448

注：定義と資料の詳細については、諸表の後に付したメタデータを参照。

StatLink：http://dx.doi.org/10.1787/888933395794

庇護希望者の流入　統計付録

表B.3　庇護希望者流入数（国籍別）── イスラエル

単位：人

	2004年	2005年	2006年	2007年	2008年	2009年	2010年	2011年	2012年	2013年	2014年
コートジボワール	74	43	91	751	507	20	289	173	438	..	..
南スーダン	0	0	0	0	0	0	0	0	285	..	..
エリトリア	31	4	20	1 766	3 067	0	2	75	261	..	..
ナイジェリア	100	160	448	567	418	198	168	209	194	..	..
エチオピア	316	56	13	45	495	16	148	94	138	..	..
ガーナ	34	25	74	192	233	113	189	148	108	..	..
ギニア	7	181	151	23	24	10	35	4	70	..	..
スーダン	14	102	164	1 402	2 142	0	4	37	37	..	..
コロンビア	28	23	31	67	92	40	75	36	23	..	..
ネパール	6	0	8	7	3	6	0	2	14	..	..
トーゴ	21	10	8	22	13	0	15	2	7	..	..
中国	0	0	3	11	11	0	0	1	6	..	..
チャド	0	0	1	5	19	1	17	7	4	..	..
ミャンマー	25	12	14	20	8	0	0	11	3	..	..
ギニアビサウ	1	1	6	3	0	3	0	1	2	..	..
その他の国	265	292	316	501	706	402	506	4 945	409	..	..
合計	922	909	1 348	5 382	7 738	809	1 448	5 745	1 999	..	..

注：定義と資料の詳細については、諸表の後に付したメタデータを参照。

StatLink : http://dx.doi.org/10.1787/888933395794

表B.3　庇護希望者流入数（国籍別）── イタリア

単位：人

	2004年	2005年	2006年	2007年	2008年	2009年	2010年	2011年	2012年	2013年	2014年
マリ	..	..	..	..	490	170	67	3 017	785	1 714	9 758
ナイジェリア	..	..	..	..	5 333	3 720	1 385	7 758	1 613	3 170	9 689
ガンビア	..	..	..	..	373	285	80	366	321	1 701	8 492
パキスタン	..	..	..	..	920	1 250	929	2 559	2 601	3 175	7 095
セネガル	..	..	..	..	117	130	162	904	939	988	4 661
バングラデシュ	..	..	..	..	1 322	1 200	222	1 788	566	460	4 524
アフガニスタン	..	..	..	..	2 005	620	873	1 429	1 495	2 049	3 104
ガーナ	..	..	..	..	1 674	850	278	3 648	846	478	2 102
ウクライナ	..	..	..	..	13	0	21	18	37	34	2 071
コートジボワール	..	..	..	..	1 844	570	235	2 167	629	237	1 481
ギニア	..	..	..	..	468	200	167	609	183	153	933
ソマリア	..	..	..	..	4 473	1 495	84	1 376	807	2 761	807
イラク	..	..	..	..	803	405	380	353	403	552	781
エジプト	..	..	..	..	104	30	41	308	445	905	678
シリア	..	..	..	..	36	95	48	541	354	634	504
その他の国	..	..	..	..	10 889	4 530	4 957	13 481	5 018	6 575	6 977
合計	..	..	..	..	30 864	15 550	9 929	40 322	17 042	25 586	63 657

注：定義と資料の詳細については、諸表の後に付したメタデータを参照。

StatLink : http://dx.doi.org/10.1787/888933395794

統計付録　庇護希望者の流入

表B.3　庇護希望者流入数（国籍別）── 日本

単位：人

	2004年	2005年	2006年	2007年	2008年	2009年	2010年	2011年	2012年	2013年	2014年
ネパール	3	5	11	4	20	29	110	250	320	544	1 293
トルコ	131	40	149	76	156	94	127	235	422	655	845
スリランカ	9	7	27	43	90	233	173	226	255	346	485
ミャンマー	138	212	626	500	979	570	345	489	368	380	434
ベトナム	4	0	0	3	5	3	2	5	7	30	287
バングラデシュ	33	33	15	14	33	51	27	98	169	190	284
インド	7	0	2	2	17	58	82	51	125	163	225
パキスタン	12	10	12	27	37	91	83	170	298	241	212
タイ	0	0	0	0	3	2	1	5	3	18	123
ナイジェリア	2	2	10	6	10	17	34	51	112	68	79
フィリピン	2	5	3	1	4	10	9	15	18	57	73
カメルーン	11	1	5	12	29	11	20	48	58	99	56
イラン	18	16	27	19	38	40	35	48	46	51	56
ガーナ	1	0	0	1	4	3	13	15	104	111	50
中国	16	16	13	17	18	18	17	20	32	35	43
その他の国	39	37	54	91	155	154	132	141	206	262	455
合計	426	384	954	816	1 598	1 384	1 210	1 867	2 543	3 250	5 000

注：定義と資料の詳細については、諸表の後に付したメタデータを参照。

StatLink：http://dx.doi.org/10.1787/888933395794

表B.3　庇護希望者流入数（国籍別）── 韓国

単位：人

	2004年	2005年	2006年	2007年	2008年	2009年	2010年	2011年	2012年	2013年	2014年
エジプト	1	1	4	3	1	3	0	4	6	97	568
パキスタン	0	1	5	4	47	95	129	434	244	275	396
中国	64	145	28	29	30	19	7	8	3	46	359
シリア	0	0	0	1	0	0	0	2	146	295	204
ナイジェリア	1	26	16	100	27	16	19	39	102	206	203
イエメン	1	0	0	0	0	0	0	2	1	34	127
カメルーン	0	4	2	2	5	10	11	6	30	77	104
ガーナ	0	2	4	68	29	4	3	0	9	22	87
ネパール	2	8	78	275	12	2	6	14	43	90	79
ウガンダ	8	46	20	50	21	15	12	78	56	28	76
南アフリカ	0	1	0	9	3	4	0	4	17	74	68
リベリア	8	11	6	15	15	1	4	20	28	42	59
バングラデシュ	1	9	8	24	30	41	41	38	32	45	52
モロッコ	0	1	0	0	0	2	1	0	1	4	37
インド	0	2	0	1	0	2	6	15	7	2	34
その他の国	62	152	107	136	144	110	184	347	420	237	90
合計	148	409	278	717	364	324	423	1 011	1 145	1 574	2 543

注：定義と資料の詳細については、諸表の後に付したメタデータを参照。

StatLink：http://dx.doi.org/10.1787/888933395794

庇護希望者の流入　統計付録

表B.3　庇護希望者流入数（国籍別）—— ルクセンブルク

単位：人

	2004年	2005年	2006年	2007年	2008年	2009年	2010年	2011年	2012年	2013年	2014年
セルビア（及びコソボ：S/RES/1244（1999））	362	215	207	225	219	149	301	1 097	587	184	145
ボスニア・ヘルツェゴビナ	34	36	17	24	31	35	13	51	286	139	144
モンテネグロ	0	0	0	15	14	6	0	103	297	91	97
アルバニア	48	33	20	16	14	26	23	27	302	70	80
シリア	1	0	0	0	0	1	19	11	14	24	78
アルジェリア	69	36	8	11	4	12	43	30	33	38	26
チュニジア	1	2	3	1	0	2	4	42	46	52	18
ナイジェリア	330	45	15	7	5	6	5	11	24	53	15
エリトリア	1	2	6	0	11	10	12	12	7	5	15
スペイン	0	0	0	0	0	0	0	0	0	0	10
ブルネイ	0	0	0	0	0	0	0	0	0	0	9
ベラルーシ	40	16	5	8	6	14	15	11	19	24	9
マラウイ	0	0	0	0	0	0	0	0	0	0	9
スイス	0	0	0	0	0	0	0	0	0	0	7
赤道ギニア	2	0	0	0	0	1	1	0	1	0	7
その他の国	689	414	243	119	159	243	309	767	435	306	304
合計	1 577	799	524	426	463	505	745	2 162	2 051	986	973

注：定義と資料の詳細については、諸表の後に付したメタデータを参照。

StatLink：http://dx.doi.org/10.1787/888933395794

表B.3　庇護希望者流入数（国籍別）—— メキシコ

単位：人

	2004年	2005年	2006年	2007年	2008年	2009年	2010年	2011年	2012年	2013年	2014年
ホンジュラス	67	51	39	31	55	184	135	168	272	529	..
エルサルバドル	46	31	31	45	51	119	159	181	200	308	..
キューバ	26	80	65	27	7	42	42	48	77	101	..
インド	10	27	5	2	3	37	271	36	8	87	..
グアテマラ	23	29	20	15	18	39	59	69	54	46	..
コロンビア	40	40	52	57	41	62	82	43	41	40	..
ナイジェリア	0	2	1	13	1	8	23	27	21	39	..
ニカラグア	11	14	4	7	9	29	15	6	11	20	..
ハイチ	11	20	17	41	61	65	39	38	25	14	..
ガーナ	0	0	2	1	3	3	9	14	7	13	..
シリア	0	0	1	0	0	0	0	0	2	11	..
バングラデシュ	8	3	4	29	0	1	5	7	3	9	..
アメリカ合衆国	1	1	1	2	1	4	10	4	0	7	..
カメルーン	1	6	8	3	2	2	2	4	5	6	..
ドミニカ共和国	3	0	0	1	1	1	16	4	5	5	..
その他の国	157	383	230	100	64	84	172	104	80	61	..
合計	404	687	480	374	317	680	1 039	753	811	1 296	1 524

注：定義と資料の詳細については、諸表の後に付したメタデータを参照。

StatLink：http://dx.doi.org/10.1787/888933395794

387

統計付録　庇護希望者の流入

表B.3　庇護希望者流入数（国籍別）—— オランダ

単位：人

	2004年	2005年	2006年	2007年	2008年	2009年	2010年	2011年	2012年	2013年	2014年
シリア	180	280	293	36	48	101	125	168	454	2 673	8 748
エリトリア	148	204	175	153	236	475	392	458	424	978	3 833
無国籍	183	147	200	70	77	115	83	65	40	216	2 704
イラク	1 043	1 620	2 766	2 004	5 027	1 991	1 383	1 435	1 391	1 094	616
イラン	450	557	921	187	322	502	785	929	834	728	505
アフガニスタン	689	902	932	143	395	1 281	1 364	1 885	1 022	673	452
モンゴル	66	118	110	96	103	237	227	128	110	99	445
ソマリア	792	1 315	1 462	1 874	3 842	5 889	3 372	1 415	877	3 078	349
ジョージア	73	213	156	66	64	412	587	189	226	209	319
セルビア（及びコソボ：S/RES/1244（1999））	395	336	607	24	32	75	106	120	170	316	247
ウクライナ	17	44	44	16	13	18	24	38	25	36	241
ナイジェリア	224	154	243	179	97	151	168	129	106	136	223
パキスタン	66	82	117	22	46	42	60	94	150	150	181
スーダン	255	339	320	57	53	116	166	162	121	139	177
ロシア	206	285	254	81	95	151	207	451	743	263	163
その他の国	4 106	4 538	4 826	1 875	2 647	2 842	3 744	3 365	2 627	3 123	2 608
合計	8 893	11 134	13 426	6 883	13 097	14 398	12 793	11 031	9 320	13 911	21 811

注：定義と資料の詳細については、諸表の後に付したメタデータを参照。

StatLink：http://dx.doi.org/10.1787/888933395794

表B.3　庇護希望者流入数（国籍別）—— ニュージーランド

単位：人

	2004年	2005年	2006年	2007年	2008年	2009年	2010年	2011年	2012年	2013年	2014年
パキスタン	9	8	11	8	3	18	7	22	24	18	10
フィジー	2	12	10	10	6	45	65	29	21	37	10
スリランカ	29	6	28	25	26	30	23	19	25	41	6
中国	49	19	30	26	24	20	22	20	33	21	6
ウクライナ	4	0	1	0	1	0	0	0	0	0	5
シリア	16	11	1	1	2	8	3	2	13	10	5
スロバキア共和国	0	9	1	3	3	13	4	0	2	0	5
その他の国	471	283	194	175	188	201	201	212	205	165	241
合計	580	348	276	248	253	335	325	304	323	292	288

注：定義と資料の詳細については、諸表の後に付したメタデータを参照。

StatLink：http://dx.doi.org/10.1787/888933395794

庇護希望者の流入　統計付録

表B.3　庇護希望者流入数（国籍別）── ノルウェー
単位：人

	2004年	2005年	2006年	2007年	2008年	2009年	2010年	2011年	2012年	2013年	2014年
エリトリア	110	177	316	777	1 772	2 605	1 609	1 292	1 600	3 766	2 805
シリア	71	79	49	48	114	271	110	189	312	868	1 978
スーダン	33	45	36	36	114	241	171	206	486	622	792
無国籍	298	209	237	496	919	1 216	403	246	255	543	782
ソマリア	958	667	632	169	1 259	1 827	1 227	2 165	2 803	2 530	756
アフガニスタン	1 059	466	224	206	1 320	3 802	930	948	987	720	549
エチオピア	148	100	143	233	351	696	495	289	221	356	365
ナイジェリア	205	94	54	108	427	553	318	219	331	480	318
セルビア（及びコソボ：S/RES/1244（1999））	859	468	369	536	615	352	397	200	218	304	214
アルバニア	112	79	43	29	42	26	24	39	167	179	202
ロシア	937	545	548	811	1 025	794	557	309	294	339	172
イラク	412	671	1 002	1 176	3 064	1 154	419	318	229	179	165
バングラデシュ	30	24	20	11	5	20	17	73	222	124	154
モロッコ	21	19	23	16	39	68	85	78	136	110	132
ウクライナ	43	20	12	6	16	25	9	14	29	24	126
その他の国	2 649	1 739	1 612	1 518	2 851	2 913	2 452	2 099	2 395	2 131	1 463
合計	7 945	5 402	5 320	6 176	13 933	16 563	9 223	8 684	10 685	13 275	10 973

注：定義と資料の詳細については、諸表の後に付したメタデータを参照。

StatLink：http://dx.doi.org/10.1787/888933395794

表B.3　庇護希望者流入数（国籍別）── ポーランド
単位：人

	2004年	2005年	2006年	2007年	2008年	2009年	2010年	2011年	2012年	2013年	2014年
ウクライナ	72	49	45	29	25	36	45	46	58	32	2 147
ロシア	7 180	5 015	3 772	6 536	6 647	5 726	4 796	3 170	4 940	11 933	2 079
ジョージア	47	40	16	14	54	4 182	1 083	1 442	2 960	1 057	561
タジキスタン	0	1	0	1	0	2	0	0	9	5	107
アルメニア	18	10	32	22	32	147	107	179	380	150	99
シリア	7	6	3	3	8	7	8	10	107	255	98
キルギスタン	19	15	6	7	5	13	37	40	30	53	96
ベトナム	16	24	22	44	57	67	47	26	50	32	33
パキスタン	211	36	39	31	15	19	27	9	34	24	22
イラク	6	12	32	29	66	21	27	25	25	24	19
カザフスタン	30	16	7	5	17	5	11	17	120	76	18
無国籍	11	8	5	10	11	19	21	13	35	25	17
アフガニスタン	57	3	8	9	4	14	25	33	88	43	14
トルクメニスタン	5	0	2	0	1	0	0	6	7	4	13
ウズベキスタン	3	2	2	5	22	19	14	5	13	5	6
その他の国	395	199	232	369	238	311	292	239	324	209	212
合計	8 077	5 436	4 223	7 114	7 202	10 588	6 540	5 260	9 180	13 927	5 541

注：定義と資料の詳細については、諸表の後に付したメタデータを参照。

StatLink：http://dx.doi.org/10.1787/888933395794

統計付録　庇護希望者の流入

表B.3　庇護希望者流入数（国籍別）—— ポルトガル

単位：人

	2004年	2005年	2006年	2007年	2008年	2009年	2010年	2011年	2012年	2013年	2014年
ウクライナ	6	1	1	0	1	5	0	7	2	2	154
マリ	0	0	0	0	0	0	0	0	2	26	7
ソマリア	0	1	0	15	2	0	2	26	10	7	6
スリランカ	1	0	0	6	27	8	4	1	14	3	6
モロッコ	0	1	0	1	2	0	0	5	4	15	6
シリア	0	0	0	0	0	0	0	0	20	146	6
リビア	0	0	0	0	0	0	0	1	4	0	5
アンゴラ	8	9	6	5	4	4	12	5	4	2	5
その他の国	92	101	121	194	125	122	142	230	235	305	247
合計	107	113	128	221	161	139	160	275	295	506	442

注：定義と資料の詳細については、諸表の後に付したメタデータを参照。

StatLink：http://dx.doi.org/10.1787/888933395794

表B.3　庇護希望者流入数（国籍別）—— ロシア

単位：人

	2004年	2005年	2006年	2007年	2008年	2009年	2010年	2011年	2012年	2013年	2014年
ウクライナ	6	4	10	20	19	10	17	11	11	13	5 789
シリア	0	1	0	0	18	6	3	31	197	1 073	473
アフガニスタン	638	674	827	2 211	2 047	1 577	884	540	493	382	301
ジョージア	24	27	138	586	2 684	3 580	641	314	238	137	106
エジプト	0	0	0	0	0	0	31	3	13	73	..
ウズベキスタン	72	102	37	63	90	136	96	70	69	54	..
北朝鮮	0	1	7	11	26	59	21	67	32	27	..
スーダン	0	3	4	18	10	13	3	2	6	20	..
キルギスタン	0	12	0	5	3	7	246	39	29	16	..
コンゴ民主共和国	10	7	2	34	23	11	15	14	14	14	..
タジキスタン	23	3	7	43	48	29	20	19	17	14	..
レバノン	0	0	0	0	7	1	2	5	1	12	..
パキスタン	0	1	0	13	8	14	2	7	6	10	..
イラク	18	20	13	36	61	37	6	12	11	8	..
アゼルバイジャン	9	5	21	31	48	4	16	8	2	6	..
その他の国	110	100	104	298	326	217	178	123	104	103	311
合計	910	960	1 170	3 369	5 418	5 701	2 181	1 265	1 243	1 962	6 980

注：定義と資料の詳細については、諸表の後に付したメタデータを参照。

StatLink：http://dx.doi.org/10.1787/888933395794

表B.3　庇護希望者流入数（国籍別）—— スロバキア共和国

単位：人

	2004年	2005年	2006年	2007年	2008年	2009年	2010年	2011年	2012年	2013年	2014年
アフガニスタン	396	109	41	66	75	51	76	65	63	84	67
シリア	48	24	6	39	8	11	5	5	4	13	27
ベトナム	154	99	63	58	41	56	32	7	2	0	15
バングラデシュ	548	270	183	108	42	15	7	4	3	1	5
その他の国	10 208	2 981	2 577	2 371	744	689	420	238	473	183	114
合計	11 354	3 483	2 870	2 642	910	822	540	319	545	281	228

注：定義と資料の詳細については、諸表の後に付したメタデータを参照。

StatLink：http://dx.doi.org/10.1787/888933395794

庇護希望者の流入　統計付録

表B.3　庇護希望者流入数（国籍別）── スロベニア

単位：人

	2004年	2005年	2006年	2007年	2008年	2009年	2010年	2011年	2012年	2013年	2014年
シリア	0	1	0	0	0	0	3	10	32	56	77
アフガニスタン	4	4	2	12	10	11	23	57	50	14	58
パキスタン	14	28	6	11	4	6	0	26	6	19	20
ソマリア	1	0	0	0	0	0	8	17	20	6	14
イラン	6	4	3	2	11	9	9	8	2	6	6
セルビア（及びコソボ：S/RES/1244（1999））	379	520	243	234	69	39	28	35	28	37	6
ナイジェリア	1	2	1	4	7	9	11	5	6	5	5
トルコ	187	230	62	39	72	12	27	39	26	11	5
エジプト	1	1	0	0	0	0	0	5	1	1	5
その他の国	575	791	188	116	62	94	102	104	93	87	165
合計	1 168	1 581	505	418	235	180	211	306	264	242	361

注：定義と資料の詳細については、諸表の後に付したメタデータを参照。

StatLink：http://dx.doi.org/10.1787/888933395794

表B.3　庇護希望者流入数（国籍別）── スペイン

単位：人

	2004年	2005年	2006年	2007年	2008年	2009年	2010年	2011年	2012年	2013年	2014年
シリア	39	35	15	31	97	30	19	97	255	725	1 666
ウクライナ	27	10	6	5	4	8	4	12	21	14	937
マリ	252	273	25	6	11	29	14	41	101	1 478	619
アルジェリア	988	406	230	243	151	181	175	122	202	351	302
ヨルダン川西岸及びガザ地区	0	0	0	58	0	59	101	131	78	130	208
ナイジェリア	1 030	726	632	674	801	459	237	259	204	173	161
パキスタン	25	7	23	22	52	57	63	78	88	102	137
ベネズエラ	30	22	20	41	48	29	19	52	28	35	122
イラク	57	41	42	1 564	61	36	21	19	20	43	114
ソマリア	13	24	10	152	195	104	39	59	98	132	107
コロンビア	632	1 655	2 239	2 437	753	247	123	104	60	62	91
モロッコ	20	55	281	258	119	72	116	37	47	46	91
アフガニスタン	14	10	7	15	50	43	41	30	46	66	89
カメルーン	69	99	83	53	70	112	155	129	121	86	88
コートジボワール	110	162	236	313	498	304	119	550	106	72	69
その他の国	2 049	1 726	1 457	1 565	1 517	1 226	1 490	1 692	1 104	986	1 146
合計	5 355	5 251	5 306	7 437	4 427	2 996	2 736	3 412	2 579	4 501	5 947

注：定義と資料の詳細については、諸表の後に付したメタデータを参照。

StatLink：http://dx.doi.org/10.1787/888933395794

統計付録　庇護希望者の流入

表B.3　庇護希望者流入数（国籍別）—— スウェーデン

単位：人

	2004年	2005年	2006年	2007年	2008年	2009年	2010年	2011年	2012年	2013年	2014年
シリア	411	392	433	440	551	587	427	646	7 814	16 317	30 313
エリトリア	395	425	608	878	857	1 000	1 444	1 649	2 356	4 844	11 057
無国籍	1 578	806	815	1 312	1 051	912	1 026	1 105	2 289	6 921	7 539
ソマリア	905	422	1 066	3 349	3 361	5 874	5 560	3 979	5 644	3 901	3 783
アフガニスタン	903	435	594	609	784	1 694	2 397	4 120	4 755	3 011	2 882
セルビア（及びコソボ：S/RES/1244（1999））	4 022	2 944	2 000	2 500	1 989	1 806	7 907	3 915	3 639	2 878	2 578
イラク	1 456	2 330	8 951	18 559	6 083	2 297	1 978	1 634	1 322	1 476	1 743
アルバニア	221	169	95	118	118	114	61	263	1 490	1 156	1 636
ウクライナ	211	93	90	68	60	139	118	194	133	173	1 278
イラン	660	582	494	485	799	1 144	1 183	1 118	1 529	1 172	799
ジョージア	403	183	134	204	211	359	291	280	748	625	735
モロッコ	44	38	52	75	62	78	99	153	381	648	714
ロシア	1 288	1 057	755	788	933	1 058	987	930	941	1 036	712
モンゴル	346	326	461	519	791	753	727	773	463	487	546
リビア	419	451	318	420	646	367	311	404	352	399	478
その他の国	9 652	6 755	7 307	5 649	5 601	5 707	6 871	8 202	9 347	8 651	8 303
合計	22 914	17 408	24 173	35 973	23 897	23 889	31 387	29 365	43 203	53 695	75 096

注：定義と資料の詳細については、諸表の後に付したメタデータを参照。

StatLink：http://dx.doi.org/10.1787/888933395794

表B.3　庇護希望者流入数（国籍別）—— スイス

単位：人

	2004年	2005年	2006年	2007年	2008年	2009年	2010年	2011年	2012年	2013年	2014年
エリトリア	193	175	880	1 502	2 827	1 625	1 708	3 224	4 295	2 490	6 820
シリア	109	82	125	285	357	370	387	688	1 146	1 852	3 768
スリランカ	270	251	320	594	1 194	1 363	892	433	443	455	906
ナイジェリア	642	363	290	319	964	1 725	1 597	1 303	2 353	1 574	848
ソマリア	635	543	331	431	1 988	727	302	558	762	552	769
アフガニスタン	206	241	229	314	382	719	632	1 006	1 349	863	727
モロッコ	41	29	46	33	32	33	113	429	860	974	666
チュニジア	134	108	82	80	59	194	291	2 324	1 993	1 565	664
セルビア（及びコソボ：S/RES/1244（1999））	1 460	1 113	979	763	991	1 020	1 358	1 539	2 084	826	471
ジョージア	699	399	279	184	389	536	531	281	614	565	402
中国	72	91	344	227	208	327	333	688	801	671	376
ガンビア	37	20	27	24	201	172	192	295	533	441	371
アルジェリア	454	171	146	114	195	258	313	464	681	714	337
エチオピア	188	109	161	148	157	136	142	184	293	221	312
イラク	603	434	770	885	1 321	801	501	378	382	351	279
その他の国	6 932	4 779	3 922	3 410	3 285	4 020	3 953	5 389	7 064	4 948	4 397
合計	12 675	8 908	8 931	9 313	14 550	14 026	13 245	19 183	25 653	19 062	22 113

注：定義と資料の詳細については、諸表の後に付したメタデータを参照。

StatLink：http://dx.doi.org/10.1787/888933395794

表B.3　庇護希望者流入数（国籍別）―― トルコ

単位：人

	2004年	2005年	2006年	2007年	2008年	2009年	2010年	2011年	2012年	2013年	2014年
イラク	949	1 036	724	3 471	6 904	3 763	3 656	7 912	6 942	25 280	50 510
アフガニスタン	353	359	259	705	2 642	1 009	1 248	2 486	14 146	8 726	15 652
シリア	15	10	7	21	22	46	37	188	24	108	8 366
イラン	2 052	1 715	2 297	1 687	2 116	1 981	2 881	3 411	3 589	5 897	8 202
パキスタン	8	2	3	12	9	36	42	29	24	528	1 597
ソマリア	311	473	680	1 124	647	295	448	744	776	1 276	642
ヨルダン川西岸及びガザ地区	24	29	51	157	74	72	64	157	236	686	367
ウガンダ	0	0	1	0	1	0	1	48	13	218	359
コンゴ	0	1	0	4	1	0	2	5	4	44	238
コンゴ民主共和国	10	12	28	76	72	41	66	76	77	114	184
ウズベキスタン	28	24	24	42	35	38	101	147	76	181	162
トルクメニスタン	4	8	6	2	3	3	8	14	44	103	143
イエメン	1	0	1	0	0	2	0	72	58	192	123
バングラデシュ	2	0	0	2	3	21	14	5	16	148	108
エチオピア	19	32	57	54	17	23	36	29	51	100	103
その他の国	150	196	410	285	434	504	622	698	394	1 206	1 064
合計	3 926	3 897	4 548	7 642	12 980	7 834	9 226	16 021	26 470	44 807	87 820

注：定義と資料の詳細については、諸表の後に付したメタデータを参照。

StatLink：http://dx.doi.org/10.1787/888933395794

表B.3　庇護希望者流入数（国籍別）―― イギリス

単位：人

	2004年	2005年	2006年	2007年	2008年	2009年	2010年	2011年	2012年	2013年	2014年
パキスタン	3 028	2 258	1 807	1 765	2 011	2 036	2 116	4 005	4 783	4 576	3 976
エリトリア	1 263	1 892	2 727	1 907	2 343	1 406	761	827	764	1 431	3 291
イラン	3 992	3 480	2 673	2 509	2 585	2 127	2 209	3 051	3 155	2 967	2 499
シリア	412	388	179	188	181	173	158	508	1 289	2 020	2 353
アルバニア	343	187	169	189	163	219	202	439	987	1 641	1 972
アフガニスタン	1 605	1 773	2 648	2 815	3 731	3 533	1 835	1 529	1 234	1 456	1 753
スリランカ	402	478	599	1 248	1 840	1 428	1 623	2 142	2 128	2 278	1 715
スーダン	1 445	999	753	401	289	250	639	793	732	834	1 615
ナイジェリア	1 209	1 154	940	906	968	822	1 100	1 105	1 428	1 450	1 519
中国	2 411	1 761	1 968	2 187	1 491	1 417	1 216	1 026	859	1 086	1 117
インド	1 485	1 022	734	602	759	689	601	615	1 180	1 111	922
バングラデシュ	550	463	487	590	501	491	497	671	1 155	1 246	919
イラク	1 878	1 605	1 304	2 074	2 030	992	477	377	411	450	911
リビア	185	182	128	56	69	101	117	1 204	408	497	733
ソマリア	3 295	2 099	2 157	1 962	1 576	1 078	675	660	663	520	412
その他の国	17 073	10 670	8 532	7 979	9 653	12 845	7 855	6 939	6 221	6 296	5 726
合計	40 576	30 411	27 805	27 378	30 190	29 607	22 081	25 891	27 397	29 859	31 433

注：定義と資料の詳細については、諸表の後に付したメタデータを参照。

StatLink：http://dx.doi.org/10.1787/888933395794

統計付録　庇護希望者の流入

表B.3　庇護希望者流入数（国籍別）—— アメリカ合衆国

単位：人

	2004年	2005年	2006年	2007年	2008年	2009年	2010年	2011年	2012年	2013年	2014年
メキシコ	1 563	1 665	1 830	2 487	2 751	2 422	4 225	8 186	11 067	10 077	13 987
中国	5 624	7 932	9 781	8 637	10 029	11 732	12 850	15 450	15 884	12 295	13 716
エルサルバドル	1 421	2 076	2 801	3 168	2 641	2 439	2 703	4 011	4 587	5 692	10 093
グアテマラ	1 508	1 590	1 758	2 221	1 842	1 891	2 235	3 363	4 152	4 865	9 098
ホンジュラス	585	773	1 094	950	885	902	1 036	1 528	2 115	3 165	6 798
エクアドル	50	75	84	119	157	209	458	789	1 394	1 848	3 545
インド	767	571	563	629	737	809	720	2 457	1 998	1 633	3 395
ベネズエラ	1 444	1 094	903	745	611	423	686	757	716	882	3 113
ハイチ	4 989	5 344	4 490	2 726	1 934	1 755	1 074	1 348	1 612	1 879	2 196
シリア	65	71	84	55	68	48	63	262	704	1 583	1 701
エチオピア	1 049	850	1 177	1 146	1 267	1 287	1 163	1 056	1 145	1 493	1 456
エジプト	358	330	398	375	431	391	545	1 131	2 285	2 855	1 407
イラク	276	382	544	735	841	460	409	480	592	951	1 389
ネパール	331	397	551	515	829	1 002	1 063	1 384	1 666	1 507	1 316
ウクライナ	255	278	260	220	178	284	285	314	358	398	1 271
その他の国	20 015	15 475	15 623	14 646	13 878	13 759	14 283	16 650	15 907	15 385	18 769
合計	40 300	38 903	41 941	39 374	39 079	39 813	43 798	59 166	66 182	66 508	93 250

注：定義と資料の詳細については、諸表の後に付したメタデータを参照。

StatLink：http://dx.doi.org/10.1787/888933395794

表A.3・表B.3に関連するメタデータ——庇護希望者の流入

表A.3の各国の合計は、国籍別の表（表B.3）の合計とは異なる場合がある。これは、前者が過去に遡って修正されているのに対し、送出国の内訳については修正されていないためである。また、表A.3のデータは、通例、初回あるいは新規の申請のみを対象として、再申請や再審査、異議申し立ては除外しているのに対し、送出国別データ（表B.3）は、再申請や再審査、異議申し立てを一部含んでいる可能性がある。

庇護国に関する注記
フランス：保護者のいない未成年者がデータに含まれる。
ドイツ：事前登録のためのEASYシステムが設けられている。本項に示す正式に登録された庇護申請件数は、EASYシステムでの事前登録件数（2015年は110万件）を下回る。
イギリス：すべての数字は、一番近い5の倍数に丸められている。
アメリカ合衆国：市民権・移民サービス局への能動的庇護申請（件数）と、強制的退去措置を受ける恐れのある場合の、移民審査行政局（Executive Office for Immigration Review, EOIR）への防御的庇護申請（人数）を合わせたデータ。前者の推定件数を反映するため、表A.3の2010～2014年の合計に係数を適用している。

送出国に関する注記
セルビア（及びコソボ）：セルビア、モンテネグロ、セルビア・モンテネグロ、マケドニア旧ユーゴスラビア共和国の出身の庇護希望者を含むと思われる。

資料（すべての国）：国際連合難民高等弁務官事務所人口データ部門（UNHCR Population Data Unit）がまとめた各国のデータ（*popstats.unhcr.org/en/overview*）。

外国人及び外国出身人口のストック

移民をどう定義するか

流入する移民をどのように定義するかは、OECD加盟各国間で大きな違いがある。従来から外国籍の居住者に関するデータ収集を重視してきた国（ヨーロッパ諸国、日本、韓国）もあれば、一方で、移民とは外国出身者と定義する国もある（オーストラリア、ニュージーランド、アメリカ合衆国などの移民国家）。移民の定義が国によって異なるのは、移民制度や市民権及び帰化に関する法律の性質や歴史にも関連している。

外国出身人口は移民第一世代を表すとみることもでき、また、外国人と自国民の両方が含まれる可能性もある。外国出身人口の規模と構成の如何は、移民のフローと外国出身人口の死亡率のこれまでの推移に影響を受ける。例えば、流入数が時とともに減少してきている場合、外国出身人口のストックは高齢化するとともに、その国に深く根付くコミュニティを形成していく傾向がある。

外国人人口の概念には、外国で生まれて出身国の国籍を保持している人だけでなく、受入国で生まれた第二・第三世代の移民も含まれることがある。外国人人口にみられる特徴はいくつかの要因、すなわち、移民フローの歴史、外国人人口の自然増、そして帰化の状況によって左右される。また市民権に関する法律の性質と、帰化に対するインセンティブの有無はともに、どの程度、その国で生まれた移民が外国籍のままでいるか否かを決めるうえで、大きな役割を担っている。

移民人口を測定する際の資料と問題点

移民人口の測定に使用される資料は、住民登録、在留許可、労働力調査、国勢調査の4種である。住民登録を行っている国や、在留許可データを利用している国では、ほとんどの場合、移民のフローとストックは同じ資料に基づいて算出される。ただ例外的に、移民人口のストックの推定には国勢調査または労働力調査を用いる国もある。フローとストックを測定する際には、住民登録と在留許可データのいずれを用いた場合でも、同じような問題点にぶつかる（特に、未成年者が両親のどちらかの在留資格に基づいて登録される場合や、自由移動協定のために移住しても在留許可の取得が求められない場合に生じる、過小評価のリスク）。さらには、すでに出国した人の記録を抹消するために、定期的にデータを更新するのが困難であるという点も付け加えねばならない。

国勢調査データを使えば、回数は少ない（国勢調査は通常5〜10年にごとに実施される）ものの、包括的な移民ストックの分析が可能になる。また労働力調査の場合も、現在では国籍や出身地についての質問を含むことが多いので、ストックに関する年次データの資料として使える。OECDは、いくつかの国についてストックの推計を出している。

統計付録　外国人及び外国出身人口のストック

　労働力調査のデータから得られた移民人口の詳細な内訳については、標本の規模が小さい場合もあるため、扱いに一定の注意を要する。国勢調査、労働力調査ともに、移民数は過小評価される可能性があるが、それは、移民が国勢調査の対象から漏れている可能性があるためであり、また、移民は一般世帯を営んでいないためである（労働力調査では、移民受け入れ施設や移民向け簡易宿泊施設といった集合住宅の居住者は対象としない場合がある）。一方、両調査では非正規滞在者の一部が対象となることがあるが、住民登録や在留許可制度では、当然ながら非正規滞在者は除外されている。

表A.4 ［1/2］ 外国出身人口のストック（OECD加盟国及びロシア）

単位：人数（1,000人）及び対人口比（%）

	2004年	2005年	2006年	2007年	2008年	2009年	2010年	2011年	2012年	2013年	2014年
オーストラリア	4 753.1	4 877.3	5 031.9	5 233.5	5 478.2	5 730.1	5 881.6	6 018.4	6 209.8	6 410.2	6 600.8
対人口比（%）	23.8	24.2	24.6	25.1	25.8	26.4	26.7	26.9	27.3	27.7	28.1
オーストリア	1 154.8	1 195.2	1 215.7	1 235.7	1 260.3	1 275.5	1 294.7	1 323.1	1 364.8	1 414.6	1 484.6
対人口比（%）	14.1	14.5	14.7	14.9	15.1	15.3	15.5	15.8	16.2	16.7	17.4
ベルギー	1 220.1	1 268.9	1 319.3	1 380.3	1 443.9	1 503.8	1 628.8	1 643.6	1 689.5	1 725.4	1 811.7
対人口比（%）	11.7	12.1	12.5	13.0	13.5	13.9	14.9	15.0	15.3	15.5	16.1
カナダ	5 872.3	6 026.9	6 187.0	6 331.7	6 471.9	6 617.6	6 777.6	6 775.8	6 913.6	7 029.1	7 155.9
対人口比（%）	18.4	18.7	19.0	19.2	19.4	19.6	19.9	19.6	19.8	20.0	20.1
チリ	235.5	247.4	258.8	290.9	317.1	352.3	369.4	388.2	415.5	441.5	..
対人口比（%）	1.5	1.5	1.6	1.8	1.9	2.1	2.2	2.3	2.4	2.5	..
チェコ共和国	499.0	523.4	566.3	636.1	679.6	672.0	661.2	745.2	744.1	744.8	..
対人口比（%）	4.9	5.1	5.5	6.2	6.5	6.4	6.3	7.1	7.1	7.1	..
デンマーク	343.4	350.4	360.9	378.7	401.8	414.4	428.9	441.5	456.4	476.1	501.1
対人口比（%）	6.4	6.5	6.6	6.9	7.3	7.5	7.7	7.9	8.2	8.5	8.9
エストニア	235.5	228.6	226.5	224.3	221.9	217.9	212.7	210.8	132.0	132.6	133.2
対人口比（%）	17.3	16.9	16.8	16.7	16.6	16.3	16.0	15.9	10.0	10.1	10.1
フィンランド	166.4	176.6	187.9	202.5	218.6	233.2	248.1	266.1	285.5	304.3	322.0
対人口比（%）	3.2	3.4	3.6	3.8	4.1	4.4	4.6	4.9	5.3	5.6	5.9
フランス	6 748.9	6 910.1	7 017.2	7 129.3	7 202.1	7 287.8	7 372.7	7 474.7	7 555.6	7 680.8	7 920.8
対人口比（%）	11.1	11.3	11.4	11.5	11.6	11.6	11.7	11.8	11.9	12.0	12.4
ドイツ	..	10 399.0	10 431.0	10 529.0	10 623.0	10 582.0	10 591.0	9 832.0	10 127.0	10 490.0	10 689.0
対人口比（%）	..	12.6	12.7	12.8	12.9	12.9	13.0	12.0	12.4	12.8	13.2
ギリシャ	..	..	..	..	..	..	828.4	750.7	729.9	..	727.5
対人口比（%）	..	..	..	..	..	..	7.4	6.7	6.6	..	6.6
ハンガリー	319.0	331.5	344.6	381.8	394.2	407.3	443.3	402.7	424.2	447.7	476.1
対人口比（%）	3.2	3.3	3.4	3.8	3.9	4.1	4.4	4.0	4.3	4.5	4.8
アイスランド	20.7	24.7	30.4	35.9	37.6	35.1	34.7	34.7	35.4	37.2	39.2
対人口比（%）	7.1	8.3	10.0	11.5	11.8	11.0	10.9	10.9	11.0	11.5	12.0
アイルランド	461.8	520.8	601.7	682.0	739.2	766.8	772.5	752.5	749.2	754.2	..
対人口比（%）	11.4	12.6	14.2	15.6	16.5	16.9	17.0	16.4	16.3	16.4	..
イスラエル	1 960.8	1 947.6	1 930.0	1 916.2	1 899.4	1 877.7	1 869.0	1 850.0	1 835.0	1 821.0	1 817.0
対人口比（%）	28.8	28.1	27.4	26.7	26.0	25.1	24.5	23.8	23.2	22.6	22.1
イタリア	..	..	..	..	5 813.8	5 787.9	5 759.0	5 715.1	5 695.9	5 737.2	5 805.3
対人口比（%）	..	..	..	..	9.8	9.7	9.6	9.5	9.4	9.5	9.6
日本	..	..	..	..	..	..	..	..	..	..	..
対人口比（%）	..	..	..	..	..	..	..	..	..	..	..
韓国	..	..	..	..	..	..	..	..	..	..	..
対人口比（%）	..	..	..	..	..	..	..	..	..	..	..
ルクセンブルク	160.4	168.3	175.4	183.7	194.5	197.2	205.2	215.3	226.1	237.7	248.9
対人口比（%）	35.0	36.2	37.1	38.3	39.8	39.6	40.5	41.5	42.6	43.7	45.3
メキシコ	..	611.8	631.2	722.6	772.5	885.7	961.1	966.8	973.7	991.2	939.9
対人口比（%）	..	0.6	0.6	0.7	0.7	0.8	0.8	0.8	0.8	0.8	0.8
オランダ	1 736.1	1 734.7	1 732.4	1 751.0	1 793.7	1 832.5	1 868.7	1 906.3	1 927.7	1 953.4	1 996.3
対人口比（%）	10.7	10.6	10.6	10.7	10.9	11.1	11.2	11.4	11.5	11.6	11.8
ニュージーランド	796.7	840.6	879.5	898.3	916.6	931.0	945.7	956.3	965.0	1 001.8	1 050.2
対人口比（%）	19.5	20.3	21.0	21.2	21.5	21.6	21.6	21.7	21.8	22.4	23.3
ノルウェー	361.1	380.4	405.1	445.4	488.8	526.8	569.1	616.3	663.9	704.5	741.8
対人口比（%）	7.9	8.2	8.7	9.5	10.3	10.9	11.6	12.4	13.2	13.9	14.4
ポーランド	..	..	..	..	..	..	..	674.9	..	..	..
対人口比（%）	..	..	..	..	..	..	..	1.8	..	..	..
ポルトガル	774.8	742.1	753.0	769.6	790.3	834.8	851.5	871.8	902.5	879.6	885.4
対人口比（%）	7.4	7.1	7.2	7.3	7.5	7.9	8.1	8.3	8.6	8.2	8.1

統計付録　外国人及び外国出身人口のストック

表A.4［2/2］　外国出身人口のストック（OECD加盟国及びロシア）

単位：人数（1,000人）及び対人口比（%）

	2004年	2005年	2006年	2007年	2008年	2009年	2010年	2011年	2012年	2013年	2014年
ロシア	..	..	..	..	..	..	11 194.7	..	..	..	..
対人口比（%）	..	..	..	..	..	..	7.8	..	..	..	..
スロバキア共和国	207.6	249.4	301.6	366.0	442.6	..	..	..	158.2	174.9	177.6
対人口比（%）	3.9	4.6	5.6	6.8	8.2	..	..	..	2.9	3.2	3.3
スロベニア	..	..	..	..	..	..	228.6	271.8	299.7	331.0	341.2
対人口比（%）	..	..	..	..	..	..	11.2	13.2	14.6	16.1	16.6
スペイン	4 391.5	4 837.6	5 250.0	6 044.5	6 466.3	6 604.2	6 677.8	6 737.9	6 618.2	6 263.7	6 154.7
対人口比（%）	10.2	11.1	11.8	13.4	14.1	14.2	14.3	14.4	14.2	13.4	13.2
スウェーデン	1 100.3	1 125.8	1 175.2	1 227.8	1 281.6	1 338.0	1 384.9	1 427.3	1 473.3	1 533.5	1 603.6
対人口比（%）	12.2	12.5	12.9	13.4	13.9	14.4	14.8	15.1	15.5	16.0	16.6
スイス	1 737.7	1 772.8	1 811.2	1 882.6	1 974.2	2 037.5	2 075.2	2 158.4	2 218.4	2 289.6	2 354.8
対人口比（%）	23.5	23.8	24.2	24.9	25.8	26.3	26.5	27.3	27.7	28.3	28.8
トルコ	..	..	..	..	..	..	..	..	..	..	..
対人口比（%）	..	..	..	..	..	..	..	..	..	..	..
イギリス	5 338.0	5 557.0	5 757.0	6 192.0	6 633.0	6 899.0	7 056.0	7 430.0	7 588.0	7 860.0	8 482.0
対人口比（%）	8.9	9.2	9.5	10.1	10.7	11.1	11.2	11.7	11.9	12.3	13.3
アメリカ合衆国	34 257.7	35 769.6	37 469.4	38 048.5	38 016.1	38 452.8	39 916.9	40 381.6	40 738.2	41 347.9	42 390.7
対人口比（%）	11.7	12.1	12.6	12.6	12.5	12.5	12.9	13.0	13.0	13.1	13.3

注：定義と資料の詳細については、表B.4の後に付したメタデータを参照。

イタリック体の数値は推定値。

イスラエルのデータに関する情報：http://dx.doi.org/10.1787/888932315602

StatLink：http://dx.doi.org/10.1787/888933395756

398

外国人及び外国出身人口のストック　統計付録

表B.4　外国出身人口のストック（出身国別）── オーストラリア

単位：1,000人

	2004年	2005年	2006年	2007年	2008年	2009年	2010年	2011年	2012年	2013年	2014年	2014年の女性の割合（%）
イギリス	1 115.7	1 119.4	1 133.5	1 150.6	1 168.5	1 182.8	1 187.9	1 196.0	1 212.2	1 222.8	1 221.3	49
ニュージーランド	414.0	423.6	437.9	458.0	483.7	504.4	517.8	544.0	577.1	602.7	617.0	49
中国	205.2	227.6	252.0	278.3	313.0	345.0	371.6	387.4	401.6	422.5	447.4	55
インド	132.8	149.0	169.7	204.4	251.2	307.6	329.5	337.1	354.1	375.0	397.2	46
フィリピン	128.6	134.6	141.9	151.2	163.1	175.0	183.8	193.0	206.2	218.0	225.1	61
ベトナム	172.0	174.4	178.0	182.7	189.5	197.8	203.8	207.6	211.7	218.1	223.2	54
イタリア	223.0	220.6	218.0	215.0	211.3	208.1	204.7	201.7	199.9	200.2	201.8	48
南アフリカ	108.4	114.2	119.5	127.6	138.3	150.7	156.0	161.6	168.0	173.1	176.3	50
マレーシア	97.6	101.4	105.7	111.5	118.4	124.8	129.9	134.1	139.5	145.2	153.9	53
ドイツ	121.8	123.0	124.7	125.8	126.5	126.4	126.3	125.8	125.8	126.1	129.0	52
ギリシャ	129.0	129.0	129.0	127.5	125.8	124.2	122.5	121.2	121.2	121.1	120.0	51
スリランカ	67.8	70.6	73.8	78.9	85.6	92.1	96.5	99.7	103.9	108.0	110.5	48
アメリカ合衆国	67.5	70.5	74.7	78.9	80.7	82.2	85.3	90.1	95.6	100.3	104.1	50
韓国	47.2	51.2	56.0	64.7	73.8	81.4	84.2	85.9	89.7	95.2	102.2	52
香港	78.3	79.9	81.4	82.3	83.3	84.4	85.5	86.0	86.4	89.1	94.4	52
その他の国	1 644.2	1 688.5	1 736.2	1 796.0	1 865.6	1 943.2	1 996.6	2 047.2	2 117.0	2 193.0	2 277.4	
合計	4 753.1	4 877.3	5 031.9	5 233.5	5 478.2	5 730.1	5 881.6	6 018.4	6 209.8	6 410.2	6 600.8	51

注：定義と資料の詳細については、諸表の後に付したメタデータを参照。

StatLink：http://dx.doi.org/10.1787/888933395805

表B.4　外国出身人口のストック（出身国別）── オーストリア

単位：1,000人

	2004年	2005年	2006年	2007年	2008年	2009年	2010年	2011年	2012年	2013年	2014年	2014年の女性の割合（%）
ドイツ	155.5	163.0	169.8	178.7	186.2	191.2	196.9	201.4	205.9	210.7	215.0	53
トルコ	147.9	152.5	154.1	155.1	156.6	157.8	158.5	158.7	159.2	160.0	160.0	47
ボスニア・ヘルツェゴビナ	128.8	131.2	132.1	149.4	149.9	149.6	149.7	150.5	151.7	155.1	158.9	50
セルビア	181.5	187.7	188.5	133.7	132.8	131.9	132.4	131.7	132.4	134.2	136.4	52
ルーマニア	46.6	47.8	48.2	53.0	57.0	60.0	64.5	69.1	73.9	79.3	91.3	55
ポーランド	47.8	51.8	54.2	56.4	57.1	57.0	57.8	60.5	63.2	66.8	69.9	52
ハンガリー	32.5	33.2	33.9	34.7	36.2	37.6	39.3	42.6	48.1	55.0	61.5	54
クロアチア	35.0	35.2	35.1	40.3	40.0	39.7	39.3	39.1	39.0	39.8	41.7	53
チェコ共和国	54.2	52.9	51.5	47.8	46.4	45.0	43.6	42.5	41.6	40.8	40.3	63
スロバキア共和国	16.8	18.3	19.3	22.5	24.5	25.3	26.0	27.7	30.0	32.6	35.5	64
ロシア	18.0	21.2	22.8	23.5	25.1	25.9	26.4	27.5	29.4	30.2	31.7	59
イタリア	25.9	25.7	25.5	25.1	25.0	25.0	25.2	25.3	26.2	27.7	29.3	48
マケドニア旧ユーゴスラビア共和国	16.4	17.3	17.6	20.0	20.5	20.7	21.1	21.3	21.7	22.4	23.2	47
ブルガリア	9.9	10.2	10.3	11.5	12.7	13.5	14.6	15.7	17.0	18.5	21.6	56
スロベニア	16.4	16.2	16.0	19.2	19.0	18.7	18.4	18.5	18.9	19.7	21.1	55
その他の国	221.5	230.9	236.7	264.7	271.4	276.6	280.9	290.9	306.5	321.8	347.2	
合計	1 154.8	1 195.2	1 215.7	1 235.7	1 260.3	1 275.5	1 294.7	1 323.1	1 364.8	1 414.6	1 484.6	52

注：定義と資料の詳細については、諸表の後に付したメタデータを参照。

StatLink：http://dx.doi.org/10.1787/888933395805

399

統計付録　外国人及び外国出身人口のストック

表B.4　外国出身人口のストック（出身国別）── ベルギー

単位：1,000人

	2004年	2005年	2006年	2007年	2008年	2009年	2010年	2011年	2012年	2013年	2014年	2014年の女性の割合（%）
モロッコ	141.3	147.9	155.1	162.6	170.2	178.9	189.1	197.1	201.9	204.8	208.1	48
フランス	154.2	156.2	159.3	164.6	169.0	171.3	175.0	177.0	179.3	180.9	182.8	55
オランダ	107.7	111.6	115.8	120.4	123.8	124.8	126.4	127.0	127.6	128.1	128.8	50
イタリア	126.7	125.1	123.6	122.2	121.4	120.5	120.2	119.7	119.7	119.9	120.4	49
トルコ	81.0	83.8	86.4	89.0	91.4	93.6	97.0	97.4	99.0	98.9	98.6	48
コンゴ民主共和国	66.8	68.5	70.5	72.4	74.2	76.2	81.3	80.0	84.3	84.7	84.7	54
ドイツ	83.5	83.6	83.6	83.8	84.2	84.1	84.2	83.8	83.4	82.6	81.7	55
ポーランド	25.2	29.0	33.7	40.5	45.5	51.7	57.7	63.1	68.0	71.1	73.8	56
ルーマニア	10.6	12.6	15.3	20.4	26.2	30.6	37.7	45.0	53.1	58.2	65.9	48
旧ソビエト連邦	25.1	17.6	..	..	..	..	..	..	54.6	54.3	54.7	60
マケドニア旧ユーゴスラビア共和国	27.9	30.3	..	..	..	..	..	41.0	47.9	47.1	46.6	49
スペイン	35.7	35.5	35.4	35.5	36.1	37.0	38.8	40.5	42.9	44.8	46.5	54
ポルトガル	22.8	23.3	24.0	25.0	26.5	27.5	28.3	29.5	31.6	33.4	34.5	49
ブルガリア	..	..	..	8.2	11.7	14.4	18.7	21.0	24.2	26.4	29.1	50
アルジェリア	17.7	18.5	19.4	20.3	21.2	22.4	24.3	24.6	25.7	25.8	26.0	43
その他の国	293.7	325.5	397.1	415.6	442.5	470.8	550.1	496.9	505.2	514.6	529.5	
合計	1 220.1	1 268.9	1 319.3	1 380.3	1 443.9	1 503.8	1 628.8	1 643.6	1 748.3	1 775.6	1 811.7	51

注：定義と資料の詳細については、諸表の後に付したメタデータを参照。

StatLink：http://dx.doi.org/10.1787/888933395805

表B.4　外国出身人口のストック（出身国別）── カナダ

単位：1,000人

	2004年	2005年	2006年	2007年	2008年	2009年	2010年	2011年	2012年	2013年	2014年	2014年の女性の割合（%）
インド	..	..	443.7	..	..	..	..	547.9	..	..	..	50
中国	..	..	466.9	..	..	..	..	545.5	..	..	..	55
イギリス	..	..	579.6	..	..	..	..	537.0	..	..	..	52
フィリピン	..	..	303.2	..	..	..	..	454.3	..	..	..	58
アメリカ合衆国	..	..	250.5	..	..	..	..	263.5	..	..	..	56
イタリア	..	..	296.9	..	..	..	..	256.8	..	..	..	49
香港	..	..	215.4	..	..	..	..	205.4	..	..	..	53
ベトナム	..	..	160.2	..	..	..	..	165.1	..	..	..	53
パキスタン	..	..	133.3	..	..	..	..	156.9	..	..	..	49
ドイツ	..	..	171.4	..	..	..	..	152.3	..	..	..	53
ポーランド	..	..	170.5	..	..	..	..	152.3	..	..	..	55
ポルトガル	..	..	150.4	..	..	..	..	138.5	..	..	..	51
スリランカ	..	..	105.7	..	..	..	..	132.1	..	..	..	50
ジャマイカ	..	..	123.4	..	..	..	..	126.0	..	..	..	58
イラン	..	..	92.1	..	..	..	..	120.7	..	..	..	49
その他の国	..	..	2 523.8	..	..	..	..	2 821.2	..	..	..	
合計	..	..	6 187.0	..	..	..	..	6 775.8	..	..	..	52

注：定義と資料の詳細については、諸表の後に付したメタデータを参照。

StatLink：http://dx.doi.org/10.1787/888933395805

外国人及び外国出身人口のストック　統計付録

表B.4　外国出身人口のストック（出身国別）—— チリ

単位：1,000人

	2004年	2005年	2006年	2007年	2008年	2009年	2010年	2011年	2012年	2013年	2014年	2014年の女性の割合（%）
ペルー	53.7	58.4	66.1	83.4	107.6	130.9	138.5	146.6	157.7	..	..	57
アルゼンチン	51.9	53.8	57.7	59.7	59.2	60.6	61.9	63.2	64.9	..	..	49
ボリビア	13.0	13.5	14.7	20.2	22.2	24.1	25.1	26.7	30.5	..	..	54
エクアドル	10.9	11.8	13.3	14.7	17.5	19.1	20.0	20.9	21.9	..	..	55
コロンビア	5.5	6.6	7.7	9.2	10.9	12.9	14.4	16.1	19.1	..	..	59
スペイン	..	..	..	..	..	11.0	11.3	11.6	12.1	..	..	46
ブラジル	..	..	..	..	..	9.6	10.1	10.5	11.2	..	..	55
アメリカ合衆国	..	..	..	..	..	9.7	10.0	10.4	10.9	..	..	46
ドイツ	..	..	..	..	..	6.5	6.7	6.9	7.1	..	..	50
中国	..	..	..	..	..	4.6	5.2	5.9	6.6	..	..	47
その他の国	100.5	103.3	99.3	103.8	99.8	63.2	66.2	69.4	73.5	..	..	
合計	235.5	247.4	258.8	290.9	317.1	352.3	369.4	388.2	415.5	441.5	..	53

注：定義と資料の詳細については、諸表の後に付したメタデータを参照。

StatLink：http://dx.doi.org/10.1787/888933395805

表B.4　外国出身人口のストック（出身国別）—— チェコ共和国

単位：1,000人

	2004年	2005年	2006年	2007年	2008年	2009年	2010年	2011年	2012年	2013年	2014年	2014年の女性の割合（%）
スロバキア共和国	..	..	..	..	..	..	..	289.6	..	..	..	53
ウクライナ	..	..	..	..	..	..	..	138.0	..	..	..	45
ベトナム	..	..	..	..	..	..	..	52.4	..	..	..	40
ロシア	..	..	..	..	..	..	..	35.7	..	..	..	57
ポーランド	..	..	..	..	..	..	..	26.0	..	..	..	62
ドイツ	..	..	..	..	..	..	..	16.7	..	..	..	32
ルーマニア	..	..	..	..	..	..	..	12.8	..	..	..	51
モルドバ	..	..	..	..	..	..	..	9.4	..	..	..	38
ブルガリア	..	..	..	..	..	..	..	9.2	..	..	..	39
アメリカ合衆国	..	..	..	..	..	..	..	7.0	..	..	..	45
カザフスタン	..	..	..	..	..	..	..	6.7	..	..	..	51
モンゴル	..	..	..	..	..	..	..	5.6	..	..	..	59
中国	..	..	..	..	..	..	..	4.9	..	..	..	45
ハンガリー	..	..	..	..	..	..	..	4.8	..	..	..	57
イギリス	..	..	..	..	..	..	..	4.8	..	..	..	24
その他の国	..	..	..	..	..	..	..	121.7	..	..	..	
合計	..	..	..	..	..	..	..	745.2	..	..	..	48

注：定義と資料の詳細については、諸表の後に付したメタデータを参照。

StatLink：http://dx.doi.org/10.1787/888933395805

統計付録　外国人及び外国出身人口のストック

表B.4　外国出身人口のストック（出身国別）—— デンマーク

単位：1,000人

	2004年	2005年	2006年	2007年	2008年	2009年	2010年	2011年	2012年	2013年	2014年	2014年の女性の割合（%）
ポーランド	11.3	12.4	14.7	18.5	24.4	25.4	26.6	28.0	29.9	32.0	34.5	49
トルコ	30.9	31.0	31.1	31.4	31.8	32.3	32.5	32.4	32.2	32.4	32.4	48
ドイツ	22.6	23.0	23.9	25.8	27.8	28.2	28.5	28.6	28.7	28.7	28.7	52
イラク	20.8	20.7	20.7	21.2	21.3	21.3	21.3	21.2	21.2	21.1	21.2	45
ルーマニア	2.3	2.5	2.6	3.3	4.6	5.9	7.7	10.1	12.9	15.7	18.7	44
ボスニア・ヘルツェゴビナ	17.9	17.7	17.6	18.0	18.0	17.9	17.8	17.6	17.4	17.3	17.3	50
ノルウェー	14.0	14.1	14.2	14.3	14.5	14.7	14.7	14.9	14.9	14.9	15.1	65
イラン	11.7	11.7	11.8	11.9	11.9	12.1	12.5	12.9	13.3	14.1	14.9	42
パキスタン	10.6	10.6	10.5	10.6	10.8	11.2	11.7	12.1	12.3	12.9	13.5	46
スウェーデン	12.3	12.5	12.7	12.9	13.2	13.2	13.2	13.1	13.1	13.2	13.4	62
イギリス	10.7	10.8	11.1	11.4	11.8	11.8	12.1	12.2	12.5	12.8	13.0	35
アフガニスタン	9.4	9.5	9.6	9.6	9.7	10.0	10.6	11.1	11.6	12.1	12.6	44
レバノン	12.1	12.0	12.0	12.0	12.0	12.0	12.1	12.0	12.1	12.2	12.3	46
シリア	..	..	..	1.8	1.9	2.0	2.4	3.1	4.0	5.8	11.6	37
ソマリア	11.2	10.7	10.4	10.4	10.2	10.1	10.1	10.0	10.2	10.7	11.4	47
その他の国	145.6	151.4	158.1	165.7	177.8	186.2	195.3	202.3	210.1	220.1	230.5	
合計	343.4	350.4	360.9	378.7	401.8	414.4	428.9	441.5	456.4	476.1	501.1	51

注：定義と資料の詳細については、諸表の後に付したメタデータを参照。
StatLink：http://dx.doi.org/10.1787/888933395805

表B.4　外国出身人口のストック（出身国別）—— エストニア

単位：1,000人

	2004年	2005年	2006年	2007年	2008年	2009年	2010年	2011年	2012年	2013年	2014年	2014年の女性の割合（%）
ロシア	..	..	..	..	..	..	..	83.8	81.7	79.5	77.5	59
ウクライナ	..	..	..	..	..	..	..	15.7	15.5	15.4	15.6	46
ベラルーシ	..	..	..	..	..	..	..	9.1	8.8	8.6	8.4	57
フィンランド	..	..	..	..	..	..	..	4.1	4.7	5.4	5.9	33
ラトビア	..	..	..	..	..	..	..	2.7	3.0	3.3	3.5	48
カザフスタン	..	..	..	..	..	..	..	2.6	2.6	2.6	2.6	49
ドイツ	..	..	..	..	..	..	..	1.5	1.7	2.0	2.2	43
リトアニア	..	..	..	..	..	..	..	1.5	1.5	1.6	1.7	51
アゼルバイジャン	..	..	..	..	..	..	..	1.2	1.2	1.2	1.2	38
イタリア	..	..	..	..	..	..	..	0.5	0.7	0.9	1.0	32
フランス	..	..	..	..	..	..	..	0.5	0.6	0.8	0.9	38
ジョージア	..	..	..	..	..	..	..	0.8	0.8	0.8	0.9	41
ポーランド	..	..	..	..	..	..	..	0.6	0.7	0.8	0.9	40
イギリス	..	..	..	..	..	..	..	0.6	0.6	0.7	0.8	21
ウズベキスタン	..	..	..	..	..	..	..	0.7	0.7	0.7	0.7	46
その他の国	..	..	..	..	..	..	..	6.4	7.1	8.4	9.4	
合計	..	..	..	..	..	..	..	132.3	132.0	132.6	133.2	52

注：定義と資料の詳細については、諸表の後に付したメタデータを参照。
StatLink：http://dx.doi.org/10.1787/888933395805

外国人及び外国出身人口のストック　統計付録

表B.4　外国出身人口のストック（出身国別）── フィンランド

単位：1,000人

	2004年	2005年	2006年	2007年	2008年	2009年	2010年	2011年	2012年	2013年	2014年	2014年の女性の割合（%）
旧ソビエト連邦	38.5	40.2	41.9	43.8	45.8	47.3	48.7	50.5	52.3	53.7	54.7	63
エストニア	11.2	12.6	14.5	16.7	19.2	21.8	25.0	29.5	35.0	39.5	42.7	51
スウェーデン	29.2	29.5	29.8	30.2	30.6	31.0	31.2	31.4	31.6	31.8	31.9	48
ロシア	4.3	4.7	5.3	5.9	6.7	7.3	8.0	9.0	10.0	11.1	12.0	55
ソマリア	4.8	5.1	5.3	5.8	6.4	7.1	8.1	8.8	9.1	9.6	10.1	48
イラク	4.3	4.4	4.4	4.8	5.3	6.2	7.2	7.9	8.4	9.3	10.0	37
中国	3.5	4.1	4.6	5.3	6.0	6.6	7.0	7.7	8.3	8.9	9.4	59
タイ	3.1	3.6	4.1	4.8	5.4	6.1	6.7	7.4	8.1	8.7	9.2	79
マケドニア旧ユーゴスラビア共和国	4.9	5.0	5.2	5.5	5.8	6.1	6.3	6.4	6.5	6.7	6.9	44
ドイツ	4.3	4.6	4.9	5.3	5.6	5.8	5.9	6.1	6.2	6.4	6.5	44
トルコ	3.1	3.4	3.7	4.1	4.5	4.9	5.1	5.4	5.7	6.1	6.3	30
ベトナム	3.1	3.3	3.4	3.7	4.0	4.3	4.5	4.8	5.2	5.5	6.0	56
イラン	3.0	3.2	3.4	3.6	3.8	3.9	4.1	4.4	4.9	5.3	5.8	43
イギリス	3.4	3.5	3.7	4.0	4.2	4.4	4.5	4.8	5.1	5.3	5.5	28
インド	1.8	2.1	2.5	2.8	3.2	3.6	4.0	4.3	4.6	4.9	5.4	39
その他の国	44.0	47.4	51.1	56.4	62.2	66.9	71.8	77.8	84.5	91.5	99.5	
合計	166.4	176.6	187.9	202.5	218.6	233.2	248.1	266.1	285.5	304.3	322.0	49

注：定義と資料の詳細については、諸表の後に付したメタデータを参照。

StatLink：http://dx.doi.org/10.1787/888933395805

表B.4　外国出身人口のストック（出身国別）── フランス

単位：1,000人

	2004年	2005年	2006年	2007年	2008年	2009年	2010年	2011年	2012年	2013年	2014年	2014年の女性の割合（%）
アルジェリア	..	1 356.6	1 359.3	1 366.5	1 361.0	1 364.5	1 357.5	1 359.8	..	..	..	50
モロッコ	..	846.9	859.0	870.9	881.3	888.0	895.6	907.8	..	..	..	49
ポルトガル	..	592.0	598.0	604.7	608.6	614.2	618.3	625.2	..	..	..	49
チュニジア	..	365.8	368.5	370.6	370.7	374.7	377.3	381.2	..	..	..	45
イタリア	..	372.3	364.4	357.0	350.2	343.3	337.5	331.7	..	..	..	52
スペイン	..	307.0	300.0	295.9	290.3	286.2	282.5	282.5	..	..	..	56
トルコ	..	237.4	243.4	246.8	251.1	255.8	257.6	259.5	..	..	..	47
ドイツ	..	225.6	224.6	223.5	221.7	219.0	217.6	213.8	..	..	..	57
イギリス	..	148.8	158.0	164.0	166.8	169.1	169.9	170.1	..	..	..	51
ベルギー	..	139.0	140.5	143.6	145.8	146.9	148.2	148.5	..	..	..	55
ベトナム	..	119.6	119.8	120.1	119.7	118.9	119.4	120.2	..	..	..	55
マダガスカル	..	108.5	110.7	112.5	114.5	115.8	118.1	120.1	..	..	..	59
セネガル	..	103.3	106.1	108.3	112.1	114.0	116.4	119.6	..	..	..	47
ポーランド	..	101.6	101.7	102.6	102.9	102.4	102.8	102.5	..	..	..	62
中国	..	75.4	80.3	85.3	90.2	95.4	98.5	102.2	..	..	..	59
その他の国	..	1 810.3	1 882.9	1 957.0	2 015.2	2 079.6	2 155.7	2 229.9	..	..	..	
合計	..	6 910.1	7 017.2	7 129.3	7 202.1	7 287.8	7 372.7	7 474.7	7 555.6	7 680.8	7 920.8	52

注：定義と資料の詳細については、諸表の後に付したメタデータを参照。

StatLink：http://dx.doi.org/10.1787/888933395805

統計付録 外国人及び外国出身人口のストック

表B.4 外国出身人口のストック（出身国別）—— ドイツ

単位：1,000人

	2004年	2005年	2006年	2007年	2008年	2009年	2010年	2011年	2012年	2013年	2014年	2014年の女性の割合（%）
トルコ	..	1 472	1 477	1 511	1 508	1 489	1 497	1 318	1 314	1 338	1 491	49
ポーランド	..	719	723	532	508	1 103	1 112	1 077	1 145	1 194	1 137	55
ロシア	..	1 005	875	513	445	992	977	958	948	946	1 004	54
カザフスタン	..	..	340	206	140	628	696	732	725	719	747	52
イタリア	..	437	431	431	433	434	420	377	377	423	425	37
ルーマニア	..	317	318	209	168	386	372	378	422	461	392	54
ウクライナ	..		202	193	181	228	227	205	205	209	233	58
ギリシャ	..	233	229	240	232	227	231	201	214	223	227	46
クロアチア	..	268	256	251	256	249	226	200	205	208	227	53
セルビア	..	..	..	334	321	209	204	177	192	203	203	53
オーストリア	..	191	191	194	198	199	197	170	185	194	188	51
ボスニア・ヘルツェゴビナ	..	237	225	217	207	176	154	134	148	148	155	50
オランダ	..	107	103	115	123	128	133	125	135	136	143	47
旧ソビエト連邦	..	..	..	77	56	286	218	139	139	131	142	53
フランス	..	99	99	103	110	118	120	107	112	119	118	49
その他の国	..	5 314	4 962	5 403	5 737	3 730	3 807	3 534	3 661	3 838	3 857	
合計	..	10 399	10 431	10 529	10 623	10 582	10 591	9 832	10 127	10 490	10 689	51

注：定義と資料の詳細については、諸表の後に付したメタデータを参照。

StatLink：http://dx.doi.org/10.1787/888933395805

表B.4 外国出身人口のストック（出身国別）—— ギリシャ

単位：1,000人

	2004年	2005年	2006年	2007年	2008年	2009年	2010年	2011年	2012年	2013年	2014年	2014年の女性の割合（%）
アルバニア	..	..	..	..	..	..	384.6	346.2	357.1	..	337.7	49
ジョージア	..	..	..	..	..	..	62.6	53.0	54.2	..	45.1	60
ロシア	..	..	..	..	..	..	55.7	44.4	37.8	..	43.0	67
ブルガリア	..	..	..	..	..	..	45.7	43.9	35.0	..	40.9	65
ルーマニア	..	..	..	..	..	..	32.4	34.9	32.7	..	27.2	60
ドイツ	..	..	..	..	..	..	29.3	25.1	21.2	..	25.7	63
パキスタン	..	..	..	..	..	..	20.1	22.5	24.0	..	18.0	3
ポーランド	..	..	..	..	..	..	10.8	7.3	9.4	..	16.6	61
トルコ	..	..	..	..	..	..	9.5	6.1	9.4	..	12.5	68
キプロス[1,2]	..	..	..	..	..	..	10.2	12.8	10.3	..	10.9	56
イギリス	..	..	..	..	..	..	5.2	7.0	8.8	..	10.7	64
ウクライナ	..	..	..	..	..	..	13.3	13.5	11.5	..	10.7	89
エジプト	..	..	..	..	..	..	10.2	13.6	11.4	..	9.8	44
バングラデシュ	..	..	..	..	..	..	14.2	10.5	7.5	..	8.4	9
シリア	..	..	..	..	..	..	7.5	8.2	10.0	..	8.3	30
その他の国							117.1	101.7	89.7	..	102.0	
合計	..	..	..	..	..	..	828.4	750.7	729.9	..	727.5	53

注：定義と資料の詳細については、諸表の後に付したメタデータを参照。
1. トルコによる注記：この文書に掲載の情報で「キプロス」と表記されているものは、キプロス島南部を指す。キプロス島のトルコ系住民とギリシャ系住民の両方を代表する単一の政府は存在せず、トルコは北キプロス・トルコ共和国（TRNC）を承認している。国連の場で恒久的かつ公正な解決策が見いだされるまでは、トルコは「キプロス問題」に関してこの立場を維持するものとする。
2. OECD加盟の全EU加盟国及びEUによる注記：キプロス共和国はトルコを除く全国連加盟国によって承認されている。本書に掲載の情報は、キプロス共和国政府の実効支配下にある地域に関するものである。

StatLink：http://dx.doi.org/10.1787/888933395805

表B.4 外国出身人口のストック（出身国別）—— ハンガリー

単位：1,000人

	2004年	2005年	2006年	2007年	2008年	2009年	2010年	2011年	2012年	2013年	2014年	2014年の女性の割合（%）
ルーマニア	152.7	155.4	170.4	196.1	202.2	198.2	201.9	183.1	190.9	198.4	203.4	51
ウクライナ	..	..	4.9	4.9	4.6	6.5	13.4	25.5	28.8	33.3	42.0	54
セルビア	..	..	0.1	0.2	0.3	0.3	8.6	24.4	27.4	30.3	32.6	47
ドイツ	18.8	21.9	24.5	27.4	28.7	31.3	29.4	25.7	27.3	29.2	30.2	47
スロバキア共和国	..	..	2.1	3.0	3.2	3.3	5.7	21.1	21.3	21.3	21.1	62
中国	4.2	4.5	4.7	5.0	5.4	5.6	10.9	9.0	9.9	11.1	14.8	48
旧ソビエト連邦	32.2	31.9	27.4	28.5	30.1	31.2	30.7	13.1	14.1	13.5	13.2	65
オーストリア	4.7	5.4	6.2	6.9	7.3	7.9	7.8	7.6	8.1	8.8	9.3	45
イギリス	..	..	3.2	3.8	4.3	4.8	4.7	4.9	5.6	6.8	7.9	44
アメリカ合衆国	3.0	3.4	4.0	4.3	4.6	5.0	6.9	7.0	7.2	7.4	7.8	47
マケドニア旧ユーゴスラビア共和国	29.9	29.6	28.6	28.5	28.0	33.7	33.2	10.9	8.5	7.3	7.1	43
旧チェコスロバキア	31.4	32.6	30.4	29.6	28.5	28.5	24.1	5.6	5.8	6.0	6.2	65
イタリア	..	..	2.6	3.0	3.3	3.6	3.5	3.4	3.9	4.3	4.7	36
フランス	2.2	2.7	3.1	3.6	3.9	4.1	3.6	3.5	3.7	3.9	4.2	47
ロシア	..	..	0.7	0.7	0.7	0.7	2.8	3.1	3.2	3.2	3.7	61
その他の国	39.9	44.1	31.5	36.2	39.1	42.6	55.8	54.9	58.5	62.7	67.9	
合計	319.0	331.5	344.6	381.8	394.2	407.3	443.3	402.7	424.2	447.7	476.1	50

注：定義と資料の詳細については、諸表の後に付したメタデータを参照。

StatLink：http://dx.doi.org/10.1787/888933395805

表B.4 外国出身人口のストック（出身国別）—— アイスランド

単位：1,000人

	2004年	2005年	2006年	2007年	2008年	2009年	2010年	2011年	2012年	2013年	2014年	2014年の女性の割合（%）
ポーランド	2.2	3.6	6.6	10.5	11.6	10.1	9.5	9.3	9.4	10.2	11.0	47
デンマーク	2.6	2.7	2.8	2.9	3.0	2.9	2.9	3.0	3.1	3.2	3.3	51
アメリカ合衆国	1.6	1.7	1.8	1.9	1.8	1.9	1.8	1.8	2.0	2.0	2.0	46
スウェーデン	1.7	1.8	1.8	1.9	1.9	1.8	1.8	1.9	1.9	1.9	1.9	51
ドイツ	1.2	1.5	1.6	1.8	1.8	1.7	1.7	1.6	1.5	1.6	1.6	61
フィリピン	1.1	1.2	1.3	1.3	1.4	1.4	1.4	1.5	1.5	1.5	1.6	66
リトアニア	0.3	0.5	0.9	1.4	1.6	1.4	1.5	1.4	1.4	1.5	1.5	51
イギリス	0.8	0.9	0.9	1.0	1.1	1.1	1.1	1.2	1.2	1.2	1.3	40
タイ	0.8	0.9	1.0	1.0	1.1	1.1	1.1	1.1	1.1	1.2	1.2	74
ノルウェー	0.9	1.0	1.0	1.0	1.0	1.0	1.0	1.0	1.0	1.0	1.0	53
ラトビア	0.1	0.2	0.3	0.5	0.6	0.6	0.7	0.7	0.7	0.7	0.7	52
ベトナム	0.4	0.4	0.4	0.4	0.5	0.5	0.5	0.5	0.6	0.6	0.6	55
中国	0.4	0.8	0.9	0.6	0.5	0.5	0.5	0.5	0.6	0.6	0.6	69
ポルトガル	0.3	0.4	0.7	0.9	0.8	0.6	0.5	0.4	0.5	0.5	0.6	37
スペイン	0.2	0.2	0.2	0.3	0.3	0.3	0.3	0.3	0.3	0.4	0.5	41
その他の国	6.2	6.9	7.9	8.4	8.6	8.2	8.3	8.5	8.8	9.1	9.7	
合計	20.7	24.7	30.4	35.9	37.6	35.1	34.7	34.7	35.4	37.2	39.2	51

注：定義と資料の詳細については、諸表の後に付したメタデータを参照。

StatLink：http://dx.doi.org/10.1787/888933395805

統計付録　外国人及び外国出身人口のストック

表B.4　外国出身人口のストック（出身国別）── アイルランド

単位：1,000人

	2004年	2005年	2006年	2007年	2008年	2009年	2010年	2011年	2012年	2013年	2014年	2014年の女性の割合（%）
イギリス	..	..	266.1	..	..	..	..	281.1	..	..	..	51
ポーランド	..	..	62.5	..	..	..	..	114.3	..	..	..	48
リトアニア	..	..	24.6	..	..	..	..	34.6	..	..	..	52
アメリカ合衆国	..	..	24.6	..	..	..	..	26.9	..	..	..	54
ラトビア	..	..	13.9	..	..	..	..	19.8	..	..	..	56
ナイジェリア	..	..	16.3	..	..	..	..	19.4	..	..	..	54
ルーマニア	..	..	8.5	..	..	..	..	17.8	..	..	..	49
インド	..	..	9.2	..	..	..	..	17.7	..	..	..	46
フィリピン	..	..	9.4	..	..	..	..	13.6	..	..	..	58
ドイツ	..	..	11.5	..	..	..	..	12.7	..	..	..	55
中国	..	..	11.0	..	..	..	..	11.3	..	..	..	52
スロバキア共和国	..	..	8.1	..	..	..	..	10.6	..	..	..	47
フランス	..	..	9.1	..	..	..	..	9.9	..	..	..	50
ブラジル	..	..	4.7	..	..	..	..	9.2	..	..	..	50
パキスタン	..	..	5.8	..	..	..	..	8.2	..	..	..	35
その他の国	..	..	116.3	..	..	..	..	145.4	..	..	..	
合計	..	..	601.7	..	..	..	..	752.5	..	..	..	50

注：定義と資料の詳細については、諸表の後に付したメタデータを参照。

StatLink：http://dx.doi.org/10.1787/888933395805

表B.4　外国出身人口のストック（出身国別）── イスラエル

単位：1,000人

	2004年	2005年	2006年	2007年	2008年	2009年	2010年	2011年	2012年	2013年	2014年	2014年の女性の割合（%）
旧ソビエト連邦	941.0	935.1	929.1	921.7	913.8	877.5	875.5	867.0	862.4	858.7	859.4	55
モロッコ	157.5	155.4	153.2	150.7	148.5	154.7	152.0	149.6	147.2	145.4	143.1	53
アメリカ合衆国	..	..	..	..	..	..	82.7	84.8	86.2	88.0	90.5	52
エチオピア	69.4	72.8	76.1	79.4	80.8	77.4	78.9	81.9	84.6	85.9	85.6	50
ルーマニア	110.4	106.9	103.7	100.2	96.9	96.4	93.1	90.0	87.0	84.0	80.8	56
イラク	69.9	68.3	66.7	65.1	63.5	63.7	61.8	60.0	58.5	56.8	54.9	53
フランス	33.2	35.4	37.6	39.6	40.9	41.4	42.9	43.5	44.2	46.3	51.1	54
イラン	49.4	48.8	48.2	47.6	46.8	49.8	48.9	48.1	47.4	46.7	46.0	51
ポーランド	64.4	60.6	57.0	53.4	50.1	54.0	50.7	48.0	45.0	42.2	39.7	57
アルゼンチン	38.9	38.2	37.7	37.2	36.7	37.6	37.5	37.6	36.8	36.3	36.0	53
チュニジア	..	..	..	..	..	..	29.9	29.2	28.8	28.4	28.6	54
イギリス	19.8	20.3	21.1	21.7	22.2	21.8	22.5	23.0	23.0	23.2	23.5	53
トルコ	28.2	27.5	26.9	26.2	25.6	26.1	25.6	24.9	24.1	23.4	22.8	53
イエメン	32.7	31.8	30.8	29.9	28.9	28.9	27.9	26.9	24.1	25.4	22.5	56
ドイツ	..	..	..	..	..	..	21.4	20.7	20.2	19.7	19.2	57
その他の国	346.2	346.8	341.9	343.3	344.3	348.8	217.7	214.8	215.4	210.9	213.4	
合計	1 961.0	1 948.0	1 930.0	1 916.0	1 899.0	1 878.0	1 869.0	1 850.0	1 835.0	1 821.0	1 817.0	55

注：定義と資料の詳細については、諸表の後に付したメタデータを参照。

StatLink：http://dx.doi.org/10.1787/888933395805

外国人及び外国出身人口のストック　**統計付録**

表B.4　外国出身人口のストック（出身国別）—— イタリア

単位：1,000 人

	2004年	2005年	2006年	2007年	2008年	2009年	2010年	2011年	2012年	2013年	2014年	2014年の女性の割合（%）
ルーマニア	..	..	..	..	1 021.4	1 016.9	1 011.7	1 003.7	1 000.1	..	..	57
アルバニア	..	..	..	..	443.2	440.6	438.0	434.3	432.7	..	..	48
モロッコ	..	..	..	..	419.0	416.8	414.5	411.1	409.6	..	..	43
ドイツ	..	..	..	..	223.7	222.7	221.5	219.9	220.0	..	..	57
ウクライナ	..	..	..	..	214.7	213.6	212.4	210.8	210.0	..	..	79
スイス	..	..	..	..	195.5	194.5	193.5	192.1	191.5	..	..	54
中国	..	..	..	..	195.7	194.7	193.5	192.0	191.3	..	..	49
モルドバ	..	..	..	..	160.7	159.9	159.0	157.7	157.1	..	..	67
フランス	..	..	..	..	138.2	137.7	137.3	136.5	136.7	..	..	60
フィリピン	..	..	..	..	138.6	137.8	137.0	135.9	135.4	..	..	61
インド	..	..	..	..	129.7	129.0	128.3	127.3	126.8	..	..	39
ポーランド	..	..	..	..	125.3	124.7	124.1	123.1	122.7	..	..	75
ペルー	..	..	..	..	115.7	115.0	114.4	113.4	113.0	..	..	62
チュニジア	..	..	..	..	113.2	112.6	112.0	111.1	110.7	..	..	36
ブラジル	..	..	..	..	111.0	110.5	110.0	109.2	108.9	..	..	63
その他の国	..	..	..	..	2 068.2	2 060.7	2 051.7	2 036.9	2 029.3			
合計	..	..	..	..	5 813.8	5 787.9	5 759.0	5 715.1	5 695.9	5 737.2	5 805.3	54

注：定義と資料の詳細については、諸表の後に付したメタデータを参照。

StatLink：http://dx.doi.org/10.1787/888933395805

表B.4　外国出身人口のストック（出身国別）—— ルクセンブルク

単位：1,000 人

	2004年	2005年	2006年	2007年	2008年	2009年	2010年	2011年	2012年	2013年	2014年	2014年の女性の割合（%）
ポルトガル	..	..	..	..	..	..	60.9	..	..	..	..	48
フランス	..	..	..	..	..	..	28.1	..	..	..	..	49
ベルギー	..	..	..	..	..	..	16.8	..	..	..	..	47
ドイツ	..	..	..	..	..	..	14.8	..	..	..	..	55
イタリア	..	..	..	..	..	..	13.2	..	..	..	..	43
カーボベルデ	..	..	..	..	..	..	4.6	..	..	..	..	53
セルビア	..	..	..	..	..	..	4.6	..	..	..	..	49
イギリス	..	..	..	..	..	..	4.2	..	..	..	..	44
オランダ	..	..	..	..	..	..	3.5	..	..	..	..	47
スペイン	..	..	..	..	..	..	2.9	..	..	..	..	53
ポーランド	..	..	..	..	..	..	2.9	..	..	..	..	59
ボスニア・ヘルツェゴビナ	..	..	..	..	..	..	2.2	..	..	..	..	50
ルーマニア	..	..	..	..	..	..	1.9	..	..	..	..	64
中国	..	..	..	..	..	..	1.9	..	..	..	..	54
ブラジル	..	..	..	..	..	..	1.8	..	..	..	..	63
その他の国	..	..	..	..	..	..	40.8	..	..	..	..	
合計	..	..	..	..	..	..	205.2	..	..	..	..	50

注：定義と資料の詳細については、諸表の後に付したメタデータを参照。

StatLink：http://dx.doi.org/10.1787/888933395805

統計付録　外国人及び外国出身人口のストック

表B.4　外国出身人口のストック（出身国別）── メキシコ

単位：1,000人

	2004年	2005年	2006年	2007年	2008年	2009年	2010年	2011年	2012年	2013年	2014年	2014年の女性の割合（%）
アメリカ合衆国	..	..	..	..	..	..	738.1	..	..	..	..	49
グアテマラ	..	..	..	..	..	..	35.3	..	..	..	..	53
スペイン	..	..	..	..	..	..	18.9	..	..	..	..	45
コロンビア	..	..	..	..	..	..	13.9	..	..	..	..	57
アルゼンチン	..	..	..	..	..	..	13.7	..	..	..	..	47
キューバ	..	..	..	..	..	..	12.1	..	..	..	..	49
ホンジュラス	..	..	..	..	..	..	11.0	..	..	..	..	54
ベネズエラ	..	..	..	..	..	..	10.1	..	..	..	..	56
エルサルバドル	..	..	..	..	..	..	8.1	..	..	..	..	52
カナダ	..	..	..	..	..	..	7.9	..	..	..	..	49
フランス	..	..	..	..	..	..	7.2	..	..	..	..	47
中国	..	..	..	..	..	..	6.7	..	..	..	..	45
ドイツ	..	..	..	..	..	..	6.2	..	..	..	..	43
ペルー	..	..	..	..	..	..	5.9	..	..	..	..	48
チリ	..	..	..	..	..	..	5.3	..	..	..	..	47
その他の国	..	..	..	..	..	..	60.8	..	..	..	..	
合計	..	611.8	631.2	722.6	772.5	885.7	961.1	966.8	973.7	991.2	939.9	49

注：定義と資料の詳細については、諸表の後に付したメタデータを参照。

StatLink：http://dx.doi.org/10.1787/888933395805

表B.4　外国出身人口のストック（出身国別）── オランダ

単位：1,000人

	2004年	2005年	2006年	2007年	2008年	2009年	2010年	2011年	2012年	2013年	2014年	2014年の女性の割合（%）
トルコ	195.9	196.0	195.4	194.8	195.7	196.7	197.4	197.4	196.5	195.1	192.7	49
スリナム	190.1	189.2	187.8	187.0	186.7	186.8	186.2	185.5	184.1	182.6	181.0	55
モロッコ	168.5	168.6	168.0	167.2	166.9	167.4	167.7	168.3	168.2	168.5	168.6	48
インドネシア	156.0	152.8	149.7	146.7	143.7	140.7	137.8	135.1	132.0	129.2	126.4	56
ドイツ	117.7	116.9	116.4	117.0	119.2	120.5	122.3	122.8	121.8	120.5	119.1	58
ポーランド	25.0	30.0	35.3	42.1	51.1	58.1	66.6	78.2	86.5	96.2	108.5	54
旧ソビエト連邦	34.5	35.3	36.0	37.4	39.4	41.9	45.6	49.2	51.8	53.7	56.4	63
ベルギー	47.1	47.1	47.4	47.9	48.6	49.2	50.0	50.9	51.9	52.8	54.0	55
マケドニア旧ユーゴスラビア共和国	54.5	53.7	53.0	52.8	52.7	52.8	52.7	52.7	52.5	52.5	52.6	52
中国	33.5	34.8	35.5	37.1	40.0	42.5	44.7	47.5	49.7	51.3	52.5	57
イギリス	47.5	46.6	45.8	45.8	46.7	47.1	47.2	47.5	47.8	48.4	49.1	45
イラク	35.9	35.3	34.8	35.7	38.7	40.9	41.0	40.8	40.6	40.5	40.7	44
アフガニスタン	32.4	32.0	31.3	31.0	30.7	31.1	31.8	32.6	32.8	33.1	33.1	47
イラン	24.1	23.8	23.8	24.2	24.8	25.4	26.2	27.2	28.0	28.7	29.2	46
アメリカ合衆国	22.6	22.8	23.0	23.3	24.0	24.3	24.9	25.7	26.3	26.5	27.5	52
その他の国	550.9	549.9	549.3	561.2	584.8	607.1	626.6	644.8	657.1	673.7	705.0	
合計	1 736.1	1 734.7	1 732.4	1 751.0	1 793.7	1 832.5	1 868.7	1 906.3	1 927.7	1 953.4	1 996.3	52

注：定義と資料の詳細については、諸表の後に付したメタデータを参照。

StatLink：http://dx.doi.org/10.1787/888933395805

外国人及び外国出身人口のストック　統計付録

表B.4　外国出身人口のストック（出身国別）── ニュージーランド

単位：1,000人

	2004年	2005年	2006年	2007年	2008年	2009年	2010年	2011年	2012年	2013年	2014年	2014年の女性の割合（%）
イギリス	..	..	243.6	..	..	..	..	..	..	255.0	..	50
中国	..	..	78.1	..	..	..	..	..	..	89.1	..	54
インド	..	..	43.3	..	..	..	..	..	..	67.2	..	44
オーストラリア	..	..	62.7	..	..	..	..	..	..	62.7	..	53
南アフリカ	..	..	41.7	..	..	..	..	..	..	54.3	..	51
フィジー	..	..	37.7	..	..	..	..	..	..	52.8	..	52
サモア	..	..	50.6	..	..	..	..	..	..	50.7	..	52
フィリピン	..	..	15.3	..	..	..	..	..	..	37.3	..	57
韓国	..	..	28.8	..	..	..	..	..	..	26.6	..	53
トンガ	..	..	20.5	..	..	..	..	..	..	22.4	..	50
アメリカ合衆国	..	..	18.3	..	..	..	..	..	..	22.1	..	53
オランダ	..	..	22.2	..	..	..	..	..	..	19.9	..	49
マレーシア	..	..	14.5	..	..	..	..	..	..	16.4	..	54
クック諸島	..	..	14.7	..	..	..	..	..	..	13.0	..	53
ドイツ	..	..	10.8	..	..	..	..	..	..	12.9	..	56
その他の国	..	..	176.6	..	..	..	..	..	..	199.5	..	
合計	..	..	879.5	..	..	..	..	..	..	1 001.8	..	52

注：定義と資料の詳細については、諸表の後に付したメタデータを参照。

StatLink：http://dx.doi.org/10.1787/888933395805

表B.4　外国出身人口のストック（出身国別）── ノルウェー

単位：1,000人

	2004年	2005年	2006年	2007年	2008年	2009年	2010年	2011年	2012年	2013年	2014年	2014年の女性の割合（%）
ポーランド	8.3	11.2	18.0	30.8	42.7	49.5	57.1	67.6	76.9	84.2	91.2	35
スウェーデン	33.1	33.9	35.0	36.8	39.4	41.8	44.6	47.0	47.8	48.6	49.2	49
リトアニア	1.3	1.9	3.0	5.0	7.3	9.9	15.6	22.7	28.6	33.0	35.9	41
ドイツ	14.1	15.2	16.7	19.7	23.0	24.9	26.2	27.3	27.8	27.9	28.2	47
ソマリア	12.8	13.5	14.5	16.0	16.9	18.0	19.4	20.7	23.7	25.9	27.0	47
デンマーク	22.2	22.3	22.3	22.5	22.6	22.7	22.9	23.3	23.8	24.4	25.3	48
イラク	15.4	16.7	17.4	18.2	19.4	20.6	21.4	22.0	22.1	22.1	22.2	44
フィリピン	8.0	8.7	9.6	10.9	12.3	13.5	14.7	16.3	17.8	19.5	20.6	77
パキスタン	15.2	15.6	15.9	16.2	16.7	17.2	17.6	18.0	18.6	19.0	19.4	48
イギリス	14.6	14.7	15.1	15.6	16.2	16.9	17.5	18.1	18.6	19.0	19.3	39
タイ	7.3	8.3	9.3	10.5	11.8	13.1	14.1	15.2	16.4	17.3	18.0	81
アメリカ合衆国	14.5	14.6	14.8	15.2	15.7	16.0	16.3	16.6	17.0	17.3	17.5	51
ロシア	8.9	10.1	10.9	12.2	13.1	13.8	14.6	15.3	16.2	16.8	17.2	66
イラン	11.6	11.8	12.0	12.3	12.6	13.1	13.6	14.4	15.1	15.9	16.2	46
エリトリア	1.8	2.1	2.4	2.7	3.3	4.8	6.6	8.2	10.1	12.4	14.8	42
その他の国	171.9	179.8	188.3	200.8	215.8	231.1	246.9	263.8	283.3	301.2	319.7	
合計	361.1	380.4	405.1	445.4	488.8	526.8	569.1	616.3	663.9	704.5	741.8	48

注：定義と資料の詳細については、諸表の後に付したメタデータを参照。

StatLink：http://dx.doi.org/10.1787/888933395805

統計付録　外国人及び外国出身人口のストック

表B.4　外国出身人口のストック（出身国別）── ポーランド

単位：1,000人

	2004年	2005年	2006年	2007年	2008年	2009年	2010年	2011年	2012年	2013年	2014年	2014年の女性の割合（%）
ウクライナ	..	..	..	..	..	..	..	227.5	..	..	..	..
ドイツ	..	..	..	..	..	..	..	84.0	..	..	..	..
ベラルーシ	..	..	..	..	..	..	..	83.6	..	..	..	..
リトアニア	..	..	..	..	..	..	..	55.6	..	..	..	..
イギリス	..	..	..	..	..	..	..	38.0	..	..	..	..
アイルランド	..	..	..	..	..	..	..	8.4	..	..	..	..
その他の国	..	..	..	..	..	..	..	177.8	..	..	..	..
合計	..	..	..	..	..	..	..	674.9	..	..	..	..

注：定義と資料の詳細については、諸表の後に付したメタデータを参照。

StatLink：http://dx.doi.org/10.1787/888933395805

表B.4　外国出身人口のストック（出身国別）── ポルトガル

単位：1,000人

	2004年	2005年	2006年	2007年	2008年	2009年	2010年	2011年	2012年	2013年	2014年	2014年の女性の割合（%）
アンゴラ	..	..	..	..	..	..	..	162.6	..	..	..	54
ブラジル	..	..	..	..	..	..	..	139.7	..	..	..	58
フランス	..	..	..	..	..	..	..	94.5	..	..	..	54
モザンビーク	..	..	..	..	..	..	..	73.1	..	..	..	54
カーボベルデ	..	..	..	..	..	..	..	62.0	..	..	..	53
ギニアビサウ	..	..	..	..	..	..	..	29.6	..	..	..	44
ドイツ	..	..	..	..	..	..	..	28.0	..	..	..	52
ベネズエラ	..	..	..	..	..	..	..	25.2	..	..	..	54
ルーマニア	..	..	..	..	..	..	..	23.7	..	..	..	49
イギリス	..	..	..	..	..	..	..	19.1	..	..	..	50
サントメ・プリンシペ	..	..	..	..	..	..	..	18.6	..	..	..	56
スペイン	..	..	..	..	..	..	..	16.5	..	..	..	57
スイス	..	..	..	..	..	..	..	16.5	..	..	..	49
南アフリカ	..	..	..	..	..	..	..	11.5	..	..	..	53
中国	..	..	..	..	..	..	..	10.9	..	..	..	48
その他の国	..	..	..	..	..	..	..	140.5	..	..	..	
合計	..	..	..	..	..	..	..	871.8	..	..	..	53

注：定義と資料の詳細については、諸表の後に付したメタデータを参照。

StatLink：http://dx.doi.org/10.1787/888933395805

外国人及び外国出身人口のストック　**統計付録**

表B.4　外国出身人口のストック（出身国別）—— ロシア

単位：1,000人

	2004年	2005年	2006年	2007年	2008年	2009年	2010年	2011年	2012年	2013年	2014年	2014年の女性の割合（%）
ウクライナ	..	..	..	..	..	..	2 942.0	..	..	..	..	54
カザフスタン	..	..	..	..	..	..	2 481.9	..	..	..	..	54
ウズベキスタン	..	..	..	..	..	..	1 111.7	..	..	..	..	47
アゼルバイジャン	..	..	..	..	..	..	743.9	..	..	..	..	44
ベラルーシ	..	..	..	..	..	..	740.9	..	..	..	..	57
キルギスタン	..	..	..	..	..	..	573.3	..	..	..	..	51
アルメニア	..	..	..	..	..	..	511.2	..	..	..	..	44
タジキスタン	..	..	..	..	..	..	452.2	..	..	..	..	41
ジョージア	..	..	..	..	..	..	436.4	..	..	..	..	46
モルドバ	..	..	..	..	..	..	285.3	..	..	..	..	47
トルクメニスタン	..	..	..	..	..	..	180.0	..	..	..	..	52
ドイツ	..	..	..	..	..	..	137.7	..	..	..	..	50
ラトビア	..	..	..	..	..	..	86.7	..	..	..	..	53
リトアニア	..	..	..	..	..	..	68.9	..	..	..	..	53
エストニア	..	..	..	..	..	..	57.0	..	..	..	..	53
その他の国	..	..	..	..	..	..	385.8	..	..	..	..	
合計	..	..	..	..	..	..	11 194.7	..	..	..	..	51

注：定義と資料の詳細については、諸表の後に付したメタデータを参照。

StatLink：http://dx.doi.org/10.1787/888933395805

表B.4　外国出身人口のストック（出身国別）—— スロバキア共和国

単位：1,000人

	2004年	2005年	2006年	2007年	2008年	2009年	2010年	2011年	2012年	2013年	2014年	2014年の女性の割合（%）
チェコ共和国	107.7	..	..	..	..	..	..	..	86.4	88.2	88.0	55
ハンガリー	22.5	..	..	..	..	..	..	..	16.6	17.3	17.1	51
ウクライナ	13.3	..	..	..	..	..	..	..	9.8	9.9	10.1	61
ルーマニア	4.4	..	..	..	..	..	..	..	5.3	8.1	8.3	38
ポーランド	7.2	..	..	..	..	..	..	..	4.6	6.7	6.7	54
イギリス	1.8	..	..	..	..	..	..	..	4.9	4.8	5.5	44
ドイツ	4.7	..	..	..	..	..	..	..	3.0	4.6	4.8	33
オーストリア	3.9	..	..	..	..	..	..	..	2.6	3.1	3.4	40
フランス	3.4	..	..	..	..	..	..	..	2.3	2.9	2.9	47
イタリア	1.6	..	..	..	..	..	..	..	1.9	2.7	2.8	25
ロシア	5.8	..	..	..	..	..	..	..	2.3	2.7	2.8	65
ブルガリア	1.7	..	..	..	..	..	..	..	1.3	2.2	2.2	32
アメリカ合衆国	3.5	..	..	..	..	..	..	..	2.3	2.1	2.2	47
ベトナム	2.4	..	..	..	..	..	..	..	1.6	2.1	2.1	39
セルビア	0.8	..	..	..	..	..	..	..	1.6	1.9	2.0	36
その他の国	23.0	..	..	..	..	..	..	..	11.6	15.7	16.7	
合計	207.6	..	..	..	..	..	..	..	158.2	174.9	177.6	50

注：定義と資料の詳細については、諸表の後に付したメタデータを参照。

StatLink：http://dx.doi.org/10.1787/888933395805

411

統計付録　外国人及び外国出身人口のストック

表B.4　外国出身人口のストック（出身国別）—— スロベニア

単位：1,000人

	2004年	2005年	2006年	2007年	2008年	2009年	2010年	2011年	2012年	2013年	2014年	2014年の女性の割合（%）
ボスニア・ヘルツェゴビナ	..	..	..	..	..	..	96.9	106.8	112.0	115.1	119.1	40
クロアチア	..	..	..	..	..	..	49.2	56.6	63.3	62.2	61.6	51
セルビア	..	..	..	..	..	..	29.2	34.7	36.7	38.4	39.5	43
ドイツ	..	..	..	..	..	..	..	15.4	21.5	21.7	22.0	50
マケドニア旧ユーゴスラビア共和国	..	..	..	..	..	..	13.7	16.0	17.5	18.5	19.2	40
イタリア	..	..	..	..	..	..	..	4.6	8.5	9.1	9.5	45
オーストリア	..	..	..	..	..	..	..	5.9	8.4	8.7	9.1	51
アルゼンチン	..	..	..	..	..	..	..	0.4	4.6	4.8	5.0	51
スイス	..	..	..	..	..	..	..	2.0	3.7	3.8	4.0	48
フランス	..	..	..	..	..	..	..	1.8	3.6	3.6	3.6	50
ロシア	..	..	..	..	..	..	..	1.3	1.9	2.5	3.0	58
カナダ	..	..	..	..	..	..	..	0.5	2.4	2.5	2.5	53
ウクライナ	..	..	..	..	..	..	..	1.8	1.9	2.1	2.4	66
アメリカ合衆国	..	..	..	..	..	..	..	0.9	1.9	2.0	2.1	39
オーストリア	..	..	..	..	..	..	..	0.5	1.9	1.9	2.0	50
その他の国	..	..	..	..	..	..	39.7	22.6	9.9	34.1	36.6	
合計	..	..	..	..	..	..	228.6	271.8	299.7	331.0	341.2	45

注：定義と資料の詳細については、諸表の後に付したメタデータを参照。

StatLink：http://dx.doi.org/10.1787/888933395805

表B.4　外国出身人口のストック（出身国別）—— スペイン

単位：1,000人

	2004年	2005年	2006年	2007年	2008年	2009年	2010年	2011年	2012年	2013年	2014年	2014年の女性の割合（%）
モロッコ	557.2	606.0	621.3	683.1	737.8	760.2	769.1	779.5	777.6	774.5	774.3	42
ルーマニア	312.1	397.3	511.0	706.2	762.2	784.8	810.3	833.8	801.4	726.1	678.1	51
エクアドル	487.2	456.6	434.7	458.4	479.1	484.6	480.6	471.6	456.2	439.0	422.1	53
コロンビア	288.2	287.0	291.7	330.4	358.8	371.1	374.0	375.5	370.8	363.7	356.2	58
イギリス	238.2	283.7	322.0	358.3	379.3	390.0	392.9	398.3	385.6	303.5	286.0	50
アルゼンチン	260.4	271.4	273.0	290.3	295.4	291.7	286.4	280.3	271.1	259.9	252.6	49
フランス	188.7	199.4	208.8	220.2	227.1	229.7	228.1	226.1	221.9	209.0	204.9	52
ペルー	108.0	123.5	137.0	162.4	188.2	197.6	198.1	198.6	195.5	191.7	188.3	55
ドイツ	193.1	208.9	222.1	237.9	246.7	251.0	251.1	250.9	236.0	196.1	186.5	51
中国	87.0	104.8	108.3	127.0	146.3	154.1	160.8	168.3	170.7	173.2	177.2	53
ボリビア	99.5	140.7	200.7	240.9	229.4	213.9	202.7	193.6	185.2	177.1	171.1	60
ベネズエラ	116.2	124.9	130.6	144.6	152.4	155.1	159.3	162.1	162.1	160.6	165.7	54
ドミニカ共和国	78.0	87.1	96.7	114.7	129.7	136.8	141.2	149.4	155.4	158.5	161.1	61
ブルガリア	93.0	100.8	120.2	150.7	160.0	163.6	165.7	168.1	160.2	142.6	133.0	49
キューバ	76.5	79.2	83.1	92.6	100.5	104.5	111.2	120.3	125.2	128.6	131.1	55
その他の国	1 208.2	1 366.4	1 489.0	1 726.7	1 873.4	1 915.5	1 946.3	1 983.5	1 965.5	1 879.5	1 866.5	
合計	4 391.5	4 837.6	5 250.0	6 044.5	6 466.3	6 604.2	6 677.8	6 759.8	6 640.5	6 283.7	6 154.7	51

注：定義と資料の詳細については、諸表の後に付したメタデータを参照。

StatLink：http://dx.doi.org/10.1787/888933395805

外国人及び外国出身人口のストック　統計付録

表B.4　外国出身人口のストック（出身国別）―― スウェーデン

単位：1,000人

	2004年	2005年	2006年	2007年	2008年	2009年	2010年	2011年	2012年	2013年	2014年	2014年の女性の割合（%）
フィンランド	186.6	183.7	180.9	178.2	175.1	172.2	169.5	166.7	163.9	161.1	158.5	60
イラク	70.1	72.6	82.8	97.5	109.4	117.9	121.8	125.5	127.9	128.9	130.2	46
ポーランド	43.5	46.2	51.7	58.2	63.8	67.5	70.3	72.9	75.3	78.2	81.7	56
イラン	54.0	54.5	55.7	56.5	57.7	59.9	62.1	63.8	65.6	67.2	68.4	48
マケドニア旧ユーゴスラビア共和国	74.6	74.0	73.7	72.9	72.3	71.6	70.8	70.1	69.3	68.6	67.9	50
シリア	16.2	16.8	17.8	18.2	18.8	19.6	20.8	22.4	27.5	41.7	67.7	43
ソマリア	15.3	16.0	18.3	21.6	25.2	31.7	37.8	40.2	44.0	54.2	57.9	50
ボスニア・ヘルツェゴビナ	54.5	54.8	55.5	55.7	56.0	56.1	56.2	56.3	56.6	56.8	57.3	51
ドイツ	40.8	41.6	43.0	45.0	46.9	47.8	48.2	48.4	48.7	49.0	49.4	53
トルコ	35.0	35.9	37.1	38.2	39.2	40.8	42.5	43.9	45.1	45.7	46.1	45
デンマーク	41.7	42.6	44.4	45.9	46.2	46.0	45.5	45.0	44.2	43.2	42.4	47
ノルウェー	45.0	44.8	44.7	44.6	44.3	43.8	43.4	43.1	42.9	42.5	42.3	56
タイ	16.3	18.3	20.5	22.9	25.9	28.7	31.4	33.6	35.6	37.0	38.1	78
中国	11.9	13.3	14.5	16.0	18.3	21.2	24.0	25.7	26.8	27.9	28.7	60
アフガニスタン	7.8	8.3	9.9	10.6	11.4	12.7	14.4	17.5	21.5	25.1	28.4	40
その他の国	387.1	402.5	424.6	445.6	471.2	500.2	526.2	552.4	578.4	606.3	638.5	
合計	1 100.3	1 125.8	1 175.2	1 227.8	1 281.6	1 338.0	1 384.9	1 427.3	1 473.3	1 533.5	1 603.6	51

注：定義と資料の詳細については、諸表の後に付したメタデータを参照。

StatLink：http://dx.doi.org/10.1787/888933395805

表B.4　外国出身人口のストック（出身国別）―― スイス

単位：1,000人

	2004年	2005年	2006年	2007年	2008年	2009年	2010年	2011年	2012年	2013年	2014年	2014年の女性の割合（%）
ドイツ	..	..	..	..	..	..	318.9	330.0	337.4	343.6	348.1	50
イタリア	..	..	..	..	..	..	233.1	241.0	244.7	251.3	258.3	44
ポルトガル	..	..	..	..	..	..	172.3	187.4	199.2	211.5	218.7	45
フランス	..	..	..	..	..	..	132.3	138.4	141.4	146.8	153.1	52
トルコ	..	..	..	..	..	..	76.0	76.9	77.4	77.9	78.2	47
スペイン	..	..	..	..	..	..	53.5	57.2	59.8	64.1	67.1	49
セルビア	..	..	..	..	..	..	59.1	61.7	62.7	65.6	66.2	51
オーストリア	..	..	..	..	..	..	58.8	59.2	59.7	5.8	60.0	61
マケドニア旧ユーゴスラビア共和国	..	..	..	..	..	..	51.7	53.5	55.1	57.0	59.2	48
ボスニア・ヘルツェゴビナ	..	..	..	..	..	..	51.1	52.4	53.2	54.1	55.4	52
イギリス	..	..	..	..	..	..	41.1	43.7	44.2	44.8	45.2	47
ブラジル	..	..	..	..	..	..	32.3	33.4	34.4	35.5	36.6	71
アメリカ合衆国	..	..	..	..	..	..	33.7	34.9	35.4	35.9	36.3	52
ポーランド	..	..	..	..	..	..	21.5	24.0	26.2	28.1	31.6	56
スリランカ	..	..	..	..	..	..	28.6	29.6	30.0	30.6	31.3	47
その他の国	..	..	..	..	..	..	711.2	734.9	757.7	837.0	809.6	
合計	..	..	..	..	..	..	2 075.2	2 158.4	2 218.4	2 289.6	2 354.8	51

注：定義と資料の詳細については、諸表の後に付したメタデータを参照。

StatLink：http://dx.doi.org/10.1787/888933395805

統計付録　　外国人及び外国出身人口のストック

表B.4　外国出身人口のストック（出身国別）── イギリス

単位：1,000人

	2004年	2005年	2006年	2007年	2008年	2009年	2010年	2011年	2012年	2013年	2014年	2014年の女性の割合（%）
インド	..	..	570	553	601	661	687	686	750	746	784	50
ポーランド	..	..	229	423	495	540	534	617	658	650	783	51
パキスタン	..	..	274	357	422	427	382	441	432	476	510	46
アイルランド	..	..	417	410	420	401	401	429	429	400	372	57
ドイツ	..	..	269	253	273	296	301	292	303	343	252	56
ルーマニア	..	..	16	26	39	55	77	82	118	151	220	93
ナイジェリア	..	..	117	147	137	166	167	203	162	202	206	52
バングラデシュ	..	..	221	202	193	199	193	219	191	184	198	49
南アフリカ	..	..	198	194	204	220	227	208	208	224	178	54
フランス	..	..	111	134	129	144	122	132	146	128	174	52
リトアニア	..	..	47	55	70	62	91	118	117	140	171	51
イタリア	..	..	86	102	108	117	130	150	135	142	168	45
アメリカ合衆国	..	..	169	162	173	160	193	159	203	216	158	49
フィリピン	..	..	95	107	101	134	110	140	134	129	150	57
ジャマイカ	..	..	135	173	142	130	134	123	151	140	149	60
その他の国	..	..	2 803	2 894	3 126	3 187	3 307	3 431	3 451	3 589	4 009	
合計	..	..	5 757	6 192	6 633	6 899	7 056	7 430	7 588	7 860	8 482	52

注：定義と資料の詳細については、諸表の後に付したメタデータを参照。

StatLink：http://dx.doi.org/10.1787/888933395805

表B.4　外国出身人口のストック（出身国別）── アメリカ合衆国

単位：1,000人

	2004年	2005年	2006年	2007年	2008年	2009年	2010年	2011年	2012年	2013年	2014年	2014年の女性の割合（%）
メキシコ	10 256.9	10 993.9	11 535.0	11 739.6	11 451.3	11 478.2	11 746.5	11 691.6	11 489.4	11 556.5	11 714.5	..
インド	1 372.3	1 410.7	1 505.4	1 514.0	1 626.9	1 665.1	1 796.5	1 855.7	1 974.3	2 036.3	2 205.9	..
中国	1 218.4	1 202.9	1 357.5	1 367.8	1 339.1	1 425.8	1 604.4	1 651.5	1 719.8	1 786.1	1 929.5	..
フィリピン	1 509.8	1 594.8	1 634.1	1 708.5	1 685.1	1 733.9	1 766.5	1 814.9	1 862.0	1 863.5	1 926.3	..
エルサルバドル	931.9	988.0	1 042.2	1 108.3	1 078.3	1 157.2	1 207.1	1 245.5	1 254.5	1 247.5	1 315.5	..
ベトナム	1 052.0	1 072.9	1 116.2	1 102.2	1 154.7	1 149.4	1 243.8	1 253.9	1 264.2	1 308.2	1 291.8	..
キューバ	925.0	902.4	932.6	980.0	987.8	982.9	1 112.1	1 090.6	1 114.9	1 138.2	1 172.9	..
韓国	955.4	993.9	1 021.2	1 050.7	1 034.7	1 012.9	1 086.9	1 095.1	1 105.7	1 081.2	1 079.8	..
ドミニカ共和国	716.5	708.5	764.9	747.9	779.2	791.6	879.9	878.9	960.2	1 010.7	997.7	..
グアテマラ	585.2	644.7	741.0	683.8	743.8	790.5	797.3	844.3	880.9	900.5	915.6	..
カナダ	808.5	830.3	847.2	816.4	824.3	814.1	785.6	787.5	799.1	841.1	806.4	..
コロンビア	499.3	554.8	589.1	603.7	603.3	617.7	648.3	655.1	705.0	679.6	706.8	..
ジャマイカ	590.1	579.2	643.1	587.6	631.7	645.0	650.8	694.6	668.8	705.3	705.8	..
イギリス	658.0	676.6	677.1	678.1	692.4	688.3	676.6	684.6	686.7	706.0	679.1	..
ハイチ	445.3	483.7	495.8	544.5	545.8	536.0	596.4	602.7	616.0	599.6	628.0	..
その他の国	11 733.2	12 132.2	12 567.1	12 815.5	12 837.6	12 964.4	13 318.2	13 535.1	13 636.9	13 883.9	14 315.1	51
合計	34 257.7	35 769.6	37 469.4	38 048.5	38 016.1	38 452.8	39 916.9	40 381.6	40 738.2	41 344.4	42 390.7	

注：定義と資料の詳細については、諸表の後に付したメタデータを参照。

StatLink：http://dx.doi.org/10.1787/888933395805

外国人及び外国出身人口のストック　**統計付録**

表A4・表B4に関連するメタデータ──外国出身人口のストック

	注記	資料
オーストラリア	®推計居住者数。基準日は6月30日。	オーストラリア統計局
オーストリア	®住民登録に記載された外国出身の居住者のストック。2002～2007年のデータは、2006年の国勢調査の結果との整合性をはかるため修正されている。基準日は12月31日。	住民登録（オーストリア統計局）
ベルギー	®住民登録に基づく外国出身人口のストック。2012年以降は庇護希望者も含む。	住民登録（統計及経済情報総局）
カナダ	®2006年と2011年はカナダ家庭調査（National Household Survey）。 外国出身人口には、永住移民としてカナダに在留中の人をすべて含み、永住権のない居住者（就労や就学による在留資格保有者、難民申請者）は含まない。 ε　その他の年はパラメトリック法（PM）による算出。	カナダ統計局
チリ	®在留許可登録。	内務省外国人移民課
チェコ共和国	®2011年の国勢調査。外国人かチェコ国民かを問わず外国で出生した人の数。 ε　その他の年はコンポーネント法（CM）による算出。	チェコ統計局
デンマーク	®国の定義（両親がともに外国人もしくは外国出身者で、自身も外国で生まれた人）に合致する移民。両親の国籍または出身国の情報がない場合、外国生まれの人は移民に分類される。	デンマーク統計局
エストニア	®住民登録。	内務省
フィンランド	®住民登録。フィンランド系の外国出身者を含む。	中央住民登録（フィンランド統計局）
フランス	2005年以降は毎年行われる国勢調査による。 フランス人として外国で生まれた人を含む。2012年から2014年の合計の推計値は欧州連合統計局のデータに基づく。2014年に時系列上の大幅な変化。	フランス国立統計経済研究所（INSEE）
ドイツ	®国勢調査。	ドイツ連邦統計局
ギリシャ	®2010年以降は労働力調査。2013年までは第4四半期、2014年は第2四半期。	ギリシャ国家統計局
ハンガリー	®外国人も自国民も含む。2010年以降、一時在留資格（1年以上）を保有するEU域外の国の国民を含む。2011年以降、補足的保護の受益者を含む。2011年のデータは、同年10月の国勢調査の結果に合わせて調整されている。基準日は12月31日。	移民帰化局（Office of Immigration and Nationality）、中央電子行政・公共サービス局（Central Office Administrative and Electronic Public Services）、中央住民登録（ハンガリー中央統計局）
アイスランド	®住民登録。住民登録による数値は過大評価の可能性がある。基準日は12月31日。	アイスランド統計局
アイルランド	®2006年と2011年は国勢調査。通常国内に居住していて、国勢調査が行われた夜にその通常の居住地にいた人。 ε　その他の年はパラメトリック法（PM）による算出。	アイルランド中央統計局
イスラエル	推計値は国勢調査の結果と、住民登録に記載された国勢調査後の人口変化に基づいて算出されている。ユダヤ人と外国生まれの他宗教の信者（多くはユダヤ人移民の家族）を含む。 イスラエルの統計データは、イスラエル政府関係当局により、その責任の下で提供されている。OECDにおける当該データの使用は、ゴラン高原、東エルサレム、及びヨルダン川西岸地区のイスラエル入植地の国際法上の地位を害するものではない。	イスラエル中央統計局
イタリア	®住民登録。	イタリア国家統計局
ルクセンブルク	®2010年は国勢調査。 ε　その他の年はコンポーネント法（CM）による算出。	ルクセンブルク国立統計経済研究所（Statec）
メキシコ	®2010年は国勢調査。 ε　その他の年は、全国職業雇用調査（National Survey on Occupation and Employment, ENOE）からの推計。	メキシコ国家統計地理情報局（INEGI）
オランダ	®基準日は翌年の1月1日。	住民登録（オランダ統計局）
ニュージーランド	®2006年と2013年は国勢調査。 ε　その他の年はパラメトリック法（PM）による算出。	ニュージーランド統計局
ノルウェー	®基準日は12月31日。	中央住民登録（ノルウェー統計局）
ポーランド	®2011年の国勢調査。 一時在留資格保有者のうち、国勢調査実施時点で、ポーランド国内の登録住所での居住期間が12か月未満の人は除外している。出身国は国勢調査実施時点の行政区画に基づく。	ポーランド中央統計局

415

統計付録　外国人及び外国出身人口のストック

表A4・表B4に関連するメタデータ——外国出身人口のストック

	注記	資料
ポルトガル	®2011年の国勢調査。 ε　その他の年はコンポーネント法（CM）による算出。	ポルトガル国立統計院（INE）
ロシア	®2010年の国勢調査。	ロシア連邦統計局（Rosstat）
スロバキア共和国	®住民登録。	内務省
スロベニア	®中央住民登録。	内務省
スペイン	®住民登録。法的な在留資格の如何にかかわらず、地方自治体の住民登録に登録されている外国出身者。 ®基準日は翌年の1月1日。	地方自治体住民登録（スペイン国立統計局）
スウェーデン	®基準日は12月31日。	住民登録（スウェーデン統計局）
スイス	®2010年の連邦住民登録。 ε　その他の年はコンポーネント法（CM）による算出。	スイス連邦統計局
イギリス	®2006年以降は労働力調査。外国出身の在留者。 ε　その他の年はパラメトリック法（PM）による算出。 数字は概数。	イギリス国家統計局
アメリカ合衆国	®帰化した人及び非正規滞在者を含む。 アメリカ国籍の両親のもと生まれた子ども除く。	アメリカ地域社会調査（商務省センサス局）

®　測定値。

注：εは、コンポーネント法（CM）もしくはパラメトリック法（PM）による推定値の意。2種の推定方法の詳細については *http://oecd.org/migration/foreignborn* を参照。出身国別の表（表B.4）については、この推定値は算出していない。

注：セルビアのデータには、モンテネグロあるいはセルビア・モンテネグロの出身者を含む場合がある。

一部に2003年以前の数値や、本付録中に記載のない国籍／出身国に関する言及があるが、それらのデータは *http://stats.oecd.org/* で入手可能である。

外国人及び外国出身人口のストック　統計付録

表A.5 ［1/2］ 外国人（国籍別）人口のストック（OECD加盟国及びロシア）

単位：人数（1,000人）及び対人口比（%）

	2004年	2005年	2006年	2007年	2008年	2009年	2010年	2011年	2012年	2013年	2014年
オーストリア	774.4	796.7	804.8	829.7	860.0	883.6	913.2	951.4	1 004.3	1 066.1	1 146.1
対人口比（%）	9.5	9.7	9.7	10.0	10.3	10.6	10.9	11.3	11.9	12.6	13.5
ベルギー	870.9	900.5	932.2	971.4	1 013.3	1 057.7	1 119.3	1 169.1	1 257.2	1 268.1	1 304.7
対人口比（%）	8.4	8.6	8.8	9.1	9.5	9.8	10.2	10.6	11.4	11.4	11.6
カナダ	..	..	1 758.9	..	..	..	..	1 957.0	..	..	..
対人口比（%）	..	..	5.4	..	..	..	..	5.7	..	..	..
チェコ共和国	254.3	278.3	321.5	392.3	437.6	432.5	424.3	434.2	435.9	439.2	449.4
対人口比（%）	2.5	2.7	3.1	3.8	4.2	4.1	4.0	4.1	4.1	4.2	4.3
デンマーク	267.6	270.1	278.1	298.5	320.2	329.9	346.0	358.9	374.7	397.3	422.6
対人口比（%）	5.0	5.0	5.1	5.5	5.8	6.0	6.2	6.4	6.7	7.1	7.5
エストニア	..	..	..	..	..	..	..	211.1	210.9	211.7	211.4
対人口比（%）	..	..	..	..	..	..	..	15.9	15.9	16.1	16.1
フィンランド	108.3	113.9	121.7	132.7	143.3	155.7	168.0	183.1	195.5	207.5	219.7
対人口比（%）	2.1	2.2	2.3	2.5	2.7	2.9	3.1	3.4	3.6	3.8	4.0
フランス	..	3 541.8	3 696.9	3 731.2	3 773.2	3 821.5	3 892.8	3 980.6	4 129.4	4 198.6	4 395.4
対人口比（%）	..	5.8	6.0	6.0	6.1	6.1	6.2	6.3	6.5	6.6	6.9
ドイツ	6 717.1	6 755.8	6 751.0	6 744.9	6 727.6	6 694.8	6 753.6	6 930.9	7 213.7	7 633.6	8 153.0
対人口比（%）	8.1	8.2	8.2	8.2	8.2	8.2	8.3	8.5	8.8	9.3	10.1
ギリシャ	533.4	553.1	570.6	643.1	733.6	839.7	810.0	757.4	768.1	687.1	706.7
対人口比（%）	4.8	5.0	5.1	5.8	6.6	7.5	7.3	6.8	6.9	6.2	6.4
ハンガリー	142.2	154.4	166.0	174.7	184.4	197.8	209.2	143.4	141.4	140.5	146.0
対人口比（%）	1.4	1.5	1.6	1.7	1.8	2.0	2.1	1.4	1.4	1.4	1.5
アイスランド	10.6	13.8	18.6	23.4	24.4	21.7	21.1	21.0	21.4	22.7	24.3
対人口比（%）	3.6	4.7	6.1	7.5	7.6	6.8	6.6	6.6	6.7	7.0	7.4
アイルランド	..	..	413.2	519.6	575.6	575.4	560.1	537.0	550.4	554.5	564.3
対人口比（%）	..	..	9.8	11.9	12.8	12.7	12.3	11.7	12.0	12.1	12.2
イタリア	2 402.2	2 670.5	2 938.9	3 432.7	3 402.4	3 648.1	3 879.2	4 052.1	4 387.7	4 921.3	5 014.4
対人口比（%）	4.2	4.6	5.0	5.8	5.7	6.1	6.5	6.7	7.3	8.1	8.3
日本	1 973.7	2 011.6	2 083.2	2 151.4	2 215.9	2 184.7	2 132.9	2 078.5	2 033.7	2 066.4	2 121.8
対人口比（%）	1.5	1.6	1.6	1.7	1.7	1.7	1.7	1.6	1.6	1.6	1.7
韓国	491.4	510.5	660.6	800.3	895.5	920.9	1 002.7	982.5	933.0	985.9	1 091.5
対人口比（%）	1.0	1.1	1.4	1.6	1.8	1.9	2.0	2.0	1.9	2.0	2.2
ルクセンブルク	183.7	191.3	198.3	205.9	215.5	216.3	220.5	229.9	238.8	248.9	258.7
対人口比（%）	40.1	41.1	41.9	42.9	44.1	43.5	43.5	44.3	45.0	45.8	47.1
メキシコ	..	..	..	..	..	262.7	281.1	303.9	296.4	..	326.0
対人口比（%）	..	..	..	..	..	0.2	0.2	0.3	0.3	..	0.3
オランダ	699.4	691.4	681.9	688.4	719.5	735.2	760.4	786.1	796.2	816.0	847.3
対人口比（%）	4.3	4.2	4.2	4.2	4.4	4.4	4.6	4.7	4.8	4.9	5.0
ノルウェー	213.3	222.3	238.3	266.3	303.0	333.9	369.2	407.3	448.8	483.2	512.2
対人口比（%）	4.6	4.8	5.1	5.7	6.4	6.9	7.6	8.2	8.9	9.5	10.0
ポーランド	..	..	54.9	57.5	60.4	49.6	..	55.4	..	..	..
対人口比（%）	..	..	0.1	0.2	0.2	0.1	..	0.1	..	..	..
ポルトガル	449.2	415.9	420.2	435.7	440.6	454.2	445.3	436.8	417.0	401.3	395.2
対人口比（%）	4.3	4.0	4.0	4.1	4.2	4.3	4.2	4.1	4.0	3.7	3.6
ロシア	..	..	..	..	..	..	..	490.3	621.0	715.8	872.6
対人口比（%）	..	..	..	..	..	..	..	0.3	0.4	0.5	0.6
スロバキア共和国	22.3	25.6	32.1	40.9	52.5	62.9	68.0	70.7	72.9	59.2	61.8
対人口比（%）	0.4	0.5	0.6	0.8	1.0	1.2	1.3	1.3	1.3	1.1	1.1
スロベニア	..	..	..	..	..	99.8	95.7	101.9	103.3	110.9	117.7
対人口比（%）	..	..	..	..	..	4.9	4.7	5.0	5.0	5.4	5.7
スペイン	3 730.6	4 144.2	4 519.6	5 268.8	5 648.7	5 747.7	5 751.5	5 736.3	5 546.2	5 023.5	4 718.9
対人口比（%）	8.7	9.5	10.2	11.6	12.3	12.4	12.4	12.3	11.9	10.8	10.2

417

統計付録　外国人及び外国出身人口のストック

表A.5 ［2/2］ 外国人（国籍別）人口のストック（OECD加盟国及びロシア）

単位：人数（1,000人）及び対人口比（%）

	2004年	2005年	2006年	2007年	2008年	2009年	2010年	2011年	2012年	2013年	2014年
スウェーデン	481.1	479.9	492.0	524.5	562.1	602.9	633.3	655.1	667.2	694.7	739.4
対人口比（%）	5.3	5.3	5.4	5.7	6.1	6.5	6.8	6.9	7.0	7.2	7.6
スイス	1 495.0	1 511.9	1 523.6	1 571.0	1 638.9	1 680.2	1 720.4	1 772.3	1 825.1	1 886.6	1 947.0
対人口比（%）	20.2	20.3	20.4	20.8	21.4	21.7	22.0	22.4	22.8	23.3	23.8
トルコ	..	..	..	98.1	103.8	167.3	175.4	235.1	272.8	..	..
対人口比（%）	..	..	..	0.1	0.1	0.2	0.2	0.3	0.4	..	..
イギリス	2 857.0	3 035.0	3 392.0	3 824.0	4 186.0	4 348.0	4 524.0	4 785.0	4 788.0	4 941.0	5 592.0
対人口比（%）	4.8	5.0	5.6	6.2	6.8	7.0	7.2	7.6	7.5	7.7	8.8
アメリカ合衆国	21 115.7	21 159.7	21 696.3	21 843.6	21 685.7	21 641.0	22 460.6	22 225.5	22 115.0	22 016.4	22 017.4
対人口比（%）	7.2	7.2	7.3	7.3	7.1	7.1	7.3	7.1	7.0	7.0	6.9

注：定義と資料については表B.5の後に付したメタデータを参照。

StatLink：http://dx.doi.org/10.1787/888933395763

外国人及び外国出身人口のストック　統計付録

表B.5　外国人人口のストック（国籍別）―― オーストリア

単位：1,000人

	2004年	2005年	2006年	2007年	2008年	2009年	2010年	2011年	2012年	2013年	2014年	2014年の女性の割合（%）
ドイツ	91.2	100.4	109.2	118.9	128.7	136.0	144.1	150.9	157.8	164.8	170.5	50
トルコ	116.5	113.1	108.2	108.8	110.0	111.3	112.5	112.9	113.7	114.7	115.4	49
セルビア	136.8	137.9	135.8	123.6	123.1	110.3	111.4	111.4	112.2	113.5	115.4	49
ボスニア・ヘルツェゴビナ	90.9	88.3	86.2	92.6	91.8	90.5	89.6	89.6	89.9	91.0	92.5	46
ルーマニア	21.3	21.9	21.9	27.7	32.2	36.0	41.6	47.3	53.3	59.7	73.4	53
クロアチア	58.6	58.1	56.8	59.2	58.9	58.5	58.3	58.3	58.6	62.0	66.5	47
ハンガリー	15.1	16.3	17.4	19.2	21.3	23.3	25.6	29.8	37.0	46.3	54.9	52
ポーランド	26.6	30.6	33.3	35.3	36.6	37.2	38.6	42.1	46.0	50.3	54.3	48
スロバキア共和国	11.3	13.0	14.2	15.8	17.9	19.2	20.4	22.5	25.3	28.6	32.1	62
ロシア	14.2	17.2	18.8	21.1	22.5	23.4	24.2	25.5	27.3	28.8	30.0	57
イタリア	11.7	12.2	12.7	13.2	13.9	14.5	15.4	16.2	17.8	20.2	22.5	42
マケドニア旧ユーゴスラビア共和国	16.0	16.3	16.3	17.5	17.9	18.1	18.6	18.9	19.4	20.1	20.9	47
ブルガリア	6.3	6.5	6.4	7.6	8.9	9.8	11.2	12.5	14.1	15.9	19.6	54
アフガニスタン	3.3	3.1	3.1	4.0	4.5	5.7	6.7	9.4	12.4	14.0	16.8	30
スロベニア	6.5	6.6	6.7	7.5	7.7	7.8	8.0	8.6	9.6	11.3	13.5	44
その他の国	148.0	155.3	157.8	157.6	164.1	181.8	187.1	195.7	209.8	224.9	247.9	
合計	774.4	796.7	804.8	829.7	860.0	883.6	913.2	951.4	1 004.3	1 066.1	1 146.1	49

注：定義と資料についての詳細は諸表の後に付したメタデータを参照。

StatLink：http://dx.doi.org/10.1787/888933395816

表B.5　外国人人口のストック（国籍別）―― ベルギー

単位：1,000人

	2004年	2005年	2006年	2007年	2008年	2009年	2010年	2011年	2012年	2013年	2014年	2014年の女性の割合（%）
フランス	117.3	120.6	125.1	130.6	136.6	140.2	145.3	150.0	153.4	156.1	159.4	52
イタリア	179.0	175.5	171.9	169.0	167.0	165.1	162.8	159.7	157.4	156.6	157.0	46
オランダ	105.0	110.5	117.0	123.5	130.2	133.5	137.8	141.2	144.0	146.2	149.2	47
モロッコ	81.3	80.6	80.6	79.9	79.4	81.9	84.7	86.1	83.5	81.0	82.3	50
ポーランド	14.0	18.0	23.2	30.4	36.3	43.1	49.7	56.1	61.5	65.1	68.4	52
ルーマニア	5.6	7.5	10.2	15.3	21.4	26.4	33.6	42.4	51.3	57.0	66.1	46
スペイン	43.2	42.9	42.8	42.7	43.6	45.2	48.0	50.9	54.4	57.4	60.4	49
ポルトガル	27.4	28.0	28.7	29.8	31.7	33.1	34.5	36.1	38.8	41.2	42.8	48
ドイツ	36.3	37.0	37.6	38.4	39.1	39.4	39.8	40.0	39.8	39.5	39.3	51
トルコ	39.9	39.7	39.4	39.5	39.6	39.6	39.8	39.4	39.2	37.9	37.6	48
ブルガリア	2.7	3.3	3.9	6.7	10.4	13.2	17.3	20.4	23.7	25.9	29.0	49
イギリス	26.0	25.7	25.1	25.1	25.5	25.0	25.0	24.8	24.5	24.1	24.0	44
コンゴ民主共和国	13.2	13.5	14.2	15.0	16.8	18.1	19.6	20.6	23.8	23.4	23.4	53
ロシア	4.0	5.5	6.4	7.2	11.8	12.8	14.0	14.7	19.0	17.3	16.5	56
ギリシャ	16.6	16.3	15.7	15.2	14.9	14.8	14.8	15.0	15.5	15.9	16.3	50
その他の国	159.5	175.9	190.3	203.3	208.9	226.3	252.6	271.7	327.2	323.4	333.0	
合計	870.9	900.5	932.2	971.4	1 013.3	1 057.7	1 119.3	1 169.1	1 257.2	1 268.1	1 304.7	49

注：定義と資料についての詳細は諸表の後に付したメタデータを参照。

StatLink：http://dx.doi.org/10.1787/888933395816

419

統計付録　外国人及び外国出身人口のストック

表B.5　外国人人口のストック（国籍別）—— チェコ共和国

単位：1,000人

	2004年	2005年	2006年	2007年	2008年	2009年	2010年	2011年	2012年	2013年	2014年	2014年の女性の割合（%）
ウクライナ	78.3	87.8	102.6	126.7	131.9	131.9	124.3	118.9	112.5	105.1	104.2	47
スロバキア共和国	47.4	49.4	58.4	67.9	76.0	73.4	71.8	81.3	85.8	90.9	96.2	46
ベトナム	34.2	36.8	40.8	51.1	60.3	61.1	60.3	58.2	57.3	57.3	56.6	44
ロシア	14.7	16.3	18.6	23.3	27.1	30.3	31.8	32.4	33.0	33.1	34.4	57
ドイツ	5.8	7.2	10.1	15.7	17.5	13.8	13.9	15.8	17.1	18.5	19.7	19
ポーランド	16.3	17.8	18.9	20.6	21.7	19.3	18.2	19.1	19.2	19.5	19.6	50
ブルガリア	4.4	4.6	4.6	5.0	5.9	6.4	6.9	7.4	8.2	9.1	10.1	38
ルーマニア	2.6	2.7	2.9	3.2	3.6	4.1	4.4	4.8	5.7	6.8	7.7	34
アメリカ合衆国	3.8	4.0	4.2	4.5	5.3	5.6	6.1	7.3	7.0	7.1	6.5	38
イギリス	1.8	2.2	3.5	3.8	4.5	4.4	4.4	4.9	5.2	5.4	5.6	23
中国	3.4	3.6	4.2	5.0	5.2	5.4	5.5	5.6	5.6	5.5	5.6	48
モンゴル	..	..	..	6.0	8.6	5.7	5.6	5.4	5.3	5.3	5.5	58
モルドバ	4.1	4.7	6.2	8.0	10.6	10.0	8.9	7.6	6.4	5.7	5.3	45
カザフスタン	..	..	..	3.0	3.4	3.9	4.2	4.5	4.8	4.8	5.0	56
ベラルーシ	2.9	3.0	3.2	3.7	3.9	4.0	4.2	4.2	4.3	4.3	4.4	61
その他の国	34.7	38.3	43.3	44.9	52.1	53.1	53.9	56.8	58.6	60.6	63.0	
合計	254.3	278.3	321.5	392.3	437.6	432.5	424.3	434.2	435.9	439.2	449.4	43

注：定義と資料についての詳細は諸表の後に付したメタデータを参照。

StatLink：http://dx.doi.org/10.1787/888933395816

表B.5　外国人人口のストック（国籍別）—— デンマーク

単位：1,000人

	2004年	2005年	2006年	2007年	2008年	2009年	2010年	2011年	2012年	2013年	2014年	2014年の女性の割合（%）
ポーランド	6.2	7.4	9.7	13.8	19.9	21.1	22.6	24.5	26.8	29.3	32.3	46
トルコ	30.0	29.5	28.8	28.8	28.9	29.0	29.2	29.0	28.8	28.9	28.8	49
ドイツ	13.6	14.2	15.4	18.0	20.4	21.1	21.6	22.1	22.4	22.7	23.0	49
ルーマニア	..	..	..	2.4	3.7	5.1	6.9	9.5	12.4	15.4	18.8	43
イギリス	12.8	12.9	13.2	13.7	14.2	14.3	14.7	15.0	15.4	15.8	16.1	35
ノルウェー	13.9	13.9	14.2	14.4	14.8	15.0	15.1	15.3	15.3	15.5	15.8	61
スウェーデン	10.9	11.2	11.6	12.1	12.7	12.8	12.9	13.1	13.4	13.9	14.4	58
イラク	19.2	18.7	18.1	18.3	17.6	16.7	16.7	15.7	15.2	14.9	13.6	48
ボスニア・ヘルツェゴビナ	14.0	12.7	12.2	12.1	11.8	11.5	11.4	11.1	11.0	10.9	10.9	48
リトアニア	..	..	..	3.5	4.3	5.2	6.5	7.7	8.7	9.7	10.4	49
アフガニスタン	9.3	9.4	9.4	9.5	9.4	9.1	9.5	9.6	9.8	10.4	10.1	46
シリア	..	..	..	0.7	0.7	0.9	1.3	1.9	2.7	4.4	9.8	36
パキスタン	6.9	6.7	6.6	6.7	6.9	7.1	7.8	8.2	8.6	9.2	9.8	49
タイ	5.6	5.9	6.2	6.7	7.3	7.7	8.3	8.6	8.8	9.2	9.5	84
ソマリア	11.3	9.8	9.0	8.8	8.5	8.3	8.2	8.0	8.2	8.8	9.3	47
その他の国	114.0	117.9	123.7	129.0	139.1	144.9	153.3	159.6	167.4	178.4	190.0	
合計	267.6	270.1	278.1	298.5	320.2	329.9	346.0	358.9	374.7	397.3	422.6	50

注：定義と資料についての詳細は諸表の後に付したメタデータを参照。

StatLink：http://dx.doi.org/10.1787/888933395816

外国人及び外国出身人口のストック　　**統計付録**

表B.5　外国人人口のストック（国籍別）── エストニア

単位：1,000人

	2004年	2005年	2006年	2007年	2008年	2009年	2010年	2011年	2012年	2013年	2014年	2014年の女性の割合（%）
ロシア	..	..	..	..	..	..	..	96.5	95.1	93.6	92.6	53
フィンランド	..	..	..	..	..	..	..	4.3	5.0	5.7	6.3	34
ウクライナ	..	..	..	..	..	..	..	5.4	5.5	5.7	6.3	45
ラトビア	..	..	..	..	..	..	..	2.6	2.9	3.3	3.6	47
ドイツ	..	..	..	..	..	..	..	1.4	1.7	1.9	2.2	42
リトアニア	..	..	..	..	..	..	..	1.8	1.8	2.0	2.1	45
ベラルーシ	..	..	..	..	..	..	..	1.6	1.6	1.6	1.6	54
イタリア	..	..	..	..	..	..	..	0.6	0.8	0.9	1.1	32
イギリス	..	..	..	..	..	..	..	0.7	0.8	0.9	0.9	22
フランス	..	..	..	..	..	..	..	0.5	0.6	0.8	0.9	38
スウェーデン	..	..	..	..	..	..	..	0.8	0.9	1.0	0.9	24
ポーランド	..	..	..	..	..	..	..	0.5	0.6	0.7	0.8	37
スペイン	..	..	..	..	..	..	..	0.3	0.4	0.6	0.7	41
アメリカ合衆国	..	..	..	..	..	..	..	0.4	0.4	0.5	0.6	34
ルーマニア	..	..	..	..	..	..	..	0.1	0.1	0.4	0.5	19
その他の国	..	..	..	..	..	..	..	93.6	92.7	92.2	90.5	
合計	..	..	..	..	..	..	..	211.1	210.9	211.7	211.4	48

注：定義と資料についての詳細は諸表の後に付したメタデータを参照。

StatLink：http://dx.doi.org/10.1787/888933395816

表B.5　外国人人口のストック（国籍別）── フィンランド

単位：1,000人

	2004年	2005年	2006年	2007年	2008年	2009年	2010年	2011年	2012年	2013年	2014年	2014年の女性の割合（%）
エストニア	14.0	15.5	17.6	20.0	22.6	25.5	29.1	34.0	39.8	44.8	48.4	50
ロシア	24.6	24.6	25.3	26.2	26.9	28.2	28.4	29.6	30.2	30.8	30.6	56
スウェーデン	8.2	8.2	8.3	8.3	8.4	8.5	8.5	8.5	8.4	8.4	8.3	41
中国	2.6	3.0	3.4	4.0	4.6	5.2	5.6	6.2	6.6	7.1	7.6	54
ソマリア	4.7	4.7	4.6	4.9	4.9	5.6	6.6	7.4	7.5	7.5	7.4	48
タイ	2.3	2.6	3.0	3.5	3.9	4.5	5.0	5.5	6.0	6.5	6.9	86
イラク	3.4	3.3	3.0	3.0	3.2	4.0	5.0	5.7	5.9	6.4	6.8	35
インド	1.3	1.6	2.0	2.3	2.7	3.2	3.5	3.8	4.0	4.4	4.7	39
トルコ	2.4	2.6	2.9	3.2	3.4	3.8	4.0	4.2	4.3	4.4	4.5	33
イギリス	2.7	2.8	2.9	3.1	3.2	3.3	3.5	3.7	3.9	4.0	4.3	20
セルビア	3.3	3.3	3.4	3.5	3.5	3.6	3.8	3.9	3.9	3.9	4.1	43
ドイツ	2.6	2.8	3.0	3.3	3.5	3.6	3.7	3.8	3.9	4.0	4.0	41
ベトナム	1.5	1.7	1.8	2.0	2.3	2.5	2.8	3.1	3.3	3.6	4.0	54
ポーランド	0.8	0.9	1.1	1.4	1.9	2.1	2.2	2.5	2.9	3.3	3.7	42
アフガニスタン	1.6	1.8	2.0	2.2	2.2	2.3	2.5	2.8	3.0	3.2	3.5	47
その他の国	32.3	34.5	37.5	41.7	45.9	49.8	53.8	58.4	61.9	65.4	71.0	
合計	108.3	113.9	121.7	132.7	143.3	155.7	168.0	183.1	195.5	207.5	219.7	47

注：定義と資料についての詳細は諸表の後に付したメタデータを参照。

StatLink：http://dx.doi.org/10.1787/888933395816

421

統計付録　外国人及び外国出身人口のストック

表B.5　外国人人口のストック（国籍別）—— フランス

単位：1,000人

	2004年	2005年	2006年	2007年	2008年	2009年	2010年	2011年	2012年	2013年	2014年	2014年の女性の割合（%）
ポルトガル	..	490.6	491.0	492.5	493.9	497.6	501.8	509.3	..	..	..	46
アルジェリア	..	481.0	475.3	471.3	469.0	466.4	466.6	469.6	..	..	..	47
モロッコ	..	460.4	452.0	444.8	440.7	435.2	433.4	436.4	..	..	..	49
トルコ	..	223.6	223.4	220.1	220.7	221.2	219.8	217.8	..	..	..	47
イタリア	..	177.4	175.2	174.3	173.5	172.7	172.6	174.9	..	..	..	45
イギリス	..	136.5	146.6	151.8	154.0	156.3	157.0	156.4	..	..	..	49
チュニジア	..	145.9	144.2	143.9	144.0	147.1	150.4	155.0	..	..	..	40
スペイン	..	133.8	131.0	130.1	128.5	128.0	129.1	133.4	..	..	..	51
ベルギー	..	81.3	84.4	87.7	90.9	92.9	94.7	95.1	..	..	..	51
中国	..	66.2	72.1	76.7	81.4	86.2	90.1	93.8	..	..	..	56
ドイツ	..	92.4	93.4	93.9	95.0	93.3	93.7	93.4	..	..	..	55
マリ	..	56.7	59.5	59.7	62.2	63.3	64.9	66.8	..	..	..	40
ルーマニア	..	25.2	28.8	32.9	41.9	49.3	57.6	64.8	..	..	..	51
ハイチ	..	40.4	62.0	62.2	56.6	58.0	62.7	64.2	..	..	..	54
セネガル	..	49.5	50.5	50.2	51.5	51.7	52.6	54.8	..	..	..	44
その他の国	..	880.9	1 007.4	1 039.1	1 069.2	1 102.2	1 145.8	1 194.9	..	..	..	
合計	..	3 541.8	3 696.9	3 731.2	3 773.2	3 821.5	3 892.8	3 980.6	4 129.4	4 198.6	4 395.4	49

注：定義と資料についての詳細は諸表の後に付したメタデータを参照。

StatLink：http://dx.doi.org/10.1787/888933395816

表B.5　外国人人口のストック（国籍別）—— ドイツ

単位：1,000人

	2004年	2005年	2006年	2007年	2008年	2009年	2010年	2011年	2012年	2013年	2014年	2014年の女性の割合（%）
トルコ	1 764.3	1 764.0	1 738.8	1 713.6	1 688.4	1 658.1	1 629.5	1 607.2	1 575.7	1 549.8	1 527.1	48
ポーランド	292.1	326.6	361.7	384.8	393.8	398.5	419.4	468.5	532.4	609.9	674.2	47
イタリア	548.2	540.8	534.7	528.3	523.2	517.5	517.5	520.2	529.4	552.9	574.5	41
ルーマニア	73.4	73.0	73.4	84.6	94.3	105.0	126.5	159.2	205.0	267.4	355.3	44
ギリシャ	316.0	309.8	303.8	294.9	287.2	278.1	276.7	283.7	298.3	316.3	328.6	45
セルビア	125.8	297.0	316.8	330.6	319.9	298.0	285.0	267.8	258.8	258.5	271.4	49
クロアチア	229.2	228.9	227.5	225.3	223.1	221.2	220.2	223.0	225.0	240.5	263.3	49
ロシア	178.6	185.9	187.5	187.8	188.3	189.3	191.3	195.3	202.1	216.3	221.4	63
ブルガリア	39.2	39.2	39.1	46.8	54.0	61.9	74.9	93.9	118.8	146.8	183.3	45
オーストリア	174.0	174.8	175.7	175.9	175.4	174.5	175.2	175.9	176.3	178.8	179.8	48
ボスニア・ヘルツェゴビナ	156.0	156.9	157.1	158.2	156.8	154.6	152.4	153.5	155.3	157.5	163.5	48
ハンガリー	47.8	49.5	52.3	56.2	60.0	61.4	68.9	82.8	107.4	135.6	156.8	39
スペイン	108.3	107.8	106.8	106.3	105.5	104.0	105.4	110.2	120.2	135.5	146.8	48
オランダ	114.1	118.6	123.5	128.2	133.0	134.9	136.3	137.7	139.3	142.4	144.7	44
ポルトガル	116.7	115.6	115.0	114.6	114.5	113.3	113.2	115.5	120.6	127.4	130.9	45
その他の国	2 433.5	2 267.4	2 237.4	2 208.9	2 210.3	2 224.6	2 261.1	2 336.7	2 449.2	2 597.9	2 831.2	
合計	6 717.1	6 755.8	6 751.0	6 744.9	6 727.6	6 694.8	6 753.6	6 930.9	7 213.7	7 633.6	8 153.0	48

注：定義と資料についての詳細は諸表の後に付したメタデータを参照。

StatLink：http://dx.doi.org/10.1787/888933395816

外国人及び外国出身人口のストック　**統計付録**

表B.5　外国人人口のストック（国籍別）── ギリシャ

単位：1,000人

	2004年	2005年	2006年	2007年	2008年	2009年	2010年	2011年	2012年	2013年	2014年	2014年の女性の割合（%）
アルバニア	325.6	341.0	347.4	384.6	413.9	501.7	485.0	449.7	471.5	410.4	436.9	50
ブルガリア	25.3	27.9	29.5	30.7	40.2	54.5	48.4	47.3	38.4	46.2	43.3	64
ルーマニア	16.2	18.9	18.9	25.7	29.5	33.8	33.3	40.6	38.5	30.9	28.8	56
ポーランド	17.0	16.1	16.6	21.4	18.9	11.2	10.2	7.5	11.3	15.0	20.3	63
ジョージア	14.1	16.9	15.1	23.8	33.6	33.9	32.8	28.0	23.5	19.8	19.4	64
パキスタン	4.2	5.5	6.7	13.9	18.0	23.0	21.2	24.1	24.5	17.0	19.0	5
イギリス	7.1	7.7	7.6	8.0	7.5	7.5	7.3	7.6	9.5	8.7	12.0	61
シリア	3.8	4.2	3.6	6.0	9.2	12.4	6.5	10.1	13.4	12.6	11.2	35
ロシア	16.8	17.6	18.9	21.6	16.7	19.5	14.1	12.0	15.1	12.4	10.9	68
キプロス[1,2]	12.2	11.0	10.6	11.2	14.2	11.8	9.9	12.1	11.2	12.0	10.4	43
バングラデシュ	1.8	3.2	2.1	2.6	14.1	12.5	14.6	10.5	7.5	6.7	8.4	9
ウクライナ	13.1	12.2	12.2	14.1	11.9	13.7	12.2	10.8	10.7	8.3	8.1	94
フィリピン	7.2	8.9	7.5	3.4	4.9	3.3	5.1	2.1	9.9	6.5	5.8	65
エジプト	6.3	2.6	3.6	5.2	12.6	10.3	9.5	10.9	10.4	3.3	4.7	27
ドイツ	3.8	5.6	6.7	7.1	8.1	7.3	9.6	6.2	5.2	6.8	4.6	77
その他の国	58.7	53.5	63.6	63.6	80.2	83.3	90.4	77.8	67.4	70.5	62.9	
合計	533.4	553.1	570.6	643.1	733.6	839.7	810.0	757.4	768.1	687.1	706.7	50

注：定義と資料についての詳細は諸表の後に付したメタデータを参照。

1. トルコによる注記：この文書に掲載の情報で「キプロス」と表記されているものは、キプロス島南部を指す。キプロス島のトルコ系住民とギリシャ系住民の両方を代表する単一の政府は存在せず、トルコは北キプロス・トルコ共和国（TRNC）を承認している。国連の場で恒久的かつ公正な解決策が見いだされるまでは、トルコは「キプロス問題」に関してこの立場を維持するものとする。
2. OECD加盟の全EU加盟国及びEUによる注記：キプロス共和国はトルコを除く全国連加盟国によって承認されている。本書に掲載の情報は、キプロス共和国政府の実効支配下にある地域に関するものである。

StatLink : http://dx.doi.org/10.1787/888933395816

表B.5　外国人人口のストック（国籍別）── ハンガリー

単位：1,000人

	2004年	2005年	2006年	2007年	2008年	2009年	2010年	2011年	2012年	2013年	2014年	2014年の女性の割合（%）
ルーマニア	67.5	66.2	67.0	65.8	66.4	72.7	76.9	41.6	34.8	30.9	28.6	37
ドイツ	6.9	10.5	15.0	14.4	16.7	18.7	20.2	15.8	17.4	18.7	18.8	44
中国	6.9	8.6	9.0	10.2	10.7	11.2	11.8	10.1	11.5	12.7	16.5	48
スロバキア共和国	1.2	3.6	4.3	4.9	6.1	6.4	7.3	6.7	7.6	8.3	8.7	60
ウクライナ	13.9	15.3	15.9	17.3	17.6	17.2	16.5	11.9	10.8	8.3	6.9	58
ロシア	2.6	2.8	2.8	2.8	2.9	3.3	3.5	2.9	3.4	3.7	4.3	61
オーストリア	0.5	1.5	2.2	2.6	3.0	3.7	3.9	3.3	3.7	3.9	4.0	36
アメリカ合衆国	0.0	0.0	1.9	2.3	2.4	3.1	3.3	3.1	3.1	3.0	3.1	45
ベトナム	2.5	3.1	3.1	3.0	3.3	3.1	3.1	2.6	3.1	3.1	3.1	51
イギリス	0.4	1.5	1.9	2.1	2.4	2.4	2.5	2.1	2.4	2.6	2.8	34
イタリア	0.4	0.8	1.0	1.2	1.5	1.6	1.8	1.6	2.0	2.3	2.7	25
オランダ	0.2	0.7	1.1	1.2	1.4	1.7	1.9	1.9	2.2	2.4	2.5	40
セルビア	13.6	8.4	8.5	13.7	13.7	11.5	10.7	8.2	4.9	3.1	2.5	36
フランス	0.3	1.3	1.5	1.5	2.2	1.9	2.1	1.9	2.1	2.3	2.4	43
ポーランド	2.2	2.4	2.7	2.6	2.8	2.5	2.7	1.4	1.6	1.9	2.0	61
その他の国	22.8	27.8	28.2	28.9	31.3	36.7	40.9	28.3	30.9	33.4	37.1	
合計	142.2	154.4	166.0	174.7	184.4	197.8	209.2	143.4	141.4	140.5	146.0	44

注：定義と資料についての詳細は諸表の後に付したメタデータを参照。

StatLink : http://dx.doi.org/10.1787/888933395816

統計付録　外国人及び外国出身人口のストック

表B.5　外国人人口のストック（国籍別）── アイスランド

単位：1,000人

	2004年	2005年	2006年	2007年	2008年	2009年	2010年	2011年	2012年	2013年	2014年	2014年の女性の割合（%）
ポーランド	1.9	3.2	6.0	9.9	11.0	9.6	9.1	9.0	9.4	10.2	11.1	45
リトアニア	0.4	0.6	1.0	1.5	1.7	1.5	1.6	1.6	1.6	1.7	1.7	49
ドイツ	0.5	0.8	0.9	1.1	1.1	1.0	1.0	0.9	0.8	0.9	1.0	66
デンマーク	0.9	0.9	0.9	1.0	1.0	0.9	0.9	0.9	0.9	0.9	0.9	54
ラトビア	0.1	0.2	0.3	0.5	0.6	0.6	0.6	0.7	0.7	0.7	0.7	51
イギリス	0.3	0.4	0.4	0.4	0.5	0.5	0.6	0.6	0.6	0.6	0.7	30
ポルトガル	0.4	0.4	0.7	0.9	0.8	0.6	0.5	0.5	0.5	0.5	0.6	37
アメリカ合衆国	0.5	0.6	0.6	0.6	0.5	0.5	0.5	0.5	0.6	0.6	0.6	43
フィリピン	0.6	0.8	0.8	0.7	0.7	0.6	0.6	0.6	0.6	0.6	0.5	55
タイ	0.5	0.5	0.5	0.5	0.6	0.5	0.5	0.5	0.5	0.5	0.5	69
スペイン	0.1	0.1	0.1	0.1	0.2	0.2	0.2	0.2	0.2	0.3	0.5	40
フランス	0.1	0.1	0.2	0.2	0.3	0.3	0.3	0.3	0.3	0.3	0.4	45
スウェーデン	0.3	0.3	0.3	0.4	0.4	0.3	0.3	0.3	0.3	0.3	0.3	55
ルーマニア	0.1	0.1	0.1	0.2	0.2	0.1	0.1	0.2	0.2	0.2	0.3	47
ノルウェー	0.3	0.3	0.3	0.3	0.3	0.3	0.2	0.2	0.2	0.3	0.3	58
その他の国	3.5	4.4	5.2	5.0	4.7	4.0	3.9	3.9	4.1	4.1	4.3	
合計	10.6	13.8	18.6	23.4	24.4	21.7	21.1	21.0	21.4	22.7	24.3	48

注：定義と資料についての詳細は諸表の後に付したメタデータを参照。

StatLink：http://dx.doi.org/10.1787/888933395816

表B.5　外国人人口のストック（国籍別）── アイルランド

単位：1,000人

	2004年	2005年	2006年	2007年	2008年	2009年	2010年	2011年	2012年	2013年	2014年	2014年の女性の割合（%）
ポーランド	..	..	62.7	..	..	..	..	121.7	..	..	..	48
イギリス	..	..	110.6	115.5	117.9	117.1	115.9	110.0	113.0	113.4	114.9	50
リトアニア	..	..	24.4	..	..	..	..	36.4	..	..	..	52
ラトビア	..	..	13.2	..	..	..	..	20.4	..	..	..	56
ナイジェリア	..	..	16.0	..	..	..	..	17.3	..	..	..	54
ルーマニア	..	..	7.6	..	..	..	..	17.1	..	..	..	49
インド	..	..	8.3	..	..	..	..	16.9	..	..	..	46
フィリピン	..	..	9.3	..	..	..	..	12.6	..	..	..	56
ドイツ	..	..	10.1	..	..	..	..	11.1	..	..	..	56
アメリカ合衆国	..	..	12.3	..	..	..	..	10.8	..	..	..	57
中国	..	..	11.0	..	..	..	..	10.7	..	..	..	50
スロバキア共和国	..	..	8.0	..	..	..	..	10.7	..	..	..	48
フランス	..	..	8.9	..	..	..	..	9.6	..	..	..	51
ブラジル	..	..	4.3	..	..	..	..	8.6	..	..	..	49
ハンガリー	..	..	..	..	..	..	..	8.0	..	..	..	48
その他の国	..	..	106.5	..	..	..	..	115.1	..	..	..	
合計	..	..	413.2	519.6	575.6	575.4	560.1	537.0	550.4	554.5	564.3	50

注：定義と資料についての詳細は諸表の後に付したメタデータを参照。

StatLink：http://dx.doi.org/10.1787/888933395816

外国人及び外国出身人口のストック　統計付録

表B.5　外国人人口のストック（国籍別）—— イタリア

単位：1,000人

	2004年	2005年	2006年	2007年	2008年	2009年	2010年	2011年	2012年	2013年	2014年	2014年の女性の割合（%）
ルーマニア	248.8	297.6	342.2	625.3	658.8	726.2	782.0	834.5	933.4	1 081.4	1 131.8	57
アルバニア	316.7	348.8	375.9	401.9	422.1	441.2	450.2	450.9	465.0	495.7	490.5	48
モロッコ	294.9	319.5	343.2	365.9	368.6	388.4	400.7	408.7	426.8	454.8	449.1	46
ウクライナ	93.4	107.1	120.1	132.7	134.4	150.5	171.6	180.1	191.7	219.1	226.1	79
フィリピン	82.6	89.7	101.3	105.7	105.4	112.6	120.0	129.2	139.8	162.7	168.2	56
インド	54.3	61.8	69.5	77.4	85.7	97.2	109.2	118.4	128.9	142.5	147.8	40
モルドバ	38.0	47.6	55.8	68.6	85.3	99.9	122.4	132.2	139.7	149.4	147.4	66
バングラデシュ	35.8	41.6	49.6	55.2	60.4	67.3	73.8	81.7	92.7	111.2	115.3	30
ペルー	53.4	59.3	66.5	70.8	72.3	80.5	88.9	93.8	99.2	109.9	109.7	58
エジプト	52.9	58.9	65.7	69.6	54.8	58.6	62.4	66.9	76.7	96.0	103.7	33
スリランカ	45.6	50.5	56.7	61.1	57.8	62.0	65.3	71.6	79.5	95.0	100.6	45
ポーランド	50.8	60.8	72.5	90.2	77.9	81.6	83.2	84.7	88.8	97.6	98.7	73
パキスタン	35.5	41.8	46.1	49.3	50.1	57.8	66.3	71.0	80.7	90.6	96.2	35
チュニジア	78.2	83.6	88.9	93.6	79.2	80.5	81.1	83.0	88.3	97.3	96.0	38
セネガル	53.9	57.1	59.9	62.6	60.4	63.9	69.5	73.7	80.3	90.9	94.0	27
その他の国	867.3	944.7	1 025.0	1 102.7	1 029.3	1 080.0	1 132.9	1 171.6	1 276.2	1 427.3	1 439.4	
合計	2 402.2	2 670.5	2 938.9	3 432.7	3 402.4	3 648.1	3 879.2	4 052.1	4 387.7	4 921.3	5 014.4	53

注：定義と資料についての詳細は諸表の後に付したメタデータを参照。

StatLink：http://dx.doi.org/10.1787/888933395816

表B.5　外国人人口のストック（国籍別）—— 日本

単位：1,000人

	2004年	2005年	2006年	2007年	2008年	2009年	2010年	2011年	2012年	2013年	2014年	2014年の女性の割合（%）
中国	487.6	519.6	560.7	606.9	655.4	680.5	687.2	674.9	652.6	649.1	654.8	..
韓国	607.4	598.7	598.2	593.5	589.2	578.5	566.0	545.4	530.0	519.7	501.2	..
フィリピン	199.4	187.3	193.5	202.6	210.6	211.7	210.2	209.4	203.0	209.2	217.6	..
ブラジル	286.6	302.1	313.0	317.0	312.6	267.5	230.6	210.0	190.6	181.3	175.4	..
ベトナム	26.0	28.9	32.5	36.9	41.1	41.0	41.8	44.7	52.4	72.3	99.9	..
アメリカ合衆国	48.8	49.4	51.3	51.9	52.7	52.1	50.7	49.8	48.4	50.0	51.3	..
ペルー	55.8	57.7	58.7	59.7	59.7	57.5	54.6	52.8	49.2	48.6	48.0	..
タイ	36.3	37.7	39.6	41.4	42.6	42.7	41.3	42.8	40.1	41.2	43.1	..
ネパール	..	..	7.8	9.4	12.3	15.3	17.5	20.4	24.1	31.5	42.3	..
台湾	..	..	0.0	0.0	0.0	0.0	0.0	0.0	22.8	33.3	40.2	..
インドネシア	23.9	25.1	24.9	25.6	27.3	25.5	24.9	24.7	25.5	27.2	30.2	..
インド	15.5	17.0	18.9	20.6	22.3	22.9	22.5	21.5	21.7	22.5	24.5	..
イギリス	18.1	17.5	17.8	17.3	17.0	16.6	16.0	15.5	14.7	14.9	15.3	..
パキスタン	8.6	8.8	9.1	9.3	9.9	10.3	10.3	10.8	10.6	11.1	11.8	..
スリランカ	8.8	9.0	8.9	8.7	8.8	9.0	9.1	9.3	8.4	9.2	10.7	..
その他の国	151.0	152.8	148.3	150.7	154.4	153.7	150.3	146.5	139.7	145.3	155.6	
合計	1 973.7	2 011.6	2 083.2	2 151.4	2 215.9	2 184.7	2 132.9	2 078.5	2 033.7	2 066.4	2 121.8	..

注：定義と資料についての詳細は諸表の後に付したメタデータを参照。

StatLink：http://dx.doi.org/10.1787/888933395816

統計付録　外国人及び外国出身人口のストック

表B.5　外国人人口のストック（国籍別）—— 韓国

単位：1,000人

	2004年	2005年	2006年	2007年	2008年	2009年	2010年	2011年	2012年	2013年	2014年	2014年の女性の割合（%）
中国	208.8	217.0	311.8	421.5	487.1	489.1	505.4	536.7	474.8	161.1	546.7	50
ベトナム	26.1	35.5	52.2	67.2	79.8	86.2	98.2	110.6	114.2	113.8	122.6	50
フィリピン	27.9	30.7	40.3	42.9	39.4	38.4	39.5	38.4	33.2	38.7	43.2	47
インドネシア	26.1	22.6	23.7	23.7	27.4	25.9	27.4	29.6	29.8	33.2	38.7	8
カンボジア	1.3	2.0	3.3	4.6	7.0	8.8	11.7	16.8	23.4	30.7	37.3	30
ウズベキスタン	11.5	10.8	11.6	10.9	15.0	15.9	20.8	24.4	28.0	30.7	34.7	27
タイ	21.9	21.4	30.2	31.7	30.1	28.7	27.6	26.0	21.4	26.2	26.8	25
ネパール	5.3	4.9	5.0	4.6	5.9	7.4	9.2	12.6	17.8	20.7	25.5	11
アメリカ合衆国	39.0	41.8	46.0	51.1	56.2	63.1	57.6	26.5	23.4	24.0	24.9	40
スリランカ	5.5	8.5	11.1	12.1	14.3	14.4	17.4	20.5	21.0	21.9	24.6	3
日本	16.6	17.5	18.0	18.4	18.6	18.6	19.4	21.1	22.6	23.1	23.2	71
台湾	22.3	22.2	22.1	22.1	27.0	21.7	21.5	21.4	21.2	21.2	21.0	49
モンゴル	11.0	13.7	19.2	20.5	21.2	21.0	21.8	21.3	19.8	18.4	17.3	45
ミャンマー	3.6	2.3	3.4	3.2	2.9	3.6	3.8	5.6	8.3	11.5	14.7	3
バングラデシュ	13.1	9.1	8.6	7.8	7.7	7.3	9.3	10.6	10.8	10.9	12.1	5
その他の国	51.5	50.8	54.2	57.8	56.0	70.8	112.1	60.6	63.3	399.9	78.2	
合計	491.4	510.5	660.6	800.3	895.5	920.9	1 002.7	982.5	933.0	985.9	1 091.5	42

注：定義と資料についての詳細は諸表の後に付したメタデータを参照。

StatLink：http://dx.doi.org/10.1787/888933395816

表B.5　外国人人口のストック（国籍別）—— ルクセンブルク

単位：1,000人

	2004年	2005年	2006年	2007年	2008年	2009年	2010年	2011年	2012年	2013年	2014年	2014年の女性の割合（%）
ポルトガル	67.8	70.8	73.7	76.6	80.0	79.8	82.4	85.3	88.2	90.8	92.1	..
フランス	23.1	24.1	25.2	26.6	28.5	29.7	31.5	33.1	35.2	37.2	39.4	..
イタリア	19.0	19.1	19.1	19.1	19.4	18.2	18.1	18.1	18.3	18.8	19.5	..
ベルギー	16.3	16.5	16.5	16.5	16.7	16.8	16.9	17.2	17.6	18.2	18.8	..
ドイツ	10.8	10.9	11.3	11.6	12.0	12.1	12.0	12.3	12.4	12.7	12.8	..
セルビア	..	..	..	..	..	..	6.0	6.5	6.4	6.3	6.3	..
イギリス	4.7	4.8	4.9	5.0	5.3	5.5	5.5	5.6	5.7	5.9	6.0	..
スペイン	3.0	3.1	3.2	3.2	3.3	3.3	3.7	4.0	4.3	4.7	5.1	..
オランダ	3.7	3.7	3.8	3.8	3.9	3.9	3.9	3.9	3.9	4.0	4.0	..
ポーランド	1.0	1.3	1.6	1.8	2.2	2.5	2.7	3.0	3.2	3.4	3.8	..
ルーマニア	0.4	0.5	0.6	0.9	1.1	1.3	1.6	1.9	2.2	2.5	3.2	..
カーボベルデ	..	..	..	..	..	..	2.5	2.5	2.6	2.7	2.9	..
中国	..	..	..	..	..	..	1.6	1.7	1.8	2.2	2.5	..
ボスニア・ヘルツェゴビナ	..	..	..	..	..	..	2.3	2.2	2.3	2.3	2.3	..
ギリシャ	1.2	1.3	1.4	1.4	1.5	1.5	1.5	1.7	1.9	2.1	2.3	..
その他の国	32.8	35.2	37.1	39.5	41.5	42.0	28.5	30.8	32.8	35.3	37.7	
合計	183.7	191.3	198.3	205.9	215.5	216.3	220.5	229.9	238.8	248.9	258.7	49

注：定義と資料についての詳細は諸表の後に付したメタデータを参照。

StatLink：http://dx.doi.org/10.1787/888933395816

外国人及び外国出身人口のストック　統計付録

表B.5　外国人人口のストック（国籍別）── メキシコ

単位：1,000人

	2004年	2005年	2006年	2007年	2008年	2009年	2010年	2011年	2012年	2013年	2014年	2014年の女性の割合（%）
アメリカ合衆国	..	..	..	..	..	60.0	64.9	68.5	63.4	..	65.3	43
スペイン	..	..	..	..	..	18.6	18.8	19.6	20.7	..	24.7	41
中国	..	..	..	..	..	10.2	12.5	15.2	15.6	..	18.3	40
コロンビア	..	..	..	..	..	14.6	15.5	16.9	16.7	..	18.3	55
キューバ	..	..	..	..	..	10.3	11.8	14.0	14.5	..	17.0	51
アルゼンチン	..	..	..	..	..	15.2	15.6	15.8	15.3	..	16.8	47
ベネズエラ	..	..	..	..	..	10.1	11.8	12.8	12.9	..	15.3	53
カナダ	..	..	..	..	..	10.9	12.7	13.6	12.9	..	13.2	45
グアテマラ	..	..	..	..	..	8.4	9.8	10.9	9.7	..	10.3	56
フランス	..	..	..	..	..	9.4	9.1	9.1	9.0	..	9.8	46
ドイツ	..	..	..	..	..	8.9	8.8	9.0	8.8	..	9.5	44
日本	..	..	..	..	..	4.9	5.1	5.2	5.6	..	8.0	43
ホンジュラス	..	..	..	..	..	4.9	6.3	7.6	6.9	..	7.8	58
イタリア	..	..	..	..	..	5.7	6.1	6.4	6.6	..	7.7	33
ブラジル	..	..	..	..	..	6.3	6.3	7.1	6.5	..	7.2	54
その他の国	..	..	..	..	..	64.3	66.1	72.2	71.2	..	76.7	
合計	..	..	..	..	..	262.7	281.1	303.9	296.4	..	326.0	47

注：定義と資料についての詳細は諸表の後に付したメタデータを参照。

StatLink：http://dx.doi.org/10.1787/888933395816

表B.5　外国人人口のストック（国籍別）── オランダ

単位：1,000人

	2004年	2005年	2006年	2007年	2008年	2009年	2010年	2011年	2012年	2013年	2014年	2014年の女性の割合（%）
ポーランド	11.0	15.2	19.6	26.2	35.5	43.1	52.5	65.1	74.6	85.8	99.6	51
トルコ	100.6	98.9	96.8	93.7	92.7	90.8	88.0	84.8	81.9	80.1	77.5	49
ドイツ	57.1	58.5	60.2	62.4	65.9	68.4	71.4	72.8	72.6	72.2	71.8	55
モロッコ	91.6	86.2	80.5	74.9	70.8	66.6	61.9	56.6	51.0	48.1	44.9	48
イギリス	42.5	41.5	40.3	40.2	41.1	41.4	41.4	41.4	41.7	42.3	43.0	41
ベルギー	..	..	..	..	26.6	26.9	27.2	27.6	28.2	28.8	29.6	54
中国	14.7	15.0	15.3	16.2	18.1	19.8	21.4	23.9	25.9	27.2	28.2	53
イタリア	18.4	18.5	18.6	19.0	20.3	21.1	21.9	22.6	23.6	25.0	27.1	38
スペイン	17.1	16.9	16.5	16.5	17.3	18.1	19.2	20.3	21.9	23.9	25.3	51
ブルガリア	1.9	2.1	2.2	6.4	10.2	12.3	14.1	16.8	17.6	17.8	19.7	51
フランス	14.5	14.7	14.7	15.1	16.4	17.2	17.8	18.1	18.3	18.7	19.7	52
ポルトガル	12.0	12.1	12.2	12.9	14.2	15.4	15.7	16.4	17.3	18.1	18.7	46
アメリカ合衆国	14.8	14.6	14.6	14.5	14.9	14.6	14.8	15.3	15.6	15.6	16.2	52
インド	3.7	4.3	5.4	6.4	8.0	8.7	9.6	10.8	11.7	13.1	14.7	40
ギリシャ	6.4	6.5	6.6	6.9	7.4	7.8	8.6	10.1	11.8	12.7	13.2	42
その他の国	293.0	286.3	278.3	277.0	260.1	263.0	275.0	283.4	282.5	286.6	297.9	
合計	699.4	691.4	681.9	688.4	719.5	735.2	760.4	786.1	796.2	816.0	847.3	51

注：定義と資料についての詳細は諸表の後に付したメタデータを参照。

StatLink：http://dx.doi.org/10.1787/888933395816

統計付録　外国人及び外国出身人口のストック

表B.5　外国人人口のストック（国籍別）── ノルウェー

単位：1,000人

	2004年	2005年	2006年	2007年	2008年	2009年	2010年	2011年	2012年	2013年	2014年	2014年の女性の割合（%）
ポーランド	3.9	6.8	13.6	26.8	39.2	46.7	55.2	66.6	77.1	85.6	93.6	34
スウェーデン	25.8	26.6	27.9	29.9	32.8	35.8	39.2	42.0	43.1	44.2	45.1	48
リトアニア	1.3	1.9	3.0	5.1	7.6	10.4	16.4	24.1	30.7	35.8	39.5	41
ドイツ	9.6	10.6	12.2	15.3	18.9	20.8	22.4	23.7	24.4	24.6	25.0	46
デンマーク	20.1	20.2	20.3	20.5	20.6	20.7	20.9	21.4	21.9	22.6	23.5	45
イギリス	11.2	11.2	11.6	12.0	12.6	13.3	14.0	14.7	15.5	15.8	16.3	34
エリトリア	0.5	0.8	1.0	1.4	2.1	3.8	5.7	7.6	10.0	12.7	15.2	43
ソマリア	10.5	10.6	10.8	10.6	10.9	10.8	11.1	10.8	13.0	14.4	15.1	47
ルーマニア	0.8	0.9	0.9	1.4	2.4	3.4	4.5	5.7	7.5	10.0	12.0	43
フィリピン	2.9	3.3	3.9	4.8	6.1	6.8	7.8	8.9	10.1	11.4	11.7	80
ロシア	7.4	8.2	8.8	9.7	10.4	10.6	10.8	10.9	11.2	11.4	11.5	65
タイ	5.0	5.7	6.4	6.9	7.9	8.6	9.3	10.0	10.8	11.4	11.5	86
ラトビア	0.6	0.6	0.9	1.2	1.7	2.8	4.9	6.9	8.5	9.4	10.3	41
アメリカ合衆国	7.6	7.6	7.7	7.9	8.3	8.5	8.6	8.8	9.2	9.3	9.3	51
アイスランド	3.9	3.8	3.8	3.8	4.0	5.3	6.4	7.6	8.2	8.7	9.2	47
その他の国	102.2	103.5	105.6	108.9	117.6	125.7	132.0	137.7	147.7	155.9	163.4	
合計	213.3	222.3	238.3	266.3	303.0	333.9	369.2	407.3	448.8	483.2	512.2	45

注：定義と資料についての詳細は諸表の後に付したメタデータを参照。

StatLink：http://dx.doi.org/10.1787/888933395816

表B.5　外国人人口のストック（国籍別）── ポーランド

単位：1,000人

	2004年	2005年	2006年	2007年	2008年	2009年	2010年	2011年	2012年	2013年	2014年	2014年の女性の割合（%）
ウクライナ	..	..	5.2	6.1	7.2	10.2	..	13.4	..	..	..	..
ドイツ	..	..	11.4	11.8	12.2	4.4	..	5.2	..	..	..	..
ロシア	..	..	3.3	3.4	3.5	4.2	..	4.2	..	..	..	..
ベラルーシ	..	..	1.5	1.8	2.2	3.2	..	3.8	..	..	..	..
ベトナム	..	..	1.9	2.0	2.2	2.9	..	2.6	..	..	..	..
アルメニア	..	..	0.8	0.8	0.9	1.4	..	1.8	..	..	..	..
その他の国	..	..	30.8	31.5	32.3	23.3	..	24.4	..	..	..	..
合計	..	..	54.9	57.5	60.4	49.6	..	55.4	..	..	..	..

注：定義と資料についての詳細は諸表の後に付したメタデータを参照。

StatLink：http://dx.doi.org/10.1787/888933395816

外国人及び外国出身人口のストック　統計付録

表B.5　外国人人口のストック（国籍別）—— ポルトガル

単位：1,000人

	2004年	2005年	2006年	2007年	2008年	2009年	2010年	2011年	2012年	2013年	2014年	2014年の女性の割合（%）
ブラジル	66.7	63.7	68.0	66.4	107.0	116.2	119.4	111.4	105.6	92.1	87.5	61
カーボベルデ	64.3	67.5	65.5	63.9	51.4	48.8	44.0	43.9	42.9	42.4	40.9	53
ウクライナ	65.8	43.8	41.5	39.5	52.5	52.3	49.5	48.0	44.1	41.1	37.9	51
ルーマニア	12.0	10.6	11.4	19.2	27.4	32.5	36.8	39.3	35.2	34.2	31.5	45
中国	9.2	9.3	10.2	10.4	13.3	14.4	15.7	16.8	17.4	18.6	21.4	47
アンゴラ	35.1	34.2	33.7	32.7	27.6	26.6	23.5	21.6	20.3	20.2	19.7	53
ギニアビサウ	25.3	24.7	23.8	23.7	24.4	22.9	19.8	18.5	17.8	17.8	18.0	45
イギリス	18.0	19.0	19.8	23.6	15.4	16.4	17.2	17.7	16.6	16.5	16.6	48
サントメ・プリンシペ	10.5	11.5	10.8	10.6	11.7	11.5	10.5	10.5	10.4	10.3	10.2	55
スペイン	15.9	16.4	16.6	18.0	7.2	8.1	8.9	9.3	9.4	9.5	9.7	49
ドイツ	13.1	13.6	13.9	15.5	8.2	8.6	9.0	9.1	8.6	8.6	8.8	49
モルドバ	13.7	14.0	14.4	14.1	21.1	20.8	15.6	13.6	11.5	10.0	8.5	53
ブルガリア	3.6	3.1	3.3	5.0	6.5	7.2	8.2	8.6	7.4	7.6	7.0	48
フランス	9.3	9.6	9.7	10.6	4.6	4.9	5.1	5.3	5.2	5.2	6.5	48
インド	5.2	3.7	3.8	4.1	5.5	5.8	5.3	5.4	5.7	6.0	6.4	31
その他の国	81.5	71.5	73.7	78.4	56.8	57.3	56.8	57.9	58.9	61.1	64.7	
合計	449.2	415.9	420.2	435.7	440.6	454.2	445.3	436.8	417.0	401.3	395.2	52

注：定義と資料についての詳細は諸表の後に付したメタデータを参照。

StatLink：http://dx.doi.org/10.1787/888933395816

表B.5　外国人人口のストック（国籍別）—— ロシア

単位：1,000人

	2004年	2005年	2006年	2007年	2008年	2009年	2010年	2011年	2012年	2013年	2014年	2014年の女性の割合（%）
ウクライナ	..	..	..	..	..	..	93.4	92.0	110.2	122.3	192.7	54
ウズベキスタン	..	..	..	..	..	..	131.1	86.4	103.1	115.3	127.5	42
アルメニア	..	..	..	..	..	..	59.4	73.0	90.0	102.3	115.0	46
タジキスタン	..	..	..	..	..	..	87.1	64.4	75.7	82.9	91.8	26
カザフスタン	..	..	..	..	..	..	28.1	16.3	42.2	65.5	79.4	55
アゼルバイジャン	..	..	..	..	..	..	67.9	53.0	62.8	67.2	77.3	42
モルドバ	..	..	..	..	..	..	33.9	28.2	36.3	41.2	51.6	45
キルギスタン	..	..	..	..	..	..	44.6	4.4	14.0	22.4	30.8	51
ジョージア	..	..	..	..	..	..	12.1	12.1	15.6	17.1	18.7	47
ベラルーシ	..	..	..	..	..	..	27.7	6.1	9.8	14.0	17.7	52
ベトナム	..	..	..	..	..	..	11.1	8.8	10.2	10.7	11.5	42
中国	..	..	..	..	..	..	28.4	7.6	8.5	8.0	8.9	36
トルクメニスタン	..	..	..	..	..	..	5.6	3.8	4.1	4.4	5.0	53
トルコ	..	..	..	..	..	..	5.4	3.4	3.8	4.2	4.4	5
リトアニア	..	..	..	..	..	..	2.6	4.2	4.6	4.9	4.0	45
その他の国	..	..	..	..	..	..	48.8	26.7	30.1	33.4	36.2	
合計	..	..	..	..	..	..	687.0	490.3	621.0	715.8	872.6	45

注：定義と資料についての詳細は諸表の後に付したメタデータを参照。

StatLink：http://dx.doi.org/10.1787/888933395816

統計付録　外国人及び外国出身人口のストック

表B.5　外国人人口のストック（国籍別）—— スロバキア共和国

単位：1,000 人

	2004年	2005年	2006年	2007年	2008年	2009年	2010年	2011年	2012年	2013年	2014年	2014年の女性の割合（%）
チェコ共和国	3.6	4.4	5.1	6.0	6.9	8.3	9.0	14.6	14.7	11.4	11.9	47
ハンガリー	..	1.8	2.1	2.7	3.6	4.6	5.3	9.3	9.9	8.1	8.6	34
ルーマニア	..	0.4	0.7	3.0	5.0	5.4	5.8	5.7	6.0	4.9	5.3	29
ポーランド	2.5	2.8	3.6	4.0	4.4	5.4	5.6	6.9	7.0	5.1	5.2	48
ドイツ	..	1.6	2.3	2.9	3.8	4.0	4.1	4.3	4.4	3.6	3.7	26
ウクライナ	4.0	3.7	3.9	3.7	4.7	5.9	6.3	3.9	3.9	2.7	2.8	66
イタリア	..	0.5	0.7	1.0	1.1	1.5	1.7	2.1	2.2	2.0	2.1	18
オーストリア	..	0.9	1.2	1.5	1.7	2.1	2.2	2.3	2.3	1.8	1.9	26
ブルガリア	..	0.6	0.5	1.0	1.4	1.5	1.7	1.8	2.0	1.6	1.6	25
イギリス	..	0.5	0.7	1.0	1.2	1.4	1.5	1.8	1.9	1.6	1.6	29
ベトナム	..	0.8	1.1	1.4	2.5	2.3	2.3	1.5	1.5	1.4	1.4	44
フランス	..	0.6	0.9	1.1	1.3	1.6	1.7	1.6	1.6	1.4	1.4	29
ロシア	..	1.2	1.3	1.4	1.5	2.0	2.2	1.8	1.8	1.4	1.4	63
中国	..	0.5	0.9	1.2	1.5	1.7	1.9	0.8	0.9	0.8	0.9	49
アメリカ合衆国	..	0.6	0.7	0.8	0.8	1.0	1.0	0.9	0.9	0.7	0.8	40
その他の国	12.1	4.6	6.3	8.3	11.1	14.1	15.7	11.5	11.8	10.6	11.2	
合計	22.3	25.6	32.1	40.9	52.5	62.9	68.0	70.7	72.9	59.2	61.8	38

注：定義と資料についての詳細は諸表の後に付したメタデータを参照。

StatLink：http://dx.doi.org/10.1787/888933395816

表B.5　外国人人口のストック（国籍別）—— スロベニア

単位：1,000 人

	2004年	2005年	2006年	2007年	2008年	2009年	2010年	2011年	2012年	2013年	2014年	2014年の女性の割合（%）
ボスニア・ヘルツェゴビナ	..	..	..	..	..	42.5	41.7	42.7	45.0	46.8	50.2	27
セルビア	..	..	..	..	..	10.0	7.5	9.7	10.2	10.8	11.4	30
マケドニア旧ユーゴスラビア共和国	..	..	..	..	..	10.1	9.5	10.0	10.2	10.6	10.9	43
クロアチア	..	..	..	..	..	10.2	10.3	10.8	11.6	10.9	10.3	33
ブルガリア	..	..	..	..	..	1.6	2.3	3.1	1.1	3.5	3.9	23
イタリア	..	..	..	..	..	0.9	1.1	1.2	1.5	1.8	2.1	33
ロシア	..	..	..	..	..	0.6	0.7	0.9	1.1	1.5	2.1	56
ウクライナ	..	..	..	..	..	1.3	1.4	1.5	1.5	1.6	1.8	67
中国	..	..	..	..	..	1.0	1.0	1.0	1.0	1.1	1.1	44
ドイツ	..	..	..	..	..	0.8	0.9	0.9	1.0	1.1	1.1	46
スロバキア共和国	..	..	..	..	..	0.7	0.9	0.8	0.7	0.8	0.7	53
ルーマニア	..	..	..	..	..	0.4	0.3	0.5	0.5	0.6	0.6	44
ハンガリー	..	..	..	..	..	0.3	0.3	..	0.3	0.4	0.5	39
イギリス	..	..	..	..	..	0.4	0.5	0.5	0.5	0.5	0.5	36
オーストリア	..	..	..	..	..	0.4	0.5	..	0.5	0.5	0.5	40
その他の国	..	..	..	..	..	18.6	17.0	18.3	16.5	18.4	20.0	
合計	..	..	..	..	..	99.8	95.7	101.9	103.3	110.9	117.7	29

注：定義と資料についての詳細は諸表の後に付したメタデータを参照。

StatLink：http://dx.doi.org/10.1787/888933395816

外国人及び外国出身人口のストック　統計付録

表B.5　外国人人口のストック（国籍別）── スペイン

単位：1,000人

	2004年	2005年	2006年	2007年	2008年	2009年	2010年	2011年	2012年	2013年	2014年	2014年の女性の割合（%）
ルーマニア	317.4	407.2	527.0	731.8	798.9	831.2	865.7	897.2	870.3	797.1	751.2	51
モロッコ	511.3	563.0	582.9	652.7	718.1	754.1	774.0	788.6	792.2	774.4	749.3	43
イギリス	227.2	274.7	315.0	353.0	375.7	387.7	391.2	397.9	385.2	300.3	282.1	50
中国	87.7	104.7	106.7	125.9	147.5	158.2	167.1	177.0	181.7	186.0	191.3	49
イタリア	95.4	115.8	135.1	157.8	175.3	184.3	188.0	191.9	192.4	181.0	179.1	43
エクアドル	497.8	461.3	427.1	427.7	421.4	399.6	360.7	308.2	263.5	218.9	176.2	47
コロンビア	271.2	265.1	261.5	284.6	296.7	292.6	273.2	246.3	222.5	181.9	151.0	55
ブルガリア	93.0	101.6	122.1	154.0	164.7	169.6	172.9	176.4	169.0	151.6	141.9	49
ドイツ	133.6	150.5	164.4	181.2	191.0	195.8	196.0	196.9	181.9	140.5	130.5	51
ボリビア	97.9	139.8	200.5	242.5	230.7	213.2	199.1	186.0	173.7	150.7	126.0	58
フランス	77.8	90.0	100.4	112.6	120.5	123.9	122.5	121.6	117.8	103.6	99.3	50
ポルトガル	66.2	80.6	100.6	127.2	140.9	142.5	140.8	138.7	129.1	109.7	98.4	41
ウクライナ	65.7	69.9	70.0	79.1	82.3	83.3	86.3	89.0	89.4	88.6	90.9	57
パキスタン	31.9	42.1	42.1	47.0	54.1	56.9	70.2	80.0	81.4	79.6	77.5	26
ドミニカ共和国	57.1	61.1	65.1	77.8	88.1	91.2	91.1	92.8	93.0	84.7	75.2	56
その他の国	1 099.3	1 216.7	1 299.1	1 513.9	1 642.9	1 663.7	1 652.6	1 647.8	1 603.3	1 475.0	1 398.9	
合計	3 730.6	4 144.2	4 519.6	5 268.8	5 648.7	5 747.7	5 751.5	5 736.3	5 546.2	5 023.6	4 718.9	49

注：定義と資料についての詳細は諸表の後に付したメタデータを参照。

StatLink：http://dx.doi.org/10.1787/888933395816

表B.5　外国人人口のストック（国籍別）── スウェーデン

単位：1,000人

	2004年	2005年	2006年	2007年	2008年	2009年	2010年	2011年	2012年	2013年	2014年	2014年の女性の割合（%）
フィンランド	90.3	87.1	83.5	80.4	77.1	74.1	70.6	67.9	65.3	62.8	59.7	58
ポーランド	14.7	17.2	22.4	28.9	34.7	38.6	40.9	42.7	44.6	46.1	48.2	48
ソマリア	9.0	9.6	11.6	14.7	18.3	24.7	30.8	33.0	36.1	45.0	47.1	50
シリア	4.2	3.6	3.2	3.1	3.1	3.4	4.1	5.0	9.1	20.5	42.2	40
デンマーク	31.2	32.9	35.8	38.4	39.7	40.3	40.5	40.5	40.2	39.3	38.4	43
ノルウェー	35.6	35.4	35.5	35.6	35.5	35.2	34.9	34.8	34.8	34.6	34.5	51
ドイツ	19.9	21.0	22.5	24.7	26.6	27.5	27.6	27.8	28.0	28.1	28.2	49
イラク	39.8	31.9	30.3	40.0	48.6	55.1	56.6	55.8	43.2	31.2	25.9	46
アフガニスタン	6.8	6.9	7.7	7.9	8.2	8.6	9.8	12.7	16.7	20.3	23.6	38
イギリス	14.6	14.7	15.1	15.7	16.5	17.3	17.4	18.1	18.4	18.8	19.4	30
エリトリア	1.3	1.8	2.2	2.9	3.9	5.0	6.4	8.4	10.0	12.8	18.0	46
タイ	9.8	11.2	12.5	13.9	15.5	17.1	18.3	19.0	19.1	18.5	17.7	80
中国	6.2	6.7	6.9	7.7	9.4	11.8	14.1	15.5	16.3	17.1	17.5	53
イラン	12.4	11.5	10.5	10.2	10.6	11.8	13.5	14.3	14.5	14.8	14.9	48
ルーマニア	2.4	2.4	2.3	4.4	6.5	7.7	8.8	10.2	11.2	12.0	13.0	47
その他の国	183.1	186.1	190.0	195.9	207.8	224.6	239.0	249.4	259.7	272.9	291.3	
合計	481.1	479.9	492.0	524.5	562.1	602.9	633.3	655.1	667.2	694.7	739.4	47

注：定義と資料についての詳細は諸表の後に付したメタデータを参照。

StatLink：http://dx.doi.org/10.1787/888933395816

431

統計付録　外国人及び外国出身人口のストック

表B.5　外国人人口のストック（国籍別）—— スイス
単位：1,000人

	2004年	2005年	2006年	2007年	2008年	2009年	2010年	2011年	2012年	2013年	2014年	2014年の女性の割合（%）
イタリア	300.2	296.4	291.7	289.6	290.0	289.1	289.1	290.5	294.4	301.3	308.6	42
ドイツ	144.9	157.6	172.6	201.9	233.4	250.5	264.2	276.8	285.4	293.2	298.6	45
ポルトガル	159.7	167.3	173.5	182.3	196.2	205.3	213.2	224.2	238.4	253.8	263.0	45
フランス	67.0	69.0	71.5	77.4	85.6	90.6	95.1	99.5	103.9	110.2	116.8	46
スペイン	74.3	71.4	68.2	65.1	64.4	64.1	64.2	66.0	69.8	75.4	79.5	45
セルビア	199.2	196.2	190.8	187.4	180.3	149.9	115.0	104.8	96.8	81.6	72.2	49
トルコ	76.6	75.4	73.9	72.6	71.7	71.0	70.6	70.2	69.6	69.2	69.1	47
マケドニア旧ユーゴスラビア共和国	60.8	60.7	60.1	60.0	59.7	59.8	60.2	60.8	61.6	62.5	63.3	49
イギリス	24.1	24.9	26.0	28.7	31.9	34.1	36.4	38.6	39.4	40.4	41.1	43
オーストリア	32.5	32.8	32.9	34.0	35.5	36.5	37.2	38.2	39.0	39.6	40.4	46
ボスニア・ヘルツェゴビナ	44.8	43.2	41.3	39.3	37.5	35.8	34.6	33.5	32.9	32.2	31.8	48
クロアチア	41.8	40.6	39.1	37.8	36.1	34.9	33.8	32.8	31.8	30.7	30.2	50
スリランカ	..	..	..	..	..	..	..	24.6	23.9	23.7	24.5	47
ポーランド	4.9	5.3	6.0	7.3	8.9	10.2	11.5	13.9	16.2	17.9	21.4	51
オランダ	15.4	15.8	16.1	17.0	18.1	18.5	19.1	19.4	19.6	20.1	20.5	45
その他の国	248.9	255.4	259.9	270.6	289.8	329.9	376.4	378.5	402.4	434.8	465.8	
合計	1 495.0	1 511.9	1 523.6	1 571.0	1 638.9	1 680.2	1 720.4	1 772.3	1 825.1	1 886.6	1 947.0	47

注：定義と資料についての詳細は諸表の後に付したメタデータを参照。
StatLink：http://dx.doi.org/10.1787/888933395816

表B.5　外国人人口のストック（国籍別）—— イギリス
単位：1,000人

	2004年	2005年	2006年	2007年	2008年	2009年	2010年	2011年	2012年	2013年	2014年	2014年の女性の割合（%）
ポーランド	48.0	110.0	209.0	406.0	498.0	549.0	550.0	658.0	713.0	679.0	855.0	51
インド	171.0	190.0	258.0	258.0	294.0	293.0	354.0	332.0	359.8	336.0	379.0	46
アイルランド	368.0	369.0	335.0	341.0	359.0	344.0	344.0	386.0	356.0	345.0	329.0	53
ポルトガル	83.0	85.0	81.0	87.0	95.0	96.0	104.0	123.0	106.0	138.0	235.0	53
ルーマニア	..	..	12.0	19.0	32.0	52.0	72.0	79.0	117.0	148.0	219.0	47
イタリア	121.0	88.0	76.0	95.0	96.0	107.0	117.0	153.0	125.0	138.0	212.0	43
リトアニア	..	..	47.0	54.0	73.0	67.0	99.0	129.0	126.0	153.0	192.0	51
フランス	95.0	100.0	110.0	122.0	123.0	148.0	116.0	114.0	132.0	132.0	189.0	53
パキスタン	86.0	95.0	78.0	133.0	178.0	177.0	137.0	166.0	162.8	194.0	184.0	43
スペイン	40.0	61.0	45.0	58.0	66.0	52.0	61.0	55.0	82.0	75.0	167.0	56
アメリカ合衆国	133.0	106.0	132.0	109.0	117.0	112.0	133.0	109.0	146.0	149.0	132.0	58
中国	..	..	73.0	89.0	109.0	76.0	107.0	106.0	86.6	93.0	122.0	53
ドイツ	96.0	100.0	91.0	88.0	91.0	121.0	129.0	132.0	137.0	153.0	119.0	60
ラトビア	..	..	14.0	13.0	29.0	19.0	44.0	62.0	81.0	78.0	117.0	56
ナイジェリア	43.0	62.0	61.0	89.0	81.0	106.0	106.0	114.0	101.5	114.0	104.0	54
その他の国	1 573.0	1 669.0	1 770.0	1 863.0	1 945.0	2 029.0	2 051.0	2 067.0	1 956.3	2 016.0	2 037.0	
合計	2 857.0	3 035.0	3 392.0	3 824.0	4 186.0	4 348.0	4 524.0	4 785.0	4 788.0	4 941.0	5 592.0	52

注：定義と資料についての詳細は諸表の後に付したメタデータを参照。
StatLink：http://dx.doi.org/10.1787/888933395816

外国人及び外国出身人口のストック　**統計付録**

表A5・表B5に関連するメタデータ——外国人人口のストック

	コメント	資料
オーストリア	住民登録に記載された外国人のストック。基準日は12月31日。	住民登録（オーストリア統計局）。2001年以前は労働力調査（オーストリア統計局）。
ベルギー	住民登録に記載された外国人のストック。2012年以降は庇護希望者も含む。基準日は12月31日。	住民登録（統計及び経済情報総局）。
カナダ	2006年と2011年の国勢調査。	カナダ統計局
チェコ共和国	永住許可もしくは一時在留許可（すなわち、長期ビザ、長期在留許可、またはEU市民対象の一時在留許可）を得てチェコ共和国内に在留する外国人数。基準日は12月31日。	外国人警察（内務省）
デンマーク	住民登録に記載された外国人のストック。庇護希望者及び一時在留許可の保有者は含まない。基準日は12月31日。	中央住民登録（デンマーク統計局）
エストニア	住民登録。基準日は12月31日。	内務省
フィンランド	住民登録に記載された外国人のストック。フィンランド系の外国人を含む。基準日は12月31日。	中央住民登録（フィンランド統計局）
フランス	永住許可を有するフランス国内在留の外国人。研修生、留学生、調査に応じた不法移民を含む。季節労働者、越境労働者は含まない。2012～2014年の合計の推計値は欧州連合統計局のデータに基づく。2014年に時系列上の大幅な変化がある。	国勢調査（フランス国立統計経済研究所）
ドイツ	住民登録に記載された外国人のストック。一般世帯を営む庇護希望者を含む。外国で生まれたドイツ系帰還者（Aussiedler）は含まない。基準日は12月31日。	中央住民登録（ドイツ連邦統計局）
ギリシャ	一部の非正規入国者を含む。基準日は、2013年までは第4四半期、2014年は第2四半期。	労働力調査（ギリシャ国家統計局）
ハンガリー	在留許可または永住許可を有する外国人。2010年以降、一時在留資格（1年以上）を有するEU域外の国の国民を含む。2011年以降は、補完的保護の受益者を含む。2011年のデータは同年10月の国勢調査の結果に合わせて調整されている。基準日は12月31日。	移民帰化局、ハンガリー中央統計局
アイスランド	データは中央住民登録（National Register of Persons）に基づくが、その数値は過大評価されていると思われる。基準日は12月31日。	アイスランド統計局
アイルランド	2006年と2011年の国勢調査。	アイルランド中央統計局
イタリア	データは在留外国人数（地方自治体の住民登録課に登録されている数）を示す。親の在留許可によって登録された18歳未満の子どもは含まない。2009年の正規化プログラムによって正規化された移民を含む。基準日は12月31日。	内務省及びイタリア国家統計局
日本	出入国管理及び難民認定法の下、中長期の在留資格を有して日本国内に滞在する外国人。基準日は12月31日。	法務省入国管理局
韓国	90日を超えて韓国国内に在留し、住民登録に登録している外国人。	法務省
ルクセンブルク	住民登録に記録されている外国人のストック。訪問者（滞在期間が3か月未満）と越境労働者は含まない。基準日は12月31日。2010年の数字は同年2月実施の国勢調査より抽出。	住民登録（ルクセンブルク国立統計経済研究所）
メキシコ	有効な永住許可もしくは一時在留許可を保有する外国人の数。2012年までのデータは1974年移民法の下での推定値であり、FM2ビザを持つ移民（いずれも永住移民のカテゴリーである「inmigrante」及び「inmigrado」）と、特定のカテゴリーのFM3ビザ（一時在留）を持つ非移民を含む。2014年のデータは2011年移民法の下での推定値。	内務省入国管理局
オランダ	住民登録に記載された外国人市民のストック。数字には、行政機関による修正及び庇護希望者（受け入れ施設の滞在者を除く）を含む。基準日は12月31日。	住民登録（オランダ統計局）
ノルウェー	住民登録に記載された外国人市民のストック。訪問者（滞在期間が6か月未満）及び越境労働者を除く。基準日は12月31日。	中央住民登録（ノルウェー統計局）
ポーランド	2006年以降のデータは中央住民登録による。	中央住民登録（ポーランド中央統計局）

433

統計付録　外国人及び外国出身人口のストック

表A5・表B5に関連するメタデータ——外国人人口のストック

	コメント	資料
ポルトガル	有効な在留許可を有する人。2001～2004年のデータには、2001年の正規化プログラムを受けて発給された在留許可及び、長期在留許可（一時的滞在、留学、就労のため）が含まれる。2005～2006年のデータには、有効な在留許可または滞在許可の保有者（滞在許可を更新した外国人）と長期ビザの保有者が含まれる（いずれも毎年、発給・更新される）。2004年より後の就労ビザ受給者には、正規化プログラムによって、また、ブラジルとの二国間協定の下でブラジル人労働者に適用された特別な人材配置から、恩恵を得た外国人を含む。法改正と滞在許可発給数の抑制を経た2008年以降のデータには、有効な在留許可の保有者及び長期ビザの更新者を含む。女性のデータには長期ビザ保有者は含まない。	内務省国立統計院及び外務省
ロシア	2010年は、国勢調査でロシアに永住する外国人及び無国籍者。2011年以降は、12月31日時点で一時在留許可または永住許可を保有する者。	ロシア連邦統計局、連邦移民サービス
スロバキア共和国	永住許可または長期在留許可の保有者。	外国人登録（内務省）
スロベニア	外国籍者としての行政上の資格の如何にかかわらず、有効な在留許可の発給数。 基準日は12月31日。	中央住民登録（内務省）
スペイン	法的資格の如何にかかわらず、地方自治体住民登録（Municipal Registers）に記載のあるすべての外国人市民。 基準日は翌年の1月1日。	地方自治体住民登録（スペイン国立統計局）
スウェーデン	住民登録に記載のある外国人市民のストック。 基準日は12月31日。	住民登録（スウェーデン統計局）
スイス	在留許可（permit B）もしくは永住許可（permit C）を保有するすべての外国人のストック。短期在留許可のL許可（L-permit）の保有者も、在留期間が12か月を超える場合にはデータに含む。季節労働者及び越境労働者は含まない。 基準日は12月31日。	外国人登録（スイス連邦統計局）
イギリス	外国人在留者。新英連邦諸国出身の国籍不明者は含まない（約1万～1万5,000人）。 基準日は12月31日。	労働力調査（内務省）
アメリカ合衆国	アメリカ合衆国外で生まれた外国人	人口動態調査、国勢調査局

注：セルビアのデータには、モンテネグロあるいはセルビア・モンテネグロの出身者を含む場合がある。

一部に2003年以前の数値や、本付録中に記載のない国籍／出身国に関する言及があるが、それらのデータは *http://stats.oecd.org/* で入手可能である。

国籍の取得

　国籍法の規定は、自国民及び外国人の人口測定に多大な影響を及ぼすことが考えられる。例えば、フランスやベルギーでは、外国人の国籍取得がかなり容易であり、移民と出生を介した外国人人口の増加が、やがては自国民の人口の大幅な増加につながる可能性がある。一方、国籍取得が比較的難しい国では、外国人の移民と出生による増加は、外国人人口の増加という形でしか表れないことになる。また、帰化に関する規定が変更される場合も、大きな影響が生じることが考えられる。例えば1980年代、多くのOECD加盟国で帰化を容易にする動きがあったが、その結果、各国で外国人人口の著しい減少（そして自国民の人口増加）がみられた。

　だが、帰化に影響する要因は、受入国の法律だけではない。例えば、帰化に出身国の国籍離脱が伴う国では、外国籍を保持しようとする誘因があると考えられる。外国籍を保持した場合と帰化した場合にほとんど差異がない国では、帰化するか否かの判断は、おおむね申請に必要な時間と労力、そして、帰化に付随する象徴的・政治的価値に左右されると思われる。

　帰化に関するデータは、一般に、行政資料から容易に入手できる。行政資料の統計値は、国籍取得のための経路、すなわち、1）年齢や在留状況といった基準の下での標準的な帰化手続、2）帰化意思の申請、あるいは（結婚、養子縁組など居住や家系に関連する状況に伴う）選択、3）旧国籍の回復、4）その他の特殊な国籍取得方法、などをすべて対象としている。

統計付録　国籍の取得

表A.6 ［1/2］　国籍取得（OECD加盟国及びロシア）

単位：人数（人）及び対外国人人口比（%）

	2004年	2005年	2006年	2007年	2008年	2009年	2010年	2011年	2012年	2013年	2014年
オーストラリア	88 470	94 164	104 333	137 493	119 811	86 654	119 383	95 235	83 698	123 438	162 002
対外国人人口比（%）	..	..	..	..	..	..	..	..	..	..	..
オーストリア	41 645	34 876	25 746	14 010	10 258	7 978	6 135	6 690	7 043	7 354	7 570
対外国人人口比（%）	5.5	4.5	3.2	1.7	1.2	0.9	0.7	0.7	0.7	0.7	0.7
ベルギー	34 754	31 512	31 860	36 063	37 710	32 767	34 635	29 786	38 612	34 801	18 727
対外国人人口比（%）	4.0	3.6	3.5	3.9	3.9	3.2	3.3	2.7	3.3	2.8	1.5
カナダ	194 130	201 062	263 460	202 037	178 437	159 001	145 620	184 105	114 573	131 093	268 359
対外国人人口比（%）	..	..	..	11.5	..	..	..	..	5.9	..	..
チリ	376	519	498	698	619	812	741	874	1 225	677	980
対外国人人口比（%）	..	..	..	..	..	..	..	..	..	..	..
チェコ共和国	5 020	2 626	2 346	1 877	1 837	1 621	1 495	1 936	2 036	2 514	5 114
対外国人人口比（%）	2.1	1.0	0.8	0.6	0.5	0.4	0.3	0.5	0.5	0.6	1.2
デンマーク	14 976	10 197	7 961	3 648	5 772	6 537	3 006	3 911	3 489	1 750	4 747
対外国人人口比（%）	5.5	3.8	2.9	1.3	1.9	2.0	0.9	1.1	1.0	0.5	1.2
エストニア	6 523	7 072	4 753	4 230	2 124	1 670	1 189	1 518	1 340	1 330	1 614
対外国人人口比（%）	..	..	..	..	..	..	..	..	0.6	0.6	0.8
フィンランド	6 880	5 683	4 433	4 824	6 682	3 413	4 334	4 558	9 087	8 930	8 260
対外国人人口比（%）	6.4	5.2	3.9	4.0	5.0	2.4	2.8	2.7	5.0	4.6	4.0
フランス	168 826	154 827	147 868	131 738	137 452	135 852	143 261	114 569	96 051	97 276	105 613
対外国人人口比（%）	..	..	4.2	3.7	3.7	3.6	3.8	3.0	2.5	2.4	2.5
ドイツ	127 153	117 241	124 566	113 030	94 470	96 122	101 570	106 897	112 348	112 353	108 422
対外国人人口比（%）	1.7	1.7	1.8	1.7	1.4	1.4	1.5	1.6	1.6	1.6	1.4
ギリシャ	..	..	..	10 806	16 922	17 019	9 387	17 533	20 302	29 462	..
対外国人人口比（%）	..	..	..	1.9	2.6	2.3	1.1	2.2	2.7	3.8	..
ハンガリー	5 432	9 870	6 172	8 442	8 104	5 802	6 086	20 554	18 379	9 178	8 745
対外国人人口比（%）	4.2	6.9	4.0	5.1	4.6	3.1	3.1	9.8	12.8	6.5	6.2
アイスランド	671	726	844	647	914	728	450	370	413	597	595
対外国人人口比（%）	6.6	6.8	6.1	3.5	3.9	3.0	2.1	1.7	2.0	2.8	2.6
アイルランド	3 784	4 079	5 763	6 656	4 350	4 594	6 387	10 749	25 039	24 263	21 090
対外国人人口比（%）	..	..	..	1.6	0.8	0.8	1.1	1.9	4.7	4.4	3.8
イタリア	19 140	28 659	35 266	45 485	53 696	59 369	65 938	56 153	65 383	100 712	129 887
対外国人人口比（%）	1.0	1.2	1.3	1.5	1.6	1.7	1.8	1.4	1.6	2.3	2.6
日本	16 336	15 251	14 108	14 680	13 218	14 785	13 072	10 359	10 622	8 646	9 277
対外国人人口比（%）	0.9	0.8	0.7	0.7	0.6	0.7	0.6	0.5	0.5	0.4	0.4
韓国	9 262	16 974	8 125	10 319	15 258	26 756	17 323	18 400	12 528	..	..
対外国人人口比（%）	2.0	3.5	1.6	1.6	1.9	3.0	1.9	1.8	1.3	..	..
ルクセンブルク	841	954	1 128	1 236	1 215	4 022	4 311	3 405	4 680	4 411	4 991
対外国人人口比（%）	0.5	0.5	0.6	0.6	0.6	1.9	2.0	1.5	2.0	1.8	2.0
メキシコ	6 429	5 610	4 175	5 470	4 471	3 489	2 150	2 633	3 590	3 581	2 341
対外国人人口比（%）	..	..	..	..	..	..	0.8	0.9	1.2	1.2	..
オランダ	26 173	28 488	29 089	30 653	28 229	29 754	26 275	28 598	30 955	25 882	32 578
対外国人人口比（%）	3.7	4.1	4.2	4.5	4.1	4.1	3.6	3.8	3.9	3.3	4.0
ニュージーランド	22 227	24 462	29 248	29 916	23 623	18 005	15 173	19 287	27 230	28 467	28 757
対外国人人口比（%）	..	..	..	..	..	..	..	..	..	..	..
ノルウェー	8 154	12 655	11 955	14 877	10 312	11 442	11 903	14 637	12 384	13 223	15 336
対外国人人口比（%）	4.0	5.9	5.4	6.2	3.9	3.8	3.6	4.0	3.0	2.9	3.2
ポーランド	1 937	2 866	989	1 528	1 054	2 503	2 926	2 325	3 792	3 462	4 518
対外国人人口比（%）	..	..	..	2.8	1.8	4.1	5.9	..	6.8	..	..
ポルトガル	1 346	939	3 627	6 020	22 408	24 182	21 750	23 238	21 819	24 476	21 124
対外国人人口比（%）	0.3	0.2	0.9	1.4	5.1	5.5	4.8	5.2	5.0	5.9	5.3
ロシア	330 419	504 518	366 488	367 699	361 363	394 137	111 298	134 980	95 737	117 381	157 791
対外国人人口比（%）	..	..	..	..	..	..	..	..	19.5	18.9	22.0

表A.6 ［2/2］ 国籍取得（OECD加盟国及びロシア）

単位：人数（人）及び対外国人人口比（%）

	2004年	2005年	2006年	2007年	2008年	2009年	2010年	2011年	2012年	2013年	2014年
スロバキア共和国	4 016	1 393	1 125	1 478	680	262	239	272	255	282	233
対外国人人口比（%）	13.8	6.3	4.4	4.6	1.7	0.5	0.4	0.4	0.4	0.4	0.4
スロベニア	..	..	..	841	1 468	1 706	1 829	1 812	768	1 470	1 262
対外国人人口比（%）	..	..	..	..	..	..	1.8	1.9	0.8	1.4	1.1
スペイン	38 335	42 829	62 339	71 810	84 170	79 597	123 721	114 599	115 557	261 295	93 714
対外国人人口比（%）	1.3	1.1	1.5	1.6	1.6	1.4	2.2	2.0	2.0	4.7	1.9
スウェーデン	28 893	39 573	51 239	33 629	30 461	29 525	32 457	36 634	50 179	50 167	43 510
対外国人人口比（%）	6.1	8.2	10.7	6.8	5.8	5.3	5.4	5.8	7.7	7.5	6.3
スイス	35 685	38 437	46 711	43 889	44 365	43 440	39 314	36 757	34 121	34 332	33 325
対外国人人口比（%）	2.4	2.6	3.1	2.9	2.8	2.7	2.3	2.1	1.9	1.9	1.8
トルコ	8 238	6 901	5 072	4 359	5 968	8 141	9 488	9 216	..	..	..
対外国人人口比（%）	..	..	..	..	6.1	7.8	5.7	5.3	..	..	..
イギリス	148 273	161 699	154 018	164 637	129 377	203 789	195 046	177 785	194 209	207 989	125 653
対外国人人口比（%）	5.4	5.7	5.1	4.9	3.4	4.9	4.5	3.9	4.1	4.3	2.5
アメリカ合衆国	537 151	604 280	702 589	660 477	1046 539	743 715	619 913	694 193	757 434	779 929	653 416
対外国人人口比（%）	2.6	2.9	3.3	3.0	4.8	3.4	2.9	3.1	3.4	3.5	3.0

注：定義と資料の詳細については、表B.6の後に付したメタデータを参照。

StatLink：http://dx.doi.org/10.1787/888933395776

統計付録　国籍の取得

表B.6　国籍取得（旧国籍別）—— オーストラリア

単位：人

	2004年	2005年	2006年	2007年	2008年	2009年	2010年	2011年	2012年	2013年	2014年	2014年の女性の割合（%）
インド	3 748	5 167	7 638	13 026	9 119	9 124	17 788	12 948	10 076	19 217	27 827	43
イギリス	17 569	20 510	22 637	26 922	27 032	18 206	22 284	19 101	16 401	20 478	25 884	48
フィリピン	3 163	3 738	3 825	5 187	3 841	3 453	4 505	4 051	5 592	9 090	11 628	56
南アフリカ	4 996	5 181	5 111	6 760	5 538	4 162	5 218	4 389	4 206	7 900	9 286	49
中国	5 966	6 507	7 406	11 173	8 407	6 700	11 109	8 898	6 876	8 979	9 203	57
ニュージーランド	13 237	9 549	7 745	7 531	6 835	3 761	4 165	4 304	3 458	3 794	5 361	51
スリランカ	1 651	1 741	2 002	3 613	2 937	2 203	3 412	2 520	1 671	2 746	3 957	47
ベトナム	2 268	2 108	2 146	2 634	2 177	1 522	2 000	1 688	1 929	2 568	3 514	63
イラク	1 289	2 147	2 151	1 926	4 208	2 150	1 538	875	1 103	2 739	3 150	53
アイルランド	924	1 094	1 236	1 442	1 423	881	1 280	1 302	1 145	1 796	2 843	40
マレーシア	1 876	1 863	2 046	2 974	2 42	1 778	2 216	2 207	1 487	1 841	2 788	53
韓国	957	1 146	1 770	2 491	2 395	1 211	2 409	2 321	1 570	2 109	2 746	53
パキスタン	885	913	1 091	1 468	1 190	1 194	1 728	1 057	990	2 100	2 739	42
バングラデシュ	392	586	797	1 202	1 072	1 756	2 940	1 178	1 183	1 946	2 650	47
アフガニスタン	522	707	1 212	2 794	3 210	1 733	1 342	941	889	1 253	2 620	39
その他の国	29 027	31 207	35 520	46 350	37 685	26 820	35 449	27 455	25 122	34 882	45 806	
合計	88 470	94 164	104 333	137 493	119 811	86 654	119 383	95 235	83 698	123 438	162 002	50

注：定義と資料の詳細については、諸表の後に付したメタデータを参照。

StatLink：http://dx.doi.org/10.1787/888933395826

表B.6　国籍取得（旧国籍別）—— オーストリア

単位：人

	2004年	2005年	2006年	2007年	2008年	2009年	2010年	2011年	2012年	2013年	2014年	2014年の女性の割合（%）
ボスニア・ヘルツェゴビナ	8 657	7 026	4 596	3 329	2 207	1 457	1 278	1 174	1 131	1 039	1 120	57
トルコ	13 004	9 545	7 542	2 076	1 664	1 242	937	1 178	1 198	1 108	885	43
セルビア	7 245	6 681	4 825	4 254	2 595	2 003	1 268	1 092	723	834	678	59
ロシア	194	235	228	128	127	135	137	296	316	427	431	52
ルーマニア	1 373	1 128	981	455	382	246	114	223	275	224	244	66
アフガニスタン	322	454	261	43	106	108	113	157	179	28	232	39
マケドニア旧ユーゴスラビア共和国	803	991	716	414	377	281	150	182	163	182	210	53
インド	562	421	159	137	122	90	84	82	171	165	207	49
中国	545	323	182	57	67	76	58	97	110	95	192	61
エジプト	616	506	382	100	121	124	94	97	152	174	189	48
ドイツ	135	135	122	113	67	174	132	117	110	127	187	52
クロアチア	2 212	2 276	2 494	1 349	824	440	456	363	401	224	184	56
イラン	411	432	253	88	99	103	111	138	168	18	159	50
ナイジェリア	343	318	189	35	54	36	57	50	57	15	158	50
ウクライナ	230	182	145	81	70	80	75	106	99	134	136	83
その他の国	4 993	4 223	2 671	1 351	1 376	1 383	1 071	1 338	1 790	2 560	2 358	
合計	41 645	34 876	25 746	14 010	10 258	7 978	6 135	6 690	7 043	7 354	7 570	54

注：定義と資料の詳細については、諸表の後に付したメタデータを参照。

StatLink：http://dx.doi.org/10.1787/888933395826

438

表B.6　国籍取得（旧国籍別）── ベルギー

単位：人

	2004年	2005年	2006年	2007年	2008年	2009年	2010年	2011年	2012年	2013年	2014年	2014年の女性の割合（%）
モロッコ	8 704	7 977	7 753	8 722	8 427	6 919	7 380	7 035	7 879	5 926	2 408	..
イタリア	2 271	2 086	2 360	2 017	1 762	1 700	2 833	3 697	3 203	1 856	1 199	..
ルーマニア	314	332	429	554	480	362	395	356	777	1 155	824	..
ポーランド	465	470	550	586	619	640	523	394	729	888	742	..
コンゴ民主共和国	2 566	1 917	1 567	1 793	1 795	1 555	1 603	1 158	1 936	1 526	713	..
オランダ	665	672	692	668	683	608	641	495	961	1 272	705	..
トルコ	4 467	3 602	3 204	3 039	3 182	2 763	2 760	2 359	2 517	1 857	691	..
ロシア	244	297	487	1 533	2 599	1 647	1 641	1 032	1 439	1 525	641	..
フランス	780	772	820	836	838	792	717	638	903	973	586	..
カメルーン	266	242	250	317	463	401	490	600	924	915	546	..
ギニア	173	162	144	229	278	233	291	228	757	941	416	..
イラク	164	154	113	236	251	298	322	184	397	612	377	..
アルメニア	366	253	206	197	291	274	374	277	360	583	361	..
ブルガリア	183	170	193	185	188	213	208	185	338	514	326	..
アルジェリア	826	739	658	687	744	739	739	584	863	638	325	..
その他の国	12 300	11 667	12 434	14 464	15 110	13 623	13 718	10 564	14 629	13 620	7 867	
合計	34 754	31 512	31 860	36 063	37 710	32 767	34 635	29 786	38 612	34 801	18 727	..

注：定義と資料の詳細については、諸表の後に付したメタデータを参照。

StatLink：http://dx.doi.org/10.1787/888933395826

表B.6　国籍取得（旧国籍別）── カナダ

単位：人

	2004年	2005年	2006年	2007年	2008年	2009年	2010年	2011年	2012年	2013年	2014年	2014年の女性の割合（%）
フィリピン	9 022	11 037	15 570	12 197	11 668	11 069	11 608	16 160	10 553	14 827	27 993	59
インド	21 826	22 068	33 974	25 796	20 837	17 398	18 970	22 235	13 468	15 418	26 557	51
中国	25 138	25 803	34 602	24 431	21 079	16 059	13 473	15 640	10 444	10 147	21 789	58
イラン	4 616	4 986	8 087	5 331	4 988	3 829	3 585	4 954	3 530	3 383	9 421	52
パキスタン	10 676	12 433	17 120	11 623	9 433	7 839	8 063	9 936	5 633	5 291	9 080	52
モロッコ	1 190	2 339	3 872	2 728	2 225	3 371	2 031	2 732	1 476	1 893	7 505	48
アメリカ合衆国	5 288	5 059	5 120	4 271	4 134	3 738	3 717	5 092	3 835	4 472	7 359	54
イギリス	7 452	7 001	6 654	5 259	4 722	4 370	4 510	6 060	4 345	4 778	7 355	47
アルジェリア	1 500	2 146	3 331	2 552	2 150	3 161	2 453	3 321	1 586	1 849	7 278	50
コロンビア	1 510	2 086	3 136	3 784	4 671	4 289	3 812	4 079	2 540	3 371	7 101	53
韓国	5 909	5 434	7 559	5 862	5 252	3 841	3 166	4 097	3 072	3 166	5 936	53
フランス	1 683	2 335	2 688	2 191	1 884	2 688	1 972	2 727	1 450	2 110	5 830	48
イラク	1 908	2 023	2 977	1 756	1 504	1 187	1 056	1 593	1 312	2 399	4 625	51
バングラデシュ	2 053	2 860	3 415	2 023	1 873	2 140	2 281	2 892	1 484	1 689	4 321	50
スリランカ	5 151	4 582	5 650	4 705	3 691	3 187	2 918	3 347	2 009	2 453	4 145	52
その他の国	89 208	88 870	109 705	87 528	78 326	70 835	62 005	79 240	47 836	53 847	112 064	
合計	194 130	201 062	263 460	202 037	178 437	159 001	145 620	184 105	114 573	131 093	268 359	53

注：定義と資料の詳細については、諸表の後に付したメタデータを参照。

StatLink：http://dx.doi.org/10.1787/888933395826

統計付録　国籍の取得

表B.6　国籍取得（旧国籍別）── チリ

単位：人

	2004年	2005年	2006年	2007年	2008年	2009年	2010年	2011年	2012年	2013年	2014年	2014年の女性の割合（%）
ペルー	84	123	117	196	174	170	156	214	305	153	..	55
コロンビア	13	16	19	44	26	61	54	75	149	105	..	56
エクアドル	12	20	21	43	62	72	89	97	173	95	..	60
キューバ	55	88	92	109	115	107	119	137	159	88	..	57
ボリビア	59	99	93	95	69	114	93	119	115	55	..	69
アルゼンチン	13	15	7	11	10	20	16	23	33	21	..	52
中国	40	18	25	24	16	46	29	24	29	18	..	44
パキスタン	2	9	7	10	4	17	15	16	17	12	..	17
ウルグアイ	2	4	6	5	2	2	5	6	6	10	..	40
台湾	16	45	46	44	35	60	39	15	29	9	..	78
ベネズエラ	1	2	3	9	8	14	17	22	21	8	..	75
スペイン	2	4	5	10	5	10	9	5	14	8	..	37
インド	11	10	7	13	16	11	9	16	15	8	..	12
シリア	7	6	9	9	9	6	1	6	6	7	..	43
フランス	..	..	1	..	..	..	2	1	3	5	..	40
その他の国	59	60	40	76	68	102	88	98	151	75	..	
合計	376	519	498	698	619	812	741	874	1 225	677	980	..

注：定義と資料の詳細については、諸表の後に付したメタデータを参照。

StatLink：http://dx.doi.org/10.1787/888933395826

表B.6　国籍取得（旧国籍別）── チェコ共和国

単位：人

	2004年	2005年	2006年	2007年	2008年	2009年	2010年	2011年	2012年	2013年	2014年	2014年の女性の割合（%）
ウクライナ	446	239	425	424	398	520	396	501	518	948	2 075	..
スロバキア共和国	1 741	1 259	786	625	521	431	377	378	331	270	574	..
ロシア	86	134	107	102	84	58	50	68	173	162	463	..
ルーマニア	101	143	131	36	83	35	36	76	70	30	311	..
ベトナム	47	62	43	40	42	44	52	86	80	166	298	..
モルドバ	1	11	9	33	21	23	15	32	25	41	175	..
アルメニア	23	32	61	28	19	16	11	47	74	46	144	..
ベラルーシ	21	35	27	39	27	20	15	38	49	53	137	..
カザフスタン	89	43	129	18	121	21	17	48	30	65	122	..
ポーランド	298	167	86	50	53	58	63	198	180	176	105	..
ボスニア・ヘルツェゴビナ	62	63	37	19	11	9	9	16	27	11	59	..
セルビア	42	26	31	28	25	17	7	11	9	26	57	..
ブルガリア	62	48	48	14	11	12	21	28	19	27	52	..
シリア	10	5	4	5	12	6	4	8	19	23	28	..
アルジェリア	5	9	9	12	4	..	10	17	22	22	26	..
その他の国	1 986	350	413	404	405	351	412	384	410	448	488	
合計	5 020	2 626	2 346	1 877	1 837	1 621	1 495	1 936	2 036	2 514	5 114	..

注：定義と資料の詳細については、諸表の後に付したメタデータを参照。

StatLink：http://dx.doi.org/10.1787/888933395826

国籍の取得　　統計付録

表B.6　国籍取得（旧国籍別）—— デンマーク

単位：人

	2004年	2005年	2006年	2007年	2008年	2009年	2010年	2011年	2012年	2013年	2014年	2014年の女性の割合（%）
イラク	1 015	961	1 113	515	1 166	1 201	368	838	730	356	1 588	45
アフガニスタン	367	282	260	178	359	790	354	576	463	151	917	47
ソマリア	2 022	1 709	923	317	527	264	142	233	185	58	404	53
トルコ	732	878	1 125	527	581	511	239	227	300	166	150	51
イラン	505	317	203	89	207	155	63	113	127	23	130	49
中国	339	382	281	162	181	199	103	103	97	19	105	59
ボスニア・ヘルツェゴビナ	..	..	519	224	270	265	131	110	82	39	59	53
タイ	180	114	95	61	79	96	64	57	52	29	54	46
ベトナム	318	232	213	129	78	144	86	58	58	23	52	60
モロッコ	244	147	114	40	119	104	46	34	66	17	50	58
スリランカ	678	332	148	73	127	74	20	58	45	13	48	56
スウェーデン	..	..	66	48	39	52	58	64	57	33	47	47
フィリピン	..	..	82	27	71	74	22	32	25	8	43	70
マケドニア旧ユーゴスラビア共和国	835	324	594	165	196	228	83	62	58	54	39	38
パキスタン	332	305	172	93	191	214	21	73	89	77	38	58
その他の国	7 409	4 214	2 053	1 000	1 581	2 166	1 206	1 273	1 055	684	1 023	
合計	14 976	10 197	7 961	3 648	5 772	6 537	3 006	3 911	3 489	1 750	4 747	50

注：定義と資料の詳細については、諸表の後に付したメタデータを参照。

StatLink：http://dx.doi.org/10.1787/888933395826

表B.6　国籍取得（旧国籍別）—— エストニア

単位：人

	2004年	2005年	2006年	2007年	2008年	2009年	2010年	2011年	2012年	2013年	2014年	2014年の女性の割合（%）
ロシア	152	412	355	269	138	87	77	156	174	169	204	63
ウクライナ	11	3	15	19	16	20	18	10	24	18	30	53
パキスタン	..	1	..	..	1	..	1	..	..	1	4	0
ラトビア	3	1	3	2	..	..	..	1	1	1	3	100
ベラルーシ	..	7	5	1	3	1	3	1	5	2	3	67
カザフスタン	..	2	1	..	1	1	1	3	1	1	2	100
インド	..	2	..	1	..	..	2	..	5	1	2	0
トルコ	..	..	..	1	..	..	..	..	..	..	1	0
スウェーデン	..	..	..	..	..	..	..	..	..	..	1	0
モルドバ	..	1	1	..	2	..	2	..	..	..	1	0
イラク	..	..	..	..	..	..	..	..	..	..	1	0
ジョージア	..	..	..	..	..	1	1	1	2	1	1	100
中国	..	..	..	..	..	..	..	1	..	1	1	0
その他の国	6 357	6 643	4 373	3 937	1 963	1 560	1 083	1 346	1 128	1 135	1 360	
合計	6 523	7 072	4 753	4 230	2 124	1 670	1 189	1 518	1 340	1 330	1 614	55

注：定義と資料の詳細については、諸表の後に付したメタデータを参照。

StatLink：http://dx.doi.org/10.1787/888933395826

統計付録　国籍の取得

表B.6　国籍取得（旧国籍別）—— フィンランド

単位：人

	2004年	2005年	2006年	2007年	2008年	2009年	2010年	2011年	2012年	2013年	2014年	2014年の女性の割合（%）
ロシア	2 313	2 094	1 399	1 665	2 211	1 026	1 925	1 652	2 477	2 103	2 317	65
ソマリア	165	414	445	464	595	290	131	96	609	814	834	46
イラク	447	346	405	443	379	207	78	106	457	521	405	36
エストニア	690	291	176	182	262	166	243	302	521	436	382	61
トルコ	171	128	110	102	195	94	132	166	278	271	257	39
アフガニスタン	14	48	101	102	279	186	108	100	510	479	251	40
イラン	225	233	213	218	329	180	137	145	451	341	219	47
スウェーデン	149	198	178	163	274	126	104	196	190	146	186	51
中国	95	60	57	68	84	53	85	88	124	154	161	66
セルビア	338	346	248	240	371	173	122	133	374	316	160	46
インド	53	32	8	26	28	27	73	76	117	99	152	58
コンゴ民主共和国	21	14	43	48	35	18	25	20	100	122	150	50
ウクライナ	130	65	46	45	62	53	92	95	148	157	141	57
ミャンマー	3	10	0	5	18	7	3	9	56	177	141	60
タイ	90	31	15	30	34	24	41	50	75	104	125	82
その他の国	1 976	1 373	989	1 023	1 526	783	1 035	1 324	2 600	2 690	2 379	
合計	6 880	5 683	4 433	4 824	6 682	3 413	4 334	4 558	9 087	8 930	8 260	54

注：定義と資料の詳細については、諸表の後に付したメタデータを参照。

StatLink：http://dx.doi.org/10.1787/888933395826

表B.6　国籍取得（旧国籍別）—— フランス

単位：人

	2004年	2005年	2006年	2007年	2008年	2009年	2010年	2011年	2012年	2013年	2014年	2014年の女性の割合（%）
モロッコ	..	37 848	..	..	28 699	26 353	28 919	22 612	18 325	16 662	18 051	49
アルジェリア	..	25 435	..	..	20 256	20 757	21 299	15 527	12 991	13 408	15 142	47
チュニジア	..	12 012	..	..	9 471	9 476	9 008	6 828	5 546	5 569	6 274	44
トルコ	..	13 618	..	..	10 202	9 259	9 667	8 277	6 920	5 873	5 835	47
ポルトガル	..	8 888	..	..	7 778	6 583	5 723	4 720	4 294	3 887	3 345	48
マリ	..	1 365	..	..	2 237	2 786	3 214	2 616	2 201	2 645	3 345	49
コートジボワール	..	1 987	..	..	2 197	2 582	3 096	2 257	1 766	2 513	3 055	55
セネガル	..	2 345	..	..	3 038	3 443	3 839	3 168	2 755	2 823	3 048	49
ロシア	..	1 132	..	..	3 530	4 157	4 507	3 390	2 203	2 517	3 040	68
カメルーン	..	2 081	..	..	2 014	2 425	2 890	2 425	1 926	2 579	3 010	60
コンゴ民主共和国	..	2 631	..	..	2 402	2 375	2 562	1 946	1 599	1 585	2 335	52
ハイチ	..	2 744	..	..	2 922	3 070	3 166	2 204	1 799	2 121	2 181	51
コモロ	..	817	..	..	1 049	1 373	1 546	1 828	1 778	2 307	2 175	49
中国	..	1 054	..	..	1 122	1 425	1 403	1 336	1 331	1 497	1 835	55
コンゴ	..	2 390	..	..	2 933	3 309	3 417	2 018	1 326	1 808	1 797	54
その他の国	..	38 480	..	..	37 602	36 479	39 005	33 417	29 291	29 482	31 145	
合計	168 826	154 827	147 868	131 738	137 452	135 852	143 261	114 569	96 051	97 276	105 613	51

注：定義と資料の詳細については、諸表の後に付したメタデータを参照。

StatLink：http://dx.doi.org/10.1787/888933395826

442

国籍の取得　統計付録

表B.6　国籍取得（旧国籍別）── ドイツ

単位：人

	2004年	2005年	2006年	2007年	2008年	2009年	2010年	2011年	2012年	2013年	2014年	2014年の女性の割合（%）
トルコ	44 465	32 661	33 388	28 861	24 449	24 647	26 192	28 103	33 246	27 970	22 463	43
ポーランド	7 499	6 896	6 907	5 479	4 245	3 841	3 789	4 281	4 496	5 462	5 932	72
クロアチア	1 689	1 287	1 729	1 224	1 032	542	689	665	544	1 721	3 899	55
イタリア	1 656	1 629	1 558	1 265	1 392	1 273	1 305	1 707	2 202	2 754	3 245	46
イラク	3 564	4 136	3 693	4 102	4 229	5 136	5 228	4 790	3 510	3 150	3 172	45
ウクライナ	3 844	3 363	4 536	4 454	1 953	2 345	3 118	4 264	3 691	4 539	3 142	62
アフガニスタン	4 077	3 133	3 063	2 831	2 512	3 549	3 520	2 711	2 717	3 054	3 000	50
ギリシャ	1 507	1 346	1 657	2 691	1 779	1 362	1 450	2 290	4 167	3 498	2 800	47
ロシア	4 381	5 055	4 679	4 069	2 439	2 477	2 753	2 965	3 167	2 784	2 743	61
モロッコ	3 820	3 684	3 546	3 489	3 130	3 042	2 806	3 011	2 852	2 710	2 689	43
ルーマニア	1 309	1 789	1 379	3 502	2 137	2 357	2 523	2 399	2 343	2 504	2 566	71
イラン	6 362	4 482	3 662	3 121	2 734	3 184	3 046	2 728	2 463	2 560	2 546	51
セルビア	3 539	8 824	12 601	10 458	6 484	4 309	3 405	2 978	2 746	2 714	2 358	52
ベトナム	1 371	1 278	1 382	1 078	1 048	1 513	1 738	2 428	3 299	2 459	2 196	53
シリア	1 070	1 061	1 226	1 108	1 156	1 342	1 401	1 454	1 321	1 508	1 820	43
その他の国	37 000	36 617	39 560	35 298	33 751	35 203	38 607	40 123	39 584	42 966	43 851	
合計	127 153	117 241	124 566	113 030	94 470	96 122	101 570	106 897	112 348	112 353	108 422	52

注：定義と資料の詳細については、諸表の後に付したメタデータを参照。

StatLink：http://dx.doi.org/10.1787/888933395826

表B.6　国籍取得（旧国籍別）── ギリシャ

単位：人

	2004年	2005年	2006年	2007年	2008年	2009年	2010年	2011年	2012年	2013年	2014年	2014年の女性の割合（%）
アルバニア	..	..	..	5 688	9 996	14 271	6 059	15 452	17 396	25 830	..	44
セルビア	..	..	..	4	10	39	25	282	209	378	..	61
ジョージア	..	..	..	489	1 285	550	763	252	152	359	..	52
ウクライナ	..	..	..	68	167	129	178	130	235	246	..	72
ブルガリア	..	..	..	105	89	62	70	101	75	192	..	60
アルメニア	..	..	..	80	165	137	199	150	210	189	..	48
トルコ	..	..	..	223	212	175	71	49	70	167	..	27
モルドバ	..	..	..	22	29	32	44	91	131	159	..	69
ルーマニア	..	..	..	83	79	63	57	56	76	129	..	53
アメリカ合衆国	..	..	..	105	175	127	189	83	84	126	..	45
キプロス[1,2]	..	..	..	109	68	87	61	46	41	118	..	53
イスラエル	..	..	..	82	81	40	32	25	62	116	..	45
レバノン	..	..	..	34	15	15	51	16	59	100	..	38
スワジランド	..	..	..	..	..	..	..	..	..	82	..	21
ドイツ	..	..	..	39	85	105	113	57	27	74	..	49
その他の国	..	..	..	3 675	4 466	1 187	1 475	743	1 475	1 197	..	
合計	..	..	..	10 806	16 922	17 019	9 387	17 533	20 302	29 462	..	44

注：定義と資料の詳細については、諸表の後に付したメタデータを参照。

1. トルコによる注記：この文書に掲載の情報で「キプロス」と表記されているものは、キプロス島南部を指す。キプロス島のトルコ系住民とギリシャ系住民の両方を代表する単一の政府は存在せず、トルコは北キプロス・トルコ共和国（TRNC）を承認している。国連の場で恒久的かつ公正な解決策が見いだされるまでは、トルコは「キプロス問題」に関してこの立場を維持するものとする。

2. OECD加盟の全EU加盟国及びEUによる注記：キプロス共和国はトルコを除く全国連加盟国によって承認されている。本書に掲載の情報は、キプロス共和国政府の実効支配下にある地域に関するものである。

StatLink：http://dx.doi.org/10.1787/888933395826

統計付録　国籍の取得

表B.6　国籍取得（旧国籍別）—— ハンガリー

単位：人

	2004年	2005年	2006年	2007年	2008年	2009年	2010年	2011年	2012年	2013年	2014年	2014年の女性の割合（%）
ルーマニア	3 605	6 890	4 303	6 052	5 535	3 805	3 939	15 658	14 392	6 999	6 200	46
ウクライナ	..	828	541	834	857	558	646	2 189	1 765	894	858	67
セルビア	..	949	357	757	758	672	721	1 678	1 330	647	411	42
スロバキア共和国	..	161	206	116	106	97	97	414	307	202	310	68
ロシア	..	162	111	7	156	119	111	168	151	97	170	66
エジプト	..	2	1	4	2	5	3	2	6	9	81	31
ベトナム	..	53	40	53	95	39	75	38	29	15	67	63
ドイツ	..	25	22	28	33	35	25	55	67	35	59	46
トルコ	..	7	4	6	13	10	9	12	8	20	58	5
シリア	..	13	13	22	17	11	10	7	11	10	57	25
ポーランド	..	26	10	10	14	13	9	27	18	11	45	73
クロアチア	..	50	148	26	34	25	26	61	50	22	27	30
アメリカ合衆国	..	3	4	12	11	9	2	17	13	9	25	32
モンゴル	..	11	14	10	4	14	16	18	9	8	20	90
アルジェリア	..	11	10	11	7	4	12	1	5	1	19	16
その他の国	1 827	679	388	494	462	386	385	209	218	199	338	
合計	5 432	9 870	6 172	8 442	8 104	5 802	6 086	20 554	18 379	9 178	8 745	48

注：定義と資料の詳細については、諸表の後に付したメタデータを参照。

StatLink：http://dx.doi.org/10.1787/888933395826

表B.6　国籍取得（旧国籍別）—— アイスランド

単位：人

	2004年	2005年	2006年	2007年	2008年	2009年	2010年	2011年	2012年	2013年	2014年	2014年の女性の割合（%）
ポーランド	133	184	222	162	164	153	50	35	30	89	149	57
フィリピン	59	45	105	69	126	106	67	35	49	89	52	69
タイ	48	50	54	45	62	40	28	27	26	26	43	81
ベトナム	19	23	41	16	52	51	39	14	8	39	33	52
リトアニア	9	7	5	23	23	9	11	8	6	7	16	62
アメリカ合衆国	33	31	34	33	20	15	19	11	12	13	14	71
ロシア	33	23	24	17	38	17	21	12	21	18	13	77
ウクライナ	18	6	9	13	18	18	15	10	21	18	12	75
ドイツ	5	8	7	9	7	4	5	1	4	4	12	83
ルーマニア	2	10	12	4	12	12	4	2	12	7	10	50
ポルトガル	1	12	6	2	3	4	2	6	3	3	10	40
ブルガリア	9	2	9	5	6	10	9	1	5	10	10	20
モロッコ	7	7	4	9	22	3	8	5	9	7	9	44
ネパール	1	7	10	5	8	10	4	9	4	9	8	50
フランス	6	9	3	5	2	1	3	1	3	1	8	62
その他の国	288	302	299	230	351	275	165	193	200	257	196	
合計	671	726	844	647	914	728	450	370	413	597	595	60

注：定義と資料の詳細については、諸表の後に付したメタデータを参照。

StatLink：http://dx.doi.org/10.1787/888933395826

国籍の取得　統計付録

表B.6　国籍取得（旧国籍別）―― アイルランド

単位：人

	2004年	2005年	2006年	2007年	2008年	2009年	2010年	2011年	2012年	2013年	2014年	2014年の女性の割合（%）
ナイジェリア	..	155	189	142	319	454	1 012	1 204	5 689	..	3 293	49
インド	..	144	126	119	166	339	443	944	2 617	..	2 939	53
フィリピン	..	43	70	37	84	410	630	1 755	3 830	..	2 184	54
パキスタン	..	213	239	189	196	201	306	428	1 288	..	1 244	43
ルーマニア	..	92	81	46	74	117	143	135	457	..	1 029	50
ポーランド	..	20	37	7	10	13	29	25	359	..	939	51
中国	..	57	85	45	102	131	258	403	798	..	576	57
南アフリカ	..	257	363	219	205	318	343	418	708	..	563	54
ウクライナ	..	31	25	34	97	153	202	432	815	..	536	49
ブラジル	..	31	37	36	14	21	31	86	203	..	459	44
コンゴ民主共和国	..	..	0	0	57	82	79	7	179	..	422	50
モルドバ	..	21	22	11	67	72	115	278	636	..	356	53
ロシア	..	81	109	86	160	246	253	288	464	..	320	65
アメリカ合衆国	..	890	1 518	1 841	875	156	112	148	263	..	304	57
タイ	..	29	60	18	33	28	53	139	209	..	274	72
その他の国	..	2 015	2 802	3 826	1 891	1 853	2 378	4 059	6 524	..	5 652	
合計	3 784	4 079	5 763	6 656	4 350	4 594	6 387	10 749	25 039	24 263	21 090	51

注：定義と資料の詳細については、諸表の後に付したメタデータを参照。

StatLink：http://dx.doi.org/10.1787/888933395826

表B.6　国籍取得（旧国籍別）―― イタリア

単位：人

	2004年	2005年	2006年	2007年	2008年	2009年	2010年	2011年	2012年	2013年	2014年	2014年の女性の割合（%）
モロッコ	1 046	..	3 295	3 850	9 156	9 096	11 350	10 732	14 728	25 421	..	45
アルバニア	882	..	2 330	2 605	4 546	9 523	9 129	8 101	9 493	13 671	..	49
インド	..	..	..	188	672	894	1 261	1 051	2 366	4 863	..	31
ルーマニア	847	..	2 775	3 509	2 857	2 735	4 707	3 921	3 272	4 386	..	71
パキスタン	..	..	..	91	219	349	535	601	1 522	3 532	..	36
チュニジア	258	..	371	920	1 666	2 066	2 003	2 067	2 555	3 521	..	42
バングラデシュ	..	..	..	68	405	839	822	972	1 460	3 511	..	35
ガーナ	..	..	213	301	1 121	1 061	790	801	1 288	2 838	..	45
セネガル	..	..	..	191	289	592	689	797	1 070	2 263	..	34
エジプト	283	..	217	704	1 228	1 394	1 431	2 352	1 342	2 130	..	40
マケドニア旧ユーゴスラビア共和国	..	..	..	204	697	954	923	1 141	1 219	2 089	..	39
ペルー	253	..	..	883	1 064	1 947	2 235	1 726	1 589	2 055	..	69
ウクライナ	209	..	..	1 389	1 601	1 131	1 820	1 199	1 580	1 806	..	87
ブラジル	579	..	1 751	1 928	1 930	1 579	2 099	1 960	1 442	1 786	..	73
ナイジェリア	166	..	..	490	607	658	747	646	938	1 611	..	59
その他の国	14 617	..	24 314	28 164	25 638	24 551	25 397	18 086	19 519	25 229	..	
合計	19 140	28 659	35 266	45 485	53 696	59 369	65 938	56 153	65 383	100 712	129 887	51

注：定義と資料の詳細については、諸表の後に付したメタデータを参照。

StatLink：http://dx.doi.org/10.1787/888933395826

統計付録　国籍の取得

表B.6　国籍取得（旧国籍別）── 日本

単位：人

	2004年	2005年	2006年	2007年	2008年	2009年	2010年	2011年	2012年	2013年	2014年	2014年の女性の割合（%）
韓国	11 031	9 689	8 531	8 546	7 412	7 637	6 668	5 656	5 581	4 331	4 744	..
中国	4 122	4 427	4 347	4 740	4 322	5 392	4 816	3 259	3 598	2 845	3 060	..
その他の国	1 183	1 135	1 230	1 394	1 484	1 756	1 588	1 444	1 443	1 470	1 473	
合計	16 336	15 251	14 108	14 680	13 218	14 785	13 072	10 359	10 622	8 646	9 277	..

注：定義と資料の詳細については、諸表の後に付したメタデータを参照。

StatLink：http://dx.doi.org/10.1787/888933395826

表B.6　国籍取得（旧国籍別）── 韓国

単位：人

	2004年	2005年	2006年	2007年	2008年	2009年	2010年	2011年	2012年	2013年	2014年	2014年の女性の割合（%）
中国	7 443	14 881	7 156	8 178	12 545	..	..	..	..	..	..	..
ベトナム	147	362	243	461	1 147	..	..	..	..	..	..	..
フィリピン	1 074	786	317	335	579	..	..	..	..	..	..	..
モンゴル	36	109	32	82	134	..	..	..	..	..	..	..
ウズベキスタン	34	79	38	60	80	..	..	..	..	..	..	..
タイ	53	69	39	57	73	..	..	..	..	..	..	..
パキスタン	58	66	18	34	27	..	..	..	..	..	..	..
その他の国	417	622	282	1 112	673	..	..	..	..	..	..	..
合計	9 262	16 974	8 125	10 319	15 258	26 756	17 323	18 400	..	..	..	..

注：定義と資料の詳細については、諸表の後に付したメタデータを参照。

StatLink：http://dx.doi.org/10.1787/888933395826

表B.6　国籍取得（旧国籍別）── ルクセンブルク

単位：人

	2004年	2005年	2006年	2007年	2008年	2009年	2010年	2011年	2012年	2013年	2014年	2014年の女性の割合（%）
ベルギー	83	101	87	97	77	224	258	450	1 581	1 577	1 346	47
ポルトガル	188	252	338	352	293	1 242	1 351	1 085	1 155	982	1 211	50
フランス	44	51	74	75	76	277	342	314	462	639	860	47
イタリア	111	97	161	138	109	362	665	425	411	314	418	53
ドイツ	62	79	74	95	76	322	333	208	201	195	209	53
セルビア	0	2	55	67	115	425	412	229	194	148	197	48
アメリカ合衆国	2	2	0	2	3	47	44	32	42	48	80	45
イギリス	3	1	8	5	0	62	53	44	56	37	66	50
ボスニア・ヘルツェゴビナ	22	29	46	72	76	270	202	114	74	60	56	59
オランダ	6	7	20	10	20	31	50	38	54	27	54	52
スペイン	8	9	7	17	10	48	58	35	38	30	48	50
ロシア	5	8	13	10	10	40	50	30	17	22	30	77
カーボベルデ	41	33	45	46	49	77	40	60	41	44	27	63
ウクライナ	3	4	5	5	11	25	22	23	35	17	23	91
スイス	1	0	0	0	0	30	29	20	30	14	23	65
その他の国	262	279	195	245	290	540	402	298	289	257	343	
合計	841	954	1 128	1 236	1 215	4 022	4 311	3 405	4 680	4 411	4 991	50

注：定義と資料の詳細については、諸表の後に付したメタデータを参照。

StatLink：http://dx.doi.org/10.1787/888933395826

国籍の取得　統計付録

表B.6　国籍取得（旧国籍別）── メキシコ

単位：人

	2004年	2005年	2006年	2007年	2008年	2009年	2010年	2011年	2012年	2013年	2014年	2014年の女性の割合（%）
コロンビア	901	813	689	892	690	390	305	486	634	601	397	54
キューバ	661	666	429	660	459	307	240	408	579	531	287	46
ベネズエラ	107	197	185	316	309	159	126	162	279	334	259	59
アルゼンチン	328	372	400	450	400	265	170	178	271	304	130	41
アメリカ合衆国	215	286	334	287	246	266	117	79	108	119	120	41
スペイン	218	301	239	286	251	227	121	152	180	163	119	34
ペルー	320	191	215	292	213	166	107	138	182	159	100	51
エルサルバドル	243	235	137	159	118	163	81	82	99	109	66	55
グアテマラ	1 624	247	114	185	141	209	95	117	196	141	62	55
中国	310	324	188	211	241	154	145	58	76	56	62	58
ホンジュラス	118	156	59	123	98	131	55	92	143	129	60	52
ドミニカ共和国	38	43	47	69	48	50	29	22	75	59	53	42
フランス	105	93	105	71	77	82	37	41	48	63	46	50
ロシア	82	108	97	86	74	55	24	36	42	36	44	73
エクアドル	64	67	52	83	63	41	41	46	63	59	40	52
その他の国	1 095	1 511	885	1 300	1 043	824	457	536	615	718	496	
合計	6 429	5 610	4 175	5 470	4 471	3 489	2 150	2 633	3 590	3 581	2 341	48

注：定義と資料の詳細については、諸表の後に付したメタデータを参照。

StatLink：http://dx.doi.org/10.1787/888933395826

表B.6　国籍取得（旧国籍別）── オランダ

単位：人

	2004年	2005年	2006年	2007年	2008年	2009年	2010年	2011年	2012年	2013年	2014年	2014年の女性の割合（%）
モロッコ	5 873	7 086	6 896	6 409	5 034	5 508	5 797	6 824	6 238	3 886	4 251	54
トルコ	4 026	3 493	3 407	4 073	3 147	4 167	4 984	5 029	4 292	2 872	3 119	52
イラク	489	333	331	501	866	674	288	289	525	929	1 331	49
アフガニスタン	801	550	562	662	584	596	402	371	567	1 341	1 027	57
スリナム	1 421	2 031	1 636	1 285	1 006	1 142	967	934	875	659	828	64
インド	117	187	214	214	153	263	193	292	406	415	794	42
イラン	122	184	225	221	273	279	217	281	361	848	690	53
中国	739	1 291	799	638	539	559	490	..	437	494	628	62
ガーナ	74	199	296	314	283	411	367	519	540	435	575	58
タイ	161	160	171	195	220	383	413	571	602	371	534	86
ナイジェリア	69	139	189	214	220	300	271	267	336	352	462	51
フィリピン	129	198	209	226	209	308	263	330	381	263	457	80
ロシア	242	521	466	413	436	400	275	..	427	291	446	74
ポーランド	212	347	238	268	237	271	202	296	360	237	421	67
ブラジル	131	159	189	173	201	307	272	307	408	238	389	80
その他の国	11 567	11 610	13 261	14 847	14 821	14 186	10 874	12 288	14 200	12 251	16 626	
合計	26 173	28 488	29 089	30 653	28 229	29 754	26 275	28 598	30 955	25 882	32 578	55

注：定義と資料の詳細については、諸表の後に付したメタデータを参照。

StatLink：http://dx.doi.org/10.1787/888933395826

統計付録　国籍の取得

表B.6　国籍取得（旧国籍別）── ニュージーランド

単位：人

	2004年	2005年	2006年	2007年	2008年	2009年	2010年	2011年	2012年	2013年	2014年	2014年の女性の割合（%）
イギリス	2 369	2 431	2 901	3 571	3 473	2 958	2 592	4 420	5 611	4 967	4 597	49
南アフリカ	2 411	2 433	2 805	3 119	2 413	1 808	1 339	2 105	2 784	3 387	3 834	50
フィリピン	704	846	1 135	1 170	718	696	848	663	2 218	2 784	2 721	53
サモア	1 069	1 161	1 375	1 447	1 433	1 549	1 908	2 034	2 957	2 936	2 591	48
フィジー	1 456	1 551	1 693	1 729	1 938	1 536	1 307	1 212	2 081	2 094	2 237	52
インド	2 136	2 926	4 346	5 211	3 431	2 246	1 567	1 649	2 271	2 206	2 221	47
中国	2 856	3 339	3 901	3 084	1 919	1 131	676	846	1 159	1 184	1 243	55
アメリカ合衆国	360	289	372	418	392	331	327	437	573	630	659	51
ジンバブエ	415	585	817	902	653	368	265	632	703	630	587	51
トンガ	199	169	193	260	279	315	378	337	460	522	502	51
マレーシア	345	284	334	453	423	449	456	403	485	414	401	55
韓国	1 098	1 528	1 644	1 454	887	585	457	444	559	405	382	45
オーストラリア	121	105	147	151	142	122	127	111	179	239	340	51
スリランカ	514	441	435	482	393	296	235	158	202	263	330	48
タイ	279	290	253	210	166	165	131	222	255	298	305	70
その他の国	5 895	6 084	6 897	6 255	4 963	3 450	2 560	3 614	4 733	5 508	5 807	
合計	22 227	24 462	29 248	29 916	23 623	18 005	15 173	19 287	27 230	28 467	28 757	51

注：定義と資料の詳細については、諸表の後に付したメタデータを参照。

StatLink：http://dx.doi.org/10.1787/888933395826

表B.6　国籍取得（旧国籍別）── ノルウェー

単位：人

	2004年	2005年	2006年	2007年	2008年	2009年	2010年	2011年	2012年	2013年	2014年	2014年の女性の割合（%）
イラク	619	2 141	2 142	2 577	1 072	1 267	1 338	947	1 642	1 663	1 418	50
アフガニスタン	23	75	194	674	877	857	1 054	1 281	1 013	1 005	1 371	31
ソマリア	526	1 250	1 281	2 196	1 315	1 737	1 528	2 131	1 571	1 667	1 138	53
フィリピン	249	322	246	421	233	445	322	421	341	479	851	75
ミャンマー	0	7	0	5	4	33	103	260	325	533	838	50
エリトリア	20	50	60	88	67	63	248	254	199	323	563	54
タイ	234	299	263	427	247	483	267	380	265	346	547	78
パキスタン	568	694	590	544	773	469	430	526	478	424	503	54
ロシア	365	548	458	436	515	622	673	644	629	418	401	65
エチオピア	83	116	140	313	341	216	225	341	236	195	362	53
イラン	508	832	535	740	495	785	554	539	297	307	336	54
ポーランド	171	126	112	31	74	77	50	96	138	166	324	62
コンゴ	5	15	9	38	46	..	142	189	222	258	320	53
インド	207	223	187	235	141	185	152	209	130	132	313	48
スウェーデン	221	276	376	241	211	184	248	300	213	229	253	47
その他の国	4 355	5 681	5 362	5 911	3 901	4 019	4 569	6 119	4 685	5 078	5 798	
合計	8 154	12 655	11 955	14 877	10 312	11 442	11 903	14 637	12 384	13 223	15 336	55

注：定義と資料の詳細については、諸表の後に付したメタデータを参照。

StatLink：http://dx.doi.org/10.1787/888933395826

国籍の取得　統計付録

表B.6　国籍取得（旧国籍別）—— ポーランド

単位：人

	2004年	2005年	2006年	2007年	2008年	2009年	2010年	2011年	2012年	2013年	2014年	2014年の女性の割合（%）
ウクライナ	538	759	417	662	369	877	992	800	1 196	908	1 911	..
ベラルーシ	129	316	101	126	152	357	418	320	456	390	741	..
ロシア	145	257	129	114	64	162	215	200	244	171	370	..
アルメニア	6	18	27	30	16	79	101	103	163	111	367	..
ベトナム	11	36	29	47	12	64	97	104	150	105	289	..
ドイツ	62	156	1	39	37	47	92	106	171	389	38	..
カザフスタン	38	62	10	10	18	41	38	42	44	41	36	..
トルコ	11	19	36	11	1	35	33	12	72	17	33	..
シリア	37	57	5	12	5	22	18	22	43	20	33	..
モンゴル	..	..	..	..	8	9	12	11	24	15	29	..
イラク	5	7	0	7	6	6	10	8	17	6	27	..
ブルガリア	32	54	8	16	8	21	21	38	29	25	27	..
アメリカ合衆国	41	59	8	23	27	47	50	53	75	86	26	..
ハンガリー	12	16	0	1	5	7	8	5	17	14	25	..
ルーマニア	3	13	4	7	5	9	8	9	17	11	25	..
その他の国	867	1 037	214	423	321	720	813	492	1 075	1 153	541	
合計	1 937	2 866	989	1 528	1 054	2 503	2 926	2 325	3 792	3 462	4 518	..

注：定義と資料の詳細については、諸表の後に付したメタデータを参照。

StatLink：http://dx.doi.org/10.1787/888933395826

表B.6　国籍取得（旧国籍別）—— ポルトガル

単位：人

	2004年	2005年	2006年	2007年	2008年	2009年	2010年	2011年	2012年	2013年	2014年	2014年の女性の割合（%）
ブラジル	307	162	491	415	4 080	3 993	4 007	5 352	4 596	5 102	4 656	61
ウクライナ	2	2	12	..	484	978	1 358	2 336	3 322	4 007	3 310	48
カーボベルデ	274	132	1 047	2 189	6 013	5 368	3 982	3 502	3 230	3 821	3 200	56
ギニアビサウ	95	36	873	1 602	2 754	2 442	1 847	1 815	1 753	2 082	1 915	49
アンゴラ	63	38	336	738	2 075	2 113	1 953	1 870	1 857	2 131	1 630	56
モルドバ	2	3	6	..	2 230	2 896	2 675	2 324	2 043	1 816	1 363	53
サントメ・プリンシペ	22	7	134	448	1 391	1 289	1 097	1 156	869	1 027	938	54
ルーマニア	4	5	20	..	209	258	303	469	492	796	687	50
インド	3	6	25	32	417	1 055	919	860	628	539	490	34
ロシア	9	6	21	31	259	535	580	590	506	515	395	65
パキスタン	2	4	21	32	74	200	388	476	443	346	333	34
モロッコ	..	..	..	..	203	203	188	175	132	201	192	49
セネガル	..	..	..	..	111	120	193	163	145	188	174	26
ギニア	..	..	..	..	450	717	475	313	193	208	171	28
モザンビーク	17	4	57	155	262	253	208	204	193	199	148	64
その他の国	546	534	584	378	1 396	1 762	1 577	1 633	1 417	1 498	1 522	
合計	1 346	939	3 627	6 020	22 408	24 182	21 750	23 238	21 819	24 476	21 124	53

注：定義と資料の詳細については、諸表の後に付したメタデータを参照。

StatLink：http://dx.doi.org/10.1787/888933395826

統計付録　国籍の取得

表B.6　国籍取得（旧国籍別）── ロシア

単位：人

	2004年	2005年	2006年	2007年	2008年	2009年	2010年	2011年	2012年	2013年	2014年	2014年の女性の割合（%）
カザフスタン	106 613	123 286	68 087	64 831	58 736	50 628	27 130	29 986	14 585	20 582	32 293	..
ウクライナ	50 593	94 133	66 502	55 424	58 500	62 025	5 715	7 783	12 803	15 646	24 141	..
ウズベキスタン	29 676	73 315	67 021	53 109	43 982	49 784	4 788	7 906	13 409	17 937	22 363	..
アルメニア	23 139	39 330	34 860	39 328	45 253	54 828	6 261	7 847	13 176	16 550	20 922	..
タジキスタン	10 749	16 148	12 198	16 444	21 891	39 214	4 393	6 152	9 773	12 476	14 638	..
モルドバ	7 283	13 727	12 809	13 876	15 782	20 429	1 992	2 802	5 252	8 878	10 297	..
キルギスタン	27 449	38 422	33 166	61 239	51 210	48 720	37 348	52 362	8 415	7 177	9 754	..
アゼルバイジャン	24 555	35 720	22 045	24 885	29 643	34 627	5 265	5 635	6 440	6 856	9 243	..
ジョージア	20 695	25 225	14 008	12 156	11 110	9 876	2 513	2 405	3 082	2 849	4 398	..
ベラルーシ	10 179	12 943	7 919	6 572	7 099	6 062	3 888	3 993	1 547	2 559	3 566	..
ロシア	..	..	..	..	..	..	..	..	..	..	1 937	..
トルクメニスタン	5 358	7 713	5 577	4 737	4 444	4 026	482	544	753	825	1 162	..
トルコ	50	44	51	60	105	129	144	146	201	218	254	..
ベトナム	7	46	58	77	94	75	90	112	105	170	240	..
ラトビア	954	1 062	756	516	466	469	135	169	178	178	189	..
その他の国	13 119	23 404	21 431	14 445	13 048	13 245	11 154	7 138	6 018	4 480	2 394	
合計	330 419	504 518	366 488	367 699	361 363	394 137	111 298	134 980	95 737	117 381	157 791	..

注：定義と資料の詳細については、諸表の後に付したメタデータを参照。

StatLink：http://dx.doi.org/10.1787/888933395826

表B.6　国籍取得（旧国籍別）── スロバキア共和国

単位：人

	2004年	2005年	2006年	2007年	2008年	2009年	2010年	2011年	2012年	2013年	2014年	2014年の女性の割合（%）
ウクライナ	549	450	377	704	203	35	44	61	60	70	62	66
ベトナム	619	40	40	62	37	7	15	5	11	15	49	61
チェコ共和国	775	167	121	158	93	39	45	45	36	24	37	46
ルーマニア	442	220	147	100	31	10	10	18	25	9	7	57
イラク	2	1	..	1	..	..	1	..	..	..	7	29
セルビア	506	185	42	112	53	46	57	53	56	67	5	40
アメリカ合衆国	136	64	113	110	93	9	7	6	6	6	5	60
ロシア	96	37	35	42	31	4	8	8	3	22	5	20
マケドニア旧ユーゴスラビア共和国	143	12	4	10	3	1	..	..	..	1	5	20
ベラルーシ	14	5	5	8	9	1	..	4	4	3	5	100
エジプト	5	..	2	1	..	..	1	2	1	1	4	25
アルメニア	39	3	3	5	4	4	1	1	1	2	4	75
ブルガリア	42	24	35	19	7	1	3	3	3	2	3	..
シリア	15	..	1	1	..	2	..	..	..	..	2	..
ポーランド	26	14	20	18	7	1	5	4	4	4	2	50
その他の国	607	171	180	127	109	102	42	62	45	56	31	
合計	4 016	1 393	1 125	1 478	680	262	239	272	255	282	233	53

注：定義と資料の詳細については、諸表の後に付したメタデータを参照。

StatLink：http://dx.doi.org/10.1787/888933395826

表B.6　国籍取得（旧国籍別）—— スロベニア

単位：人

	2004年	2005年	2006年	2007年	2008年	2009年	2010年	2011年	2012年	2013年	2014年	2014年の女性の割合（%）
ボスニア・ヘルツェゴビナ	..	..	..	368	445	467	556	622	305	545	579	37
セルビア	..	..	..	159	452	396	289	211	100	219	164	44
マケドニア旧ユーゴスラビア共和国	..	..	..	45	..	140	194	177	59	122	122	45
イタリア	..	..	..	72	116	179	206	205	97	186	92	52
クロアチア	..	..	..	56	203	181	115	162	52	93	47	53
ロシア	..	..	..	5	7	19	6	17	6	12	25	56
ウクライナ	..	..	..	..	6	13	23	31	14	35	17	76
アルゼンチン	..	..	..	15	21	59	77	56	24	32	16	37
モルドバ	..	..	..	..	1	2	4	10	6	7	10	30
ブラジル	..	..	..	3	4	5	25	36	5	17	9	67
アメリカ合衆国	..	..	..	..	11	14	19	19	14	29	8	50
ドイツ	..	..	..	8	12	3	10	12	7	14	8	50
中国	..	..	..	..	11	1	11	7	..	1	7	86
オーストラリア	..	..	..	6	24	13	13	23	12	18	7	29
コンゴ	..	..	..	..	..	..	..	..	..	..	5	..
その他の国	..	..	..	104	155	214	281	224	67	140	146	
合計	..	..	..	841	1 468	1 706	1 829	1 812	768	1 470	1 262	42

注：定義と資料の詳細については、諸表の後に付したメタデータを参照。

StatLink：http://dx.doi.org/10.1787/888933395826

表B.6　国籍取得（旧国籍別）—— スペイン

単位：人

	2004年	2005年	2006年	2007年	2008年	2009年	2010年	2011年	2012年	2013年	2014年	2014年の女性の割合（%）
モロッコ	8 036	5 555	5 690	7 864	8 615	6 683	10 703	14 427	16 163	46 547	19 730	39
コロンビア	4 194	7 334	12 720	13 852	15 409	16 527	23 995	19 803	19 396	38 215	10 945	61
エクアドル	6 370	10 031	19 477	21 371	25 536	25 769	43 091	32 026	23 763	41 612	10 783	55
ボリビア	218	289	648	709	1 103	1 813	4 778	5 333	7 424	23 414	9 130	67
ペルー	3 958	3 645	4 713	6 490	8 206	6 368	8 291	9 255	12 008	20 788	6 131	57
ドミニカ共和国	2 834	2 322	2 805	2 800	3 496	2 766	3 801	4 985	6 028	13 985	5 260	62
キューバ	1 889	2 506	2 703	2 466	2 870	2 696	3 546	3 088	2 921	6 843	2 894	56
アルゼンチン	1 746	2 293	3 536	4 810	5 188	4 629	6 395	5 482	5 217	9 880	2 760	54
ブラジル	683	695	782	779	1 049	943	1 738	1 854	2 540	5 572	2 178	72
ベネズエラ	703	752	908	1 324	1 581	1 744	2 730	2 596	2 823	6 347	2 055	61
パラグアイ	42	60	87	78	179	298	766	864	1 297	3 799	1 643	77
パキスタン	153	147	147	176	208	262	375	491	596	2 751	1 347	14
ウルグアイ	327	408	624	839	1 201	1 451	2 219	1 978	1 819	3 362	1 229	54
ホンジュラス	131	135	148	151	185	241	473	440	578	2 135	1 217	75
チリ	484	620	844	838	1 141	1 090	1 688	1 556	1 589	3 176	1 194	53
その他の国	6 567	6 037	6 507	7 263	8 203	6 317	9 132	10 421	11 395	32 869	15 218	
合計	38 335	42 829	62 339	71 810	84 170	79 597	123 721	114 599	115 557	261 295	93 714	53

注：定義と資料の詳細については、諸表の後に付したメタデータを参照。

StatLink：http://dx.doi.org/10.1787/888933395826

統計付録 国籍の取得

表B.6 国籍取得（旧国籍別）── スウェーデン

単位：人

	2004年	2005年	2006年	2007年	2008年	2009年	2010年	2011年	2012年	2013年	2014年	2014年の女性の割合（%）
イラク	5 298	11 544	12 895	5 950	4 224	3 180	4 367	6 191	16 621	14 354	7 293	57
フィンランド	2 703	2 588	2 975	2 757	2 535	2 432	2 971	2 230	2 247	2 259	3 033	68
ソマリア	840	688	931	655	787	885	1 076	1 091	1 552	2 489	2 935	49
ポーランド	990	793	1 000	762	686	824	1 487	1 791	1 649	2 482	2 425	54
タイ	500	585	876	1 007	1 261	1 314	1 429	1 547	1 908	2 043	2 081	83
イラン	1 296	1 889	2 796	1 459	1 113	1 110	967	1 028	1 418	1 319	1 134	50
トルコ	1 269	1 702	2 921	1 456	1 125	1 200	1 049	1 343	1 325	1 156	1 035	44
エリトリア	121	199	297	202	253	356	327	398	743	842	1 000	54
セルビア	2 124	3 254	3 073	27	61	132	367	842	1 225	1 038	963	49
ドイツ	244	294	457	386	606	700	923	778	661	852	939	53
ルーマニア	282	311	397	279	269	268	245	206	356	749	786	53
アフガニスタン	361	623	1 062	777	812	1 180	848	636	853	778	786	53
ロシア	535	886	1 510	919	759	865	769	948	957	940	724	70
デンマーク	335	329	431	388	404	409	485	393	477	565	605	46
ボスニア・ヘルツェゴビナ	1 469	1 788	2 627	2 081	1 764	1 146	919	1 123	946	702	543	49
その他の国	10 526	12 100	16 991	14 524	13 802	13 524	14 228	16 089	17 241	17 599	17 228	
合計	28 893	39 573	51 239	33 629	30 461	29 525	32 457	36 634	50 179	50 167	43 510	55

注：定義と資料の詳細については、諸表の後に付したメタデータを参照。

StatLink：http://dx.doi.org/10.1787/888933395826

表B.6 国籍取得（旧国籍別）── スイス

単位：人

	2004年	2005年	2006年	2007年	2008年	2009年	2010年	2011年	2012年	2013年	2014年	2014年の女性の割合（%）
イタリア	4 196	4 032	4 502	4 629	4 921	4 804	4 111	4 109	4 045	4 401	4 495	43
ドイツ	639	773	1 144	1 361	3 022	4 035	3 617	3 544	3 401	3 835	4 120	52
ポルトガル	1 199	1 505	2 383	2 201	1 761	2 336	2 217	2 298	2 110	2 201	2 458	56
セルビア	7 854	9 503	11 721	10 441	10 252	8 453	6 859	4 359	3 463	2 611	1 913	53
フランス	1 181	1 021	1 260	1 218	1 110	1 314	1 084	1 325	1 229	1 580	1 750	48
トルコ	3 565	3 467	3 457	3 044	2 866	2 593	2 091	1 886	1 662	1 628	1 399	46
マケドニア旧ユーゴスラビア共和国	1 981	2 171	2 596	2 210	2 287	1 831	1 586	1 337	1 223	1 272	1 288	47
スペイン	823	975	1 283	1 246	1 096	1 245	1 120	1 091	1 055	1 054	1 071	51
ボスニア・ヘルツェゴビナ	2 371	2 790	3 149	3 008	2 855	2 408	1 924	1 628	1 163	1 173	966	53
クロアチア	1 616	1 681	1 837	1 660	2 046	1 599	1 483	1 273	1 201	1 126	838	57
スリランカ	..	..	..	..	..	..	..	..	..	..	781	52
ブラジル	..	..	..	..	..	..	..	..	..	..	455	79
イギリス	289	287	323	353	319	365	298	351	396	328	449	49
ロシア	..	..	..	..	..	..	..	..	..	397	397	80
アメリカ合衆国	..	..	..	..	..	..	..	..	..	..	364	48
その他の国	9 971	10 232	13 056	12 518	11 830	12 457	12 924	13 556	13 173	12 726	10 581	
合計	35 685	38 437	46 711	43 889	44 365	43 440	39 314	36 757	34 121	34 332	33 325	53

注：定義と資料の詳細については、諸表の後に付したメタデータを参照。

StatLink：http://dx.doi.org/10.1787/888933395826

国籍の取得　　統計付録

表B.6　国籍取得（旧国籍別）── トルコ

単位：人

	2004年	2005年	2006年	2007年	2008年	2009年	2010年	2011年	2012年	2013年	2014年	2014年の女性の割合（%）
ブルガリア	3 528	3 299	1 769	..	..	..	..	..	..	..	..	..
アゼルバイジャン	1 541	780	563	..	..	..	..	..	..	..	..	..
ロシア	700	346	287	..	..	..	..	..	..	..	..	..
アフガニスタン	233	312	245	..	..	..	..	..	..	..	..	..
カザフスタン	398	272	195	..	..	..	..	..	..	..	..	..
シリア	135	124	175	..	..	..	..	..	..	..	..	..
イラク	153	146	143	..	..	..	..	..	..	..	..	..
イラン	178	156	137	..	..	..	..	..	..	..	..	..
ギリシャ	119	104	107	..	..	..	..	..	..	..	..	..
イギリス	26	61	93	..	..	..	..	..	..	..	..	..
キルギスタン	140	129	88	..	..	..	..	..	..	..	..	..
ウズベキスタン	109	76	87	..	..	..	..	..	..	..	..	..
ウクライナ	87	58	85	..	..	..	..	..	..	..	..	..
マケドニア旧ユーゴスラビア共和国	72	82	80	..	..	..	..	..	..	..	..	..
ルーマニア	52	84	76	..	..	..	..	..	..	..	..	..
その他の国	767	872	942	..	..	..	..	..	..	..	..	..
合計	8 238	6 901	5 072	4 359	5 968	8 141	9 488	9 216	..	..	..	..

注：定義と資料の詳細については、諸表の後に付したメタデータを参照。

StatLink：http://dx.doi.org/10.1787/888933395826

表B.6　国籍取得（旧国籍別）── イギリス

単位：人

	2004年	2005年	2006年	2007年	2008年	2009年	2010年	2011年	2012年	2013年	2014年	2014年の女性の割合（%）
インド	13 598	14 137	15 134	14 507	11 835	26 541	29 405	26 290	28 352	36 351	22 425	..
パキスタン	14 094	12 605	10 260	8 143	9 442	20 945	22 054	17 641	18 445	21 655	13 000	..
ナイジェリア	6 242	6 622	5 874	6 031	4 531	6 953	7 873	7 932	8 881	9 275	8 076	..
南アフリカ	6 366	7 046	7 665	8 149	5 266	8 367	7 446	6 351	6 924	6 448	5 289	..
バングラデシュ	5 786	3 637	3 724	2 257	3 633	12 041	7 966	5 149	5 702	8 902	3 892	..
中国	1 918	2 425	2 601	3 117	2 677	6 041	7 581	6 966	7 198	7 289	3 530	..
ポーランド	794	559	580	562	251	458	1 419	1 863	3 043	6 066	3 166	..
ガーナ	3 217	3 307	2 989	3 373	3 134	4 662	4 551	3 931	4 744	4 675	3 134	..
ジンバブエ	1 814	2 128	2 556	5 592	5 707	7 703	6 301	4 877	5 647	4 412	3 103	..
フィリピン	2 011	3 797	8 839	10 844	5 382	11 751	9 429	7 133	8 122	10 374	3 095	..
オーストラリア	3 044	3 350	3 377	2 836	1 990	2 890	2 593	2 449	2 792	2 683	3 054	..
ネパール	190	655	916	1 047	929	1 551	2 118	3 468	4 282	7 447	2 667	..
ジャマイカ	3 161	3 520	2 526	3 165	2 715	3 148	2 958	2 514	3 005	2 874	2 372	..
スリランカ	4 530	6 997	5 717	6 496	3 284	4 762	4 944	5 886	6 163	3 855	2 335	..
ソマリア	11 164	8 297	9 029	7 450	7 163	8 139	5 817	4 664	5 143	5 688	2 106	..
その他の国	70 344	82 617	72 231	81 068	61 438	77 837	72 591	70 671	75 766	69 995	44 409	..
合計	148 273	161 699	154 018	164 637	129 377	203 789	195 046	177 785	194 209	207 989	125 653	..

注：定義と資料の詳細については、諸表の後に付したメタデータを参照。

StatLink：http://dx.doi.org/10.1787/888933395826

453

統計付録 国籍の取得

表B.6 国籍取得（旧国籍別）── アメリカ合衆国

単位：人

	2004年	2005年	2006年	2007年	2008年	2009年	2010年	2011年	2012年	2013年	2014年	2014年の女性の割合（%）
メキシコ	63 840	77 089	83 979	122 258	231 815	111 630	67 062	94 783	102 181	99 385	94 889	54
インド	37 975	35 962	47 542	46 871	65 971	52 889	61 142	45 985	42 928	49 897	37 854	51
フィリピン	31 448	36 673	40 500	38 830	58 792	38 934	35 465	42 520	44 958	43 489	34 591	65
中国	27 309	31 708	35 387	33 134	40 017	37 130	33 969	32 864	31 868	35 387	30 284	58
キューバ	11 236	11 227	21 481	15 394	39 871	24 891	14 050	21 071	31 244	30 482	24 092	55
ドミニカ共和国	15 464	20 831	22 165	20 645	35 251	20 778	15 451	20 508	33 351	39 590	23 775	57
ベトナム	27 480	32 926	29 917	27 921	39 584	31 168	19 313	20 922	23 490	24 277	18 837	63
コロンビア	9 819	11 396	15 698	12 089	22 926	16 593	18 417	22 693	23 972	22 196	16 478	61
エルサルバドル	9 602	12 174	13 430	17 157	35 796	18 927	10 343	13 834	16 685	18 401	15 598	54
ハイチ	8 215	9 740	15 979	11 552	21 229	13 290	12 291	14 191	19 114	23 480	13 676	55
韓国	17 184	19 223	17 668	17 628	22 759	17 576	11 170	12 664	13 790	15 786	13 587	56
ジャマイカ	12 271	13 674	18 953	12 314	21 324	15 098	12 070	14 591	15 531	16 442	13 547	59
イラク	3 646	3 273	3 614	2 967	5 057	4 197	3 489	3 360	3 523	7 771	12 377	51
パキスタン	8 744	9 699	10 411	9 147	11 813	12 528	11 601	10 655	11 150	12 948	11 210	50
イラン	11 781	11 031	11 363	10 557	11 813	12 069	9 337	9 286	9 627	11 623	9 620	55
その他の国	241 137	267 654	314 502	262 013	382 521	316 017	284 743	314 266	334 022	328 775	283 001	
合計	537 151	604 280	702 589	660 477	1 046 539	743 715	619 913	694 193	757 434	779 929	653 416	55

注：定義と資料の詳細については、諸表の後に付したメタデータを参照。

StatLink：http://dx.doi.org/10.1787/888933395826

国籍の取得　統計付録

表A.6・表B.6に関連するメタデータ── 国籍取得

	注記	資料
オーストラリア	2004〜2010年のデータは、旧「報告保証部門（Reporting Assurance Section）」による。2011年以降のデータは、「市民権プログラム管理（Citizenship Programme Management）」から得ている。2014年以降、5人未満の数字は未表示。	オーストラリア移民・国境警備省
オーストリア	取得時にオーストリアに在住していた人に関するデータ。	オーストリア統計局及び内務省
ベルギー	取得手続の種類を問わず、すべてのベルギー国籍取得に関するデータ。取得時にベルギーに在住していた人のみを計上している。	経済統計局及び司法省
カナダ	データは、前の国籍国ではなく出身国を対象としている。前の国籍国が認めるなら、カナダ国籍を保有しながら、同時に他の国籍を保有することは可能である。	カナダ移民・難民・市民権省
チリ	在留許可登録。	内務省外国人課
チェコ共和国	申請または帰化による国籍取得。	内務省
デンマーク	2013年の減少は、同年の帰化条件変更によって説明できる。	デンマーク統計局
エストニア	帰化によるエストニア国籍の取得。	内務省
フィンランド	フィンランド系移民の帰化を含む。	中央住民登録（フィンランド統計局）
フランス	2004年、2006年、2007年の「予測される申請（anticipated declaration）」による帰化の旧国籍別データは不明。	内務省及び司法省
ドイツ	ドイツ系帰還者（Aussiedler）を含まない。	ドイツ連邦統計局
ギリシャ	データは、帰化や申請（ギリシャ系）、ギリシャ人との養子縁組など、あらゆる種類の国籍取得を対象とする。	内務省及び行政再建省
ハンガリー	ハンガリーへの帰化者、つまり帰化（外国人として生まれた人）または再帰化（以前のハンガリー国籍が無効になった人）のデータ。ハンガリーの帰化に関する規則は、2010年の改正国籍法（Act XLIV）により改正された。この法令によって、2011年1月1日から簡素化された帰化手続が導入され、ハンガリー系外国人はハンガリーに居住しなくても国籍を取得できるようになった。このデータは、ハンガリーに住所を有する新規のハンガリー国民のみが対象。	中央電子行政・公共サービス局（中央人口登録）、ハンガリー中央統計局
アイスランド	親とともにアイスランド国籍を取得した子どもを含む。	アイスランド統計局
アイルランド	2005年以降の数値には、帰化と結婚後の国籍取得のデータが含まれる。	法務・平等省
イタリア		内務省
日本		法務省民事局
韓国		法務部
ルクセンブルク	親の帰化の結果、国籍を取得した子どもを除く。	司法省
メキシコ		外務省
オランダ		オランダ統計局
ニュージーランド	送出国は、出生証明書がある場合は出身国、ない場合は本人のパスポートに記載された国籍国をいう。	内務省
ノルウェー	住民登録データに基づく。	ノルウェー統計局
ポーランド	データには、結婚及びポーランド系であることの承認による帰化、並びに通常の手続による帰化が含まれる。	帰還者・外国人局（Office for Repatriation and Aliens）
ポルトガル	2006年と2007年のポルトガル国籍法改正に伴い、2008年以降のデータには、それまで外国籍を保有していて、当該年にポルトガル国籍を取得したすべての外国人が含まれる。2007年までのデータは、結婚や養子縁組による国籍の取得を除く。	ポルトガル統計局及び法務省（中央住民登録）
ロシア	簡素化された各種の手続による帰化のデータ。主な対象は「同胞帰還支援プログラム（Repatriation Programme of Compatriots）」の参加者、ロシア人と結婚した人、ロシアとの間で帰化に関する二国間協定を締結したベラルーシ、キルギスタン、カザフスタンの国民、ロシア国籍を回復した人（年間1,000人未満）である。領事館を通じて取得した国籍を除く。	連邦移民サービス
スロバキア共和国	国籍取得時にスロバキア共和国に在住していた人に関するデータ。	内務省
スロベニア	国籍が取得されたすべての理由を含む。	内務省内政・移民・帰化局（Internal Administrative Affairs, Migration and Naturalisation Directorate）

455

統計付録　国籍の取得

表A.6・表B.6に関連するメタデータ── 国籍取得

	注記	資料
スペイン	データは、スペイン在住を理由とする帰化のみを対象とする。旧国籍（スペイン国籍）を回復した人を除く。2013年の帰化数の大幅な増加は、司法省が実施した「帰化手続迅速化計画（Intensive File Processing Nationality Plan)」によるものである。	労働社会保障省（司法省による帰化登録に基づく）
スウェーデン		スウェーデン統計局
スイス		連邦移民局
トルコ		内務省人口・国籍業務総局
イギリス	2009年の増加は、1つには、それまでに滞留していた申請の未処理分が処理されたことが理由である。	内務省
アメリカ合衆国	旧国籍別のデータは、会計年度（前年10月から当該年の9月まで）を対象とする。	国土安全保障省

注：セルビアのデータには、モンテネグロあるいはセルビア・モンテネグロの出身者を含む場合がある。

一部に2003年以前の数値や、本付録中に記載のない国籍／出身国に関する言及があるが、それらのデータは *http://stats.oecd. org/* で入手可能である。

OECD移民に関する専門家グループ

オーストラリア	David SMITH, Department of Immigration and Citizenship, Canberra
オーストリア	Gudrun BIFFL, Danube University, Krems
ベルギー	Frédéric POUPINEL de VALENCÉ, Belgian Federal Public Service Employment, Labour and Social Dialogue, Brussels
ブルガリア	Daniela BOBEVA, Academy of Sciences, Sofia
カナダ	Martha JUSTUS, Citizenship and Immigration Canada, Ottawa
チリ	Reginaldo FLORES and René CATALAN, Ministry of Interior, Santiago
チェコ共和国	Jarmila MAREŠOVÁ, Czech Statistical Office, Prague
デンマーク	Jeevitha YOGACHCHANDIRAN, Ministry for Immigration, Integration and Housing, Copenhagen
エストニア	Mari TILLMAN and Mari NELJAS, Police and Border Guard Board, Tallinn
フィンランド	Arja SAARTO, Ministry of Interior, Helsinki
フランス	Gérard BOUVIER, Ministry of the Interior, Paris
ドイツ	Farid EL KHOLY, Federal Ministry of Labour and Social Affairs, Berlin
ギリシャ	Anna TRIANDAFYLLIDOU, Hellenic Foundation for European and Foreign Policy, Athens
ハンガリー	Orsolya KISGYÖRGY, Ministry of National Economy, Budapest
アイルランド	Philip O'CONNELL, The Economic and Social Research Institute, Dublin
イスラエル	Gilad NATHAN, Ruppin Academic Center, Jerusalem
イタリア	Carla COLLICELLI, CENSIS, Rome and Ugo MELCHIONDA, Centro Studi e Ricerche IDOS, Rome
日本	Masaki SUGAMIYA, Ministry of Justice, Tokyo and Mari YAMAMOTO, Ministry of Health, Labour and Welfare, Tokyo
韓国	Yongjin NHO, Seoul National University of Science and Technology, Seoul
ラトビア	Aija LULLE, Centre for Diaspora and Migration Research, University of Latvia, Riga
リトアニア	Audra SIPAVI IENE, International Organization for Migration, Vilnius Office
ルクセンブルク	Cynthia JAERLING, Luxembourg Reception and Integration Agency, Luxembourg
メキシコ	Rafael FERNÁNDEZ DE CASTRO, Mexico Autonomous Institute of Technology, Mexico
オランダ	Arend ODÉ and Jeanine KLAVER, Regioplan Policy Research, Amsterdam

ニュージーランド	Michael EGLINTON, Ministry of Business, Innovation and Employment, Wellington
ノルウェー	Espen THORUD, Ministry of Children, Equality and Social Inclusion, Oslo
ポーランド	Pawel KACZMARCZYK, University of Warsaw
ポルトガル	Jorge MALHEIROS, University of Lisbon
ルーマニア	Mihaela MATEI, Bucharest
ロシア	Olga CHUDINOVSKIKH, Centre for Population Studies, Moscow
スロバキア共和国	Martina LUBYOVA, Slovak Academy of Sciences, Bratislava
スロベニア	Sonja MALEC, Ministry of Labour, Family and Social Affairs, Ljubljana
スペイン	Diego NUÑO GARCIA, Ministry for Foreign Affairs and Co-operation, Madrid
スウェーデン	Michael HAGOS, Ministry of Employment, Stockholm
スイス	Clovis VOISARD and Kathrin GÄUMANN, State Secretariat for Migration, Bern
トルコ	Ahmet ICDUYGU, Koç University, Istanbul
イギリス	John SALT, University College London, Department of Geography, London
アメリカ合衆国	Michael HOEFER, Department of Homeland Security, Washington

『国際移民アウトルック』OECD事務局担当者

国際移民課（International Migration Division）

Jean-Christophe DUMONT, Head of Division

Thomas LIEBIG, Principal Administrator

Theodora XENOGIANI, Principal Administrator

Jonathan CHALOFF, Administrator

Emily FARCHY, Administrator

Friedrich POESCHEL, Administrator

Cécile THOREAU, Administrator

Véronique GINDREY, Statistician

Philippe HERVÉ, Statistician

Yves BREEM, Analyst

Charlotte LEVIONNOIS, Temporary Junior Analyst

Dimitris MAVRIDIS, Junior Analyst

Jeffrey MO, Junior Analyst

Anne-Sophie SCHMIDT, Junior Analyst

Eva DEGLER, Intern

Karolin KILLMEIER, Intern

Ciara KEESHAN, Assistant

Mireia SIROL CARRILLO, Assistant

◎訳者紹介

徳永 優子（とくなが・ゆうこ）　TOKUNAGA Yuko

1971年東京学芸大学卒業。翻訳家。主要訳書：『図表でみる教育OECDインディケータ（2008年版～2016年版）』（経済協力開発機構（OECD）編著、共訳、明石書店、2008年～2016年）、『脳からみた学習：新しい学習科学の誕生』（OECD教育研究革新センター編著、共訳、明石書店、2010年）、『国境を越える高等教育：教育の国際化と質保証ガイドライン』（OECD教育研究革新センター編著、共訳、明石書店、2008年）、『OECD幸福度白書：より良い暮らし指標：生活向上と社会進歩の国際比較』（OECD編著、共訳、明石書店、2012年）、『グローバル化と言語能力：自己と他者、そして世界をどうみるか』（OECD教育研究革新センター編著、共訳、明石書店、2015年）、『幸福の世界経済史：1820年以降、私たちの暮らしと社会はどのような進歩を遂げてきたのか』（OECD開発センター編著、単訳、2016年）。

世界の移民政策

OECD国際移民アウトルック（2016年版）

2018年2月15日　初版第1刷発行

編著者	経済協力開発機構（OECD）
訳　者	徳永　優子
発行者	大江　道雅
発行所	株式会社 明石書店
	〒101-0021
	東京都千代田区外神田6-9-5
	TEL　03-5818-1171
	FAX　03-5818-1174
	http://www.akashi.co.jp
	振替 00100-7-24505

組版　株式会社ハマプロ
印刷・製本　モリモト印刷株式会社

（定価はカバーに表示してあります。）　　　　　　　　　　ISBN978-4-7503-4630-4

新 移民時代
外国人労働者と共に生きる社会へ

西日本新聞社 編　　四六判／並製／264頁　◎1600円

100万人を超えた日本で働く外国人。単純労働を実質的に担う技能実習生・留学生等の受入れ拡大が「移民政策をとらない」とする政府のもと進められている。国内外の現場を取材し、建前と本音が交錯する制度のひずみを浮き彫りにした西日本新聞連載企画の書籍化。来たるべき社会を見据え、共生の道を探る現場からの報告。

● 内容構成 ●

第1章　出稼ぎ留学生
第2章　留学ビジネスI　ネパールからの報告
第3章　留学ビジネスII　学校乱立の陰で
第4章　働けど実習生
第5章　変わる仕事場
第6章　交差する人々
第7章　ともに生きる
第8章　近未来を歩く
公開シンポジウム　フクオカ円卓会議

外国人の子ども白書
権利・貧困・教育・文化・国籍と共生の視点から

荒牧重人、榎井縁、江原裕美、小島祥美、志水宏吉、南野奈津子、宮島喬、山野良一 編
◎2500円

グローバル化する世界と「帰属の政治」
移民・シティズンシップ・国民国家

ロジャース・ブルーベイカー著
佐藤成基、髙橋誠一、岩城邦義、吉田公記編訳
◎4600円

難民問題と人権理念の危機
国民国家体制の矛盾

移民・ディアスポラ研究6
駒井洋監修　人見泰弘編著
◎2800円

難民を知るための基礎知識
政治と人権の葛藤を越えて

滝澤三郎、山田満編著
◎2500円

ヨーロッパにおける移民第二世代の学校適応
スーパー・ダイバーシティへの教育人類学的アプローチ

山本須美子編著
◎3600円

トランスナショナル移民のノンフォーマル教育
女性トルコ移民による内発的な社会参加

丸山英樹著
◎6000円

国際移動と教育
東アジアと欧米諸国の国際移民をめぐる現状と課題

江原裕美編著
◎3900円

移動する人々と国民国家
ポスト・グローバル化時代における市民社会の変容

杉村美紀編著
◎2700円

〈価格は本体価格です〉

移民の子どもと学校
統合を支える教育政策

OECD 編著
布川あゆみ、木下江美、斎藤里美 監訳
三浦綾希子、大西公恵、藤浪海 訳

B5判／並製／176頁 ◎3000円

移民の子どものコミュニティや学校への統合について、学校での成績や学力、帰属感、社会経済的背景、そして将来に対する希望や親の期待などのさまざまな側面から、PISA調査等の実証データをもとに考察する。近年の難民問題と教育にも焦点を当てる。

● 内容構成 ●

第1章　移民をめぐる国際的動向と教育問題
第2章　移民の子どもの学力と学校での帰属感
第3章　移民へのまなざし
第4章　移民の子どもの低学力の要因
第5章　教育に対する移民の親の期待と子どもの学習意欲
第6章　移民の統合を支える教育政策

諸外国の教育動向 2016年度版
文部科学省編著
◎3600円

移民社会学研究 実態分析と政策提言1987-2016
駒井洋著
◎9200円

移住者と難民のメンタルヘルス 移動する人の文化精神医学
ディネッシュ・ブグラ、スシャム・グプタ編
野田文隆監訳
李創鎬、大塚公一郎、鵜川晃訳
◎5000円

自治体がひらく日本の移民政策 人口減少時代の多文化共生への挑戦
毛受敏浩編著
◎2400円

現代ヨーロッパと移民問題の原点 1970・80年代、開かれたシティズンシップの生成と試練
宮島喬著
◎3200円

多文化教育の国際比較 世界10カ国の教育政策と移民政策
松尾知明著
◎2300円

新訂版 移民・教育・社会変動 ヨーロッパとオーストラリアの移民問題と教育政策
ジークリット・ルヒテンベルク編
山内乾史監訳
◎2800円

BREXIT 「民衆の反逆」から見る英国のEU離脱 緊縮政策・移民問題・欧州危機
尾上修悟著
◎2800円

〈価格は本体価格です〉

幸福の世界経済史

1820年以降、私たちの暮らしと社会はどのような進歩を遂げてきたのか

OECD開発センター 編著　徳永優子 訳

A4判変型／328頁　◎6800円

過去2世紀にわたる人々の暮らしと社会進歩の長期的傾向をみることで、産業革命以降の幸福と不平等の歴史的変遷を体系的に描き出す。歴史経済学者、アンガス・マディソンの独創的な研究を引き継ぎ、世界的、歴史的、そして多次元的な視野から分析・評価する。

■内容構成■

第1章　1820年以降の世界の幸福度
第2章　1820年以降の人口学的変化
第3章　1820年以降の1人当たりGDPの変化
第4章　1820年以降の実質賃金の変化
第5章　1820年以降の教育の変化
第6章　1820年以降の平均余命
第7章　1820年以降の身長
第8章　1820年以降の生活の安全
第9章　1820年以降の政治制度
第10章　1820年以降の環境の質
第11章　1820年以降の所得格差
第12章　1820年以降の男女格差の変化
第13章　1820年以降の幸福の複合的視点

図表でみる教育 OECDインディケータ(2017年版)

経済協力開発機構(OECD)編著　矢倉美登里、稲田智子、大村有里、坂本千佳子、立木勝、三井理子訳

◎8600円

地図でみる世界の地域格差

OECD地域指標2016年版
OECD編著　中澤高志監訳

都市集中と地域発展の国際比較

◎5500円

OECD幸福度白書3

OECD編著　西村美由起訳

より良い暮らし指標：生活向上と社会進歩の国際比較

◎5500円

主観的幸福を測る OECDガイドライン

OECD編著　桑原進監訳　高橋しのぶ訳

◎5400円

格差拡大の真実

経済協力開発機構(OECD)編著　小島克久、金子能宏訳

二極化の要因を解き明かす

◎7200円

多様性を拓く教師教育

OECD教育研究革新センター編著　斎藤里美監訳　布川あゆみ、本田伊克、木下江美、三浦綾希子、藤浪海訳

多文化時代の各国の取り組み

◎4500円

脳からみた学習

OECD教育研究革新センター編著　小泉英明監修　小山麻紀、徳永優子訳

新しい学習科学の誕生

◎4800円

グローバル化と言語能力

OECD教育研究革新センター編著　徳永優子、稲田智子、来田誠一郎、定延由紀、西村美由起、矢倉美登里訳　本名信行監訳

自己と他者、そして世界をどうみるか

◎6800円

〈価格は本体価格です〉